U0876918

甘井子年鉴

GANJINGZI YEARBOOK

2015

中共大连市甘井子区委党史研究室
大连市甘井子区地方志办公室 编

辽宁民族出版社

© 中共大连市甘井子区委党史研究室，大连市甘井子区地方志办公室　2015

图书在版编目（CIP）数据

甘井子年鉴. 2015 / 中共大连市甘井子区委党史研究室，大连市甘井子区地方志办公室编. —沈阳：辽宁民族出版社，2015.11

ISBN 978-7-5497-1220-5

Ⅰ. ①甘…　Ⅱ. ①中…　②大…　Ⅲ. ①区(城市)—大连市—2015—年鉴　Ⅳ. ①Z523.13

中国版本图书馆CIP数据核字（2015）第290876号

甘井子年鉴. 2015

GANJINGZI NIANJIAN. 2015

出版发行者：辽宁民族出版社
地　　址：沈阳市和平区十一纬路25号　邮编：110003
印 刷 者：凤城市报社印刷厂
幅面尺寸：210mm×285mm
印　　张：26.5
字　　数：670千字
插　　页：50
出版时间：2015年11月第1版
印刷时间：2015年11月第1次印刷
责任编辑：吕　怡
封面设计：张晓燕
责任校对：洪　松

标准书号：ISBN 978-7-5497-1220-5
定　　价：200.00元

法律顾问：陈　光　　举报电话：024-23284336
版权专有　侵权必究
邮购电话：024-23284335
如有印装质量问题，请与出版社联系调换　　联系电话：024-23284340
网　　址：www.lnmzcbs.com　　淘宝网店：http://lnmz2013.taobao.com

《甘井子年鉴（2015）》编审人员

主　　　审：赵云峰　艾　华

主　　　编：张晓燕

执行主编：于汉伯

执行副主编：张　莹

编　　　辑：（按姓氏笔画排序）

于汉伯

李斐娜

张　莹

滕铭刚

数字甘井子

2014 年甘井子区主要指标

指　标	总　量	单　位
总面积	502	平方千米
年末户籍数	28.3	万户
年末户籍人口	74.1	万人
地区生产总值	963.53	亿元
第一产业	9.43	亿元
第二产业	558.36	亿元
第三产业	395.75	亿元
地方财政一般预算收入	47.53	亿元
地方财政一般预算支出	54.18	亿元
全社会固定资产投资	789.53	亿元
社会消费品零售总额	463.98	亿元
实际使用外资	10.26	亿美元
税收总量	274.50	亿元
规模以上工业总产值	367.53	亿元
商品房施工面积	1218.9	万平方米
商品房竣工面积	67.3	万平方米
商品房销售面积	126.7	万平方米
各类教学楼总数	93	所
高中	2	所
初中	20	所
小学	69	所
完全中学	2	所
在岗职工年平均人数	12.0	万人
在岗职工年工资总额	74.63	亿元
在岗职工年人均工资	62229	元

注：本表中数据为统计年报数据，与统计公报中的初步统计数据不尽相同。

▶ 地区生产总值

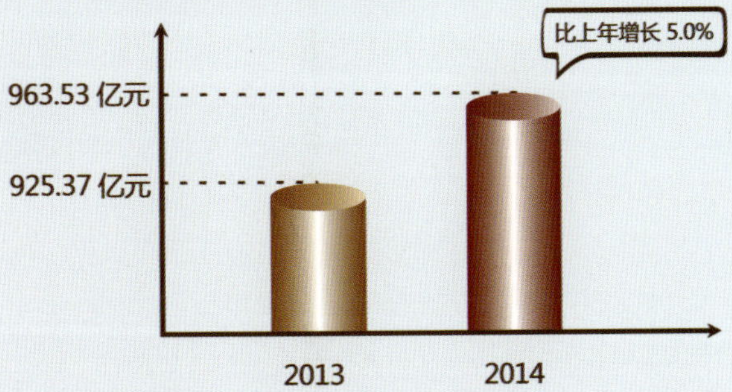

注：地区生产总值统计数按现价计算，增长速度按不变价格计算。

▶ 社会消费品零售总额

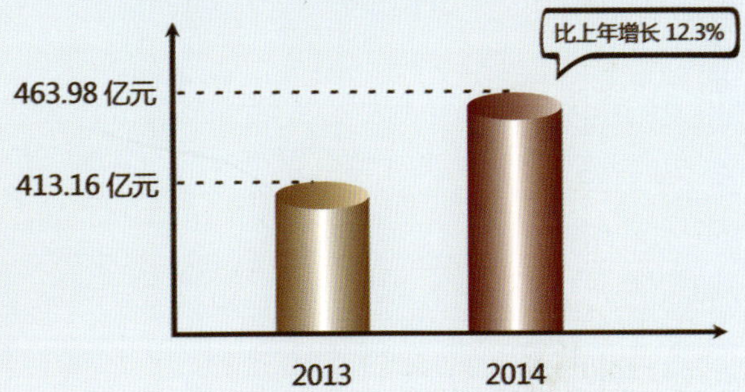

▶ 地方财政一般预算收入

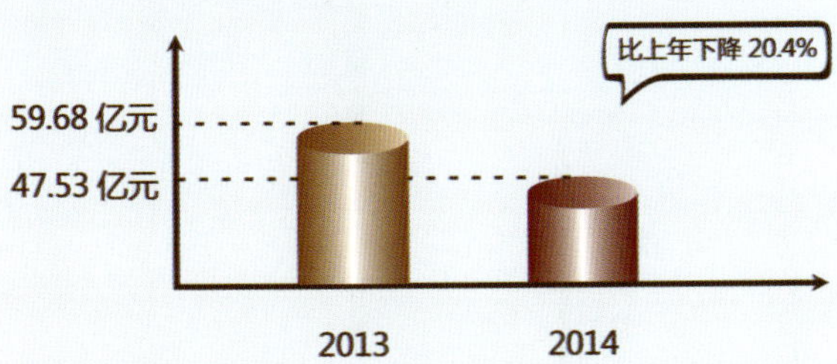

▶ 在岗职工年人均工资

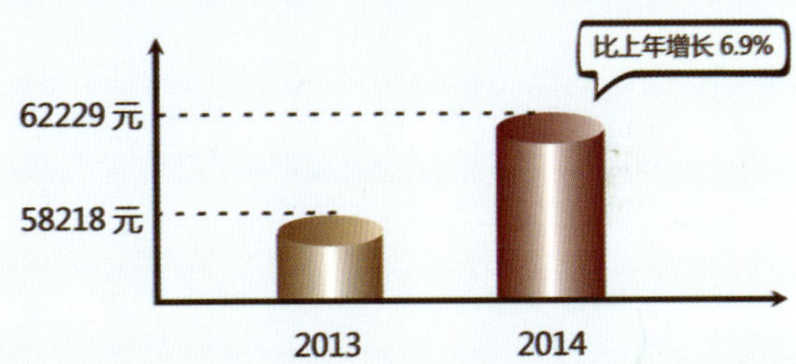

▶ 全社会固定资产投资

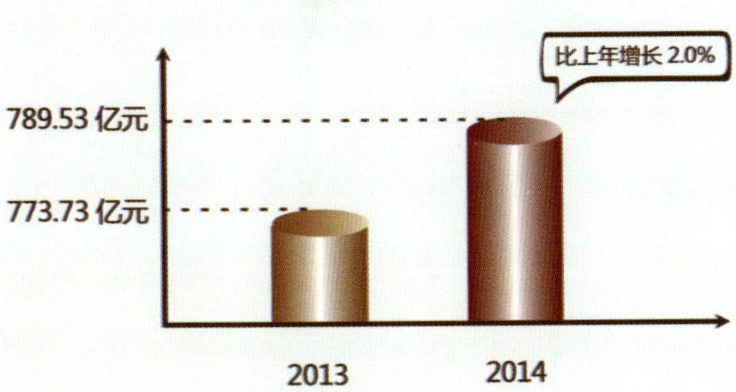

要事纪略之一
IMPORTANT EVENTS

中共甘井子区委十一届七次全体会议暨全区经济工作会议

8月4日，中共大连市甘井子区第十一届委员会第七次全体会议在区行政中心会议中心举行。区委常委会主持会议。区委书记郝方林代表区委常委会作题为《坚定信心，勇于担当，确保全面完成全年目标任务》的工作报告。区委副书记、区长侯祯涛对贯彻落实全会精神提出要求。会议书面传达了市委十一届七次全会精神。

中共甘井子区委十一届八次全体会议

12 月 25 日，中共大连市甘井子区第十一届委员会第八次全体会议在区行政中心会议中心举行。区委常委会主持会议。区委书记郝方林代表区委常委会作题为《保持定力，增强动力，开辟现代化国际化中心城区建设新境界》的工作报告。区委副书记、区长侯祯涛对贯彻落实全会精神提出要求。会议书面传达了市委十一届八次全会暨全市经济工作会议精神。

要事纪略之二
IMPORTANT EVENTS

甘井子区第十七届人民代表大会第三次会议

区领导深入各代表团看望人大代表

甘井子区第十七届人民代表大会第三次会议举行主席团第三次会议

甘井子区第十七届人民代表大会第三次会议决议表决现场

甘井子区第十七届人民代表大会第三次会议举行媒体见面会

1月7日至9日，甘井子区第十七届人民代表大会第三次会议在区行政中心会议中心举行，260余名区人大代表出席会议。会议审议通过了区政府工作报告、甘井子区2014年国民经济和社会发展计划执行情况及2015年国民经济和社会发展计划草案的报告、甘井子区2014年预算执行情况和2015年预算草案的报告、区人大常委会工作报告、区法院工作报告和区检察院工作报告，审查批准了甘井子区2015年国民经济和社会发展计划与2015年预算。会议补选魏金荣为区第十七届人民代表大会常务委员会副主任，石朝霞、丛滨、安本龙、曹彦军、彭柏颉等5人为区第十七届人民代表大会常务委员会委员。会议期间，收到代表提出的建议、批评和意见145件，其中37件建议不属于本级职权范围，由市人大代表提交市人代会，转交市有关部门解决，其余108件建议由区人大常委会转交区有关部门办理。

要事纪略之三

IMPORTANT EVENTS

甘井子区政府全体(扩大)会议

1月3日，甘井子区政府召开第十七届六次全体(扩大)会议。大连生态科技创新城管委会副主任方健伟、区政府各位副区长对近期工作做出安排。区长侯祯涛就近期工作提出要求

5月19日，甘井子区政府召开第十七届七次全体(扩大)会议，贯彻落实大连市城区经济工作座谈会精神，针对当前形势，部署下一阶段工作任务。区长侯祯涛强调：要切实增强加快经济发展的责任感紧迫感，提振信心，振奋精神，敢于担当，真抓实干，全力推动经济"行稳致远"，确保实现"双过半"和全年任务目标

8月29日，甘井子区政府召开第十七届八次全体(扩大)会议，分析当前形势，部署落实下一阶段工作任务。区长侯祯涛在会上强调：要全面把握目前经济形势，进一步焕发激情，勇于担当、真抓实干，全力推动经济和社会持续健康发展

9月30日，甘井子区政府召开第十七届九次全体(扩大)会议，分析当前形势，部署下一阶段重点工作。区长侯祯涛强调：要进一步坚定发展信心，增强职责意识，振奋工作精神，紧紧抓住经济建设这一中心任务，推动各项工作开展，为全年工作圆满收口贡献力量

12月1日，甘井子区政府召开第十七届十次全体(扩大)会议，针对当前形势，部署各项重点工作。区长侯祯涛分析了今年以来甘井子区所面临的形势，要求各街道和部门，要按照区委、区政府的工作部署，完成年度各项工作任务

要事纪略之四
IMPORTANT EVENTS

中国人民政治协商会议大连市甘井子区第八届委员会第三次会议

区领导走访政协委员

政协机场街道联络组讨论会场

投票选举政协副主席、常务委员

表彰优秀政协委员、优秀政协工作者

1月6日至7日，中国人民政治协商会议大连市甘井子区第八届委员会第三次会议在区行政中心会议中心召开。237名政协委员，出席会议222名。会议听取并审议了《政协甘井子区第八届委员会常务委员会工作报告》和《政协甘井子区第八届委员会提案委员会关于八届二次会议以来提案委员会工作情况的报告》，协商讨论了《甘井子区人民政府工作报告》和其他报告。补选孙永新为区政协副主席，补选许雪峰、张小红、徐新、海峰、谭立国为常务委员，同意曲连江辞去区政协副主席职务。会议通过了《中国人民政治协商会议大连市甘井子区第八届委员会第三次会议决议》。会议期间收到委员提案195件，立案148件。

要事纪略之五
IMPORTANT EVENTS

党的群众路线教育实践活动

根据中共中央和省市委统一部署，2014 年 2 月至 10 月，甘井子区组织开展党的群众路线教育实践活动。全区 5 个区级领导班子，14 个街道、57 个区直部门单位，2000 多个基层党组织、4 万多名党员干部参加此次活动。

为确保活动有序推进，甘井子区组建了由区委书记郝方林任组长的教育实践活动领导小组，区委制定印发《关于深入开展党的群众路线教育实践活动的实施意见》及多个配套文件。领导小组下设办公室，成立 6 个工作组，负责具体工作；成立 15 个督导组，负责全区活动督导。

本次活动共分为三个环节：(一) 在“学习教育、听取意见”环节。区委中心组组织开展专题学习 4 次，区委、区人大常委会、区政府、区政协、大连生态科技创新城班子成员学习成果交流 5 次，每名区级领导集中学习时间均达到 7 天以上。全区举办各类讲座、报告 30 多场(次)，受教育人数 1.2 万余人次。(二)“查摆问题、开展批评”环节。全区召开座谈会和意见征求会 646 场次，走访群众 2387 人次，发放问卷 3 万余份，征集意见建议 6 千余条，查摆梳理各类问题意见 2232 件。区委常委班子带头开展批评与自我批评，率先召开了专题民主生活会。在民主生活会上，班子成员相互批评真刀真枪、见筋见骨，达到了红脸出汗、加油鼓劲的目的。在常委班子的带动下，各部门各单位均召开了专题民主生活会。(三)“整改落实、建章立制”环节。印发《征集问题推进落实表》，建立整改清单，对具备解决条件的问题第一时间予以落实，对尚不具备解决条件的积极创新条件加以解决，对一时解决不了的问题向群众做出说明。2014 年，全区在民生领域投入 35.1 亿元，“五个一”“暖房子”“一街一景”等一批民生工程全面完工，民生质量和水平进一步提高。区委出台《反对“四风”、改进作风、加强制度建设工作方案》，确定了 5 个方面 48 项制度，推动作风建设长效化。

甘井子区党的群众路线领导小组办公室会议

通过教育实践活动，广大党员干部受到了一次党性锻炼和思想洗礼，贯彻党的群众路线的自觉性和坚定性进一步增强；联系服务群众形成新常态，党群干群关系进一步密切；“四风”问题得到有效遏制，党风政风进一步好转；党内政治生活的优良传统得到充分发扬，全区各级党组织的战斗力凝聚力进一步增强；全区各项事业得到有力推进，经济社会发展保持平稳向好的健康态势。甘井子区教育实践活动得到省委第一巡回督导组、市委第四督导组的充分肯定。

甘井子区党的群众路线领导小组督导组会议

甘井子区党的群众路线教育实践活动督导组培训会

甘井子区委教育实践活动督导组工作推进会

甘井子区区级领导班子专题民主生活会情况通报会

“坚持党的群众路线，切实转变工作作风”主题讲座

甘井子区村、社区书记党的群众路线教育实践活动培训会

要事纪略之六
IMPORTANT EVENTS

甘井子区“工作落实年”活动

2014 年 3 月 19 日，中共甘井子区委常委会通过了由区纪委监察局起草的《甘井子区工作落实年活动实施意见》，标志着甘井子区工作落实年活动全面启动。为推进工作开展，组织成立区“工作落实年”活动领导小组，办公室设在区纪委监察局，统筹推进全区“工作落实年”活动的开展。《实施意见》确定了 6 个方面活动目标，明确工作步骤及阶段任务，为活动明确了方向。将全区 68 个单位、部门按经济发展、保障和改善民生、生态文明建设、文化强区建设、民主法治建设、党的建设等 6 个方面 1053 项工作任务提出的任务清单，统一在区政府公众信息网站进行公示，接受监督。结合甘井子区实际制定《甘井子区党委系统关于建立推进工作落实机制的实施意见》《甘井子区政府系统关于建立推进工作落实机制的实施意见》，各部门单位均按要求制定《年度工作落实机制建设实施意见》。活动开展以来，全区先后召开各层面座谈会和意见征求会 646 场次，走访群众 2387 人次，查摆梳理问题 2232 条。建立抓好中层工作落实机制、联动督查、联合考评机制及工作务虚研讨机制。加大正风肃纪力度，干部作风明显改进。民生事业成果显著，全区经济保持平稳健康发展的态势。在全区组织开展征集“工作落实年”交流文章活动，推荐 16 篇征文参加市工作交流会文章评选，其中 4 篇文章被市落实办编入《征文汇编》，被列为大连市“工作落实年”重点经验交流材料。注重统筹指导，区落实办印发指导性文件 18 个，编发简报 46 期，宣传各部门活动开展情况 138 条。甘井子区“三会一有”服务群众工作法在中央党建领导小组《党建要报》刊发，“军警地企区域化党建联合体”和“基层民主议事六步法”工作经验在《人民日报》刊发，“党员服务超市”创新做法在《辽宁日报》和辽宁电视台刊播，“社区好当家”朱艳妍事迹在大连电视台播放。

2 月 11 日，区“工作落实年”活动领导小组组长、区委书记郝方林和区领导小组副组长、区委常委、区纪委书记刘彩琴陪同市工作落实年活动领导小组办公室工作人员实地考察大连（甘井子）创业者公共实训（孵化）基地

大连市工作落实年活动领导小组副组长兼办公室主任徐从琪带队到甘井子区督促检查工作落实年活动第一阶段工作情况

甘井子区"工作落实年"活动领导小组办公室主任于长河组织召开甘井子区 2014 年重点项目落实情况促进会

大连市工作落实年活动领导小组办公室县区督查考评组到甘井子区督查考评上半年工作落实情况

大连市工作落实年活动领导小组办公室第五考评组在甘井子区召开工作落实年上半年考核测评会议

甘井子区召开"工作落实年"下半年考核测评大会

大连市工作落实年活动领导小组办公室第五考评组在甘井子区考核测评"工作落实年"工作

要事纪略之七
IMPORTANT EVENTS

积极推进大项目落实 建设活力甘井子

亿丰大连国际汽车城项目一期正式营业

安盛·亿合城大型购物中心正式开业

泰达·慧谷产业园正式开园，图为泰达·慧谷产业楼

中国一重集团大连加氢公司成功研制首台国产化第三代核电技术 AP1000—三门 2 号反应堆压力容器

辽渔水产品市场被评为北方地区唯一的国家级水产品批发市场

大连市妇女儿童医疗中心投入试运行

要事纪略之八

IMPORTANT EVENTS

凝心聚力惠民生 加大公共财政对民生实事项目投入

2014年，甘井子区政府坚持民生工作优先决策、优先投入、优先保障，注重抓好基本民生、保障底线民生、关注热点民生，不断扩大公共财政对民生的投入。更好地解决群众最关心、最直接、最现实的民生问题。全区实施民生实事项目10项，涉及就业、教育、环境、医疗、文体等方面热点问题，由人社局、民政局、教育局、城建局、服务业局、文体局、卫计局、残联、农海局、交通局及各街道负责具体实施。截至年末，已全部完成。

出台6个方面13条新一轮区级就业政策，推动高质量就业。图为为就业困难人员开设的插花培训班

全区30个养老助餐点于5月投入运营。图为位于椒金山街道的养老助餐点

暖房子工程总投资2.7亿元，改造楼体314栋，建筑面积90万平方米，惠及1.61万户居民。图为暖房子工程改造后的山东路地区

改造建设5个标准化农贸市场、15个社区菜店和20个便民早餐店。图为改造后的便民早餐店宜客快餐

大连门特色商业街（商校街）改造完工

改建一新的甘井子体育场

实施农建水利工程 20 项，其中水生态建设工程 3 项，小型民生水利工程 17 项。图为牧城驿水库

完成明珠路、甘南路、岭西路、龙华桥主干道绿化工程，绿化面积 40 余万平方米。图为绿化工程完成之后的岭西路

黑大线、马北线、张前线路面改造工程完工。图为改造后的马北线

要事纪略之九
IMPORTANT EVENTS

加大投入 推进教育优质均衡发展

甘井子区不断加大教育事业的投入力度，持续发力，久久为功。2014 年，甘井子区大连湾中学、前革魅力小学、前关金地小学、前牧小学建成并投入使用，完成周二小学塑胶操场改造、76 中学维修改造、艺术教育中心装修改造等 30 余项维修改造工程，全区办学条件得到进一步改善。学前教育公益普惠性日益彰显，小区配套幼儿园回收 8 所，开办 4 所，新增公办学位 1000 个，超额完成全年任务。实施各类资金补助，“寒窗基金”受助人数 77 人，受助金额 15.7 万元。普通高中国家助学金受助人数 362 人，受助金额 54.3 万元。义务教育教科书费实现全免，校服实现免费发放。公办幼儿园补助资金预计全年发放 5582.2 万元，15690 名幼儿受益。困难家庭幼儿入园补助资金发放 1008 余万元，2300 多个困难家庭受益，基础教育强区建设成效明显。

甘井子区中小学生艺术教育中心升级改造完成

大连湾中学投入使用

金地小学投入使用

前牧城驿小学投入使用

新开办的甘井子区教育局春田幼儿园

新开办的华东幼儿园

新开办的嘉文幼儿园

新开办的盐岛湖幼儿园

营城子街道

YINGCHENGZI STREET

营城子街道西小磨子村改造项目投资合作签约仪式

改造后的金龙寺国家森林公园入口处景观

营城子地区文化展演获奖者

金龙寺沟村新居工程

夏季乘凉晚会

营城子地区文化展演

营城子街道沙滩排球赛

老年活动室

革镇堡街道

GEZHENPU STREET

革镇堡街道召开经济工作推进会部署经济工作事项

革镇堡街道 2014 年安全生产工作会议

革镇堡街道劳动保障所联合街道工会等多部门在革镇堡广场举办“春风行动”招聘会

履行职责，预防职务犯罪主题学习活动

甘井子区公证处工作人员应邀到棋盘村开展普法讲座，为居民们讲解《继承法》《公证法》

棋盘村在寒假期间聘请书法老师姜玉环免费指导学生们学习软、硬笔书法

革镇堡街道参加全区机关体育运动会

第 66 中学的啦啦操、健身操、有氧舞蹈在大连市第 12 届“十一中杯”健美操大赛初中组获得多个奖项

革镇堡街道“工会杯”乒乓球赛比赛现场

辛寨子街道
XINZHAIZI STREET

辛寨子街道文联成立大会

在践行党的群众路线活动中，辛寨子街道党工委书记王淑侠上党课

前革魅力小学揭牌仪式

辛寨子高清视频监控系统正式启用

辛寨子文化讲坛国学经典系列讲座

“情动辛动暖阳工程”现场捐赠

“圆梦辛寨子，共筑新家园”展演活动

“怦然星动，拥抱未来 ”庆儿童节文艺展演

“新春送福，情暖军属”活动

辛寨子街道乒乓球协会成立暨乒乓球赛

红旗街道

HONGQI STREET

西城商务区、红旗街道党工委召开党的群众路线教育实践活动动员大会

街道举办公文写作专题培训班

春风行动现场

街道为各社区新建的社区书屋

防火演练

张家村召开楼长工作会

红旗街道干部职工开展整治卫生死角行动

棠梨湖公园风光

大连湾街道
DALIANWAN STREET

大连湾街道召开党的群众路线教育实践活动动员大会

大连湾地区文化体育工作总结表彰大会，总结十年来地区文体工作发展成果

“后前线”拓宽改造后竣工通车

大连湾体育公园示范区对外开放

金地小学落成并投入使用

大连湾地区“舞梦成真”舞蹈大赛

大连湾辖区小学庆“六一”合唱展演暨少年文体俱乐部成果汇报演出

第三届大连湾足球超级联赛

南关岭街道

NANGUANLING STREET

井东社区社情民意直通车活动

南关岭街道青少年教育基地揭牌

辽宁省铁路护路联防办公室工作人员到南关岭街道检查工作

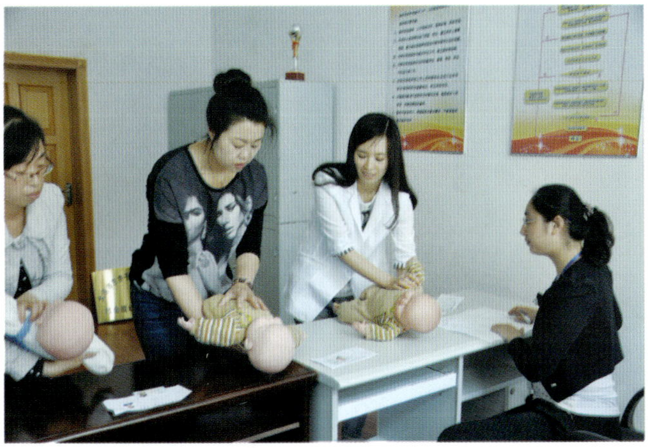

失业人员培训考试

井西社区参加“春之鼓舞”全区广场文化活动启动仪式

南关岭街道威风锣鼓表演

大连市第十九中学渊东科技馆成立

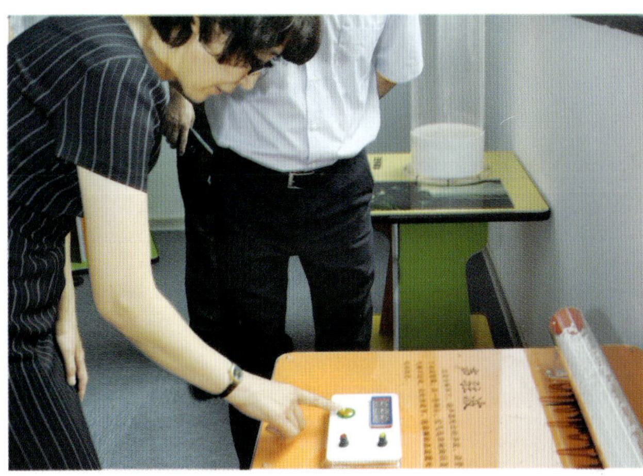

渊东科技馆声驻波演示

甘井子街道
GANJINGZI STREET

甘井子街道成为大连市首家环保街道

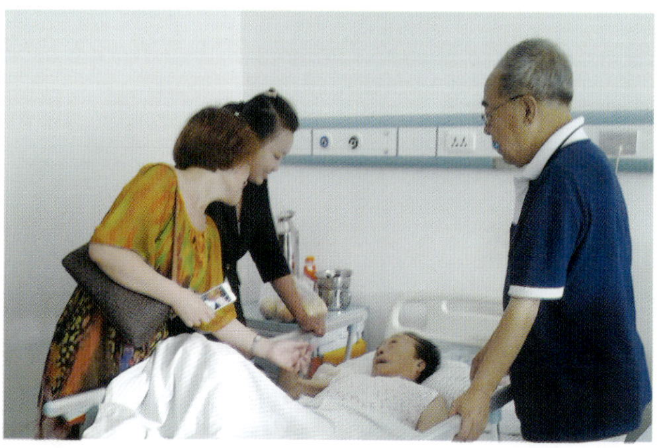

街道计生工作人员看望生病的“失独老人”

《雷厉风行·甘动青春》学雷锋志愿服务主题实践活动启动仪式

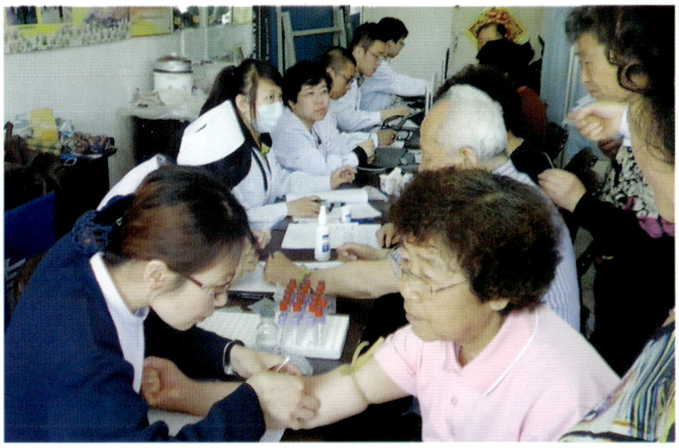

光明社区联合社区医院为 60 岁以上老人免费体检

计划生育政策宣传活动

新风农贸市场开业

海鸥社区俱乐部成员参加由技工学校组织的面点培训会

甘峰社区春节联欢会

甘园社区“滚子乐”俱乐部打滚子大赛

椒金山街道
JIAOJINSHAN STREET

椒金山街道在街道多功能会议室举行“展劳模风采，奏时代强音”迎“五一”劳模风采、真迹巡展启动仪式

省打击传销督导组到椒金山街道督查反传销工作

“展劳模风采，奏时代强音”迎“五一”劳模风采、真迹巡展活动中获奖者合影

金荣社区“低碳环保要从现在开始”活动

“一街一景”绿化工程改造后的小区景观

金荣社区居民在乘凉晚会上演出

龙江社区“欢聚一堂”元宵宴会

椒金山街道在金家街公园举办“唱起来舞起来，欢天喜地庆元宵”主题活动

中华路街道

ZHONGHUALU STREET

中华路街道开展党的群众路线教育实践活动动员大会

党的群众路线教育实践活动中，李义军书记在锦园社区调研

国家卫生和计划生育委员会工作人员到街道调研

“七一”走访街道老干部

红星美凯龙国际家居生活广场

名贵山庄社区一街一景建设

“春风行动”启动仪式暨现场招聘会

中华路街道参加“唱响甘井子，放飞中国梦”合唱展演

兴华街道

XINGHUA STREET

“兴昌园”一街一景建设

兴华街道暖房子工程

兴华街道市民健身广场

兴华街道开展“让爱铺满兴华”主题活动，收到捐赠孝慈长椅 145 把

“感动兴华”人物评选活动颁奖典礼暨群众文艺晚会现场

兴华街道党工委、办事处在兴华小学操场举办“兴华四季”系列活动之秋——“舞动中国梦”千人健身操展演，集中展示辖区群众文体活动水平和成果

兴华街道启动“志愿服务周活动”

应急宣传周活动

周水子街道
ZHOUSHUIZI STREET

周水子街道党的群众路线教育实践活动总结大会

周发社区开展党的群众路线教育实践活动

“文明在大连”活动启动仪式在亿达社区召开

第五届“感动亿达”人物评选

“四二七”文明楼院居民举行庆“七一”升旗仪式

志愿者向孩子们介绍“四二七”文明楼院历史

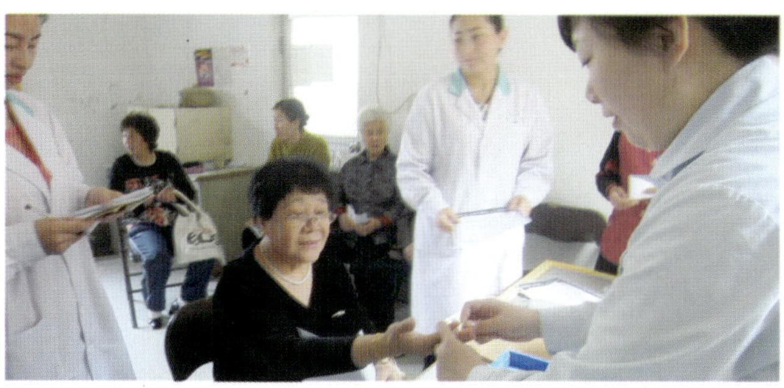

蓝天医院免费为居民体检

共产党员于涛向居民讲授幼儿医学知识

文化志愿者教授居民剪纸艺术

“惠民生、谋发展、促和谐”夏季纳凉晚会

泡崖街道
PAOAI STREET

泡崖街道党工委书记刘晶为机关干部、辖区党员上党课

“蒲公英”讲坛第三讲——加强反腐倡廉，改进党的作风辅导讲座

组织机关干部参观保密工作巡展

泡崖街道党工委在万众广场举办庆祝中国共产党成立 93 周年暨“践行群众路线，保持奉献激情”党员志愿服务活动启动仪式

街道妇联组织召开“母爱，向幸福出发”最美妈妈家教经验交流会

在“政务公开日”宣传活动期间，街道工作人员为辖区居民讲解计生政策，发放计生药具

在“九三社区讲堂”活动上，大连大学中山医院口腔科主任王学金为居民讲解《如何帮你延长牙齿寿命》

九三学社大连市委员会成员到泡崖街道现场为群众义诊

机场街道

JICHANG STREET

机场街道党工委副书记、办事处主任王东升与驻军部队战士座谈

机场街道党工委副书记张玉荣与机关、社区工作人员、辖区片警深入社区楼院、百姓中，了解民情、民意

“机场杯”居民防灾减灾知识竞赛

迎战台风“麦德姆”

机场街道居民在锦城西园法治文化广场进行晨练

丰富多彩的街道文体活动

机场街道运动健儿拼搏在第 25 届机关运动会赛场上

机场街道机关人员、辖区部队官兵、志愿者在“星期六志愿服务日”携手清理环境卫生死角

泉水街道
QUANSHUI STREET

泉水街道工作人员走访辖区老党员

泉水街道龙鑫社区推出的“幸福五星诚信示范商户联盟”微信平台揭幕

泉水街道组织辖区人大代表、党代表和区政协委员开展环境整治和绿化工作调研活动

"星耀泉水，唱响幸福"合唱展演活动

泉水街道骏腾社区举办"星耀骏腾润泽，谱写幸福华彩"大型夏凉广场晚会

泉水街道骏腾社区文体队参加甘井子区举办的鼓乐大赛

由泉水街道龙鑫社区 55 名文体志愿者组成的大连市唯一一支具有技术特色的空竹舞龙队

泉水街道泉水社区举办"传统年味回家了"活动

泉水街道泉水社区举办"面面出彩"面食展

大连市甘井子行政区划图
渤海
金州湾
大连湾
黄海
营城子湾
甜水套
大连港
黑石礁湾
红土堆子湾
金州新区
旅顺口区
沙河口区
西岗区
中山区
★大连市政府
★中共大连市委
★甘井子区委区政府
大连湾街道
南关岭街道
泉水街道
甘井子街道
中华路街道
兴华街道
椒金山街道
周水子街道
机场街道
泡崖街道
革镇堡街道
辛寨子街道
营城子街道
红旗街道
凌水街道
大连华侨果树农场
牧城子水库
王家店水库
大西山水库
凌水水库
龙王塘水库
苏家
拉树房
土城子
毛茔子
后关
前关
后盐
前盐
宋家
李家
大连湾
棉花岛
湾捕
棋盘子
羊圈子
夏家河子
后革镇堡
中革镇堡
前革镇堡
鞍子山
后牧城驿
前牧城驿
沙岗子
营城子
东小磨子
西小磨子
郭家沟
对门沟
金龙寺沟
双台沟
大黑石
由家
砬子山
大辛寨子
小辛寨子
大东沟
棠梨
岔鞍
柳树
张家
湾家
庙岭
大山
王家
刘家
栾金
河口
小平岛
图例
市政府、区政府
街道办事处
村委会
区界
街道界
铁路
主要道路

编辑说明

一、《甘井子年鉴》是中共大连市甘井子区委、大连市甘井子区人民政府主办，中共甘井子区委党史研究室（大连市甘井子区地方志办公室）主持编纂的大型地方综合年鉴，是记载大连市甘井子区当代历史的编年史。每年出版一卷，记载上一年度全区改革开放、经济发展、社会进步等方面的基本情况和最新成就，旨在展示甘井子区建设社会主义现代化新型城区的崭新形象。所载资料全面、系统、准确、翔实，具有权威性，是国内外各界人士了解甘井子的最佳途径。

二、《甘井子年鉴（2015）》采用分类编辑法。主体内容分为类目、分目、条目3个层次。全书设类目28个，即：要事纪略、概貌、中共甘井子区委员会、甘井子区人大常委会、甘井子区人民政府、政协甘井子区委员会、中共甘井子区纪律检查委员会、人民团体·民主党派·工商联、政法·军事·人防、农林水利和海洋渔业、工业经济·商贸·旅游、城乡建设、交通·环境保护、财政·税务、综合经济管理与监督、人力资源与社会保障、民政事业、教育事业·科学技术、文化·体育、卫生·计划生育、功能区建设、街道办事处、荣誉榜、区处级单位领导名录、重要报告·讲话辑存、大事记、社会经济综合统计资料选录、附录。类目下设分目119个，含有条目1086个，另有随文照片和表格。

三、《甘井子年鉴（2015）》卷首为彩色图片专辑，主要反映甘井子区重要指标数据、主要荣誉、重大活动和部分单位两个文明建设的成果。考虑到图片的时效性，此部分不受年鉴时限的要求。

四、《甘井子年鉴（2015）》基础框架保持稳定，分目、条目作适当调整。新增“中共甘井子区委员会”、“甘井子区人大常委会”、“甘井子区人民政府”、“政协甘井子区委员会”、“中共甘井子区纪律检查委员会”、“市场监督管理”分目6个。将“工业经济”类目与“商贸·旅游”类目合并。将“卫生工作”分目与“人口和计划生育”类目合并。取消“工商行政管理”、“质量技术监督”、“食品药品监督管理”条目。

五、《甘井子年鉴（2015）》的检索方法有目录和索引两种，目录在卷首，索引在卷尾。

六、《甘井子年鉴（2015）》的稿件由区直各部门、各街道及驻区企事业单位、市有关业务部门提供，并经各供稿单位领导审阅。

七、《甘井子年鉴（2015）》所用统计数据均经各供稿单位审核。因统计口径不同等原因，个别数据在不同稿件中不尽一致，使用时请注意出处。反映全区国民经济和社会发展的统计数据，以区统计局提供的“社会经济统计资料”为准。

目　录

【概　貌】
· General view ·

区位综述
District summary

位置面积 …… 1
建置沿革 …… 1
行政区划 …… 2
气候特征 …… 3

国民经济和社会发展
National economic and social development

经济总量 …… 4
财政税收 …… 4
农业 …… 5
工业、建筑业 …… 5
固定资产投资 …… 6
国内贸易 …… 6
外经外贸 …… 7
科技 …… 7
文化体育 …… 7
教育 …… 8
城乡基础建设 …… 8
卫生、人民生活 …… 8

【中共甘井子区委员会】
· The communist party of China was seated committee ·

领导人名录 …… 10
中共大连市甘井子区委员会 … 10

重要会议
Important meetings

中共大连市甘井子区委十一届七次全会 …… 10
中共大连市甘井子区委十一届八次全会 …… 11
区委常委会议 …… 11

区委办公室工作
District party committee office work

政研工作 …… 13
督查工作 …… 13
信息工作 …… 13
保密工作 …… 14

组织工作
Organization affairs

概况 …… 14
党的群众路线教育实践活动 … 14
干部教育培训 …… 14
干部监督 …… 15
干部绩效考评 …… 15
干部人事制度 …… 15
人才主题活动 …… 15
人才政策创新 …… 15
人才关爱服务 …… 16
基层党建活力工程 …… 16
党员发展与管理 …… 16
党员干部现代远程教育 …… 17

宣传工作
propaganda affairs

概况 …… 17
思想理论教育 …… 17
宣讲工作 …… 17
群众思想政治工作 …… 18
国防教育工作 …… 18
学习型城区创建工作 …… 18

精神文明建设
Spiritual civilization construction

概况 …… 19
文明城市创建工作 …… 19
“志愿服务先锋区”创建工作 … 19
“写家风晒家训助成长”活动 … 20
诚信制度化建设 …… 20
核心价值观“大讲堂” …… 20
未成年人思想道德建设 …… 21
文明示范工程 …… 21
媒体宣传 …… 21

新闻工作
Journalism

概况 …… 22
党建工作宣传 …… 22
党的群众路线教育实践活动宣传 …… 22
经济发展新闻宣传 …… 22
民生工作宣传 …… 22
文化工作宣传 …… 23
舆情信息管理 …… 23
网络新闻 …… 23

统战工作
United front affairs

概 况 …… 23
学习贯彻落实十八届三中、四中全会精神 …… 23

统战工作会议 …………………… 24
理论信息 ……………………… 24
特色社会主义学习实践活动 … 24
合作共事 ……………………… 24
党外代表人士队伍建设 ……… 24
联系交友 ……………………… 25
服务地区经济社会 …………… 25
同心工程 ……………………… 25
社区统战工作 ………………… 26
侨联工作 ……………………… 26
维护宗教领域稳定 …………… 26
对台合作交流 ………………… 26

政法工作

Politics and law affairs

概况 ………………………… 26
维稳安保工作 ………………… 26
社会综合治理 ………………… 26
“技防甘井子”建设…………… 27
平安建设 ……………………… 27
重点人群服务管理 …………… 28
推进平安文化建设 …………… 28
政法队伍建设 ………………… 28

老干部工作

Veteran cadre affairs

概况 ………………………… 29
老干部政治和生活待遇 ……… 29
老干部服务工作 ……………… 30
老干部文体活动 ……………… 30
老干部大学建设 ……………… 30
老干部发挥余热 ……………… 30
“爱在金秋”艺术团、义工团 … 31
“孝老爱亲最美儿女”表彰…… 31

区直机关工委

Work committee for organ directly under the district government

概况 ………………………… 31
思想理论建设 ………………… 31
社会主义核心价值观 ………… 32
群众路线教育实践活动 ……… 32
基层组织和党员队伍建设 …… 32
党风廉政建设 ………………… 33
机关工会工作 ………………… 33
机关共青团工作 ……………… 34
机关妇女工作 ………………… 34

党校工作

Party school affairs

概况 ………………………… 34
党校评估工作 ………………… 34
送学上门 ……………………… 35
培训需求调研 ………………… 35
青年教师师资培训 …………… 35
科研成果 ……………………… 35

党史研究工作

Research of party history

概况 ………………………… 36
《甘井子年鉴》(2014)征编工作 ………………………… 36
《甘井子区志》(1986－2005)续编工作 ………………… 36
《中国共产党辽宁省大连市甘井子区组织史资料》(第四卷) … 36
《甘井子区历史文化概览》编纂工作 ………………… 37
“甘井子区口述历史”音视频资料收集工作启动 ………… 37
区委党研室网站更新维护 …… 37

档案事业

Archival undertaking

概况 ………………………… 37
晋升国家一级档案馆 ………… 37
档案接收 ……………………… 38
档案保管与保护 ……………… 38
档案查询利用 ………………… 38
档案宣传 ……………………… 39
档案培训指导 ………………… 39
档案信息化建设 ……………… 39
档案标准化建设 ……………… 39
档案监督检查 ………………… 39

非公组织党工委

Party worke committee of non－go－vernment organs

概况 ………………………… 39
强基扩面工程 ………………… 40
服务保障工程 ………………… 40
党建工作者队伍建设 ………… 40
管党治党制度建设 …………… 41
企业文化建设 ………………… 41
工会联合会工作 ……………… 41
调查研究工作 ………………… 41

机构编制工作

Organization weave affairs

概况 ………………………… 42
市场监管体制改革 …………… 42
政府职能转变和机构改革工作 ………………………… 42
简政放权和行政审批制度改革 ………………………… 42
承接省市下放事权 …………… 42
控编减编工作 ………………… 42
机构编制核查工作 …………… 42
优化编制资源配置 …………… 43
机构编制实名制管理 ………… 43
推广应用中文专用域名 ……… 43
事业单位法人年检 …………… 43

【甘井子区人民代表大会】

·Was seated peoplés congress·

领导人名录 …………………… 44
甘井子区人民代表大会常务委员会 ………………………… 44
概况 ………………………… 44

重要会议

Important meetings

区人大常委会会议 …………… 44
区人大常委会主任会议 ……… 46
人大街工委工作会议 ………… 47

人大代表知情知政通报会 …… 47

法律监督
Legal supervision
概况 …… 47

工作监督
Work supervision
工作视察 …… 48
工作调研 …… 49

人事任免
personnel
人事任免 …… 50

代表工作
On behalf of the work
代表工作 …… 50

机关建设
For construction
机关建设 …… 51

【甘井子区人民政府】
The pelple's government of ganjingzi district
领导人名录 …… 52
甘井子区人民政府 …… 52

重要会议
Important meetings
区政府全体会议 …… 52
区政府常务会议 …… 52
区政府办公会议 …… 53

政务纪事
E – government chronicle
政务纪事 …… 53

实事项目
Practical project
完成区政府年度实事项目 …… 58

政府法制
The government legal system
落实依法行政保障措施 …… 60
法制制度建设 …… 60
严格规范公正文明执法 …… 60
完善防范和化解社会矛盾机制 …… 60
提高行政机关工作人员依法行政的观念和能力 …… 60

人大代表建议与政协提案办理
National People's Congress members' Suggestions and proposals to deal with
办理区人大代表建议 …… 61
办理区政协提案 …… 61

区政府办公室
The district government office
督查工作 …… 61
信息工作 …… 61

信访工作
Petition work
概况 …… 61
源头治理 …… 62
信访积案化解 …… 62
领导干部接访 …… 63
重点时期信访稳定 …… 63
抓调研活动 …… 63
打造"阳光信访" …… 64
建立重大、疑难信访问题公开听证制度 …… 64
推行群众满意度评价制度 …… 64
深入宣传信访新规 …… 64
信访干部培训 …… 65

行政服务中心
Public administration service centre
概况 …… 65
政务公开 …… 65
权力运行公开 …… 66
5·15 政务公开日 …… 66
行政服务 …… 66
重点项目"绿色通道" …… 67
基层服务中心建设 …… 67
窗口服务 …… 67
行政投诉 …… 67
服务型网络建设 …… 67

电子政务
E – government affairs
概况 …… 67
区政府门户网站获得2014年度"中国政府网站领先奖" …… 68
参与全国政府网站政务信息无障碍建设 …… 68
网站服务集群后台开户权限改造 …… 68
甘井子区网络和网站建设管理工作会议 …… 68
机房设备规范整改 …… 68
网络安全设备部署工作 …… 69
区专线并网项目 …… 69
无线惠民网建设 …… 69
政府网站英文版建设 …… 69
政府网站手机版建设 …… 69
专线及网络故障维护 …… 69
区电子政务外网扩容项目 …… 69
软件正版化工作 …… 69
网站维护管理 …… 70
报废设备再利用 …… 70
政府网络维护管理 …… 70
网络安全管理 …… 71

机关事务管理中心
Government offices administration center
概况 …… 71
安全管理 …… 71

家属楼维修 …………………… 71
食堂精细化管理 ……………… 72
公共机构节能 ………………… 72
资产管理 ……………………… 72
服务保障 ……………………… 72

【政协甘井子区委员会】
The committee of political consultative conference ganjingzidistrict

领导人名录
政协甘井子区委员会 ………… 73
概况 …………………………… 73

重要会议
Important meeting
八届七次常委会议 …………… 74
庆祝区政协成立三十周年
座谈会 ……………………… 74
八届八次常委会议 …………… 74
全体委员培训会 ……………… 74
八届九次常委会议 …………… 74
八届十次常委会议 …………… 75

重要政务
Significant government affairs
重要提案办理视察 …………… 75
民主评议科技创新、旅游
发展工作 …………………… 75
“促改革、助转型、惠民生”
建言献策活动 ……………… 75
党的群众路线教育实践活动 … 76
“追求内外卓越，张扬美丽自我”
主题活动 …………………… 76
“双走进、抓落实，消除最后一
公里”活动 ………………… 76

专门委员会工作
Special committee work
办公室 ………………………… 76
提案委员会 …………………… 77
经济科技委员会 ……………… 77
文教法制委员会 ……………… 77
委员工作委员会 ……………… 77
人口资源环境委员会 ………… 78
联络组 ………………………… 78
专业组 ………………………… 78

【中共甘井子区纪律检查委员会】
The communist party of Chinal was seated commission for discipline inspection

概况 …………………………… 79

重要会议
Important meeting
区纪委第十一届第四次全会暨
区行政监察工作会议 ……… 79
党的群众路线教育实践活动
动员会 ……………………… 79
党风政风行风监督员座谈会 … 80

重要活动 ……………………… 80
Important activities
甘井子区“工作落实年”活动
启动 ………………………… 80
印发《2013－2017 年惩防体系
工作规划》 ………………… 80
专项整治“会所中的歪风”
工作 ………………………… 80
参观大连市反腐倡廉警示
教育基地 …………………… 81

查办违纪违法案件
Investigation and violations of the case
落实“三转”要求 …………… 81
专项清理和初核工作 ………… 81
案件查办 ……………………… 81

监督检查
The supervision and inspection
党风廉政建设责任制 ………… 81
监督检查 ……………………… 81
集体廉政谈话 ………………… 82
村务监督委员会指导工作 …… 82
“工作落实年”活动 ………… 82
行政监察 ……………………… 83

反腐倡廉宣传教育
Anti－corruption publicity and education
廉政文化建设 ………………… 83
党风廉政教育 ………………… 83

纠正部门和行业不正之风
Rectify unhealthy tendencies in some departments and trades
民主评议政风行风活动 ……… 84
民心网投诉件办理 …………… 84
纠风专项治理工作 …………… 84

【人民团体·民主党派·工商联】
· Mass organizations · Democratic parties · Federation of industry and commerce ·

甘井子区总工会
The lator union of Ganjingzi district
概况 …………………………… 85
工会组织建设 ………………… 85
技能培训 ……………………… 85
职工帮扶救助 ………………… 86
职工文化建设 ………………… 86
职工权益保护 ………………… 86

共青团甘井子区委
The communist youth league GanJingZi district party committee
概况 …………………………… 87

提升青少年思想道德素质 …… 87
提升志愿服务水平 …… 87
选树优秀典型 …… 87
青少年沟通平台 …… 88
青少年“两就(救)”工程 …… 88
文化娱乐活动 …… 88
团队组织建设规范化 …… 88

甘井子区妇女联合会
The women's federation of Ganjingzi district
概况 …… 88
巾帼建功活动 …… 89
“双学双比”活动 …… 89
文明家庭活动 …… 89
美丽巾帼幸福课堂 …… 90
妇女儿童维权 …… 90
关心儿童成长 …… 90
宣传工作 …… 91
巾帼救助行动 …… 91

甘井子区科学技术协会
Association of science and technology of Ganjingzi district
概况 …… 91
区科协第五届四次全委会议 …… 91
五大科普服务体系建设 …… 92
甘井子科普微信平台建立 …… 92
青少年科技活动 …… 92

甘井子区残疾人联合会
Disabled person's federation of Ganjingzi district
概况 …… 92
残疾人民生项目 …… 92
区残疾人辅助器具中心建设 …… 93
残疾人社会保障和服务体系建设 …… 93
残疾人劳动就业和技能培训 …… 94
残疾人康复服务 …… 94
残疾人文化和体育工作 …… 94
残疾人扶贫解困工作 …… 94
残疾人组织建设 …… 95
维护残疾人合法权益 …… 95

甘井子区文学艺术界联合会
Federation of literature and art of Ganjingzi district
概况 …… 95
区文联各协会换届 …… 95
“繁星似锦·我讲我的故事”纪实片展示 …… 95
文化融合项目经验交流会 …… 95
甘井子区广场舞大赛 …… 96
推进基层文联组织建设 …… 96
创办内部交流期刊《甘井子文艺》 …… 96

红十字会
Red Cross Society
概况 …… 96
组织宣传工作 …… 97
应急救护培训 …… 97
赈济救助 …… 97
志愿服务 …… 97

民主党派组织概况
Democratic parties overview
概况 …… 97
民建甘井子区委员会 …… 98
民革甘井子区工作委员会 …… 98
民盟甘井子区支部委员会 …… 98
民进甘井子区基层委员会 …… 98
农工党甘井子区总支部委员会 …… 98
致公党甘井子区基层委员会 …… 98
九三学社甘井子区支社委员会 …… 98
台盟甘井子区支部委员会 …… 99

民建甘井子区委员会
Democratic construction committee of Ganjingzi district
概况 …… 99
思想建设 …… 99
宣传工作 …… 99
组织建设 …… 99
参政议政 …… 100
社会服务 …… 100

甘井子区工商业联合会(总商会)
Association of industry and commerce of Ganjingzi district
概 况 …… 101
非公有制经济人士理想信念教育实践活动 …… 101
“三三五”系列活动 …… 101
参政议政品牌 …… 102
光彩事业品牌 …… 102
六个平台建设 …… 102
基层商会组织建设 …… 103
商会制度建设 …… 103

【政法·军事·人防】
·Politics and law·Military·Civil defense·

公 安
Public security
概况 …… 104
维稳工作 …… 104
刑事侦查 …… 104
治安管理 …… 104
警务改革 …… 105
蓝鲨机动队建设 …… 105
道路交通管理 …… 105
消防管理 …… 107
边防管理 …… 107

检 察
Procuratorial work
概况 …… 107

刑事检察 …… 108
职务犯罪查办和预防 …… 108
刑事侦查监督 …… 108
刑事审判监督 …… 108
刑罚执行监督 …… 109
社会治安综合治理 …… 109
接受监督 …… 109

审　判
Administration of justice
概况 …… 110
刑事审判 …… 110
民商事审判 …… 110
行政审判 …… 110
执行工作 …… 111
人民法庭 …… 111
审判监督 …… 111
信访工作 …… 112
司法为民 …… 112
审判管理 …… 112
接受监督 …… 113

司法行政
Judicial administration
概况 …… 113
法制宣传教育 …… 113
人民调解 …… 114
安置帮教与社区矫正 …… 114
法律援助 …… 115
法律服务 …… 115
公证质量监督年活动 …… 116

预备役
Reserves army
概况 …… 116
思想政治建设 …… 116
战备训练工作 …… 117
安全管理工作 …… 117
后装保障工作 …… 117
双拥共建工作 …… 117

民兵与兵役
Militiaman &military service
概况 …… 118
民兵整组 …… 118
军事训练 …… 118
战备设施建设 …… 118
兵役征集 …… 118
民兵工作创新 …… 118
双拥工作 …… 119
政治教育 …… 119
党的群众路线教育实践活动 …… 119

人民防空
The Pelples Air Defense
概况 …… 120
组织指挥建设 …… 120
“三防”宣传教育 …… 120
防空警报维护与管理工作 …… 121
人防工程建设与使用管理 …… 121
人防设施设备维护管理 …… 121
人防应急准备工作 …… 121

【农林水利和海洋渔业】
· Agriculture & Forestry & Irrigation & Fishery ·

综　述
review
概况 …… 122

农　业
Agriculture
概况 …… 122
农业产业化 …… 123
农业标准化建设 …… 123
惠农政策 …… 123
农村改革试验区 …… 123
种子管理 …… 124
植物保护 …… 124
农业新品种、新技术引进推广 …… 125
农业技术培训 …… 125
农业信息入户工程 …… 126
初级农产品质量安全 …… 126
动物卫生监督管理 …… 126
重大动物疫病防控 …… 127
动物流行病学调查 …… 127
动物及其产品检疫 …… 128
动物布病监测和结核检疫 …… 128
病死动物无害化处理 …… 128
动物卫生监督信息追溯平台建设 …… 128
兽医医政管理 …… 128

林　业
forestry
概况 …… 128
青山生态工程建设 …… 128
森林防火工作 …… 129
林业有害生物防治 …… 130
林业植物检疫 …… 130
林业有害生物监测普查 …… 131
林政资源管理 …… 131

水　利
Irrigation
概况 …… 131
水利工程建设 …… 131
防汛抗旱 …… 132
水资源管理 …… 132

海洋与渔业
Marine and fishery
概况 …… 132
海洋管理 …… 133
海水养殖 …… 133
海洋捕捞 …… 134
水产品加工 …… 134
增殖放流 …… 134

水产品质量安全监管 …… 134
科技兴海工程 …… 135
远洋渔船和涉韩作业渔船管理 …… 135
渔港监督 …… 135
船舶检验 …… 136
渔政和海监工作 …… 136

【工业经济·商贸·旅游】
·The industrial economy, trade, tourism·

工业经济
industrial economy
概况 …… 137
工业项目建设 …… 137
工业园区建设 …… 137
装备制造业 …… 138
骨干企业发展 …… 138
工业技术创新 …… 138

商　业
Business
概况 …… 138
重点商业工作 …… 139
金三角花卉、茶叶、工艺品交易中心 …… 139
居然之家大连金三角店 …… 139
中汽大连亿丰汽车国际广场开业 …… 139
北方慧谷产业园一期开园 …… 140
大连旧机动车交易市场 …… 140
安盛亿合城开业 …… 140
霖韵生活馆项目竣工 …… 140
大连红星国际生活广场项目 …… 140
欧尚广场项目建设 …… 140

供销联社
Supply and marketing cooperative association
概况 …… 140
区供销联社党的群众路线教育实践活动 …… 141
清查整理资产 …… 141
解决司法诉讼问题 …… 141
稳定工作 …… 142

旅游业
Tourism
概况 …… 142
旅游宣传促销 …… 142
旅游行业管理服务 …… 142
牧城驿湖滨公园生态治理 …… 143
前关体育休闲公园项目建设 …… 143
城市湿地公园——棠梨湖公园建设 …… 143

【城乡建设】
·Urban and rural construction·

城乡建设规划管理
Urban and rural construction planning and management
概况 …… 144
规划管理工作 …… 144
重点项目规划审批 …… 145
民生项目规划审批 …… 145
测绘工作 …… 145
房产管理工作 …… 145
协调对接工作 …… 146

城乡建设
Urban and rural construction
概况 …… 146
青山生态系统建设 …… 147
游园绿地建设 …… 147
实施“一街一景”建设 …… 147
城市亮化工程 …… 147
街巷路维修工程 …… 147
“五个一”工程建设 …… 147
“暖房子”工程 …… 148
城市管理考核 …… 148
市容环境专项整治 …… 148
环境卫生及绿地养护管理 …… 148
防震减灾 …… 149
护林防火 …… 149
防台风防汛 …… 149
冬季除雪 …… 149
供热管理 …… 150
建筑企业管理 …… 150
建筑施工安全生产管理 …… 150
建筑工程质量监督 …… 150

国土资源管理
National land and resource management
概况 …… 151
用地审批 …… 151
耕地保护 …… 151
土地规划 …… 151
地籍管理 …… 151
矿山管理 …… 152

城市管理行政执法
Urban construction law enforcement
概况 …… 152
市容环境执法 …… 152
违法建设治理 …… 153
专项执法工作 …… 153

城乡管理行政执法
Urban and rural management of administrative law enforcement
概况 …… 154
市容环境卫生执法 …… 154
专业执法 …… 155
综合整治工作 …… 155
专项治理工作 …… 155

法制建设 …… 155

开发建设中心

Exploitation and construction Center

概况 …… 155
土地储备 …… 155
公租房建设 …… 156
棚户区改造 …… 156
地铁项目动迁遗留工作 …… 156
哈大高铁项目动迁遗留工作 …… 156
临空产业园项目 …… 156
大连北站回迁楼项目 …… 156
东海旧区改造项目 …… 156

【交通·环境保护】

· Transportation · Environmental protection ·

公路交通

Highway traffic

概况 …… 157
公路建设 …… 157
丹东至东兴公路东甸子至桑树底段 …… 157
渤海大道甘井子段 …… 158
棋南线 …… 158
河周路一期 …… 158
黑大线检查站至周水子路面改造工程 …… 159
黑大线辛寨子至信台子路面改造工程 …… 159
马北线马栏子至棠梨路面改造工程 …… 159
张前线张家至夏家河子路面改造工程 …… 159
马大线马家路段路面及排水系统改造工程 …… 159
羊革线路面改造工程 …… 159
台后线台子桥至后革村农村公路大修工程 …… 159
公路养护 …… 159
示范路创建工作 …… 160
道路运输 …… 160
道路运输管理 …… 161
水运市场建设 …… 161
交通运输安全生产监管 …… 162

环境保护

Environmental protection

概况 …… 162
控排减污 …… 162
大气污染防治 …… 163
群众信访受理 …… 163
排污收费 …… 163
建设项目管理 …… 163
环境监管 …… 163
突发事件处置 …… 164
环保宣传教育 …… 164

【财政·税务】

· Finance & Revenue ·

财　政

Finance

概况 …… 165
强化依法依规征管 …… 165
实施积极财政政策 …… 165
改善民生支出 …… 165
教育事业支出 …… 165
医疗卫生事业支出 …… 165
社会保障和就业支出 …… 166
文化体育事业支出 …… 166
社会安全稳定支出 …… 166
基础设施建设支出 …… 166
惠农政策落实支出 …… 166
强化财政管理 …… 166

国家税务

National taxation

概况 …… 166
税收征管 …… 167
纳税服务 …… 167
税务稽查 …… 167
队伍建设 …… 168

地方税务

The local taxation

概况 …… 168
税收调研 …… 168
重点项目、重点税源企业管理 …… 169
组织收入工作领导小组 …… 169
以地控税 …… 169
税收征管 …… 170
发票管理 …… 170
纳税评估 …… 170
税收执委会制度 …… 171
执法风险防范 …… 171
税务稽查 …… 171
落实税收优惠政策 …… 171
加强税种管理 …… 172
规费征收 …… 172
服务平台管理 …… 172
内部管理 …… 172
便民办税春风行动 …… 173
《全国县级税务机关纳税服务规范》施行 …… 173
信息支撑 …… 173

【综合经济管理与监督】

· General economic and management ·

发展与改革

Development and reform

概况 …… 174
年度计划编制 …… 174
经济体制改革 …… 174
行政管理体制改革 …… 175
社会体制改革 …… 176
经济运行与社会发展调控 …… 177
投资管理 …… 177
功能区建设 …… 177
节约资源与环境保护 …… 178
物价管理 …… 178

新居工程建设 …………………… 178

统 计

Statistics work

概况 ………………………………… 178
深化企业“一套表”改革 …… 179
第三次全国经济普查 ……… 179
统计服务 ………………………… 179
统计人员业务培训 ………… 180
统计法制建设 ………………… 180

市场监督管理

Market supervision and management

概况 ………………………………… 180
机构改革 ………………………… 181
落实新政 ………………………… 182
市场诚信体系建设 ………… 182
服务企业发展 ………………… 182
食品安全监管 ………………… 183
食品许可审核发放 ………… 183
食品企业及餐饮服务单位监管 ……………………………… 183
食品安全专项整治 ………… 184
食品安全监督抽检与应急防控工作 ……………………… 184
药品和医疗器械监管 ……… 184
规范市场秩序 ………………… 185
消费维权 ………………………… 185
质量、计量和标准化监管 …… 185
特种设备安全监察 ………… 186

审 计

Auditing

概况 ………………………………… 186
财政审计 ………………………… 186
专项资金审计和审计调查 … 186
政府重点投资项目审计 …… 187
经济责任审计 ………………… 187
赴营口鲅鱼圈进行土地审计 … 187
审计回访与整改 …………… 187
审计队伍建设 ………………… 188

招商投资

Investment promotion

概况 ………………………………… 188
审批事项管理 ………………… 188
招商活动 ………………………… 189
促进项目落地进资 ………… 189
服务外贸出口企业 ………… 189
外资外贸发展创新 ………… 190

安全生产监督

Production safety supervision

概况 ………………………………… 190
安全生产责任制落实 ……… 190
重点时段安全监管 ………… 190
涉氨制冷企业安全隐患排查治理专项行动 ……………… 191
粉尘作业场所安全专项检查情况 ……………………………… 191
汽车维修行业职业卫生专项治理 ……………………………… 191
人防工程、海上专项督察检查 ……………………………… 191
农贸市场专项检查 ………… 192
劳动防护用品专项检查 …… 192
重点地区专项检查 ………… 192
人员密集场所督察检查 …… 192
混凝土搅拌站专项检查 …… 192
建筑工地专项检查 ………… 192
危险化学品输送管线专项整治 ……………………………… 192
冶金铸造行业专项检查 …… 193
开展“六打六治”打非治违专项行动 ……………………………… 193
烟花爆竹销售安全监管 …… 193
危险化学品行业和重大危险源安全监管 ………………… 193
工矿商贸等行业领域安全监管 ……………………………… 194
铁路道口安全监管 ………… 194
职业卫生安全监管 ………… 194
安全生产宣传教育 ………… 195
安全生产培训工作 ………… 195

经济和信息管理

Economy and information management

概况 ………………………………… 195
全区提高工业经济运行质量工作领导小组成立 ……… 196
多方合作“保存量、扩增量” … 196
优化中小企业发展环境 …… 196
企业服务 ………………………… 196
拟上市企业数据库建立 …… 197
软件和信息技术服务业 …… 197

【人力资源与社会保障】

· Human resources and social security ·

概况 ………………………………… 198
就业与创业 ……………………… 198
社会保障 ………………………… 199
公务员队伍建设与管理 …… 200
事业单位人事制度改革 …… 200
军转干部安置与稳定 ……… 200
绩效考核再获佳绩 ………… 200
外专引才引智服务 ………… 200
劳动合同制度实施 ………… 201
劳动保障监察执法 ………… 201
劳动人事争议调解仲裁 …… 201

【民政事业】

· Civil affairs ·

民政事业 ……………………… 202
概况 ………………………………… 202
社会救助 ………………………… 202
防灾减灾 ………………………… 202
社区建设 ………………………… 203

社会组织工作 …………………… 203
双拥工作 ………………………… 203
优待抚恤 ………………………… 204
婚姻登记 ………………………… 204
福利企业管理 …………………… 204
老龄工作 ………………………… 204
殡葬工作 ………………………… 204
民族宗教工作 …………………… 205
区划地名 ………………………… 205
建议提案办理工作 ……………… 205

慈善事业
Philanthropy
概况 ……………………………… 205
慈善基金建设 …………………… 205
重点救助工作 …………………… 206
慈善基金管理使用监督检查 … 207
慈善义工队伍建设 ……………… 207
春节夕阳扶老活动 ……………… 207
甘井子区慈善总会二届二次
　理事会议 ……………………… 207
区政协设立"万元慈善基金" … 207
倡导文明祭祀 …………………… 207
区委老干部局"爱在金秋"
　艺术团、义工团成立 ………… 207
防震减灾宣传行动 ……………… 208
先天性心脏病患儿筛查 ……… 208
爱心助学系列活动 ……………… 208
辛寨子街道启动五项慈善
　基金项目 ……………………… 208
"赶爱心大集，展义工风采"
　活动 …………………………… 209
为贫困家庭学生开展课外
　辅导 …………………………… 209
机场街道"爱心传递，助力
　中考"活动 …………………… 209
温暖"六一"圆低保家庭
　儿童"微心愿"活动 ………… 209
远离毒品宣传行动 ……………… 209
甘井子区义工队趣味运动会 … 209

【教育事业·科学技术】
·Education, science and technology career·

教育事业
Education career

综述
review
概况 ……………………………… 210
新年议教会 ……………………… 211
教师队伍建设 …………………… 211
招生考试工作 …………………… 212
教育对口帮扶 …………………… 212
规范办学行为 …………………… 212
岗位设置工作 …………………… 213

基础教育
Basic education
概况 ……………………………… 213
基础设施建设与校舍资源
　整合 …………………………… 213
学校安全管理 …………………… 214
教育信息化工程建设 ………… 214
教育惠民 ………………………… 214
教育教学管理 …………………… 215
学校特色创建 …………………… 215
中心型素质教育实践基地
　建设 …………………………… 215
特殊教育中心 …………………… 216
学校德育 ………………………… 216
体育教育 ………………………… 217
卫生工作 ………………………… 217
艺术教育 ………………………… 217
学前教育 ………………………… 218

社会教育
Social education
社区教育 ………………………… 218
民办教育 ………………………… 218
青少年教育保护工作 ………… 219

教育督导
Education supervision
概况 ……………………………… 219
责任督学挂牌督导 ……………… 219
学前教育专项督导 ……………… 220
艺术工作专项督导 ……………… 221
教育管理专项督导 ……………… 221
辽宁省基础教育质量监测
　工作 …………………………… 221
市政府对区政府教育目标
　考核工作 ……………………… 221
督政工作 ………………………… 222

社区学院
community college
概况 ……………………………… 222
社区教育 ………………………… 223
职业培训 ………………………… 223
学历教育 ………………………… 224
网络宣传 ………………………… 224

甘井子区教师进修学校
Ganjingzi district teachers training college
概况 ……………………………… 224
干部培训工作 …………………… 225
教师教育工作 …………………… 225
教育教学研究工作 ……………… 226
教育科研工作 …………………… 226

科学技术管理
Science and technology management
概况 ……………………………… 226
平台建设 ………………………… 227
科技项目研究 …………………… 227
组织企业参加各项科技比赛 … 228
科技宣传 ………………………… 228
科技项目监督检查 ……………… 228

专利与知识产权保护 ……… 228
实施“基层科普行动计划” … 228
科普文化大沙龙活动 ……… 229
科普日、科技活动周活动 …… 229
社区科普工作 ……………… 229
科普画廊建设 ……………… 229

【文化·体育】

·Culture & Sports·

文化事业

Cultural undertakings

概况 ………………………… 230
文化馆工作 ………………… 230
图书馆工作 ………………… 230
文化市场管理 ……………… 231
文化活动 …………………… 231
文化遗产保护 ……………… 232

体育事业

Sports undertakings

概况 ………………………… 232
甘井子区体育场改造 ……… 232
新市民健身中心 …………… 232
第六次全国体育场地普查 … 232
第28届奥林匹克日长跑
（大连）活动 ……………… 233
群众体育 …………………… 233
竞技体育 …………………… 234
运动员输送情况 …………… 234

【卫生·计划生育】

·Health·Family planning·

综述

Overview

概况 ………………………… 236
卫生计生机构改革 ………… 236
医疗卫生健康中心项目建设 … 236
社区卫生服务工作 ………… 236
医疗卫生服务质量 ………… 237
公共卫生服务 ……………… 237
卫生监督管理 ……………… 238
妇幼工作 …………………… 238
卫生应急工作 ……………… 238
落实计划生育奖励扶助政策 … 238
幸福家庭创建 ……………… 239
构建流动人口均等化服务
模式 ……………………… 239
发挥计划生育协会作用 …… 239
爱国卫生工作 ……………… 239

疾病预防与控制

Disease prevention and control

概况 ………………………… 239
埃博拉出血热疫情防控 …… 240
传染病及地方病防制 ……… 240
慢性非传染性疾病防制 …… 241
免疫规划 …………………… 242
健康危害因素监测 ………… 244
检验检测及质量控制 ……… 244
卫生应急 …………………… 245
健康教育与健康促进 ……… 245
培训与督导 ………………… 246

卫生监督

Sanitary control

概况 ………………………… 246
卫生监测 …………………… 246
普法宣传和培训 …………… 247
监督员培训 ………………… 247
专项整顿 …………………… 248
受理群众投诉举报 ………… 248
量化分级管理 ……………… 248
卫生监督信息化建设 ……… 248

妇幼卫生

Women and children health

概况 ………………………… 248
内涵建设 …………………… 249
群体保健管理 ……………… 249
贯彻《母婴保健法》 ……… 250
妇女保健 …………………… 250
儿童保健 …………………… 250

【功能区建设】

·Functional area construction·

生态科技创新城

Eco－technology innovation town

领导人名录 ………………… 252
概况 ………………………… 252
大连生态科技创新城公务员职业
道德教育实践基地揭牌 … 252
大连生态科技创新城参展
第12届中国国际软件和信息
服务交易会 ……………… 253
大连生态科技创新城与市出入境
管理局签署合作协议书 …… 253
大连生态科技创新城管委会赴
外埠开展拜访重点招商客户
活动 ……………………… 253
中国首个创意自治区——泰达·
慧谷产业园正式开园 …… 254
华宇（大连）信息服务有限公司
获得国家级“双软”认证 … 254
中宣部调研组到大连生态科
技创新城调研 …………… 254
省委常委、市委书记唐军到
大连生态科技创新城指导
第二批党的群众路线教育
实践活动 ………………… 254
大连生态科技创新城“定制
商务班车”正式开通 ……… 255
副市长卢林调研大连生态科技
创新城农林水务工作 …… 255

大连湾临海装备制造业聚集区

Dalian bay coastal equipment manufacturing industry agglomerations
概况 …… 256
重点项目 …… 256
现代服务业 …… 256
科技创新 …… 256

中华路商务区
Zhonghua road business district
概况 …… 257
重点项目 …… 257
中华路商务区被评为省级现代服务业集聚区 …… 257
安盛·亿合城开业 …… 257

西城国际旅游商务区
Xicheng international tourism business district
概况 …… 258
基础设施 …… 258
国家5A级景区创建 …… 258
核心产品和片区改造项目 …… 259
休闲经济 …… 259

【街道办事处】

· Sub – district office ·

营城子街道
Yingchengzi streets
概况 …… 260
重点项目 …… 260
城市建设 …… 261
城市基础设施建设 …… 261
生态环境建设 …… 261
社会环境建设 …… 261
民生事业 …… 261
甘井子工业园区建设 …… 261

革镇堡街道
Gezhenpu streets
概况 …… 262
重点项目 …… 262
新居工程 …… 263
社会管理 …… 263
社会事业 …… 263
生态环境建设 …… 263
民情采集员 …… 263
暖心工程 …… 264
商会换届 …… 264
企业创新发展 …… 264

辛寨子街道
Xinzhaizi streets
概况 …… 265
重点项目 …… 265
招商引资 …… 265
民生工程 …… 265
城市绿化 …… 266
城市管理 …… 266
劳动与社会保障 …… 266
卫生计生工作 …… 266
文化建设 …… 267
辛寨子街道文化促进委员会成立 …… 267
教育工作 …… 267
社会事业 …… 267
党建工作 …… 268
靓屏工程 …… 268
党员志愿服务超市 …… 268
辛寨子信息化平台 …… 268
街志编纂工作 …… 269

红旗街道
Hongqi streets
概况 …… 269
民生保障 …… 269
社会事业 …… 270
文化事业 …… 270
西山湖文化中心启用 …… 271

大连湾街道
Dalianwan streets
概况 …… 271
旧区改造 …… 271
城市功能建设 …… 271
城区环境建设 …… 272
辽宁省老龄工作现场会在大连湾街道召开 …… 272
前盐村创建国家级、省级“充分就业社区” …… 272
金地小学投入使用 …… 272
“草根足球”文化建设 …… 272
大连湾首届体育节 …… 273
党建联合体 …… 273
“三联三包”专项活动 …… 273

南关岭街道
Nanguanling streets
概况 …… 273
重点项目 …… 273
城市建设 …… 273
社会事业 …… 274
一街一景 …… 274
南岭人家社区游园建设 …… 274
“利民、亲民、安民”工程 …… 274
党建工作载体创新 …… 274
社情民意监督员 …… 275

甘井子街道
Ganjingzi streets
概况 …… 275
重点项目建设 …… 275
老城区改造项目 …… 276
基础设施改造 …… 276
社会事业 …… 276
创新“三会一有”群众工作法 …… 277
创建“365”环保超市 …… 277
创建群众俱乐部 …… 277
城区建设 …… 278
社会管理 …… 278

椒金山街道
Jiaojinshan streets
概况 …… 279
重点项目 …… 279
环境治理 …… 279
惠民工程 …… 280
社会救助创新实践 …… 280
社会稳定 …… 280
文化惠民 …… 280
党的建设 …… 280
民情恳谈活动 …… 280
“奏时代强音，劳模风采”启动仪式 …… 281
团工委工作 …… 281
寻最美家风，建幸福家庭 …… 281

中华路街道
Zhonghualu streets
概况 …… 282
招商引资 …… 282
土地储备 …… 282
民主政治和群团工作 …… 282
社会事业 …… 282
社会管理 …… 283
安全生产 …… 284

兴华街道
Xinghua streets
概况 …… 284
重点项目 …… 284
招商引资 …… 284
社会事业 …… 284
妇联活动 …… 285
社会管理 …… 285
党内关爱活动 …… 285
“两创”活动 …… 286
省委常委、市委书记唐军到兴华街道调研并与联系户群众座谈 …… 286
转办民心网诉求件获10星评价 …… 286
兴华街道新商会成立 …… 286
松江路31号楼精品和谐楼院创建 …… 286
中央级媒体报道街道传播家规家训创新做法 …… 286
兴华街道志愿者协会青少年志愿者分会成立 …… 286
“学雷锋，献爱心”义卖活动 …… 287
大连市首家汽车销售与维修行业工会联合会成立 …… 287
市民健身广场建成使用 …… 287
“兴华四季”之春——志愿服务周 …… 287
“兴华四季”之夏——“感动兴华”人物评选 …… 287
“兴华四季”之秋——千人健身操展演 …… 287
东部社区被评为市四星级科普社区 …… 287
社会组织服务中心 …… 287
“春风行动” …… 288
一街多景建设 …… 288
“暖房子”工程 …… 288
老旧楼院改造工程 …… 289

周水子街道
Zhoushuizi streets
概况 …… 289
经济发展 …… 289
重点项目 …… 289
城区建设 …… 289
创新网格化管理 …… 289
2·7爆炸事故处置 …… 290
计生工作 …… 290
社会保障 …… 290
社会组织建设 …… 290
“绿马甲”志愿服务 …… 290
家政服务岗位需求服务平台 …… 291
社区教育和群众性文化体育活动 …… 292
文明楼院 …… 292
文明城市创建 …… 292

泡崖街道
Paoai streets
概况 …… 292
重点项目 …… 292
城市建设 …… 293
社会事业 …… 293
文化惠民工程 …… 293
党建工作创新 …… 294
亿丰大连国际汽车城一期开业 …… 294
康顺社区投入使用 …… 295
“一街一景”绿化改造 …… 295
弃管楼院改造 …… 295

机场街道
Jichang streets
概况 …… 295
经济建设 …… 295
平安稳定建设 …… 296
就业服务 …… 296
社会事业 …… 296
文体活动 …… 296
精神文明 …… 296
打造精品文化工程 …… 297
城市管理 …… 297
惠民工程 …… 297
“社区党建网格管理”创新实践活动 …… 298
辖区“正能量” …… 298

泉水街道
Quanshui streets
概况 …… 298
重点项目 …… 298
城市建设 …… 298

城市管理 …… 299
社会事业 …… 299
社区建设 …… 299
整合社区资源打造“大社区” …… 300
欧尚广场 …… 300
“两代表一委员”为地区环境整治议良策 …… 300
“幸福五星志愿服务进百店”活动 …… 301
税源清查行动 …… 301
“筑梦想,聚民心,勇担当”演讲比赛 …… 302
迎“七一”志愿服务系列活动 …… 302
“星耀泉水 唱响幸福”合唱展演 …… 302

【区处级单位领导名录】(2014. 01 –2014. 12)

· District level unit leadership ·
(2014. 01 –2014. 12)

区处级单位领导名录 …… 303

【荣誉榜】

· Honor roll ·

先进集体
Superior group

国家级 …… 312
省 级 …… 312
市 级 …… 313
区 级 …… 315

个 人
personal

国家级 …… 318
省 级 …… 318
市 级 …… 318
区 级 …… 320

【重要报告、讲话辑存】

· Major reports and speeches records ·

坚定信心 勇于担当 确保全面完成全年目标任务 …… 322
保持定力 增强动力 开辟现代化国际化中心城区建设新境界 …… 328
大连市甘井子区人民代表大会常务委员会工作报告 …… 335
大连市甘井子区人民政府工作报告 …… 340
中国人民政治协商会议大连市甘井子区第八届委员会常务委员会工作报告 …… 350

【大事记】

· Memorabilia ·

大事记 …… 356

【社会经济统计资料】

· Social economic statistical information ·

2014 年甘井子区生产总值(按行业分) …… 369
2014 年甘井子区街道生产总值(当年价格) …… 369
2014 年甘井子区财政收入 …… 370
2014 年甘井子区财政支出 …… 370
2014 年甘井子区街道财政一般预算收入 …… 371
2014 年甘井子区税收情况(属地) …… 371
2014 年甘井子区街道税收情况 …… 372
2014 年甘井子区规模以上工业总产值 …… 372
2014 年甘井子区农村经济总收入 …… 373
2014 年甘井子区现价农业总产值 …… 373
2014 年甘井子区可比价农业总产值 …… 374
2014 年甘井子区主要农作物播种面积及产量(含科研) …… 374
2014 年甘井子区渔业生产情况 …… 375
2014 年甘井子区畜牧业生产情况(含科研) …… 375
2014 年甘井子区水果生产情况(含科研) …… 375
2014 年甘井子区个体和私营企业从业人员情况 …… 376
2014 年甘井子区个体和私营企业户数情况 …… 376
2014 年甘井子区个体和私营企业注册资金情况 …… 376
2014 年甘井子区固定资产投资完成情况 …… 377
2014 年甘井子区区街单位固定资产投资完成情况 …… 377
2014 年甘井子区房地产开发情况 …… 378
2014 年甘井子区全部在岗职工人数与工资 …… 379
2014 年甘井子区国有在岗职工人数与工资 …… 379
2014 年甘井子区城镇集体经济

单位在岗职工人数与工资 … 380
2014 年甘井子区其他各种经济单位在岗职工人数与工资 … 381
2014 年甘井子区单位从业人数 …… 382
2014 年甘井子区教育事业基本情况 …… 382
2014 年甘井子区城乡文化建设基本情况 …… 383
2014 年甘井子区图书馆基本情况 …… 383
2014 年甘井子区体育事业基本情况 …… 383
2014 年甘井子区卫生机构、床位数 …… 383
2014 年甘井子区科学技术基本情况 …… 383
2014 年甘井子区总户数 …… 384
2014 年甘井子区总人口数 … 384
2014 年甘井子区人口变动及计划生育情况 …… 385
2014 年甘井子区工业企业主要能源消费量、库存量 …… 385

【附　录】

· Appendix ·

2014 年中共甘井子区委员会文件(目录) …… 386
2014 年中共甘井子区委办公室文件(目录) …… 387
2014 年甘井子区人民政府文件(目录) …… 388
2014 年甘井子区政府办公室文件(目录) …… 388
甘井子区领导机关地址及办公电话 …… 390
甘井子区各街道办事处地址及办公电话 …… 391
常用电话 …… 391

【索　引】

· Index ·

索引 …… 392

概　貌

区位综述

【位置面积】　甘井子区位于大连市中心城区，是连接主城区与新市区的纽带。地理坐标北纬38°47′～39°07′，东经121°16′～121°45′。面积502平方千米。地形西南部宽，东北部窄。东西长40千米，南北宽35千米。东北与金州区（金州新区）接壤，南与沙河口区为邻，西南与旅顺口区毗连，东、南临黄海，北濒渤海。区境北部陆地处大连市区的咽喉要道，铁路、公路形成网络。位于南关岭地区的大连北站，为哈大高速铁路干线终点，是东北地区铁路的重要枢纽之一。域内的大连周水子国际机场国内外航线四通八达。海岸沿线有专业码头多处，海运发达。甘井子区党政机关驻甘井子区明珠广场1号。

【建置沿革】　战国时期甘井子地区属燕辽东郡（治襄平，今辽阳市）辖地。秦因之。西汉时属辽东郡沓氏县。三国时期魏改沓氏县为东沓县。西晋属辽东郡（国）平郭县。东晋时期先后为前燕、前秦、后燕属地，归平州辽东郡管辖。公元668年（唐总章元年）以后，属安东都护府积利州（今庄河市城山山城）辖地。辽代归苏州（金州）来苏县管辖。金代属东京路辽阳府复州化成县。1216年（金贞祐四年）升化成县为金州。区境属金州辖地。元代属金复州万户府辖之哈斯罕千户所。明代属金州卫辖之中左千户所。清代先后归宁海县、金州厅旅安社管辖。

中日甲午战争后，清政府于1898年（光绪二十四年）被迫与俄国签订《旅大租地条约》《续订旅大租地条约》，旅大沦为俄国租借地。俄国统治当局置关东州厅，下设金州、貔子窝、亮甲店、旅顺和岛屿5个行政区及金州、旅顺、貔子窝3个市。当时，小平岛、岔沟、营城子属旅顺行政区；革镇堡、辛寨子、柳树屯、臭水子一带属金州行政区。

1905年（光绪三十一年）日俄战争后，日本取代俄国侵占旅大，先设金州、大连军政署，不久即撤军政署改设关东州民政署。1906年9月置关东都督府，1919年改称关东厅，1934年改关东局，下设关东州厅。厅下设旅顺、金州、普兰店、貔子窝4个民政署和大连、旅顺2个市。今甘井子区域分属大连、旅顺及金州民政署。1937年，海猫屯会、周水子会改为区，划入大连市役所。小平岛会、栾家屯会、岔沟会、革镇堡会、周水子会的一部分划归旅顺民政署；南关岭会、大连湾会及海猫屯会的一部分划归金州民政署。1944年冬，原旅顺民政署所辖营城子会、小平岛会、栾家屯会、岔沟会、革镇堡会和金州民政署所辖的南关岭会、大连湾会改为区建置，划归大连市役所管辖。

1945年8月22日，大连解放。同年11月8日，大连市人民政府成立。1946 年 1 月,大连县人民政府正式成立。这是域内首次设置的县级政权。大连县辖甘井子、南关岭、革镇堡、西山、营城子、岔沟、大山、小平岛 8 个区。1946 年 5 月,大山区并入小平岛区,大连县改辖 7 个区。各区置区公所。1949 年 12 月 18 日,区公所改称区人民政府。1950 年 12 月,大连县撤销,原辖区除西山区并入沙河口区外,设甘井子、营城子、小平岛 3 个市辖区,隶属旅大市人民政府。1955 年 4 月,区人民政府改称区人民委员会。1956 年 8 月,小平岛区与营城子区合并,置大辛寨子区,隶属旅大市人民委员会。1959 年 8 月,撤销大辛寨子区,辖区分别划归沙河口区、甘井子区和旅顺市。1960 年 4 月,甘井子区人民委员会改称甘井子区人民公社。1961 年 6 月,恢复甘井子区人民委员会称谓。1968 年 5 月,甘井子区人民委员会改称甘井子区革命委员会。1980 年 8 月,恢复甘井子区人民政府称谓。1984 年 1 月,金县大连湾乡划归甘井子区。2008 年 9 月,凌水街道划归大连高新技术产业园区代管。 (党研室)

【行政区划】 截至 2014 年 12 月,甘井子区辖 14 个街道,即营城子街道、革镇堡街道、甘井子街道、椒金山街道、周水子街道、中华路街道、泡崖街道、机场街道、兴华街道、南关岭街道、泉水街道、辛寨子街道、红旗街道、大连湾街道。全区共辖 17 个村民委员会(以下简称村委会)、25 个村级单位和 133 个社区居民委员会(以下简称社区居委会)。

营城子街道辖 11 个村委会和 1 个社区居委会。即营城子、大黑石、双台沟、前牧城驿、后牧城驿、金龙寺沟、对门沟、郭家沟、沙岗子、东小磨子、西小磨子村委会和秀山丽水社区居委会。

革镇堡街道辖 6 个村委会和 1 个社区居委会。即鞍子山、夏家河子、中革镇堡、后革镇堡、羊圈子、棋盘子村委会和渤海社区居委会。

辛寨子街道辖 6 个村级单位和 7 个社区居委会。即大辛寨子、小辛寨子、砬子山、前革镇堡、由家、大东沟村和美林园、新星、华鑫、由家、清流坊、星语家、五郡社区居委会。

红旗街道辖 5 个村级单位和 7 个社区居委会。即岔鞍、棠梨、柳树、张家、刘家村和鸿盛、祥和、吉祥、亲亲家园、彩虹、里程、兰丰社区居委会。

大连湾街道辖 14 个村级单位和 4 个社区居委会。即李家、前关、后关、拉树房、前盐、后盐、土城子、苏家、宋家、毛茔子、大房身、大连湾、湾浦、棉花岛村和化工新村、丽湾海景、福佳新城、欣家园社区居委会。

甘井子街道辖 14 个社区居委会。即七星、六间、松山、海燕、海茂、海鸥、甘园、站前、光明、甘中、东山、甘峰、甘泉、甘欣社区居委会。

椒金山街道辖 14 个社区居委会。即金贸、金源、金峰、金旺、椒中、椒东、椒北、龙江、金龙、矿北、金泉、金荣、金山、金成社区居委会。

南关岭街道辖 10 个社区居委会。即井东、井西、井南、绿园、圣泰、姚兴、姚宏、姚盛、姚源、兴南社区居委会。

周水子街道辖 15 个社区居委会。即周东、周西、周兴、周南、周盛、周发、周顺、周水子、周强、周北、亿达、绿州、星加坡、鹏辉、壹品天成社区居委会。

泉水街道辖 9 个社区居委会。即泉华、锦泉、奥林、龙鑫园、龙河、骏腾、龙园、泉水、幸福社区居委会。

机场街道辖 8 个社区居委会。即昌虹、蓝天、郭东、民航、南山、南松、郭中、圣林社区居委会。

兴华街道辖 13 个社区居

委会。即华振、华国、华中、华兴、华岳、秀山、秀水、金钢、金宇、兴利、兴民、兴富、兴强社区居委会。

泡崖街道辖14个社区居委会。即金兴、新盛、玉胜、欣乐、岭南、岭西、玉山、玉峰、玉乐、万众、湖西、康馨园、康盛、康顺社区居委会。

中华路街道辖16个社区居委会。即永新、永安、永昌、永明、永盛、六祥、六顺、天发、梅山、兴国、新园、锦园、名贵山庄、北府花园、动力院景、加州洋房社区居委会。

（区民政局）

【气候特征】 甘井子区地处北半球的暖温带，亚欧大陆的东岸，属暖温带半湿润大陆性季风气候，兼有海洋性气候特点。冬无严寒，夏无酷暑，降雨集中，季风明显。年平均气温10℃左右，年极端最高气温35℃左右，年极端最低气温－28℃～－18℃，无霜期180～200天。年降雨量550～800毫米，旱年多于涝年。由于地处东亚季风区，7级或7级以上大风日数沿海每年40～65天，内陆10～20天。年平均日照时数2500～2800小时，日照率60%左右。年平均空气相对湿度64%～70%。年平均雷暴日数18～26天。年平均大雾日数35～50天。

气候特点。2014年，甘井子地区气候条件较差，气象灾害较重，7—8月全区大部出现中旱、局部重旱。夏旱对粮食作物产量影响较大，粮食总产量比上年减产近3成。汛期降水偏少，水资源少于常年。雾、霾天气较多，空气质量比上年有所下降。

气温。全区年平均气温显著偏高，为11.4℃，比常年（10.4℃）高1.0℃，比上年高1.1℃，为1971年以来历史第二高（2007年11.6℃）。冬季（2013年12月至2014年2月）气温偏高，平均气温－2.1℃，比常年高1.2℃，比上年高3.2℃；春季（2014年3月至5月）气温显著偏高，平均气温11.2℃，比常年高1.6℃，比上年高2.7℃，为1971年以来历史同期最高；夏季（2014年6月至8月）气温偏高，平均气温23.4℃，比常年高0.7℃，比上年高0.3℃；秋季（2014年9月至11月）气温偏高，平均气温13.4℃，比常年高0.7℃，比上年高0.1℃。全区9月份平均气温接近常年，12月份比常年低0.5℃，其他月份均表现为偏高趋势。特别是1月份、4月份表现为异常偏高，为1971年以来历史同期最高。其中，1月份平均气温－2.4℃，比常年高2.8℃；4月份平均气温12.1℃，比常年高2.1℃。

降水。全区年平均降水量为389毫米，比常年少224毫米，比上年少414.5毫米，为1971年以来第二少（1999年334毫米）。冬季降水显著偏少，全区平均降水量9毫米，比常年少5成。春季降水正常，全区平均降水量83毫米，比常年少1成。夏季降水显著偏少，全区平均降水量193毫米，比常年少5成，为1971年以来历史同期第二少。秋季降水正常，全区平均降水量105毫米，与常年持平。各月降水整体偏少，除5月、11月外，其他各月降水均少于常年。其中3月降水量异常偏少，月平均降水量仅1毫米，为1971年以来历史同期最少。

日照。全区年平均日照时数正常，为2626小时，比常年多76.5小时，比上年多66小时。冬季日照正常，全区日照时数551小时，与常年基本持平；春季日照正常，全区日照时数765小时，比常年多37小时；夏季日照正常，全区日照时数698小时，比常年多1成；秋季日照正常，全区日照时数636小时，与常年基本持平。全区日照时数存在明显季节性差异，表现为春季日照最充沛，夏季次之，冬季最少。5月份日照时数全年最长，为

272 小时。各月日照时数与常年相比,2 月少近 2 成,7 月、8 月多 1 ~ 2 成,其余月份均正常。

相对湿度。全区年平均相对湿度 64%,比常年略低。全年各月相对湿度 54% ~ 78%,其中夏季相对湿度比常年低 8% 左右。

大风。全区年大风日数偏少,为 16 天,比常年少 10 天,比上年少 3.4 天。1 月份大风最多,全区平均为 3 天。

大雾。全区年平均大雾日数正常略少,为 35 天,比常年少 2 天,比上年多 5 天。大雾主要出现在春、夏两季,其中 3 月份最多,全区平均为 5 天。

无霜期。全区年平均无霜期日数 235 天,比常年多 28 天,比上年多 20 天。全区初霜日平均出现在 11 月 9 日,比常年推迟 14 天,比上年推迟 7 天;全区终霜日平均出现在 3 月 20 日,比常年提前 11 天,比上年提前 14 天。

主要气候事件及其影响。全年全地区主要出现春季气温显著偏高、夏季伏旱、台风、大风、局地强对流、雾、霾等气候事件。

春季气温显著偏高。全区春季平均气温 11.2℃,比常年同期高 1.6℃,是 1971 年以来历史最高值。持续偏高的气温对农业生产有利,冻土化通日期、物候期、大田播种期等均比往年提前 10 天左右。

夏季伏旱严重。全区夏季平均降水量显著偏少,为 193 毫米,比常年同期少 5 成,为 1971 年以来历史同期第二少,是继 1999 年之后的又一个极端干旱年份。6 月末至 7 月初,全区初露旱象;7 月末至 8 月上旬,全区大部分地区出现中旱,局部地区重旱。

台风。7 月 25 日中午至 26 日凌晨,受"麦德姆"台风影响,甘井子地区出现大风降雨过程,部分地区降雨量达中雨,局部大雨到暴雨。陆地出现 7 到 8 级大风、阵风 9 级,海面出现 8 到 9 级大风、阵风 10 级。此次台风过程造成玉米倒伏,海上养殖业损失严重,道路及堤坝损坏近千米。

局地强对流时有发生。全年雷雨、大风、冰雹等强对流时有发生,局地危害较大。

雾、霾天气较多。全年雾、霾天气较多,空气质量比上年有所下降。甘井子地区空气质量为优的天数 69 天,占全年 18.9%;良的天数为 213 天,占全年 58.3%;轻微污染以上天数为 83 天,占全年 22.7%。轻微污染以上天数为近 10 年最多,比上年多 40 天。 (党研室)

国民经济和社会发展

【经济总量】 2014 年,全区实现地区生产总值 9635337 万元,按可比价格计算,比上年增长 5%。从三次产业来看,第一产业增加值 94290 万元,可比增长 0.01%;第二产业增加值 5586586 万元,可比增长 4.9%,其中:工业增加值 4767823 万元,可比增长 4.7%;第三产业增加值 3954461 万元,可比增长 5.2%。三次产业结构比为1:58:41。

【财政税收】 2014 年,全区实现财政收入(含基金)476879 万元,比上年同期下降 20.9%,地方财政一般预算收入 475311 万元,比上年同期下降 20.4%。其中:增值税为 54858 万元,比上年同期下降 14.5%;企业所得税为 39903 万元,比上年同期下降 26.4%;营业税为 159852 万元,比上年同期增长 9.0%;个人所得税为 11079 万元,比上年同期增长 10.1%。涉农街道实现财政一般预算收入 289823 万元,占全区财政一般预算收入的 60.9%;城市街道实现财政一般预算收入 122036 万元,占全区财政一般预算收入的 25.7%。2014 年,全区财政支出(含基金)为 544667 万元,比上年同期下降 2.2%,地方财政一般预算支出541779万元,比上年同期下降0.6%。其中:社会保障和就业支出46292万元,比上年同期下降4.2%;医疗卫生与计划生育支出18713万元,比上年同期增长44.4%;教育事业支出98713万元,比上年同期下降14.9%;科学技术支出8117万元,比上年同期增长0.9%;城乡社区事务支出174235万元,比上年同期增长5.4%。

全区实现税收总量2744995万元,比上年同期下降4.1%。其中:国税局完成407844万元,比上年同期下降1.5%;国税直属局完成1395086万元,比上年同期增长1.0%;地税局(含稽查局)完成811495万元,比上年同期下降12.0%,地税直属局完成130570万元,比上年同期下降9.5%。

【农业】 2014年,全区实现农业总产值171303万元,增加值100988万元,可比下降0.8%,分行业数据显示:

农业(种植业)下行趋势明显。2014年,全区粮食总播种面积366公顷,产量1252吨,分别下降36%和57.8%,主要原因为工业及建设项目占地,耕地面积大幅缩水。其中玉米播种面积289公顷,总产量1053吨,分别下降39.8%和58.1%。全区蔬菜播种面积921公顷,同比下降10.1%,总产量50305吨,同比增长29%。水果播种面积2199公顷,同比增长125.8%,总产量24926吨,同比增长28.6%。

畜牧业发展平稳。2014年,全区完成肉类总产量7606吨,同比下降8.5%,完成禽蛋产量68吨,同比增长13.3%,完成奶类总产量792吨,同比增长4.2%,出栏生猪92119头,同比下降5.6%。

渔业发展呈收缩趋势。2014年,完成水产品总量79229吨,同比下降19%,其中海水养殖产品10059吨,同比增长0.1%。实现水产品总产值97347万元,同比下降1.5%。

农林牧渔服务业实现产值9976万元,同比下降9.3%,增加值6698万元,同比下降10.8%。

【工业、建筑业】 2014年,全区所属口径规模以上工业企业272家,实现工业总产值3911061万元,同比下降5.8%;实现主营业务收入3124146万元,与上年基本持平;实现利润总额153471万元,同比增长3.9%;实现利税总额285324万元,同比增长8.6%;综合能源消费量811847吨标准煤,同比下降6.62%。

轻、重工业总产值均有所下降。全区所属口径规模以上重工业企业184家,实现工业总产值2866005万元,同比下降5.7%,轻工业企业88家,实现工业总产值1045056万元,同比下降5.9%。

各类所有制经济工业总产值受经济基本面影响较大。国有企业实现工业总产值621974万元,同比下降22.4%;股份合作企业实现工业总产值24188万元,同比下降24.3%;股份制企业实现工业总产值1987524万元,同比下降3.6%;其他企业实现工业总产值100973万元,同比下降5.6%;集体企业实现工业总产值25022万元,同比增长95.8 %;外商及港澳台商投资企业实现工业总产值1151380万元,同比增长1.3%。

装备制造业占规模以上工业比重过半。全区121家装备制造业企业,实现工业总产值2039659万元,占全区规模以上工业的52%,同比下降7.8%;计算机、通信和其他电子设备制造业、汽车制造业、仪器仪表制造业继续保持增长态势,其中仪器仪表制造业一枝独秀,同比增长48.9%。

助力大连汽车产业发展。全区共有汽车制造业及相关配套产业单位8家,全年实现工业总产值188548万元,较上年增长近10%,出口总值同比增长36.8%。

主营业务收入与上年同期基本持平。全区实现主营业务收入3124146万元,与上年基本持平。从轻、重工业看,重工业支撑作用显著,共实现主营业务收入2265311万元,同比增长2.5%,占全区主营业务收入总额的72.5%。

利润利税增长明显。全区规模以上工业实现利润总额153471万元,同比增长3.9%,其中国有企业33876万元,同比下降12.7%;集体企业49万元,同比下降89.2%;股份制企业53034万元,同比下降18.9%,外商及港澳台商投资企业66796万元,同比增长59.9%。全区实现利税总额285324万元,同比增长8.6%,增速比同期增加13.3个百分点。

全区具备资质建筑业企业276家,其中:建筑安装企业97家,房屋和土木建筑企业107家,建筑装饰企业36家,其他建筑企业36家。签订合同额4013412万元。

全区有注册资质建筑企业房屋建筑施工面积为1159万平方米,其中房屋新开工面积为457万平方米,占施工面积的39.4%。

全区资质以上建筑企业完成建筑业总产值2214024万元,同比下降23.3%,其中,建筑工程产值1727198万元,安装工程产值358876万元,建筑工程产值占总产值的78.0%。

【固定资产投资】 2014年,全区固定资产投资在新常态下呈现缓增态势。全年实现固定资产投资7895253万元,同比增长2.0%,占全市固定资产投资份额的11.7%。其中:建设项目完成投资4350972万元,同比增长5.1%,房地产完成投资3544281万元,同比下降7.4%。

全区建设项目投资完成4350972万元,同比增长5.1%。其中:计划总投资500万以上建设项目166个,比上年同期多16个项目,同比增长10.7%;计划总投资5000万以上建设项目121个,比上年同期多7个,同比增长6.1%;计划总投资亿元以上建设项目89个,比上年同期多4个,同比增长4.7%;计划总投资5亿元以上建设项目28个,与上年同期相等;计划总投资10亿元以上建设项目2个,比上年同期少5个,同比下降71.4%。计划总投资50亿元以上建设项目1个,比上年同期减少1个,同比下降50%。

全区房地产投资实现3544281万元,同比下降7.4%,占全社会固定资产投资的比重为44.9%,比上年同期下降了4.6个百分点。房屋施工面积1218.9万平方米,同比增长0.2%,其中新开工面积332.2万平方米,同比下降18.2%。全区房屋销售面积126.7万平方米,同比下降41%,实现销售额145亿元,同比下降29.6%。房屋待售面积364万平方米,同比增长195%。

全区固定资产投资中,第二产业完成投资72亿元,同比下降23.7%,占全区投资比重为9.2%,比上年同期下降3.1个百分点;第三产业完成投资717亿元,同比增长5.7%,占全区投资比重为90.8%,比上年同期提高3.1个百分点。

【国内贸易】 2014年,全区实现社会消费品零售总额4639753万元,同比增长12.3%,占据着全市1/6的消费品市场。其中限额以上贸易企业实现社会消费品零售额2358493万元,同比增长3.7%。

从全区限额以上批发、零售、住宿、餐饮四大消费行业来看,批发业实现零售额130817万元,同比增长13.2%;零售业实现零售额2211015万元,同比增长3.3%;住宿业实现零售额2167万元,同比下降20.6%;餐饮业实现零售额14494万元，同比增长0.4%。批发零售业共实现零售额2341832万元，占限额以上社会消费品零售额的比重为99.3%，为消费品市场的主导。

在全区限额以上批发和零售业零售额中，粮油、食品类同比增长6.0%，日用品类同比增长4.1%，中西药品类同比增长13.2%，石油及制品类同比增长14.7%。全区汽车销售额2197052万元，同比增长2.0%。其中，汽车零售额2144902万元，同比增长3.3%，对全区社会消费品零售总额的贡献率为13.4%，拉动全区社会消费品零售总额增速1.6个百分点。

全区城乡共有生活消费品市场(含经营范围涉及出租场地、柜台、摊位灯箱内容的市场性质的商场、超市等)166处，比上年增加74处，消费品成交额3628147万元，比上年同期增长12.8%。

【外经外贸】　2014年，全区实际利用外资完成10.26亿美元，完成全年任务的101.38%，同比增长11.3%。华润置地、钻石湾、中海新城、高盈房地产开发、东晨融资租赁有限公司等重大项目顺利完成进资，中升集团(大连)有限公司两个批次项目顺利完成增资。全年实际利用内资完成226.5亿元，完成全年任务的100.67%，同比增长15.56%。亿丰汽车广场、大连未来城、一重石化基地、大连中华城、欧尚广场等重点内资项目完成进资。全年实际完成外贸出口44.99亿美元，完成全年任务的100%，同比增长11.66%。大连船舶重工海洋工程有限公司等5家企业出口额超亿美元。

【科技】　2014年，全区完成高新技术产品增加值44.8亿元，技术合同成交额10.07亿元，研发经费支出2.53亿元。

中盈科技等6家企业获得国家高新技术企业认定。新增市级工程技术研究中心2个，市级重点实验室2个。大连鸿泽泵业有限公司的“新型矿用高效节能排水泵”获得国家科技部2014年度重点新产品立项。

积极争取各级科技资金支持。大连锋驰机械设备有限公司获得国家科技型中小企业技术创新基金50万元。大连豪森设备制造有限公司、大连大高阀门有限公司的项目获得辽宁省科技重大专项资金共计1800万元。大连华阳密封股份有限公司、大连甘井子星火生产力促进中心获得辽宁省科技计划项目资金共计225万元。科瑞米特非晶电子(大连)有限公司等7家企业的项目获得市科技计划项目立项，共获得资金830万元。

【文化体育】　2014年，全区共改建文化、体育场馆3处，占地面积36622平方米，总建筑面积38911平方米。

全区开展“唱响甘井子，放飞中国梦”合唱展演活动。组织春节前夕“迎新春”系列活动。举办“甘井子文化大讲堂”公益讲座51场。承办大连市第25届大连国际服装节群众文化系列活动。参加辽宁省第十五届群星奖比赛，甘井子区选送的女声独唱《圆梦的路上》荣获音乐类金奖。承办2014年甘井子区文化艺术节暨机关第25届体育运动会。

全区检查文化经营场所2060家次，出动执法人员1120人次，立案调查案件5件，收缴非法出版物1万余张，获得大连市2014年“扫黄打非”工作先进集体称号。

全区加大对文物巡查力度，为双砣子遗址等四个全国重点文物保护单位制作安装保护标识。做好全国第一次可移动文物普查工作。做好非物质文化遗产的搜集、挖掘和整理工作，全区现有省级非遗项目老黄酒酿造技艺、市级非遗项目牟氏接骨和区级非遗项目萨满轧染技艺、食品雕刻等多个非物质文化遗产项目。

【教育】 2014年，区管辖中小学校共计93所，其中小学69所，初中18所，高中2所，完全中学2所，九年制学校2所。各类在校生共计87052人。管辖幼儿园237所，在托、在园幼儿数34890人。全区公办性质幼儿园已达70所，学位数占在园幼儿比例45.6%。

全区中小学教职工总数5313人，其中专任教师总计4873人。幼儿园教职工总数5194人，其中专任教师2330人。

全区中小学招生数21729人，其中小学11620人，初中9200人，高中909人。毕业生数总计17479人，其中小学8909人，初中7326人，高中1244人。

全区共新建、扩建中小学及幼儿园校舍72312平方米，其中普通中学新增面积27411平方米，小学新增面积39718平方米，幼儿园新增面积5183平方米。

全区教育质量不断攀升。在2014年的中考中，600分以上人数达到1172人，比2013年多500余人，占全市600分以上总数的1/3，全科及格率73.9%，总分及格率84.4%。

【城乡基础建设】 2014年，组织全区9个城市街道开展青山生态系统工程，实施森林街道、花园式单位、开发小区绿化、公园绿化、道路绿化等5大项绿化工程。全区（建成区）完成绿化面积175万平方米，栽植树木66万余株，投资2.7亿元。

城市街道“一街一景”项目有序开展。涉及9个城市街道辖区，区、街共投资1380余万元。共新增绿地面积10.8万平方米，栽植树木9万株，栽植模纹8万株，花卉2万株。

高标准实施11个社区游园等绿化项目。为改善居民生活环境，提高社区环境综合指数，区财力投入2000万元，新建11个社区游园项目。

积极推进“五个一”工程建设。改造一片弃管楼院项目：改造弃管楼29栋，建筑面积约10万平方米。改造提升一条路街环境项目：改造松江路、山东路、华北路3条路街，全长4.2千米。共改造楼体187栋，建筑面积52.6万平方米。新建一处停车场项目：新建停车场1027个泊位。新建一处市民健身场所项目：彩霞游园位于红旗街道，占地面积2.7万平方米。新建一处集贸市场项目：永兴农贸市场位于中华路北，建筑面积约5000平方米，300余个摊位，满足了周边多个住宅小区居民日常生活需求。

全面实施“暖房子”工程。共改造楼体314栋，建筑面积90万平方米，惠及1.61万户居民，市、区政府投资2.7亿元。

区政府投入1500余万元，维修辖区内50条市政街巷路，共计13.5万平方米。主要覆盖9个城市街道，整个工程共分三期实施。重点解决辖区道路破损、出行不便、设施不完善问题，涉及20余个小区，惠及10余万户居民，切实解决联系服务群众的“最后一公里”问题。

【卫生、人民生活】 2014年，区医疗卫生健康中心项目完成项目立项，并取得建委备案许可。该项目还获得了市政基础配套设施减免，每平方米减免200元，共计减免了819万元。建立全新的医疗卫生考核机制，认真开展重点人群家庭医生签约式服务。全年已签订家庭医生服务协议28266户，69589人，主动为重点人群服务40728人次，上门服务6945人次。全面开展打击非法行医工作，对辖区内的567家医疗机构开展了监督检查。监督总点次582次，覆盖率100%。共做出行政处罚30起，取缔无证“黑诊所”14家。共受理投诉举报47起。

全区共报告法定传染病18种，共4790例，发病率为

446.62/10万，与上年同期比下降17.16%。加强传染病防制，按要求规范开展疫情调查处置工作，开展个案流行病学调查243例，疫情调查处置135起。积极开展免疫规划，国家免疫规划疫苗接种率均达95%以上，免疫相关传染病发病降至较低水平。加强突发公共卫生事件的报告管理，健全应急管理体系和报告网络，建立完善了突发公共卫生事件报告员队伍。

加强孕产妇和儿童保健系统管理，强化基层妇幼保健知识宣传培训及业务指导，指导覆盖率达100%。为全区孕妇建立完整的孕册档案，建立儿童免费服务档案。孕产妇住院分娩率、高危妊娠管理率、孕产妇死亡率、5岁以下儿童死亡率和婴儿死亡率等重要指标均达到规定标准。加强全区助产技术服务的监督管理，做好爱婴医院复核工作，建立全区孕产妇疑难病症转会诊绿色通道。进一步完善了儿童膳食、体格锻炼、健康检查、卫生消毒、疾病预防等集居管理工作。集居儿童保健管理率达100%，托幼机构工作人员及儿童入园体检率达100%。

全区着力推进"精品社区"工程建设，建立区老年人活动中心，全面完成30个养老助餐点建设。在助学上，对当年考入二本以上院校的低保家庭子女，由每人3000元助学金增加到5000元，对考入三本院校的低保家庭子女，由每人3000元助学金增加到4000元，对考入大、中专院校的低保家庭子女，由每人2000元助学金增加到3000元。全年共安排了44.8万元对全区145名低保家庭子女实施了困难救助。顺利完成了第十五次低保提标工作。完成了对全区5066户、8076人的低保提标工作，共发放保障金388万元。

优抚各项保障政策落实到位，共发放各类抚恤和生活补贴1980余万元。养老服务政策落实到位，全年共为9000多人次发放居家养老服务和入住养老机构补贴210万元。

全区福利企业80户，就业职工4544人，安置就业残疾职工1597人。福利企业支付残疾职工工资和保险5610万元，实际减免税3800万元，上缴国家税金5500万元。

全区总人口121万人，户籍人口74万人，出生人口9343人，人口出生率13.16‰，出生人口性别比106.02，计划生育率99.87%。自3月27日辽宁省放开单独二孩生育政策后，全年再生育申请共审批1470例，其中符合单独二孩生育政策夫妇845对，占据全市首位，无一例错批。

全区城镇居民人均可支配收入为34046元，同比增长9.0%。 (区统计局)

注：

〔1〕本公报中数据均为初步统计数。

〔2〕地区生产总值、各产业及行业增加值绝对数按现价计算，增长速度按不变价格计算。

〔3〕规模以上工业统计范围为年主营业务收入2000万元及以上的工业法人企业。

〔4〕固定资产投资统计的起点为500万元及以上项目。

〔5〕限额以上企业的数据是小口径数据，数据标准为批发业、零售业、住宿业、餐饮业年主营业务收入分别达到2000万元、500万元、200万元、200万元及以上。

〔6〕年末户籍人口数为区公安局统计口径；人口出生率、死亡率为卫生和计划生育委员会统计口径。

中共甘井子区委员会

【领导人名录】

中共大连市甘井子区委员会

书　记　郝方林

副书记　侯祯涛

　　　　张淑华(－2014. 12)

常　委　郝方林

　　　　侯祯涛

　　　　张淑华(－2014. 12)

　　　　徐克军(－2014. 04)

　　　　孙龙业(2014. 04 －)

　　　　张晓丹

　　　　刘彩琴

　　　　王　戈

　　　　李长勇

　　　　刘国臣

　　　　赵云峰

　　　　于庆和

重要会议

【中共大连市甘井子区委十一届七次全会】　2014 年 8 月 4 日,中共大连市甘井子区第十一届委员会第七次全体会议在区行政中心会议中心举行。区委常委会主持会议。区委书记郝方林代表区委常委会作题为《坚定信心,勇于担当,确保全面完成全年目标任务》的工作报告。会议书面传达了市委十一届七次全会精神。全会的主要任务是,认真学习贯彻习近平总书记系列重要讲话精神和促进东北老工业基地振兴重要批示精神,落实市委十一届七次全会部署,总结上半年工作,部署下半年任务,引导全区上下进一步认清形势,增强机遇意识、责任意识和紧迫意识,坚定信心,勇于担当,全面完成全年目标任务,开创现代化国际化中心城区建设新局面。全会认为,上半年,区委常委会在市委的正确领导下,团结带领全区广大干部群众,科学研判形势,凝聚改革共识,统筹抓好经济社会发展和党的群众路线教育实践活动,攻坚克难,苦干实干,实现了“双过半”任务,各项事业取得新进展。全会指出,上半年的成绩来之不易,得益于全区上下思想统一、信心坚定、主动作为、合力攻坚,也是甘井子人不畏挑战、勇于担当的结果。同时,也要深刻认识到,在经济社会发展新常态下,广大干部还存在着对经济增速换挡期的不适应,对市场在资源配置中起决定性作用的不适应,对依靠法治思维和法治方式深化改革、推动发展、维护稳定的不适应。全会指出,当前我们的发展机遇大于挑战,优势大于风险,我们既要坚定信心,也不能掉以轻心,既要牢牢把握重大发展机遇,也要树立危机意识和紧迫意识,切实增强工作责任感,咬定实现全年发展目标任务不动摇,继续保持“坚定、坚守、务实”的特质品格,保持“我行,我能行”的进取精神,以改革促发展,以实干见成效,全力破解发展难题,在新一轮发展中继续走在全市前列。全会强调,要全面贯彻落实市委十一届七次全会精神,坚持稳中求进,保持定力,顶住压力,激发改革动力,催生市场活力,调动一切积极因素,进一步汇聚发展优势,统筹抓好经济发展、民生改善、深化改革等各项工作,振奋精神，迎难而进，狠抓落实，确保全面完成全年目标任务。全会号召，全区各级党组织、广大党员和干部群众要在市委的正确领导下，以更加坚定的信心、更加坚决的举措、更加务实的作风推动各项工作不断取得新进展，全面完成全年目标任务，为开创现代化国际化中心城区建设新局面不懈努力。区委委员，非区委委员的副区级领导，纪委委员，市属驻区单位主要领导，部分党代表、民主党派代表，全区副处级以上领导干部参加会议。

【中共大连市甘井子区委十一届八次全会】 2014年12月25日，中共大连市甘井子区第十一届委员会第八次全体会议在区行政中心会议中心举行。区委常委会主持会议。区委书记郝方林代表区委常委会作题为《保持定力，增强动力，开辟现代化国际化中心城区建设新境界》的工作报告。会议书面传达了市委十一届八次全会暨全市经济工作会议精神。会议充分肯定区委常委会2014年工作。会议认为，一年来，面对经济下行压力不断加大的复杂形势和改革发展稳定的艰巨任务，在市委的正确领导下，区委常委会团结带领全区人民，认真学习贯彻党的十八届三中、四中全会精神，全面落实中央、省市委的决策部署，以坚定的信心迎接挑战，以主动作为破解难题，心无旁骛抓发展，凝心聚力惠民生，经济保持平稳健康发展，城区发展承载力不断增强，民生质量和水平进一步提高，区域文明程度切实提升，社会保持和谐稳定，民主法治建设实现新发展，党的建设取得丰硕成果，各项工作取得了难能可贵的新实绩。会议指出，一年来的发展实绩是全区人民团结奋斗、共克时艰的结果。实践证明，必须坚持和弘扬“坚定、坚守、务实”的城区特质，并注入新的内涵：保持定力，坚持发展第一要务不动摇，坚定不移地走符合自身实际的发展路子，以锲而不舍的精神将一张蓝图绘到底，不断拓宽科学发展新路径；开拓担当，坚持守土有责，以高度的责任感、使命感立足本职，以科学方法破解难题，以实干作风善作善成；为民情怀，始终如一把为民谋福祉作为一切工作的根本追求，对群众心怀敬意，从群众中汲取智慧和力量，是不断取得新发展的动力源泉。会议强调，当前和今后一段时期，要按照党的十八届四中全会关于全面推进依法治国的战略部署，围绕推进治理体系和治理能力现代化，全面建设“法治甘井子”，不断提升依法治区水平，为加快建设现代化国际化中心城区提供有力法治保障。会议指出，明年是全面深化改革的攻坚之年，是全面推进依法治区的开局之年，也是全面完成“十二五”规划、谋划好“十三五”规划的关键之年。要深入贯彻落实党的十八届三中、四中全会和中央经济工作会议精神，按照市委十一届八次全会部署，坚持稳中求进工作总基调，科学认识新常态，积极适应新常态，主动引领新常态，把提高发展质量贯穿各项工作始终，多点突破增强发展动力，加快转方式调结构，狠抓改革攻坚，激发创新活力，加强民生保障，强化过硬作风，努力实现经济社会持续健康发展。会议号召，全区各级党组织、广大党员和干部群众要继续围绕在市委的正确领导下，进一步坚定信念，开拓创新，奋发进取，不断创造经济社会发展新业绩，努力开辟现代化国际化中心城区建设新境界。区纪委委员，非区委委员的副区级领导，各街道、区直各部门副处级以上领导，市属驻区单位主要领导，各村、社区党组织书记，以及民主党派代表列席会议。

【区委常委会议】 2014年，中共甘井子区委共召开11次区委常委会议，研究决定了一系列重大事项。

2014 年 1 月 24 日，区委书记郝方林在区委常委会议室主持召开区委十一届三十五次常委会议。会议研究全区经济工作会议安排意见暨经济工作奖励方案；研究干部任免事宜。

2014 年 2 月 19 日，区委书记郝方林在区委常委会议室主持召开区委十一届三十六次常委会议。会议传达省委书记王珉在大连调研和省长陈政高在大连召开现场办公会上的讲话精神；研究全区开展“工作落实年”活动安排意见；研究全区党的群众路线教育实践活动安排意见；传达中纪委十八届三次全会，省、市纪委十一届四次全会会议精神；研究区纪委十一届四次全会报告及会议安排意见；传达中央、省、市宣传思想工作会议及宣传部长会议精神；研究全区宣传思想工作会议安排意见；研究完成全区工商、质监管理体制调整和改革完善食药监管理体制的安排意见；研究区政府融资工作实施意见；听取 2013 年度全区公务员评优工作情况汇报，票决 2013 年度正处级优秀公务员。

2014 年 6 月 17 日，区委书记郝方林在区委常委会议室主持召开区委十一届三十七次常委会议。会议研究区委常委班子党的群众路线教育实践活动征集的问题并提出意见、建议；研究干部任免事宜。

2014 年 7 月 3 日，区委书记郝方林在区委常委会议室主持召开区委十一届三十八次常委会议。会议传达市委关于区市县领导班子专题民主生活会工作会议精神，研究甘井子区专题民主生活会安排意见；研究违纪案件相关事宜。

2014 年 7 月 29 日，区委书记郝方林在区委常委会议室主持召开区委十一届三十九次常委会议。会议研究甘井子区上半年经济工作形势；调度区部分重点项目建设情况。

2014 年 8 月 1 日，区委书记郝方林在区委常委会议室主持召开区委十一届四十次常委会议。会议研究区委十一届七次全会安排意见与全会工作报告；传达全市创新社会治理工作会议精神。

2014 年 8 月 29 日，区委书记郝方林在区委常委会议室主持召开区委十一届四十一次常委会议。会议研究组建区卫生和计生局、区市场监督管理局有关事项；研究成立区卫生和计生局、区市场监督管理局党委、纪委有关事项；听取违纪案件报告；研究干部任免事宜。

2014 年 10 月 23 日，区委书记郝方林在区委常委会议室主持召开区委十一届四十二次常委会议。会议听取前三季度财政收支情况汇报，研究全年财政收入工作；听取区土地审计情况的汇报；研究武装工作；研究区委、区政府《关于进一步加强我区安全生产工作的意见》；传达中央、省、市群众路线教育实践活动总结大会精神，研究区群众路线教育实践活动总结大会方案；通报《科级干部管理规定》修订情况。

2014 年 11 月 20 日，区委书记郝方林在区委常委会议室主持召开区委十一届四十三次常委会。会议听取区纪委关于给予违纪干部处分意见的汇报；研究干部任免相关事宜。

2014 年 11 月 27 日，区委书记郝方林在区委常委会议室主持召开区委十一届四十四次常委会议。会议研究召开十七届人大三次会议筹备工作有关事宜；研究召开八届政协三次会议筹备工作有关事宜；研究干部任免有关事宜。

2014 年 12 月 22 日，区委书记郝方林在区委常委会议室主持召开区委十一届四十五次常委会议。会议听取关于甘井子区2014年工作落实年活动情况总结的汇报；会议听取区委十一届八次全会筹备情况汇报，研究常委会工作报告；研究政府工作报告；2015年为民办实事项目安排意见；研究2014年国民经济和社会发展计划执行情况和2015年国民经济和社会发展计划草案的报告；研究2014年财政预算执行情况和2015年财政预算草案的报告；听取区十七届人大三次会议筹备情况汇报，研究人大常委会工作报告；听取区八届政协三次会议筹备情况汇报，研究政协常委会工作报告；研究法院工作报告和检察院工作报告。

区委办公室工作

【政研工作】 2014年，中共甘井子区委政研室学习贯彻党的十八届三中、四中全会精神，践行党的群众路线，围绕区委中心工作的重点、领导关注的焦点、群众反映的热点，加强经济发展、民生保障、生态建设、社会管理、基层党建等问题的调查研究，为区委科学决策提供合理化建议。坚持精益求精，提高以文辅政能力，高质量完成区委十一届七次、八次全会报告，起草全区各类会议领导讲话30余份，高标准完成党的群众路线教育实践活动有关材料，整理并制发《甘井子通报》9期，修改审定制发各类文件74份，撰写市委《领导决策》文章及报刊约稿访谈等，全年完成文字量90余万字。

【督查工作】 2014年，中共甘井子区委督查室紧贴区委中心工作，充分发挥督查职能作用，加大跟踪督办力度，确保区委各项决策部署落到实处。年初，对区委六次全会报告进行任务分解，及时跟踪督查各单位任务推进落实情况。抓好阶段性重点工作的贯彻落实，围绕党政机关办公用房整改、中央八项规定和市委具体规定贯彻落实、“工作落实年”活动任务推进情况等重点任务，有针对性地开展督查，保证工作取得实效。参与区级决策督查8次，参与市委决策督查19次，上报《督查专报》20期。重点督办省市区领导批示事项和关注的问题，加大实地督查和跟踪督查的频度和力度，保证办理质量。依托人民网、大连民意网平台，及时了解掌握群众诉求，对群众关心的热点、难点问题积极协调，推动问题解决。办理省、市领导批示件16件，办理本级领导批示、人民网和民意网网民留言200余件，办结率100%。完成13件政协提案交办、督办工作，办理满意率100%。牵头做好政治建设、绩效考评和日常考核工作。在年度评比中，被评为大连市党委系统督查工作先进单位。

【信息工作】 2014年，中共甘井子区委办公室信息科立足改革新要求和发展新思路，做好《每日汇报》报送工作，发挥《甘井子信息》《大连平面媒体今日关注》《舆情汇报》《重要情况报告》在服务全区改革发展大局中的载体作用。突出问题导向，实行常态信息、问题建议信息分类约稿，问题建议及调研类信息奖励加分制度，提高信息工作水平和信息报送采用率。主动对接舆论热点和民生诉求，对重要紧急情况和突发事件做到反应敏捷、采编迅速、报送及时，通过每月发布信息报送要点、信息约稿等形式，提高信息精准度。全年共编报《重要情况报告》5期、《舆情汇报》41期、《甘井子信息》21期、《大连平面媒体今日关注》169期，共有252条信息被省、市委采用，获得区委书记批示24篇，有效发挥参谋助手作用，全区党委信息工作在省市考核中继续保持优秀地位。

【保密工作】 2014年，甘井子区保密局以落实全市保密工作任务为重点，创新工作思路，深化保密宣传教育。区委副书记、区委保密委员会主任张淑华为全区各单位保密工作分管领导及涉密人员讲保密专题党课；组织全区保密专兼干200余人参加《保密条例》培训；组织全区机关干部进行《实施条例》知识竞赛，收到答卷近2000份；举办保密宣传图片巡展，全区1000余名机关干部观看展览；全年编辑《保密在线》5期，上报保密信息27篇，被评为全市保密工作信息直报先进单位。进行保密专项检查2次，督促保密管理工作进一步提升。在全省双优评选中被评为省保密工作先进集体。

（撰稿人：于世龙　审稿人：陈玉萍）

组织工作

【概况】 2014年，甘井子区有中国共产党基层组织2703个，其中基层党（工）委88个，总支部201个，支部2414个；党员44802名，比上年增长0.6%，其中新发展党员310名。组织25家企业参加2014年中国海创周，7家企业设立单独展位，完成招商对接项目5个。对双向自选培训进行升级改造，推出“送学上门”服务，全年共送学27次，培训学员3000余人次；完成各类日常性干部培训班8期，累计培训各类干部3500余人次。

【党的群众路线教育实践活动】 2014年2月至10月，甘井子区根据中央和省市委的统一部署，组织开展党的群众路线教育实践活动。全区5个区级领导班子，14个街道、57个区直部门单位，2000多个基层党组织，4万多名党员干部参加此次活动。为确保活动有序推进，甘井子区组建了由区委书记郝方林担任组长的教育实践活动领导小组，下设办公室，成立6个工作组，负责具体工作；成立15个督导组，负责全区活动督导。区委制定印发《关于深入开展党的群众路线教育实践活动的实施意见》及多个配套文件。本次活动共分为学习教育、听取意见，查摆问题、开展批评，整改落实、建章立制三个环节。甘井子区坚持学习教育贯穿始终，采取“领导干部领学、专题辅导助学、先进典型引学”等多种方式，学深学透“七篇文章四本书”，进一步坚定各级领导干部和广大党员理想信念。突出问题导向，用好“群众提、自己找、上级点、互相帮、集体议”五种方法，找准四风问题、深挖思想根源，高标准高质量召开专题民主生活会。注重开门搞活动，及时向群众公布各级党组织的问题清单和整改计划，建立分拨认领、跟踪督办、问效考核、办结销号等落实保障制度，取得明显的整改成效。发挥典型引领作用，开展“汇繁星、激活力、促民生”主题实践活动。“七一”期间，举办“群星灿烂，暖意融融”专题片展播活动，全面展现全区教育实践活动过程中汇聚起的点点“繁星”。中央组织部“12371党建手机报”和中国组织人事报分别对活动予以报道。抓好建章立制，区委出台了《反对“四风”、改进作风、加强制度建设工作方案》，确定了5个方面48项制度，推动作风建设长效化。

【干部教育培训】 2014年，中共甘井子区委组织部对双向自选培训进行升级改造，将选学模式从个人选学向单位选学扩展，推出“送学上门”服务，解决以往干部培训在时间、地点、内容、管理等方面比较固定、不够灵活的问题，增强了基层的选择权和自主权，提高了培训的质量和实效。部分街道还把村、社区干部也纳入培训范围，使教学资源得到充分利用。当年，开展送学27次，培训学员3000余人次。

抓好日常性干部培训工作。举办处级领导干部学习十八届三中全会和习近平总书记系列讲话精神专题培训班2期，邀请北大、中央党校的教授举办讲座式培训5期，组织干训管理员培训班1期，开展新录用公务员社会实践锻炼。累计培训各类干部3500余人次。配合区人社局开展“公务员职业道德主题系列活动”。

【干部监督】 2014年，中共甘井子区委组织部落实干部监督各项制度法规，根据《调整不适宜担任现职领导干部规定（试行）》，先后对3名领导干部进行职务调整。加强日常监督管理，严格执行领导干部个人有关事项报告制度，并将报告内容统一录入电子信息系统，方便查阅和痕迹管理。利用“12380”举报平台，主动接受干部群众对选人用人工作的监督，接听并处理5起群众来电来访。坚持信访函询制度，对8起干部函询给予妥善处理。发送审计函10份，依法对领导干部进行经济责任审计。

【干部绩效考评】 2014年，中共甘井子区委组织部出台《甘井子区2014年度区管领导班子和领导干部绩效考评实施方案》，建立“5+1”绩效考评体系，把民生改善、社会进步、生态效益等作为考核重要内容，发挥绩效考核风向标和指挥棒作用。首次实施干部年中考核，突出了解掌握领导班子和领导干部思想政治建设、重点工作推进、干部队伍建设、工作经验成果等方面情况，为干部培养选拔提供重要参考。

【干部人事制度】 2014年，中共甘井子区委组织部按照省委组织部“一个意见七个办法”的要求，制定《甘井子区干部选拔任用工作“78865”流程图》，进一步规范干部选任工作。会同区人社局，修订《甘井子区科级干部管理规定》，在选拔范围、任用形式、任职期限等方面做出重要调整，解决了“凡任必竞”、“唯分、唯年龄”的问题，提升了科级干部管理水平。本着优化班子结构、满足工作需要、消化超配干部的原则，全年调整区管领导干部2次，其中，提职16人、转任重要岗位4人、交流27人。加强理论创新，区委组织部撰写的《关于履行“一把手”抓班子带队伍职责的实践与研究》一文，获全市党建调研征文一等奖。在中央组织部举办的新《条例》研修班上，甘井子区作为全市唯一代表，作了“提高干部考查工作真实性准确性”的经验介绍。

【人才主题活动】 2014年，中共甘井子区委组织部落实“千名院士专家智力支持行动”，全区共有7个项目与省、市级专家成功对接。注重优秀人才培养，推荐16人参加国家和辽宁省“百千万人才工程”和大连市优秀专家评选，其中，1人入围国家“千人计划”、4人获得大连市第六批优秀专家称号。组织开展省引进海外研发团队项目申报工作，5个项目成功获批，获批数量居全市之首。组织25家企业参加海创周，7家企业设立了单独展位，展会期间达成用人意向30余人，完成招商对接项目5个。

【人才政策创新】 2014年，中共甘井子区委组织部对人才工作领导小组成员进行调整充实。建立人才工作定期联络会议制度，充分发挥21个成员单位和14个街道议事、决策、沟通、协调作用，形成人才工作整体合力。建立区高层次人才、博士后工作站、外来挂职干部、大学生村官等7类人才工作台账，提高人才管理的科学化水平。加强人才工作调研，组织撰写《企业人才状况调研分析报告》，开展人才工作重点研究课题评选活动。为适应全区经济社会发展对人才的新需求,研究制定《甘井子区人才工作实施办法(初稿)》,该办法共分6个部分40条,涵盖人才培养、引进、管理、服务等多个领域,形成比较系统完备的人才工作制度体系。创建大连生态科技城人才工作服务站,采取设立人才引进"绿色通道",提供免费人事代理服务,协调高校、专家、企业和人才开展产学研项目对接等方式,助力企业发展。

【人才关爱服务】 2014年,甘井子区建立高层次人才走访慰问制度,在春节和"七一"期间,走访党员人才14名。通过定期调研、集中座谈等形式,加强与各类人才的沟通联系,听取意见建议,帮助他们解决实际问题。加大资金扶持力度,对引智工作表现突出的15家企业给予80万元奖励。搭建4个平台,为大学生村官健康成长创造有利条件,相关工作经验在全市进行了交流。完成第二批市选派干部联系服务基层和温州、沈阳等外来挂职干部接收安置工作。做好全区政工职评工作,有31人被评为中、高级政工师。

【基层党建活力工程】 2014年,甘井子区出台《关于加强基层服务型党组织建设的实施意见》,推进基层党建工作全域化、智慧化、项目化、品牌化。实施"阵地升级工程",新建改建辛寨子街道大辛村党群服务中心、中华路街道红星美凯龙党群服务中心等高水平党建阵地15个,新增服务群众面积8437平方米。进一步延伸党建阵地服务对象,突出智慧化功能,增强党组织服务群众、党员、企业的能力。落实基层党建工作责任制,深入推进各级党组织负责人抓基层党建工作双向述职评议工作,健全完善量化考评体系。继续实施"党建项目化管理",激发基层党组织服务群众活力,"三会一有"服务群众工作法、"军警地企区域化党建联合体"、"民主议事六步法"和"党员服务超市"等创新做法在中央和省一级媒体上进行刊发。构建"1+3"社区党组织体系,理顺社区工作思路,提升社区党组织联系服务群众工作水平。实施基层党组织带头人和基层党务工作者"素质提升工程",邀请中央党校、北京大学、市委党校知名教授为全区机关、村(社区)党组织书记授课;各党(工)委结合实际,开展特色培训,培训党员干部1.2万余人次。实行非公有制经济组织和社会组织党工委与区委组织部合署办公,印发《关于加强和改进非公有制企业党的建设工作的实施意见》,健全和完善区、街"两个领域"党建工作上下衔接和有效运转的管党体制。

【党员发展与管理】 2014年,甘井子区委组织部印发《关于加强新形势下发展党员和党员管理工作的实施办法》,提升党员队伍建设科学化、规范化水平。全面落实新《发展党员细则》,严把党员队伍"入口"关,全年发展党员310人。畅通发展党员"绿色通道",加快非公有制经济组织和社会组织党员培养、发展速度。疏通党员队伍出口,启动处置不合格党员试点工作。完善党员教育培训体系,推出"五式党课",提高教育培训的覆盖率和实效性。召开专题组织生活会,在全区2000多个基层党组织和4万多名党员中开展民主评议党员工作,严肃党内政治生活。推进在职党员进社区、党员承诺履诺、党员结对帮扶等活动,探索实行"党员服务奉献积分"制度,发挥党员先锋模范作用。完成全区建国前农村老党员和未享受离退休待遇的城镇老党员生活补贴动态调整工作。开展党组织关系集中梳理工作，对党员信息库进行重新维护。

【党员干部现代远程教育】 2014年，甘井子区委组织部组织开展远程教育“百村（社）调查”，加强和改进终端站点的管理、维护和使用。启动远程教育站点向非公有制企业延伸工作，率先在大连裕祥科技集团公司建立远程教育站点。举办“甘井子区第四届党员教育电视片评比表彰活动”，并遴选6部电教片参加大连市第十届党员教育电视片观摩评审活动。其中，有3部作品分获一、二等奖和最佳摄像奖。发挥电教资源优势，为党的群众路线教育实践活动提供服务，编辑《党的群众路线教育实践活动典型汇编》，刻录《群星灿烂，暖意融融》专题片和《焦裕禄》等电影光盘，下发到各基层党组织供广大党员学习。

（撰稿人：王文亮　审稿人：刘敏）

宣传工作

【概况】 2014年，中共甘井子区委宣传部按照区委工作要求，全区宣传思想文化工作紧紧围绕中心，主动服务大局，以学习宣传贯彻党的十八大和十八届三中、四中全会精神为主线，以服务群众、服务基层为导向，以改进创新为手段，立项推进、狠抓落实，取得阶段性工作成果。紧扣首要政治任务，多角度谋划、多层次切入，纵深推进习近平总书记系列讲话精神的学习宣传。甘井子区被省委讲师团评为“宣讲调研基地”，并作为大连市唯一的区（市）县代表在全省学习宣讲习近平总书记系列讲话精神大会上做经验交流。

【思想理论教育】 2014年，中共甘井子区委宣传部坚持多层次推进、多角度谋划、多方式切入，纵深推进习近平总书记系列重要讲话精神的学习宣传。按照专题化、前沿化、互动化、智能化和实效化的工作思路，推动领导干部先行先学，带动全区形成学习贯彻的热潮。围绕党的群众路线教育、十八届三中、四中全会精神等重点内容，设计8个专题，采取专家辅导、集中研讨、交流互动、实地调研等多种形式，突出精读深研、学深悟透，深化领导干部对重大理论和实践问题的理解和把握。全年区委中心组集中学习12次，各党（工）委中心组集中学习180余次，集中学习已成为交流思想的课堂、研究问题的平台、创新思路的阵地。开展“读原著、深研讨、解难题”专题读书活动和中心组学习成果案例征集活动，举办全区领导干部学习成果交流会3场次。当年，领导干部撰写调研报告200余篇，为推动经济社会发展提供决策参考。

【宣讲工作】 2014年，中共甘井子区委宣传部着眼创新基层宣讲工作，加强三级理论宣讲阵地建设，助推习近平总书记系列重要讲话精神学习宣传的全覆盖。甘井子讲坛先后邀请姜跃、魏杰、杨青山、鲁军等专家学者，围绕十八届三中、四中全会精神、习近平总书记重要讲话精神举办大型报告会50余场次。全区三级理论宣讲队伍结合形势任务教育，密切联系国际国内经济形势和省情、市情、区情，宣讲百余场次，受众9万多人次。按照区委“汇繁星、激活力、促民生”的总体要求，启动“微宣讲·讲繁星”活动，成立微宣讲队伍10余支，举办革命传统和理想信念案例式培训，围绕“党史”、“区域文化”、“践行核心价值观”等专题，先后组织宣讲20余场次，受众近万人次。甘井子区被省委讲师团评为“宣讲调研基地”，并作为大连市唯一的区（市）县代表在全省学习宣讲习近平总书记系列讲话精神大会上做经验交流。

【群众思想政治工作】 2014年，中共甘井子区委宣传部注重挖掘和培育先进典型，探索群众思想政治工作新功能新作用。在全区开展群众思想政治工作典型评选活动。总结推广甘井子区委党校、红旗街道、营城子街道、兴华街道、椒金山街道5个市级先进集体。按照全市工作要求，重点挖掘选树基层一线积极践行社会主义核心价值观的典型个人、典型集体，完成市先进典型资源库网上申报工作，33个先进典型个人、8个先进典型集体被入库储备。开展庆祝新中国成立65周年、安全社区复评、2014年中国航海日、“九·一八”事变等主题宣传活动，营造浓厚的社会氛围。

【国防教育工作】 2014年，中共甘井子区委宣传部着力拓宽和深化国防教育创新课题，加强和改进国防教育工作。加大国防教育工作课题、成果研讨力度，围绕当前开展国防文化工作的现状进行调查研究，撰写《关于挖掘整合驻军资源，加强国防文化建设的实践与思考》调研报告，在发展中国特色国防文化研讨征文中，被省国防教育办公室评为优秀论文奖。围绕“项目化方式推进国防教育，项目化成果展现国防教育”的工作思路，推进国防文化墙、国防教育基地、国防教育联系点、学军基地、社区国防教育活动站、国防文化园地、国防宣传一条街等各项设施建设，开展群众性国防文化系列活动。对全区中小学生有计划的实行国防教育培训，培训中小学生3万余人次。区中小学生国防教育中心代表大连市迎接省人大常委会视察组视察。在企业中普遍组建“民兵应急分队”，促进企业国防教育工作落实。按照属地化管理和行业管理相结合的原则，依法落实非公有制企业从业人员国防教育工作。在全区广泛开展国防征文、国防文化娱乐等活动，在参加辽宁省组织的“中国梦，强军梦，我的梦”国防征文活动中，甘井子区共有5篇征文获奖。开展纪念“九·一八”、第十四个全民国防教育宣传日、征兵主题宣传等活动。在继续采用悬挂标语、举办图片展、发放《致适龄青年的一封信》等传统形式外，各街道还有效整合各种资源，借助手机报、商业广场露天LED显示屏幕、微博等现代传媒进行宣传动员。把基层文化展演活动同国防教育宣传相结合，组织社区文化宣传队、社区社会组织志愿者队伍，以书法展、摄影展、民间艺术展、红歌红诗展演等各种文化艺术形式，深入辖区广场、楼院，进行全方位宣传。

【学习型城区创建工作】 2014年，中共甘井子区委宣传部以提高人的素质为需要，着力提升各类学习型组织的学习力和创新力。搭建社区智慧学习平台。与市学习办、大连电视台移动频道联合，以“亮屏”工程为后盾，面向社区居民打造集网站、电视、广播、报纸等功能为一体的智慧平台，通过视频、展演等学习模式，打造新媒体时代宣传教育阵地。以辛寨子街道为试点的社区智慧学习平台已完成前期工作，栏目播出实施方案正在着手制定。探索建立“区域化学习共同体”，以学习型党组织建设为牵动，依托资源共享、优势互补，组建党委部门、政府部门、街道为主体的全区学习共同体，联合制定工作目标，联合搭建信息交流平台，积极开展跨单位、跨部门的学习型城区创建工作，形成学习型城区创建工作一体化的新格局。截至年末，已实现共享活动场所30多处。以“读书成就梦想，知识照亮人生”为主题，开展第五届“大连读书月”活动，共组织活动百余场次,8万余人次参与其中。在全省首届“四佳人物”评选活动中,周水子街道王永海被评为“最佳藏书人”。区委党校副校长马建新被市学习办评为全市个人读书典型。

(撰稿人:高进　审稿人:吴克华)

精神文明建设

【概况】 2014年,甘井子区精神文明建设指导委员会办公室以培育和践行社会主义核心价值观为核心,深化“文明在大连,我是大连人”主题活动,弘扬“最美精神”,构筑“道德高地”,汇聚文明正能量,完成文明城市创建、志愿服务、全民道德建设、未成年人道德建设和精神文明建设“十佳品牌”评选等工作任务。开展“图说我们的价值观”及“讲文明树新风”公益广告宣传,将枣园公园、锦城西园、万众广场、中华西路商业街及红旗街道的彩虹社区等打造成为社会主义核心价值观主题广场、公园、商业街及社区。在全市“中国梦·社会主义核心价值观歌曲传唱”及歌咏比赛活动中,甘井子区代表队获得区市县组第二名。当年,甘井子区共有17人入选大连好人、2人入选大连道德模范、10人入选辽宁省好人。甘井子区荣获辽宁省未成年人思想道德建设先进区称号,辛寨子街道获评全国文明单位,辛寨子街道、区城建局、周水子街道亿达社区分别获评辽宁省文明单位,27名工作在精神文明建设一线的同志被评为2014年度精神文明建设先进个人。

【文明城市创建工作】 2014年,甘井子区精神文明建设指导委员会办公室完善文明城市创建工作领导小组联席会议制度、督促检查制度、工作报告制度和区领导约谈等制度,形成区文明委统一领导、区文明办组织协调、各有关街道和部门分工负责、社会各方积极参与的文明城市创建齐抓共管领导体制和以创促建的长效工作机制。区文明办认真研究文明城市创建工作和测评体系,制订了细致科学的工作方案、考核细则,细化责任分工,充分发挥组织、协调、指导、督促作用。加强督促检查,及时通过简报通报文明城市创建工作及整改情况。把文明城市创建工作与“一街一景”建设、文明和谐楼院建设及惠民工程相结合,推动文明城市创建工作向常态化转变。各街道周密部署安排,各相关单位密切配合协作,确保创建活动高效运行。打造了整洁优美的市容、规范有序的交通秩序、健康文明的文化环境。

【“志愿服务先锋区”创建工作】 2014年,甘井子区以“志愿服务先锋区”为目标,开展关爱社会、关爱自然、关爱他人志愿服务,形成了特有的“五合共进”(五合:有效整合、多

书画志愿者打造优美和谐楼院氛围

方联合、相互融合、有机结合、科学组合)志愿服务品牌模式。区委、区政府联合印发《关于进一步加强和改进新形势下志愿服务工作的实施意见》,明确志愿服务活动开展常态化、制度化、规范化。整合资源,加强阵地建设,在辛鹏广场建立涉农街道总站,在大连北站建立城市街道总站。建立14个街道站和8个以王长锁、张秀兰等大连好人命名的特色志愿服务站。投资465万元,在辛鹏广场打造志愿服务广场。建设由区文明办牵头,各单位、部门、组织密切配合的区、街道、社区(村)、小区4级志愿服务工作网络,建立132支特色志愿服务队伍,全区有注册志愿者9.2万人,占人口总数的8.2%。100名文明交通志愿者骨干,经过培训,在全区重点路口对车辆和行人进行文明引导。搭建多种形式的实践平台,打造在全国领先的社区志愿"五位一体"服务模式(以社区党总支为统领,建立物业、居委会、业主委员会和治安联防五位一体的志愿服务组织),健全了由社区、物业和个体工商业主共同参与的"幸福五星"志愿服务三方共赢志愿服务模式,完善文明单位与社区"1+1"共建服务体系。

志愿服务活动周义卖现场

【"写家风晒家训助成长"活动】 2014年,甘井子区精神文明建设指导委员会办公室在全区机关、社区、学校、文艺家协会等层面征集作品1000余篇,并通过政府网晒、书画展、演讲说、群众评等形式深化内涵。奥林小学用歌曲演唱家风家训,兴华街道宣讲团宣讲家风家训,椒金山街道组织"晒最美家训,评最美家庭"活动,龙鑫、龙畔社区家规家训进楼道、进商铺等活动形式,受到好评。

【诚信制度化建设】 2014年,甘井子区精神文明建设指导委员会办公室从政务诚信、商务诚信和社会诚信三个方面加强宣传、培育和践行,建立全区诚信体系及诚信"红黑榜"平台。以机关及单位为核心,在机关、学校和企业开展各项诚信建设活动。泉水诚信示范街经过近2年的打造,在甘井子区形成示范引领的效果。变废为宝旧物置换小市场、过期药品回收、光盘行动等"节俭养德·至美言行"全民节俭活动载体遍布城乡。

【核心价值观"大讲堂"】 2014年,甘井子区组织开展践行社会主义核心价值观"大讲堂"志愿服务巡讲活动,进机关、进校园、进(街道)社区、进企业、进单位、进军营巡讲30余次、受众2万余人。依托区文化中心评剧团文化优势资源,以道德模范、"大连好人"的先进事迹为素材和原型,创作编写反映时代精神和文明风尚的现代评剧《家长里短那些事儿》《草根调解队》《远亲不如近邻》《待到山花烂漫时》等作品,以现代评剧的形式巡回演出，搭文化台唱文明戏，以群众熟悉喜爱的形式传播社会主义核心价值观。

【未成年人思想道德建设】 2014年，甘井子区以培育和践行社会主义核心价值观为引领，以学校、家庭、社会"三位一体""三结合"教育为核心，提升未成年人道德素质和文明修养。以中小学生科技活动中心、中小学生国防教育中心和中小学生劳动技能训练中心等素质教育基地为依托，为中小学生参与道德体验搭建实践平台，全区近8万名中小学生参与到多种形式的综合实践体验活动中。开展"中国梦·我的梦""节俭养德·至美言行"等主题实践活动。通过征文演讲、手抄报、自编情景剧、变废为宝小制作等活动，增强未成年人实现心中"中国梦"的信念。以赏识和自我教育为内容，开展"广树进步小榜样"活动，形成人人学习"小榜样"、争做"小榜样"氛围，使广大未成年人养成诚信、敬老、勤俭等好习惯。以荣辱观教育为主线，开展"美德好少年"实践活动，让孩子们在"劳动最光荣"、"我们爱科学"等活动中，知荣明辱，提升思想道德素质。甘井子区的校园道德讲堂、心理辅导站等工作，在全市被树为标杆。"中国梦·我的梦"活动的开展获得各类奖项50余项，华中小学学生刘俊佚作为大连市唯一的代表入选全国"百名美德少年展示"。

未成年人清扫烈士墓缅怀先烈

【文明示范工程】 2014年，甘井子区精神文明建设指导委员会办公室组织开展"文明在大连，我是大连人"主题实践活动，打造具有时代特色的甘井子精神文明建设特色品牌。开展"文明楼群"建设活动，按照发挥典型示范和带动作用的工作思路，汇聚文明楼院建设成果，提升"文明楼院"社会效应。在前几年打造的36个文明和谐楼院基础上，与"一街一景"惠民工程相结合，在每个街道至少打造一个精品示范文明楼院、在每个社区至少打造一个标准示范文明楼院。当年，投资400余万元，打造精品示范文明楼院14个、标准示范文明楼院54个，促进美丽文明家园建设。深化"空港文明路"、"温暖回家路"和"小红帽"护路队等区域性服务品牌建设，深化"家家乐"、"邻里守望"、"居民文明宣言"等群众性服务品牌建设，深化"集善之家"关爱农民工子女、"爱心微公益"等服务特定群体品牌建设。重点在中青年群体开展"说到、做到，文明达人驾到"系列活动，在中小学中开展"七彩阳光季"青少年主题实践活动，使群众在文明创建活动中的能动作用得到更大程度发挥。

【媒体宣传】 2014年，甘井子区精神文明建设指导委员会办公室注重与各级各类媒体的沟通与联系，并及时将各项工作进行宣传报道，调动了全区各单位、部门及行业的积极性，推动各项工作的落实。“写家风晒家训助成长”工作，在中央电视台、《人民日报》、《经济日报》、新华社、中国文明网等中央级媒体，辽宁电视台、《辽宁日报》、大连电视台、《大连日报》、大连电台等省市级媒体被连续刊载；甘井子区在全区开展的“节俭养德·至美言行”全民节俭活动，被《大连日报》、大连电视台、天健网等多家媒体给予宣传报道。志愿服务工作、和谐楼院建设、未成年人工作、“道德讲堂”和践行社会主义核心价值观“大讲堂”巡讲巡演系列活动等工作，在《大连日报》、大连电视台等媒体刊文刊播50余篇，在《大连日报》头版刊文12篇。

（撰稿人：刘庆福 审稿人：赵双勇）

新闻工作

【概况】 2014年，甘井子区新闻中心围绕区委、区政府重大决策部署，依托主流媒体、网络新媒体等，集中展示甘井子区经济社会发展的新思路、新举措、新成效，为全区经济社会发展营造良好的舆论氛围。当年，甘井子区在市级以上媒体发稿3000余篇，其中主流媒体发稿1600余篇，《大连日报》头版发稿60余篇，让“甘井子好声音”随处可见、随时可感。

【党建工作宣传】 2014年，甘井子区新闻中心依托主流媒体，在人民日报党建版刊发了《大连创建军警地企党建联合体点亮大连湾服务的“灯塔”》《大连市甘井子区红旗街道“六步法”解决居民烦心事》等经验推广类报道。在《辽宁日报》推出《辛寨子“党员服务超市”红红火火》，在《大连日报》推出《甘井子区汇聚特色党建“繁星”》《“党员服务超市”让服务更加贴近百姓》等10余篇党建工作稿件。

【党的群众路线教育实践活动宣传】 2014年，甘井子区新闻中心通过主题策划、提炼典型，推出一批重大典型报道。在市级以上媒体刊发稿件100余篇，中央、省级媒体刊（播）发了《大连甘井子区：打通联系和服务群众“最后一公里”》《甘区“繁星工程”齐发力，惠民措施频频出》《大连甘井子区边查边改，见成效惠民生》等30多篇主题报道，集中展示全区扎实开展群众路线教育实践活动的动态和成果。

【经济发展新闻宣传】 2014年，甘井子区新闻中心围绕产业转型升级、科技创新发展、重点项目推进、现代服务产业聚集发展等在《经济日报》刊发《大连生态科技创新城打造城市“样板”》；在《大连日报》头版刊发《甘井子工业园区向高端装备制造业迈进》《生态科技创新城电子商务产业集群呼啸而来》等稿件；在大连日报开设的“各区县部分大项目简介”专栏，刊发《甘井子区为城区“添绿意”》；在“提质增效升级，探访城区经济项目”专栏，刊发《甘井子区“以城聚产 以产兴城”打造智慧产业高地》；在“全市经济半年看”专栏，刊发《甘井子区开工重点项目120个》。在大连新闻播发《甘井子区全面推进重点项目建设》《生态科技创新城 产业集群日趋壮大》等10余篇稿件。

【民生工作宣传】 2014年，甘井子区新闻中心以加快生态文明建设、就业创业、居家养老等为重点，在各级媒体刊发稿件500余篇。在《人民日报》推出《大连红旗街道十万百姓坐享生态红利》；在《辽宁日报》推出《甘井子区每年投入千万元扶持就业》《棋盘村村民变市民的四步棋》；在大连日报头题刊发《甘井子“生态旅游休闲城区”响当当》；在《大连日报》头版推出《大连西部崛起“国家级”生态文明样板》等生态文明建设3篇系列报道，头版刊发《甘区今年投入超百亿元实施十大重点民生工程》《甘区今年投入1000万元推出13项就业扶持政策》《甘区创新思路为农转城居民扎牢保障网》《甘区"三层救助网"实现困难群体帮扶全覆盖》等10余篇稿件；在大连新闻播发《甘区探索社区养老新模式》《甘井子区：实施十大民生工程》等10余篇稿件。

【文化工作宣传】 2014年，甘井子区新闻中心对全区加大文化建设投入、完善公共文化服务体系以及八大板块系列活动进行了宣传。在人民网推出《甘井子区文联首个村级摄影创作基地挂牌》《甘井子区探索文化融合的城市化发展新模式》；在《辽宁日报》推出《文化景观扮靓甘井子》《大连湾"草根文化"引领乡村风尚》；在《大连日报》头版推出《甘区"文化大沙龙"暨广场文化活动启动》《甘区探索文化融合新模式》等报道。

【舆情信息管理】 2014年，甘井子区互联网信息管理办公室完善工作体系，网络舆情监控工作实现新突破，向市委宣传部上报网络舆情信息1197条，其中正面舆情信息278条，负面舆情信息919条，舆情研判报告16篇。在市互联网信息管理办公室下发的《各网络舆情直报点信息报送工作情况的通报》中，甘井子区网络舆情信息工作位列第一。

【网络新闻】 2014年，甘井子区新闻中心发挥区公众信息网"政务动态"栏目的作用，围绕群众路线教育实践活动、大项目建设、文化强区建设等主题，紧扣区委、区政府中心工作，加大对经济社会发展、民生改善、百姓生活等方面的宣传报道，形成网络宣传强势。当年，"政务动态"栏目编审发布稿件3756篇。

（撰稿人：刘昌勋　审稿人：曹颖华）

统战工作

【概　况】 2014年，中共甘井子区委统战部围绕全区发展中心工作，坚持大团结、大联合，坚持"政策为要、人物为先、协商为重、制度为本"，加强深入基层调研、深入服务、深入为群众解难题等工作。服务全区中心工作，破解重点、难点问题，打造优秀同心品牌，建设优势资源队伍，提高统战工作制度化、科学化水平。由区委统战部参与的《大连市社会组织发展状况及统战工作对策研究》获得全省统战理论研究优秀成果一等奖、全市统战工作实践创新成果奖。

【学习贯彻落实十八届三中、四中全会精神】 2014年，中共甘井子区委统战部通过下发学习材料、组织各界人士召开座谈会等形式，引导统一战线成员深入理解十八届三中、四中全会的重大意义和精神

农工党甘井子区基层委员会成立

实质,把思想认识统一到十八大精神上来,并与实际工作相结合,进一步夯实共同思想政治基础。当年,组织统一战线各界人士举办专题报告会、研讨班、培训班14班次。

【统战工作会议】 2014年2月24日,中共甘井子区委统战部召开统战工作会议,区委副书记张淑华出席会议并讲话。区委统战部紧紧遵循党的十八大、十八届三中全会精神和区委十一届六次全会精神,各项工作目标"走群众路线",结合"工作落实年"部署,将统战重点工作项目化,着重从6个方面,开展21项重点工作。

【理论信息】 2014年,中共甘井子区委统战部结合市委有关加强理论学习文件精神,重新明确和规范了理论信息工作,印发理论信息工作评比考核细则;制定2014年理论研究课题。部内独立完成调研成果2项。《社会组织统战工作》课题被列为省2014年理论研究重点课题。首次在街道层面开展统战理论研究课题申报工作。通过认真研究、广泛征集,各街道上报理论研究成果5项。向市委统战部推荐理论研究课题3项。

【特色社会主义学习实践活动】 2014年,中共甘井子区委统战部印发《甘井子区统一战线坚持和发展中国特色社会主义理论学习实践活动实施方案》。分别在民主党派、无党派人士中广泛开展中国特色社会主义学习实践活动,并分别制定专项工作方案。推进非公有制经济人士理想信念教育活动。通过活动,进一步增强了统一战线广大成员对中国特色社会主义的道路自信、理论自信和制度自信。

【合作共事】 2014年,中共甘井子区委统战部完善各民主党派基层组织、制度建设,重新修订《加强新时期民主党派工作意见》;开设民主党派讲坛,邀请民主党派中的专家学者讲授专业知识。当年,开设讲坛5讲。组织民主党派走访慰问"五老"代表和优秀党员代表。组织民主党派市委会及全区各民主党派举行"接地气、纳声音"座谈会。积极纳贤引智共同为甘井子区实现现代化国际化中心城区献力。召开各民主党派、无党派代表人士座谈会,学习传达区委十一届六次、七次全会精神,设立调研专题,部署建言献策工作;开设民主党派直通车,通过专报及时反映社情民意,拓宽参政议政、建言献策渠道。完善与组织部、人社局的"两部一局"联席会议制度,拓宽选人视野和用人渠道,积极推荐任用优秀党外干部。与组织部联合对党外干部进行考查,重新梳理确定全区党外后备青年干部名单,并推荐3名处级党外干部为全市党外后备干部,3名科级以下党外干部为全市优秀党外青年干部,报市委统战部。

【党外代表人士队伍建设】

2014年,中共甘井子区委统战部通过组建高校、有关部门专家团队,在全区范围内开展社会各阶层人士调研分析工作。深入全区14个街道和所有社区开展网式统战资源普查。采集收集数据近2万份。建立统一战线人才资源数据库。区委统战部提出《2014—2017年全区党外后备人才队伍建设实施意见》。在全区实施党外后备人才队伍建设"百人计划"。即建立一支领域分布广泛、年龄结构合理、具有较高政治造诣的200名左右各领域党外代表人士后备人才。已完成民主党派40人的后备人才储备和建档工作;完成全市宗教界代表人士的推荐工作,通过与民宗局协商,最终,6人被新确定为宗教界代表人士。推荐11人为大连市中华职教社社员。举办统一战线特色理论培训班，组织全区各民主党派、基层统战工作者等统战各层面人士就新时期统一战线理论和习近平总书记对统一战线重要论述进行了系统的学习。提高全员对统战工作重要性的认识，增强统战工作科学化水平；带领全区13名非公有制经济人士参加西安交通大学研修班，并通过交大班同学会，组织非公有制经济代表人士开展活动。与政协党组、区委组织部联合，首次对全区第八届政协委员进行届中考核。通过指标百分制量化，政协委员自评、联络组、专委会和综合考评三级考评制，对全区政协委员履职情况、综合表现进行全面了解与掌握，从而为完善政协委员队伍管理，更好地发挥政协委员作用奠定基础。

【联系交友】 2014年，中共甘井子区委统战部全面落实市委、区委关于与党外代表人士交友安排意见的有关精神，推动交友工作向街道、社区全面覆盖。将联系交友工作作为2014年重点工作项目列入全年工作计划，在各街道建立班子成员联系交友制度，并建立健全经常性联系机制，推动交友工作规范化常态化。

【服务地区经济社会】 2014年3月，中共甘井子区委统战部召开全区各民主党派参政议政、建言献策专题调研工作会议，为切实推动全区经济社会发展，结合全区中心工作，各民主党派确定了15项重点方面调研内容。制定印发《关于对我区各民主党派开展调研工作的意见》，从调研选题、信息获得、建言载体、保障措施、队伍建设等五个方面，进行了具体规范，以保证建言献策工作顺利开展；组织民主党派及无党派、侨联等统战组织赴上海自贸区、电商产业园区开展考察调研，并确定三项相关重点调研课题，撰写高质量考察调研报告，为全区大力发展新型产业和推动社会组织参与社会治理创新建言献策。通过搭建政企对接、银企对接、区校合作等服务平台，为企业融资1.3亿，为企业牵线达成与中科院院士科研合作意向1次；开展新一届“优秀建设者”表彰活动，推荐市第五届“优秀建设者”4人。区侨联组织辖区内15家企业，20名代表参加由市侨联举办的《美国德州罗布斯顿市城市开发项目说明会》，并与该市工作人员进行商务会谈，为甘井子区经济发展争取项目和智力资源。深入全区14个街道、社区和10余家民营企业、宗教场所了解情况，走访重点楼院40余户，社会组织服务中心3家，走访统战成员200余人，帮助现场解决群众重点关注难题问题5件。其中在宗教代表人士走访中，了解到进山困难，通过多方协调，各方积极配合，共同努力，最终投资350万元，对原有砂石路进行了全面改建，路宽由原来的3米拓宽至12米，路面由原来的砂石路改为油板路，并修建了2200米隔离墙，彻底解决了问题。

【同心工程】 2014年，中共甘井子区委统战部举行甘井子区关爱老党员同心助老活动。在市委统战部支持下，区委统战部与中华路街道在“七一”前夕，筹措资金10余万元，为当地500名困难老党员、老模范和低保家庭60岁以上老人免费安装居家养老服务设备，帮助老人解决生活中的困难。继续开展“亿达之翼”圆梦大学活动，举行圆梦大学爱心捐助仪式，区委统战部筹措资金12.5万元，现场为全区25个新考入大学的困难家庭的贫困学子送上助学金，圆他们的大学梦。引入九三社区讲堂，落户泡崖街道，为当地群众送去有关医疗保健、法律援助等各类知识和服务。在九三讲堂启动仪式上，来自全市各大三甲医院和知名医院的十余位医疗专家，现场为百姓进行了免费诊疗服务。

【社区统战工作】 2014 年，中共甘井子区委统战部深入全区各社会组织开展调研，成立了由 11 个部门组成的专题调研小组；依托社会组织，开展“引资引智、对接服务、化解矛盾、民生服务”等载体活动，真正使社会组织成为政府管理的“减肥剂”、社会融合的“黏合剂”、社会矛盾的“稀释剂”，促进社会和谐。

【侨联工作】 2014 年 3 月，中共甘井子区委统战部召开区侨联委员会议，研究换届及年度工作计划。积极参加市侨联组织的栽种爱国侨林、美国投资说明会、香港创意日等活动。在市侨联第二届外文歌曲大赛上甘井子区侨联选手获得一等奖。在市侨联召开的区市县侨联工作会议上，甘井子街道作为全市唯一的街道侨联代表进行了经验介绍。接待马来西亚华人来大连考察，在市委统战部协助下，马来西亚客人先后考察了獐子岛集团和大连湾民营企业协会水产行业分会，详细了解了大连水产业生产、加工、管理、销售等情况。组建市侨联宏侨义工分会甘井子义工站，发展 15 名义工，看望慰问困难归侨侨眷 20 多人次。

【维护宗教领域稳定】 2014 年，中共甘井子区委统战部召开全区宗教联席会议领导小组（扩大）会议。调整宗教联席会议领导小组成员单位，深入研究分析宗教工作的重点难点问题，提出工作对策；实地走访考察佛教、道教、基督教宗教场所，与宗教界代表人士面对面进行交流，了解实际情况，及时解决问题，确保宗教领域和谐稳定。

【对台合作交流】 2014 年，中共甘井子区委统战部协助市台办组织了由 6 人组成的赴台交流考察团，赴台开展文化交流活动，为甘井子区经济发展和文化交流搭建平台；走访部分台资企业，了解企业情况，帮助他们排忧解难。协调处理一起台商纠纷。

（撰稿人：王旭　审稿人：陈江英）

政法工作

【概况】 2014 年，中共甘井子区委政法委员会围绕服务全区经济社会发展，全面落实全国、省、市政法工作会议精神，着力抓好维护社会大局稳定、促进社会公平正义、保障人民安居乐业三大重点工作，立足新的历史起点，为甘井子区加快建设现代化国际化中心城区营造安全稳定的治安环境、司法环境和社会环境。

【维稳安保工作】 2014 年，中共甘井子区委政法委员会推进社会稳定风险评估工作。制定《全面落实社会稳定风险评估推进年活动方案》，确立了“应评尽评”和全覆盖的工作目标，建立严格的稳评项目登记备案制度，积极引入第三方评估力量参与重大项目稳评工作。加强社会稳定风险评估工作考核，把重大决策和重大项目社会稳定风险评估工作纳入《甘井子区 2014 年维护社会稳定工作专项考核实施方案》。及时对各街道稳评工作一线人员进行培训，实行稳评项目属地化管理、项目化管理。对 103 个重大项目进行社会稳定风险评估，并形成规范的《风险评估报告》，完成新开工重大项目稳评报告 73 份。全区重大项目稳评工作基本实现“应评尽评”和全覆盖的目标。

【社会综合治理】 2014 年，中共甘井子区委政法委员会强化社会治理，在推进创新体制机制上下功夫。制定出台《甘井子区加强和创新社会治理的实施方案》，并对方案要求的四大体系建设实施项目化管理，将四大体系分解成13个项目分别由全区13个部门牵头落实，明确目标任务、责任分工和完成时限。区政法委牵头对各项工作落实情况跟踪进行督导调研。进一步细化全区“大综管”网格结构。建立全区综治基础信息平台，将全区重点人群、综治力量、防控体系建设、各项制度等情况一并纳入平台。已在区法院、交警大队、人社局等多个部门建立诉调对接中心，物业管理纠纷调解工作体系基本形成。区、街、社区三级社会组织培养孵化体系建设受到省市表彰，并得到国家民政部的认可。

【“技防甘井子”建设】 2014年，中共甘井子区委政法委员会制定《甘井子区社会防控体系建设规划》，按照网格化管理的要求，将企业、物业的保安和商场保安共同纳入到巡防队伍，延伸治安防范的触角，在全区2317个网格设置4886个网格综管员，专职和义务防范力量达到实有人口的0.5%。出资20余万元，为居民免费安装“防盗栓”、“防盗锁”、“防盗门”2114户，将原有的465个标清探头全部更换成高清探头，在重点地段新增视频监控240个。安装LED电子治安预报板30处，投资650万元为全区100所中小学安装视频监控1694对，提升校园安全防范工作。在全区各街道70%的社区建立社区警务室，使社区警务人员和社区综治干部在矛盾化解、治安防控、流动人口管理等方面相互配合，使基层综治力量得到进一步整合。以大连湾街道为试点，采取政府购买服务的租赁形式，将辖区分成南北两条封闭线和17个小的包围圈，新装460个监控点位，在辖区形成“合围”。在红旗街道铺设地下光纤管网45千米，用于“三网合一”技术改造，架设高清天网探头265个，将道路卡口、森林消防的监控探头进行有效“连接”，提升对辖区社会治安的管控能力。辛寨子街道自筹资金300万元，在辖区重点地区、交通要道安装视频监控探头103个，织就治安防控“天网”。66辆社区治安巡逻车、20台电动摩托车，40台110巡警车活动在20个巡逻区域、106条必巡线路、159个巡逻必到小区、713个巡逻必到点，构筑“百车千人”的社会面防控格局。

【平安建设】 2014年，中共甘井子区委政法委员会及时组织大连市甘井子区社会管理综合治理委员(以下简称区综治委)相关成员单位制定14项系列平安创建专项工作方案，重点开展社会环境综合整治、拆除违法建设专项整治、市容环境专项整治、高校周边专项整治、废品收购站点专项整治等活动。在全区开展人民调解“筑防线，保平安”矛盾纠纷化解专项活动，加强特殊敏感期间矛盾纠纷排查化解工作。各级调解组织调解各类矛盾纠纷695起，调解成功695起，调解率、调解成功率达到100%。每季度召开一次社会治安形势分析会，引导街道政法工委和辖区派出所有针对性地进行专项整治。发动全体群众对全区治安隐患、突出治安问题及不稳定因素进行了大排查，制定印发《甘井子区社会治安重点地区排查整治工作方案》，协调公安分局、执法局、交通局、交警大队、教育局等相关部门对排查出来的突出社会治安问题开展集中整治，做到局面不改，工作不停。把命案专项治理作为平安创建的主要任务，召开专门会议，拿出17万元表彰奖励上年7个无命案街道和命案专项治理突出贡献单位公安分局。强化治安巡逻密度，加大人防、物防和技防建设。截至年末，全区8个街道无命案发生，命案发案8起，较上年同期下降42.8%，在大连市所有区市县中发案率最低，治安案件和刑事案件稳中有降。

【重点人群服务管理】 2014年，中共甘井子区委政法委员会制定《甘井子区流动人口、用工单位从业人员信息采集、身份审查专项整治工作方案》《甘井子区流动人口专管员管理办法》，按照500:1的比例建立由500人组成的专管员队伍。组织社区专干每月与流动人口专管员共同对辖区流动人口和出租房屋数开展清查登记，把工作重点放在对高危层次的管控上，已重点管控379人。区人社局对3600多名流动人口进行就业培训，安排近万个岗位保障流动人口就业。全区登记重点人员4650人，其中重点人口1503人，监外执行310人，各类精神病人2634人等。建立区、街、社区三级预警系统，各街道坚持每季度召开动态分析会，提高风险预见性，动员社会力量参与重点人员管控工作，制订《甘井子区社区矫正工作突发事件应急处置预案》，建立各级安置帮教基地36个，矫正帮教小组176个，做好刑释解教人员的衔接管理工作，实现省内全部必接必控。全区释解教人员出监所接回率100%，帮教率98%，“三无”人员安置率100%。社区矫正工作信息管理平台实现入网管理。对100名社区矫正人员的定位管理纳入“电子围墙”管理范围。甘井子区被评为全国社区禁毒康复工作示范区，代表大连市迎接省禁毒委考核验收。截至年末，全区有刑释解教人员874人，在矫正人员284人，帮教率98%，重新违法犯罪率3%以下。累计帮扶“不良行为或严重不良行为青少年群体”338人。

【推进平安文化建设】 2014年，中共甘井子区委政法委员会以甘井子区长安网和官方普法微博为平台，宣传全区政法综治战线先进事迹和典型经验。以综治宣传月为契机，5月9日，在大连北站举行综治宣传月启动仪式及综治宣传一条街活动。5月份以来，各级各部门拿出近25万元制作宣传板、宣传册、横幅和标语牌，在辖区广场、商场和校园周边开展集中宣传，将治安防范小常识印制在购物袋和小扇子上免费发放给辖区居民，制作成DVD在辖区的LED显示屏上滚动播放，使全区居民的防范意识得到提高。召开全区综治宣传员培训会进行集中培训，调动社会各界参与综治宣传的积极性。全年在中央省市各级媒体报道全区平安建设文章260余篇，在全区所有社区和村建立文化书屋，多途径开展综治宣传，多渠道扩大全区群众对平安建设的知晓率。

甘井子政法机关“公平正义”主题演讲比赛

【政法队伍建设】 2014年，中共甘井子区委政法委员会树立政法工作生命线地位，全力提升司法公信力。以开展

"案件质量管理年"、"精品案例"评选活动为载体,加强执法监督工作。组织开展第二届甘井子区政法机关"十佳精品案例"、"十大办案标兵"评选活动。落实司法救助资金管理制度,各政法部门共使用司法救助金115万元,救助困难群众4人。继续加强对政法机关案件评查、个案抽查监督,完成督办领导批示案件24件。推进轻刑快办工作,办理案件80余件。建立与人大、政协机关互通机制,通过发放调查问卷的形式,开展人大代表、政协委员对甘井子区政法机关执法公信力评价工作,有针对性地解决当前影响甘井子区政法机关建设的问题。开展"五项教育"活动,加强政法队伍建设。启动"政法文化建设年"活动,在各政法机关继续开展以忠诚教育、信仰教育、敬畏教育、智慧教育、廉耻教育"五项教育"活动。区委政法委坚持为民务实清廉的主题,结合政法工作实际,开展"五查五看"和"六个一"活动,确保教育实践活动扎实推进、不走过场。举办甘井子区政法机关"公平正义"主题演讲比赛。开展"争做过硬政法干警"主题征文活动,从区各政法机关精选出3篇文章作为甘井子区参赛作品。强化街道政法综治工作力量,调整4名公安干警到街道担任政法工委委员。党的十八届四中全会召开后,迅速组织全区政法综治干部开展为期3天的培训,使全区政法综治干部依法治区、依法行政的理念得到进一步提高和加强。

(撰稿人:张岩　审稿人:张彬)

老干部工作

【概况】 2014年,中共甘井子区委老干部局共管理离退休干部1005人(含甘井子区市场监督管理局移交的离退休干部85人),其中离休干部124人,退休干部881人;区级离退休干部45人,抗战时期干部5人;离休干部平均年龄86.4岁。当年,中共甘井子区委老干部局以全国、省、市老干部工作会议精神为指导,以开展党的群众路线教育实践活动和"工作落实年"活动为契机,继续深入开展"真心关爱,真情服务"主题实践活动,抓好老干部政策待遇落实、两个阵地建设、发挥老干部作用和加强自身建设等重点工作。

【老干部政治和生活待遇】 2014年,中共甘井子区委老干部局落实中央关于老干部听报告、看文件、参观考察、参加重要会议、订阅报刊等规定。邀请退休老领导和在职机关干部以"十八届三中全会精神""党的群众路线教育实践活动"、"中国周边军事形势解读"和"中外文化习俗差异"为主题,举办系列政治形势教育讲座,并发放党的群众路线教育实践活动和习近平总书记系列重要讲话精神的学习资料。5月14日,组织17名区级离退休干部参观金石滩

孝老爱亲最美儿女表彰大会

文化博览广场，了解金石滩旅游产业的发展状况。5月27日和28日，分两批组织全区近260余离退休干部和工作人员参观金州新区关向应纪念馆，进行革命传统教育和党性教育。组织各单位为老干部订阅报刊杂志，方便老干部了解国内外时事要闻。督导全区各部门落实老干部相关待遇，按时调整和发放离休干部的离休费、护理费、生活补助，重点检查特需经费和专项活动经费的管理和使用情况。对离休干部医药费实行季度审核，及时报销，为离休干部报销医药费300余万元，无拖欠现象。

【老干部服务工作】 2014年，中共甘井子区委老干部局结合党的群众路线教育实践活动和"工作落实年"的要求，在全区开展离休干部"大走访"活动，全面掌握离休干部生活状况，建立特困家庭信息档案，进一步健全完善联系老干部和困难帮扶工作制度。当年，全区各单位走访慰问离退休干部410人次，重点走访企事业改制、患病、生活困难、抗战、部队离休干部及区级老领导，发放慰问金6万余元。加强对社区"四就近"服务工作的指导，整合社会资源，充分发挥为老志愿者服务队伍的作用。兴华街道秀山社区、周水子街道周盛社区、甘井子街道甘园社区、椒金山街道金山社区和金旺社区、泡崖街道玉峰社区、辛寨子街道美林园社区、机场街道蓝天社区、中华路街道名贵山庄社区被大连市委老干部局授予"四就近服务达标社区"称号。继续完善老干部信访机制，全年接待电话、信件来访15件，涉及问题全部予以解决。

【老干部文体活动】 2014年，中共甘井子区委老干部局积极开展丰富多彩的文体活动，满足老干部精神文化生活需求。以每月10日、25日的全区老干部集中活动日为载体，开展"最美女人，健康生活"妇女节联谊会、"和谐幸福一家人"文艺演出、趣味运动会、"党在我心中"文艺演出及书画摄影展、"放飞中国梦"诗文作品朗诵会、"九九重阳久久情"重阳节活动、《追你到高原》援藏干部纪录片展播和"我也是达人"才艺展示等多种形式文体娱乐活动。举办以《学习十八届三中全会精神》、《我的中国心·我的中国梦》和《我和我的祖国》为主题的征文活动，收到老干部征文78篇，择优上报大连市委老干部局4篇。组织老干部参加市、区门球比赛活动，定期开展麻将、扑克、台球、乒乓球和象棋兴趣小组活动。

【老干部大学建设】 2014年，中共甘井子区委老干部局加强大连市老干部大学甘井子分校校务建设工作。当年，老干部大学甘井子分校拥有注册学员近500人，开设课程包括声乐、舞蹈、葫芦丝、书法、国画、摄影、老年模特、交谊舞、朗诵、拉丁舞和电脑，并首次在书法专业上实行分层次教学。为改善老干部大学的环境，购置了景观绿植和花卉，更换一楼中心大厅的标语，将摄影班学员的优秀作品进行装裱并在墙上进行展示。

【老干部发挥余热】 2014年，中共甘井子区委老干部局充分发挥离退休干部自我管理委员会和"五老"志愿者队伍在自我管理、自我教育、自我服务方面的作用。鼓励"五老"志愿者在"广树进步小榜样"、"网吧义务监督员"和"青蓝工程"等品牌活动上，投身于维护社会稳定和关心教育下一代等工作，为党的事业增添正能量。10月22日，甘井子区"广树进步小榜样"经验交流暨表彰大会上，41名优秀"五老"志愿者受到表彰。全区现有11个老干部党支部经常开展思想政治学习和文体活动。为培养老干部先进典型，组织离退休干部党支部书记参加大连市委老干部局举办的支部书记培训班。

【“爱在金秋”艺术团、义工团】 2014年3月25日，甘井子区“爱在金秋”老干部艺术团、义工团成立，并举办以“和谐幸福一家人”为主题的首场演出。“爱在金秋”艺术团、义工团是在甘井子区老干部义工艺术团的基础上，联合原甘井子区文化馆的文艺骨干及老干部大学的优秀学员组成的。“爱在金秋”艺术团、义工团以“追求艺术、甘于奉献、服务社会”为宗旨，以“我参与、我奉献、我健康、我快乐”为理念，积极发挥正能量。当年，举办慈善义演30余场，进行义工服务40余次。在大连市老龄委组织的会演比赛中，“爱在金秋”老干部艺术团、义工团获得声乐一等奖和舞蹈二等奖；原区人大退休干部周传明被大连市慈善总会评为“大连慈善人物”。

【“孝老爱亲最美儿女”表彰】 2014年，中共甘井子区委组织部、区委老干部局为培育和践行社会主义核心价值观，弘扬中华民族传统美德，在全区离休干部家庭中开展“孝老爱亲最美儿女”评选活动，经全区基层单位和广大离退休干部推荐、评审委员会评选，从120多名离休干部家庭中评选出20名获奖人，并在重阳节之际举行表彰大会，推荐2位“最美儿女”的事迹给大连市老龄委，并在《大连晚报》上进行刊登。

（撰稿人：赵过　审稿人：金万庆）

甘井子区“爱在金秋”老干部艺术团、义工团成立大会

区直机关工委

【概况】 2014年，中共甘井子区直属机关工作委员会下属2个机关党委、8个党总支、33个党支部，党员1194人（年报数字）。区直机关工委围绕全区发展大局，把握“群众路线教育实践活动”和“工作落实年”两条主线，突出“服务中心、建设队伍”两大任务，着力抓好机关党的思想、组织、作风、反腐倡廉、制度建设和机关群团工作，提高机关党建科学化水平，为加快建设现代化国际化中心城区提供思想和组织保证。

【思想理论建设】 2014年，中共甘井子区直属机关工作委员会坚持中心组学习制度，学习贯彻十八届三中、四中全会精神，习近平总书记系列重要讲话精神，区委十一届六次、七次全会精神，全年组织集中学习12次。坚持领导干部上党课制度，开展“学习党章，遵守准则，做合格党员干部”等党课宣讲活动8次。鼓励机关干部参加双向自选培训和自学，引导党员干部在实践中锻炼自己，提高履职能力。区直机关工委撰写的《浅谈领导干部的人品官德修养》被评为“甘井子区‘文化大沙龙’系列活动——公务员职业道德主题征文活动”优秀奖。

【社会主义核心价值观】2014年，中共甘井子区直属机关工作委员会在区直机关中开展“晒家规家训·讲我家故事”征文活动，评选出优秀作品14篇。联合区教育局以“身边人说身边事的形式”设计了“最美身边人——传递正能量”纪实摄影展活动，23个区直单位、25个参展对象参加展览。会同区委宣传部、区教育局编撰“最美身边人”画册，展示机关干部锐意进取、奋发有为、安守本分、倾心奉献、默默无闻而又孜孜不倦的精神风貌，发挥先进典型的示范带动作用。组织召开“最美身边人”座谈会，弘扬真善美、传递正能量。

【群众路线教育实践活动】2014年，中共甘井子区直属机关工作委员会坚持把学习贯穿整个党的群众路线教育实践活动的始终，组织开展学习、讨论、交流8次。组织观看影片《焦裕禄》和专题片《永远的焦裕禄》，学习先进典型事迹。举办“机关党建如何贯彻党的群众路线”和“责任与担当”座谈会。开展“汇繁星、激活力、促民生”、机关转作风“四服务一提高”（立足岗位服务、主动上门服务、优化公共服务、推进阳光服务，提高群众工作能力）、在职党员进社区、党员领导干部直接联系基层党组织等载体活动。坚持开门搞活动，请群众参与，先后举办区直机关支部书记代表、组宣委员和工会小组长代表以及青年代表座谈会3场。组织所属的2个机关党委、10个党总支、35个党支部（此数字为区计生局、区食药监局、区质监分局未与有关部门合并前的总支及支部数）完成专题组织生活会及民主评议党员工作，推动各项工作的落实。巩固党的群众路线教育实践活动成果，对现行的规章制度进行梳理，修订完善制度8项，新建制度4项。

【基层组织和党员队伍建设】2014年，中共甘井子区直属机关工作委员会以“服务型”党组织建设为核心，推进以“五型”（学习型、服务型、创新型、和谐型、廉洁型党组织）党组织引领“五型”机关建设活动，在区直机关开展机关党建工作项目化管理，挖掘常规工作中蕴藏的创新空间，打造机关党建特色，培育了“大课堂”、“四个一线”、“双走进、抓落实、消除最后一公里”、“‘七星’引领汇繁星”、“‘贴心民政’党员干部我先行”等42个独具特色的基层党建品牌，评选出一等奖10个、二等奖15个、三等奖17个，基本形成“一个支部一个特色”、“一个支部一个服务品牌”的局面，拓宽了机关党组织服务基层、服务群众的途径。落实基层党建工作责任制，34位基层党组织书记完成了2014年述职工作。制定和完善《2014

甘井子区直属机关2014年党建工作会议

年度区直机关党建工作目标管理考评实施办法》《2014年机关建设目标考评要素体系》。完成对区直机关48个单位机关建设目标考核工作。召开2014年区直机关党建工作会，对2014年机关党建工作进行安排部署，128名书记（副书记、组织委员）参加会议。举办机关党务干部培训班2期，120余名机关党组织书记（副书记、组织委员）参加培训。指导新建党员活动阵地2个。在大连市直机关工委开展的“党建难题破解年”活动中，区直机关工委撰写的《建立健全机关党建工作考核评价机制探索与实践》被评为二等奖，并在市直机关工委组织的专题会议上交流发言。开展党员队伍素质提升工程，建立完善发展党员工作的长效机制。做好发展党员工作，确保发展质量，组织10名计划发展对象参加区委组织部的培训，严格按标准对10名新党员、15名转正的预备党员进行考核。组织近千名党员走进社区，开展“义务服务日”活动，与百姓一起共建幸福家园。健全党内关爱机制，走访慰问老党员、困难党员104人，送去慰问金8.2万元。在甘井子区第四届党员教育电视片暨党的群众路线教育实践活动电教片评比展播活动中，区直机关工委选送的“公平正义在心中”被评为最佳电教片奖。推荐纪委、宣传部、总工会、发改局、财政局、民政局、商务局、计生局、机关事务管理中心等9个先进党支部和检察院闫德伟、安监局冯建平2名优秀党员入选“群星灿烂，暖意融融”专题教育片。宣传区法院原执行局局长何海波同志事迹，并在全区推广。

【党风廉政建设】 2014年，中共甘井子区直属机关工作委员会集中学习中纪委三次全会精神，专题学习《甘井子区贯彻落实<建立健全惩治和预防腐败体系2013—2017年工作规划>实施办法》。围绕“加强政德修养，弘扬优良作风”主题，开展廉政文化讲座、警示教育、岗位廉政教育等活动。开展“读一本好书、析一篇好文章、写一篇清风时评”等活动，建立由26人组成的网评员队伍，撰写廉政时评19篇、廉政调研文章30篇、廉政心得体会138篇。区直机关工委撰写的《强化党的意识，时刻不忘党员身份》在《中国纪检监察》杂志2014年第13期发表。精选廉政教育警示资料，编发“清风文摘”专刊10期发放至街道和区直部门。对40个区直部门、单位的党风廉政宣传教育和廉政文化建设情况进行调查统计，促进了机关廉政文化建设。贯彻落实中央八项规定，整治“庸懒散慢奢”不良作风，纠正“四风一顽症”，配合区纪委进行明察暗访4次。围绕全区中心工作和全区今年10项重点民生实事，开展“最佳实事”评选活动。协同区纪委开展专项初核调查工作。组织1000名党代表、人大代表、政协委员和社会各界人士对47个区直机关、10个市属部门进行开门评议，满意率达98%以上。

【机关工会工作】 2014年，中共甘井子区直属机关工作委员会与区文体局共同举办“2014年甘井子区文化艺术节暨机关第25届体育运动会”，52个区直部门、5个驻区市直部门和14个街道的4000多名机关干部参加了艺术节开幕式暨体育运动会比赛。组织开展甘井子区机关排球赛，本次比赛共有29个单位（部门）参与，组成代表队18支，进行比赛22场。组织开展区直机关篮球比赛，区人社局、区农海局以及4支区直机关联队参加比赛。组织开展以“养心、立神，为建设现代化国际化中心城区做贡献”为主题的徒步走活动，机关干部职工共800人参加了活动。举办“马到成功迎新春，送祝福、猜灯谜”活动，区主要领导、区直机关800余人参加了活动。推荐段京友、宋庆生、冯建平、吴文章、孙英等同志获得“大连市劳动模范”称号，区司法局、区统计局、区城市管理行政执法局等3个机关单位获得“大连市先进单位”称号，区信访局李季获得“大连市五一巾帼标兵”称号。加大机关困难职工救助力度，年内救助困难职工16人，累计3.4万元。

【机关共青团工作】 2014年，中共甘井子区直属机关工作委员会在机关团员青年中开展“千团帮千户，千团助千人”，走访困难户79户，送去慰问金2.8万元。以“五四情、青春行”为主题，组织200名机关青年参观区重点项目。区文化馆被评为市级“青年文明号”、区文体局团支部书记蔡宇婧被评为“大连市优秀团干部”。

【机关妇女工作】 2014年，中共甘井子区直属机关工作委员会在国际劳动妇女节期间，组织全区300余名机关女干部观看电影，并用鲜花和贺卡为女干部送上节日的祝福。为全区534名机关女干部办理女性安康保险。组织全区机关女干部深入基层开展维权服务活动。继续开展“春蕾助学”活动，与38名儿童结成帮扶对子，送去慰问金1.7万元。李爽、刘秀娟、孙月琴被评为大连市“三八红旗手”，付瑜被评为“大连市妇联系统先进工作者”。

（撰稿人：韩圣贤 审稿人：滕君政）

党校工作

【概况】 2014年，中共甘井子区委党校共向全区14个街道送学25次，课程内容涉及党的十八大精神学习、公务员能力培养、群众路线教育与作风建设、基层工作方法、文化修养和心理健康等多个层面，累计培训人员3000多人次。配合相关部门举办主体班和专题研讨班9期，累计培训500余人次。加大基层宣讲力度，开展基层宣讲70余场，内容涉及党的十八大精神、党的十八届三中全会精神、党的十八届四中全会精神、习近平总书记系列重要讲话精神、党的群众路线教育实践活动等。当年，区委党校还承担了革镇堡街道后革村招考工作人员、泡崖街道公开招聘社区工作人员、甘井子区人民法院招聘合同制法官助理考试、甘井子区社区工作者录用考试等5次招考工作，从准备试卷、布置考场，到监考、核分等各个环节精心组织，为用人单位选拔人才提供快捷、高效的考试服务。

【党校评估工作】 2014年，中共甘井子区委党校根据省委组织部、省委党校联合制定的《辽宁省县(市)委党校评估办法》和《辽宁省县(市)委党校评估指标体系》，继续开展自查自评。在“培训质量、师资队伍、组织管理”等多个方面，对照评估要求进行准

甘井子区2014年入党发展对象培训班

备，多次与沈阳市和平区委党校、喀左县委党校等单位进行交流，学习先进经验。截至年末，评估工作顺利完成，评审专家组对于相关工作给予高度评价，并评定区委党校为优秀县区级党校。

【送学上门】 2014年，中共甘井子区委党校开展面向街道的"送学上门"活动。"送学上门"是甘井子区干部教育培训工作视角向基层聚焦、精力向基层聚拢、力量向基层聚合，多渠道、全覆盖、高质量开展基层干部培训的一种尝试，也是区委组织部、区人社局、区委党校在党的群众路线教育实践活动中，践行群众路线，树立基层观点，为基层服务的重要实践。在"送学上门"活动过程中，区委党校积极配合区委组织部、区人社局、各街道等相关部门，完成了当年的培训任务。"送学上门"改变了以往将干部"请上来"学习的方式，采用"送下去"的办法，把优质课程送到基层，解决以往干部培训中经常面临的工学矛盾、受众面窄的问题，让广大基层干部在家门口就能听到名师名家授课。培训范围也实现了从街道干部到社区干部、村干部的全覆盖。

【培训需求调研】 2014年，中共甘井子区委党校加强对培训需求调研力度，按照学以致用的理念，采取抽样调查、问卷分析、个别访谈、集体座谈等方式，对委托机构（组织人事部门、行政部门、企事业单位）和受训者的需求进行调查与分析，找出双方刚性需求与可塑性需求，提出培训方案，送交委托机构协商批准。对2天以上的课程，均要求进行需求分析。本着"了解需求、满足需求、实现需求"的原则，为干部职工提供精品课程，从根源出发做好培训工作。

【青年教师师资培训】 2014年，中共甘井子区委党校结合实际，学习参照先进党校的做法，提出"科学培养、民主培养、实践培养、制度培养"的"四位一体"新理念，加强青年师资队伍建设。探索通过进修、挂职锻炼等不同形式和方式、方法，让年轻教师接触基层、了解基层，受到锻炼，得到提高。根据青年教师的职业生涯规划，按照工作岗位的具体需要，明确发展方向，激发成长动力，使其尽快有能力担负教学科研工作的任务。重点加大对青年教师培训的力度，分期分批，有计划、有重点地选送青年教师参加中央党校、省委党校、市委党校、辽宁行政学院、北京大学组织的师资培训，使他们进一步坚定理想信念，增强宗旨意识，热爱党校事业，胜任工作使命。结合青年教师的专业特长和研究兴趣，有针对性地帮助青年教师制定教学科研的主攻方向，使其进一步集中时间精力，在教学科研工作上实现事半功倍的效果。搭建平台提供机会，培养青年教师的实战经验。区委党校特别重视在教学和调研的实践中培养和锻炼青年教师。学校定期召开教师试讲活动，鼓励青年教师上台试讲，积累教学经验，校领导和其他相关教师对试讲内容进行点评，指出不足并提出改进措施。与上级党校有关专家、教授搞好拜师结对工作，跟班听课、虚心求教，学习授课技能方法。结合教学任务和形势需要，积极为青年教师参与校外宣讲提供机会，深入基层了解社情民意，为课堂教学丰富实际案例，增强授课效果。

【科研成果】 2014年，中共甘井子区委党校马建新撰写的《当前县级党校建设中存在的问题与改革创新建议》在《理论界》2014年第1期上发表；《创新·务实·高效》在《大连干部学刊》2014年第2期上发表；《改革开放以来中国共产党领导职业道德建设的基本经验》在《党史文苑》2014 年第 4 期上发表;《以毛泽东为代表的中国共产党人独立自主方针的形成——从共产国际对中国革命影响的视角》在《党史文苑》2014 年第 5 期上发表;《改革开放以来中国共产党领导职业道德建设的基本经验》在《思想政治教育研究》2014 年第 4 期上发表;《关于构建科学合理的社会化人才评价机制的思考》在《宁夏党校学报》2014 年第 5 期上发表;《发挥劳动争议仲裁作用,实现劳动争议有效化解》在《辽宁经济》2014 年第 11 期上发表。张楠撰写的《加强社区执行力建设的路径探寻》在《管理学家》2014 年第 3 期上发表。

(撰稿人:顾聪　审稿人:马建新)

党史研究工作

【概况】 2014 年,中共甘井子区委党史研究室整合辖区党史和地方志资源,扩大宣传教育效果。完成《甘井子年鉴》(2014)编辑工作,向市委党史研究室提供《大连年鉴》(2014)甘井子分目内容。启动《甘井子区历史文化概览》编纂工作,完成《中国共产党辽宁省大连市甘井子区组织史资料》(第四卷)编纂出版工作,启动"甘井子区口述历史"音视频资料征集工作。稳步推进区志编纂进度,《甘井子区志》(1996—2005)进入校对修改阶段,继续推进对基层地方志工作的指导和人员培训。

【《甘井子年鉴》(2014)征编工作】 2014 年,中共甘井子区委党史研究室继续保持《甘井子年鉴》的质量,做好《甘井子年鉴》(2014)编纂工作。在《甘井子年鉴》(2013)改版工作的基础上,《甘井子年鉴》(2014)在编纂过程中进一步科学合理的设计年鉴框架,改进年鉴版式,丰富年鉴收录内容。截至年末,《甘井子年鉴》(2014)完成 53 万余字、300 余幅图片的编纂工作,并向市委党史研究室提供《大连年鉴》(2014)甘井子分目内容及反映甘井子区建设的重要图片。

【《甘井子区志》(1986—2005)续编工作】 2014 年,中共甘井子区委党史研究室围绕市、区两级政府重点工作,加紧落实第二轮修志工作。根据区志稿件撰写进度,及时调整区志撰写工作组人员,适时组织开展区志通讯员培训,广泛征集区志资料,高质量地进行编纂工作。截至年末,《甘井子区志》(1996—2005)已完成 126 万余字、1000 余幅图片的初稿编纂,进入校对修改阶段。在加紧编纂区志的同时,区委党研室进一步加强对基层志书编纂工作的指导,深入辛寨子、营城子、南关岭等街道,对街志及村志的编纂工作进行指导,全力支持镇、村志书编辑出版工作。

【《中国共产党辽宁省大连市甘井子区组织史资料》(第四卷)】 2014 年,中共甘井子

由区委党史研究室出版的《甘井子年鉴》(2014)、《中国共产党辽宁省大连市甘井子区组织史资料》(第四卷)和《甘井子区历史文化概览》

区委党史研究室进一步深化甘井子地区党史研究，完成《中国共产党辽宁省大连市甘井子区组织史资料》（第四卷）编纂出版工作。该书是中共辽宁省大连市甘井子区组织史资料一、二、三卷的续编本，收录时限为2002年5月起，至中共大连市甘井子区第十一次代表大会召开之前，即2011年3月。本卷组织史资料以党的组织史为正编，以政权系统、地方军事系统、政协系统、群众团体系统、部分事业单位和非公有制经济组织系统为附编，七个部分分别设置章节。按照中央及省市委党研室要求创新理论成果，不断挖掘党史新线索、新资料。

【《甘井子区历史文化概览》编纂工作】 2014年，中共甘井子区委党史研究室积极开发利用史志成果，启动《甘井子区历史文化概览》编纂工作。该书用简洁生动的语言对甘井子区的历史文化做全方位的介绍，便于甘井子区的对外宣传、交流，使之成为对外交往过程中了解甘井子区概况最直接、最便捷的工具书籍。截至年末，《甘井子区历史文化概览》已完成15万余字、90余幅图片的初稿编纂、排版设计工作，进入图书出版审核编校阶段。

【"甘井子区口述历史"音视频资料收集工作启动】 2014年，中共甘井子区委党史研究室启动"甘井子区口述历史"音视频资料收集工作。甘井子区口述历史工作是抢救性记录历史的重要工作，通过对本区党政界老干部、经济战线人物、文体科教医疗人物音视频资料采集的形式，以达到记录历史和人物活动的目的。甘井子区口述历史的采编工作是由区委党研室首次开展，区委党研室班子认真设计采编方案，制定实施计划。采访工作统一安排，采访时录音录像，后期进行剪辑编排，形成系列音视频文件，并刻制数码光盘存留。

【区委党研室网站更新维护】 2014年，中共甘井子区委党史研究室按照区委"充分发挥互联网等现代媒体的重要作用，加大党史宣传教育和党史知识普及"的工作要求，创新党史宣传工作方法，充分利用党史资源，拓展部门网站管理维护、资料更新工作，将《甘井子年鉴》（2013）、《领航——甘井子五年发展回眸》（2008—2012）、《中国共产党大连市甘井子区历史大事记》（2000—2011）等区委党研室编纂出版的党史、地方志书籍的PDF格式资料，上传网站，丰富了网站内容及信息容量，方便了基层党员利用媒体终端加强党史学习。实现了互联网等现代媒体传播面广、传递信息快的优势，发挥党史资政育人作用。

（撰稿人：张莹　审稿人：于汉伯）

档案事业

【概况】 2014年，甘井子区70个一级立档单位中，有17个单位设有档案室，其中街道14个、检察院1个、法院1个、规划局1个。甘井子区档案馆舍7300平方米，馆藏档案113个全宗，档案83604卷，155995件。当年，接待档案利用者4772人次，提供利用档案资料10600卷（次）。甘井子区档案馆由省一级档案馆晋升为国家一级档案馆。

【晋升国家一级档案馆】 2014年，甘井子区档案局（馆）严格按照国家一级档案馆创建标准，开展一系列创建工作。丰富馆藏，调整档案结构。围绕区委、区政府中心工作，及时接收各部门应进馆档案，有计划地接收涉及民生的婚姻登记、收养、工伤认定、计划生育、公证、就业失业登记等民生档案。强化安全、规范档案管理。制定了《档案安全责任制》等规章制度，为档案库房安装视频监控、自动报警灭火器、门禁等安全保护设备。档案库房由专人管理，定期进行检查登记，发现异常，及时排除。严格执行档案查、借阅制度，杜绝各类档案丢失、泄密事件发生。建立健全档案的收集、整理编目、保管、利用等一系列工作规章制度，按照新出台的《全宗卷规范要求》对馆藏113个全宗进行了重新修订、补充和完善。每个全宗档案以卷、册、件为保管单位进行统一整理，规范排列，标识清晰。组织编制了《甘井子区档案馆指南》。通过发放档案宣传单、查档指南以及利用档案信息网站公布开馆时间、查档咨询电话和须知，开展电话咨询等服务。馆藏档案在原有手检式目录基础上，全部实现目录机检，在查档服务中做到快接待、快查阅、快办理。充分利用馆藏和社会资源，编印《传承·跨越(1949—2012)》《亲切的关怀——党和国家领导人在甘井子》等反映甘井子区社会经济和社会发展的编研材料。结合国际档案日和档案法颁布纪念日开展宣传活动，举行档案开放日、档案专题展。档案展厅已建设成为全区重要的爱国主义教育基地。推进档案数字化建设，完成馆藏所有照片档案、录音档案、录像档案的数字化工作，建立全文数据库。建立与百姓密切相关、利用率频繁的婚姻、独生子女等档案的全文数据库。建设甘井子区档案管控平台，对原有档案信息网站进行升级改版，使档案网站成为服务档案工作的窗口。1月，甘井子区档案馆晋升成为国家一级档案馆，也是辽宁省第5家获评的县(区)级档案馆。

【档案接收】 2014年，甘井子区档案局(馆)贯彻国家档案局关于《各级各类档案馆收集范围的规定》，按计划做好各街道、区直各部门、单位到期应进馆档案的接收工作。当年，接收文书档案7069件，审计、基建、公证等专业档案11071卷，印章22枚，电子档案22盘，丰富了馆藏内容。

【档案保管与保护】 2014年，甘井子区档案局(馆)适时对库房温湿度进行监测并做好日常记录，根据温湿度的变化合理使用空调、除湿机，将温湿度控制在规定范围内。定期采取通风、打扫卫生、投药等措施堵塞危及档案安全的漏洞，确保档案实体安全。对馆舍及设备及时进行维护和保养，改善馆藏条件和办公环境。建立健全并落实档案查询、保管和安全保密制度，加强对政府公开信息和开放档案的审查，对涉密和内容敏感的档案不予公开、不开放查阅。加强档案数字化过程中及提供利用过程中档案信息的安全监督，确保不泄密。

【档案查询利用】 2014年，甘井子区档案局(馆)以服务民生为己任，从转变服务理念、提高服务效率、优化服务

纪念档案法颁布27周年宣传活动

环境入手，做好档案查询利用工作。在查档服务中做到快接待、快查阅、快办理。截至年末，接待查档人数4772人次，提供档案10600卷次。为群众申请公租房、办理二胎指标、补办结婚证、买卖房屋、办理退休及各街道、各部门单位编史修志、工作查考等提供翔实的档案资料。

【档案宣传】 2014年，甘井子区档案局（馆）为扩大档案工作的社会影响力，使群众更好地了解档案，利用档案，以6月9日"国际档案日"和《档案法》颁布27周年纪念日为契机，采取多种形式开展系列宣传活动。全区上下联动，利用电子政务平台、电子显示屏、宣传栏、广告牌等方式和途径，宣传档案知识；在区图书馆、商业区等公共场所设立宣传点，摆放宣传展板，发放宣传单、宣传画册、查档利用手册等宣传资料，工作人员还现场为群众答疑解惑。

【档案培训指导】 2014年，甘井子区档案局（馆）举办各类档案业务培训10次，内容涉及档案收集、档案分类整理、电子档案目录编制和打印、社区档案晋升省级标准等业务知识，受训人数近200人次。加大对档案工作指导力度，适时组织人员深入各街道、区直各部门单位进行业务指导，对需要帮助的单位采取主动上门、现场示范、详细讲解的方式进行指导。对区直部门、街道、社区、村、幼儿园、企业等50多个单位进行了档案现场指导，帮助5个幼儿园、1个企业建立了综合档案室。组织人员协助区委办、区政府办、区民政局、区人社局、区机关事务管理中心等部门整理档案。

【档案信息化建设】 2014年，甘井子区档案局（馆）按照甘井子区档案数字化实施方案规划，完成档案数字化一期工程和二期工程的75%的工作任务。对馆藏的14个街道2000年前长期保存档案和部分区直部门、单位永久和长期保存档案，特别是涉及民生的档案资料进行数字化加工。截至年末，已完成350万页档案的扫描，并对扫描数据及时进行抽查、验收和挂接，确保档案数据的准确与完整。推动基层数字档案室建设，多次组织人员到大连市档案局、中山区档案局、开发区档案局学习考察，对部分单位档案管理情况进行摸底调查，制定《数字档案室试点方案》。数字档案室管理软件开发工作基本完成，将于2015年进行安装调试。

【档案标准化建设】 2014年，甘井子区档案局（馆）加强和规范社区档案管理，推进社区档案工作评定省级标准。针对升级中的重点和难点工作进行培训和指导，组织社区副书记和档案员到锦园社区学习升级经验。当年，全区通过省二级档案管理标准升级验收社区新增30个，社区档案规范化管理水平得到提升。

【档案监督检查】 2014年，甘井子区档案局（馆）成立档案检查小组，对街道档案工作进行执法检查和绩效考核。在检查中，对照考核标准逐条进行评分，并对档案工作中存在的问题提出整改意见。加强机构改革过程中的档案监管，适时介入机构改革单位的档案管理工作，跟踪档案流向，及时与区工商局、食药监局、质监局沟通，确保在机构改革过程中档案不流失、不泄密。

（撰稿人：杨琳琳 审稿人：季福家）

非公组织党工委

【概况】 2014年，甘井子区非公有制企业工作委员会更名为甘井子区非公有制经济组织和社会组织工作委员会（以下简称工委），作为区委派出机构，与区委组织部合署办公，负责全区非公有制经济组织和社会组织党建工作。工委以促进“扩面提质”（扩大党的组织和工作覆盖面，提高党建工作质量）为目标，以建设服务型党组织和深入开展党的群众路线教育实践活动为重点，深入实施“三满意”（员工满意、企业满意、社会满意）工程，为推动非公有制企业发展提供组织保障。截至年末，全区非公有制企业建立党组织672个，其中党委32个，总支26个，支部614个，共有党员5883人。建立社会组织党组织46个，其中党委1个，党总支2个，党支部43个，共有党员476人。

【强基扩面工程】 2014年，甘井子区非公有制经济组织和社会组织工作委员会深入甘井子工业园区、中华路商业区等企业聚集发展区域开展党建工作，新成立非公有制企业党组织5个，覆盖红星美凯龙大连华南生活广场、大连智云自动化装备股份有限公司、大连泽一纸制品厂、大连方盛购物广场、大连陆安检车线、莱科液压（大连）有限公司和大连托拉斯木业有限公司等6家企业。抓外资、民营企业党建短板，将同处园区相邻的澳大利亚独资企业莱科液压（大连）有限公司和民营企业大连托拉斯木业有限公司组建成联合党支部，开创外商与民营不同性质的企业共同组建一个党支部的模式。发挥“绿色通道”机制作用，突破组织覆盖障碍，侧重抓无党员企业的发展党员工作，发展新党员3人。

【服务保障工程】 2014年，甘井子区非公有制经济组织和社会组织工作委员会将党群一体化阵地建设重点布局在非公有制经济组织集聚区域，发挥区域化服务阵地的吸引力和辐射作用，引导阵地带动周边其他非公有制经济组织党组织和党员围绕发展提供服务保障。由区委组织部、区工委、中华路街道共同指导红星美凯龙大连华南家居生活广场党支部投资50万元建立面积280平方米的高标准、多功能、开放式、智能化的党群服务中心，并接受中央组织部调研组的工作指导，获得中央组织部的肯定和鼓励。累计投入70万元，改扩建企业党群活动场所3个，企业党建工作专项经费投入11.35万元。通过“汇繁星、激活力、促民生”主题活动，实施“三满意”活力工程，找准基层和群众的需求点，提供“适销对路”的服务，其中，红星美凯龙生活广场党支部组织开展“五服务”（服务企业、服务员工、服务商户、服务客户、服务社会）活动以及“我是红星党员”争创服务星级活动，打造“红星”党建特色品牌，在全市非公有制组织党建工作会议上介绍经验。

【党建工作者队伍建设】 2014年，甘井子区非公有制经

全区非公有制经济组织党组织书记培训班

济组织和社会组织工作委员会重点抓好党建工作者队伍服务能力建设。一手抓基层书记队伍服务能力建设，举办全区非公有制经济组织和社会组织党组织书记专题培训，邀请市委组织部、市委党校专家进行授课。各街道综合党委也分别对基层党组织书记进行培训，增强书记做好新时期党务工作和群众工作的能力；一手抓党建指导员队伍服务能力建设，建立一支由街道组织委员和社区副书记共177人组成的党建指导员队伍，并进行任职能力培训，深入非公有制经济组织和社会组织积极开展党建工作促进“双覆盖”。

【管党治党制度建设】 2014年，甘井子区非公有制经济组织和社会组织工作委员会为加强、改进和规范基层党建工作，出台了《关于加强和改进非公有制企业党的建设的实施意见》，落实区委《关于加强基层服务型党组织建设的实施意见》《关于在基层党组织建设中充分发挥党代会代表作用的意见》《关于推进“两代表一委员“工作室建设的指导方案》《关于加强新形势下发展党员和党员管理工作的实施办法》等文件，编著了《公有制经济组织和社会组织党的基层组织组织指导工作手册》发放到所有基层党组织，为其提供工作指南。

“清风甘区，‘廉’动你我”廉政文化进企业巡回展活动

【企业文化建设】 2014年，甘井子区非公有制经济组织和社会组织工作委员会突出党建文化引领作用，举办“传统文化系列讲座”活动，为企业职工中的书法、象棋等文化爱好者提供学习和交流平台，提升企业党员和职工群众文化水平，提高健康向上的生活品质和情趣。组织基层党务、工会、共青团工作者参观爱国主义教育基地，开展爱国主义教育活动，弘扬和传承中华传统美德。联合区纪委，在大连叉车有限责任公司、大连麦花食品集团有限公司等规模企业中开展“清风甘区，‘廉’动你我”廉政文化进企业巡回展活动，促进法治、廉洁、诚信企业文化建设。

【工会联合会工作】 2014年，甘井子区非公有制企业工会联合会积极服务职工群众，开展夏季送清凉、节日送温暖等活动，引导基层企业工会对本企业困难职工及家属提供帮扶救助。当年，系统工会帮扶慰问困难、患病职工及其家属426人，提供救助物资及钱款约15万元。鼓励企业职工创先争优，开展“四岗同创”（党员先锋岗，职工模范岗，青年示范岗，巾帼标兵岗）活动，培养选树优秀班组和优秀人才，为企业发展提供动力。发挥基层工会职工之家作用，开展劳动竞赛、岗位练兵、体育竞赛、文化展演等活动，提升职工群众综合素质。

【调查研究工作】 2014年，甘井子区非公有制经济组织和社会组织工作委员会深入企业一线开展调查研究，了解企业生产经营状况、党建和群团建设、企业文化建设、职工思想动态等情况，征求基层企业对工委工作的意见建议。开展专题调研，撰写的《关于甘井子区非公有制企业对海归人才需求的调查报告》《关于在非公有制企业中开展服务型党组织建设的实践与探索》，分别获得区委组织部人才和组织工作调研报告评比一、三等奖。

（撰稿人：吉芳娇　审稿人：崔鸿力）

机构编制工作

【概况】　2014 年，甘井子区机构编制委员会办公室继续深化行政体制改革，推进事业单位改革，探索机构编制管理新机制及配套制度，提升机构编制工作整体水平，为现代化国际化中心城区建设提供体制机制保障。

【市场监管体制改革】　2014 年，甘井子区机构编制委员会办公室稳妥推进市场监管体制改革，整合原工商局、质监局、食药监局和食安办 4 个部门，组建区市场监督管理局（挂区食品安全委员会办公室牌子），完成部门“三定”（定职能，定机构，定人员编制）规定制发，完善派出街道市场监管机构，归并有关事业单位及其职责，建立起一体化、广覆盖、高效率的市场监管体系。

【政府职能转变和机构改革工作】　2014 年，甘井子区机构编制委员会办公室完成卫生、计生机构改革工作，组建区卫生和计划生育局，调整职责任务，整合机构编制。按照上级编制部门推进政府职能转变和机构改革的要求，经过调研和论证，拟定《甘井子区人民政府职能转变和机构改革方案》，经区委区政府研究，以区委区政府名义报市委市政府审核，推进政府职能转变，落实机构改革工作。

【简政放权和行政审批制度改革】　2014 年，甘井子区机构编制委员会办公室按照省、市统一部署，结合甘井子区实际，及时启动清权确权工作，出台《关于进一步清理区政府部门行政职权推行权力清单制度实施方案》《进一步清理区政府部门行政职权推行权力清单制度工作指导规范》及《关于加强对取消和调整行政审批事项后续监管工作的意见》，组织区政府部门清理职权，建立权力目录，推行清单制度，简政放权、依法确权、公开晒权、规范用权。29 个部门（单位）自查行政职权 2255 项。

【承接省市下放事权】　2014 年，甘井子区机构编制委员会办公室贯彻落实省、市政府取消和下放的行政职权，制定实施办法和相关的监管配套措施，增强承接有关职能的能力，承担相应的责任和义务，确保上级政府下放的权力接得住、落得实。当年，甘井子区承接省、市政府取消和下放的行政职权 39 项。

【控编减编工作】　2014 年，甘井子区机构编制委员会办公室贯彻落实省、市关于做好控编减编工作的意见，结合实际，制订甘井子区控编减编工作方案，从严审批管理、创新管理方式、用好用活存量、建立长效机制，着力控制和减少机构编制总量。收回区风景林管理处、园林管理处、供销社等多家事业单位长期闲置编制。

【机构编制核查工作】　2014 年，甘井子区机构编制委员会办公室印发机构编制核查工作实施方案，组织全区机关、事业单位开展培训，现场指导核查信息表填报方法。与区组织、人力资源和社会保障部门沟通，调取干部名册和公务员台账，逐项审核比对基层报送的数据信息，及时纠正错误数据。核查后，全区机构编制管理规则明确，审批权限明晰，审批流程规范，无违规行为。个别党政群机关、街道办事处存在擅自设立工作机构、副职领导超职数配备和混岗混编等情况，部分事业单位存在干部超配问题，有待解决。

【优化编制资源配置】 2014年，甘井子区机构编制委员会办公室整合区委宣传部内设机构，核增部门领导职数；调整区纪委（监察局）内设机构，分设案件审理室和案件管理室；核增组织部领导职数；核增街道专职纪工委书记职数；核定人大常委会专职委员、法院审判委员会专职委员、检察院检察委员会专职委员职数；城市街道分别设置财政科和经济发展科；核增安监局及其所属事业单位人员编制；核准小区配套幼儿园独立建制9所；成立大连生态科技创新城投资服务中心；成立区水利工程质量监督站，挂区水利服务站牌子。

甘井子区机构和人员编制核查全面推行实名制管理工作会议

【机构编制实名制管理】 2014年，甘井子区机构编制委员会办公室启用机构编制实名制管理系统办理全区机关、事业单位人员调配手续，推动组织、编制、财政、人力资源和社会保障4部门联动机制运行。

【推广应用中文专用域名】 2014年，甘井子区已注册机关政务域名61个，注册率100%，注册事业单位公益域名189个，注册率88%，总注册率90%，与2013年持平。

【事业单位法人年检】 2014年，甘井子区机构编制委员会办公室启用事业单位登记管理新系统，完成全区164家符合登记条件的事业单位法人年检，对33家事业单位进行变更登记，对8家符合登记条件的事业单位进行设立登记，全区事业单位年检审核通过率100%。

（撰稿人：翟偲存　审稿人：韩玉成）

甘井子区人民代表大会

【领导人名录】

甘井子区人民代表大会常务委员会

主　任　倪金飞

副主任　李传谊

王旭国

赵　信

周晓春

魏金荣(2014.12－)

党组书记　倪金飞

党组副书记　李传谊

【概况】　2014年,甘井子区十七届人大常委会举行常委会会议7次、主任会议11次,听取和审议"一府两院"工作报告17项,做出决议、决定13项,送达审议意见书和视察建议书12份,组织代表视察、调研等活动190余次,依法任免地方国家机关工作人员234人次。

重要会议

【区人大常委会会议】　2014年2月20日,甘井子区十七届人大常委会召开第七次会议。区人大常委会主任倪金飞,副主任李传谊、王旭国、赵信、周晓春和委员共22人出席会议。中共甘井子区委常委、副区长徐克军,区法院院长刘锟,区检察院副检察长鲁振纲,区政府办、区财政局负责人,区人大常委会各街工委主任、副主任、办公室主任和区人大常委会机关干部列席会议。10位区人大代表应邀列席。会议传达了省十二届人大二次会议、市十五届人大二次会议精神,审议通过《甘井子区人大常委会2014年工作要点》。听取和审议区政府关于提请调整甘井子区2014年公共财政收入和支出预算的报告,做出关于批准调整甘井子区2014年公共财政收入和支出预算的决定。会议还根据区法院院长刘锟的提请,进行了有关人事任免事项。

2014年4月24日,甘井子区十七届人大常委会召开第八次会议。区人大常委会主任倪金飞,副主任李传谊、王旭国、赵信、周晓春和委员共23人出席会议。中共甘井子区委常委、副区长张晓丹,区法院院长刘锟,区检察院副检察长孙月琴,区政府办、区发改局、区司法局、区规划局、区城建局、区交通局、区残联、区交警大队负责人,区人大常委会各街工委主任、副主任、办公室主任和区人大常委会机关干部列席会议。5位区人大代表应邀列席。会议听取和审议区政府关于甘井子区国民经济和社会发展第十二个五年规划纲要中期评估的报告、区交警大队关于贯彻实施道路交通安全法工作情况的报告,形成关于以上两项工作报告的审议意见。会议听取和审议区政府于提请调整甘井子区国民经济和社会发展第十二个五年规划纲要部分指标和功能区范围的报告,做出关于批准调整甘井子区国民经济和社会发展第十二个五年规划纲要部分指标和功能区范围的决定。会议依照法定程序做出关于接受徐克军辞去甘井子区人民政府副区长职务请求的决定，并根据区长侯祯涛的提请，决定任命孙龙业为甘井子区人民政府副区长。会议还根据有关提请，进行了区人大常委会和区人民法院的人事任免事项。

2014年6月24日，甘井子区十七届人大常委会召开第九次会议。区人大常委会主任倪金飞，副主任李传谊、王旭国、赵信、周晓春和委员共23人出席会议。中共甘井子区委常委、副区长孙龙业，区法院院长刘锟，区检察院检察长林徽，区政法委、区政府办、区城建局负责人，区人大常委会各街工委主任、副主任、办公室主任和区人大常委会机关干部列席会议。10位区人大代表应邀列席。会议听取和审议了区政府关于城市园林绿化工作情况的报告、区法院关于刑事审判工作情况的报告，形成了关于以上两项工作报告的审议意见。

区人大常委会党组召开民主生活会

2014年8月28日，甘井子区十七届人大常委会召开第十次会议。区人大常委会主任倪金飞，副主任李传谊、王旭国、赵信、周晓春和委员共21人出席会议。中共甘井子区委常委、副区长孙龙业，区法院院长刘锟，区检察院检察长林徽，区政府办、区发改局、区财政局、区审计局负责人，区人大常委会各街工委主任、副主任、办公室主任和区人大常委会机关干部列席会议。10位区人大代表应邀列席。会议听取和审议区政府关于甘井子区2013年度本级预算执行和其他财政收支的审计工作报告、关于甘井子区2013年决算和2014年上半年预算执行情况的报告、关于甘井子区2014年上半年国民经济和社会发展计划执行情况及下半年工作意见的报告，形成了关于以上工作报告的审议意见。会议表决通过关于甘井子区2013年决算的决议，批准了甘井子区2013年决算。会议听取和审议区政府关于提请批准甘井子区医疗卫生健康中心项目贷款并列入财政预算的报告，做出关于批准甘井子区医疗卫生健康中心项目贷款并列入财政预算的决定。会议根据区长侯祯涛的提请，决定任命闻允为甘井子区人民政府副区长。会议还通报了区人大常委会党组党的群众路线教育实践活动专题民主生活会的有关情况。

2014年10月20日，甘井子区十七届人大常委会召开第十二次会议。区人大常委会主任倪金飞，副主任李传谊、王旭国、赵信、周晓春和委员共20人出席会议。中共甘井子区委常委、副区长孙龙业，区法院院长刘锟，区检察院检察长林徽，区政府办、区发改局、区教育局、区民政局、区财政局、区人社局、区城建局、区交通局、区农海局、区服务业局、区市场监督局、区督查室、区公安分局、区交警大队负责人，区人大常委会各街工委主任、副主任、办公室主任和区人大常委会机关干部列席会议。5位区人大代表应邀列席。会议审议通过关于召开区十七届人大三次会议的决定及方案，决定区十七届人大三次会议于2015年1月上旬召开；审议通过关于接受亓协义等5人辞去大连市甘井子区第十七届人民代表大会代表职务请求的决定以及关于补选区人大代表和成立区选举委员会的决定。会议听取和审议区政府关于区十七届人大二次会议代表建议办理情况和关于贯彻食品安全法情况的报告，形成关于以上两个工作报告的审议意见。会议还根据提请，进行了有关区政府、区法院的人事任免事项。

2014年12月22日，甘井子区十七届人大常委会召开第十三次会议。区人大常委会主任倪金飞，副主任李传谊、王旭国、赵信、周晓春和委员共19人出席会议。中共甘井子区委副书记、区长侯祯涛，区委常委、常务副区长孙龙业，区法院院长刘锟，区检察院检察长林徽，区政府办、区财政局负责人，区人大常委会各街工委主任、副主任和区人大常委会机关干部列席会议。9位区人大代表应邀列席。会议听取区政府关于2014年融资贷款情况的报告，听取和审议区政府关于提请调整甘井子区2014年公共财政收入和支出预算的报告，做出关于批准调整甘井子区2014年公共财政收入和支出预算的决定。会议审议通过区十七届人大三次会议议程、日程、主席团和秘书长名单、主席团常务主席名单、执行主席分组名单、大会副秘书长名单、议案和财经审查委员会成员名单等草案。审议通过了列席人员名单和代表资格审查委员会关于区十七届人民代表大会个别代表的代表资格的审查报告，做出关于表彰区十七届人大二次会议“优秀代表建议”和“积极提出建议”代表的决定、关于接受马玉学等7人辞去大连市第十五届人民代表大会代表职务请求的决定、关于接受丁肇友等4人辞去大连市甘井子区第十七届人民代表大会代表职务请求的决定，并补选王悦等7人为大连市第十五届人民代表大会代表。会议还讨论并原则通过区人大常委会工作报告讨论稿。会议还根据提请，进行了有关区人大常委会、区政府、区法院的人事任免事项。

【区人大常委会主任会议】

2014年2月18日，甘井子区十七届人大常委会举行第十一次主任会议。会议听取人事代表工作委员会关于重点代表建议、批评和意见的情况说明，研究确定区十七届人大二次会议重点代表建议5件，分别是闫宏宇代表提出的《关于加强大连生态科技创新城水资源生态保护的建议》、杨家发代表提出的《关于推进与辖区高校共建大学生“创业苗圃”的建议》、李祥林代表提出的《关于规划建设南关岭现代服务业集聚区的建议》、李义军代表提出的《关于加强中华路商务区交通组织、管理的建议》、那圆代表提出的《关于建立基本养老服务新体系的建议》。

2014年5月22日，甘井子区十七届人大常委会举行第十三次主任会议。区人大常委会主任倪金飞，副主任李传谊、王旭国、赵信、周晓春参加会议。区政府副区长袁晋山、区规划局负责人及相关人员、区人大机关部分人员列席会议。会议听取区规划局受区政府委托所作的关于甘井子区规划工作情况的报告，进行了讨论，并提出意见和建议。

2014年5月27日，甘井子区十七届人大常委会举行第十四次主任会议。区人大常委会主任倪金飞，副主任李传谊、王旭国、赵信、周晓春参加会议。区政府副区长姚岳林、区安监局负责人及相关人员、

区人大常委会主任会议听取全区规划工作情况报告

区人大常委会机关部分干部列席会议。会议听取区安监局受区政府委托所做的关于区政府贯彻实施《安全生产法》情况的报告，进行了讨论，并提出意见和建议。

2014年7月16日，甘井子区十七届人大常委会举行第十六次主任会议。区人大常委会主任倪金飞，副主任李传谊、王旭国、赵信、周晓春参加会议。区政府副区长艾华、区教育局负责人和区人大常委会机关部分干部列席会议。会议听取区教育局受区政府委托所做的关于全区中小学干部教师队伍建设工作情况的报告，进行了讨论，并提出了意见和建议。

2014年9月16日，甘井子区十七届人大常委会举行第十八次主任会议。区人大常委会主任倪金飞，副主任李传谊、王旭国、周晓春参加会议。中共甘井子区委常委、常务副区长孙龙业，区政府督查室、区民政局、区人社局、区农海局、区服务业局、区交警大队负责人和部分区人大代表以及区人大常委会机关部分干部列席会议。会上，区政府督查室汇报了区十七届人大二次会议代表所提的130件代表建议的阶段性办理情况，区民政局、区人社局、区农海局、区服务业局、区交警大队等5个单位负责人，分别汇报了本单位所承办的区人大常委会主任会议重点督办的代表建议办理情况。与会的区人大常委会主任会议成员和人大代表就5件重点代表建议的办理情况进行了讨论，并对下一步的重点代表建议办理工作提出意见和建议。

【人大街工委工作会议】 2014年3月11日，甘井子区十七届人大常委会召开全区人大街工委工作会议。区人大常委会主任倪金飞，副主任李传谊、王旭国、赵信、周晓春，各人大街工委主任、副主任、办公室主任以及区人大常委会机关全体干部参加会议。会上，各人大街工委分别对2013年人大工作进行了总结，并就如何做好2014年人大工作进行汇报交流。李传谊副主任全面回顾了2013年人大街工委的工作，对2014年人大街工委工作进行部署。倪金飞主任作总结讲话。

【人大代表知情知政通报会】 2014年7月22日，甘井子区十七届人大常委会召开2014年人大代表知情知政通报会。会上，区人大常委会副主任李传谊向与会代表通报区人大常委会2014年上半年工作情况，中共甘井子区委常委、副区长孙龙业通报政府上半年工作情况，区法院院长刘锟和区检察院检察长林徽分别通报法院和检察院上半年工作情况。区人大常委会主任倪金飞、副主任李传谊、王旭国、赵信、周晓春和市、区人大代表110余人出席会议。

法律监督

【概况】 2014年，甘井子区人

大常委会根据《大连市甘井子区人民代表大会常务委员会规范性文件备案审查规则》，依法对区政府报备的3项规范性文件进行备案审查。3项规范性文件分别是4月2日报备的《甘井子区就业工作实施办法(试行)》、11月19日报备的《甘井子区安全生产非法违法行为举报奖励办法》、12月17日报备的《甘井子区促进外商投资融资租赁行业发展扶持办法(试行)》。

区人大常委会组织人大代表视察建议办理情况

工作监督

【工作视察】 2014年5月20日，区人大常委会组织部分区人大代表对全区贯彻实施《工会法》情况进行视察。代表们先后视察了大连黄伟义齿有限责任公司和大连力和公路工程有限公司的工会建设情况，听取了上述企业工会负责人对工会组织建设和工作开展情况的介绍，听取了区总工会和革镇堡街道、机场街道关于贯彻实施《工会法》情况的工作汇报，并进行讨论，提出视察建议。

2014年8月20日，区人大常委会组织部分区人大代表对全区"幸福老年之家"建设情况进行视察。代表们先后视察了泡崖街道康盛社区、辛寨子街道由家村和营城子街道沙岗子村的"幸福老年之家"建设情况。听取了区民政局受区政府委托所作的关于甘井子区"幸福老年之家"建设情况的工作报告，并进行讨论，提出视察建议。

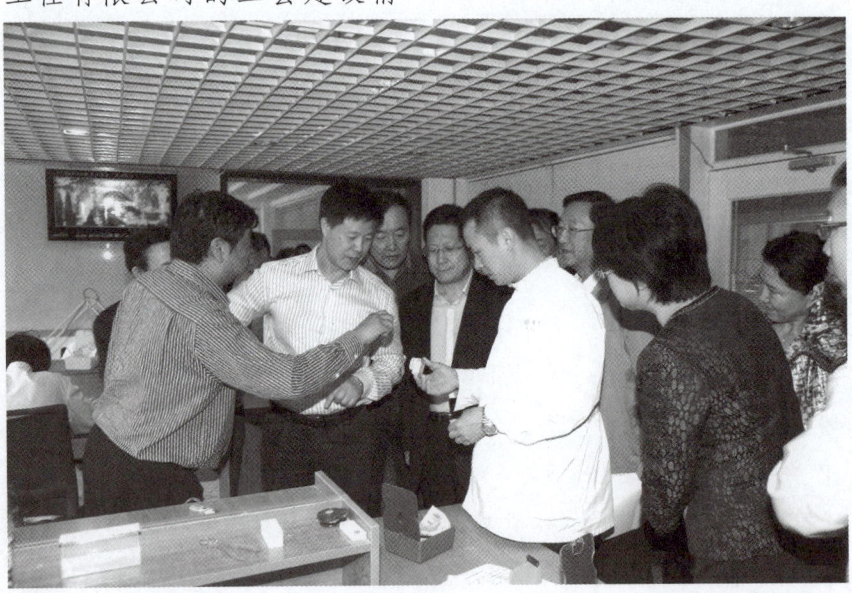

区人大常委会组织人大代表视察《工会法》贯彻实施情况

2014年9月16日，甘井子区人大常委会组织部分区人大代表对区十七届人大二次会议期间代表所提建议的办理情况进行视察。代表们先后来到营城子街道沙岗子村"幸福老年之家"、兴华街道华中社区116号楼院、泉水街道"爱心超市"和周二小学，实地视察了有关养老服务体系建设、维修破损楼院间道路、增建居民菜市场、维修老旧校舍等代表建议的办理情况，分别听取区民政局、区城建局、区服务业局和区教育局的代表建议办理工作情况汇报。

2014年9月22日，甘井子区人大常委会组织部分区人大代表对全区文化体育基础设施建设情况进行视察。代表们先后视察区图书馆、区体育场、易星网球中心和辛寨子街道由家村社区活动中心，听取区文体局受区政府委托所作的关于甘井子区文化体育基础设施建设情况的报告，并进行讨论，提出视察建议。

2014年10月24日，甘井子区人大常委会组织部分区人大代表视察全区道路建设情况。代表们实地察看了岭西路、岚岭路、机场快速路、甘南路立交桥等"两纵两横"道路建设情况，听取区交通局受区政府委托所作的关于2013—2014年公路建设情况的汇报，并进行讨论，提出视察建议。

2014年11月27日，甘井子区人大常委会组织省、市、区人大代表30余人对全区重点项目建设情况进行视察。代表们先后视察了棠梨湖公园、北方生态慧谷、大连中冶国际商务城、亿丰大连国际汽车城和安盛·亿合城等重点项目建设情况，现场听取了各个项目的有关情况汇报。

【工作调研】 2014年3月3日至17日，甘井子区人大常委会党组成员根据区人大常委会在党的群众路线教育实践活动中《关于区人大常委会机关开展走访调研活动的通知》要求，带队组成4个调研组，深入全区14个街道，与180余名人大代表、选民代表和人大街工委同志进行交流，发放调查问卷156份，征集意见建议66条。

区人大常委会组织人大代表视察文化体育基础设施建设情况

2014年5月7日，区人大常委会主任倪金飞到党的群众路线教育实践活动联系点泡崖街道调研。倪金飞主任走访大连世友机械有限公司，查看企业生产情况，了解企业开展教育实践活动和党建工作的情况。在街道办事处会议室，倪金飞主任与街道、社区干部和党员、群众代表20余人举行座谈，了解街道和岭南社区开展党的群众路线教育实践活动的情况，并听取大家对开展教育实践活动的意见和建议。

2014年5月14日，大连市人大常委会人事代表工作委员会主任于勇一行3人到甘井子区调研人大街工委工作情况。调研组先后来到泡崖街道和大连湾街道人大工委，察看了街道"代表之家"建设情况，分别听取了两个人大街工委关于人大街工委工作开展、街道"人大代表之家"和社区"人大代表活动室"作用发挥、群众意见和建议处理、代表述职活动等方面的工作情况汇报，并提出指导性的意见和建议。

2014年5月16日，大连市人大常委会副秘书长、研究室主任仲伟忱和市委政研室副主任崔克明一行9人到甘井子区，就新形势下如何加强和改进人大工作进行调研。中共甘井子区委副书记张淑华、区人大常委会副主任李传谊分别围绕2009年市委人大工作会议之后，区委、区人大常委会贯彻落实《中共大连市委关于加强和改进人大工作的若干意见》的工作情况进行汇报。中共甘井子区委常委、常务副区长孙龙业，区法院院长刘锟，区检察院副检察长孙月琴分别就区政府、区法院、区检察院如何接受人大及其常委会监督，依法行政、公正司法的情况进行了汇报。大连湾和泡崖两个街道的人大工委负责人分别就本街道人大工作的开展情况作了发言。与会人员就如何开好市委人大工作会议提出意见和建议。

人事任免

【人事任免】 2014年，甘井子区人大常委会坚持党管干部与人大依法任免相统一的原则，依据干部"德能勤绩廉"的综合考核标准，通过法律知识考试、任前考核、作施政报告等规范的人大任免程序，提高人事任免工作的透明度和严肃性，增强被任命人员的法治观念和宗旨意识。当年，依法任免区人大常委会工作人员6人次，区政府工作人员10人次，区法院工作人员218人次。

代表工作

【代表工作】 2014年，甘井子区人大常委会坚持代表主体地位，重视健全机制，强化服务保障，不断为代表依法履职创造条件。落实代表工作各项机制。落实联系委员和代表制度，人大常委会主任、副主任走访委员和各级人大代表60余人，帮助基层代表解决履职中遇到的困难。落实代表联系群众常态化机制，出台每名人大代表定向联系10名原选区选民的新规定，代表们通过自创民情恳谈会、民意QQ群等新方式，密切与选民的联系。落实"人大代表调研季"活动制度，代表们自主拟题开展调研，完成切合民生实际的调研报告17篇。落实代表服务群众和社会的工作机制，向全体代表发出《携手加强环境综治，共筑和谐美丽家园》的倡议书，由各人大街工委组织代表开展义务奉献日活动和综治情况视察，配合市容环境综合整治行动。引导代表广泛参与社区建设、帮困助学等公益活动，捐资捐物310余万元。强化对代表履职的服务保障。通过完善"巡回授课"制度、召开代表履职交流会、补选代表培训、参加市人大履职学习班等形式，提升代表履职素质和能力。通过邀请代表列席会议和参加活动、举办知情知政通报会、寄送资料等途径，保障代表的知情知政权。当年，列席常委会会议的代表人数增加至50人，区人大常委会和人大街工委密切配

区人大常委会机关人员参加市容环境综合整治义务劳动

合，组织开展代表活动190余次。通过新闻媒体、《人大工作》简报等载体，宣传代表履职先进事迹，开展代表建议"双评"活动，表彰积极提出建议的代表19位和优秀代表建议5件。加强人大街工委建设。区人大常委会把人大街工委作为代表工作的前沿，致力于强基固本、提升功能。年初组织召开街道人大工作部署会议，年中分片举行人大街工委负责人座谈会，细化11项绩效考核标准，加强日常工作指导和督促检查。各人大街工委积极发挥对代表活动的组织引领作用，深化"代表之家"、"两代表一委员工作室"功能整合，在组织代表活动、密切联系代表、强化对代表的激励约束等方面，有了更多的创新之举，丰富了代表"五个一"活动的形式和内涵。大连湾、椒金山街道的工作经验在全市人大街工委工作会议上推广。

机关建设

【机关建设】 2014年，甘井子区人大常委会以党的群众路线教育实践活动为契机，推进自身思想、作风和制度建设，

区人大常委会机关举行党的群众路线教育实践活动总结大会

提高工作质量和水平。区人大常委会坚持把思想政治建设放在首位，党组率先垂范，带领组成人员和机关干部学习党的十八届三中、四中全会和习近平总书记系列重要讲话精神，开展党章、"三严三实"、"责任与担当"、"厉行节约、反对浪费"等"机关论坛"活动，开设《宪法》《预算法》《工会法》《道路交通安全法》等法律讲座，提升了依法履职能力和业务水平。加强人大宣传和理论研究，170余篇稿件在省、市、区媒体发表。区人大常委会严格执行民主集中制，重要工作和重大问题坚持"集体领导、民主集中、充分酝酿、会议决定"，民主议事和决策水平不断提升。按照统一部署，党组、党支部分别召开专题民主生活会和组织生活会，认真反"四风"、改作风，在强化调查研究、健全监督机制等方面进行整改。各工作机构的工作效能和参谋服务水平不断提高。区人大常委会加快人大工作的制度化建设步伐，继上年修订16项区人大及其常委会工作制度之后，当年责成有关工作机构，从制度的适用性和可操作性入手，完成人大机关文秘、行政、党建3个方面15项制度的修订工作，并编印成册，推行落实，建立起区人大及其常委会各方面工作的制度体系。

(撰稿人:刘祥海　审稿人:孙光坤)

甘井子区人民政府

【领导人名录】

甘井子区人民政府

区　长　侯祯涛

常务副区长

徐克军(-2014.04)

孙龙业(2014.04 -)

副区长　孙龙业(2014.04 -)

张晓丹

李　力

艾　华

袁晋山

李荣久

姚岳林

闻　允(2014.09 -)

党组书记　侯祯涛

党组副书记

徐克军(-2014.04)

孙龙业(2014.04 -)

重要会议

【区政府全体会议】 1月3日,甘井子区政府召开第十七届六次全体(扩大)会议。大连生态科技创新城管委会副主任方健伟、区政府各位副区长对近期工作做出安排。区长侯祯涛就近期工作提出要求。同日,甘井子区召开政府绩效考核工作会议。会议通报了2013年上半年和三季度市政府绩效考评工作结果,并对年终市政府对区政府绩效考评工作进行了说明。中共甘井子区委常委、常务副区长徐克军出席会议并讲话。

5月19日,甘井子区政府召开第十七届七次全体(扩大)会议,贯彻落实大连市城区经济工作座谈会精神,针对当前形势,部署下一阶段工作任务。区长侯祯涛强调,要切实增强加快经济发展的责任感紧迫感,提振信心,振奋精神,敢于担当,真抓实干,全力推动经济"行稳致远",确保实现"双过半"和全年任务目标。

8月29日,甘井子区政府召开第十七届八次全体(扩大)会议,分析当前形势,部署落实下一阶段工作任务。区长侯祯涛在会上强调,要全面把握目前经济形势,进一步焕发激情,勇于担当、真抓实干,全力推动经济社会持续健康发展。

9月30日,甘井子区政府召开第十七届九次全体(扩大)会议,分析当前形势,部署下一阶段重点工作。区长侯祯涛强调,要进一步坚定发展信心,增强职责意识,振奋工作精神,紧紧抓住经济建设这一中心任务,推动各项工作开展,为全年工作圆满收口贡献力量。

12月1日,甘井子区政府召开第十七届十次全体(扩大)会议,针对当前形势,部署各项重点工作。区长侯祯涛分析了今年以来甘井子区面临的形势,要求各街道和部门,要按照区委、区政府的工作部署,完成年度各项工作任务。

【区政府常务会议】 2月19日,甘井子区政府召开第十七届二次常务会议。区长侯祯涛,大连生态科技创新城管委会常务副主任方健伟,副区长徐克军、张晓丹、艾华、袁晋山、李荣久、姚岳林出席会议,区人大常委会副主任李传谊、区政协副主席曲连江、区武装部部长王集民列席会议。会议由区长侯祯涛主持,听取并议定以下事项:1. 听取区编委办《关于完成工商质监管理体制调整和改革完善食药监管理体制的工作报告》有关情况的汇报。2. 听取区安监局《甘井子区安全生产非法违法行为举报奖励办法》有关情况的汇报。3. 听取区人社局《关于进一步做好全区就业工作的实施办法》有关情况的汇报。4. 听取区发改局关于《甘井子区经济工作奖励办法(暂行)》有关情况的汇报。

8 月 18 日,甘井子区政府召开第十七届三次常务会议。区长侯祯涛,大连生态科技创新城管委会常务副主任徐克军,常务副区长孙龙业,副区长李力、艾华、袁晋山、李荣久、姚岳林出席会议,区人大常委会副主任李传谊、区政协副主席曲连江、区武装部部长王集民列席会议。会议由区长侯祯涛主持,听取并议定以下事项:1. 听取区编委办关于成立区市场监管局和区卫生局与区人口计生局合并有关情况的汇报。2. 听取区发改局关于《甘井子区石油天然气管道突发事件应急预案(送审稿)》有关情况的汇报。3. 听取区发改局《关于加快产业结构调整的意见(送审稿)》有关情况的汇报。4. 听取区监察局《关于严格国有资产监督管理的若干规定(送审稿)》有关情况的汇报。5. 听取区开发建设中心关于《甘井子区土地储备工作程序(草案)》等有关情况的汇报。

12 月 3 日,甘井子区政府召开第十七届四次常务会议。区长侯祯涛,大连生态科技创新城管委会常务副主任徐克军,常务副区长孙龙业,副区长张晓丹、艾华、袁晋山、李荣久、姚岳林、闻允出席会议,区人大常委会副主任李传谊、区政协副主席曲连江、区武装部部长王集民列席会议。会议由区长侯祯涛主持,听取并议定以下事项:1. 听取区商务局关于《甘井子区促进外商投资租赁行业发展扶持办法(试行)》有关情况的汇报。2. 听取区政府办关于《甘井子区人民政府工作规则》有关情况的汇报。

【区政府办公会议】 1 月 3 日,甘井子区政府召开研究渤海大道(甘井子段)、河周路一期动迁以及 2014 年城建建设项目安排事宜办公会议。

1 月 29 日,甘井子区政府召开研究明珠路综合整治工作方案办公会议。

2 月 13 日,甘井子区政府召开研究区医疗卫生健康中心等建设项目规划问题办公会议。

4 月 2 日,甘井子区政府召开建设项目规划问题第十次办公会议。

4 月 3 日,甘井子区政府召开研究大连湾街道大房身村仓储用地拟办理出让事宜办公会议。

4 月 23 日,甘井子区政府召开道路建设工作推进会。

6 月 13 日,甘井子区政府召开研究亿丰大连国际汽车城配电相关事宜办公会议。

7 月 18 日,甘井子区政府召开建设项目规划问题第十一次办公会议。

12 月 4 日,甘井子区政府召开研究南关岭动迁居民回迁安置事宜办公会议。

政务纪事

1 月 2 日,甘井子区召开第 26 个新年议教会。会议主题为深化干部教师队伍建设、全力推进区域教育优质均衡发展。

1 月 6 日,甘井子区政府召开安全生产工作会议,总结全区 2013 年安全生产工作,表彰安全生产先进单位和先进个人,部署 2014 年工作任务,并同 22 个单位签订了《2014 年度安全生产目标管理责任状》。区长侯祯涛和市安监局副局长杨哲出席会议并讲话。

1月9日,2014大连市创业投资对接推进会在甘井子区创业者公共实训(孵化)基地举行。市人社局副局长邸树军、区政府副区长李荣久、生态科技创新城管委会副主任张颖祎出席会议。

1月14日,中国一重大连加氢反应器的“高热容量气化炉制造技术”引智项目被国家外国专家局确定为东欧和独联体专项项目,并获得25万元的资助奖励。

1月16日,副区长袁晋山带队到春运企业车辆停车场地对客运车辆安检仪使用、消防器材配备情况进行检查,听取各客运经营企业负责人2014年春运准备工作情况汇报,了解企业在春运工作中所面临的困难和需求。

1月20日,甘井子区召开第十二次领导干部经济责任审计工作联席会议暨审计工作会议。中共甘井子区委副书记张淑华主持会议,区长侯祯涛出席会议并讲话。

1月22日,副区长姚岳林到沃尔玛超市、华南家居大世界等人流密集的大型购物场所进行安全隐患检查。

1月23日,副区长张晓丹对大连张前特易购置业有限公司等人流密集场所的电梯等特种设备和大连麦花食品集团有限公司进行安全检查。

同日,副区长艾华到乐购超市、乐都汇购物广场检查甘井子区春节前食品安全工作。

1月26日,副区长袁晋山到东方路棚户区改造项目、金家街森林防火点、金诚供热公司,检查甘井子区建筑工地安全生产、供热、除雪、防火工作。

1月26日,区长侯祯涛出席大连湾临海装备制造业聚集区管委会2013年度工作总结暨表彰大会。

1月28日,甘井子区召开2014年经济工作会议。会议宣读了《中共甘井子区委、甘井子区人民政府关于表奖2013年度经济工作先进单位和先进个人决定》,对2013年经济建设的先进单位和个人进行表奖,印发《2014年国民经济计划》等文件。区委常委、常务副区长徐克军主持会议,区长侯祯涛作经济工作报告,区委书记郝方林对做好2014年经济发展工作提出要求。

1月29日,区长侯祯涛到大连红星美凯龙国际家居生活广场华南店和大连阿满食品有限公司进行安全生产检查,姚岳林副区长参加检查。

1月30日,副区长姚岳林对甘井子区(涉农片)森林防火工作进行检查督导。

2月12日,甘井子区被国家民政部评定为“全国社会组织建设创新示范区”。

2月24日,区长侯祯涛到甘井子街道、椒金山街道调研街道重点项目、民生改善、生态环境改善等重点工作情况,对今后工作提出要求。

3月4日,大连市市规划局局长王君到甘井子区就项目规划问题进行调研,区长侯祯涛、常务副区长徐克军参加调研。

3月5日,甘井子区召开2014年城市建设管理暨环境整治工作会议,副区长袁晋山作工作报告,副区长李力宣读2013年城市建设管理和环境整治先进单位、个人名单,区委书记郝方林、区长侯祯涛、市城建局局长刘军讲话。

3月6日,甘井子区召开2014年商务工作会议,区委常委、副区长张晓丹出席会议。会议通报了全区2013年商务工作完成情况,部署2014年重点工作,对各街道商务工作重点项目进行调度。

3月12日,区委常委、副区长张晓丹到大连汇鑫钛设备开发有限公司、大连桑扶兰实业有限公司、美罗药业股份有限公司和大连液力机械有限公司等企业,了解企业生产运行状况及影响企业生产经营的突出问题,帮助企业破解难题、化解矛盾。

3月14日,甘井子区召开全区城市建设管理工作落实部署会,副区长袁晋山出席会议并讲话。

3月18日,甘井子区召开2014年全区司法行政工作会议,副区长姚岳林出席会议并讲话。

3月20日,副区长袁晋山检查城区市容环境整治情况。

3月24日,区长侯祯涛到兴华街道、机场街道调研经济、城市建设管理、民生保障、文化惠民方面的工作情况,并对下一步工作提出要求。

3月25日,副区长艾华到革镇堡街道调研教育发展趋势和基层落实教育各项政策情况,指导区域教育向优质均衡发展。

3月27日,甘井子区召开2014年政府系统建议、提案交办工作会议,区委常委、常务副区长徐克军出席会议并讲话。

同日,副区长袁晋山到滨海公路、渤海大道、羊革线现场调研工程建设情况。

3月27日,甘井子区召开全区春季暨"清明节"期间森林防火会议,副区长姚岳林出席会议并讲话。

3月28日,甘井子区召开残联第六届主席团第二次会议暨2014年残工委(扩大)会议。副区长、区残联主席团主席李荣久出席会议并讲话。

3月31日,区长侯祯涛、常务副区长徐克军会见黑龙江象屿农业物产有限公司总经理穆天学一行,双方达成合作意向。

同日,区委常委、副区长张晓丹率甘井子区代表团赴上海参加辽宁省政府组织的经济合作交流活动。

4月11日,副区长李荣久参加在北京召开的全国"行业协会商会服务经济发展工作交流会"并在会上发言。

4月16日,甘井子区召开一季度经济形势分析会议,区长侯祯涛出席会议并要求,要早布置、早动手,进一步采取有力举措,确保实现半年经济目标。

同日,甘井子区召开二季度重特大事故防范暨区政府安委会全体会议,副区长姚岳林总结全区一季度安全生产工作,安排部署二季度工作任务,区长侯祯涛对下一步工作提出要求。

4月17日,区长侯祯涛到周水子街道调研,要求围绕经济发展做好民生保障。

4月22日,甘井子区召开2014年二季度商务工作调度会,区委常委、副区长张晓丹出席会议并讲话。

4月23日,甘井子区召开渔业安全工作会,副区长姚岳林出席会议并讲话。

4月28日,副区长袁晋山带队检查甘井子区建筑工地安全生产情况、"暖房子"工程进展情况。

4月29日,区城管考核领导小组组长、副区长袁晋山带队进行全区第二次市容环境拉练检查,重点检查全区市容市貌、环境卫生及"一街一景"建设情况。

5月4日,区长侯祯涛到泡崖街道、中华路街道调研2014年重点项目,常务副区长孙龙业、副区长袁晋山参加调研。

5月5日,区长侯祯涛到南关岭街道调研,常务副区长孙龙业、副区长袁晋山参加调研。

5月9日,市交通局局长宋诚到甘井子区视察渤海大道、丹大高铁等重点项目建设进展情况,副区长袁晋山陪同视察。

5月13日,副市长卢林到甘井子区检查防汛工作,区委书记郝方林、区长侯祯涛、生态科技创新城管委会副主任徐克军、副区长姚岳林陪同检查。

同日,区委常委、副区长张晓丹会见富力地产集团副总经理陈晓东,双方就富力地产集团在甘井子区投资项目选址问题进行交流洽谈。

5 月 16 日，甘井子区召开关于进一步做好当前食品安全工作的专题会议，区委常委、副区长张晓丹出席会议并讲话。

5 月 19 日，甘井子区政府召开第十七届七次全体(扩大)会议，贯彻落实大连市城区经济工作座谈会精神，针对当前形势，部署下一阶段工作任务。区长侯祯涛强调，要切实增强加快经济发展的责任感紧迫感，提振信心，振奋精神，敢于担当，真抓实干，全力推动经济“行稳致远”，确保实现“双过半”和全年任务目标。

5 月 21 日，区委常委、常务副区长孙龙业到泉水街道调研项目进展情况。

5 月 22 日，区委常委、常务副区长孙龙业到生态科技创新城调研开发建设情况。

5 月 28 日，区长侯祯涛、常务副区长孙龙业到革镇堡街道，针对地区经济、社会各项事业发展情况及工作中存在的问题进行调研。

同日，区委常委、常务副区长孙龙业到兴华街道调研街道招商引资项目推进情况及老城区改造、“暖房子”工程进展情况。

5 月 29 日，侯区长祯涛到大连湾社会组织服务中心调研。

5 月 30 日，区委、区人大、区政府、区政协主要领导出席了周水子小学及区中小学艺术教育中心新校舍启动仪式，并赠予图书、钢琴，表达区领导对学校及学生的“六一”儿童节祝福。

6 月 5 日，甘井子区防汛抗旱指挥部召开防汛抗旱工作会议，副区长姚岳林出席会议并讲话。

6 月 6 日，甘井子区红旗街道湾家准专业森林消防队正式成立，市森林防火指挥部专职副总指挥、市森林公安局长徐东、副区长姚岳林出席揭牌仪式。

6 月 9 日，甘井子区召开林业有害生物防治会议，副区长姚岳林出席会议并对有害生物防治工作提出要求。

6 月 10 日，大连市青少年教育保护办公室主任盛开到甘井子区调研青少年教育保护工作，副区长艾华参加调研。

6 月 17 日，甘井子区召开城市建设管理工作会议，副区长袁晋山主持会议，区长侯祯涛出席会议并讲话。

6 月 18 日，市防汛督查组到甘井子区检查防汛工作。副区长姚岳林汇报了全区防汛工作情况，并陪同督查组检查了夏家河水库、郭家沟生态河等防汛工程。

6 月 20 日，绿地集团副总经理雷世纲一行到甘井子区寻求商务合作，区委常委、副区长张晓丹会见到访客商。

7 月 3 日，大连市科技局局长江亲瑜到甘井子区调研高新技术企业发展情况，区委常委、常务副区长张晓丹参加调研。

7 月 9 日，市长李万才到甘井子区调研，要求继续深化综合配套改革，为全市发展再做贡献。区委书记郝方林、区长侯祯涛、大连生态科技创新城常务副主任徐克军，区政府各位副区长、大连生态科技创新城各位副主任，区各相关部门参加调研活动。

7 月 15 日，区政府召开三季度重特大事故防范暨区政府安委会全体会议、危化攻坚战促进会议和“三管网”整治工作会议，区长侯祯涛、副区长姚岳林出席会议，区政府安委会成员单位主要领导参加会议。

7 月 22 日，甘井子区召开 2014 年政府绩效考评工作会议。会议通报了 2013 年全区绩效考评工作结果，对 2014 年度及上半年市政府对区政府绩效考评工作指标和具体要求进行了说明。区委常委、常务副区长孙龙业出席会议并讲话。

7月25日下午，为做好7月25日、26日期间第10号台风“麦德姆”的紧急防御工作，区长侯祯涛、副区长袁晋山、副区长姚岳林带队到金龙寺水库、夏家河水库、泉水富士山庄、远洋荣域等防台防汛重点部位进行检查。

7月29日，甘井子区召开上半年经济形势分析暨重点项目调度会。区委常委、常务副区长孙龙业主持会议，区委书记郝方林、区长侯祯涛出席会议并讲话。

7月31日，市统计局副局长李强一行到甘井子区调研综合批发市场及汽车4S店的经营销售情况，区委常委、常务副区长孙龙业参加调研。

8月14日，区委常委、常务副区长孙龙业到中华路街道调研。

8月21日，甘井子区召开深化市容环境整治工作会议。区委书记郝方林、区长侯祯涛，区委常委、宣传部部长赵云峰，副区长李力、袁晋山及区人大、政协分管领导出席会议。区长侯祯涛结合近期甘井子区市容环境整治情况，提出工作要求。区委书记郝方林强调要加大力度，秉承坚定、坚守、务实的特质品格，彻底整治影响市容环境顽疾。

8月29日，区政府召开第十七届八次全体（扩大）会议，分析当前形势，部署落实下一阶段工作任务。区长侯祯涛在会上强调，要全面把握目前经济形势，进一步焕发激情，勇于担当、真抓实干，全力推动经济和社会持续健康发展。

9月9日，区长侯祯涛带队到甘井子交警大队9中队虹港路西部通道岗、大连新天地环境清洁有限公司迎客路班组和中国人民武装警察部队辽宁省总队大连市支队，慰问节日期间仍需坚守岗位的干部职工，向大家致以节日的祝福。

9月18日，甘井子区召开“十三五”规划编制工作会议，启动、部署“十三五”规划编制工作。区委常委、常务副区长孙龙业出席会议，并讲话。

9月25日，甘井子区召开全区食品安全工作会议，区委常委、副区长张晓丹出席会议并讲话。

9月25日，副区长李荣久带队到南关岭街道姚兴社区调研社区建设情况。

9月26日，副区长闻允带队到南关岭街道调研地区服务业发展情况。

9月28日，副区长袁晋山带队检查了华南·远洋荣域、华润·考拉住区及渤海大道一期后盐立交桥等在建项目，并对国庆节假期期间安全生产工作提出要求。

9月29日，区长侯祯涛带队到营城子街道大连特普气体有限公司进行安全检查，并对安全生产工作提出要求。

同日，副区长姚岳林对甘井子区森林防火、水利工程建设和渔业安全等工作进行检查，并对节日期间安全生产工作提出了具体要求。

9月30日，区政府召开第十七届九次全体（扩大）会议，分析当前形势，部署下一阶段重点工作。区长侯祯涛强调，要进一步坚定发展信心，增强职责意识，振奋工作精神，紧紧抓住经济建设这一中心任务，推动各项工作开展，为全年工作圆满收口贡献力量。

10月2日，区政府姚岳林副区长带队到大连东风悦达起亚汽车4S店、甘井子区交警大队检查指导了节日期间安全生产工作。

10月17日，甘井子区召开2014—2015年度供热、除雪和城市山林防火工作会议，副区长袁晋山出席会议并讲话。

10月20日，大连市住宅工程质量常见问题防治现场观摩会在甘井子区“万科·蓝山”项目施工现场召开，副区长袁晋山出席会议。

10月22日，副区长姚岳林带队检查中华路街道的安全生产工作，并对下一步工作提出要求。

10月28日，甘井子区政府召开区转变职能简政放权工作会议，贯彻落实国家、省市会议精神和要求，部署推进转变职能简政放权工作，全面启动清理行政职权。常务副区长孙龙业出席会议并讲话。

10月29日，副区长袁晋山带队检查甘井子区供热、除雪、山林防火及市容环境工作，并对下一步工作提出要求。

11月7日，甘井子区召开森林防火工作会议，姚岳林副区长出席会议并讲话。

11月18日，副区长袁晋山带队调研甘井子区明年城市绿化的“一街多景”和基础设施建设项目，要求早部署快推进，并强调城市管理工作要抓落实、抓责任心、坚持长效不松懈。

同日，副区长姚岳林带队在全区范围内开展冬季渔业安全大检查。

11月24日，区长侯祯涛在区政府会见市外经贸局局长刘德春一行，并签署融资租赁园区战略合作协议。

12月1日，甘井子区政府召开第十七届十次全体（扩大）会议，针对当前形势，部署各项重点工作。区长侯祯涛分析了今年以来甘井子区所面临的形势，要求各街道和部门，要按照区委、区政府的工作部署，完成年度各项工作任务。

12月8日，区长侯祯涛召开专题会议，分批次调度重点项目。常务副区长孙龙业、副区长张晓丹、副区长艾华、副区长袁晋山出席会议，相关部门、街道主要领导参加会议。

12月23日，甘井子区安全生产委员会召开甘井子区2015年烟花爆竹销售安全管理工作会议，副区长姚岳林出席会议并讲话。

实事项目

【完成区政府年度实事项目】 1. 全区实现城镇失业人员实名制就业3.4万人，稳定就业2.5万人，失业率控制在2.68%，全区新开发就业岗位4.1万个。出台6个方面13条新一轮区级就业政策，推动高质量就业。实施高校未就业毕业生“就业促进计划”，实名制登记对困难毕业生实行“一对一”个性化帮扶服务。实施困难人员就业和救助“两就（救）”工程，依托区、街、社区三级“就业110”援助服务网络，通过“一对一”工作机制，确保48小时内安置就业。全区零就业家庭保持动态为零，累计安置608名困难人员、167名困难家庭高校毕业生就业。扶持创业带头人474人，带动就业3270人，创业就业5854人，新增创业孵化企业87个，举办全区创业大赛，区创业者公共实训孵化基地暨慧创星谷被评为市级孵化基地，启动生态科技创新城慧创硅谷暨电子商务创业孵化基地建设，“慧创”品牌创业体系成效初显。区职业培训中心和实训基地升级改造正在施工，计划于2015年9月投入使用。全区开设40多个培训专业，培育了计算机网络管理、电工维修、汽车美容等八大拳头专业，累计普惠制培训3849人。举办第一届“区长杯”职业技能大赛，参赛人员1000余人。2. 全区9个社区达到精品社区建设标准。社区组织指导服务中心已投入使用，区老年人服务活动中心正在施工，30个养老助餐点已于5月投入运营。完善《甘井子区困难群体大病救助工作实施方案》和《甘井子区困难家庭中、高等教育新生入学救助实施方案》，扩大救助覆盖面和提高救助标准。医疗费用由原来个人住院自付超过2万元降至1.5万元，救助标准由家庭人均收入不超过1000元，提高到1500元；救助病种由现行的13种大病增加到25种；对患重大疾病住院个人自付费用在5万元以上的，按

10%的比例救助,最高不超过2万元,提高到按20%比例一次性救助,最高不超过5万元。对当年考入二本以上院校的低保家庭子女,由每人3000元助学金增加到5000元。对考入三本院校的低保家庭子女,由每人3000元助学金增加到4000元。对考入大、中专院校的低保家庭子女,由每人2000元助学金增加到3000元。对145名低保家庭子女实施困难救助44.8万元。3. 回收小区配套幼儿园8所,新开办4所,新增公办学位1000个。大连湾中学、魅力小学、金地小学、前牧小学4所学校建成并投入使用,启动钻石湾配套学校建设工程,正在办理素质教育基地等7项校建工程前期手续。完成周二小学塑胶操场改造、76中学维修改造、艺术教育中心装修改造等30余项维修改造工程。全区义务教育阶段教科书、校服全部实现免费,实施寒窗基金、困难家庭幼儿入园补助等项目,累计投入资金1078万元。4. 改造弃管楼29栋,建筑面积约10万平方米。暖房子工程共改造楼体314栋,建筑面积90万平方米,惠及1.61万户居民,总投资2.7亿元。投入1500余万元,维修街巷路50条13.5万平方米,涉及20余个小区,惠及10余万户居民。5. 改造建设5个标准化农贸市场、15个社区菜店和20个便民早餐店的工作任务已完成。中华路商业街改造工程计划投资2000万元,目前已完成投资800万元,项目预计2015年10月竣工。山东路(含千山路、松江路)商业街改造一期工程已完工,拆除乱搭乱建62处,安装路灯70余盏,铺设花砖6000余平方米,修建路面3000平方米,更换井盖40个,设置专门垃圾箱45个。山东路部分路段排污网得到维修,统一规划设置各种灯光照明。大连门特色商业街(商校街)改造已完工,现已进入营业阶段。6. 甘井子体育场改建工程已完工,并投入使用。甘井子区文化馆升级改造正在进行施工。市民健身中心正在推进前期工作。百个群众文化基地(广场)创建评比工作已经完成。7. 区人民医院开工前各项手续已办理完毕,现已进入主体施工阶段。8. 残疾人托养康复服务中心主体工程已完工。为256户贫困残疾人家庭改善家居环境工作已完成,共粉刷墙壁2.5万平方米,更换塑钢门窗1600平方米,更换防盗门66个,更换电线9000米。投入资金71.4万元,采取现金补贴、发放购物券、提供设备等方式,扶持120名残疾人自主创业。9. 青山生态系统工程建设完成重点工程项目56个。全社会共投入资金20.5亿元,绿化面积1353.3万平方米,栽植树木566万株。实施农建水利工程20项,其中水生态建设工程3项,小型民生水利工程17项。累计完成投资3.81亿元,动用土石方量53.8万立方米。投入2000万元,新建南岭人家、兴盛园、华中园、兴顺园、秀山园、华中园、华兴园二期、华振园、永明游园、郭家街小区游园、周顺游园11个社区游园项目,占地面积30余万平方米。增设凉亭、广场、座椅、护栏等休闲设施,配置花草植物、方砖步道等设施。完成明珠路、甘南路、岭西路、龙华桥主干道绿化工程,绿化面积40余万平方米。投资1380余万元,新建万成游园、七胜园、祥和游园、珍珠泉街游园等11个"一街一景"项目。10. 棋南线和河周路一期根据要求已上报市政府,申请列入市财力投资计划。滨海公路营城子段累计完成总造价的40%。渤海大道一期动迁基本完成,正在进行路基和跨土羊高速公路、后盐立交桥施工,完成投资1亿元。大连至旅顺中部通道(甘井子段)项目建议书、水土保持、地质灾害评估、压覆矿产评估均已完成，土地预审、规划、环评等已进入审批程序，动迁工作正在进行中。黑大线、马北线、张前线路面改造工程已完工。

政府法制

【落实依法行政保障措施】 2014年，甘井子区人民政府完善推进依法行政工作的长效机制。出台《甘井子区2014年依法行政工作指导意见》，并将各项工作任务分解，严格工作标准和时限。组织学习《大连市全面推进依法行政规划(2011—2015年)》中期修订稿，部署落实有关分解任务，并组织《甘井子区全面推进依法行政规划(2012—2016年)》中期调整。完善依法行政考核指标体系，结合年度依法行政重点工作，调整考核指标。开展纪念《全面推进依法行政实施纲要》颁布10周年宣传活动。坚持以区政府法制信息网和《法制工作信息》为载体，辅以专题培训、主题讲座、以案说法等，促进全区依法行政工作有序开展。参与区政府重要决策合法性审查、规范性文件制定、行政执法案件审查、行政复议案件审理、行政诉讼案件应诉、涉法信访及投诉案件法律咨询等工作。

【法制制度建设】 2014年，甘井子区人民政府严格落实《甘井子区行政规范性文件管理办法》。加强区政府规范性文件的合法性审查，完善规范性文件制定和发布程序。实行规范性文件审查、备案登记、公布和监督检查制度。定期向社会公布通过备案审查的规范性文件目录。向市政府报送备案《甘井子区就业工作实施办法(试行)》《甘井子区安全生产非法违法行为举报奖励办法》。向市政府申报立法计划，对《大连市城市餐饮娱乐服务企业污染防治管理办法》提出明确的修改意见。组织有关部门论证《大连市信息化条例》《大连市国土资源监察规定》等立法草案2份。

【严格规范公正文明执法】 2014年，甘井子区人民政府不断加强行政执法人员资格管理和队伍建设。严格实行行政执法人员持证上岗和资格管理制度，125人经执法资格考试合格，授予执法资格，合格率100%。贯彻落实省政府法制办《辽宁省行政执法行为文明规范(试行)》，开展行政执法现场检查，抽查区安监局、执法局、城建局等重点执法部门规范公正文明执法情况。落实《辽宁省行政执法程序规定》，突出行政处罚、行政强制等损益型行政执法为案卷评查重点，集中抽查全区12个执法部门66份案卷，共提出整改问题178项，对问题逐一反馈，整改跟踪落实。严格履行重大行政处罚备案职责，对重大处罚案件依法备案9件，做到有案必备、有备必审、有错必纠。

【完善防范和化解社会矛盾机制】 2014年，甘井子区人民政府依法开展行政复议工作。贯彻复议法和复议条例，坚持“以人为本、复议为民”的理念，提高行政复议办案质量和效率。建立行政复议集体讨论制度，对重大复杂、群众关注的案件，实行现场核实、公开听证、质证等方式审查。受理行政复议申请55起，不予受理1起，分别涉及全区11个部门和街道信息公开、工伤认定、行政强制、行政不作为类案件。其中，确认违法1起，责令履行1起，维护当事人的合法权益，做到案结事了，定纷止争。继续落实《甘井子区行政复议和信访工作衔接协作制度》，加强行政复议机构与法院、信访部门的沟通，形成预防和化解社会矛盾的合力。

【提高行政机关工作人员依法行政的观念和能力】 2014年，甘井子区人民政府完善领导班子学法制度。全区副处级以上领导干部带头学法，提高领导干部法律素养。坚持区政府常务会学习法律制度，着重对新颁布的法律法规和政策文件深入学习。结合政府工作的重点和甘井子区经济发展的现状，组织学习专业法律知识，提高领导干部依法行政意识和能力。强化行政执法人员培训，落实《关于加强甘井子区行政机关工作人员依法行政法律知识学习的实施意见》。通过政府法制系统内部培训、以会代训等形式，提高法制队伍的专业素养，提高法制服务质量和水平。继续完善行政执法人员培训制度，组织167人参加行政执法资格培训，382人参加2014年度依法行政知识网上学习培训，全部结业。

人大代表建议与政协提案办理

【办理区人大代表建议】 2014年，甘井子区人民政府承办区十七届人大二次会议期间人大代表建议130件，全部建议均在规定的时间内按时办理答复，按时办复率100%，人大代表对办理结果的满意率或基本满意率99%。截至年末，所提问题已经解决的人大代表建议97件，已列入计划或规划、今后创造条件逐步解决的代表建议30件。已向代表解释说明，作为区政府决策参考的代表建议3件。

【办理区政协提案】 2014年，甘井子区人民政府承办区政协七届二次会议期间政协提案60件，全部在规定的时间内按时办理答复，委员对办理结果的满意率或基本满意率100%。截至年末，所提问题已经解决的政协提案45件，正在解决的政协提案13件，作为区政府决策参考的政协提案2件。

区政府办公室

【督查工作】 2014年，甘井子区人民政府完成区政府《政府工作报告》、"民生实事项目"等主要工作完成情况督查，并形成综合性报告。对区政府常委会议、办公会议议定事项和季度、月份重点工作进行跟踪督查。办理省长批示件1件，市政府转办群众上访件30件。完成专项督查任务12项。

【信息工作】 2014年，甘井子区人民政府《区情专报》编发信息210余条，其中50余条信息被省、市政府相关部门采用。及时更新区政府门户网站相关信息。

（撰稿人：田　括　审稿人：刘　巍）

信访工作

【概况】 2014年，甘井子区信访局受理来区信访总量699案4698人次，其中个体访522案785人次，集体访177案3913人次，比上年案次上升89.4%，人次上升53.3%。到市上访577案2412人次，其中个体访472案672人次，集体访105案1740人次，比上年案次下降21.6%，人次下降23.5%。去省上访27案59人次，其中个体访22案26人次，集体访5案33人次，比上年案次上升125%，人次上升126%。进京上访181批270人次，其中个体访173批186人次，集体访8批84人次，比上年案次下降53.5%，人次下降47.9%。处理群众来信434封，比上年上升12.5%。热线电话140个，比上年上升50.5%。全国信访信息系统登记135件，录入率100%。办理上三级交办案件19件，化解19件；区自立案件10件，办结10件。办理省交积案18件，办结16件，办结率88.8%。群众来信来访反映的主要问题及成因：随着城市建设步伐加快和经济建设速度加快，因城乡动拆迁引发的信访问题增多。围绕地铁施工、棚户区改造等城市建设工作,由于建设面积较大,造成群众对补偿不满而引发的上访问题增多。围绕集体经济组织改制而引发的集体经济组织成员身份界定、集体资产分配、土地收益分配以及身份转变后的生活问题而引发的新市民上访问题增多。围绕在集体土地上建设的房屋的产权证办理、物业管理、违章建房等信访矛盾增加。部分群众法制观念淡薄,信"闹"不信"法",错误地认为"大闹大解决,小闹小解决,不闹不解决",一旦未达到期望值,就到上级部门进行缠访、闹访,给政府施加压力。

【源头治理】 2014年,甘井子区信访局坚持"关口前移、超前化解"的工作思路,把问题解决的时间节点前伸,比较好地实现了解决问题与人员吸附的双推进。为遏制进京访形势,做好全区在特殊时期的信访稳定工作,区信访局对全区有进京倾向的重点人进行专项排查。当年,信访局组织矛盾纠纷排查60余次,排查出信访矛盾纠纷隐患699件4698人次,进京隐患348案1034人次,并对排查出的重点人员和群体逐人逐项建立台账,逐人落实稳控责任人,做到"五个清楚"即案件底数清楚、信访人诉求清楚、信访人动向清楚、采取措施清楚、信访事项办理进度清楚。将处理初信初访作为信访工作的基础环节,严格落实首访责任制,采取一跟到底、回访反馈直至案结事了相结合的工作模式,提高了接待场所综合协调、化解矛盾的能力,及时把矛盾和问题解决在初信初访阶段,最大限度地减少重复信访、由信转访的现象发生,使群众诉求渠道更为畅通,公众反映诉求解决更加有效,化解社会矛盾。

远离非法集资宣传

【信访积案化解】 2014年,甘井子区信访局以"事要解决"为工作根本出发点,多渠道化解信访积案。对中央、省、市交办案件,全部落实"五个一",即一名区级包案领导,由相关责任人组建一套工作班子,制定一套工作措施和化解方案,拿出一套稳控办法,召开一次案情集中研析会,对上三级交办的19件积案,全部化解。对比较复杂的信访问题,采用"联合办公会议"和"协调会议"的形式,分别召集责任主体、涉事单位、政策及业务主管部门、稳控责任地区领导,共同分析、研究并制定工作方案与措施,召开各类矛盾纠纷调处联合办公会议24次,妥善处理重大矛盾纠纷5件。为充分发挥高层协调与决策作用,做好重点案件及重点人的帮助指导工作,区委、区政府对重要信访事项全部实行领导包案。在办理中央巡视组交办案件等专项治理工作中,坚持积案发生在哪里,领导包案责任就落实在哪里,问题就解决在哪里。明确"一把手"对本区域的积案负总责。对省和中央巡视组交办的信访积案,召开区委常委会专题研究,落实领导包案,采取"四定三包"工作措施,即定包案领导,定责任单位,定责任人,定办结时限,包调处、包落实、包反馈，推进信访积案化解工作。14位区级领导先后对46件重大信访事项分头包案，提高了信访事项的化解能力。

【领导干部接访】 2014年，甘井子区信访局为进一步做好领导干部接访工作，区信访局转发省信访局下发的《全省、市、县(区)领导干部接访工作核查方案》，按照文件要求，确立工作原则、思路和机制，根据工作需要及区级领导的分管工作，对14名区级领导的接访时间进行重新安排，将责任落实到人。并在坚持定点接访的同时，更多采取重点约访、专题接访、带案下访等方式，将“三跨三分离”信访事项、进京正常上访和非正常上访、涉及群体性利益的矛盾、影响本地本部门和谐稳定的热点难点等问题作为领导接访的重点内容，面对面做群众工作，确保把信访问题及时解决在当地、把信访群众有效吸附在当地，不使矛盾上行。当年，区级领导直接接待来访群众65批429人次，全部有效化解，确保信访问题能够及时进行处理和协调。区委书记郝方林接谈南海集团信访群体代表，听取上访群众的诉求，帮助群众梳理集体经济组织资产权属关系，澄清事实，消除误区，向代表提出工作建议，为信访群众树立信心。区分管领导对重点案件多次召开多部门协调会进行研讨、实地调研、亲自接待等，推进解决信访问题，将领导大接访活动实效落实到位。

【重点时期信访稳定】 2014年，甘井子区信访局围绕做好全国“两会”、中央巡视组在辽巡视工作、十八届四中全会、APEC会议期间的信访稳定工作，提早介入、超前工作，增强了工作的主动性与紧迫性。先后制定《2014年全国“两会”期间信访稳定工作实施方案》《关于开展集中化解中央巡视组受理的信访事项专项行动的工作方案》《关于做好十八届四中全会期间信访稳定工作的通知》《关于做好APEC会议期间驻京劝返稳控工作的通知》等，对做好敏感时期劝返稳定工作进行明确部署。在重要时机，进行专项排查，并安排专人到达现场，以应对突发事件。结合各街道及区直有关部门的自行排查和工作中掌握的情况，对全区范围内有可能越级上访的重点人员进行彻底排查，摸清底数，及时与相关责任单位、属地单位逐一核实情况，共同开展化解稳控工作，最大限度地将问题解决在基层，最大可能地减少进京上访。每逢重大敏感时期，区委常委、政法委书记王戈、副区长李荣久和信访局局长张彬亲临一线，对进京上访人员进行接待处理，每天与驻京工作组分析研判信访人案情及稳控方案，及时协调北办及各县市区相关部门，为驻京劝返工作组解决重点疑难信访事件提供保障。

【抓调研活动】 2014年年初以来，甘井子区信访局带领2个调研小组，带着3个方面21个课题分两个阶段，分别到14个街道和有关单位，与群众面对面展开调研活动，着眼全区带有普遍性的问题，研究解决方案，对反映的社情民意，形成报告并及时上报。对群众反映的问题，及时进行梳理和甄别，整理上报，讲清情况，探究成因，提出解决问题的意见建议。当年，共向区委区政府报送《信访情况》《信访专报》《信访动态》及其他材料280多份，区领导做出批示20余次。《关于非访上升的成因分析》《信访工作向下做大，扎根群众、服务群众》分别获得大连市维稳优秀调研成果和区工作落实年活动三等奖，《常在河边走就是不湿鞋》获机关工委“家训家风”征文一等奖，《抓好“三个环节”切实把军转干部人才资源利用好》获区委组织部优秀奖，另有4篇文章被区新闻网站采用。

信访业务知识培训

【打造“阳光信访”】 2014年，甘井子区信访局围绕国家、省、市信访局的工作部署，创新群众工作方法，以强化信访大厅功能建设为重点，完善联合接访运转机制，健全工作制度，理顺工作流程，提升群众诉求“一站式接待、一条龙服务、一揽子解决”水平。发挥网上信访受理、办理快捷准确的功能，严格落实群众诉求网上受理、网下办理、信息公开等要求，拓宽群众信访渠道，积极筹划甘井子区信访信息化建设，把来信、来访、来电、网上投诉等不同形式反映的信访事项纳入网上信访信息系统统一流转；把有权处理信访事项的责任部门的信访工作，纳入网上信访信息系统统一运行，优化、细化业务规范、流程。加强全国网上信访信息系统建设和应用，实现了信访信息系统的联网运行，所有工作人员都建立了专门的用户名和口令密码，利用网上信息系统平台熟练掌握和操作信访事项的网上流转和处理，信访事项录入率100%。深入学习国家信访局重新规范使用的《信访业务术语》《信访事项内容分类》，为实行网上受理信访事项做好全面准备。

【建立重大、疑难信访问题公开听证制度】 2014年，甘井子区信访局联席会议办公室组织开展公开听证5次，邀请区信访联席会议成员单位、人大代表、政协委员、群众代表参加，听取信访人的陈述、申辩、质询和质证，并依法实事求是地对信访事项及化解方案等内容进行评议，加大对诉求无理或没有解决空间信访案件的复查复核和依法终结力度，增加信访工作透明度，提高信访公信力。

【推行群众满意度评价制度】 2014年，甘井子区信访局严格实行首办责任制，要求所有工作人员必须认真负责地办理每一封来信、接待每一次来访，并对首访责任主体、基本原则、工作职责、责任追究等进行明确规定，确保按照统一的标准受理办理信访事项。在推行首访责任制的过程中，做到“科学定责、全程履职、息访免责、失职问责”，实现信访事项办理不推诿。推行群众评价制度，将首接首办的工作人员作为该信访事项督办落实的责任人和群众满意度评价的对象，并制作群众满意度测评表，由上访人对接待人员现场划档，对连续被划为“差”档的接访人员，视情节给予处理，以确保第一时间做好信访案件的分拨、解答、调处等工作。区信访局工作人员对来访的每个案件接待满意率均达到100%。

【深入宣传信访新规】 2014年，甘井子区信访局为更好地维护广大群众的合法权益，引导广大群众依法信访，理性维权，组织开展“依法信访 理性维权”宣传月活动，并于6月11日，在大连北站举办大型启动仪式。14个街道和39个信访联席会议成员单位分管信访工作的领导和专干组成宣传队，并选派业务骨干现场向广大群众宣传法规，通过悬挂横幅、出板报、编印宣传提纲、上街开展咨询服务、向群众散发传单等多种形式进行宣传教育。活动中，发放宣传资料万余份，解答群众咨询2000余人次。信访宣传月活动的开展，吸引了大批群众到现场咨询和反映信访事项，增强了群众的法制观念和依法信访的意识，营造了依法行政、依法办事、依法信访的良好局面。

【信访干部培训】 2014年，甘井子区信访局在党中央、国务院连续下发《关于依法处理涉法涉诉信访的意见》《关于创新群众工作方法解决信访突出问题的意见》《关于进一步规范信访事项受理程序引导来访人依法逐级走访的办法》等一系列重要文件的情况下，关于规范信访程序、规范信访内容、规范信访秩序、创新工作方法等方面的指导，成为基层信访干部的迫切要求。区信访局于1月23日和6月20日两次组织全区信访干部进行集中培训，各街道分管信访工作的领导、信访专兼干及区直相关单位的专兼干共120余人参加了培训。培训采取剖析典型案例、推广典型经验、推动各单位相互了解学习的方式，指导各单位做好信访工作。通过培训，增强了信访干部贯彻落实《信访条例》和信访改革新规的自觉性，增强了依法解决信访事项的意识，对进一步规范信访工作程序，提高信访干部的整体素质和业务水平起到积极作用。

（撰稿人：刘淑忠　曲　琳
审稿人：张　彬）

行政服务中心

【概况】 2014年，甘井子区政府行政服务中心通过“大连市政府信息公开网”主动公开政府信息298条，受理政府信息依申请公开265件，同意公开并提供政府信息105件，共受理民心网政策咨询件65件，回复率100%，满意率100%。中心各窗口受理审批事项95625件。受理各类投诉、咨询、建议1366件，其中：电话585件、区公众信息网552件、区长信箱49件、市公众交流平台155件、市转督办件25件，办结率100%。按照市委、市政府《关于建立“12345”热线咨询知识库的通知》要求，甘井子区成立专项工作组，建立横向纵向工作体系，按时报送相关资料。

【政务公开】 2014年，甘井子区政府行政服务中心为推进重点领域政府信息公开，建立和完善政府信息公开相关机制，提升政府公信力，制定了《甘井子区进一步加强政府信息公开工作实施方案》，为全区政务公开工作的开展提供依据和指南。重点公开财政预决算、行政审批及行政处罚、征地拆迁及保障性住房及工程建设领域等信息；通过“大连市政府信息公开网”主动公开政府信息298条，上传信息超过本单位基数65.6%；受理政府信息依申请公开241件，比上年增长143%。全年接待查阅（来电咨询）人员1.7万次，比上年增长5%，接收各类文件26件；本年度向市政府信息查阅中心报送各类政府文件（通知、简报、会议纪要等）17份，与去年基本持平，并施行月份按期报送零交接单。受理民心网政策咨询件65件，比上年增长71%，全部被评为五星件，平均办件天数2天，回复率100%，满意率100%。向省民心网信息员平台上报信息124条，向《天下信息网》上报2014年《政府工作报告》原文和2014年十项重点民生实事，被《天下信息周刊》采用1篇；民心网经验信息报送2条。依托甘井子区门户网站组织题为《中华路中央商务区建设发展》的在线访谈。本次访谈由甘井子区中华路街道办事处参与并介绍了甘井子区“两城四区”六大板块之一的中华路中央商务区的建设发展情况，回答了网友针对中央商务区交通方面所提出的问题。

【权力运行公开】 2014年，甘井子区权力运行应公开1395项，应公开事项已在大连市行政服务中心行政权力运行网、甘井子区门户网站及部分部门的网站主页进行公开。依托甘井子区行政审批电子监察中心，结合区行政审批电子监察系统，对行政权力运行过程中的风险点进行排查；利用电子监察系统视频监控等功能，对容易产生问题的薄弱环节和重要部门实施重点监控。与区监察局、编委办、法制办定期联合检查，要求如发生行政权力变更情形的，按照规定时限和程序提出修改、补充、变更申请，修订完善《职权目录》，优化《权力运行流程图》，并及时在政府网站公开。

【5·15政务公开日】 2014年，甘井子区政府行政服务中心通过门户网站、条幅、触摸屏、公开栏、宣传板等多种形式宣传政务公开，各部门举办户外宣传咨询活动50余次，并加强重点部门的与民互动工作。部分涉农街道和区直部门也利用这次机会，进企业、进农村、进社区宣讲惠民政策，解答百姓民生问题，扩大政务公开工作影响力。行政服务中心组织全区政务公开专兼干进行业务培训，提高基层工作人员业务水平。

【行政服务】 2014年，甘井子区政府行政服务中心为提升窗口服务质量，根据市行政服务中心关于开展“假如我是办事人”主题实践活动的要求，组织召开专题会议，制订活动方案，把活动同提高行政工作效率、提升政府形象和提高工作人员的服务水平、群众意识结合起来，以活动推动行政服务工作水平提高。组织部分窗口首席代表到保税区参观学习，并广泛开展“让我印象深刻的窗口服务”小征文，结合窗口工作实际，对怎样做好服务工作进行讨论，按要求及时报送阶段总结，并向市行政服务中心报送窗口典型事例4个。新增进厅审批许可事项2项，分别为卫生和计划生育局窗口的门诊部的设置、注册、校验、变更及市场监督管理局窗口的《药品经营许可证》发放。截至年末，全区行政许可（审批）事项全部进驻中心，并全部在甘井子区网上行政审批系统平台进行网上行政审批。需要申请办理行政审批事项的单位或个人，可以通过因特网在线咨询、在线下载表格、在线申请、在线申报、在线查询办理结果。以审批网与电子监察系统对接为基础，加强对行政审批工作的监督管理，利用网上行政审批监察

市行政服务中心领导到区行政服务中心开展调研

系统，及时督促各相关窗口单位有效的办结办件，系统运行规范。

【重点项目“绿色通道”】2014年，甘井子区政府行政服务中心加大重点项目“绿色通道”工作。按照区委、区政府提出的“要加大力度，为‘两城四区’建设过程中重点项目的推进做好保障”的工作要求，发挥综合服务平台的作用，当年，重点加大对大连生态科技创新城落户企业的服务对接工作，帮助29家企业办理工商注册、房屋备案等手续。

【基层服务中心建设】 2014年，甘井子区各街道服务中心、社区便民服务中心以服务办事群众为重点，为每个街道配备1－2名专干，指定一名领导主抓行政服务工作，全区14个街道全部挂牌成立公共行政服务中心，管理制度、服务指南等全部建立完备。在完善三级服务体系的基础上，继续推进街道服务中心规范化建设，对革镇堡街道和营城子街道的行政服务中心建设情况进行复检。全区街道行政服务中心建设全部达到省、市要求。

【窗口服务】 2014年，甘井子区政府行政服务中心选拔一批服务窗口首席代表、窗口工作人员和入驻部门充分授权，首席代表具有行政审批权，由中心统一刻制并发放审批专用章，使各部门在中心设立窗口的同时，放权给窗口负责人。组织编制《行政许可直接授权行政服务中心窗口办结事项目录》。当年，中心各窗口受理的各类行政审批和服务事项件，全部办结并实现零投诉。

【行政投诉】 2014年，甘井子区行政投诉工作严格按照《大连市行政投诉处理办法》要求，落实机构、人员配置。转办件做到反馈及时、格式规范，中心定期对投诉事项的办理情况进行检查、督办，电话督促相关部门抓好落实并向投诉人说明情况。为确保办理质量，中心严格规定转办件的办理流程、反馈时限以及回复件格式。加强与区信访局、纪委信访室沟通，与所涉及的区政府各部门进行沟通；加大督办力度，对督办的投诉件，除要求各承办单位将办理情况回告投诉人，并书面反馈区行政投诉中心外，区行政投诉中心还对投诉人进行电话回访，落实相关单位是否已处理投诉事项，是否已回告投诉人等。严格办结时限，对于特殊情况和复杂的投诉件，须延时办结的，承办单位必须向投诉人和区行政投诉中心明确办结时限，中心对此情况进行专门登记，随时跟踪，确保工作落实。保证直办件电话通畅，解决和反馈问题及时。在接待群众来电时，中心工作人员对投诉人反映的问题实事求是地做好记录。在受理范围方面，中心工作人员运用有关受理范围的规定，针对百姓反映的问题，通过三方通话的形式与投诉人、承办单位进行现场互动，对承办单位答复和处理过程实施全程录音、全程监督，做到有据可查，提高投诉件的即时办结率。对不属受理范围的投诉，向投诉人耐心解释，并建议投诉人向事权所在的部门投诉。

【服务型网络建设】 2014年，甘井子区政府行政服务中心坚持“以人为本、服务社会”，加强服务型网络建设。中心通过“政民互动”栏目，加强与公众互动交流，及时有效的把公众的咨询、投诉、建议件转拨相关部门处理，并要求其在5日内进行回复，解决群众关心的热点难点问题。

(撰稿人：李茹萍　审稿人：穆道晶)

电子政务

【概况】 2014年，甘井子

区电子政务办公室(信息中心)完成全国政府网站政务信息无障碍建设,网站服务集群后台开户权限改造,机房设备规范整改,网络安全设备的部署,区专线并网项目,无线惠民网建设,政府网站英文版建设,政府网站手机版建设,专线及网络故障维护,全区软件正版化工作,网站维护管理,政府网络维护管理,网络安全管理工作。创新探索完成报废设备再利用工作,为政府节约资金。组织完成甘井子区电子政务外网扩容项目,召开甘井子区网络和网站建设管理工作会议。甘井子区政府门户网站获得2014年度"中国政府网站领先奖"。

【区政府门户网站获得2014年度"中国政府网站领先奖"】 2014年,在中国优秀政务网站平台评选中,甘井子区政府门户网站继2010、2011、2012、2013年后再获"中国政府网站领先奖",在全国计划单列与副省级城市区县网站中名列第十位。"政民互动"栏目被评为全国精品栏目奖,这是区政府门户网站连续第5次获得国家级奖项。甘井子区政府门户网站功能定位转向以服务公众为重点,最大限度整合部门网站信息资源。网站围绕区委、区政府工作落实年重心,坚持正确的舆论导向,成为政府信息公开、在线办事服务、通达社情民意的重要平台。

【参与全国政府网站政务信息无障碍建设】 2014年,甘井子区电子政务办公室(信息中心)应邀参与中国政务信息无障碍行动组委会于1月启动的"美丽中国——中国百城政府政务信息无障碍行动",并完成一期建设。甘井子区政府门户网站无障碍功能实现了网页信息的语音阅读和人机语音操作等智能功能,为信息获取有障碍的老年人、盲人、文化程度低下和上肢操作电脑困难等弱势群体及时获得政务信息和公共服务提供便捷。满足弱势人群公平访问政务网站、共享公共信息服务的愿望。

【网站服务集群后台开户权限改造】 2014年,甘井子区电子政务办公室(信息中心)对政府各单位网站的后台管理情况进行了专项检查,发现部分单位管理员账号多人使用,使得网站信息发布责任不明确,对网站的后台安全造成一定威胁。为规范各单位网站后台管理,提高网站建设与管理水平,对各单位网站后台管理账号进行统一规范管理。取消"admin"账号,根据各单位提交的《甘井子区政府子网站账号登记备案表》重新设置个人账号及权限。

【甘井子区网络和网站建设管理工作会议】 2014年,甘井子区电子政务办公室(信息中心)为加快甘井子区网站和网络安全建设,做好网站内容保障和软件正版化工作组织召开全区网络及网站建设管理工作会。会议要求,各单位要抓好涉及本单位的政务活动、信息公开、便民服务等相关信息的上报工作,明确专人管理,由专人编写、报送,同时要坚持"先审查,后发布;谁发布,谁负责"的原则,做好信息报送工作。各级党政机关和事业单位工作人员要增强保护知识产权意识,自觉使用正版软件,从源头上杜绝盗版软件。

【机房设备规范整改】 2014年,甘井子区电子政务办公室(信息中心)为规范机房管理,按照不同业务范围,对机房设备进行分类管理。安排技术人员将机房公共区域按网络功能分成10个机柜,分别放置不同应用系统设备,提升机房总体规划性能,使机房的管理方式得到提高。

【网络安全设备部署工作】 2014年，甘井子区电子政务办公室(信息中心)为加强甘井子区网络平台安全管理，通过招标采购，投资150余万元，部署上网行为管理系统(升级改造)、IPS入侵防御系统、WEB应用防护系统、互联网无线管控系统。弥补了传统安全设备在设备性能、访问控制、应用识别和内容安全等方面的缺陷。

【区专线并网项目】 2014年，甘井子区电子政务办公室(信息中心)根据大连市电子政务建设工作要求，结合区电子政务工作实际，遵循“合纵连横，互联治理”的资源整合原则，完成区委老干部局、区委党校的并网工作。通过并网工作统一互联网出口，统一防病毒及安全设施环境配置，实现政府网络资源的共享。配合中国移动公司大连分公司完成区档案馆、图书馆的无线信息覆盖建设工作。

【无线惠民网建设】 2014年，甘井子区电子政务办公室(信息中心)在完善网络基础建设的同时，在“无线城市”建设中不断促进信息化应用的融合发展。重点围绕全区公共区域开展无线应用建设，推动智慧城市建设。当年，甘井子区便民免费无线网络点正式开通启用22个。市民在区档案馆、图书馆、车站、商场、公园等热点区域，都可以便捷地享受到高速、免费的无线网络服务。

【政府网站英文版建设】 2014年，甘井子区政府门户网站英文版改版升级，成为外国人士了解甘井子区的一个重要窗口，也是甘井子区政府网站规范化和服务型政府建设的延伸与补充。网站使用全英文界面，全方位、多角度地展示甘井子区形象。从英文用户习惯出发，设置“自然地理”、“历史文化”、“综合经济”、“商务贸易”、“教育医疗”、“区长之窗”等多个栏目。

【政府网站手机版建设】 2014年，甘井子区政府门户网站手机版开通运行，手机版囊括动态信息、甘井子概览、政府采购、人事任免、咨询投诉等内容。手机版网站拓展了甘井子区政务信息公开的服务途径、范围及手段，更加方便广大公众获取政府信息资源，创新管理和服务模式。

【专线及网络故障维护】 2014年，甘井子区电子政务办公室(信息中心)为保证区政府网络平台各并网单位的网络运行畅通，利用专线监控软件，实时对170条专线进行监控管理，发现中断故障，第一时间通知运营商，排除故障，确保网络办公畅通。当年，处理网络平台及各应用系统故障261次，其中应用系统故障17次，网络及专线故障98次，服务器及交换机故障16次，其他各类设备故障130次。

【区电子政务外网扩容项目】 2014年，甘井子区电子政务数据中心现有的服务器处理器为早期四核产品，随着政府办公应用增多，虚拟化平台性能已达到瓶颈。区电子政务办对电子政务外网扩容提出需求方案，组织招投标，对电子政务数据中心进行扩容升级。本次升级由2台高性能服务器替换掉老旧服务器，解决了平台负载性能问题，扩充了存储容量。

【软件正版化工作】 2014年，甘井子区电子政务办公室(信息中心)根据市政府要求，做好正版化工作的指导、汇报和协调整改等工作，同时协助上级部门落实软件正版化各项工作任务。区电子政务办严格遵守软件正版化工作有关纪律和规定，按照谁使用、谁负责的原则管好、用好正版软件，要求各部门不得擅自下载、安装盗版软件。以授权形式,建立完备的软件管理台账,将计算机软件使用情况逐台造册登记、备案,并建立长效工作机制。结合甘井子区实际情况,制定《关于推进政府机关软件正版化工作实施方案》,随时做好迎接省督导组检查工作。

【网站维护管理】 2014 年,甘井子区政府门户网站发生系统高危漏洞 0 个,中危漏洞 0 个,低危漏洞 15 个。网站信息发布量较去年有所增长,发布信息 4000 余篇,其中信息公开类信息 3800 余篇,便民类信息 100 余篇、热点解答类信息 52 篇,访谈预告等其他栏目信息 90 篇,发布各类网站宣传信息 8 次。由区投诉中心、电子政务办与各部门联合保障的“领导信箱”、“咨询投诉”栏目,成为反映民生问题的重要方式。当年,收到市民投诉、建议 638 条,无逾期件,有效回复率 100%;市民咨询投诉的问题全部得到及时整改。每月底通报网站导航栏目中各部门职能录入情况,通过标准化的绩效评估,为各部门向主站及时推送信息及维护情况做出评分,“以评促建、以评促用”。截至年末,全部完成职能录入的单位 15 家,基本完成录入工作的单位 22 家。针对网站功能性、界面、栏目设置、页面链接、兼容性等问题及时进行梳理汇总,与开发单位沟通协调。当年,对网站修改、调整 45 次;协调开发单位修改各子站 55 次。

【报废设备再利用】 2014 年,甘井子区电子政务办公室(信息中心)深入基层推进报废弱电设备再利用,为社区解决实际问题。截至年末,甘井子区各社区的并网用户达到 120 余个。技术人员通过多次的走访,发现不少社区的办公设施较为简陋,尤其是许多办公电脑,已经临近甚至早已超出报废年限,由于资金紧张,迟迟得不到更换,在很大程度上影响工作效率。针对该问题,区电子政务办重新利用全区所有已回收的报废计算机,通过对回收电脑进行登记、检查、筛选、重新拆解组装,挑选出多台具备再利用价值的电脑。从报废机器上拆解的硬盘、内存、风扇等配件也具备利用价值,将其安装到办公电脑上提升电脑使用性能。根据调研需求,为基层部门无偿提供电脑、打印机、内存等电子设备。为六顺、鸿盛、金旺等社区提供再利用计算机设备 20 余台,为区供销社提供打印机 1 台,为六顺、天发、海鸥等社区的 50 余台电脑提供内存扩容。实现了报废资产的利用价值最大化,为政府财政节省资金;使报废电脑重新有了使用价值,解除部分社区的燃眉之急。

【政府网络维护管理】 2014 年,甘井子区电子政务办公室(信息中心)承担全区计算机及网络技术的维护工作,负责全区 147 个单位 7000 余台计算机的维护任务。为做好技术运行维护及对外服务任务,区电子政务办制定了《并网用户巡检制度》《故障登记管理制度》,实行每月按计划对各并网单位进行巡检,每个月末制定下个月的巡检计划。为提高运行维护服务质量,巡检分为两种形式,一种是电话巡检,一种是现场巡检。当接到用户故障报修时,如果可通过电话排除故障,尽量利用电话远程指导排除;保证第一时间为用户解决问题,缩短用户的等待时间。如电话无法解决,由调度派技术人员赴现场排除故障。并根据当天的任务量按“轻重缓急,就近原则”安排运行维护。为规范管理,要求技术人员在巡检后,填写《设备维修服务记录单》,每月末整理记录单,装订、备档,便于日后查询。当年,巡检各并网用户设备运行状况 996 次,外维服务 2529 次。

上网应用总流量排行图

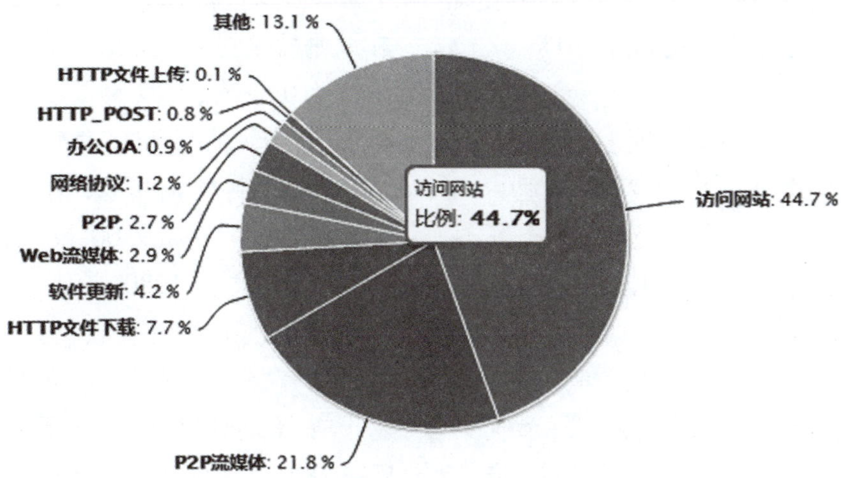

【网络安全管理】 2014年，甘井子区电子政务办公室(信息中心)对现有网络进行优化整合，增加Web应用防护系统、IPS入侵防御系统、无线管控系统，并对网上行为管理系统进行升级改造，确保全区网络安全稳定运行。针对全区各部门用户业务需求，开通上网策略18种，新增远程教育、舆情监控及无线上网策略。上半年，为减少网络安全隐患，关闭防火墙外网映射端口13个。监控网速及上网流量，平均每日上行流量3.15G、下行流量9.6G、总流量12.75G。其中，每日访问网站占总流量的44.7%，P2P流媒体占21.8%，HTTP文件下载占7.7%，软件更新占4.2%，其他各项占21.6%。对66台服务器及终端设备进行漏洞扫描40次，发现存在系统软件漏洞374个，其中高危漏洞35个、中危漏洞178个、低危漏洞161个。在旧的系统漏洞不断消失、新的系统漏洞不断出现的情况下，漏洞数量较去年扫描结果高危漏洞数量减少6个、中危漏洞数量减少3个、低危漏洞数量保持不变。当年，通过趋势防毒软件共检测出病毒/恶意软件104743次，受感染计算机2152台；间谍软件/灰色软件4531次，受感染计算机368台，并将受感染计算机情况通知相关用户进行杀毒处理。

(撰稿人:徐　键　审稿人:葛文跃)

机关事务管理中心

【概况】 2014年，甘井子区机关事务管理中心以党的群众路线教育实践活动为契机，振奋精神，抢抓机遇，严格按照“坚定、坚守、务实”的要求，早部署早落实，实现后勤保障新突破。

【安全管理】 2014年，甘井子区机关事务管理中心在2013年完善责任体系、操作规程和管理制度的基础上，着重加大了各项制度的检查落实力度。对一线的130名职工进行专门的业务培训，使一线职工熟知熟记本岗位安全要求和操作规程，并组织应急实战演练。在工作时间，车间派专人进行检查，杜绝违规操作，消除隐患。加大内部电力系统、消防系统、煤气系统、燃油锅炉、避雷设施等重点设备、重点部位的日常巡查和定期检查，共排查安全隐患48处。截至年末，除避雷设施的整改工作正在进行，其余全部整改完毕。

【家属楼维修】 2014年，甘井子区机关事务管理中心以党的群众路线教育实践活动为契机，针对18栋家属楼的维修情况，向社区、楼长征询维修诉求、听取意见，先后多次协调解决了因装修改造引起的纠纷和椒西街3号楼住户关于庭院方砖铺设的投诉，重点协助区城建局完成椒西街、金荣路等7栋楼宇的暖房工程。截至年末，共接听报修电话120余次，维修屋顶防水

200 余平方米，疏通下水管道及清淘马葫芦 40 余次，更换感应灯 30 次，维修六和路 80 号楼阳台墙皮脱落 16 户。

【食堂精细化管理】 2014 年，甘井子区机关事务管理中心为确保机关干部吃得营养、吃得健康，先后 3 次组织征求意见活动，并向全区 15 个部门征求机关食堂用餐意见，发放意见表 30 余份，根据干部职工的意见和建议，加大日常管理力度，优化机关食堂内部环境。邀请区食品药品监督所专业人员做好食品抽检、员工培训工作。组织厨师研究烹饪方法，创新烹饪品种，做到粗菜细做，细菜精做，无明矾油条等新品种糕点得到就餐人员的普遍欢迎。贯彻落实《党政机关厉行节约反对浪费条例》，在实际工作中从节约一滴水、一滴油、一张纸、一粒粮食入手，通过张贴节约宣传语、边角料再利用、改变上餐方式等措施节约各项费用支出 30 余万元，原材料浪费和餐食剩余量减少 70%。

【公共机构节能】 2014 年，甘井子区机关事务管理中心以机关、学校、医院 3 个领域为重点，在强化基础管理、狠抓措施落实的基础上，探索新途径，推广应用节能灯、太阳能等新产品、新技术，加大既有非节能建筑改造力度，年人均能耗下降 13%，单位建筑面积下降 10%。

【资产管理】 2014 年，甘井子区机关事务管理中心按照“事前收集资料、事中履行程序、事后认真归档”的原则，对资产进行实物核查登记、动态管理；定期巡查、及时掌握资产情况，加强闲置固定资产的安全管理工作，发现隐患及时整改。通过各项管理措施，为政府节约维修管理资金 50 余万元。

【服务保障】 2014 年，甘井子区机关事务管理中心以会前沟通的服务准则，安排大小会议 710 余次，完成重要会议及重大活动的服务保障工作 240 余次，制作标语条幅 33 条，接待来访人员 9700 余人，派送信件、文件 1980 余件；为甘井子区机关重大会议、活动提供医疗保障服务 7 次，为机关干部提供优质的医疗保健服务 900 人次；及时、有效地做好综合楼消防通道改造、空调热力井锈蚀管道更换等维修 1147 项，抢修消防管道和供暖管道漏水问题，每天节约水资源约 5～6 吨；加大安保力度，楼内严格执行前台接待登记预约制度，车辆凭卡进入地下车库，加强车辆的停放管理，保证办公环境安全、有序。组织开展应急处置培训和实地演练，在重大节庆活动期间加强重点防范，实现安全无事故。

（撰稿人：王珊珊　审稿人：张玉玲）

政协甘井子区委员会

【领导人名录】

政协甘井子区委员会

主　席　郭崇河

副主席　曲连江(-2014.12)

靳文明

梁作君

张连君

苗丽静

秘书长　刘俊甲

党组书记　郭崇河

党组副书记　曲连江

靳文明

【概况】　2014年,政协甘井子区委员会全委会选择深化综合配套改革、强化创新驱动、提升城区品位、推进全域城市化建设等事关全局的课题,以大会发言的形式开展集中协商,提出完善中小企业服务体系、打造千亿级科技创新产业带、保护传承历史文化根脉等20余条建议。常委会围绕"聚焦改革创新、助力城区建设"主题,提出推进城市管理体制创新、建设智慧城区、发展现代服务业等20余条建议,7篇建言文章得到区政府的高度重视,编印成《参考与研究》专刊供相关领导参阅。自觉把政协工作融入区域转型的创新实践,围绕加快转变经济发展方式、区域教育优质均衡发展、产业结构调整等重大问题开展调研,形成加快发展现代服务业、推进教师干部队伍建设、大力发展节能环保产业等多篇调研报告,多条建议被党政部门采纳并转化为工作措施。常委会围绕空港商务区基础设施配套、北方生态慧谷、棠梨湖公园等项目建设开展重点视察。专委会采取与市政协专委会联合、专业组联动等方式,聚焦功能区建设、节能环保产业、大学生创业就业等重点领域开展专题视察8次。联络组针对旧区改造、物业管理、社会治安等群众关注的热点问题开展专项视察16次,在跟踪问效、咨政建言中助推党政工作高效落实。始终保持"人民政协为人民"的深厚情怀,落实主席联系常委、常委联系委员制度,采取走访、视察、座谈等方式,开展联系活动20余次、联系委员180多人;各专委会组

纪念甘井子区政协成立30周年座谈会

织开展爱心义诊、视察基础教育等活动，为委员和群众排忧解难。安置就业人员3300余人，资助困难学生700余名，帮扶特困家庭500余户，捐款捐物600余万元。

重要会议

【八届七次常委会议】 2014年2月18日，政协甘井子区委员会召开第八届七次常委会议。区政协副主席曲连江主持会议，副主席梁作君、张连君、苗丽静，秘书长刘俊甲和政协常委参加会议，各街道联络组长和机关工作人员列席会议。会议贯彻落实区委第十一届第六次全会和区政协第八届第二次全会精神，研究部署2014年工作任务。会议讨论确定了区政协2014年工作要点和重点提案，审议通过政协工作评比表彰办法、专委会部分组成人员调整安排和区政协2014联系工作安排。

【庆祝区政协成立三十周年座谈会】 2014年5月6日，政协甘井子区委员会在区检察院四楼会议室召开庆祝甘井子区政协成立三十周年座谈会。区委书记郝方林，区人大常委会主任倪金飞，区政协主席郭崇河，区委常委、常务副区长孙龙业，区政协副主席曲连江、靳文明、梁作君、张连君、苗丽静出席会议，与历届政协的老领导、各民主党派、工商联、人民团体等政协参加单位、历届委员代表和政协工作者回顾政协发展历程，畅叙政协情怀，共同庆祝甘井子区政协成立三十周年。会上，启动了“甘井子区政协委员慈善公益基金”，区委书记郝方林与区政协主席郭崇河共同为基金揭匾。会后，与会领导和同志们在区行政中心一楼大厅共同观看“政协三十年”发展历程展和委员作品展。

【八届八次常委会议】 2014年8月6日，政协甘井子区委员会召开第八届八次常委会议。区政协主席郭崇河，副主席曲连江、靳文明、梁作君、张连君、苗丽静，秘书长刘俊甲以及政协常委参加会议。区委常委、区政府常务副区长孙龙业应邀出席会议。各街道联络组长和委员代表列席会议。会议贯彻落实区委第十一届第七次全会精神，围绕“聚焦改革创新，助力转型发展”开展专题协商议政。常务副区长孙龙业通报了全区上半年经济社会运行情况，六名常委和委员从建设智慧城区、转变发展方式、推进教育优质均衡发展、提升生态文明建设水平等四个领域积极建言献策。会议还通过了区政协的三个调研报告。

【全体委员培训会】 2014年9月19日，政协甘井子区委员会以“做合格政协委员”为主题，对八届区政协全体政协委员进行履职培训。会上，区政协副主席曲连江作了“学习践行，做时代所需、人民所望的合格政协委员”的动员讲话，与会人员观看了市政协主席肖盛峰“知政协、爱政协，做珍惜荣誉履职尽责的合格委员”的视频讲座，听取了区政协副主席苗丽静所做的“新常态下的大连经济发展”的专题报告，对《政协大连市甘井子区委员会委员管理办法》进行进一步明确和阐释，并以专委会为单位进行分组讨论，政协副主席梁作君对会议进行总结。区委书记郝方林、副书记张淑华和副区长闻允到会看望了全体委员。

【八届九次常委会议】 2014年10月15日，政协甘井子区委员会召开第八届九次常委会议。区政协副主席曲连江、靳文明、梁作君、张连君、苗丽静，秘书长刘俊甲以及政协常委参加会议。区政府常务副区长孙龙业应邀出席会议。有关部门领导、各街道联络组长和委员代表列席会议。会议由区政协副主席梁作君主持。会议深入贯彻落实区委第十一届第七次全会精神，围绕提升提案工作水平，听取区政府关于提案办理情况通报，对重点提案承办部门区民政局和委员提案承办大户区发改局、教育局的提案办理情况进行专题评议；围绕加强民主监督，听取区政协民主评议小组关于区经信局科技创新工作、区服务业局旅游发展工作的民主评议情况通报，并对被评议部门进行等级测评。会议还听取了常委联系委员和委员参加会议与活动情况通报，讨论通过了《政协大连市甘井子区委员会委员管理办法》。

【八届十次常委会议】 2014年12月23日，政协甘井子区委员会召开第八届第十次常委会议。区政协主席郭崇河主持会议，副主席曲连江、靳文明、梁作君、苗丽静和政协常委参加会议。会议审议通过了区政协八届三次全会的相关事项及政协常委、委员调整名单，讨论通过了区政协第八届委员会常务委员会工作报告和提案工作报告。

重要政务

政协委员视察重点提案办理情况

【重要提案办理视察】 2014年，政协甘井子区委员会提案委就政协第八届第二次全会期间提案办复回访问效及重点提案办理情进行视察。委员们视察了大连希奥特阳光能源科技有限公司、辛寨子社区养老服务中心、沙岗子社区“幸福老年之家”和环境整治情况，听取了区经信局、城建局、民政局关于扶持中小科技企业发展、老城区改造和全区养老工作情况的介绍。副区长闻允陪同视察。

【民主评议科技创新、旅游发展工作】 2014年，政协甘井子区委员会主席会议根据《民主评议工作规则》，将区经信局科技创新工作和区服务业局旅游发展工作确定为区政协2014年民主评议重点。区政协民主评议工作小组把开门评议与明察暗访相结合，主动加强沟通联系，创新工作载体，完善评议机制，在调查研究、综合评议和充分讨论的基础上形成《民主评议建议书》，评议结果得到了区委、区政府相关领导的高度重视。区经信局和服务业局在开门评议中积极吸纳政协建议，认真进行整改落实，实现了民主评议与改进工作、促进发展的有机结合。

【“促改革、助转型、惠民生”建言献策活动】 2014年，政协甘井子区委员会为贯彻落实区委第十一届第六次全会精神，发挥政协组织协调关系、汇聚力量、建言献策和服务大局作用，创新开展“促改革、助转型、惠民生”建言献策活动。广大委员围绕深化改革和转型发展主线，走访群众察民情，深入基层搞调研，在集中民智、科学论证的基础上，围绕工业转型升级、中小企业创新发展、高端人才队伍建设等课题，提交调研报告和建言立论文章 123 篇。委员们的意见、建议通过《议政专报》、建议报告等形式送达区委、区政府，成为党政决策参考的依据。

【党的群众路线教育实践活动】 2014 年，政协甘井子区委员会强化责任主体，彰显实践特色，在“三注重”上下功夫，推动教育实践活动扎实高效开展。注重用观点解释实际、用理论指导实践，开展“中共十八届三中全会精神及《决定》内容”辅导解读和“坚持群众路线，切实改进作风”专题学习活动；注重破解改革发展难题、助推中心城区建设，常委会确立了“聚焦改革创新、助力转型发展”专题协商主题，专委会围绕加快转变经济发展方式、推进区域教育优质均衡发展、提升生态文明建设水平三大课题进行重点调研，面向全体委员开展“促改革、助转型、惠民生”建言献策活动；注重服务委员促转型、服务群众促民生，深化政协领导班子联系工作，持续推进“委员进社区”和“社情民意恳谈”活动，倡议启动“政协委员慈善公益基金”并策划编印《八届区政协企业界委员推介图册》，实现教育实践活动与推进政协工作两手抓、两不误、两促进。

【“追求内外卓越，张扬美丽自我”主题活动】 2014 年，政协甘井子区委员会为提升女委员素质，加强委员间的相互交流与沟通，进一步增强政协组织的影响力和凝聚力，组织女委员开展“追求内外卓越，张扬美丽自我”主题活动，邀请市委党校教师对全体女委员进行礼仪知识培训。培训采取互动形式进行现场演示和指导，其中，女性应具备的基本素质、什么是真正的优雅和高贵等问题，引起委员们的热烈讨论。培训之后，女委员们举行了个人创意造型秀活动，充分展示女性独特魅力。

【“双走进、抓落实，消除最后一公里”活动】 2014 年，政协甘井子区委员会党组为更好地将教育实践活动与推进政协工作、贯彻“工作落实年”紧密结合，确保各项工作协调有序、整体推进，组织开展“双走进、抓落实，消除最后一公里”活动。政协领导班子落实联系工作，深入各联络组，紧扣地区发展和民生热点开展调查研究，指导联络组挖掘资源潜力、创新活动载体，打造“一街一品牌”的工作格局。落实民生难题，以“委员进社区”、“社情民意恳谈”活动为抓手，围绕群众最关心最直接最现实的问题，面对面倾听民意，心贴心化解情绪，实打实解决诉求，不断增强群众观念和宗旨意识。政协专委会走进专业组抓落实。落实工作计划，加强联系走访、工作指导和组织协调，在强化基础作用、提升整体合力中高效完成全年重点工作。落实建言任务，甘井子区政协特邀监督员工作会议利用界别优势，发挥委员专长，精选活动主题，找准切入角度，有针对性地开展专题调研、专项研讨、行业交流等活动，从全局的高度研究问题，从实践的角度提出对策，切实抓好常委会协商议政、专委会调研报告和专业组建言立论文章的落实工作，力求以前瞻可行的真知灼见服务党政科学决策。

专门委员会工作

【办公室】 2014 年，政协甘井子区委员会办公室加强制度建设，先后制定了《政协工作评比表彰办法》《年度工作落实机制实施办法》《五型委室创建标准》《信息发布工作规则》，健全综合目标分解立项、重大事项限时督办、日常例会跟踪推进机制，形成了一整套科学管用的制度体系。起草各类文稿190多篇，制发文件24件，刊发宣传信息15篇，其中2篇理论文章在市政协刊物上发表。加强会议服务，完成区政协八届三次全会、庆祝区政协成立三十周年座谈会、全体委员培训会、4次主席会议、6次常委会议及联络组长会议的筹备组织工作，承办区政协常委会对甘井子区重大项目建设情况的集体视察活动。创新活动载体，将群众路线教育实践活动与工作落实年活动紧密结合，开展“双走进、抓落实，消除最后一公里”活动。

【提案委员会】 2014年，政协甘井子区委员会提案委员会坚持“提要高质量、立要高标准”，完善提案审查立案机制，对立案提案实行“并案”办理，提高办理效率；坚持“督在关键时、办到实在处”，创新提案委、提案人、承办单位三方共商办理模式，在视察办理进度、研讨办理措施、点评办理效果中推动提案高效落实。全年73件立案提案经29个部门认真办理，取得良好成效。特别是扶持中小企业发展、加强社区信息化建设等建议被充分吸纳，成为改进工作的具体措施。

经济科技委员会视察大连湾装备制造业

【经济科技委员会】 2014年，政协甘井子区委员会经济科技委员会及专业组开展各类活动23次，其中专题调研活动9次，视察活动2次，民主评议1次，指导专业组开展活动8次，走访和约谈委员78人次，形成《关于在调结构中加大发展我区现代服务业的调研报告》。组成民主评议工作组，对区经信局科技创新工作开展民主评议，并形成《民主评议建议书》报送区委、区政府。组织专业组开展传统工业中小企业转型发展、如何助推科技企业发展、生产性服务业信息化建设、融资服务体系建设等调研，组织委员开展委员企业推介、委员企业信息化工作经济交流、金融界委员与企业界委员对接等活动。

【文教法制委员会】 2014年，政协甘井子区委员会文教法制委员会开展各类活动15次，其中专题调研1项，形成《关于深化干部教师队伍建设，推进区域教育优质均衡发展的调研报告》。围绕大学生就业创业形势，采取实地考察、听取通报、集中研讨、社会调查等方式，对大学生就业创业情况开展专题视察。通过实地察看、听取汇报、座谈交流等形式，就全区公共文化服务设施网络建设情况进行专题视察。围绕法律知识、特色学校建设、困难群体救助、文化活动开展情况开展座谈研讨，拓展履职新途径。指导专业组活动8次，走访委员32人次。

【委员工作委员会】 2014年，政协甘井子区委员会委员工作委员会组织全体女委员听取《张扬美丽自我》讲座，同时举办个性秀演出。召开特邀监督员工作情况通报会，召集23个相关政府部门，对特邀监督员工作情况进行通报。组织联络组长、联络员召开

"委员进社区"活动经验交流会。加强委员培训工作,以"做合格政协委员"为主题,对八届区政协全体政协委员进行履职培训。组织部分青年委员到金龙寺公园举办徒步活动。

【人口资源环境委员会】 2013 年,政协甘井子区委员会人口资源环境委员会围绕服务全区加快转型发展,对生态产业发展进行专题调研,形成《关于加快我区新能源与节能环保产业发展,推进转型升级的调研报告》。为切实履行民主监督职能,对区服务业局旅游发展工作开展民主评议。指导专业组分别对明珠路沿线绿化工程项目以及泰达·慧谷工程项目绿化建设、大连小野田水泥有限公司、正大能源材料(大连)有限公司,开展视察活动 4 次。组织医务界的知名专家教授,到机场街道机场社区,为辖区 300 余名群众进行健康义诊活动。围绕全面提升专委会的履职能力和水平,以加强雾霾治理、助推转型发展为主题,举办政协讲坛活动,进一步树立绿色发展理念。

【联络组】 2014 年,政协甘井子区委员会各联络组丰富履职载体、强化履职特色,"委员进社区"活动开展得有声有色。甘井子联络组依托"三会一有"群众工作平台,破解社会管理难题;椒金山联络组深化"民情恳谈日"活动,构建起协同配合、良性互动的社会治理模式;兴华联络组开展"为发展献良策、为百姓办实事"活动,服务地区经济社会建设;机场、辛寨子联络组健全"委员小组与社区结对共建"机制,开展"奉献爱心、情暖万家"活动;红旗、周水子联络组创建"社情民意网络工作室"和"委员接待室",在反映民情、排解民忧中发挥作用;革镇堡、大连湾、泉水联络组围绕环境整治、绿化建设等开展专项视察,服务地区重点工作;营城子、泡崖联络组开展"进企业、破难题"座谈交流活动,助力项目建设;中华路、南关岭、凌水联络组紧扣劳动就业、社会保障等问题献计出力,促进和谐发展。

甘井子区政协特邀监督员工作会议

【专业组】 2014 年,政协甘井子区委员会工业组开展国有企业与民营企业产业相互融合的调研。科技组开展加快人才孵化基地建设,助推科技企业发展的调研,服务业组开展如何在企业价值链上延伸发展思考的调研,财贸组开展新形势下如何加快融资服务体系建设的调研,法制建设组举办法律知识讲座,教育工作组围绕民生项目建设中新开办学校和幼儿园情况进行调研,文化艺术组围绕全区文化活动开展情况进行调研,社会民生组围绕困难群体救助体系建设情况进行调研,人口与健康组开展全区数字化示范门诊中心建设调研及建言活动,城区建设组开展绿化工程建设调研及建言活动,环境保护组开展城市垃圾分类处理情况视察及建言活动,旅游发展组开展西城国际旅游商务区商务项目建设调研。

(撰稿人:邹 丹 审稿人:刘俊甲)

中共甘井子区纪律检查委员会

【概况】 2014年，中共甘井子区纪律检查委员会（区监察局）贯彻十八届中央纪委三次、四次全会精神，带领全区各级纪检监察组织，落实中央、省、市反腐倡廉建设新部署新要求，聚焦中心任务，全面履行职责，各级党组织的主体责任和纪检组织监督责任意识不断增强。区委高度重视党风廉政建设和反腐败工作，坚持履行主体责任，创立区直党（工）委落实主体责任述职机制。区委常委会多次听取纪检监察工作汇报，组织制定《甘井子区贯彻落实〈建立健全惩治和预防腐败体系2013－2017年工作规划〉实施办法》和《甘井子区2014年党风廉政建设和反腐败工作要点及责任分工方案》，全力支持纪检监察工作，党风廉政建设和反腐败工作取得新进展、新成效。

重要会议

【区纪委第十一届第四次全会暨区行政监察工作会议】 2014年2月21日，中共甘井子区纪律检查委员会（区监察局）组织召开第十一届第四次全会暨区行政监察工作会议，区纪委常委会主持会议。全会传达学习了习近平总书记在中共第十八届中央纪委第三次全会上的重要讲话、中央纪委三次全会和省市纪委四次全会精神，总结了全区2013年党风廉政建设和反腐败工作，研究部署2014年工作任务。全会审议通过区委常委、区纪委书记刘彩琴代表区纪委常委会所作的《转变职能，聚焦中心，扎实推进党风廉政建设和反腐败工作》的报告。全会号召，全区各级党组织和纪检监察组织要在区委的坚强领导下，坚定信心、改革创新、扎实工作，努力开创党风廉政建设和反腐败工作新局面，为现代化国际化中心城区建设做出积极贡献。区委书记郝方林出席会议并讲话。郝方林充分肯定了全区2013年纪检监察工作，对2014年工作提出明确要求：一是坚持以中央、省市委反腐倡廉新思想为统领，切实增强做好党风廉政建设和反腐败工作的责任感和紧迫感。二是坚定信念，坚守底线，以务实促落实，确保党风廉政建设和反腐败工作取得新成效。三是加强领导，落实责任，为持续抓好党风廉政建设和反腐败工作提供坚强保证。

【党的群众路线教育实践活动动员会】 2014年3月27日，中共甘井子区纪律检查委员会（区监察局）召开机关党的群众路线教育实践活动动员大会，区委常委、纪委书记刘彩琴作讲话，区委党的群众路线教育实践活动第五督导组参加会议。区纪委监察局结合纪检监察机关工作实际，成立以书记为组长，各副书记为副组长的委局机关党的群众路线教育实践活动工作领导小组，下设综合组、学习指导组和宣传组。制定印发《区纪委监察局深入开展党的群众路线教育实践活动实施方案》,对活动进行统一部署和要求,确保扎实有效。创新活动载体,在委局机关深入开展“三转一树两维护”主题活动,使委局机关全体党员干部思想素质不断提高,工作作风明显转变,展示纪检监察机关和纪检监察干部的良好形象。

【党风政风行风监督员座谈会】 2014年11月28日,中共甘井子区纪律检查委员会(区监察局)围绕中央、省、市“转作风、转职能、转方式”的总要求,召集市、区20名党风、政风、行风监督员,就明年纠风工作重点及每年民主评议政风行风工作的方式、方法进行研讨。区监督员在高度评价新常态下纪检监察工作的同时,对利用现代网络信息技术整合资源和力量、维护企业百姓利益,加大监督员评议分值权重及合理分配评议时间,评议工作议案化等方面提出了合理的意见和建议。区纪委监察局领导从增强责任感和使命感、发挥监督员职能、重视岗位职务责任等方面对监督员提出具体工作要求。

重要活动

【甘井子区“工作落实年”活动启动】 2014年3月19日,甘井子区委常委会通过了由区纪委监察局起草的《甘井子区工作落实年活动实施意见》,标志着甘井子区落实年活动全面启动。为了推进工作,成立了区工作落实年活动领导小组,办公室设在区监察局,统筹推进全区工作落实年活动的开展。《实施意见》确定了6个方面活动目标,明确工作步骤及阶段任务,为活动明确了方向。同日,将全区68个单位、部门按经济发展、保障和改善民生、生态文明建设、文化强区建设、民主法治建设、党的建设等6个方面1053项工作任务提出的任务清单统一在区政府公众信息网站进行公示,接受监督。

【印发《2013—2017年惩防体系工作规划》】 2014年5月21日,甘井子区印发《甘井子区贯彻落实中共中央〈建立健全惩治和预防腐败体系2013—2017年工作规划〉实施办法》。《实施办法》明确了今后几年全区党风廉政建设和反腐败工作的指导思想、工作目标、基本任务和主要措施;确立了惩防体系建设的三项任务:坚持不懈抓好党的作风建设,坚持以零容忍态度惩治腐败,科学有效预防腐败;强调了两个责任:落实并强化各级党委的主体责任、纪委的监督责任。《实施办法》要求落实“两个为主、两个报告”制度(纪委书记、副书记的提名考察以上级纪委会同组织部门为主、查办腐败案件以上级纪委领导为主、线索处置和案件查办在向同级党委报告的同时必须向上级纪委报告)。明确提出三项具体措施:用铁的纪律打造过硬的纪检监察干部队伍,强化任务落实和监督考核,汇聚齐抓共管的工作合力,整体推进全区惩治和预防腐败各项工作。

【专项整治“会所中的歪风”工作】 2014年7月18日,甘井子区党的群众路线教育实践活动办公室组织召开“会所中的歪风”专项整治工作会议,传达市专项整治会议和区委主要领导指示精神,安排部署全区“会所中的歪风”专项整治工作。各街道党工委副书记、区整治“会所中的歪风”专项工作小组成员单位参加会议。专项整治的范围包括历史建筑、公园等公共资源中的私人会所,时间到9月底结束,分动员部署、调查摸底、集中整顿、巩固成果4个阶段。区委教育实践办会同有关部门组成检查组,对全区集中整顿情况进行检查,对发现的问题及时进行督促整改。区纪委、区委组织部对摸排检查中发现的违规违纪问题进行处理。

【参观大连市反腐倡廉警示教育基地】 2014年11月27日，中共甘井子区纪律检查委员会（区监察局）组织各街道纪工委书记、区直纪（工）委书记、纪检组长以及区纪委监察局机关干部50余人集体参观了大连市反腐倡廉警示教育基地。活动旨在进一步巩固全区纪检监察干部党的群众路线教育实践活动成果，建立忠诚可靠、秉公执纪、敢于担当的纪检监察干部队伍，落实转职能、转方式、转作风要求，推动新常态下党风廉政建设和反腐败斗争。

查办违纪违法案件

【落实“三转”要求】 2014年，中共甘井子区纪律检查委员会（区监察局）认真研究落实中央、省市关于“三转”（转职能、转方式、转作风）的相关要求，得到了区委、区政府主要领导的高度重视和大力支持。积极推进将“三转”作为重要内容纳入干部培训、党员教育计划，认清“三转”工作的重要性和紧迫性。对区纪委监察局牵头、参与的议事协调机构进行全面清理，取消或不再参与的98个，保留或继续参与的13个。顺利完成区纪委监察局民心网投诉件办理工作、行政审批电子监察系统与区政府有关部门交接工作。

【专项清理和初核工作】 2014年，中共甘井子区纪律检查委员会（区监察局）开展会所中的歪风专项清理，对2起违规出租公共场所行为进行处理，纠正侵害群众公共利益的问题。开展财政供养人员违规申领经济适用房货币补贴专项清理，对6起违规申领行为进行严肃处理。开展公职人员从事营利性活动问题线索初核工作，对75个问题线索进行初步核实，对74人进行诫勉谈话，1人立案调查。开展行业协会和国有企业违规违纪违法问题专项整治，责令5个行业协会与政府及其部门从职能、资产等方面彻底脱钩，11名现职公务员退出在行业协会中的兼职。

【案件查办】 2014年，中共甘井子区纪律检查委员会（区监察局）把查办案件摆在更加重要的位置，实行全员办案和“一案一授权”尝试。发挥信访主渠道作用的同时，注重从案件查处、“工作落实年”督查、纠风治乱、网络舆情收集等环节搜集案件信息。建立阶段性报告制度、议案制度。加大问责力度，对发生重大腐败案件和不正之风长期滋生蔓延的单位实行主体责任问责。当年，受理群众信访举报121件（次），下达监察建议7次，初步核实违纪线索71件，立案40件，结案40件，比上年增长33%，40人分别受到党纪政纪处分，挽回经济损失2254万元。按照“一案双查”要求，对相关领导干部进行主体责任问责，诫勉谈话85人，函询3人。

监督检查

【党风廉政建设责任制】 2014年，中共甘井子区纪律检查委员会（区监察局）坚持“党委统一领导、党政齐抓共管、纪委组织协调、部门各负其责、依靠群众支持和参与”的反腐败领导体制和工作机制，按照“年初有部署、年中有督查、年底有考核”的要求，狠抓党风廉政建设责任分解，以区委文件将党风廉政责任分解表下发，突出各级党委抓党风廉政建设的主体责任，增强考核的科学性，有效落实党风廉政建设责任制。12月，组织对全区各部门党风廉政建设情况进行全面的检查考核。

【监督检查】 2014年，中共

甘井子区纪律检查委员会(区监察局)制定了《落实中央八项规定明察暗访工作方案》,抽调部分基层纪委书记和委局机关干部成立3个督查组,开展全年性、不定期的明察暗访,通过走访调查、车辆检查、实地暗访等手段,对公车私用、"开门炮"禁令、公款购买年货节礼等方面进行检查,持之以恒刹"四风"。在春节、"五一"、清明等假日期间,突出关键节点的纪律提醒。通过发通知、行政中心LED大屏滚动宣传、区公共网站宣传等形式,对全区党员干部进行党风廉政宣传教育。要求全区党员干部严格执行廉洁自律规定,对节日期间正风肃纪工作进行部署,营造风清气正的浓厚氛围。落实节假日公车集中封存制度,全区各街道、区直单位认真执行区纪委封车通知要求,及时备案,强化封存管理。在党的群众路线教育实践活动中开展"会所中的歪风"专项整治活动,在全区所有单位开展"四查"(查是否存在会员制的私人会所,查是否存在只对少数人开放的场所,查是否存在违规出租经营的场所,查是否存在未经审批违规设立或有名无实、变成娱乐场所的培训中心)。对检查出的2起违规出租情况进行处理。发挥监督执纪职能,选派6名政治素质好、作风端正的党员干部参与全区党的群众路线教育实践活动信访、督导工作,保障活动取得实效。

【集体廉政谈话】 2014年,中共甘井子区纪律检查委员会(区监察局)常委分头深入14个街道对党工委书记、办事处主任、纪工委书记进行集体廉政谈话,就落实中央八项规定精神、狠刹"四风"问题,明确提出三个"坚决不允许"(所有公款坚决不允许账外私存;没有明确政策依据的款项坚决不允许发放;违反中央八项规定精神的事情坚决不允许做)纪律要求。

【村务监督委员会指导工作】 2014年,中共甘井子区纪律检查委员会(区监察局)围绕村务监督机制建设,召开区级、街道、村干部、群众代表4个层面的座谈会,并深入营城子沙岗子村、革镇堡棋盘子村等6个有代表性的村进行调研指导,与村书记、村监会委员进行座谈,推进村务监督工作开展。编印《甘井子区村务监督工作手册》,制定村监会工作十项制度,设计6种村监会常用工作台账表格,附录常用的法律法规制度,发到各村"两委"班子、村监会和部分集体经济组织。全区17个村监会全部做到"四有"(有印章、有牌子、有办公场所、有经费保障),加强村级权力监督,规范村级干部履职行为。

【"工作落实年"活动】 2014年3月,甘井子区"工作落实年活动"全面启动,区"工作落实年"领导小组办公室(以下简称区落实办)通过下发通知、电子邮件答疑、开设咨询电话、召开推进会等形式,组织各单位、部门对区委全会报告、人代会政府工作报告的任务及本部门重点工作,进行分解,责任到领导,落实到部门,增强工作落实年活动的针对性。6月25日,组织召开"工作落实年上半年考核测评会议",会议发放了《大连市工作落实年活动上半年社会满意度测评表》和《大连市工作落实年活动上半年考核测评表》,全区机关干部代表、各级党代表、人大代表、政协委员、村民代表、先进模范人物等社会各界人士代表200多人参加测评。从9月1日至30日,组织开展工作落实年群众满意度测评。在全区范围内发放评议票8172张,测评项目348个,评议满意率99.6%。初步建立抓好中层工作落实机制、联动督查、联合考评机制及工作务虚研讨机制。加大正风肃纪力度，干部作风明显改进。民生事业成果显著，全区经济保持平稳健康发展的态势。按照市“工作落实年”领导小组办公室(以下简称市落实办)《关于征集市工作落实年活动工作交流会文章的通知》精神，在全区组织开展征集工作落实年交流文章活动，收到有关征文52篇，区落实办对各单位报送的征文进行了评选，选出一等奖1篇，二等奖5篇，三等奖10篇，优秀奖20篇。从区级、委办局、街道3个层面推荐16篇征文参加市工作交流会文章评选，其中4篇文章被市落实办编入征文汇编。加强机制建设，传达市落实办《关于印发<关于建立全市党委系统推进工作落实长效机制的指导意见>的通知》《关于印发<关于建立全市政府系统推进工作落实长效机制的指导意见>的通知》，并结合甘井子区实际制定了《甘井子区政府系统关于建立推进工作落实机制的实施意见》《甘井子区党委系统关于建立推进工作落实机制的实施意见》，各部门单位均按要求制定《年度工作落实机制建设实施意见》。注重统筹指导，区落实办印发指导性文件18个，编发简报46期，宣传各部门活动开展情况138条。《大连日报》、市工作简报刊发甘井子区“工作落实年”信息13条。甘井子区“三会一有”服务群众工作法在中央党建领导小组《党建要报》刊发，“军警地企区域化党建联合体”和“基层民主议事六步法”工作经验在《人民日报》刊发，“党员服务超市”创新做法在《辽宁日报》和辽宁电视台刊播，“社区好当家”朱艳妍事迹在大连电视台播放。

【行政监察】 2014年，中共甘井子区纪律检查委员会(区监察局)对承担十大重点民生项目和重点经济项目责任单位履职情况进行监督检查，对10起安全生产责任事故处理情况进行适时监督，对发现的问题提出监察建议。出台《关于违反国有资产管理规定行为的纪律处分意见(试行)》。开展低保和“两节”期间临时救助金发放、落实中央省市扶持政策情况等9项纠风专项治理，涉及资金1.8亿元，责令清退幼儿园收费、中小学教辅材料和饭费余款18.28万元。

反腐倡廉宣传教育

【廉政文化建设】 2014年，中共甘井子区纪律检查委员会(区监察局)与辖区国有企业和驻区部队共建廉政文化。明确了共建区域廉政文化人才、资源、信息共享“三个机制”，廉政文化“移动展”在周水子机场、驻军机场边检站、大连叉车有限责任公司、大连美罗集团等辖区企业集中展览，参观人数1万人次以上。推广了《小事不小》廉政文化作品，协调区文联、区文体局、文体馆，编排了反映区民心网为民办实事的廉政文化快板情景剧《小事不小》。以全区职业道德建设系列活动展演为契机，对《小事不小》快板情景剧多次调整修改，反复排练，在全区情景剧比赛中获第一名。该情景剧还在全区纪念建党93周年活动中展演。

【党风廉政教育】 2014年5月，中共甘井子区纪律检查委员会(区监察局)组织开展全区领导干部警示教育大会。区领导、区管领导干部、村级组织负责人以及村监会主任集中观看了《聚焦2013年九起典型腐败案件》警示教育片。开展“拒腐防变每月一课”活动，各党委部门以中纪委宣教部电教中心编发的“每月一课”电视月刊为教材，以党员干部集中观看、中心组学习和领导干部讲党课等为主要形式，以形势任务、先进典型、法律法规、案例警示、廉政文化为主要内容，加强对党员干部的教育和引导。推进廉政法规宣传教育，向区属各党委赠送《十八大以来廉政新规》书籍，各部门迅速组织学习，认真对照检查、落实整改。重新汇编区管领导干部任前考试读本，结合新形势、新要求，涉及国家法规、党纪条规、中共十八大以后部分廉政新规共 29 项，根据汇编读本拟出领导干部任前考试备用试题。

纠正部门和行业不正之风

【民主评议政风行风活动】 2014 年，中共甘井子区纪律检查委员会（区监察局）按照《2014 年甘井子区民主评议政风行风工作实施方案》，以“三优两创建”评比活动为抓手，采用定性定量的形式将“管理、环境、公开、质量”四项标准化工作内容纳入评比范围。组织相关街道和部门对 428 个站所（队、处、中心）进行评议。对全区 29 个综合管理和执法监督部门、9 个市属驻区和 20 个公共服务行业的单位以及 47 个部门直属的重点单位，采取“面对面”评议、问卷测评和考核评比等方式进行民主评议。对发现的问题，提出限期整改要求，提高窗口单位和基层站所为民服务和依法行政水平，促进办事公开和效能提升，营造“便民、惠民、安商”的区域环境。

【民心网投诉件办理】 2014 年，中共甘井子区纪律检查委员会（区监察局）将民心网投诉件办理工作移交到区政府相关部门。截至 8 月 10 日，共接收民心网群众诉求 266 件，全部办结，其中被评为 20 星 1 件、15 星 2 件、10 星 7 件，5 星 5 优及难件 7 件、五星 184 件，群众满意率 99%，优秀率 100%。为 12 个办件单位的主要领导寄送了五星专报，通报 2013 年全年和 2014 年一季度及半年诉求办理情况。辽宁电视台《民生播报》栏目对甘井子区优秀案例播报 4 次，省民心网主页头版头条报道甘井子区典型诉求件和办理经验 15 次，省民心网内参五星五优通报表扬 21 次。7 月 22 日，区纪委监察局被省纪委、省监察厅、省人力资源和社会保障厅授予“民心网十周年群众举报投诉办理工作先进集体”称号，9 人被评为民心网月度办件明星，《民心》杂志采用甘井子区办件图片 10 余幅，优秀案例 5 个。

【纠风专项治理工作】 2014 年，中共甘井子区纪律检查委员会（区监察局）组织监督员对义务教育阶段收费情况进行自查和互检，促进教育收费工作进一步规范。参与节日期间食品安全专项整治，对辖区内医疗机构建立基本药物供货档案、指定专人负责采购、药物出入库管理等工作落实情况进行检查。对年初救助资金和一次性生活补贴的发放情况进行了入户抽检，促进中央、市、区春节临时救助资金和生活补贴发放相关规定的落实。会同区财政局、民政局等单位，对 5505 余户、9016 名保障对象享受中央一次性生活补贴和大连市临时救助资金 4469 万元发放情况进行入户专项检查。会同路政局、交通局对后盐超限检测站、学校周边、客运市场等人流、车流较多区域开展专项整治活动。开展“三乱”（乱收费、乱罚款、乱摊派）及吃拿卡要问题、行业协会和国有企业违规违纪违法问题专项治理工作。

（撰稿人：张学钢　审稿人：李　凯）

人民团体·民主党派·工商联

甘井子区总工会

【概况】 2014年，甘井子区有街道总工会14家，行业工会联合会8家，社区（村）联合工会委员会169个。基层工会2045家，基层工会涵盖法人数1万余个。现有工会会员13万余人。全区百人以上建会企业全部建立职代会制度，建制率100%。实行厂务公开，公开率100%。女职工权益保护专项集体合同签订率100%。区总工会突出维权和服务2个工作重点，在打造“甘井子技工”品牌、推进工会组织建设、完善“救济救困”保障体系、再树“职工文化品牌”、“职工维权”再出实招，在5个方面取得突破。

【工会组织建设】 2014年，甘井子区总工会新建基层工会72个，发展会员3745人。新建街道级行业性工会组织兴华街道汽车销售与维修行业工会联合会，覆盖基层工会11个，吸收会员598人；新建街道级区域性工会组织营城子工业园区工会联合会，覆盖基层工会22个，吸收会员1617人。制订《甘井子区基层工会活力建设项目实施方案》，对百人以上基层工会活力建设进行专项指导。亿达集团有限公司、大连三仪动物药品有限公司、大连世友机械有限公司、大连航空食品有限公司、大连力和公路工程有限公司等5个基层工会被辽宁省总工会评为“基层工会活力建设典型单位”。

【技能培训】 2014年，甘井子区总工会结合甘井子区创建“工人先锋号”和“安康杯”竞赛活动，组织引导广大职工开展“我为节能减排做贡献”、“我为重点工程献计献策”、名师带高徒、岗位练兵等多种形式的群众性建功立业活动。与区人社局联合开展创建“甘井子技工”品牌活动，举办甘井子区“区长杯”职业技能大赛，2000余名职工报名参加。与区安监局联合开展“安康杯”竞赛活动，举办安全知识问答比赛，印发宣传

区人大代表视察《中华人民共和国工会法》实施情况

资料10万份。各街道和辖区企业按照“广泛发动提质量，文化引领强基础”的活动主题严格实施，近5万人参加了此次活动，营造“关爱生命，关注安全”的文化氛围。

【职工帮扶救助】 2014年，甘井子区总工会扩大职工帮扶中心（站）建设，完善区、街道和行业、基层工会三级职工帮扶服务体系。深化“春送岗位、夏送清凉、秋送助学、冬送温暖”等工会品牌活动，实现立体化帮扶。当年，救助困难职工532人次，发慰问金30万元。通过爱心助学活动救助困难职工子女上大学28人，走访重点工程项目11家，覆盖职工2000多人，赠送慰问品价值20万元。探索并建立职工大病医疗互助体系，开展职工大病医疗互助资金试点工作，将救助领域、救助范围和救助对象进一步延伸和扩大，从单一帮扶转向综合服务。城建工会联合会制定《大连市甘井子区城建系统“职工温暖互助资金”保障实施办法》，成立城建工会联合会“职工温暖互助资金”管理委员会，对11个企事业单位2840名工会会员职工救病救急救难提供资金扶助支持。泡崖街道总工会所属的大连金玛超市工会委员会启动“大病大家帮”救助基金。

青年职工心理行为拓展训练

【职工文化建设】 2014年，甘井子区总工会与区委宣传部、团区委、区妇联联合印发《深化学习型城区建设，践行社会主义核心价值观的实施意见》，在全区广大职工中开展“最美职工”评选活动。以“工会大讲堂”为载体，举办《国学与智慧》《走进心灵——亲子婚恋与职场和谐》讲座，500多名职工代表参加讲座；以“践行孝道，传承仁爱”为主题，在全区职工中开展读书演讲比赛，参赛单位22家，参赛选手200多名；以“劳动者的风采”为主题，举办职工摄影展，收集职工摄影作品500余幅；以职工书屋为阵地，为企业送讲座3场，赠送图书600册，赠送电脑18台。为加强青年职工思想政治工作，促进职工队伍稳定，提高青年职工的心理素质和团队精神，策划并开展以青年职工为主体的心理拓展训练，招收48名职工组建成训练团队，联合大连市心理学会，先期组织部分企业职工进行试训。截至年末，已有1000多名青年职工参加了心理拓展训练。区总工会为丰富职工的业余文化生活，还举办了职工羽毛球赛、乒乓球赛、排球赛、跳绳等比赛，参加活动的职工近千人。

【职工权益保护】 2014年，甘井子区总工会将一线职工、困难职工和农民工纳入维权重点，继续完善基层劳动关系预警机制，加大基层劳动争议调解力度，帮助职工解决具体问题，解除一线职工后顾之忧。配合政府相关部门推动收入分配制度改革，继续开展工资集体协商，让企业经济发展惠及更多的职工,特别是一线职工。全区百人以上企业集体合同签订率100%,劳动安全卫生专项集体合同签订率100%,女职工特殊权益保护专项集体合同签订率100%。认真处理职工群众来信来访,完善职工信访接待制度,理顺了职工信访处理程序,加大诉求代理和法律援助工作力度,为权益受到侵害的职工个人、职工群体提供无偿法律咨询与援助,使争议在最短时间内以最低的成本圆满得到解决,为企业发展和全区经济社会稳定发展消除不稳定因素。当年,接待并处理职工各类信访事件32件次,涉及职工400余人,解决大型争议案件3起,涉及资金393万元。信访结案率100%。

(撰稿人:杨志坤　审稿人:孙　岩)

共青团甘井子区委

【概况】　2014年,甘井子区有街道团工委14个,区直团工委7个,学校团委30个,小学少先队66个,社区(村)团(总)支部161个,两新团组织523个。当年,团区委围绕区委、区政府中心工作,组织、引导、服务全区团员青年开展各类活动,并努力维护青少年合法权益。

【提升青少年思想道德素质】　2014年,共青团甘井子区委抓住关键时间节点,紧扣五四青年节、"六一"国际儿童节、国庆节等重大节庆日,开展学习践行社会主义核心价值观活动,举办各类主题团(队)日200余场。全区开展《弟子规》诵读活动的学校10所,鉴开中学代表甘井子区在团市委初中家园微论坛活动进行经验交流。抓品牌教育活动,在全区各中学中全面推进14周岁"迈入青春门"、16周岁"公民意识"、18周岁"成人仪式"教育等品牌活动。

【提升志愿服务水平】　2014年,共青团甘井子区委联合大连工业大学在华中小学挂牌成立"志愿服务基地",实现了辖区志愿服务资源的有效利用、长效开展,为75名学生免费提供绘画、音乐等兴趣服务。"集善之家"阵地作用不断发挥,累计为外来务工人员子女提供学业辅导、爱心陪护等活动24次,帮扶困难家庭100余个。全区广大团员青年深入敬老院、特教中心等开展"学雷锋"活动3000余人次。

【选树优秀典型】　2014年,共青团甘井子区委组织召开"五四"运动95周年纪念大会。开展"寻找最美的'青'"评选活动,表彰13名来自全区经济社会发展一线的青年群体。各街道团工委、区直单位团(工)委以最美的"青"为原型,创作了13部微电影,在全区进行集中展播。在中小学中启动"最美青少年"评选活动,收到推荐人选319人。开展新一轮少先队英雄中队创建评选工作,评选区级优秀中队20个,8人被评为大连市"俊"青年。

青年学生学雷锋志愿行活动

庆六一，大连小学生放飞中国梦活动

【青少年沟通平台】 2014年，共青团甘井子区委搭建优秀青年代表与区领导的沟通平台，组织召开区委青年代表座谈会，区委书记郝方林出席并作重要讲话。搭建优秀年轻干部交流平台，举办“与70后的对话”读书交流活动。近20名年轻干部围绕《致加西亚的信》交流了读书体会。搭建新媒体平台，建立了微信订阅号“甘青说”，全年发布时事评论、心灵鸡汤、活动信息等30期。完善团区委网站，搭建团组织沟通交流联系平台。

【青少年“两就(救)”工程】 2014年，共青团甘井子区委新建青年创业就业见习基地6个，提供见习岗位100余个，招收见习人员80人。发挥青年创业国际计划(YBC)甘井子服务站作用，免费为创业青年聘请导师8人，扶持创业青年35人，协调相关机构提供免息贷款148万元。加大对困难青少年的帮扶力度，发放希望工程助学金4.07万元，救助贫困学生97名；发放青少年重大疾病救助资金2.1万元；发放圆梦大学救助金21万元，资助新入学大学生42名。

【文化娱乐活动】 2014年，共青团甘井子区委与区总工会、区妇联联合开展“迎新春猜灯谜”活动。依托微博、微信等新媒体，举办“随手拍、同见证”活动，收到反映全区经济社会发展变化的图片100余张。区直机关团工委组织机关青年干部200余人开展“五四”徒步活动。

【团队组织建设规范化】 2014年，共青团甘井子区委深入开展区域化团建工作，充分发挥街道团工委的枢纽协调作用。发放“两新”团建专项经费2万元，新建“两新”团组织56家。制定印发《甘井子区学生团员发展与管理暂行办法》，对学生团员的发展标准、程序、比例以及教育管理进行规范。开展“示范团课”创建评比活动，弘文中学的《做新时代学生楷模，塑弘文青年品格》被评为大连市示范团课一等奖。开展“少先队基础知识宣传月”活动，面向全区70个少先队大队发放宣传海报5000份。

(撰稿人:李思齐　审稿人:李晓涛)

甘井子区妇女联合会

【概况】 2014年，甘井子区有街道妇联14个，区直妇委会4个，社区妇联123个，村妇代会42个。全区已建成“妇女之家”165个，在大连湾街道李家村、革镇堡街道棋盘村等地区打造20个“示范妇女之家”。依托160个家长学校，调整全区社区(村)的家庭教育机构，形成在社区范围内学校、家庭、社会一体化的家庭教育工作格局。发挥妇女在家庭建设中的重要作用，全力打造坚强阵地温暖之家建设。6月，全国妇联副主席、党组书记、书记处第一书记宋秀岩到大连湾街道前盐村调研基层妇联组织建设工作，对区妇联基层组织建设网络健全、队伍过硬、服务创新等给予高度评价。当年，区妇联被评为辽宁省妇联工作先进集体、辽宁省妇联信息工作先进集体、大连市“三八”红旗集体、大连市实施妇女儿童发展规划先进集体。

参加大连市妇女第十四次代表大会的区妇女代表

【巾帼建功活动】 2014年，甘井子区妇女联合会深化巾帼文明岗创建活动，倡导机关、企业、社区妇女立足本职爱岗敬业。依托省、市妇女小额担保创业循环金的支撑，深入大连威嘉船舶配件有限公司等单位调研女职工培训、小额贷款等事项，帮助现代教育有限公司等女性领办企业办好事、做实事。开展“送培训、送技能、送岗位、送政策、送服务、送温暖”活动，帮助4个企业申请省市妇联创业循环金20万元。实施“巾帼牵手创业就业援助行动”，联合大连驰敖集团、大连欧尚礼品有限公司等全国和市级“女大学生创就业实训基地”，吸纳和指导实习、见习女大学生160余名，带动20多名女大学生创业。举办“春风送岗位”现场招聘会，多渠道安置妇女就业。

【“双学双比”活动】 2014年，甘井子区妇女联合会围绕全域城市化和都市型现代农业发展，强化“巾帼示范村”创建行动，培育和扶持以妇女为主的专业合作组织、都市型现代农业巾帼示范基地和现代家庭农场，选树盛世园绿色农庄等典型企业，引领农业战线妇女在发展现代都市休闲农业中增收致富。创建现代农业巾帼示范基地和“双学双比”示范基地3个，“三八”绿色示范基地5个。开展“一对一服务行”活动，邀请农业技术专家为樱桃种植大户和致富能手提供技术咨询、信息发布和田间指导等服务，产生良好的经济效益。争取市妇联巾帼示范村以奖代补资金18万元，定向扶持妇女致富项目。

【文明家庭活动】 2014年，甘井子区各级妇联组织以家庭为阵地，力求发挥妇女在推动家庭和睦中的重要作用，着力构建幸福家庭，使广大妇女拥有幸福家庭，享受幸福生活。“三八”国际劳动妇女节期间组织评选出甘井子区十大最美家庭、最美贤妻良母、最美善邻等典型。各级基层妇联组织在此期间也开展了“好婆婆”、“好媳妇”、和谐家庭等系列评选活动，以典型带动家庭，引领妇女立足家庭有力担当，发挥女性的积极作用。母亲节期间，区妇联联合中华路街道在安盛购物广场举办幸福家庭亲子照片展。在社区、村妇女之家开展寻找“最美家庭”活动，征集最美家风家训，推荐165户家庭进行网上报名参与评选，甘井子区有2户家庭被评为辽宁省“最美家庭”。深化幸福家庭创建活动，在以往“十星级文明家庭”评选的基础上，全区评选出以槐花、百合、梅花、荷花、兰花、葵花命名的花样家庭1042户，受到市妇联的表彰。

【美丽巾帼幸福课堂】 2014年，甘井子区妇女联合会项目化实施“美丽巾帼幸福课堂”工程，举办讲座30多场，女干部、妇联干部、妇女工作者等骨干力量在学习中提升了组织引导服务和维护妇女儿童权益等方面的工作能力，妇女工作不断创新。全区以村、社区的“妇女之家”为平台，在妇女群众中开展政策宣讲、礼仪培训、文体活动等，以构建现代化、国际化、城市化生活方式为主题，塑造现代化国际化中心城区新女性。

【妇女儿童维权】 2014年，甘井子区妇女联合会深化妇女维权工作，开辟妇女维权新纪元。开展源头维权，贯彻落实大连市妇联关于《进一步规范村规民约依法维护农村妇女权益的通知》精神，在涉农街道各村委会规范村规民约，依法维护妇女权益。开展普法宣传活动，推动男女平等基本国策宣传进社区、进家庭，宣传和推动实施《2011—2020年妇女儿童发展规划》，开展“三八”国际妇女节维权周、综治宣传月、国际禁毒日、创建平安家庭宣传月和“16日行动”等活动，引导妇女学法、懂法、守法、用法，推动妇女“六五”普法规划的贯彻落实。为提高妇联干部维权工作水平，区妇联邀请区人民法院立案一庭副庭长刘秀娟对全区街道、社区(村)180余名妇联干部及维权骨干进行《调解方法和技巧探索》的专题培训。深入社区、村，开展适应多种需求的《百场维权讲座进社区》活动。当年，共举办3场省级、8场市级和11场区级维权讲座。开展社会化维权，深化“平安家庭”创建活动。倡导和组织广大家庭开展“六防六无”(六防：防拐卖、防盗窃、防抢劫、防隐患、防邪教、防艾滋；六无：无涉毒、无赌博、无暴力、无犯罪、无纠纷、无家庭安全事故)创建活动，以家庭平安促进社会和谐稳定。在平安家庭宣传月期间，区妇联注重发挥基层作用，开展维权服务活动、系列关爱活动和参与社会管理创新等工作。开展妇女信访代理、协理等实事化维权工作，做好妇女信访接待处理工作，进行实名制登记和统计。

区妇联为基层妇联干部举办关于维权的业务培训讲座

【关心儿童成长】 2014年，甘井子区妇女联合会多渠道关爱儿童成长，力争让更多儿童在良好的环境下健康成长。通过各种形式开展家庭教育工作。利用15条家庭教育热线，为家长开展咨询服务，向家长宣传家庭教育的新理念。利用区妇联、卫计局、教育局等相关部门网站，开辟家庭教育专栏、向全区14个街道传送家庭教育知识，拓展家庭教育指导工作渠道。区妇联组织编印《“智慧家长教子有方”——家教知识》手册，发放给家长。整合社区人力资源、文化资源，突出社区地域性的特点，开办“社区亲子乐园”、“社区亲子俱乐部”，让家长与孩子积极参与社区亲子活动，引导家长接受现代育儿的科学理念，掌握现代育儿的科学方法和技巧。举办“智慧家长教子有方”——家庭教育系列活动”。利用全区160所家长学校，以“万名家长教育工程”和“母亲素质工程”为重点，举办“争做合格父母，培养合格人才”为主题的家庭教育讲座活动。举办优秀家长评选和好家长经验交流会，引导家长树立正确的教子观念，提高家长科学育人的能力。开展示范社区家长学校创建活动。区妇联充分挖掘社区教育资源，利用QQ群、微博搭建平台，开办网上家长学校，通过畅通的网络信息，及时地把先进、成熟、实用的育子经验与家长共享，为家长学校与家长之间搭起一座沟通的桥梁。当年，在全区评选出示范家长学校28所，并拨款5万余元配发家庭教育方面的图书、光盘和书架，举办示范家长学校的档案巡展。

【宣传工作】 2014年，甘井子区各级妇联组织加大对妇女工作的宣传力度，搭建省、市、区妇联信息报送平台，建立甘井子区妇联信息员QQ群服务平台，畅通报送渠道，扩大信息来源。重建区妇联网站，发布信息344条，其中被中国妇女网采用1篇，省妇联采用18篇，区妇联采用117篇，在全省妇联信息工作排名第四，区妇联被评为“辽宁省妇联信息工作先进单位”。

【巾帼救助行动】 2014年，甘井子区妇女联合会时刻关注妇女健康所需，挖掘社会资源，筹措善款50多万元，为全区妇女的健康保驾护航，为困难妇女和家庭帮困解难。为了能够帮助更多的妇女儿童区妇联与以往开展的“春蕾助学”、“大手拉小手”、“情系双丝带”、“特别的爱”、贫困母亲救助和妇女健康培训等主题活动实现无缝对接，为570名社区女性工作者进行免费“两癌筛查”，对25名出现急难险情，患重大疾病的困难妇女儿童提供单次2千元到1万元不等的特殊救助，为特教中心170名孩子送去价值1万多元的生活用品；开展妇女健康讲座和妇女素质培训6次，受众2000多人次。截至年末，区妇联已直接救助妇女儿童2164名，救助总额77.5万元。

(撰稿人:王黎明　审稿人:鞠盈春)

甘井子区科学技术协会

【概况】 2014年，甘井子区科学技术协会下辖街道科协14个，社区科普活动站114个，村科普活动站42个。其中，市级社区科普大学6所，区级科普大学28所，科普学校122个；市级五星级科普社区6个，四星级科普社区9个，三星级科普社区19个。企业科协及科普示范基地44个，科学协会11个。10月27日，新建立企业科协8家：大连汇新钛开发有限公司、大连安达汽车零部件有限公司、正大能源材料(大连)有限公司、大连连城数控机器股份有限公司、大连豪森设备制造有限公司、大连华隆滤布有限公司、大连华阳密封股份有限公司、大连中汇达科学仪器有限公司。区科协被评为市级“科协工作先进集体”。

【区科协第五届四次全委会议】 2014年3月13日，甘井子区科学技术协会召开第五届四次全委会议，会议贯彻落实中共十八大和十八届三中全会精神、区委十一届六次全会精神以及市科协七届七次全会的工作安排推动科协工作实现新跨越。区委领导对当年科普工作提出新的要求，在科普阵地建设、科普活动载体、科普资源开发等方面阐明了具体的指导意见。

【五大科普服务体系建设】2014年，甘井子区科学技术协会面向涉农街道、城区街道、学校、企业和机关等五个重点领域，突出农民增效、居民增寿、学生增智、职工增效和干部增力的主题，抓住科普组织、科普载体、科普设施、科普项目、科普队伍和科普机制等六大要素，建立量化考评体系，制订《发展现代城市文化提高市民综合素质考评细则》，增强科普服务能力。为科普益民服务站、惠农服务站建设、社区科普大学建设、创建星级科普社区评比、青少年科技创新大赛、职业技能培训、科普进机关等活动赋予新内容，取得新成效。

【甘井子科普微信平台建立】2014年5月，甘井子区科学技术协会以腾讯网站为技术依托，创办科普微信公众平台。经过一个多月的试运行，6月正式点击开通。作为甘井子区科普唯一的官方微信平台，设置了政务要闻、政策解读、科协工作、社区科普、前沿科技、健康生活、热点话题、科技专论、科技见闻、科普基地等主题栏目，每天推送一期信息，截至年末，发布科技信息600余条，科普微信130期，点击关注的人数1000余人，该平台的开通标志着甘井子区以科普网络数字平台、科普短信、科普QQ群、科普微博、科普论坛、科普微信“六位一体”的网络科普信息化体系已初步形成。

【青少年科技活动】 2014年，甘井子区科学技术协会组织中小学生参加全国、省市第二十九届科技创新大赛并取得全国科技实验二等奖两项，科幻画二等奖一项，获得省各项科技比赛一等奖8项，二等奖17项，市一等奖30余项。11月，东华小学、美林小学、前关小学3所学校被评为大连市科技教育示范学校。12月，经区科协推荐东华小学被大连市科协评为“科技馆活动进校园优秀学校”。截至年末，全区有省级科技示范校4所，市级8所，区级46所。

(撰稿人：关庆翔　审稿人：许雪峰)

甘井子区残疾人联合会

【概况】 2014年，甘井子区有持证残疾人11510人，比上年增长5.31%。其中，肢体残疾5205人，占总数45.22%；视力残疾1215人，占总数10.56%；听力残疾1102人，占总数9.57%；言语残疾65人，占总数0.56%；智力残疾1800人，占总数15.64%；精神残疾1555人，占总数13.51%；多重残疾568人，占总数4.93%。

【残疾人民生项目】 2014年，大连市政府民生项目涉及甘井子区残疾人的2个项目均顺利完成。建立1个市级残疾人就业培训基地。结合市残联将“支持性就业”全国试点单位工作任务下达给甘井子区的实际，报请区政府同意，按照《大连市建设市级残疾人就业培训基地扶持办法》要求，以建设残疾人就业培训基地为依托，组织功能设计和装修改造施工，集残疾人职业技能培训、支持性就业服务、庇护性工厂“三位一体”的就业培训基地：大连市(甘井子)障碍者就业培训基地11月12日正式挂牌启用。大连市副市长朱程清、市政府副秘书长刘小平和市残联党组书记赵德贵、理事长杨金旭、国际劳工组织中国障碍者平等就业项目协调官员周海滨等先后到培训基地调研和考察。当年，20名心智障碍者在基地接受培训和工作。区政府民生项目涉及残疾人工作的3个项目顺利完成。为256户贫困残疾人家庭实施家居环境改善,此项目是市区两级政府民生项目之一。区残联按照困难程度、改造急缓的原则,坚持抓“早”字,早谋划、早启动,坚持一户一策,人性化施工,优化工作流程,解决施工中噪音扰民、影响残疾人生活、残疾人临时增加需求等问题,严格监控施工质量,会同相关部门共同进行质量验收和审核。于上半年提前完成任务,粉刷大白、乳胶漆2.5万平方米,更换塑钢门窗1600平方米,更换防盗门66个,更换电线9000米。完成区残疾人托养康复服务中心主体工程建设。区残联积极与各职能部门沟通协调,做好区残疾人托养康复服务中心建设的各项工作,严格按照相关规定和工作程序组织实施。当年,完成项目可行性研究报告及调整、项目设计方案及优化、两次履行项目环评手续、国有建设用地使用权划拨手续办理、项目设计审核、《建设工程规划许可证》办理、《国有土地使用证》办理、项目建设用地范围内临建工厂的拆迁安置、土建工程施工招投标等项目建设前期工作,项目于11月初正式开始施工,项目的主体在年底建设完工。扶持120户残疾人自主创业。区残联制定《扶持工作实施方案》《2014年甘井子区残疾人创业扶持办法》,将扶持120户残疾人自主创业细化为发放盲人按摩体验券扶持盲人按摩院和扶持100户残疾人个体创业两项工作,明确扶持对象、扶持标准、扶持条件、扶持流程。3月底,投入经费15.9万元,向全区发放盲人按摩体验券3000张。对19个盲人按摩院进行扶持,并建立起扶持盲人按摩院的长效机制。11月底,筛查、核实持有中华人民共和国残疾人证,户籍在甘井子区,残疾人本人是在大连市注册经营的个体工商户158户,按照5000元和2万元两个类别,完成对90户符合条件的残疾人个体工商户的扶持,投入经费55.5万元。

【区残疾人辅助器具中心建设】 2014年,甘井子区残疾人联合会按照辽宁省残疾人辅助器具中心的要求,以满足残疾人对辅助器具的个性化、多样化需求为重点,帮助残疾人恢复和补偿生存功能,减轻残疾程度,提高残疾人生活质量,提升辅助器具供应水平。坚持“没有最好,只有最适合”的适配理念,7月14日,建成面积200平方米的甘井子区残疾人辅助器具中心,储备肢体、视力、听力言语、智力、精神残疾人的辅助器具产品和居家无障碍设施等共7类300多件。挂牌启用后,向残疾人提供知识宣传、信息咨询、辅助器具展示、使用训练、评估适配、跟踪回访等服务。当年,为717名残疾人提供124种辅助器具1100件。营城子街道沙岗子社区被评为省级辅助器具示范社区;中华路街道昌明社区被评为大连市康复示范站。

【残疾人社会保障和服务体系建设】 2014年,甘井子区残疾人联合会贯彻落实《大连市残疾人“两个体系”(残疾人社会保障体系、残疾人服务体系)建设工作实施方案》,推进全区残疾人社会保障、公共服务、专业化服务能力建设;抓好全区7个残疾人日间照料站规范化管理和建设,及时向市残联申报符合条件的集中托养人员、重度残疾人居家安养服务人员、残疾人日间照料人员;配合市残联为符合条件的残疾人办理工银阳光保障卡,促进各项扶残助残优惠政策落实。当年,依据《大连市智力、精神和重度残疾人托养服务暂行办法》文件精神,审核并报市残联同意,投入经费160.08万元,帮助88名重度残疾人在3家市属托养机构享受集中托养服务。投入经费96.03万元,帮助830名重度残疾人享受居家安养服务，其家庭按每人每月200元领取居家安养补贴；投入经费20.04万元，帮助128人次残疾人享受日间照料服务。投入经费4.55万元，为19名年龄在55—59周岁区间的重度残疾人发放生活补助。为全区805名残疾人办理乘车优惠卡。为符合居家安养、助学条件的残疾人发放(补发)工银阳光保障卡623张，并协同工商银行把居家安养、助学经费划入工银阳光保障卡。配合市残联做好辽宁省对大连市“两个体系”试验区的迎检工作。

【残疾人劳动就业和技能培训】 2014年，甘井子区残疾人联合会先后派出6名专业骨干参加全国就业辅导员培训，并取得相应资格证书，保证“支持性就业”工作顺利开展。通过组织残疾人参加市职业技能培训中心举办的培训、自培、委培等多种形式，对1048名残疾人进行实名制职业技能培训，对安置残疾人较好的30家企业进行雇主培训。通过采取集中与分散相结合，鼓励个体创业等多种安置方式，组织辖区用工单位举办4场残疾人就业洽谈会。鼓励残疾人参加市残联组织的用工洽谈会、向用工企业推荐符合用工条件的残疾人、鼓励个体创业等途径，完成残疾人就业实名安置251人。做好残疾人就业保障金征收的审验工作，完成企业残疾人就业保障金审核3973户，财政代扣单位209户，审验入库残疾人就业保障金2819.1万元。

【残疾人康复服务】 2014年，甘井子区残疾人联合会以残疾人康复需求为重点，推进残疾人社会保障体系和服务体系建设工作。继续开展残疾人社区康复“三进家庭”(康复服务进家庭、辅助器具进家庭、训练器具进家庭)活动，配合市残联实施“无白内障障碍市”光明工程，开展“精神病防治”康复工作。当年，完成白内障复明手术56例，精神病服药救助616例，精神病住院救助25例；11名肢体残疾儿童在康复机构进行训练，25名智力残疾儿童得到系统训练，9名聋儿得到语言训练，对30名盲人进行系统定向行走训练，32名孤独症儿童得到系统康复训练。

【残疾人文化和体育工作】 2014年，甘井子区残疾人联合会将残疾人开展活动所需经费纳入预算管理，在每个与残疾人有关的节日组织召开专题会议，围绕主题策划系列宣传活动和开展残疾人文体活动。当年，区残联组织残疾人参加市残联举办的“残疾人飞镖比赛”、“残疾人羽毛球比赛”、“残疾人乒乓球比赛”。组织开展“残疾人象棋比赛”、“聋人足球比赛”、“残疾人才艺比赛”等适合各类残疾人身体特点、符合残疾人意愿的健康益智文化体育活动23场(次)，吸引4700多名残疾人参加，丰富残疾人的文化生活。通过报纸、网络等新闻媒体，对全区残疾人工作及残疾人事业发展进行深度宣传。残疾人欣升合唱团坚持定期排练，适时参加各种演出活动，展现甘井子区残疾人的风采。

【残疾人扶贫解困工作】 2014年，甘井子区残疾人联合会针对残疾人致贫致困原因的多样性，通过加大困难残疾人群众的大病救助和突发事件临时性救助力度，开展促进残疾人康复、就业援助、扶持残疾人创业、走访慰问困难残疾人家庭、向困难残疾人送温暖等多种形式，推进残疾人扶贫解困工作深入开展。当年，在落实各项惠及残疾人政策的基础上，区残联投入经费18.5万元，对37名家庭发生突发事件和出现大病的残疾人进行临时性救助。投入经费51.6万元，走访慰问困难残疾人家庭1220户。各街道投入经费355.74万余元，走访慰问困难残疾人家庭4471户。区残联开展各种形式的志愿助残活动，为残疾人提供生活救助、潜能开发、缺陷补偿等服务和帮助，改善残疾人的生活。

【残疾人组织建设】 2014年，甘井子区残疾人联合会加强基层残疾人组织建设，采取职业道德教育、专业知识轮训、业务知识培训等措施，强化残疾人工作者服务残疾人意识，提升服务残疾人能力和水平。落实《大连市残疾人专职委员管理规定》，将社区残疾人专职委员培训工作纳入社区工作者统一培训规划。当年，依法核发残疾人证994个；组织举办残疾人工作者培训班，完成对全区残疾人工作者进行专业知识轮训1次，对社区残疾人专职委员队伍进行业务知识培训4次。积极进行人才储备，完成社区残协后备专职委员人才考录24名，其中11名新社区残疾人专职委员走上工作岗位，保证了社区残协专职委员队伍新老交替过程中的工作连续性和稳定性。

【维护残疾人合法权益】 2014年，甘井子区残疾人联合会践行党的群众路线，畅通残疾人反映、解决各种问题渠道，落实关于社会稳定和民生保障及信访工作的有关要求。以配合建立平安稳定社区和安全社区建设为重点，做好残疾人信访接待和重信、重访排查工作，落实关于社会稳定和民生保障及信访工作的相关要求。当年，接待残疾人来信、来电、来访42件(次)。依托区残疾人法律援助中心，为残疾人实施法律援助15件，妥善处理残疾人专用车违章行为37件，息访率、结案率均达到100%。

(撰稿人:王永丹　审稿人:陈永春)

甘井子区文学艺术界联合会

【概况】 2014年，甘井子区文学艺术界联合会贯彻习近平总书记文艺工作座谈会讲话精神，围绕区委、区政府的中心工作，按照区委宣传部的工作部署，坚持以人民为中心创作导向，深化文化大沙龙活动内涵，推动全区文艺精品的产出，推进基层文联组织建设步伐，深化文化惠民，发展区域先进文化，推进文化强区建设。

【区文联各协会换届】 2014年，甘井子区文学艺术界联合会各艺术家协会根据年度工作安排，按照《甘井子区文联各文艺家协会换届工作安排意见》的要求，选举新一届各艺术家协会主席团及理事会。截至年末，区文联已有作家、朗诵、曲艺、书法、摄影、美术、音乐、舞蹈、戏剧、影视、民间艺术共11个专业文艺家协会组织完成换届工作，选举产生新一届各艺术家协会领导班子，为区文联组织体系建设打下坚实的基础。

【“繁星似锦·我讲我的故事”纪实片展示】 2014年，甘井子区文学艺术界联合会根据全区“汇繁星·激活力·惠民生”活动的要求，在全区开展“繁星似锦·我讲我的故事”纪实片展示活动。活动通过“普通人、小故事、微镜头”的创作语言和手法，以现代网络新兴视频媒体为载体，创作了一批发生在干部群众身边，让群众感到亲切，有学头、有看头的鲜活典型，并在甘井子公众信息网开设“繁星似锦·我讲我的故事”专栏，展播《咱们的宣讲团》、《老郑和他的微故事》《舌尖上的安全员》等5部入选优秀影视作品。截至年末，活动共征集影视作品平面广告17组(部)，微电影脚本2部。

【文化融合项目经验交流会】 2014年，甘井子区文学艺术界联合会为做强文化大沙龙活动，区委宣传部、区文联在全区以创建文化墙活动为载体，推进文化融合项目。文化墙重点以建设历史文化长廊、街区文化墙体画、摄影墙等为载体，以单幅宣传画或组图主题宣传画为创作形式，宣传先进典型，弘扬社会主义核心价值观，引领时代新风尚。为及时总结活动经验，8 月 6 日，区文联在营城子街道召开 2014 年文化融合项目经验交流会，区委书记郝方林，区委副书记张淑华，区委常委、宣传部部长赵云峰带队，分别到机场街道、兴华街道、营城子街道进行现场考察。会上，营城子街道、区直机关工委、辛寨子街道、甘井子街道、机场街道等单位分别介绍了文化墙建设、发展文化融合项目的经验。区委副书记张淑华，区委常委、宣传部部长赵云峰分别讲话，对下一步推进文化墙建设和推动文化融合项目工作提出明确要求。截至年末，全区共建设墙体画、文化长廊约 1 万平方米，形成了一定覆盖面。文化墙活动被评为大连市“文艺活动推进奖”。

【甘井子区广场舞大赛】 2014 年，中共甘井子区委宣传部、甘井子区文学艺术界联合会按照大连市打造文化大连活动组织委员会的安排部署，同区文体局启动了甘井子区广场舞大赛。大赛从 9 月 17 日启动至 10 月底结束，历时近 2 个月。机场街道、兴华街道、泉水街道、周水子街道等几十支参赛队伍近万名群众参与表演，培育了一批基层群众喜闻乐见的广场舞文化品牌，提升了广场舞爱好者的整体水平。甘井子区广场舞大赛被评为大连市 2013—2014 年度“打造文化大连 · 惠民之星”基层文化品牌。

【推进基层文联组织建设】 2014 年，甘井子区文学艺术界联合会根据市委宣传部《关于加强区市县和基层文联工作意见》《中共甘井子区委关于加强和改进新形势下宣传思想文化工作的意见》要求，将服务基层工作的端口前移，重心下移。6 月 17 日，组织召开辛寨子街道文学艺术界成立大会，组建了甘井子区第一个街道级文联。在辛寨子街道前革村建立首个村级摄影艺术创作基地。举办辛寨子街道摄影展，展出了 100 多幅优秀作品，人民网等媒体对摄影展进行了报道。区文联在区委党校、辛寨子街道、兴华街道建立了文学艺术、舞蹈艺术、朗诵艺术 6 个艺术创作基地，为全区文艺精品的产出提供平台。

【创办内部交流期刊《甘井子文艺》】 2014 年，甘井子区文学艺术界联合会为繁荣区域文艺创作，培育文艺人才，搭建文艺创作交流平台，于 10 月创办了内部交流期刊《甘井子文艺》(双月刊)。《甘井子文艺》设有“重要讲话、文联动态、总编有约、艺术家风采、散文世界”等十余个重点栏目，每期文字编辑总量 6—8 万字。当年，共编辑出版 2 期，其中刊登了国家一级作家、中国作家协会会员、大连作家协会副主席宁明的组诗《只有星星堪做知己》，中国作家协会会员、大连作家协会理事蜀虎的长篇小说《灯塔的西边》等佳作。

(撰稿人:王佩瑾　审稿人:吴克华)

红十字会

【概况】 2014 年，甘井子区红十字会在全区 14 个街道、中小学、政府机关等举办普及性应急救护培训活动 86 场，参训 13165 人次；举办救护员培训 34 期，参训 1867 人次；发放应急救护手册 5000 本，救护光盘 200 套。参加大连市红十字会、区教育局联合举办的大连市红十字青少年“我心中的红十字”主题征文暨公益海报征集大赛活动，并获得最佳组织奖、优秀组织奖、全省个人第三名，全市个人第一名等荣誉。红十字博爱家园项目已建设家园12个。“博爱送万家活动”，被评为“甘井子区2014年最佳实事”。组建甘井子区红十字应急救援队，并在全市举办的应急救援比武活动中获得集体三等奖。利用世界红十字日、世界急救日、国际志愿者日、世界献血日、世界艾滋病日等纪念日，开展宣传活动，传播红十字精神。

市红十字应急救援队甘井子分队参加大连市红十字应急救援技能考核比赛现场

【组织宣传工作】 2014年5月8日，甘井子区红十字会于第67个世界红十字日，在14个街道设立分会场开展宣传活动。各分会场共制作宣传图板50块，发放宣传单2万余份，画册1000本。利用世界急救日、国际志愿者日、世界献血日、世界艾滋病日等纪念日发放宣传材料8万余份，《我心中的红十字》宣传画册2500本，制作各种宣传图板150余块。

【应急救护培训】 2014年，甘井子区红十字会在全区14个街道、中小学、政府机关等分别举办普及性应急救护培训活动86场，13165人次参训；举办救护员培训34期，1867人次参训。通过开展培训让受训者掌握最基本的应急救护知识和技能，并作为“第一目击者”在意外伤害发生时能及时正确地自救互救，最大限度挽救生命，减少伤残。

【赈济救助】 2014年，甘井子区红十字会根据大连市红十字会《关于加强红十字备灾救灾应急体系建设的指导意见》，积极做好各类灾害突发事件的救援准备工作。红十字博爱家园项目取得进展，甘欣、兴利、椒中、民航社区均通过红十字博爱家园项目申请，全区现有红十字博爱家园达到12个。1月27日至28日，区红十字会开展的“博爱送万家活动”，以红十字博爱家园为依托，通过街道社区，为困难居民送去200桶食用油、120袋大米、80袋面粉、8件棉衣。

【志愿服务】 2014年，甘井子区红十字会成立由20名红十字志愿者组成的甘井子区红十字应急救援队成立，通过专题培训，日常拉练，加强应急救援队队员的“救灾、救护、救助”能力。建立健全甘井子区红十字会“大连市人体器官捐献登记站”。截至年末，已接收遗体捐献登记12人，器官捐献登记9人。协助4名患白血病儿童家庭申报小天使基金。

(撰稿人:林　海　审稿人:韩　悦)

民主党派组织概况

【概况】 2014年，甘井子区共有各民主党派组织8个：即民建甘井子区委员会、民革甘井子区工作委员会、民盟甘井子区支部委员会、民进甘井子区基层委员会、农工党甘井子区基层委员

甘井子区民主党派情况表

名　称	会员(党员)数(人)	基层支部数(个)	主要负责人	当年提案数(件)
民建甘井子区委员会	131	9	张连君	22
民革甘井子区工作委员会	125	5	赵忠国	1
民盟甘井子区支部委员会	33	2	徐 新	6
民进甘井子区基层委员会	134	6	姜同英	7
农工党甘井子区基层委员会	56	5	贾玉珠	8
致公党甘井子区支部委员会	55	3	刘礼兴	9
九三学社甘井子区支社委员会	38	1	甄丽欣	1
台盟甘井子区支部委员会	31	1	简 俊	3
合计	603	32		57

会、致公党甘井子区基层委员会、九三学社甘井子区支社委员会、台盟甘井子区支部委员会。共有成员603人。

【民建甘井子区委员会】 2014年,民建甘井子区委员会有会员131人,下设9个支部。张连君为主任委员;崔庆玉、张连臣、刘若尘、王章君、辛宪章、徐红为副主任委员;秘书长徐红。委员13人:王世亮、王章君、刘若尘、谷璟春、辛宪章、张弼、张连君、张连臣、姜丽娟(女)、曹锡贤、崔庆玉、崔庆国、徐红(女)。崔庆玉为省人大代表,赵日浩为区人大代表;被邀请为市、区政协委员的17人,梁作君、张连君担任甘井子区政协副主席职务。年内向市、区政协递交提案15件,向省人大提交议案7件。

【民革甘井子区工作委员会】 2014年,民革甘井子区工作委员会有会员125人,下设5个支部。赵忠国为主任委员;宋科心、张淑华(女)、谷铁石、李刚、赵玉海、晋波(女)为副主任委员;秘书长(兼)宋科心。委员13人:王宇(女)、王军、毕燕(女)、李刚、谷铁石、宋科心、张淑华(女)、陈梅(女)、陈继革、邵本刚、赵玉海、赵忠国、晋波(女)。赵忠国为省人大代表。全年向市、区政协递交议案、提案1件。

【民盟甘井子区支部委员会】 2014年,民盟甘井子区支部委员会有会员33人,下设2个支部。徐新为主任委员,张伟为副主任委员,宋丹青为组织委员,蔡春葵为宣传委员。年内向区政协递交议案、提案6件。

【民进甘井子区基层委员会】 2014年,民进甘井子区基层委员会有会员134人,下设6个支部。姜同英(女)为总支委员会主任;石朝霞(女)、李静(女)、苗宏宾、程路山为副主任委员。委员11人:尤长正、王岩(女)、王家平、石朝霞(女)、李静(女)、李桂玉(女)、孟繁伟、苗宏宾、姜同英(女)、栾君(女)、程路山。年内向区人大、政协递交议案、提案7件。

【农工党甘井子区总支部委员会】 2014年,农工党甘井子区总支部委员会有党员56人,下设5个支部。贾玉珠为主任委员,李伟、刘冬(女)、孙永金、王圣才为副主任委员,委员8人:贾玉珠(女)、李伟、孙永金、王圣才、张兴君、曲志强、杨艳姝(女)、王丽慧(女)。年内向区政协递交议案、提案8件。

【致公党甘井子区基层委员会】 2014年,致公党甘井子区基层委员会有党员55人,下设3个支部。刘礼兴为主任委员、刘爱华和李洪斌为副主任委员。委员8人:刘礼兴、刘爱华、李洪斌、汪赫、刘英、康凯、张凯、楚廷波。全年向市、区政协递交议案、提案9件。

【九三学社甘井子区支社委员

会】 2014年,九三学社甘井子区支社委员会有党员38人,下设1个支部。甄丽欣为主任委员,陈勇建为副主任委员,委员5人:甄丽欣、陈勇建、孙建明、王伟、马瑄(女)。全年向市、区政协递交议案、提案1件。

【台盟甘井子区支部委员会】 2014年,台盟甘井子区支部委员会有盟员31人,下设1个支部。简俊为主任委员,吴彤(女)、苏红宇为副主任委员。年内向市、区政协递交议案、提案3件。

(撰稿人:王 旭 审稿人:陈江英)

民建甘井子区委员会

【概况】 2014年,民建甘井子区委员会新发展会员5人,有正式会员131人。其中男94人,女37人,平均年龄50岁,大专以上学历128人。省人大代表1人,区人大代表1人;市、区政协委员17人,其中有2人担任甘井子区政协副主席职务;区民建现有支部9个。当年,民建甘井子区委以科学发展观为指导,认真贯彻中共十八届三中、四中全会精神,紧紧围绕中共甘井子区委、区政府的中心工作,落实2014年工作目标,统一思想,凝聚力量,发挥民建组织的特点和优势,加强自身建设,履行参政党职能。

【思想建设】 2014年,民建甘井子区委员会按照市委“思想建设工作建设年”的要求,结合建设“学习型组织”的宗旨,把深入学习贯彻中共十八届三中、四中全会精神作为首要的政治任务,并与深化政治交接、树立和践行社会主义核心价值体系、弘扬优良传统教育紧密结合,组织会员开展丰富多彩、形式多样的学习宣传活动。区委会组织骨干会员参加民建大连市委和中共甘井子区委统战部组织的各项学习培训活动,不断夯实多党合作的思想基础。组织、参与各种形式的学习、座谈、交流会议近20次。3月,选送一名支部主委参加大连市各民主党派基层组织负责人培训班;4月,选送一名支部主委参加2014年清华大学管理创新高级研修班;6月,选派2人参加民建全省机关干部培训班;7月,配合区统战部承办第四期党派讲坛活动;同月,选派2人参加区委统战部举办的新时期统战理论知识培训;8月,选派2名骨干会员参加全省骨干会员培训班;11月,区民建会同市民建赴南京、苏州开展调研及缔结友好组织活动,同月区民建9名新会员参加市民建举办的2013—2014年新会员培训班,同月区民建机关选派1人参加全省社情民意信息员培训等。

【宣传工作】 2014年,民建甘井子区委加大宣传工作力度,向民建大连市委、中共甘井子区委统战部报送宣传信息材料20余篇,其中民建中央网站采用1篇;民建省委网站采用6篇;《辽宁民建》杂志刊登文章1篇,简讯4篇;《大连民建》刊登简讯6篇,扩大了区民建的影响力。

【组织建设】 2014年,民建甘井子区委在会员发展方面,坚持注重质量、注意数量、保持特色、优化结构的组织发展原则,严格把好会员入会关,规范组织发展程序,不断优化会员队伍结构。按照民建大连市委要求的“四个阶段”、“三次谈话”“两个联系”的会员发展程序(“四个阶段”是指个人申请、基层观察、组织考核、组织审批;“三次谈话”是指申请前、考察中和入会后的谈话;“两个联系”是指会员与组织部门的联系、会员与基层组织间的联系),严格组织发展标准,坚持以高能力、高层次、高素质为标准,发展的新会员素质有较大的提高。当年,新发展会员5名。其中经济界4人,高等教育届1人;

拥有硕士学位 1 人，学士学位 4 人；平均年龄 39 岁。在年初的工作会议上，制定了区委会班子成员联系基层支部制度；下发了市委会印发的《基层组织工作手册》，对思想建设、组织建设、议政调研、社会服务等基层组织的工作内容进行分解落实，使基层支部明确工作思路、目标和任务，做到各项工作年初有计划，年中有推动，年末有总结，全年有记录，进一步规范基层支部活动。创新模式，激活支部活力。区委会积极倡导各支部开展内容丰富、形式多样的支部活动。学习借鉴市委会及其他兄弟单位的先进经验，创新支部活动模式。跨支部开展活动，二支部和七支部联合开展支部活动 2 次；跨领域开展支部活动，结合民建会员中企业家会员较多的特色，二、七支部与大连市企业文化研究会联合举办联谊活动；跨区域开展活动，由民建大连市委会牵线搭桥，分别与民建南京市玄武区总支委员会和民建苏州市姑苏区工作委员会结成为友好组织。

区民建全委会议

【参政议政】 2014 年，民建甘井子区委始终把参政议政工作摆在突出位置，发挥经济界的独特优势，深入调研，拓宽工作领域，积极建言献策。当年，民建会员共提出建言献策文章 20 余篇，其中人大建议案和政协提案 8 篇。调研委员会积极履行职责，结合甘井子区委、区政府中心工作，就如何深化“综合配套改革”进行深入调研，在区政协八届二次会议上，作了《关于深化综合配套改革，提升全域城市化水平》的协商发言，得到了区委、区政府的高度重视，其中推进村级组织产权制度改革、提升社会管理水平、增强公共服务资源均衡化等建议，已被区政府采纳。大连职业技术学院支部 3 人参加为期 20 天大连市职业教育发展状况课题研究，并形成《大连市职业教育发展状况的调研报告》。区委会副主委刘若尘撰写了题为《推进改革，集权为先》的理论文章，分别在大连市政协主办的《大连政协》2014 年第五期及民建辽宁省委主办《辽宁民建》第五期上发表。区委会副主委辛宪章提出的《关于如何建立现代职业教育体系的几点建议》，被中央统战部 2014 年第八期《零讯》采用。

【社会服务】 2014 年，民建甘井子区委结合民建中央“量力而行，尽力而为”的原则，发挥组织优势和广大会员的积极性，倡导而不是强制会员，本着自觉自愿的原则发挥自身优势，发扬奉献精神，有序开展形式多样的社会服务活动。区民建副主委张连臣多年来致力于社会服务工作。所在的企业每年投入约 40 万元用于安置 13 名残疾职工。民建甘井子区一支部会员、大连宏源铝业有限公司总经理崔彦华向区慈善总会及残联等部门捐款4万元用于捐资助学等。民建甘井子区委第一支部主委、辽宁北城律师事务所主任姜丽娟长年与兴华街道进行法律咨询对口服务，并于3月和5月举办《维护社会公平正义、促进社会和谐稳定》《平安建设你我、和谐兴华人人受益》的法律知识讲座，为甘井子区海燕社区居民举办法律咨询讲座4次。民建甘井子区七支部会员、辽宁北方明珠律师事务所姜冰协助沙河口区春柳街道司法所及兴华街道妇联等为辖区居民提供法律帮助。七支部会员、辽宁君连律师事务所副主任李洪波，为工会会员提供法律咨询25次，法律代理援助服务2件；大连职业技术学院支部在主委辛先章的带领下调研、走访会员企业2次，培训学员100余人。区委会在鼓励会员企业服务社会的同时，全力对会员企业的发展提供帮助。举办工商财税相关政策的讲座，帮助会员及时了解相关政策信息。在企业文化建设方面，和市企业文化研究中心合作，帮助企业做好自身的企业文化建设等。

（撰稿人：徐　红　审稿人：张连君）

甘井子区工商业联合会（总商会）

【概 况】 2014年，甘井子区工商业联合会(总商会)下辖村镇、街道商会14个，会员2500余家。区工商联以深化非公经济人士理想信念教育实践活动为牵引，以继续开展“三三五”系列活动为载体，与企业真情联络、为企业真诚服务，促进全区非公有制经济健康发展和非公有制经济人士健康成长。

【非公有制经济人士理想信念教育实践活动】 2014年，甘井子区工商业联合会(总商会)配合区委统战部，继续开展以“民营企业家与中国梦”为主题的理想信念教育实践活动，增加“建立良好的社会信誉”为内容的教育活动，坚持把解决思想困惑和解决实际困难相结合，创新活动载体，丰富活动内容。上半年，在全区开展非公有制经济代表人士思想状况调研活动，各级商会走访企业300余家，与企业家个别谈话150余人，发放调查问卷150余份，召开座谈会10场，全面准确地摸清全区民营企业经营者的思想状况，为开展理想教育活动奠定基础。6月，区工商联创建了“甘井子区民营企业家讲坛”，邀请国内著名经济学家、清华大学教授魏杰为企业家作《中国宏观经济发展趋势与企业应对之策》的报告。9月，配合区委统战部组织亿达集团等5家企业开展“‘亿达之翼’圆梦大学爱心助学”活动，活动中收到捐款12.5万元，受捐助学生25人。10月，组织10名非公经济代表人士赴西安交通大学学习培训。同月，全国工商联副主席谢经荣到甘井子区调研时，对全区工商联的工作、企业家的精神状态和非公有制经济人士理想信念教育实践活动给予肯定。

【“三三五”系列活动】 2014年，甘井子区工商业联合会(总商会)在全区工商联系统继续开展“兴三风、做三事、建五家”(“兴三风”，在全区工商联系统中大兴学习之风、实干之风、调研之风；“做三事”，要求全区各级工商联组织要努力为非公有制企业和非公有制经济人士真情联络、真诚服务、真心办事；“建五家”，把工商联组织建成广大会员企业和非公有制经济人士的知心之家、联络之家、服务之家、参政之家、发展之家)系列活动，调动基层商会工作的积极性和主动性。大连湾街道商会设立“民营企业协会讲堂”，定期组织会员企业进行培训学习，促进企业家素质的提升。椒金山街道商会服务辖区企业，搭建交流合作平台，把大连宏瑞达商贸有限公司引入电商平台，促进企业发展。7月，前革商会承办“文化前革”书法、绘画、摄影展，促进地区文化建设与发展。11月，革镇堡街道商会组织商会成员20余人赴江苏、上海进行学习考察，拓宽会员企业的视野。截至年末，各级商会共为企业办实事、解难题400余件。

【参政议政品牌】 2014年，甘井子区工商业联合会（总商会）重点围绕区民营企业家思想状况和非公有制经济发展方面的问题，组织非公有制经济人士建言献策，会员中的人大代表、政协委员在市、区“两会”期间共提交议案、提案120份，多数提案得到有关部门的重视和采纳。区工商联在调研的基础上，撰写的《关于我区民营企业思想状况的调研报告》和《关于大力支持我区电商企业发展的提案》及《关于为我区“新三板”挂牌成功企业申请专项补贴的建议》得到区委、区政府领导的高度重视。

【光彩事业品牌】 2014年，甘井子区工商业联合会（总商会）坚持引导非公有制经济人士把自身企业的发展与国家的发展结合起来，把个人的富裕与全区人民的共同富裕结合起来，把遵循市场法则与发扬社会主义道德结合起来。广大非公有制经济人士致富不忘回报社会，在扶贫帮困、捐资助学、社会各项公益事业中做出积极的贡献。当年，非公有制经济人士以不同的形式向社会各界捐款捐物300万元。8月，大连雪鹰环保涂料科技有限公司向奥林小学捐助10万元的环保涂料并免费进行施工，《大连晚报》等多家媒体报道了该公司的事迹。

【六个平台建设】 2014年，甘井子区工商业联合会（总商会）搭建政企沟通平台，邀请区委、区人大常委会、区政府、区政协的有关领导走访企业20家、组织召开座谈会2次，让企业经营者直接与有关领导零距离接触、沟通；区工商联认真梳理企业家反映的20余条问题和建议，提供给区委、区政府领导做为决策参考。协调区经信局、环保局、税务局、人社局、市场监督管理局领导深入企业走访调研，帮助企业解决发展过程的实际问题。搭建外埠交流平台，组织50余名企业家到“长三角”、“珠三角”地区进行商务考察；组织10名企业家参加“中朝文化旅游产品博览会”；组织15名企业家参加新疆维吾尔自治区招商推介会；组织20名企业家参加瑞士招商推介会；组织20家会员企业参加美国德州罗布斯顿市城市开发项目说明会，为企业的发展提供良好的商机与平台。与江苏省常熟市工商联缔结友好商会关系，促进两地区企业家的合作与交流。搭建融资服务平台，针对甘井子区中小企业融资难的问题，区工商联抓住“新三板”面向广大民营企业开放的有利时机，引导会员企业挂牌“新三板”。组织25家民营企业参加市金融局、市工商联召开的“新三板”挂牌培训会；与大连天风证券有限公司达成战略合作关系，深入大连凯洋食品有限公司等8家企业提供挂牌“新三板”咨询服务。截至年末，全区已有4家民营企业（大连凯洋世界海鲜股份有限公司、大连华阳密封股份有限公司、大连中盈电子有限公司、大连优创液压设备有限公司）相继申报了“新三板”挂牌。大连凯洋世界海鲜股份有限公司、大连华阳密封股份有限公司在全国中小企业股份转让系统挂牌成功。搭建素质提升平台，组织20名企业家参加“长江商学院”举办的“企业高级经理人”培训；组织15名企业家参加“金融保险融资”培训。11月，组织80名企业家进行“六西格玛”专项培训；组织市区工商联部分执委、常委参加市工商联举办的法律知识讲座。4月，针对外贸出口企业汇率问题，协调中国银行甘井子区支行有关专家到电商大厦、华德木业等企业为企业家进行业务知识培训。搭建劳动用工平台，4月，组织40家会员企业参加市工商联举办的企业用工现场招聘会；各基层商会分别以不同的形式为会员企业提供用工服务。当年，会员企业共提供就业岗位3500余个，达成就业意向6000余人，缓解企业用工难问题。搭建招商引智平台，5月，邀请中科院院士、大连工业大学朱蓓薇教授到大连佐源食品集团考察，并达成合作意向。自年初大连最大的电子商务平台有意向寻租新的集中办公场地以来，区工商联从寻租场地到电商落户跟踪服务，提供政策咨询，参与设计与指导，协调解决项目进展过程中遇到的困难和问题，为电商企业创造良好的政策和工作环境。当年，亿达集团将1万余平方米的一幢楼作为电商大厦租赁给电商使用，并免除3年租金。10月，21家电商企业入驻大连生态科技创新城并开始运营；与区人社局协调，建立电商行业大学生创业基地。9月，组织10余家电商企业家赴杭州阿里巴巴总部考察学习，使企业家开阔视野，增强信心。11月，协调大连双兴商品城二部与电商合作，建立闽南商品电子商务基地。

【基层商会组织建设】 2014年，甘井子区工商业联合会（总商会）积极做好基层商会换届工作，指导6个基层商会进行换届，其他商会换届正在组织筹备之中。继续做好会员发展工作，根据形势发展需要，实现了由注重会员数量到会员质量的转变，将20家企业吸纳成为区工商联会员。截至年末，甘井子区已有会员1300名。9月，甘井子区电子商务协会成立。

【商会制度建设】 2014年，甘井子区工商业联合会（总商会）为了使商会工作实现制度化、规范化，结合党的群众路线教育实践活动，不断完善各项工作制度，继续坚持每个季度召开一次主席办公会和基层商会秘书长例会，共同研究工作计划，通报工作情况。继续实施对基层商会的百分考核制度，使基层商会明确工作目标、活动有序开展。

（撰稿人：张岳嵩　审稿人：文长礼）

政法·军事·人防

公　安

【概况】　2014年,甘井子区公安分局下辖9个机关科室、10个业务大队、17个公安派出所。区消防、边防大队在业务上归甘井子分局管辖,区消防大队下辖8个消防中队;边防大队下设3个边防派出所。当年,分局积极应对治安形势复杂、维稳工作压力大等诸多挑战,高标准完成各项重点工作任务,推动公安工作的创新发展,确保社会治安大局的平安稳定。分局被市公安局评为全市优秀公安分局,并荣立集体三等功1次。

【维稳工作】　2014年,甘井子区公安分局在全国"两会"、十八届四中全会、APEC会议等重要节点,强化应急处置,未发生不良信访案(事)件。当年,化解有理上访案件158起,化解率76%;破获法轮功、全能神教等政治案件17起,打击及教育转化43人;完成19批、47次三级以上警卫工作任务,保证了警卫对象安全。

【刑事侦查】　2014年,甘井子区公安分局刑事案件立案5156起,破获2919起,刑拘820人,提起公诉938人,查结治安案件9816起,行政拘留1595人,抓获各类逃犯284人,破获部、省毒品目标案件11起,缴获毒品39公斤,破获命案10起,现行命案破案率100%。秋季严打整治专项行动期间,破获五类侵财案件729起,破获生产销售假冒"金龙鱼"食用油案、非法买卖仿真枪支案、特大贩卖毒品案、入室抢劫、绑架案、网络电信诈骗等一批大案、要案。40名同志接受市局立功受奖,分局被评为全市严打整治先进单位。

【治安管理】　2014年,甘井子区公安分局强化重点部位、案件高发区域巡逻防控工作,全区"两抢一盗"等可防性案件比上年下降19.6%;强化治安热点问题治理,查处涉丑案

甘井子公安分局破获梁一非法买卖仿真枪支案

件103起，刑事拘留30人、行政拘留353人，整改校园内部安全隐患140处、稳控重点人员16人、调解纠纷41起；处理违规登记住宿旅客旅馆38家，取缔“黑旅店”8家，以100%合格率完成公安部组织的“三级联动测试”明察暗访活动任务；加大对旧手机交易行业、废旧金属收购业、典当行业的治安管理力度，处罚6家违规收购站；打造“民生警务”，塑造户籍大厅、身份证、出入境窗口服务新形象，推出窗口预约服务、延时服务，开辟“流动服务窗口”、临时身份证办理绿色通道等特色服务。

【警务改革】 2014年，甘井子区公安分局针对警力不足的情况，组建了一支由260人组成的文职警员队伍，成立文职管理办公室，出台《文职警员管理办法》《文职警员考核办法》等管理规定，文职警员成为开展社区警务工作的新生力量。将全区重新规划为68个警务区、178个社区、292个责任区，警务区实行警长负责制，每个警务区设警长1名、社区民警1—2名、文职警员2—4名，责任区实行“一区一警”，定人、定岗、定责，构成社区警务工作的基本单元。打造红旗、大连湾、兴华街3个派出所改革“样板间”，打造

大连北站蓝鲨机动队揭牌仪式

矿北、苏家2个社区警务室建设“样板间”，其中红旗派出所成为全市派出所改革的“样板间”。分局派出所改革和社区警务建设工作经验得到市局领导的充分肯定，并在全市推广。推进天网工程建设，完成南关岭区域化天网工程和辛寨子天网工程，大连北站、大连体育中心视频监控系统安装探头135处，辛寨子重点部位安装高清探头103个。打造基础建设与应用的全市“样板间”，先后完成DNA实验室和理化实验室建设、合成作战室、执法场所精细化改造、出入境管理窗口等建设任务，以及户籍大厅、土羊高速周水子卡点等基础设施改造任务。

【蓝鲨机动队建设】 2014年，甘井子区公安分局按照市局关于建设蓝鲨机动队的统一部署，分局完成金南路、大连生态科技创新城、文体街、大连湾、大连北站等5支蓝鲨机动队的建设任务。大连北站蓝鲨机动队实现办公楼建设、反恐处突装备及信息化应用设备“三个一流”，成为全市蓝鲨机动队建设的标志性工程。蓝鲨机动队自成立以来，成功处置械斗案件562起、火灾事故188起、交通事故878起，处置群体性事件82起，协助抓捕各类犯罪嫌疑人587人。分局启动了蓝鲨机动队武装化联勤联防工作，协助中远船务、中国一重大连有限公司、大连石灰石矿3家大型企业建立驻企警务工作室。在中远船务、华润啤酒2家重点企业组建应急处突大队。

【道路交通管理】 2014年，甘井子交警大队辖区内有201

国道、202国道、东快路、华北路等各种道路476条，总长约380千米，公路里程约183千米，负责甘井子区14个街道的道路交通管理工作，管辖面积402平方千米。大队围绕“事故少、秩序好、道路畅通、群众满意”的奋斗目标，以推进警务机制改革为牵引，全面实施文职警员招聘、警力置换、蓝鲨机动队成立、350兆集群通信系统使用等多项重点工作，完成各项重大安保、专项整治和交通疏导任务。大队针对影响交通秩序和安全的各类交通“顽症”，开展贯穿全年的长时间、大范围的专项整治，特别是在春雷行动、夏季攻势、秋季严打和冬季整治为代表的4大整治行动中，大幅度净化全区交通秩序。当年，大队组织开展全市性集中整治61次，区域性整治133次，跨区异地整治7次，查处各类交通违法行为22.3万余起。大队通过开展“打四非、查四违”专项行动，推进落实对客运、危险化学品运输车辆常态化整治，检查过往客运、危险化学品运输车辆6700台次，查获违法行为386起，暂扣车辆92台。通过开展“十大驾驶陋习”专项治理行动，遏制了乱停乱放、不系安全带、机动车随意变更车道、强行不礼让、逆行抢道、开车打手机等违法行为。通过开展市容环境综合整治，与区城建、区执法局、区交通局等多个部门开展联合执法，清理整治占道经营、占道违建、违法停车等影响市容市貌和交通安全的行为。取缔违章停车18万次，解决了山东路、千山路等重点路街交通环境差、群众出行难的问题。对南关岭、大连湾、泉水等地区的非法营运残疾人三轮摩托车予以打击和取缔；对辛寨子、革镇堡等外来人口聚集地的黑车营运的问题，进行早出晚归式的不间断查处；对部分托管机构使用无资质校车违规接送学生的进行严肃查处。在加大对重点违法行为整治力度的基础上，加强“两客一危”（公路客运车辆、旅游客运车辆和危险化学品运输车辆）等8种的车辆管理，会同区安监、区交通局等部门，对专业客货运输企业进行安全检查，做到逐车检查、逐人面谈，进一步完善教育培训制度、车辆管理制度、安全例会制度、交通违法和交通事故通报制度、责任追究制度等制度，开展清违行动，落实机动车驾驶人管理等17项措施。通过加强源头管理，确保安全生产源头监管落实到位。大队车管分所加大建设力度，突出服务群众的主题，有针对性地开展上门车检检察证件、网上预约、延时服务等举措。完善交通宣传信息平台功能，通过该平台加强运输企业的管理，加大宣传交通法规、政策及服务流程力度，扩大宣传的覆盖面，提升宣传效果。大队围绕市公安局和交警支队关于加强大型活动交通安保工作的一系列部署要求，采取“组织部署、排查隐患、路面查控、战时教育”四位一体的工作思路，落实战时勤务要求，通过“点上卡、线上巡、面上控”，把视线盯住大型活动，把精力投入大型活动，以重大活动和突发事件现场快速处置、保障道路畅通为主要内容，多次组织开展针对性实战演练。在交通枢纽、繁华商业区、旅游路线、外围公路和农村道路加大巡控力度，严密控制事故多发时段、点段，做到24小时不失管、不失控。全体民警先后完成120余批次三级以上警卫任务和35场次中超联赛、演唱会等大型文体盛会交通安保任务。当年，辖区内共发生各类交通事故12745起，其中死亡事故71起，死亡73人，伤人事故69起，简易事故12455起。死亡人数、起数比上年同期分别下降20.6%和14.4%，未发生一起死亡3人以上特大道路交通事故。大队按照“文明交通行动计划”的总体要求，结合交通宣传五进、文明交通示范公路创建、道路客运安全年等活动，围绕“六倡导”、“六摒弃”、“六抵制”3个重点内容，在春运、基础建设年等行动中，张贴标语36条，发布消息26条。举行交通安全培训班3期，新闻通报会8次，警营开放日6次，发放《文明交通行动倡议书》2300余份、宣传资料1万余份，悬挂宣传横幅89条，更新固定标语和LED显示屏240余幅。根据辖区客货运企业实际，依托区交通管理委员会，发挥QQ群和微信群两个信息化平台的作用，建立健全重特大道路交通事故通报和预警信息发布制度，有针对性地推行源头管理措施，道路交通管理的社会化进程再上新台阶。

【消防管理】 2014年，甘井子区公安分局强化社区消防管理体系标准化建设，健全社会化消防工作网络，夯实社区火灾防控基础、提高公安机关消防监督管理水平、提升社会单位防控火灾能力，预防和减少重特大火灾事故的发生。通过“清剿火患”战役、“重拳打击整治火患”等专项行动，开展消防安全隐患排查整治行动，检查单位场所2.6万余家、整改隐患2.2万余处、“三停”（停产停业、停止施工、停止使用）964家、拘留114人；指导企事业单位消防安全“网格化”完成率85%和重点单位“户籍化”完成率100%；指导大连鑫路石化综合经销公司、大连天爱服饰有限公司、大连晓国服装有限公司3家企业投资190万元完成消防设施整改；开展革镇堡仓储联合大演习，进行常规演练24次，普查水源384个，检查地下建筑12家，测试装备14次。当年，全区消防部队接警2322起，出动车辆3586台次，出动消防官兵20081人次，抢救被困人员74人，避免财产损失500余万元，灭火救援成功率100%。

【边防管理】 2014年，甘井子区公安分局管辖港口2个，码头4个，停泊点9处，船舶655条（大连湾451条，大黑石180条，棋盘磨24条），渔民3179人。其中40马力以上具有越捕能力船只218条。40马力以上具有越捕能力船只中199条为渔业捕捞船，19条为渔业辅助船。异地停靠船只79条，其中省外32条，省内47条。针对当前社会治安形势的新特点、新要求，多措并举，开展“江海行动”，检查各类船舶1800余艘次、签订保证书400余份，全年未发生重大海上安全事故及越界捕捞事件。推进爱民固边战略，落实“熟悉群众、服务民生、化解矛盾、维稳治安、管控边境”等举措，累计走访渔船525条、渔船民2656人，为辖区群众办实事、好事40余件，向辖区困难群众送去慰问金、慰问品5万元，聘请社会监督员30人。救助遇险群众176人、车辆36台、船只17条。

（撰稿人：张金庭、潘永德 审稿人：宋绪东、姜恩楚）

检 察

【概况】 2014年，甘井子区检察院结合党的群众路线教育实践活动和职业能力建设年活动，突出固本强基，队伍建设稳步推进。检务公开力度不断提升，推进检察“微博”和“微信”建设，加强检察信息网上发布；推行检察工作“五进”（进企业、进学校、进机关、进农村、进社区），开展形式多样的普法宣传教育活动；加强与人大代表及人民监督员的联系，定期走访、报送信息和刊物，提升甘井子区检察院对外形象。干警综合素能不断增强，以“五训”（以干代训、以会代训、以赛代训、以庭代训、以学代训）为基础，开展分类培训。干警文化素养不断提高，结合社会主义核心价值观教育实践活动，组织全院干警举行首次检察官集体宣誓仪式，强化干警“我是谁，为了谁”的目标定位和忠实履行岗位职责的责任感与使命感。组织开展“检察风采”、“汇繁星、激活力、促服务”和“平凡岗位平凡人”等主题演讲活动。通过各种活动，锻炼队伍，提升素质，涌现出一批先进典型。当年，有11名干警获得市级以上表彰。

区检察院首次组织全院干警举行“检察官宣誓”活动

【刑事检察】 2014年，甘井子区检察院批捕各类刑事犯罪案件369件460人，提起公诉893件1197人。其中，批准逮捕黑恶势力犯罪、暴力犯罪、多发性侵财犯罪等严重影响群众人身财产安全的犯罪嫌疑人246人，提起公诉563人；批捕交通肇事、危险驾驶等严重危害公共安全的犯罪嫌疑人33人，提起公诉226人；批捕妨害公务、寻衅滋事等严重扰乱社会管理秩序的犯罪嫌疑人65人，提起公诉99人；突出打击毒品犯罪，批捕此类犯罪嫌疑人59人，提起公诉63人。

【职务犯罪查办和预防】 2014年，甘井子区检察院立案查办职务犯罪案件16件29人。查办贪污贿赂案件10件19人，其中贪污案件2件8人，贿赂案件3件4人，挪用公款案件4件6人，利用影响力受贿案1件1人，追回经济损失57.35万元。查办渎职侵权案件6件10人，其中滥用职权案件1件5人，玩忽职守案件5件5人。查办的职务犯罪案件，均依法审理做出有罪判决。推进预防工作，完善教育、制度、监督并重的惩治预防体系，打造流动性警示教育基地，开展警示教育17次，依托流动警示教育基地和送法进机关、企业、学校等“五进”活动开展预防宣教活动20余次，开展预防调查2次。打造“精品讲师团”，进行报告5场，受教育5000余人。在各成员单位中组建起由438人组成的骨干队伍，在国家检察官培训学院大连分院组织预防职务犯罪骨干培训班，分两批进行培训。严格遵守侦查工作程序，慎重使用强制措施，严格执行举报人和证人保护、讯问职务犯罪嫌疑人全程同步录音录像以及逮捕职务犯罪嫌疑人报上一级检察院审查决定等制度，规范取证方式，改进办案方式，注重保护涉案当事人的合法权益，加强安全防范，杜绝办案事故发生。

【刑事侦查监督】 2014年，甘井子区检察院加强对侦查活动中滥用强制措施和侦查措施、侵犯当事人诉讼权利等问题的监督；加强对有案不立、有罪不究、不当立案等问题的监督。当年，监督侦查机关立案10件15人，纠正漏捕20人、漏诉14人，纠正违法17次。

【刑事审判监督】 2014年，甘井子区检察院加强刑事审判监督，对认为确有错误的刑事裁判提出抗诉14件。加强民事和行政诉讼监督，发挥多元化监督格局的作用，受理民事行政诉讼监督案件45件，提出民事再审检察建议1件，评查民事诉讼案件42件。落实一体化办案要求，办理市院交办案件12件，建议提请抗诉1件。

【刑罚执行监督】 2014年，甘井子区检察院开展刑罚执行和监管活动监督。健全和完善刑罚执行同步监督机制，加大监外执行的监管力度，及时纠正刑期计算错误。当年，依法纠正刑期计算错误案件3件，尝试对强制医疗决定开展监督工作2例，立案查办监管活动中违法犯罪案件1件，实现查处此类犯罪零的突破。

【社会治安综合治理】 2014年，甘井子区检察院发挥打击、预防、监督、教育、保护等职能作用，在办案中密切关注与社会治安综合治理有关的热点难点问题，促进社会矛盾化解和社会管理创新。坚持检察长下访巡访，班子成员带头、中层干部轮流接访等制度。制定《涉检信访风险评估预警办法》和《处置涉检信访突发事件工作预案》。深化“五心五不”（五心：热心接待来访，细心听取讲述，耐心说服疏导，诚心解决问题，真心排忧解难；五不：疑难问题不回避，无理取闹不放松，棘手之事不推诿，紧急情况不拖延，分内之事不上交）信访接待工作方法，接待群众来访377件428人，其中班子成员带头接访42人次。截至年末，案件全部办结，未发生涉检进京进省上访案件。突出地区治安问题专项治理，参加区委、区政府组织的相关案件协调会议、动拆迁专项工作会议8次。落实宽严相济的刑事政策，对轻微刑事犯罪依法不批捕44人、不起诉78人，适用轻刑快办机制和速裁程序办理案件97件99人。

坚持“五心”“五不”信访工作法，化解社会矛盾，检察长林徽听取群众诉求

【接受监督】 2014年，甘井子区检察院牢固树立监督者更应该接受监督的理念，开展阳光检务，主动接受人大、政协和社会各界监督，促进公正廉洁执法，维护执法公信力。全面梳理人大代表审议意见，逐条研究整改措施，按时办结答复代表提出的意见建议。建立人大代表专人联系制度，完善与人大代表、政协委员的经常性联系机制，主动邀请代表、委员参加检察机关重大活动，配合人大代表、政协委员开展执法检查和专题调研。主动向人大汇报重要工作，向人大报告专项工作2次，走访人大代表70人次。完善人民监督员和廉政监督员工作相关规定，邀请人民监督员、廉政监督员参加各项活动。健全执法办案的内部监督机制，建立检务督察和重要事项督办制度，定期组织开展督查督办和明察暗访。推行检察机关统一业务应用系统，实现办

全国检察机关统一业务应用系统上线运行，实现网上办案

案信息网上录入、办案流程网上管理、办案活动网上监督、办案质量网上考评。强化案件质量监督，召开检委会 19 次，研究案件 82 件，开展案件评查 45 件。通过扩大“听证范围”、“公开渠道”和“说理范围”，主动接受社会监督。对群众举报投诉案件开展个案监督 8 件。

(撰稿人:冯建科　审稿人: 鲁振纲)

审　判

【概况】　2014 年，甘井子区法院坚持司法为民、公正司法，全力做好审判工作。加强队伍建设，服务保障地区经济社会发展，各项工作取得新的进步。当年，区法院共受理案件 14790 件，比上年上升 19.42%；审(执)结 12068 件，比上年上升 16.33%。

【刑事审判】　2014 年，甘井子区法院受理刑事案件 1014 件，审结 843 件，判处罪犯 1121 人。审结抢劫、强奸、故意伤害等暴力犯罪案件 236 件，判处罪犯 288 人；审结虚开发票、金融诈骗、生产销售伪劣商品等破坏市场经济秩序犯罪案件 43 件，判处罪犯 71 人；审结贪污贿赂、玩忽职守、滥用职权等职务犯罪案件 19 件，判处罪犯 27 人。坚持宽严相济的刑事政策，对累犯、主犯或情节严重的犯罪分子依法进行惩处，87 人被判处五年以上有期徒刑；对犯罪情节轻微、有悔罪表现的 235 名被告人依法适用缓刑或免予刑事处罚。落实市、区委政法委工作部署，运用“轻刑快办”程序审结案件 41 件，平均审限 10.7 天，发挥了对轻微刑事犯罪人员的教育矫治作用。加大刑事附带民事诉讼调解力度，落实赔偿款 726.87 万元，实际履行率 100%。

【民商事审判】　2014 年，甘井子区法院受理民商事案件 8701 件，审结 7319 件；其中，调解(含撤诉)3641 件，调解率 49.52%。审结离婚、继承、抚养等婚姻家庭纠纷案件 1247 件；审结货物买卖、建设工程、民间借贷等合同纠纷案件 1917 件；审结物业管理、拆迁补偿、房屋买卖等不动产纠纷案件 1645 件；审结交通事故、人身损害、医疗损害等侵权纠纷案件 739 件；审结金融借贷、加工承揽、交通运输等商事案件 1024 件。在民事审判工作中，注重创新工作方法，扩大审判工作的社会效果。制定“小额速裁”工作细则，规范庭前告知，严格程序转换，提高诉讼效率。当年，审结“小额速裁”案件 354 件，调解率 87%，平均审理期限 58 天。注重审理好群体性案件，审理华录公司与 254 名离职员工福利待遇纠纷等案件 6 起 1107 件，经过耐心调解、积极协调，均得到妥善解决。

【行政审判】　2014 年，甘井子区法院受理行政诉讼案件 93 件，审结 81 件；受理非诉行政案件52件，执结51件。依法审查具体行政行为的合法性，保护行政相对人的合法权益，监督和支持行政机关依法行政。当年，维持具体行政行为的案件46件，撤销具体行政行为的案件3件。严格非诉行政案件审查标准，加大执行工作力度，为行政机关执行回款80万元，保障具体行政行为的强制力。通过印发行政审判白皮书、发出司法建议、举办依法行政讲座等措施，将行政行为的事后司法审查转变为对行政争议的事前预判、预警和预控。随机抽取人民陪审员参与行政诉讼案件审理，增强行政审判的透明度，促进廉洁公正司法。

【执行工作】 2014年，甘井子区法院受理执行案件4836件，执结3707件，执行到位财产4.67亿元。坚持分段执行与分类管理并举、物的强制与人的强制并重、独立办案与集体协作并行的执行改革思路，提高执行工作效率。加大惩治威慑力度，截至年末，共批准对214人采取司法拘留措施（实际拘留59人，另155人到院后立即履行了义务），对涉嫌拒执犯罪的34人移送侦查机关，将373人纳入失信被执行人名单。加大行为执行案件执行力度，出动警力1305人次，车辆172台次，执结各类腾退案件14件，涉案财产价值1.32亿元。加大对地区经济发展有较大影响案件的执行力度，增强执行工作威慑。加强执行工作机制探索，《特色化分段集约执行探索的调研报告》获全省法院调研课题一等奖。做好抚养费、赡养费、追索劳动报酬等涉民生案件执行工作，执结案件67件，执行回款265.52万元。落实省高等法院涉农信社资产“百日清收”专项活动，加强沟通协调，指定专人督办，执行到位财产1652万元。

【人民法庭】 2014年，甘井子区法院人民法庭受理各类案件3202件，审结2683件。人民法庭坚持办理案件与创新基层社会治理并重，积极参与社会矛盾化解。红旗法庭加强民调工作指导，建立诉调对接新机制，把矛盾纠纷化解在萌芽状态，被评为“省法院指导民调工作先进集体”。南关岭法庭加强诉讼服务，充分运用调解手段，力促案结事了。革镇堡法庭加大普法宣传力度，稳妥处理动拆迁问题。营城子法庭妥善处理农村土地使用权流转案件，维护辖区经济社会和谐稳定。大连湾法庭坚持服务民生，努力做到感情上亲民，工作上利民，措施上便民。凌水法庭创新司法便民举措，关注社会弱势群体，维护困难群众的合法权益。辛寨子法庭走访辖区重点建设项目，为辖区项目开发遇到的法律问题建言献策。

【审判监督】 2014年，甘井子区法院坚持依法纠错与维护裁判既判力并重的原则，认

区法院判决执行现场

真做好申诉复查及再审案件审理工作。对原裁判认定事实证据不足,审判程序违法或有新的证据足以推翻原判决的案件,及时启动再审程序予以纠正。当年,受理申诉复查案件25件,对其中6件案件决定予以再审。对不符合再审条件的案件,做好辨法析理和服判息诉工作,依法不予再审。截至年末,审结再审案件42件,再审改变原审裁判结果的案件25件。

区法院法官深入企业对案件当事人进行调解

【信访工作】 2014年,甘井子区法院创新工作机制,依法解决群众信访诉求,坚持信访工作"三个到位"。对信访人员接待到位。落实中层干部接访制度,设立网络信访专员,完善信访接待机制。当年,接待来访群众1700余人次。对有理访的纠正到位。办结中央巡视组、省法院等上级机关交办的信访案件108件,办结院内信访案件349件。对有困难的信访人救助到位。在区委政法委的支持下,依法对符合条件的信访人,给予司法救助,发放司法救助款61.63万元。

【司法为民】 2014年,甘井子区法院创新工作机制,回应人民群众需求。与市劳动争议仲裁委员会建立诉讼仲裁协作机制,统一裁审尺度。当年,化解劳动争议案件325件。继续实行诉讼案件繁简分流,快审速裁组结案1245件,人均结案415件,案件调解率73.57%。履行牵头单位职责,制订《甘井子区诉调对接中心实施方案》,推进甘井子区诉调对接中心建设工作。加强窗口建设,提供便捷服务。加强导诉工作,设置专职导诉员,保证当事人到院有人接待、咨询问题有人回答、诉讼活动有人指引。落实一次性告知制度,使当事人第二次来院时就能顺利立案,实现"不让当事人为立案跑第三趟"的目标。加强诉讼指导,把好立案关口,做好五类重点案件释明工作,将案件基本走向告知当事人,为日后审判执行工作顺利开展夯实基础。关注弱势群体,方便当事人诉讼。开辟"农民工诉讼绿色通道",为农民工提供优先立案、诉讼指导服务。设立"妇女儿童维权岗",审结抚养、赡养、离婚后损害赔偿等案件223件,涉案金额201.4万元,维护妇女儿童的合法权益。加强与保险公司的沟通协调,建立交通事故纠纷诉前调解机制,诉前化解交通事故纠纷215件,落实赔偿款852万元,缩短了理赔时间。

【审判管理】 2014年,甘井子区法院注重加强审判执行工作宏观管理,每月召开调度会,分析研判当前工作态势,对下一步工作作出安排。结合各部类案件特点,确定结案指标,实行指标到庭、指标到人。调整部分民事审判庭收案方式,保留与上级法院对应庭室沟通协调职能,既实现了各庭室收案相对均衡，又维持了专业化分工对提升案件质量的有利因素。开展案件评查，逐案形成评查意见，完成综合分析报告。当年，评查案件372件，减少了审判工作中的程序错误，对部分争议案件统一了裁判尺度，促进了法官办案水平的提高。根据上级法院工作部署，采取逐案督办、审限预警、定期通报等方式，加大超长期案件清理力度，实现了区法院院超长期案件退位减量的工作目标。

【接受监督】 2014年，甘井子区法院自觉接受人大机关监督，增强接受监督的主动性。当年，多次邀请人大代表参与重点信访案件化解、旁听重大影响案件庭审、监督重要执行案件执行。落实区人大常委会听取审议刑事审判工作相关安排，向区人大常委会报告2013年以来的刑事审判工作情况。高度重视各级人大代表督办案件，召开审委会认真研究，指定专人协调处理。推进审判流程公开平台建设，公告案件开庭信息，提供审判流程查询，以公开促公正。落实裁判文书公开制度，在全市率先制定《关于互联网公布裁判文书实施细则》。当年，发布裁判文书1635件，实现了裁判文书公开制度化、常态化。实行执行信息公开，发布执行风险告知、执行程序进展等信息，让权力在阳光下运行。重视人民政协的民主监督职责，及时向区政协通报工作情况。主动接受检察机关的法律监督，认真对待检察机关提出的检察意见，纠正工作中存在的问题。重新聘请廉政监督员，制定《廉政监督员工作准则》，扩大廉政监督的效果。公布投诉举报电话，联通"四级法院举报网站"，拓宽民意沟通和群众监督的渠道。

（撰稿人:王中华　审稿人:常青）

区法院聘请专家教授举办法官论坛

司法行政

【概况】 2014年，甘井子区有各级人民调解委员会263个，人民调解员2166人。有社区服刑人员教育基地18个，社区服务基地164个，就业基地16个。全区现有注册律师事务所48家，比上年增加2家；有注册律师478人，比上年增加62人。有法律援助中心1个，法律援助工作站19个。4月30日，在"大连市纪念五一国际劳动节暨2012—2013年度先进单位劳动模范和特别劳动奖表彰大会"上，区司法局作为"大连市先进集体"受到表彰。在第二届"关爱明天、普法先行"——全国青少年普法教育评选活动中，区司法局被中国关工委、司法部、中央综治办联合授予"全国青少年普法教育先进单位"称号。

【法制宣传教育】 2014年，甘井子区司法局围绕区委、区政府着力保障和改善民生重点工作的普法"工作落实年"任务要求，开展"加强法制宣

“服务保障民生,法律援助在身边”大型法律宣传服务活动现场

传教育,服务全面深化改革”、“培育和践行社会主义核心价值观”主题法制宣传教育活动。在全市区(市、县)中率先开通官方微博“甘井子普法”,与区“文化墙”项目建设相融合,推动法治文化墙项目建设,为甘井子区法治文化增添新载体。法治公园、法治长廊、法治广场等普法阵地不断拓展。在全区开展“百场讲坛”法制宣传服务活动,发挥普法宣讲团、法律专业人员和普法志愿者的作用,开展各类法制宣传服务活动334场次,悬挂宣传标语320余幅,发放宣传资料12万余份,设立宣传展板260余块,解答法律咨询5400余人次。推进重点对象学法用法工作,在全区中小学校开展“关爱明天、普法先行”青少年普法教育活动。在全国评选表彰活动中,辛寨子中心小学被评为“零犯罪学校”称号,有17人分别获得“先进个人”和“优秀辅导员”称号,有3所学校、25名学生在全国青少年法律知识竞赛活动中获得优秀组织奖和个人奖。在全区机关中组织开展“培养法治信仰,坚守法治梦想”主题活动。通过法治征文、博文征集评选和知识竞赛系列活动,推进机关法治文化建设。各街道、各单位共推荐征文、博文作品191篇参与评选活动,有40个单位参加了法治主题知识竞赛。

【人民调解】 2014年,甘井子区司法局加强人民调解规范化建设。对全区人民调解委员会进行摸底调查规范调解委员会印章。对各街道司法所建设情况开展专项调查,依法制止一处经营场所悬挂“法律服务所”标牌行为。开展“筑防线,保平安”大排查大调处活动,加强春节、“两会”、国庆节、十八届四中全会等特殊敏感时期的矛盾纠纷排查调处工作。全年,各级调解组织共调解各类矛盾纠纷1729起,防止群体性事件30起1376人次。加强培训,提高案件调解质量。举办专职人民调解员培训班,开展人民调解员“百日岗位练兵”活动。征集化解社会矛盾纠纷优秀典型案例28例,汇编成册。整合调解资源,建立以综治成员单位为基础的大调解工作平台,共同化解矛盾纠纷。

【安置帮教与社区矫正】 2014年,甘井子区司法局加强对社区矫正人员的监督管理。依法履行报到、报告、请销假、迁居制度,做到执法规范、严谨。开展适用社区矫正评估调查工作,提高风险预见性,严把社区矫正“入口关”,当年,出具评估报告170份。建立了以手机定位为手段的“电子围墙”,司法所每日扫描搜索一遍,了解矫正人员的去向,矫正工作信息管理平台全部实现入网管理。制定印发《甘井子区社区矫正教育矫正工作指导意见》。召开甘井子区推进社区矫正创新管理工作现场会,市有关部门领导对甘井子区的矫正工作给予肯定。

当年,累计接收社区矫正人员839名,解矫446名,正在监管矫正人员393人。开展特殊时段、特殊时期的走访排查活动。春节、“两会”、国庆节、十八届四中全会期间,组织帮教小组成员与每一名矫正人员见面,并走访他们的家庭。通过社会公开招募,招聘275名社区矫正志愿者,颁发聘书和徽章标识。建立社区矫正电子档案。做好刑满释放人员的衔接管理工作,实现省内刑满释放人员必接必控。当年,接收刑满释放人员314人。截至年末,全区刑释解教人员安置率90%以上,帮教率95%以上,重新违法犯罪率控制在3%以下。

【法律援助】 2014年,甘井子区司法局深化法律援助便民服务,提高法律援助服务质量和水平。当年,共受理援助案件1049件,其中非诉讼案件882件,诉讼案件167件。法律援助中心窗口接待群众来电来访1469人次,法律援助站点接待来电来访法律咨询1200余件。开展以《大连市法律援助条例》为重点内容的学习宣传活动,开展“服务保障民生,法律援助在身边”、妇女维权、消费者权益保护、“关爱老年人 温情夕阳红”等专项宣传服务活动。印制发放宣传手册、法律援助便民卡2万余份,现场解答群众法律咨询349件,为行动不便的老年人、残疾人等提供上门援助6次,开展法律援助知识讲座49场。强化案件质量监管。通过案件回访、案件庭审旁听、个案跟踪、案卷评查等措施,将监督管理贯穿援助工作始终,旁听案件15件,做到件件有回访,卷卷有评查。组织开展不同层次的法律援助“精品案例”评选活动,有2个诉讼案件分别被市司法局和区政法委评为“优秀案例”和“精品案例”,有5个非诉讼案件被区司法局评为“精品案例”。完善法律援助与相关部门衔接机制。与区公安分局、区检察院、区法院进行协调沟通,完善刑事案件法律援助工作机制;与妇联等部门联合开展妇女儿童法律知识讲座,帮助妇联解决涉及妇女儿童的法律问题20余起;在区特教学校建立联系点,开展与教师、特殊儿童、家长切身利益相关的法律知识讲座和法律服务。

【法律服务】 2014年,甘井子区司法局深化律师法律服务进社区活动。召开深化法律服务进社区现场会,组织律师事务所与南关岭街道社区进行对接,在社区分片挂牌设立“律师法律服务点”。当年,组织讲座宣传活动10余场次,参与人数300余人次。深化“两结合”管理体制,召开全区律师所主任拉练学习暨总结交流会,组织全区律师事务所主任到2家律师事务所进行参观学习,对2家律所的办公环境、经营理念、发展思路、人才培养、公司化管理等方面

甘井子区纪念首个国家宪法日暨法治主题知识竞赛决赛现场

进行学习、交流，并邀请市司法局律师管理处张军处长等领导参加座谈。召开律师事务所行政主管业务培训会，对律师事务所基础行政业务进行系统的培训。选派5名刑事专业律师参与区检察院刑事案件听证会；选拔1名律师参加区政法系统“公平正义”演讲比赛；有3个律师事务所、11名律师被省司法厅评为优秀律师事务所及优秀律师。参与协助区域内群体性、突发性事件、重大涉法事项的处置，做好律师参与政府涉法涉诉信访接待常态化工作。当年，律师参与区信访局信访接待近50次，接待涉法涉诉案件10件，引导通过法律途径解决诉求问题5件。截至年末，全区共有律师事务所49家，律师484人，其中，专职律师462人，兼职律师21人，中共党员律师105人，本年度共担任法律顾问319家，其中政府法律顾问24家，办理刑事案件269件，民事案件1925件，行政案件18件，非诉讼法律服务745次。

【公证质量监督年活动】 2014年，甘井子区司法局配合市司法局公管处，加强区公证处案件质量自查、评查工作。鼓励区公证处建立健全“特事特办”工作机制，满足“特定时段”、“特殊群体”的群众需求，提供上门服务。引导律师、公证人员为区重点项目、环境综合整治提供现场服务。当年，区公证处共办理各项公证业务1964件，配合区环境综合整治，拆除违章建筑5次，开展公证宣讲活动8场次。

（撰稿人：杨卫华 审稿人：申淑娥）

预 备 役

【概况】 2014年，预备役三团党委始终坚持“四个建设、一个确保”的工作思路不动摇，牢牢把握“六条主线”不放松，团队全面建设继续保持良好发展态势。当年，预备役三团被评为“正规化管理先进单位”和武器装备管理“三化”达标创优先进单位，团司令部被师评为“先进司令部”，团第一政委、甘井子区委书记郝方林被师评为“预任军官标兵”，5个单位和29人次相继受到师以上单位通报表彰。

【思想政治建设】 2014年，预备役三团党委学习贯彻习近平总书记系列重要讲话精神，将第二批党的群众路线教育实践活动和“牢记强军目标、献身强军实践”主题教育活动作为年度思想政治工作建设的重中之重，狠抓两项重大活动落实。在党的群众教育实践活动中，围绕“四风”问题，抓实3个环节11个步骤，进行4次动员部署、6次集中教育、3次体会交流，召开1次民主生活会和组织生活会；深入开展“六查”，梳理出4个方面16个具体问题，收集官兵意见建议78条，修订6项规定，进一步巩固了团队风清气

抗洪抢险应急训练

正的用人环境和清晰透明的成才环境。围绕军事训练中心工作、党的群众路线教育实践活动、预编单位先进事迹进行理论研讨和新闻报道，全年在各级各类报纸杂志及军队网络上发稿50余篇，扩大了团队影响。

【战备训练工作】 2014年，预备役三团以"战备综合整治"任务为主线，以提高战备质量建设为重点，按照战备综合整治"八个精细化"、"五个快速"、"三个优化"标准，投入63万余元完善基础设施，改建库房3个，新增战备物资1000余件(套)，并梳理整治、整改61个战备工作中存在的问题。严格按照"三分四定"，区分基指、预指、后指，将人员、物资、器材、装备进行定位，达到了整合化、规范化、托盘化要求；按照上级要求，加强团机关"三室二库"建设，确保现役官兵战备物资齐全，预备役官兵个人战备物资配套。按照"学最基本、练最基础、训最实用"的要求，全年实训兵力534人次，完成年度训练兵力的104.7%，训练成绩合格率98%，优秀率71.8%。在参加全省民兵预备役高炮分队实弹射击暨基础训练考核中，获得基础训练考核2个第一，创破纪录2个第一的好成绩。

【安全管理工作】 2014年，预备役三团本着"防患未然，预防为先"的原则，以实现"科学发展、安全发展"为目标，狠抓条令法规学习、上级精神和规章制度落实，形成靠制度管人，靠机制推动工作的长效做法。持续开展以人、车、枪、弹、密为重点的"五项整治"和"三险"教育实践活动，完善视频监控、指纹门禁、值班巡查"三位一体"的安防体系，确保管理秩序不断线、营区设施安全和重点"目标"不失控。

【后装保障工作】 2014年，预备役三团投入资金37万余元，补充完善应急储备物资、指挥帐篷及配套设施，改扩建物资库2个，与5家编兵单位分别签署军民通用物资预储预征协议，卫生药品器具、部分军民通用车辆、物资和应急抢险装备得到有效落实。严格执行装备保养计划，排除故障80余起，更换易损配件200余件，保障团队年度各类训练演习和考核任务。

【双拥共建工作】 2014年，预备役三团发挥寓兵于民优势，继续开展"预字号"工程、扶贫帮困、捐资助学等活动，巩固和谐的军政军民关系。对口帮扶贫困户5户，发动官兵捐款2万余元资助6名贫困学生。继续开展为大中小学生和企事业单位军训活动，为1500余名大中小学生和企事业单位工作人员开展军训。积极参加驻地绿化环境活动，实施青山生态系统工程，联合街道社区栽植树木3200余株。开展支学助学活动，为贫

指挥信息化演习

防火应急演练

困学生寄送新年贺卡、鼓励信笺、学习用品等，给予其精神和物质的鼓励和帮助。发挥医疗分队作用，持续开展为进城务工人员义诊活动，发放药品价值1.5万余元。加大水上应急救援、森林防火、社会维稳应急分队建设力度，新增抗洪防汛应急分队预任官兵150余人，经受了抗击强台风的实战检验。

(撰稿人:王在春　审稿人:于 峰)

民兵与兵役

【概况】　2014年，甘井子区人民武装部以转变作风抓实各项工作为根本，贯彻军民融合发展战略，扭住听党指挥固本，紧盯能打胜仗聚力，着眼改进作风夯基，使学习型党委能力得到提高、民兵思想政治建设有所加强、能打胜仗的能力有所提升、双拥共建创新发展，人武部全面建设稳步提高。引导民兵积极投身区经济社会建设，承担急难险重任务。完成大连市党管武装第一书记述职保障工作。坚持党管武装制度落实，11月，组织党政领导开展“军事日”活动。

【民兵整组】　2014年，甘井子区人民武装部将应急保障和执行非战争行动任务能力作为突破口，抓实编强大连市民兵重点应急营(3连)，完善“三个一”(一个应急连、每个街道一个民兵应急排、一个应急指挥系统)建设，完成上级赋予的2800人的年度民兵组织整顿任务，编兵单位48家。4月下旬，省军区和大连军分区在土城子机场组织全员实装拉动点验，甘井子区14个街道武装部抽点基干民兵400人，到点率达100%，整体综合表现突出，受到两级军(分)区首长和机关的表扬

【军事训练】　2014年2月下旬，甘井子区人民武装部组织现役干部带民兵骨干参加军分区冬季野营拉练，使全体官兵的战斗意志受到进一步锤炼，战备意识得到进一步提高。4月上旬，参加人民武装部成建制军事指挥能力集训，提高干部队伍的军政素质和组织指挥能力；按照年度训练计划，5月至9月底，组织9期8个民兵专业分队及专业骨干545人开展集训，经军分区考核，达标率超过90%。

【战备设施建设】　2014年，甘井子区人民武装部对76项国防工程进行逐个勘察、养护，投资5万元埋设军事界桩及警示碑，加大管护力度。

【兵役征集】　2014年6月至9月中旬，甘井子区征兵办公室组织开展夏秋季的征兵工作，针对当前面临的“征兵难”“当兵冷”的实际问题，采取措施，强化组织领导，深入思想发动，协调各方力量，完成上级赋予的330名新兵的征集任务。

【民兵工作创新】　2014年，

甘井子区人民武装部发挥甘井子区实力雄厚的经济基础、发达的装备制造业、完备的社会化保障体系等优势，把地方“所需”与部队“所能”统一起来，把“应战”与“应急”统一起来，组织民兵参加和支援地方经济社会建设，使国防建设和经济社会建设协调发展。上半年，组织民兵深入辽渔集团、中国一重大连加氢反应器制造有限公司、大连中心医院、大连机场、华能电厂等单位进行调研，摸清国防动员潜力，评估成果被省军区肯定。

【双拥工作】 2014 年，甘井子区政府和各街道累计支援部队建设各项经费近亿元，使驻区部队建设水平逐年提高。在民政、人社和教育等部门的支持下，为 30 余名军嫂妥善解决再就业问题，帮助解决 20 余名军人子女就地就近上学问题，增进了军政、军民和谐共建的鱼水情谊。

【政治教育】 2014 年，甘井子区人民武装部按照军分区统一部署，扎实开展“牢记强军目标、献身强军实践”和“党的群众路线教育实践”两大主题教育活动，并结合区委“工作落实年”活动同步展开。扎实抓好中共十八大、十八届三中全会和习主席系列讲话精神的学习，开展“拥护改革、支持改革、投身改革”专题教育讨论，强化了民兵队伍思想、理论和政治自觉。抓好强军目标学习教育，以“坚定信念、铸牢军魂”主题教育为牵引，抓好经常性思想教育落实，高举旗帜、听党指挥的思想根基更加牢固。聚焦强军目标，狠抓强军文化建设，制作“强军梦”文字图栏、武器装备图片、英模画像图板悬挂于墙。建设走廊文化，打造进门有感触、抬头受教育的文化环境。强化全体人员的战备意识、政治素质和宗旨意识。贯彻边整边改精神，狠抓作风建设，部党委深刻查摆并梳理出“四风”方面主要问题 18 个，基本得到有效改进。结合正规化建设，按照中央八项规定，对办公用房进行重新整治和规范。军分区党委对活动开展充分肯定，并给予高度评价。

【党的群众路线教育实践活动】 2014 年，甘井子区人民武装部在年初军分区党委与军区、省军区同步召开第一批教育实践活动总结和第二批教育实践活动动员部署会议后，部党委立即组织进行集中分析讨论，总结第一批次活动开展的经验和存在的问题，结合自身实际及时进行调整，商议第二批次活动的具体做法，有针对性地解决重点问题，并向分区党委进行汇报。在分区第二批次教育实践活动方案下发后，党委第一时间专题立会，按上级活动方案建立健全组织，并根据分区开展活动的具体要求研究制定本部活动开展方案。在方案研究制定过程中，根据活动的各项内容将责任落实到具体人，各部

区人民武装部开展党的群众路线教育实践活动理论学习

门根据各自职责特点由部门负责人抓好落实，部党委书记、副书记牵头负总责，上级指示及方案要求策划认真，跟进及时，行动积极，确保落实内容不挂空挡，不打折扣。

(撰稿人：吕京国　审稿人：姜　浩)

人民防空

【概况】　2014年，甘井子区人民防空办公室在大连市人民防空办公室业务指导下，在区委、区政府及区武装部门的领导下，贯彻党的十八届三中、四中全会精神，落实省、市人防工作部署，按照区委全会及政府工作报告要求，通过调动各部门和广大人民群众参与人防（民防）工作的积极性，顺利完成人防工作目标任务。

【组织指挥建设】　2014年，甘井子区人民防空办公室制定了年度民防工作要点，明确了目标任务、责任单位和完成时限；深入街道开展工作调研，听取基层单位对人防（民防）工作的建议和意见，组织全区14个街道民防办主任、副主任、专干及人防志愿者开展人防综合业务培训工作，并对各街道民防办进行业务工作指导。推动基层人防建设，开展“一区一点创新年”活动，指导社区全面启动“十个一”（建立一个人防工作组，组建一支人防志愿者队伍，编制一套人防预案制度，开辟一个人防宣传栏，举办一次人防知识讲座培训，进行一次人防演练，建立一处人防避难场所，设立一个人防应急物资箱，建立一间人防活动室，设立一套人防应急避难所标识牌）标准小区建设工作，在兴华街道和中华路街道开展“十个一”小区试点建设。组织机场街道居民代表100人与庄河市人防办进行实地疏散对接，完成了重要经济目标区域人口数据采集、对接和人防战备资产普查工作。城区街道118个社区全部悬挂人防工作站牌匾并配备人防应急包。

【“三防”宣传教育】　2014年，甘井子区人民防空办公室听取甘井子区国防教育中心对“三防”教育工作的意见和要求，为其配备了人防通信警报及组织指挥教育教学电脑触摸屏。为街道民防办和区教育局、国防教育中心等订阅人防杂志34份。结合防灾减灾日和人防法颁布18周年，组织14个街道开展“加强防空防灾意识、提高自我防护能力”“履行人防法律义务、共建智慧人防城市”为主题的防空、抗震减灾等应急宣传活动，现场展示宣传板30块，发放宣传单5万张、小册子2万册。各街道分别在辖区内设置宣传点，以宣传展板、条幅、发放宣传单、知识问答等形式开展防空防灾宣传活动。实现辖区内初级中学“三防”教育的受教育率及开课率均达100%。

《人防法》宣传LED屏

【防空警报维护与管理工作】 2014年,甘井子区人民防空办公室围绕以检查促进管理工作落实的思路,坚持定期检查与随机检查相结合、深入一线检查和设点单位自检相结合的方法,对各警报器设点单位警报器设备状况、维护管理“三落实”等情况进行检查,对设施管理和管理制度等方面存在的问题进行指导。当年,深入66家设点单位对66台警报器进行检查160余次,促进防空警报设施管理与维护的落实。协调大连市人民防空办公室对设点在6个街道的13台老式防空警报设施进行维修和更新,确保防空警报设施处于完好的技术和战术状态。

【人防工程建设与使用管理】 2014年,甘井子区人民防空办公室开展人防工程春夏两季大检查,对全区112处人防工程进行全面检查。开展人防工程现场检查230余次。贯彻落实大连市人民防空办公室要求,分析人防工程使用安全形势,制订《甘井子区人防工程消防工作预案》《甘井子区人防工程防台防汛预案》,明确安全工作组织、重点单位、抢险队伍和措施等内容。与21家人防工程使用单位签订消防安全责任状,结合节假日等重点时期进行消防安全大检查3次,对3处重点防汛部位进行排查,重点检查人防工程使用过程中的安全隐患和各种制度的落实情况,做到发现问题及时整改。依照《人民防空工程维护管理办法》的规定,从严审批因城市建设而需要拆除人防工程的相关事项,与建设单位签订拆除人防工程的补建或补偿协议,确保国有人防资产不会流失。完成原甘井子区委、区政府宗地的人防工程设施拆除补建手续,并报送上级机关审批;与梭鱼湾建设指挥部、宝华房地产公司等单位协商其他地块的人防工程拆除补建事宜。

【人防设施设备维护管理】 2014年,甘井子区人民防空办公室人防指挥信息保障中心把人防通信警报建设和管理工作摆在人防工作的突出位置,强化管理,科学统筹,确保人防通信警报设施处于完好的技术和战术状态。强化人防警报设施管理人员的培训,确保“9·18”人防通信警报试鸣鸣响率达到100%。

【人防应急准备工作】 2014年,甘井子区人民防空办公室加强人防应急准备及疏散演习,完善区级民防组织建设,推进街道社区人防“十个一”建设。加大人防专业队伍建设,提高应急反应能力、救援能力和协同能力。

(撰稿人:药大伟 审稿人:朱焕然)

农林水利和海洋渔业

综述

【概况】 2014年，甘井子区农林水利和海洋渔业局以为民惠民利民为主线，积极推进重点项目建设，加大安全监管力度，推进生态文明建设。投入资金20亿元，打造青山生态系统建设精品工程，完成重点项目52个，绿化面积1333.3万平方米，栽植树木546万株。水利方面共投资6.31亿元，其中重点完成农业建设水利工程21项，提升水生态文明建设。加强资源管护力度，出台一系列安全监管措施，确保森林防火、渔业安全、农业食品安全。完成"美国一号"大樱桃新品种的认定工作，举办首届读书节进乡村活动，重点推广新品种"甘露"大樱桃和"早春26号"黄瓜。当年，实现农林牧渔及服务业总产值17.13亿元，比上年下降0.6%，其中农业产值4.98亿元，比上年增长7.5%，林业产值0.21亿元，比上年下降14%，畜牧业产值1.2亿元，比上年下降15%，渔业产值9.73亿元，比上年下降0.9%，农林牧渔服务业产值0.99亿元，比上年下降10%。

农业

【概况】 2014年，甘井子区随着城市化的不断推进，农业用地逐渐减少，粮食和蔬菜播种面积以及产量比上年均有所下降。全区粮食播种面积366万平方米，总产量1252吨，粮食播种面积比上年减少35.4%，总产量比上年减少63.3%，主要品种为玉米，还有少量的大豆、薯类及杂粮。蔬菜播种面积921万平方米，总产量50305吨，播种面积比上年减少10.1%，总产量增加22.5%。当年，甘井子区蔬菜生产主要集中在营城子街道，以生产叶菜类和少部分果菜为主，随着蔬菜标准化示范区建设和标准化生产的推进，基本做到无公害生产。果树种植面积1587万平方米，水果

甘露大樱桃

总产量23700吨，果树面积比上年增加38.6%，总产量增加18.2%。果树生产集中在营城子、红旗和革镇堡街道，品种以樱桃为主，还有部分桃、梨、葡萄及苹果。完成农村改革试验区试验项目中期评估工作。甘井子区现有规模化生猪养殖场2家，比去年减少1家，生猪养殖户237个，奶牛养殖户21个，肉鸡养殖户15个。生猪存栏3万头（其中有繁殖能力母猪存栏0.3万头），蛋鸡存栏1.6万只，奶牛存栏219头。年可出栏育肥猪4.7万头，出栏肉鸡34.7万只；全年肉、蛋、奶产量分别为4200吨、390吨、1314吨。有兽药生产企业1家，饲料生产企业7家，兽药店7家。畜禽食品安全抽样监测400余个，快速检测1500余次，经检测未发现不合格及假冒伪劣产品。“瘦肉精”检测为零，未发生畜禽食品安全生产事故。

【农业产业化】 2014年，甘井子区实施农业产业化项目两个。辽渔集团水产品加工全产业链项目，由辽渔集团投资4.61亿元，新建冷库1座、国际水产品交易市场配套工程、金枪鱼围网船2艘、磷虾油生产线1条。目前磷虾油生产线一期已经完工，其中投资6500万元引入金枪鱼围网船2艘。大连辽渔国际水产品市场获批为国家级农产品批发市场，一期交易大厅客户入驻率基本饱和，市场一季度交易总量约7亿吨，平均每天约800吨，交易额近10.5亿元，平均每天约1200万元。辽渔国际水产品市场二期工程建设及配套码头、道路及贝类交易区建设正在加快推进中。大连绿盈生态农业观光园设施农业项目位于革镇堡街道羊圈子村，该项目集生态农业、观光旅游为一体。项目规划分生态农博园、生态百果园、有机蔬菜园和生态农家等4项建设内容，总占地面积7.1万平方米，新建连栋温室3.99万平方米，预计投资8000万元，5月开工建设，温室地基已完成，连栋温室正在建设中。

【农业标准化建设】 2014年，甘井子区无公害农产品生产面积达1333.3万平方米。完成大连佳城实业公司的樱桃和葡萄，大连盛世园绿色农庄的大樱桃、大连鑫源实业总公司的樱桃和大连安达实业总公司的樱桃、苹果、桃、梨的无公害产品换证；对大连翔龙饮品有限公司天然饮用矿泉水、大连九阳食品有限公司调味鱿鱼板、大连九阳食品有限公司风味鱼（白鱼）的绿色食品商标进行年检。

【惠农政策】 2014年，甘井子区农林水利和海洋渔业局与区财政局、农商银行相互配合，使革镇堡、大连湾街道11个村的287户种粮农民领取到良种补贴资金，补贴面积216.7万平方米，累计发放良种补贴资金3.2万元。全区共有2个涉农街道、14个自然村的565户种粮农民享受国家粮食直补惠农政策，补贴面积260.7万平方米，发放粮食直补资金33.6万元。

【农村改革试验区】 2014年，甘井子区完成农村改革试验区试验项目中期评估。受农业部委派，根据农村改革试验区试验项目中期评估有关要求，四川省社会科学院副院长郭晓鸣研究员率调研组一行4人，于9月初在甘井子区开展为期3天的农村改革试验区调研和评估。评估组详细了解了甘井子区《城市化建设进程中农民权益保障机制建设》课题进展情况、存在的问题及成功经验，考察了甘井子区的农民新居工程，听取了甘井子区农村改革试验项目中期工作情况报告，对甘井子农村改革试验区的工作给予肯定。郭晓鸣副院长指出：

甘井子区农村改革试验区的改革经验在全国城市近郊区中具有典型推广意义。

检查种子市场

【种子管理】 2014 年,甘井子区农林水利和海洋渔业局举办种子企业负责人及种子经营人员培训班 1 次,培训人员 48 人次,组织甘井子区 9 家种子企业技术人员、检验人员 20 人次参加省级培训及资格考试 2 次,为农民发放种子相关法规、购种知识等宣传单 8000 多份。完成全区 48 家种子经营点和 9 家种子企业的春季普查 1 次、蔬菜种子包装、标签的抽查和玉米种子等专项检查 3 次。对企业当年繁育的近 15 万公斤蔬菜种子其加工、检验、包装等程序是否完备进行监督,从源头上控制种子质量。抽查 9 家企业生产的蔬菜样本 98 个,包装标签合格 90 个,包装标签合格率 91.8%,比上年提高 2.2 个百分点。对全区散装种子经营进行专项治理,禁止销售散装种子和拆包零售种子行为,并对 48 家经营点进行检查和一对一宣传。规范了 9 家种子企业的批发零售行为,对包装标签不合格的 1 家企业和 2 家经营点进行整改。全年没有发生种子质量事故。

【植物保护】 2014 年,甘井子区在辛寨子街道大辛果园建成国家重点苹果蠹蛾预测预报监测站 1 处,设置监测点 5 个,诱捕点 52 个,悬挂诱捕器 170 个;在部分诱捕点悬挂频振式杀虫灯,基本达到辖区内高风险区域全覆盖监测。及时做好主要病虫草鼠害的预测预报。举办粮菜果、安全用药、农产品质量安全培训班 8 期,培训农民 800 人,接受农民种技术咨询 400 余人次。推广赤眼蜂防治果树卷叶蛾技术 1333.3 万平方米,减少化学杀虫剂使用 3~4 次,省工省时。防治效果可达 90% 以上,同时兼治美国白蛾、桃小、梨小食心虫等,果园平均效益每平方米增收 0.3 元左右;赤眼蜂防治玉米螟技术 666.7 万平方米,每平方米增产 0.07~0.09 公斤,两项技术可增收并节约资本约 300 万元。发放灭鼠宣传材料 500 份,春秋两季发放鼠药 11 吨。农户投药覆盖率 100%,保护地投药覆盖率 60%,果园 50%,大田 30%,鼠密度由投药前的 3.2%,下降到投药后 1.5%,未发生一起鼠疫和流行性出血热事件。对全区的 20 个村、75 个重点果园、9 个种子企业进行产地检疫,检疫番茄、芸豆、辣椒等蔬菜品种 30 个;为检疫对象发放宣传单 300 份。组织各街道铲除豚草、刺耳龙葵等有害生物,铲除面积 173.3 万平方米。开展农药市场专项整治 6 次,出动执法人员 36 人/次。日常农药市场监管 57 次,出动执法人员 260 人/次,抽检农药标签 100 个,种子检疫 30 个,没收假劣、过期农药 12 公斤,做了罚款处理;保障了农产品质量安全,杜绝了假冒农药和高剧毒农药、鼠药等流入市场。编制完成《大连市绿色食品大樱桃生产技术规程》。全区8个检测站点，共抽检蔬菜、水果品种21个，样本11987个，其中不合格蔬菜样本98个，自检合格率99.2%，超过市政府下达的自检合格率达到95%的要求。开展芽苗菜批发市场专项检查3次，检查芽苗菜批发商户12家次，监测本地生产的豆芽菜3个批次，8个样本，合格率100%。对大连湾、革镇堡街道的玉米田施用化肥、农药、除草剂及药害进行普查。受理农民药害污染投诉5起，处理5起。

【农业新品种、新技术引进推广】 2014年，甘井子区农业技术推广中心完成“美国一号”大樱桃新品种的认定工作，重点推广大樱桃新品种“甘露”和“早春26号”黄瓜。“美国一号”大樱桃新品种是营城子街道双台沟果农张全利从美国引进的中早熟大樱桃新品种，经过高接、扩繁，使其各种性状基本稳定。2000年，甘井子区农业技术推广中心组成攻关小组，2003年设立自选项目（项目编号甘-007），经过十余年的多途径的观察、选育，初步确定为各项技术指标均好于“美早”的优良品种，该品种产量高、品质好、抗逆性强，尤其是抗裂果能力极强，是取代“美早”的优良品种，对改善甜樱桃主栽品种结构、提高市场竞争力、提高栽培效益具有重要意义，其选育和认定及推广将会增加大樱桃市场的花色品种，调整品种结构，进一步促进农民增产、增收。早熟大樱桃新品种“甘露”具有早熟、丰产、优质和抗逆性强等特点，已通过省非主要农作物品种办公室备案登记。“早春26号”具有抗逆性强、丰产性好、品质优良等特点，具有明显的经济和社会效益。

【农业技术培训】 2014年，甘井子区农业技术推广中心大力开展农业技术培训，全面提高广大农民的科技素质。举办各类农业技术培训班62期，培训6500人次，其中镇农业技术干部和推广员350人次，科技示范户200人次，接受农民咨询280人次，解答农民提出的疑难问题200多条，发放各类科普资料近3万余份。完成“科技之冬”活动的同时，举办了甘井子区首届读书节进乡村活动，活动期间区农海局工作人员亲自走进樱桃防雨棚农户和农民“科技书屋”，为农民赠送农业科技图书，引导农民多读书，读好书，让农家书香四溢，学好农业科技走上致富路。本届读书节历时1个月，共举办各项活动20场，受惠人数达1万多人。通过开展多种形式的宣传活动，组织引导农民开展素质技能培训和咨询活动。开展爱心赠书活动，赠送《大樱桃高效栽培技术》书籍1000册，赠送科普资料3万余份，促进农村读书阵地建设。树立农民

美国一号樱桃

农业大集现场

读书典型，倡导农村读书风尚。举办农业科技培训等系列活动20场，推动新知识、新文化的传播，举办普及性知识讲座，提高广大村民群众的思想文化素质和业务技能。

【农业信息入户工程】 2014年，甘井子区农业技术推广中心大力推进农业信息化工程，利用中国农业信息网、辽宁省金农网、大连市农业信息网、科普专家视频和区农业信息网等网络资源，开展网上咨询服务，建立农产品供求信息发布平台。通过这些信息服务网点，把政策、致富信息、科技知识等及时地传递到千家万户，使广大农民足不出户就能得到所需求的知识。当年，报送市级农业信息124条，其中大部分信息被其他市级信息网转载，培训农业信息员130人次。

【初级农产品质量安全】

2014年，甘井子区农林水利和海洋渔业局按照市、区食品安全工作的部署，开展农产品质量安全执法检查工作，农业科组织协调植保站、种子站、畜牧科、渔业科、法制科开展农产品质量安全执法检查3次，出动执法人员27人次，检查农资经营网点8家(次)，水产养殖企业3家(次)，特别在重大节日期间加大排查力度，组织执法人员深入农村田间地头生产第一线、农资经销店等场所实施监督检查。

【动物卫生监督管理】 2014年，甘井子区农林水利和海洋渔业局高度重视高致病性禽流感和牲畜口蹄疫防治工作，积极落实各项防治措施。对饲养场、屠宰场和动物诊所等场所进行经常性的监督检查、排查。发现问题，及时予以纠正。严格按农业部的要求，对全区的动物诊疗活动进行全方位监管。年内，区内30余家动物诊所证件齐全，诊疗病志、处方等填写规范，各项制度完善，能够做到守法、依规经营。落实农业部“六条禁令”(严禁只收费不检疫、严禁不检疫就出证、严禁重复检疫收费、严禁倒卖动物卫生证章标志、严禁不按规定实施饲料兽药质量监测、严禁发现违法行为不查处)，加强动物防疫员和动物检疫员员队伍管理。重视行风建设工作，着力建设一支业务精练、作风务实、依法行政的动物卫生监督员执法队伍。落实《动物防疫法》的各项规定，宣传普及《动物防疫法》。强化执法手段，加大执法力度，树立动物卫生监督执法新形象。办理各类案件6起。重视食品安全工作，认真履行监督职责。开展瘦肉精等有害物质的抽样检查。由专人负责，按规定落实肉、血、尿等检验对象采样数量，屠宰场严格执行凭瘦肉精检测报告检疫制度，产地检疫严格执行凭瘦肉精检测报告出具检疫证明制度，同时作好详细的记录。采集猪、牛、羊等动物尿样150余份，猪、牛、羊肉、肝脏样品300余份，按期送往大连市动物卫生检测中心检测，没有违禁物质检出。落实重大动物疫病控制各项措施，快速、高效处置突发事件，处理各类突发及举报事件8起。

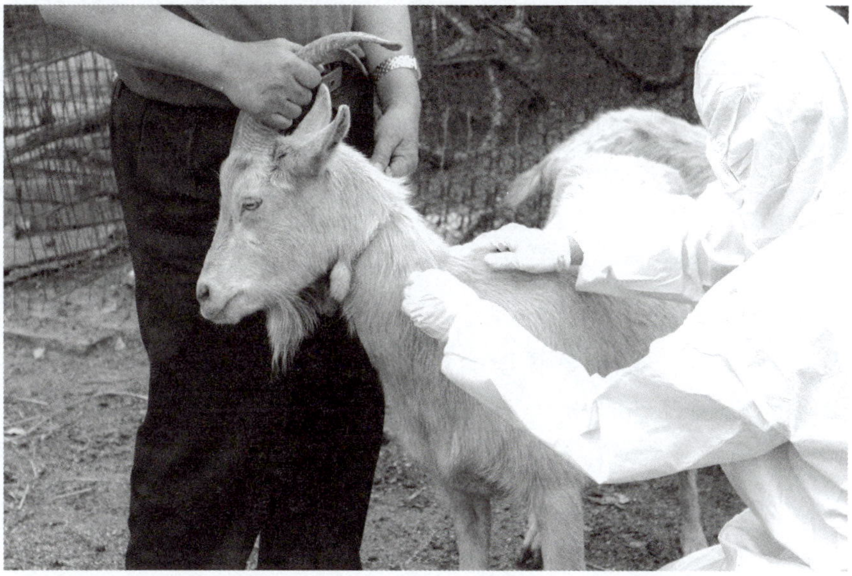

动物免疫

【重大动物疫病防控】 2014年，甘井子区农林水利和海洋渔业局围绕大连市重大动物疫病“力争不发生、确保不流行”的总体防控目标，对生猪实行随进随免强化免疫、牛羊实行3次集中免疫的办法，免疫生猪5.3万头、牛O型－亚I口蹄疫1125头份、牛A型口蹄疫240头、羊1.8万只份，免疫率均为100%；完成禽流感集中免疫任务3次，免疫禽32.2万只份，免疫率均为100%；完成猪瘟、猪高致病性蓝耳病免疫5.3万头，免疫率均为100%；完成狂犬病免疫1.1万条；完成肉鸡H7监测12户15个批次675只血样，未检出H7阳性。甘井子区畜禽群体免疫密度全年保持在90%以上，其中应免畜禽免疫密度达到100%，免疫抗体合格率保持在80%以上。动物产地检疫率、屠宰检疫率、上市动物及产品持证率均达到100%，完成上级下达的各项任务指标，全年未出现重大动物疫情。使用猪O型口蹄疫苗44.1万毫升、猪瘟疫苗38.8万毫升猪高致病性蓝耳病苗26万头份、牛羊O型－亚I口蹄疫苗6.75万毫升、禽流感疫苗23.4万毫升、小反刍兽疫0.96万头份、犬五联苗1.5万支。利用第二、三次集中免疫时机，组织对全区546个次养猪场户，63个次养牛户，1007个次养羊户进行普查，先后普查猪10.8万头次、牛646头次牛、羊1.3万只、禽20.5万只次，没有发现猪牛羊口蹄疫、猪瘟、猪高致病性蓝耳病和禽流感疫情及新发生疫病。对全区5873个猪牛羊禽场户的圈舍及周边环境进行全面消毒，发放消毒药15吨，完成消毒面积1610万平方米，消毒率223.6%。针对小反刍兽疫的紧急形势，在全区范围内紧急开展普查，积极组织疫苗，深入各村进行免疫小区实验和技术培训指导，完成37个自然村6332只羊小反刍兽疫紧急免疫工作。对甘井子区12个养羊户采集了64份血样和63份棉试纸送交大连市动物疫病控制中心进行小反刍兽疫血清学和病源学紧急监测，没有发现阳性病羊。

【动物流行病学调查】 2014年，甘井子区农林水利和海洋渔业局全年流行病学调查工作12次，共调查24个街次、48个村次，调查猪场户282个，牛场户29个、羊场户104个、禽场户648个、犬户485个；调查猪9.6万头、牛394头、羊3938只、禽37万只、犬604条；调查的疫病有猪口蹄疫、猪水泡病、猪瘟、猪高致病性蓝耳病、牛口蹄疫、牛布氏杆菌病、牛结核病、牛蓝舌病、羊口蹄疫、羊布氏杆菌病、禽流感、鸡新城疫、狂犬病等，全年没有上述疫病发生及新发生传染病。

【动物及其产品检疫】 2014年，甘井子区农林水利和海洋渔业局按照检疫规程要求，做好动物及动物产品检疫工作，保证动物源性食品无疫安全。开展动物检疫工作人员专项培训4次，并分期分批参加了大连市动物卫生监督管理局举办的动物卫生执法人员培训班。当年，产地检疫生猪3万头，禽类20万羽(只)，其他动物0.2万只(条)，产地检疫率100%。屠宰检疫生猪3万头，屠宰检疫率、出证率均达到100%。

【动物布病监测和结核检疫】 2014年，甘井子区农林水利和海洋渔业局疫控中心分2次对全区奶牛进行布病监测和结核病检疫，监测和检疫45户(次)奶牛367头次，检出布病阳性牛22头、结核阳性牛1头，并拍照存档。对全部奶羊进行了布病监测1次，监测羊1569只(其中奶羊1047只、绒山羊522只)，检出阳性奶羊2只。及时将监测结果移交给区农海局动管科和动物卫生监督管理所，并将阳性牛羊按规定进行无害化处理。

【病死动物无害化处理】 2014年，甘井子区农林水利和海洋渔业局积极做好病死猪无害化处理工作，强调饲养户必须依法处理本场的病死动物，要求饲养场凡有动物死亡，必须上报，由动物卫生监督员监督进行无害化处理。当年，累计处理病死生猪0.45万头。做好弃、扔病死动物无害化处理工作。无害化处理弃、扔病死动物猪、狗、鸡等400余头(只)。重视奶牛两病的净化工作，加强对奶牛布病、结核病的监督监控，扑杀、无害化处理两病奶牛23头，从源头上杜绝病死动物进入流通环节。对生猪养殖环节病死猪无害化处理工作开展细致审核并严格把关，经审核上报2014年度补贴资金19.528万元。

【动物卫生监督信息追溯平台建设】 2014年，甘井子区农林水利和海洋渔业局按辽宁省畜牧局的要求，推进信息追溯平台建设，按期实现网上电子化出具检疫证明。建设全省联网的动物卫生监督追溯平台，实现远程监控，信息共享。设备安装、联网调试基本结束，监控场所已可实现内部监控，下一步将联调省市网络。

【兽医医政管理】 2014年，甘井子区农林水利和海洋渔业局贯彻落实《动物诊疗机构管理办法》《执业兽医管理办法》等法规，受理兽医执业注册和动物诊疗机构许可申请16件，结案16件。全区无行政复议和行政诉讼案件发生。

林 业

【概况】 2014年，甘井子区林地总面积18758.6万平方米，森林面积17449.3万平方米，森林覆盖率39.39%。按森林类别分：国家级公益林面积2169.3万平方米，地方公益林面积10996.8万平方米，经济林面积5592.5万平方米。

【青山生态工程建设】 2014年，甘井子区不断加大青山生态系统工程建设力度，投资20.5亿元，栽植树木566万株，完成绿化面积1350万平方米，建成红旗街道王家店水库上游景观绿化工程、营城子街道郭家沟南山生态园二期工程、辛寨子街道银杏大道绿化升级工程。其中：道路绿化工程，以银杏大道升级及新建道路绿化为重点，绿化长度39千米，植树124.6万株，造林95万平方米。园区(单位)绿化工程，以工厂、企业、学校、部队、住宅小区为重点，绿化各类园区22个，植树52.8万株，造林69.6万平方米。村(社区)绿化工程，围绕推进全域城市化，绿化、美化村、社区5个，植树39万株，造林54.5万平方米。生态河建设工程，完成重点生态河绿化工程2条，植树43万株，绿化面积21.3万平方米。公园绿化工程，完善提高公园绿化5个，植树42万株，绿化面积66.7万平方米。青山保护补植工程，植树15万株，补植面积10万平方米。矿山矿坑生态治理工程，植树13万株，绿化面积20万平方米。

【森林防火工作】 2014年，甘井子区农林水利和海洋渔业局落实森林防火工作要求，开展森林火灾隐患排查工作。防火期内，全区接处火警77起，形成森林火灾5起，受害林地面积3.7万平方米，森林火灾受害率万分之一点八。出动消防队员2715人次，出动车辆164台次。在春节、清明节前，先后4次召开全区森林防火工作专题会议，分析形势，部署工作，实行区、街、村森林防火三级联动机制。层层签订森林防火责任状(书)，明确责任，细化责任区，落实到人头、山头，保证森林防火工作的顺利开展。开展野外用火专项整治行动，加强巡逻，重点时段、重要部位死护死守。出动巡逻人员3600人次，制止野外用火1000余人次。做好林缘可燃物计划清除工作，5个涉农街道及南关岭街道投入大量人力物力，对森林公园、主要道路两侧和进山道路边缘，公墓、散坟、军事及其他主要设施周边，林区道路边缘的可燃物进行清除，完成清除任务225延长千米。加强基础建设，组建覆盖全区的森林防火数字通讯系统，新建2座通信塔，分别位于鞍子山和驼山山顶，改造原有4座通信塔，并购置相应基站、基地台、车载台和手持机等备，投入资金95万元。经过近一年的试运行和多次调试，该系统已完成建设并投入使用，形成覆盖全区的森林防火数字通信网络。购置风力灭火机60台、扑火服400套、作训服400套、逃生面罩400只、应急便携灯具、160台火场移动小水泵8台。3月，开展“森林防火宣传月”活动，出动宣传车沿公路循环广播宣传，悬挂条幅300条，发放森林防火宣传单1000份，制作安放宣传板、警示牌1215块。9月底，区森林防火指挥部对全区150名森林消防队员进行为期4天的集中培训。加强全区森林消防队正规化建设和管理，提高队员应对森林火灾快速反应能力、应急处置能力和逃生自救能力。加强队伍建设，配齐机具和装备。新成立红旗湾家准专业森林消防队，发放风力灭火机、扑火服、灭火弹、照明灯具、逃生面具等各类机具和装备950台(件)。国有林场重新组建森林防火队伍。在大连湾及后盐国有林区配备10名护林人员。拓宽改造大连湾林区防火主干道1500米，改造后路面宽度6.5米，达到林防三级路宽标

西山湖公园一角

红旗湾家准专业森林消防队成立

准。完成《甘井子区森林火灾应急预案》《甘井子区人民政府森林防火通告》《甘井子区森林防火工作考核细则（试行）》《森林消防队伍建设和管理意见》修订发布工作，为森林防火工作考核建立系统规范的考核制度。

【林业有害生物防治】 2014年，甘井子区农林水利和海洋渔业局落实省市防治工作要求，按照《森林病虫害防治条例》继续加强林业有害生物防治工作。因受春季干旱等不利气候因素影响，美国白蛾、栗山天牛等林业有害生物危害程度比往年略重，发生面积1334万平方米（其中美国白蛾发生面积933万平方米，栗山天牛发生267万平方米，其他134万平方米），防治作业面积5333万平方米。重点防治美国白蛾，作业面积3600万平方米（占防治总面积的67.5%），防治工作从6月初开始至8月底结束。期间，区政府于6月5日召开“全区林业有害生物防治工作会议”，印发《2014年度甘井子区美国白蛾防治实施方案》，安排部署防治工作并同营城子街道、红旗街道、辛寨子街道、大连湾街道、革镇堡街道、南关岭街道签订“2014年度林业有害生物防治责任状”。在美国白蛾发生时期，组建防治队伍42支，出动防治人员270人，出动打药液车辆45台，喷洒植物源药液1.6万吨，人工剪除网幕1.8万个、释放周氏啮小蜂1.2亿头。区森林病虫害防治检疫站依法监督检查56次，对防治不利的单位发出限期除治通知，防治后经检查有虫株率为0.46‰（市目标为控制在1‰以下）；无公害防治率100%，完成率113.6%；生物防治率52.5%，完成率159%；重点部位叶片保存率95%（市目标为90%以上），遏制了虫情蔓延。

【林业植物检疫】 2014年，甘井子区农林水利和海洋渔业局严格按照《植物检疫条例实施细则（林业部分）》进行产地检疫工作，确保造林绿化苗木质量。检疫苗圃14个，检疫面积144万平方米，检疫苗木130.1万株，检疫率100%，完成率102%，检出疫苗180株，疫苗率0.13‰（市目标控制在1‰以下），销毁疫苗12株。调运检疫工作自3月至7月期间在大连湾新港（辽渔港）和大连港杂货码头（和尚岛港），针对外来松科植物进行抽查检疫，抽查检疫苗木42万株，进行造林重点绿化苗木复查、跟踪复检40次，跟踪复检面积400万平方米，苗木130万株，调运苗木复查检疫率100%，疫苗率控制在3‰以下。发现两起违反规定调运苗木行为，及时纠正补办手续。对出市苗木、木制品以及包装物现场检疫检查36次，现场检疫率100%。办理“调运检疫”审批15件，签发“植物检疫要求书”48份，签发“植物检疫证书”3037份；办理“产地检疫”审批3件，签发“产地检疫合格证书”6份。

【林业有害生物监测普查】 2014年，甘井子区农林水利和海洋渔业局按照《森林病虫害预测预报管理办法》不断完善提高林业有害生物监测普查能力。监测面积4.6亿平方米(含重复计算面积)，监测覆盖率100%，完成率103%，综合测报准确率90%，完成率106%。松材线虫病监测率100%，未发现松材线虫病在甘井子区发生。发布全年趋势预测预报1次，下半年趋势预测预报1次，虫情预测预报7期。本地主要监测对象为松毛虫、美国白蛾和栗山天牛；外来主要监测对象为松材线虫病、松树蜂和红脂大小蠹。监测普查工作自3月初开始至9月底结束，期间加强了国家级中心测报点和营城子街道、红旗街道、辛寨子街道、大连湾街道4个一般监测点基础设施建设和业务能力培训，进一步设定主要监测对象调查标准地，在松林标准地悬挂松材线虫诱捕器15台，组织监测人员进行踏查，做好调查记录，对枯死树调查取样、检测，7—8月期间完成林业检疫性有害生物普查和松树红脂大小蠹调查。

【林政资源管理】 2014年，甘井子区农林水利和海洋渔业局严格按照《森林法》办理林地征占用审核程序，做到依法行政、依法治林。完成征占用林地报件1件；在全区开展非法侵占林地清理排查专项行动，成立督查组进行定期和不定期巡查。接到有效的违章占用林地线索17件，通过前期调查，向市森林公安局上报14件刑事案件线索，行政处罚3件；办理木材运输证900余份。开展“小开荒”专项整治，针对春季盗伐林木较多、火灾案件频发的情况，主动出击，加大巡查密度。接警44起，出动警力400人次，清理“小开荒”地28块，5000平方米。完成围栏封育工程11千米。该项目地点主要位于沈大、土羊高速公路两翼，共28个地块，总投资50万元，有效保护了两翼绿化成果。

杨树病虫害调查

水　利

【概况】 2014年，甘井子区共实施各类水利工程21项，并完成水土保持治理面积1170万平方米，完成土石方量107.7万立方米，投入人工8.4万工日，车工0.5万台班，完成总投资6.31亿元。加大人才培养力度，聘任村级水管员31名，8月初上岗，主要负责所在行政村的水利政策法规宣传、水利工程管理巡查等工作。聘任水库库管员4名、临时库管员3名，7月初上岗，主要负责4座水库的日常管理和巡查工作。

【水利工程建设】 2014年，甘井子区实施水利工程21项。其中：小型农田水利工程

2 项，新建塘坝、方塘 2 座，共投资 183.42 万元。河道治理工程 16 项，其中，水生态景观工程 3 项。河道治理工程共治理河道 13.9 千米，新修堤防 6.33 千米，加固堤防 0.4 千米，投资 1.24 亿元。防汛应急工程 2 项，修复塘坝 1 座、拦河坝 1 座，共投资 289.8 万元。抗旱工程 1 项，维修机井 2 眼，铺设供水管线 1.67 千米，投资 27.6 万元。新增水土保持治理面积 1170 万平方米，投资 5.02 亿元（含造林）。

【防汛抗旱】 2014 年，甘井子区全年降水总量为 380.9 毫米，与多年平均降水量相比减少 45.2%。当年，甘井子区在春季就出现微旱，进入汛期后干旱加重，发展为重旱，造成粮食减产 5 成，果树减产 3 成。编制修订《大连市甘井子区防汛抗旱预案》《大连市甘井子区防汛抢险预案（农村片）》《大连市甘井子区抗旱预案》《大连市甘井子区城市防台防汛预案》《甘井子区突发地质灾害应急预案》《小型水库防汛抢险应急预案》等预案。

【水资源管理】 2014 年，甘井子区农林水利和海洋渔业局水资源工作按照国家实行最严格水资源管理和划定的水资源管理三条红线。对各类型的工程建设项目按照水行政法律法规，进行水资源保护、水土保持、防洪能力等论证程序，并加强水事巡查力度，对毁坏水利工程建设、违反水土保持、防洪等水事案件严厉查处。为加强水资源的保护，合理开发和调度水资源，区农海局按照省、市有关封闭地下取水工程的方案要求，完成封闭水井 146 眼，削减地下水开采量 658.5 万立方米。严格控制地下水的开采，限制耗水大户。加大城市自来水管网工程的建设，合理调配地表水的使用量，使地下水环境得到改善。按照市政府工作考核指标的通知精神，即万元 GDP 耗水量降低率达到 5.8% 的指标，区农海局抓好甘井子区各行业用水量的计划分配，对年终取水量按照行业用水定额进行审核。在加强节约用水宣传的同时，挖掘企事业单位循环水和非常规用水的利用，推动全区水资源合理开发，高效利用。当年，万元 GDP 取水量由上年 13.7 立方米下降到 12.9 立方米，下降 5.8 个百分点，完成市政府下达节约用水考核指标。

马栏河西山湖湿地生态工程

海洋与渔业

【概况】 2014 年，甘井子区农林水利和海洋渔业局加大海上执法力度，加强渔业安全监管，实现全年无重大海上事故；加大保护海洋与渔业资源力度，发展海洋经济，使渔业经济发展整体向好，保护海洋捕捞产业稳定。当年，甘井子区渔业船舶拥有量 1036 艘，总吨数 2.8 万吨，总功率 4.3 万千瓦。其中海洋捕捞机动渔船 948 艘，养殖渔船 72 艘，运输船 16 艘。实现水产品产量 5.8 万吨，其中海洋捕捞产量4.8万吨，海水养殖产量1万吨。甘井子区渔业经济主要分布在大连湾、营城子2个街道，有3个渔业经济重点行政村；全区渔业户1112户，渔业人口5148人。其中，传统渔民2759人，渔业劳动力4848人。其中，专业劳动力4634人，兼业劳动力214人；专业劳动力包括海洋捕捞专业劳动力2924人，海水养殖专业劳动力220人，其他劳动力1490人。甘井子区有无公害水产品产地大连鹤圣丰海珍品养殖场，牙鲆、大菱鲆等2个无公害产品，大连鹤圣丰海珍品养殖场、大连又龙海产有限公司、大连泽源水产有限公司"水产健康养殖示范场"3家。

【海洋管理】 2014年，甘井子区农林水利和海洋渔业局加强用海项目的管理，推进重点工程建设，受理上报华能第二热电厂和梭鱼湾沿海景观服务区项目的用海手续。完成全区用海项目的海域使用权证审工作，年审率100%。强化海域环境监督管理，对辖区内130千米海岸线的近岸海域和滩涂环境状况进行巡查，共计巡查29次，巡查岸线累计达到1900千米。制定海洋环境监测方案，对大黑石、夏家河子浴场6个站位、营城子工业园排污口邻近海域5个站位和渤海海域10个站位实施海洋环境监测。开展"6·8"海洋日宣传活动，发放各类宣传材料300余份，局机关50名干部职工到大黑石海滨浴场开展义务清理沙滩公益活动1次，清洁沙滩近1.5亿平方米。开展海洋防灾减灾工作，组织海洋灾害防御主题宣传日活动1次，发放各类宣传材料200余份，制定出台《甘井子区海洋溢油突发事件应急预案》，发布大风海洋灾害防御信息10次，对所辖黄、渤海海域海冰冰情进行现场巡查7次，组织实施海上溢油应急处置演练1次。黑鱼礁、小官财岛、小石坨子、营门岛4个海岛标志设置工程全部通过验收。

【海水养殖】 2014年，甘井子区海水养殖总面积3067万平方米，保持上年规模不变。按水域分，海上养殖660万平方米，滩涂养殖1667万平方米，其他类养殖740万平方米；按养殖品种分，鱼类养殖6万平方米，甲壳类养殖36万平方米，贝类养殖1785万平方米，其他类养殖1240万平方米。养殖方式主要有底播、工厂化、港池养殖三种。养殖品种主要有海水鱼、海参、杂色蛤等。甘井子区海水养殖产量10059吨，按水域分，海上3872吨，滩涂5912吨，其他类275吨；按养殖品种分，鱼类201吨，甲壳类7吨，贝类7320吨，其他类2531吨。全区拥有养殖渔船75艘，功率602千瓦，总吨位917吨。甘井子区陆地工厂化养殖规模7.5万平方米，其中，大连湾街道3.5万平方米，营城子街道4万平方米。当年，陆地工厂化养殖产量201吨，产值1300万元。主要养殖品种有

伏季休渔执法检查

大菱鲆、牙鲆、河鲀等。甘井子区滩涂、浅海底播面积1667万平方米，遍布在金州湾和营城子湾；浅海底播增殖2.02亿头（粒），其中海参200万头，贝类苗种2亿粒。海参产量15吨，产值180万元；贝类产量600吨，产值480万元。甘井子区海参的筑池养殖是主要的养殖生产模式，全区筑池养殖保持734万平方米，主要养殖海参，少量对虾，产量分别为488吨，对虾7吨，实现产值6800万元。甘井子区有海水鱼养殖场2家，利用养成池培育海水鱼、海参、对虾苗种。培育鲆科鱼苗230万尾，海参苗种7亿头，虾苗1.5亿尾，贝苗1.3亿粒。实现产值2027万元。

【海洋捕捞】 2014年，甘井子区拥有海洋捕捞机动渔船948艘，功率3.9万千瓦，总吨位2.6万吨。捕捞渔船的作业渔场主要在海洋岛渔场、渤海湾渔场和韩国经济专属区，渔船作业类型为传统方式，主要作业方式有拖网、刺网、张网和钓钩等，主要捕捞品种有鲐鱼、鲅鱼、鳀鱼、黄鱼、带鱼、鱿鱼、虾类和贝类等。甘井子区海洋捕捞产量总产量48326吨，其中按海域分，渤海区产量24317吨，黄海区产量17669吨，东海区产量6340吨。海洋捕捞产量按捕捞渔具分，拖网产量26185吨，流刺网产量3343吨，张网产量1264吨，钓钩产量3271吨，其他类产量14263吨。全区实现海洋捕捞产值49834万元。主要渔获物包括鲅鱼5646吨、鲐鱼7054吨、带鱼1487吨、小黄鱼2791吨、鳀鱼5019吨。

【水产品加工】 2014年，甘井子区拥有纯加工或含加工项目的水产企业62家（含冷库54座），冷冻能力4550吨次，制冰能力790吨次，年水产品加工能力22万吨，冷藏吨位12.9万吨/次。主要加工产品是鱼类、贝类、海参三大系列。当年，水产品加工总量8.1万吨，其中冷冻品6.2万吨，加工品1.9万吨，用于加工水产品9.1吨。实现水产品加工产值12.24亿元。有20家水产品加工企业通过HACCP认证，有6家水产品加工企业通过欧盟认证，有4家水产品加工企业通过ISO9000质量体系认证。

【增殖放流】 2014年，甘井子区继续争取市海洋与渔业局和区财政局的工作及资金支持，做好渤海水域中国对虾增殖放流工作。5月26日，增殖放流现场验收设在营城子大黑石渔港，向其外海域黄龙尾周边海域投放体长1厘米以上中国对虾苗种7479.9万尾。经过三个半月的生长，成虾的回捕量93万尾，共计31吨，回捕率1.25%，为当地300余户渔民增加经济收入700余万元，投入产出比1:13。

【水产品质量安全监管】 2014年，大连市政府将水产品质量安全监管作为考核指标，为市级海洋渔业十大工程。加大水产品质量安全宣传培训，首次采取“一对一”、“逐户走访”的形式进行培训，逐户到企业进行有针对性的法律法规宣传讲解，对于存在的问题及时发现及时处理。加强水产品质量监管，制定《甘井子区2014年水产品质量安全专项整治工作方案》，将全年任务指标进行细化分解。全年开展“元旦”、“春节”、“五一”国际劳动节和国庆节专项执法检查3次，检查企业14家（次），重点检查企业“三项记录”（生产记录、用药记录和销售记录）和“五项制度”（养殖生产管理制度、用药制度、水质监测制度、饵料投入管理制度和苗种生产管理制度）的建立情况，以及药品库中药品存放和使用情况，未发现违法生产行为。节假日期间，实行食品安全“零报告”

制度，由专人负责信息报送，并保持通讯畅通。11月，超额完成大连市海洋与渔业局下达的全年产品检测任务，全年共抽检水产品42样次，检测范围包括养殖、捕捞和初级加工等生产环节。首次通过政府采购的方式确定检测机构，确保检测工作的公开透明和资金节约。首次对捕捞水产品进行抽检，做到例行检测和风险监控相结合，确保养殖、捕捞和初级加工多环节的水产品质量安全。检测主要品种为贝类、鱼类和海参，检测产品全部合格。配合省食品安全管理办公室进行暗访监督检查1次，联合大连市海洋渔业局进行水产品质量安全专项整治拉练检查2次，整体检查情况良好。进行无公害水产品产地复查工作，换发无公害水产品证2个。

【科技兴海工程】 2014年，甘井子区在上级有关部门指导下加快推进国家级科技兴海产业示范基地建设，鼓励企业以科学技术为支撑，开发利用海洋渔业资源，推进技术创新和产业升级。创建国家级水产品标准化示范区大连天正实业有限公司，大连汇新钛设备开发有限公司被评为“辽宁省渔业科技型企业和大连市科技兴海核心企业”。

【远洋渔船和涉韩作业渔船管理】 2014年，甘井子区有18艘远洋渔船在国外捕捞作业，其中印尼作业14艘，朝鲜东海岸4艘，均挂靠在大连市其他县区远洋公司赴国外生产，不计产量。甘井子区在中韩渔业协定水域作业渔船25艘，其中拖网渔船24艘，渔获物运输船1艘。1月14日，举办船东船长培训班，进行“入韩渔业协定”生产知识讲解和安全教育，签订安全生产保证书13份。11月底，完成2015年作业渔船入韩资格申报工作。加大安全生产宣传教育，按要求准确报送每日生产信息，提高渔民按规生产和安全生产意识，确保无重大违法事件发生。中韩渔业协定水域作业渔船在每年4月至6月、9月至翌年1月为许可生产主要季节，区农海局工作人员每天将船东上报的作业信息传真汇总，上报至上一级管理部门，最后经农业部转给韩国渔业管理部门，以便中韩双方掌握作业船只的动态。

甘井子区渔业安全演练

【渔港监督】 2014年，甘井子区农林水利和海洋渔业局渔港监督组织召开渔业安全工作例会12次，渔业安全管理委员会季度例会4次，与渔船船东、船长签订《安全保证书》1078份，制定《甘井子区渔业安全生产目标管理考核细则》《关于加强甘井子区渔业安全管理工作的意见》。开展各类安全宣传教育活动6场次，参与渔民近千人，发放宣传材料6000余份，发放宣传品600余件(个)。8月，在大连湾辽渔码头举办了渔船安全产品宣传活动暨渔业安全应急救援演练，向广大渔民宣传、介绍正确选购和使用渔船船用产品,海上作业受伤人员及溺水人员的施救方法等,提高全区渔民安全意识和安全救生技能,保障渔民生命财产安全。当年,检查渔船2100余艘次,纠正违章200余艘次,配备船用救生、消防等安全设施800余件(个)。实行全年全天候24小时安全值班制度。传递大风恶劣气象信息和上级有关紧急通知29次、19575条。全区2014年无重大海上事故发生,无人员死亡发生。

【船舶检验】 2014年,甘井子区农林水利和海洋渔业局船舶检验站检验各类渔船750艘次,其中捕捞渔船690艘,养殖渔船60艘,检验渔船总功率5980千瓦,总吨位2080吨,收取检验费32万元。检验中,坚持两人执法,实船检验,现场登船检验,做到见证、见船、见人、见照片,每船必检,每检必照,严格把好检验质量关,保证所检渔船、机器、航行救生消防等设备处于安全适航状态。船检站进行实船确认工作,保证确认的照片与实船完全相符,这项基础性工作的开展为2015年渔船检验管理走向法制化、正规化打下了基础。当年,船检站开展三无、假冒伪劣产品专项检查5次,查处假冒伪劣产品60余件。

海岛标志设置

【渔政和海监工作】 2014年,甘井子区农林水利和海洋渔业局为加强渔业资源的保护,使渔民能够正常进行海上捕捞生产,审核捕捞渔船950艘,年审率99.5%,征收资源保护费170万元;办理特种海产品专项证50本,收取专项资源费2万元;渔业无线电年度审核239艘,年审率达99.5%,收取管理费2.39万元。审核换发新版渔业捕捞许可证467本。推进海上执法装备建设,甘井子区新300吨级渔政船——中国渔政21137号于12月24日建造完工,签字交船。该船采用深V线型,双轴、双机、双桨、直线推进方式。船长49.98米,设计航速18节,续航能力1500海里,自持力不小于15天。该渔政船将代表国家行使渔业行政执法权,履行甘井子区海洋渔业行政管理职责。中国海监1075执法艇于7月7日正式下水。该艇总造价835万元,总长19.68米、满载排水量30.53吨、功率2434马力、最大航速45节、续航力300海里。主要实施海域使用管理巡航执法、海岛保护等,并兼顾海洋环境保护职能。为加强渔政执法检查,保护辖区内海洋渔业资源,渔政所全年组织大型宣传活动4次,发放宣传材料3000余份;出动执法船、艇巡航检查189艘次,出动车辆65台次,检查渔船230余艘次,查获并处罚违规渔船72艘次,依法没收“三无”渔船10艘,高标准地完成辖区内渔业执法检查工作。加强海监执法检查,为打击违法用海行为,维护正常用海秩序,甘井子区海监大队出动执法人员90余人次,完成岸线巡查40次,陆上行程2万余千米,海上航行900余海里,开展“海盾2014”、“整治海砂”等打击违法用海专项行动。当场制止正在进行的违法用海行为2起,立案查处违法用海行为3起。通过高频率岸线巡查,保护国家海洋权益不受损害。

(撰稿人:张怀松　审稿人:吴厚喜)

工业经济·商贸·旅游

工业经济

【概况】 2014年,甘井子区有区属规模以上工业企业272家,实现工业总产值391.1亿元,比上年下降5.8%;实现主营业务收入312.4亿元,与上年同期相比基本持平;实现利润总额15.3亿元,比上年增长3.9%;实现利税总额28.5亿元,比上年增长8.6%;累计存货值80.9亿元,比上年增长1.4%;亏损企业亏损额6.2亿元,比上年增长34.4%;装备制造业实现工业总产值203.9亿元,比上年下降7.8%,占全区规模以上工业比重的52.1%。当年,半数工业企业生产状况不佳,企业盈利空间受到挤压。区属规模以上工业企业272家,工业总产值下滑的企业有144户,占全部规模以上工业企业的52.9%,亏损企业98户,亏损面达36%,比上年同期增长1.1个百分点。另外,三项费用(管理费用,经营费用,财务费用)继续压榨利润空间。规模以上工业企业三项费用中,除财务费用外,销售费用和管理费用增速均高于主营业务收入增速,而财务费用下的利息支出比上年增长5.7%,给企业带来较大的资金压力。

【工业项目建设】 2014年,甘井子区共安排重点工业项目11个,总投资60.6亿元,年度计划投资17亿元。其中,续建项目4项、新开工项目3项、推进前期工作项目4项,列入市重点项目1项。实施项目7个,实际完成投资11.7亿元。中国一重石化装备基地项目正在进行厂房主体建设;豪森设备三期项目正在进行主体施工;林德扩能项目完成场地平整;正大能源二期项目正在进行主体施工;桃李二期项目正在办理征地手续。

【工业园区建设】 甘井子区有大连湾装备制造业集聚区和甘井子工业园区两个省级以上工业园区。当年,两个工业园区共实现工业总产值538.9亿元,比上年下降5.1%;实现工业增加值120.3亿元,比上年增长2.3%;上缴税金28.7亿元,比上年增长25.9%。园区共入驻工业企业409家,从业人员7.2万人。

大连湾临海装备制造业聚集区。2014年,大连湾临海装备制造业聚集区实现工业总产值456亿元,比上年下降7%;实现工业增加值97亿元,比上年增长5.6%;上缴税金19.1亿元,比上年增长1%。投资35亿元的一重石化装备基地项目,占地面积30万平方米,正在进行厂房主体工程建设;投资1.3亿元的舒勒锻压机械有限公司二期工程,占地面积2万平方米,已正式投产。

甘井子工业园区。2014年,甘井子工业园区实现工业总产值82.9亿,比上年增长6.88%;实现工业增加值23.25亿元,比上年增长6.99%;上缴税金9.6亿元,比上年增长5.84%。启动园区拓展区规划建设，规划范围1.54平方千米，规划道路11.57千米，预计投资81716万元。新修道路2条，桥梁一座，雨水管线650米，污水管线800米，修补路面962平方米。占地2.5万平方米的碧琪食品项目，总投资1.56亿元。截至年末，已完成项目备案、环评以及征地手续，正在准备土地招拍挂。弘大特种风机项目占地1.2万平方米，总投资4000万元，已完成主体建设。华阳密封二期项目现已完成建设手续办理。占地2.3万平方米的桑扶兰二期项目，现已完成主体建设。占地9.1万平方米的豪森三期项目，总投资3.6亿元，正在进行主体建设。

【装备制造业】 2014年，甘井子区121家规模以上装备制造业企业，实现工业总产值203.9亿元，占全区规模以上工业的52.1%，比上年下降7.8%，低于全区规模以上工业平均增速2个百分点。其中，仪器仪表制造业、计算机通信和其他电子设备制造业、汽车制造业增速较快，分别比上年增长48.9%、16.1%和9.1%。

【骨干企业发展】 2014年，甘井子区区属规模以上工业总产值达到亿元以上的企业有87家，占全区规模以上企业户数的32%，实现工业总产值313.6亿元，比上年下降2.8%，高于全区产值增幅3个百分点，占全区规模以上工业总产值的80.2%。其中，排名前十名的企业情况如下：中国第一重型机械集团大连加氢反应器制造有限公司完成工业总产值50.9亿元，比上年下降22.9%；大连信达变压器有限公司完成工业总产值13.5亿元，比上年增长5.8%；大连砌明集团有限公司完成工业总产值12.9亿元，比上年下降0.7%；大连发电有限责任公司完成工业总产值10.7亿元，比上年下降6.4%；大连橡胶塑料机械股份有限公司完成工业总产值10亿元，比上年增长24.9%；华润雪花啤酒（大连）有限公司完成工业总产值9.9亿元，比上年下降1.6%；中国人民解放军第五七0六工厂完成工业总产值9.3亿元，比上年下降2.7%；大连深蓝泵业有限公司完成工业总产值7.4亿元，比上年增长10.2%；正大能源材料（大连）有限公司完成工业总产值7.3亿元，比上年增长29.7%；大连金凯旋再生资源收购连锁有限公司完成工业总产值7.1亿元，比上年增长30.8%。

【工业技术创新】 2014年，甘井子区有高新技术企业41家，其中新增高新技术企业6家；国家级研发中心1个，省级研发中心34个，市级研发中心41个；大连锋驰机械设备有限公司项目获得国家科技型中小企业技术创新基金；豪森设备、大高阀门项目获得省科技创新重大专项资金支持，共计1800万元；美罗中药厂、科瑞米特非晶电子等企业的7个项目分别获得市科技计划项目资金支持，共计850万元；大连工业大学、大连海洋大学项目分别获大连市技术发明一、二等奖；大连海洋大学、大连工业大学、大连裕祥科技集团有限公司项目分别获大连市科技进步一、二、三等奖。全年发明专利申请量344件，比上年下降80.1%；授权量118件；拥有量648件。

（撰稿人：王艳军　审稿人：兰良生）

商　业

【概况】 2014年，甘井子区实现社会消费品零售总额464亿元，比上年增长12.3%，占全市社会消费品零售总额的六分之一。其中，限额以上贸易企业实现社会消费品零售总额235.8亿元,比上年增长3.7%。批发、零售、住宿、餐饮4大消费行业限额以上批发企业实现零售额13.1亿元,限额以上零售业实现零售额221.1亿元,限额以上住宿业实现零售额2170万元,限额以上餐饮业实现零售额1.4亿元。限额以上批发零售业共实现零售额234.2亿元,占限额以上社会消费品零售额的比重为99.3%,成为消费品市场的主导力量。汽车销售继续保持增长,汽车销售额219.7亿元,比上年增长2.0%。其中,汽车零售额214.5亿元,比上年增长3.3%,对社会消费品零售总额贡献率13.4%,拉动社会消费品零售总额增速1.6个百分点。当年,全区城乡共有生活消费品市场166个,比上年增加74个,消费品成交额362.8亿元,比上年同期增长12.8%。

金三角花卉、茶叶、工艺品交易中心

【重点商业工作】 2014年,甘井子区服务业局改造集贸市场5个、社区便利菜店15个、便民早餐店20个。贯彻落实国务院《生猪屠宰管理条例》、辽宁省《畜禽屠宰管理条例》及大连市食品安全委员会相关文件精神,采取强化应急管理、举报投诉案件处理以及风险监测和预防工作,保证了肉类产品的质量安全。强化市场经济秩序整治工作。加强同各相关部门的沟通与合作,把食品药品安全、反商业欺诈、整治黑中介及打击制假售假、保护知识产权作为工作重点,促进市场经济秩序的规范化和法制化。全年共受理打击侵犯知识产权案件31起,处理假冒伪劣商品案件55起,有力地维护了全区经济秩序的平稳运行。强化行业安全生产工作,会同公安、工商、物价、卫生、消防、城建、民政等部门,在元旦、春节和清明、五一等假期对全区商贸、旅游经营单位进行联合检查,消除各类安全隐患,保证全区消费市场的正常运行。当年,区服务业局获得甘井子区2014年度安全生产先进单位。

【金三角花卉、茶叶、工艺品交易中心】 金三角花卉、茶叶、工艺品交易中心于3月15日正式开业,项目位于金三角大市场中心位置,是大连东方投资置业有限公司打造的大型现代文化购物中心。项目为地上三层建筑,建筑面积3万平方米,规划摊位500个,现代化配套设施齐全。该项目在大连国际花木交易市场和金三角茶城的基础上将加推水族、工艺品系列。

【居然之家大连金三角店】 居然之家大连金三角店于6月28日开业,项目位于金三角广场15号。该店经营面积约5万平方米,是集建材、家具、家装、家饰于一体的大型家居建材主题购物中心。

【中汽大连亿丰汽车国际广场开业】 中汽大连亿丰汽车国

际广场于11月18日正式营业，项目位于西北路866、872号，占地面积35万平方米，总投资50亿元。由上海亿丰大连置业有限公司负责建设。项目一期位于西北路866号，占地面积7.5万平方米，入驻商户320余家。

居然之家大连金三角店开业

【北方慧谷产业园一期开园】 北方慧谷产业园一期项目完工，于11月18开园。项目位于金龙寺起步区，占地面积24万平方米，总建筑面积22万平方米，建有呼叫中心产业园和IC设计产业园。由大连泰达新城建设发展有限公司负责建设，总投资8亿元。

【大连旧机动车交易市场】 大连旧机动车交易市场于12月20日正式开业。项目投资3亿元，新增经营面积8万平方米，建成立体式停车楼及配套项目，交易展位增加一倍，市场经营场地面积达13万平方米，停放车辆数量达到3500台，彻底改变了长期困扰市场的满负荷运营及场地、道路、交通拥挤的局面。

【安盛亿合城开业】 安盛亿合城于12月24日正式开业。项目位于中华西路北、山东路东，总规划用地面积3.29万平方米，总建筑面积20.04万平方米，计容面积18.2万平方米，其中商业公建面积8.63万平方米，总投资约16亿元。由大连盛铭资产管理有限公司投资，中国建筑第二工程局有限公司承建。

【霂韵生活馆项目竣工】 霂韵生活馆项目位于中华西路与汇德路交汇处西北角，占地面积1.1万平方米，总建筑面积约5万平方米，总投资约10亿元(含房屋原值成本)。由维智(大连)商业管理有限公司负责投资建设，将建设成集生活、娱乐、休闲、购物于一体的高端综合型商场。正在进行招商工作。

【大连红星国际生活广场项目】 大连红星国际生活广场项目位于甘区中华路北、华东路西，总投资约35亿元。建筑面积约18万平方米(红星美凯龙国际家居生活广场约15万平方米，购物广场约2万平方米，底商公建约1万平方米)，由大连红星美凯龙投资发展有限公司开发建设，现招商工作正在进行中。

【欧尚广场项目建设】 欧尚广场项目位于泉水二期汇泉路东侧，占地面积3.16万平方米，总投资8.16亿元。由大连鑫成置业有限公司开发建设。其中欧尚超市建筑面积3万平方米，计划于2015年5月31日开业。

(撰稿人:吕长青　审稿人:张启彦)

供销联社

【概况】 2014年，甘井子区供销联社在党员干部中深入开展党的群众路线教育实践活动，以为民务实清廉为主要内容，聚焦解决“四风”问题，密切党群干群关系；围绕着力解决历史遗留问题、全力做好稳定工作为中心，化解矛盾和风险，维护改制企业职工的合法权益；以强化党建工作和加强机关作风建设为着重点，提升党员干部素质，发挥了党组织的战斗堡垒作用和党员的先锋模范作用。

【区供销联社党的群众路线教育实践活动】 2014年3月，甘井子区供销联社按照中央和市区委的统一部署，在党员干部中开展党的群众路线教育实践活动，领导干部率先垂范，坚持落实政治责任，强化组织领导。组建活动领导小组和办公室，制定了《关于深入开展党的群众路线教育实践活动的实施意见》等文件。坚持强化学习教育，夯实思想根基。采取多种形式开展学习教育，先后组织集中专题学习4次，主要领导带头学习，带头写学习心得，带头讲党课。把集中学习与自学结合起来，坚持学原文、读原著，精学细读“规定书目”，深入学习习近平总书记重要讲话和区委领导讲话精神，以学促行，以行促知，保证学习效果。党员干部自觉学，按照学习计划设置学习专题，认真撰写学习心得和体会。把向书本学习与开展向先进典型学习活动结合起来，深入学习焦裕禄、冯家乐等先进人物和事迹。坚持深入基层听取意见，聚焦“四风”查摆问题。党员干部深入改制企业中去，了解企业改制后的情况，倾听企业和职工的意见建议。采取集中座谈、个人访谈等形式，围绕职工反映强烈、迫切需要解决的问题多方听取服务对象意见建议，以此深挖“四风”根源，找准服务“短板”。坚持谈心交心坦诚相见，开展批评与自我批评。领导班子和班子成员结合自身实际，对照理想信念、宗旨意识、党性修养、政治纪律、组织纪律和“三严三实”、担当精神等方面分析原因、深挖“四风”根源，撰写对照检查材料。在民主生活会上，坚持开门见山，认真开展批评与自我批评。在党员中召开组织生活会和民主评议活动，2名党员参加了民主评议。坚持切实解决突出问题，以整改成效取信群众。围绕“四风”问题存在的8个方面12项具体问题，建立健全反对“四风”改进作风加强制度建设工作计划和深入开展“四风”突出问题专项整治工作方案，落实专项整治责任，狠抓责任落实。通过强化对干部的教育监督，确保整治工作取得实效。坚持强化制度刚性约束，推动作风建设常态长效。建立反对“四风”，改进作风相关规章制度，将每项制度内容进行任务分解，逐项明确责任人、责任单位和完成时限，按照时间进度计划，抓好制度建设工作落实。通过完善制度、推动作风转变，把密切联系群众、服务群众制度化、规范化、常态化。

【清查整理资产】 2014年，甘井子区供销联社开展清查整理供销社及下属改制企业资产和债权债务工作。就所属企业改制前后的资产、人员、债权债务、经营状况以及当前存在的热点、难点问题进行全盘清查，了解掌握所属企业的基本情况。采取相应措施，有针对性解决一些企业的实际问题。对未改制彻底的原营城子供销社、辛寨子供销社和原甘百商场、甘井子商业大厦、甘井子副食品公司、甘井子商业网点房屋开发公司的债权债务进行重点全面清查。对甘百一楼所欠缴房租进行收缴，保证租金按时收缴到位并及时转入区财政账户。对一些还存在历史遗留问题的公司逐步进行清理和解决，以利于化解遗留问题。

【解决司法诉讼问题】 2014

年，甘井子区供销联社协调司法部门解决历史遗留的资产、贷款担保等诉讼案件。当年，协调解决原商业网点和甘百商场开发建设商品房遗留下的产权归宿及配套维修纠纷等问题。对1家无经营活动、无职工的空壳企业，经研究将其纳入“破产企业”范围，协调司法部门推动“破产”程序进程。对因房屋质量和公建房屋面积引发争议的2位诉讼当事人的司法诉讼给以跟踪应诉，用司法程序化解诉讼纠纷。

【稳定工作】 2014年，甘井子区供销联社落实主要领导及机关干部“大接访”工作机制，把信访稳定工作各项任务、要求落到实处。重点围绕解决改制企业历史遗留问题，解决因未领取独生子女费、未退还认购股金股息、房屋产权确定、工伤事故追认等引发的群众上访问题，解决群众上访诉求事项涉及资金19.2万元，为改制企业职工排忧解难，维护职工合法权益。

（撰稿人：季爱民　审稿人：邢 波）

旅 游 业

【概况】 2014年，甘井子区旅游工作以推进重大项目建设为重点，加强宣传促销，全力规范市场，强化安全生产工作，打造核心景区竞争力，不断提升“生态旅游休闲城区”品牌影响力。全区现有国家生态旅游示范区1个，国家A级旅游景区3个，其中4A级旅游景区1个，3A级旅游景区2个；旅行社、分社及营业部20家；星级饭店9家，其中四星级饭店1家，三星级饭店2家，二星级饭店6家；全区共有旅游住宿设施509家，客房12004间，床位18096张。

【旅游宣传促销】 2014年，甘井子区着力打造生态旅游休闲城区形象，抓好旅游宣传促销工作，积极拓展市场。举办旅游节庆活动，在大连国际大樱桃节、大连赏槐节、大连国际温泉滑雪节期间，组织文艺演出、万人登山赏槐、互动联赛、冰雪嘉年华等系列活动；在中国大连国际啤酒节期间，制作花车参加巡游活动，展示甘井子区旅游发展建设水平与成果。积极参加大连市组织的赴外埠进行旅游宣传促销活动，广泛开展对外宣传。在完成对全区地工旅游商品企业普查工作的基础上，遴选景泰蓝沙画、金属画等旅游工艺品参加中国义乌旅游商品博览会。《大连日报》以《甘井子“生态旅游休闲城区”口碑响当当》为题，对甘井子区打造生态旅游休闲城区、大力提升旅游产品吸引力、培育完整的休闲产业链条等工作进行了全面报道，《大连晚报》、《半岛晨报》多次对西城国际旅游商务区建设、棠梨湖公园等旅游项目建设、远洋钻石湾配套设施升级工程以及甘井子区节假日旅游市场等内容进行报道。

【旅游行业管理服务】 2014年，甘井子区旅游工作为推动甘井子区旅游业健康发展，按照国家旅游局部署和省、市旅游局文件和相关工作要求，制定《甘井子区旅游市场秩序专项整治工作方案》，除加强日常监管外，联合工商、物价、卫生、消防、城建等部门开展旅游市场秩序专项检查，确保旅游服务质量提升和市场秩序规范。开展旅游安全生产工作，在元旦、春节、“两会”、“五一”小长假、“十一”黄金周和旅游旺季期间对全区景区（点）和旅游饭店开展专项安全检查。在6月份开展“安全月”及汛期旅游安全生产专项大检查工作，全年无旅游安全事故发生。根据市“平安景区”创建工作要求，甘井子区成立“平安景区”创建工作领导小组，对辖区内A级景区的创建工作进行初审，选送金龙寺国家森林公园参加市“平安景区”创建的复审。举办辖区内旅游企业产业交流推进会、旅游饭店管理与营销知识讲座和农家乐从业人员培训，促进旅游企业之间合作，坚持依法治旅和兴旅，提高旅游从业人员素质，提升服务能力和营销水平。

【牧城驿湖滨公园生态治理】 牧城驿湖滨公园位于大连生态科技创新城核心区域，分为山林、水体、陆地、湿地4大部分，总占地面积120万平方米。牧城驿湖滨公园生态治理项目计划投资2亿元，项目工期为3年，采取种植涵养林、护岸林及水源保护植被，设置前置塘及湿地植被过滤等保护措施，加强对牧城驿水库周边环境的保护并对上游河道进行改造。截至年末，已建成雨水湿地及前置塘约2万平方米，观光木栈道1200米，边坡绿化补植约6万平方米。

【前关体育休闲公园项目建设】 前关体育休闲公园位于大连湾街道前关区域，总规划面积140万平方米，绿化面积110万平方米，通过动迁改造，运用微地形堆叠、蜿蜒水系、绿化组团等手段，对原有环境进行生态修复，打造成为立体、动态、现代、生态的城市景观带。该公园计划分四期建设，分别为一期市民活动区、二期体育运动区、三期生态休闲区、四期观光体验区，计划总投资约3亿元。公园一期项目主要包括广场大门、下沉广场及运动设施配套，总绿化面积12万平方米。10月，前关体育休闲公园一期项目建设完成并开园投入使用。

【城市湿地公园——棠梨湖公园建设】 2014年，棠梨湖公园景观设施建设项目基本完成，该项目共投资6亿元，占地总面积70万平方米。其中，山体公园和两岸绿化、景观建设40万平方米，新增近30万平方米绿化面积。水面景观50万平方米，其中水域面积20万平方米。截至年末，公园已栽植银杏、蒙古栎、水杉、五角枫等乔灌木90余种60余万株，花卉20余种、2600余万株。公园建有祥云广场、观景亭7座、休闲健身木栈道4千米、百步台阶、百米文化长廊、船型亲水平台、母爱雕塑、垂钓池等景观。公园内1.5千米长的环形自行车道和9千米的健身步道为游客提供参与互动空间。建成后的棠梨湖公园成为集生态保护、自然野趣、休闲观光、防洪减灾于一体的国际标准“城市湿地公园”。

(撰稿人:李锡金　审稿人:姚喜双)

城乡建设

城乡建设规划管理

【概况】 2014年,甘井子区规划局核发《建设项目选址意见书》6份、规划条件(城乡规划主管部门依据控制性详细规划,对建设用地及建设工程提出的引导和控制依据规划建设的规定性和指导性意见)8个、(征地)规划条件7个;下发《建设用地规划许可证》15个,总用地面积约91公顷,规划意见3个;完成建设项目建筑设计方案审查28个,总建筑面积约125万平方米;核发《建设工程规划许可证》25个;完成建设工程施工前验线14个,完成建设工程竣工规划核实29个,总建筑面积约169万平方米。对所有审批的建筑设计方案均依法进行审批前公示。组织召开建设项目规划问题区长办公会议3次;召开大连湾医院项目专家评审会1次。

【规划管理工作】 2014年,甘井子区规划局继续完善和推进阶段审批、并联审批,进一步简化审批申报材料,精简办事程序,开辟"绿色通道"服务,压缩审批时限,提高审批效率。结合全区经济社会发展的要求,在尊重城市规划和控制有效期的前提下印发《规划条件》供办理征地工作使用。对于出让类项目,在项目取得《土地成交确认书》后,即对规划方案进行预审,签订《土地出让合同》后,将规划方案审查前置,与核发《建设用地规划许可证》同步进行。坚持加强基层调研,深入街道和企业现场办公,听取建设单位意见和建议,为建设项目规划提供专业指导和技术支撑。弘大特种风机生产项目位于营城子工业园,针对该项目报审规划方案布局不合理,影响交通视线,建筑山墙面正对园区主规划路,立面造型平淡,影响城市景观,而企业对如何优化设计方案束手无策的实际,区规划局工作人员多次深入基层指导优化方案设计。新方案针对用地狭长且位于丁字路口的特点,在符合国家相关规范前提下,将办公与厂房由原分散布局调整为整体建设,既满足道路交通组织和景观要求,又提高了土地利用率,降低了建设成本。指导大连铁龙新型建筑材料物流基地项目方案设计,加快推进项目审批。严把项目关,适度控制核发住宅地产集体土地征地规划条件,加大商业地产、工业地产征地规划条件的核发工作,优化经济发展质量。配合市规划局做好规划督察工作,完成住建部第11期、第12期规划遥感督察图斑涉及甘井子区的36个变化图斑信息现场核实及图斑信息填报工作。向区第十七届人大常委会第十三次主任会议报告了全区规划工作情况。住建部派驻大连市城乡规划督察员对甘井子区部分滨海岸线开展实地调研并听取规划情况工作汇报,对区规划工作给予充分肯定。配合省住建厅完成对甘井子区在建工程项目的规划执法检查。

【重点项目规划审批】 2014年，甘井子区规划局采取优先办理、主动办理、并联审批的方式，在项目前期意向阶段和方案初步设计阶段即提前介入，加强指导，推进重点项目建设。深入开展工作落实年活动，抓落实机制，服务项目建设。明确工作任务，梳理10项重点工作和25个重点项目，健全工作责任制，把每项工作任务具体落实到人、到岗，落实到时间表上。按时完成大北国际物流交易中心、甘井子区新市民健身中心、甘井子区医疗卫生健康中心、郭家沟新居工程等区重点项目的规划审批。

【民生项目规划审批】 2014年，甘井子区规划局指导民生项目方案设计及申报，在项目前期意向阶段和方案初步设计阶段提前介入，采取登门服务、现场办公等方式对项目的用地整理、储备、规划审批跟踪指导，提供保姆式服务，推进项目顺利实施。完成区医疗卫生健康中心、由家旧区改造配套小学、营城子街道郭家沟村新居工程、大连湾市民网球中心等民生项目的规划审批。

【测绘工作】 2014年，甘井子区规划局继续坚持“公正、诚信、专业、快捷”的服务理念，配合市规划局完成甘井子辖区内7家测绘资质单位2014年度质量管理考核及档案和保密管理考核证书复核工作。为重点区域前期研究等工作制作测绘图1158幅，制作规划设计条件及建设用地规划许可证附图230幅，为测绘管理工作开展提供技术、设备和人力支持。

区规划局工作人员在周水子小学现场办公

【房产管理工作】 2014年，甘井子区规划局加强对涉农地区房产管理，按照村、街道、区三级房产管理模式规范房屋登记制度。完善村、街道审核，行政服务中心“窗口”受理，区规划局统一登记发证制度，根据产权登记类型不同，按权责一致的原则，通过区规划局局务会和科室业务会议集体决策，依法行政，全面公开办证依据、程序、申报材料、承诺时限，登记效率进一步提高。截至年末，完成房产初始登记101件，转移登记191件，变更登记57件，其他登记33件；房产抵押及抵押注销登记21件；房屋拆迁注销登记784件；协助司法机关查封、解封房屋产权87件；配合区审计局及相关部门核实房产登记信息2000余件。针对涉及百姓切身利益的历史遗留房屋产权证问题，本着对历史负责的态度，全面细致掌握情况，并向区政府报告有关情况，研究解决问题方案。为夏家河村换发房证31件，启动海茂村历史遗留房屋产权登记工作。处理历史遗留的、群众关注的热点和难点问题，组织相关人员参加行政诉讼，采取行政调解、民事调解等手段多渠道进行协调处理，化解产权纠纷。

【协调对接工作】 2014年，甘井子区规划局结合甘井子区经济社会发展实际，对涉及甘井子区的城市总体规划和控制性规划，提出合理化建议，为推进项目创造有利条件。对涉及甘井子区需纳入新修编《大连市城市总体规划(2013—2020)》的项目提出调整用地规划建议，将甘井子区已审批商业住宅等开发类项目、符合土地利用总体规划并完成征地手续的项目、部分拟建重点项目等纳入总体规划，大商交易所、大北国际物流交易中心等13个项目用地已纳入大连市城市总体规划，为推进项目落实扫清障碍。协调大连市规划局工作人员到甘井子区进行现场办公，对制约区域经济社会发展和项目落实的规划难题提出合理化建议。革镇堡街道北片区2单元控制性详细规划、中国一重石化装备基地所在区域控制性详细规划修编、体育中心东南侧地块与部队土地置换相关规划问题等已报经大连市规划委员会研究；对张前路乐都汇购物广场北侧商业用地给予确定；由家地块(二期)改造项目调整产业及居住用地比例已通过大连市规划委员会研究，并核发《规划条件》。

(撰稿人:任明宇 审稿人:王正纲)

城乡建设

【概况】 2014年，甘井子区城市建设管理局以生态绿化、基础设施建设为重点，投资4.3亿元，实施56个城建项目。主要包括青山生态系统工程、“五个一”工程(改造一片弃管楼院项目、改造提升一条路街环境项目、新建一处停车场项目、新建一处市民健身场所项目、新建一处集贸市场项目)、“暖房子”、“一街一景”、市政道路维修、环卫设施、节日亮化等内容，提升了城市的功能和承载力。协调推进污水处理、道路照明等城市基础设施项目建设，加强防台防汛、国有山林防火、城市除雪、供热等季节性工作。制定《甘井子城市管理手册》，内容涵盖精细化城市管理等10项城市管理规章制度，为城市管理提供依据，通过开展“6+1”(6即整治停车秩序、占道经营、占道烧烤、清理橱窗大字、卫生死角、建筑工地；1即高铁沿线市容环境)市容环境集中整治行动和“十日集中整治”行动，全年保持环境整治高压态势，提升全区城市管理水平。当年，甘井子区城市建设管理局获得“迎十二运道路和绿化建设突出贡献单位”、“人大代表建议、政协提案办理工作先进单位”、“城市建设管理和环境整治组织奖”、大连市“五个一”工程综合奖第二名及改造集贸市场项目优胜奖。

改造后的红旗彩霞园文化广场

【青山生态系统建设】 2014年，甘井子区城市建设管理局组织全区城市街道开展青山生态系统工程，实施森林街道、花园式单位、开发小区绿化、公园绿化、道路绿化等5大项绿化工程。全区（建成区）超额完成任务，绿化面积约175万平方米，栽植树木66万余株，投资2.7亿元。

【游园绿地建设】 2014年，甘井子区城市建设管理局为改善居民生活环境，提高社区环境综合指数，区财政投入2000万元，新建南岭人家、兴盛园、华中园、兴顺园、秀山园、华中园、华兴园二期、华振园、永明游园、郭家街小区游园、周顺游园11个社区游园项目。占地面积30余万平方米，增设凉亭、广场、座椅、护栏等休闲设施，配置花草植物、方砖步道等。完成岭西路、明珠路、甘南路、龙华桥主次干道绿化工程，绿化面积40余万平方米。

【实施“一街一景”建设】 2014年，甘井子区城市建设管理局在9个城市街道实施“一街一景”项目建设。完成万成游园、兴昌园、七胜园、祥和游园、盛世游园、王家桥铁路小区游园、金荣路楼院花坛改造、锦华小学游园、珍珠泉街游园、九匹马休闲广场、绿园小区旧区改造项目11个。新增绿地面积10.8万平方米，栽植树木9万株，栽植模纹8万株，花卉2万株。

【城市亮化工程】 2014年，甘井子区城市建设管理局为迎接元旦和春节来临，美化城市环境，烘托节日气氛，投资180余万元，实施节日亮化工程，增设投光灯450盏、LED晶晶亮灯串5万余串、中国结360个。整个工程采取“四点一线”布局（四点，即区政府广场、机场广场、迎客石广场、华南广场及迎客路）。其中，区政府广场设置大型灯笼8个；机场广场设置城市景观画卷，播放具有大连特点的城市画面及节日画面；迎客石广场设置中国传统剪纸画羊造型景观小品；华南广场设置景观树，周边配有“恭贺新春”、“三阳开泰”、“合家团圆”祝福语；迎客路则按惯例设置“中国结”。

【街巷路维修工程】 2014年，甘井子区政府将道路维修作为为民办实事项目之一。区财政投资1400余万元，维修辖区9个城市街道内46个地块的街巷路，维修面积15.5万平方米，整个工程共分三期实施。主要维修辖区破损的老旧弃管楼院方砖步道及楼间道，改善老旧楼院步道坑洼不平，雨后积水、污水外溢等百姓关心的热点问题，涉及20余个小区，惠及10余万户居民。

【“五个一”工程建设】 2014年，甘井子区城市建设管理局协调推进“五个一”各项建设

迎客路节日亮化工程

金龙寺森林公园停车场

工作。改造弃管楼29栋，建筑面积约10万平方米，主要分布在甘井子、周水子、兴华、中华路、椒金山等街道。改造松江路、山东路、华北路3条路街，全长4.2千米。改造楼体187栋，建筑面积52.6万平方米，改造内容为楼体防寒保温、屋面防水处理、立面粉刷及牌匾整治等。新建停车场1027个泊位，主要分布在大连湾街道体育公园、红旗街道王花线、营城子街道金龙寺公园和前牧小学以及楼院等区域内，缓解了甘井子区停车难问题。新建彩霞游园市民健身场所。该园位于红旗街道，占地面积2.7万平方米，新建登山路径、柏油路、广场、健身器材。新建永兴农贸市场位于中华路北，建筑面积约5000平方米，设有300余个摊位，满足了周边多个住宅小区居民日常生活需求。

【"暖房子"工程】 2014年，甘井子区城市建设管理局完成全区90万平方米既有居住建筑节能及供热改造任务，改善居民供暖环境和居住条件，投资2.7亿元，改造楼体314栋，惠及1.61万户居民，主要分布在山东路两侧、松江路沿线、王家桥小区、华北路、宏孚小区等，覆盖兴华、周水子、椒金山、泉水、甘井子和中华路街道。

【城市管理考核】 2014年，甘井子区城市建设管理局按照《甘井子区城市管理工作考核办法和细则》的要求，制定《甘井子城市管理手册》，内容涵盖精细化城市管理、市容环境门前"六包"规定、规范停车秩序等10项城市管理规章制度，为城市管理提供依据。坚持日巡查、周检查、月通报，在各街道城市管理队伍建设和经费投入、环境卫生、市容环境、园林绿化、占道经营、广告牌匾等方面加大检查考核力度。组织召开集中整治部署会、推进会、拉练会等12次，进行周检37次、通报11次，在市政府工作绩效考评工作中，甘井子区城市管理项目排名第二。

【市容环境专项整治】 2014年，甘井子区城市建设管理局按照全区城市管理暨社会环境综合整治工作会议部署，集中开展全区市容环境综合整治，以占道经营、占道烧烤等6个方面为重点内容，以高铁沿线为重点区域，先后开展"6+1"市容环境集中整治行动和"十日集中整治"行动。清理违章建筑1165处，9.8万平方米、店外店5230处、占道经营6311处、露天烧烤790处、占道灯箱4854处、条幅4315处、广告牌匾3161处、橱窗大字2507处、拱门341个、占道修车365处、占道堆放937处。清理粘贴野广告10万余张，粉刷喷涂野广告3000余平方米，清运垃圾5.7万吨。

【环境卫生及绿地养护管理】 2014年，甘井子区城市建设管理局完成1560万平方米道路和45座公厕的保洁任务，收集、除运城市生活垃圾30余万吨。升级改造甘井子公园、华松、姚家公厕，制定和施行《甘井子区物业小区管理考核方案》，对全区物业小区环境卫生进行监管和考核。强化公共绿地树木配植、行道树补植及植被病虫害防治等养护管理，强化450余万平方米公共绿地及9个城市公园管理。完成全区72万平方米弃管绿地的病虫害防治及5835.4万平方米国有山林的养护和抚育等日常维护管理工作任务。

【防震减灾】 2014年，甘井子区城市建设管理局为宣传贯彻《中华人民共和国防震减灾法》，在全社会普及防震减灾知识，增强全民防震减灾意识，区城建局防震减灾办公室于5月12日在全区开展抗震应急宣传活动。活动中，通过悬挂标语、画板展示、发放宣传单等形式向市民宣传相关的法律、法规、条例以及有关避险常识，共发放宣传单5000余份，摆放展板16块。

【护林防火】 2014年，甘井子区城市建设管理局严格管理和监督护林防火工作，加大市民防火意识宣传力度，与甘井子、椒金山、泡崖等3个临山街道签订护林防火责任状，坚持巡查联防和防火期内24小时值班制，严把源头，减少损失。当年，区城建局在防火期内共接到火警报告21次，国有林地发生火情3次，国有林地过火面积2800平方米。

弃管楼院改造后的杨柳街民居

【防台风防汛】 2014年，甘井子区城市建设管理局贯彻“安全第一，常备不懈，建防并举，全力抢险”的方针，做好防台防汛工作。在汛期到来之前区城建局召开汛前动员会，成立防台防汛领导小组，组建抢险队伍，落实防汛物资储备。特别是在抗击强台风“麦德姆”袭击中，共组建抢险队伍41支、人员近2000人；储备吊车、挖掘机等机械设备121台，编织袋近3万条，并与相关单位签订物资、机械、人员使用协议书，物资、人员等随调随到。督促各街道做好险墙、高大挡土墙、险房、低洼区及在建工地等重点地段的加固和防汛工作，下达《整改通知书》100余份，协调和组织维修怡宁路10号、椒金山隧道南口等8处挡墙，确保城区安全度汛。

【冬季除雪】 2014年，甘井子区城市建设管理局城市除雪工作贯彻市、区除雪指挥部的工作部署，将环卫作业市场作为除雪工作主体。当年，全区共进行除雪7次，其中，中雪3次，小雪4次，出动专业除雪人员8000余人次，各种机械设备500余台次，撒融雪剂1000余吨，完成900余万平方米城市道路冬季除雪任务。

【供热管理】 2014年,甘井子区供热管理办公室、各街道供热管理部门在供暖前,联合对全区42家供热企业、59座锅炉房、168座换热站供热准备情况进行全面检查,确保供热期首日供热开栓率100%。完善供暖应急处置预案,加强应急抢修队伍建设。开通供热投诉热线及供热投诉平台,安排工作人员24小时值班,解决投诉问题,确保投诉处理及时率100%,百姓满意率99%,保障全区供热面积4300万平方米,热用户43万余户冬季采暖。当年,区供热办受理群众信访21件,电话投诉731人次,网上投诉、咨询493件。

【建筑企业管理】 2014年,甘井子区城市建设管理局对建筑业管理以"保增长、促发展"为主线,完成全年各项管理工作任务,全区建筑业总产值实现221亿元。完成辖区内35名一级建造师和323名二级建造师初始注册工作;完成3名一级建造师增项注册工作和19名二级建造师增项注册工作;完成26名一级建造师和303名二级建造师注册证书及印章发放工作。受理一、二级建造师注册变更245人。

【建筑施工安全生产管理】 2014年,甘井子区建筑行业在建工程(包含暖房工程)总面积1000余万平方米,其中办理安全监督受理书涵盖工程98项。在日常检查中,对发现未办理施工许可私自开工的下发违法开工告知书58份。区安监站通过开展冬期、复工、春季、秋季建筑施工安全专项大检查工作,建筑工地大型机械安装、拆除、顶升专项整治活动、深基坑专项整治活动、防坍塌专项整治、"六打六治"活动(打击矿山企业无证开采、超越批准的矿区范围采矿行为,整治图纸造假、图实不符问题;打击破坏损害油气管道行为,整治管道周边乱建乱挖乱钻问题;打击危险化学品非法运输行为,整治无证经营、充装、运输,非法改装、认证,违法挂靠、外包,违规装载等问题;打击无资质施工行为,整治层层转包、违法分包问题;打击客车客船非法营运行为,整治无证经营、超范围经营、挂靠经营及超速、超员、疲劳驾驶和长途客车夜间违规行驶等问题;打击"三合一""多合一"场所违法生产经营行为,整治违规住人、消防设施缺失损坏、安全出口疏散通道堵塞封闭等问题)等,落实安全生产监管责任和企业安全生产主体责任,促进各项安全生产监管措施真正落到实处,及时消除事故隐患,杜绝重特大施工安全事故的发生。当年,共检查施工面积约4922万平方米,施工项目部829项次,单体工程8702项次,查出安全隐患4333项,下达限期整改通知书196份、建筑工程暂停施工令177份、违法开工告知书58份、办理起重设备安装718台、拆卸702台。

【建筑工程质量监督】 2014年,甘井子区城市建设管理局建筑工程质量监督站累计监督工程1654项,面积约1453万平方米,其中当年新受理监督工程415项,面积约561万平方米;监督竣工验收工程438项,面积约227万平方米;竣工验收备案工程392项,面积约176万平方米。针对建筑主体实体质量、钢筋规格等项目开展专项检查6次,涉及近千项单体工程,消除主体结构质量隐患。建筑工程质量监督站实行无缝管理制度,清查辖区内未办理监督注册手续擅自施工工程以及未竣工验收擅自投入使用工程,共检查违章项目44项,下达《停工通知单》44份,并上报市行政执法局备案。

(撰稿人:张旭臣 审稿人:林 健)

国土资源管理

【概况】 2014年，甘井子区已获批准总征地面积169981平方米，涉及新增建设用地总面积135152平方米，其中农用地134044平方米，耕地面积17842平方米。2014年是实施"十二五"规划的关键之年，也是面临经济下行压力与产业升级的转折之年，受宏观经济形势等因素影响，甘井子区用地需求明显下降。

【用地审批】 2014年，大连市国土资源和房屋局甘井子分局共完成16个批次及实施方案的征地件的受理组卷报批工作，报批总面积849589平方米，涉及新增建设用地总面积496495平方米，其中农用地转用面积430883平方米，耕地面积127179平方米。截至年末，已获批准5个批次。完成2014年工业用地储备计划的编制工作，收储土地总面积468695.4平方米；完成一项10670平方米工业项目的前期费用审核、综合地价评估和挂牌工作；完成7个工业项目供地件的审批工作，审批划拨和出让国有建设用地总面积229601.6平方米，其中划拨国有建设用地总面积14208.8平方米，出让国有建设用地总面积215392.8平方米；制定并通过甘井子区工业用地出让方案初审办法，完成国有建设用地动态监测与监管系统中涉及工业项目供地件的录入和上报工作。监管10万平方米以下建设项目97宗，其中44宗地已竣工并完成网上填报；开展建设用地动态巡查，完善项目开、竣工申报制度，制定未按期开、竣工项目的处置措施及处置程序，下达《开工提醒通知书》等各类通知书26份；将审批后监管考评结果作为新增建设用地指标分配、节约集约用地评价的重要依据。

【耕地保护】 2014年，大连市国土资源和房屋局甘井子分局完成2014年区政府和各街道（有耕地的涉农街道），街道和所属各村委会耕地保护责任书的层层签订工作，对占用耕地全部进行异地占补，加大了耕地保护力度。

【土地规划】 2014年，大连市国土资源和房屋局甘井子分局完成了地籍档案的规范化和信息化管理工作，为全部土地登记档案均建立电子档案，夯实地籍管理的基础建设。

【地籍管理】 2014年，大连市国土资源和房屋局甘井子分局完成土地使用权初始登记56宗，土地使用变更登记10宗，土地使用权抵押登记31件，权属查询330余宗，协助各单位查封土地备案51宗。完成2013年度的土地变更调查和卫片执法检查工作

大连市国土房屋局甘井子分局组织开展以"节约集约利用土地，转变土地利用方式"为主题的宣传活动

(土地卫片执法检查:根据某个地区的土地卫片,来监督、检查其辖区内的土地利用行为,及时发现违法行为,加以处罚,以达到合理保护土地的目的)。对44个村的集体土地所有权进行地籍调查,并完成农村集体土地所有权登记发证工作。开展农村集体建设用地和宅基地的地籍测量和地籍调查工作,截至年末,已完成4965万平方米,占总任务量的86%。进行土地的外业测量工作8宗,受理和协调解决土地使用权属争议5宗次。

【矿山管理】 2014年,大连市国土资源和房屋局甘井子分局受理完成省、市、区级矿业权审批审核2件;完成大连小野田水泥有限公司玉山石灰石矿地质环境治理工作;开展地质灾害排查工作,并确定2个地区为汛期重点防范地质灾害隐患点;完成甘井子区矿业权设置方案编制以及国土资源部备案工作;修编《2014年甘井子区地质灾害应急预案》,并于6月报区政府批准后实施;完成矿山地质环境保护与恢复治理方案编制工作,保证金全部收缴入户。当年,征收矿产资源补偿费5.72亿元,保证金104.22万元,采矿权使用费2.03万元。

(撰稿人:李 琪 审稿人:成国建)

城市管理行政执法

【概况】 大连市城市管理行政执法局四分局,为大连市城市管理行政执法局派出机构,是大连市甘井子区城市建成区域的城市管理行政执法机关,主要负责甘井子区建成区域甘井子、椒金山、泉水、泡崖、中华路、兴华、南关岭、周水子、机场街道和南关岭火车站地区的城市管理行政执法工作。2014年,大连市城市管理行政执法局四分局以"胆子要壮、步子要稳、能干事、不出事"为工作思路,拆除违法建设506处,19431.92平方米,受理信访投诉案件2702件,接待群众来访125次248人,信访案件时限回复率100%。办理市人大建议2件,市政协提案3件,甘井子区人大代表建议2件,满意率100%。审核案件189个,办结行政案件47件(强拆案件35件、自拆案件6件、处罚案件6件),完成"小田案件"《行政处罚决定书》的下达工作,组织执法业务培训11次。参加甘井子区组织的市容环境拉练检查22次,集中整治6次;自行组织集中整治35次。在大连电视台等主流媒体刊(播)发11次58篇专题报道,在市机关党建网发表信息82篇。

【市容环境执法】 2014年,大连市城市管理行政执法局四分局按照市行政执法局部

城市管理行政执法四分局领导班子研究市容环境集中整治"百日行动"工作

小记者执法体验日活动

署，以“市容环境清理整治百日行动”为主线，以甘井子区建成区18条主干路、6个重点区域、群众投诉举报、媒体曝光、社会关注的热点区域为整治范围，以占道经营、露天烧烤、店外店，违规设置广告牌匾，损毁、占用绿地为重点整治内容，按照“严禁区”、“严控区”、“控制区”，分层次对市容进行管理。在“严禁区”、“严控区”对违法行为实行刚性执法，对社会影响大，群众反映强烈的违法行为坚决予以纠正。在便民不扰民的原则下，协调辖区街道在“控制区”，划分集中经营区域，对流动商贩、露天烧烤进行集中管理，从源头上解决市民需要和城市管理上的矛盾。对执法相对人，采用宣传教育为主、行政处罚为辅的原则，引导其自觉遵守各项城市管理法规。当年，清理店外店5221处、占道经营7080处、流动商贩7822人次；露天烧烤1120处、占道灯箱4508处、道旗334处、条幅4333个、橱窗大字41400处、拱门403个、占道洗修车499处、占道堆放1787处，清运垃圾120吨。

【违法建设治理】 2014年，大连市城市管理行政执法局四分局按照市行政执法局、甘井子区政府对违法建设整治的总体部署，本着有举必查、有违必究的原则，加大违法建设的整治力度。对主干路两侧及广场、车站等繁华重点商业区域内违法建筑实行“零增长”严控。对2013年全市集中拆除后复建的违法建设进行摸底排查，并全部进行拆除。配合区相关部门对“586棚户区改造”项目、“暖房工程”项目进行施工保障，对影响工程的违法建设进行强制拆除。当年，累计拆除违建506处、19431.92平方米，清理广告牌匾2609处。

【专项执法工作】 2014年，大连市城市管理行政执法局四分局根据市行政执法局《市容环境集中整治(中小学校校园周边)专项行动实施方案》要求，对辖区内3所高校、47个中小学校周边进行集中清理整治3次。共清理无证商贩287人次、店外店217处、私搭乱建7处，拆除违法临时建设2处(30余平方米)，清理占道经营22家，清除条幅14个，清理店外乱堆乱放2家、灯箱广告牌2个、烧烤4家，杂物18吨。依据职能分工，协同公安、交警等部门，依法对超限超载车辆进行严肃查处，全年共检查运输车辆503台次。对辖区26个房地产开发项目进行建档管理，检查开发项目30个，查处1起违规预售商品房的案件。

(撰稿人：宋现伟、罗　冲　审稿人：李乃杰)

城乡管理行政执法

【概况】 甘井子区城市管理行政执法局负责大连湾街道、红旗街道、辛寨子街道、革镇堡街道、营城子街道等5个非建城区的城市管理行政执法工作。年初,甘井子区执法中队根据市执法局统一安排更名为甘井子区执法大队。甘井子区城市管理行政执法局改革和创新执法方式方法,注重建立和完善长效管理机制;寻求执法与服务的和谐对接,着力解决领导关注、群众关心的热点难点问题;实行"事前教育提醒,事中纠正查处违章行为,事后检查督促整改情况"全方位、全过程的监管机制;重点开展社会环境综合整治、拆除违章临建专项整治、排渣撒漏无证运输占道修(洗)车等交通违法行为专项整治、市容环境专项整治等活动,城市环境面貌得到明显改善。当年,办理行政处罚案件14件,收缴罚款61.1万元;受理群众举报投诉585件,办结率100%。民心网办结件中获得5星件12件,10星件2件。办理区人大、政协提案建议18件,满意率100%。区执法局在"五一"国际劳动节暨先进单位劳动模范和特别劳动奖表彰大会上被评为"大连市先进单位",被甘井子区人民政府评为人大代表建议、政协提案办理工作先进单位、甘井子区环境整治贡献单位;胡家成被中共辽宁省委、辽宁省人民政府授予"一等功"荣誉。

【市容环境卫生执法】 2014年,甘井子区城市管理行政执法局按照市政府关于开展市容环境综合整治的要求和全域城市化标准,结合文明城市创建活动,坚持局集中统一协调与属地化负责相结合、突出重点区地域与解决百姓诉求相结合、依法管理与教育疏导相结合等灵活多样的方式,为保障日常执法不留"死角",不断拓展巡查频度、广度和深度,实现主次干道"日日清",扩大村屯街巷巡查幅度,全年节假日无间断监管。对辖区内繁华商业区、校园周边、主干路等重点区域和地段进行看守;开展校园周边环境整治;开展集贸市场、早夜市、店外摆卖、户外烧烤清理整顿;开展户外广告牌匾、店招店牌专项清理整治;开展冬季除雪、春季防火等应急执法保障;开展"门前三包"宣传教育和执法检查等活动。清理和规范户外广告牌匾、灯箱招手牌、条幅7132个;占道经营、露天烧烤、校园周边摆摊设点15886处;店外店、店外搭棚、乱堆乱放7219处;野广告、橱窗大字19054处;规范流动商贩15436人次;确保全区市容环境的整洁有序。

夏季烧烤专项整治中,动用吊车对阻碍执法的车辆实施拖引

【专业执法】 2014年，甘井子区城市管理行政执法局直属房屋执法大队，对辖区内房地产开发项目进行全面检查，督促建筑商完善相关档案，对存在问题的项目进行查处；开展房地产交易秩序大检查。加大了对无手续销（预）售商品房、未做白蚁防治、擅自装饰装修等违章违法行为的查处力度；开展施工工地专项整顿，检查施工工地1305次，加强工地围挡、出入口的管理，防止排渣车辆碾带泥土上路；开展冬季除雪执法检查。

【综合整治工作】 2014年，甘井子区城市管理行政执法局落实区委区政府关于社会环境综合整治工作部署，坚持全局统一指挥协调与派驻大队属地负责相结合，宣传教育疏导与依法严格管理相结合，日常执法巡查与集中专项整治相结合，以保障“两城四区”建设。开展执法保障工作，重点开展保障大连湾临港装备制造业聚集区、西城国际商务旅游区、大连生态科技创新城、大连体育中心等区域的综合整治。围绕全区重点工作，区执法局共拆除违法建设和建筑125处，总计50079.4平方米。

【专项治理工作】 2014年，甘井子区城市管理行政执法局与区交通局、区交警大队联合开展占道修（洗）车、无证运输、排渣撒漏等交通违法行为专项整治。查处占道洗修车1408台，排渣撒漏车辆93台，查扣“三车”（摩托车、运营人力三轮车、运营残疾人专用车）47台。与工商、文化等部门配合开展音像制品和非法出版物专项整治；与工商、卫生、食品药品监督等部门联合进行食品黑加工点整治，查处废品收购站120家；与电业局联合开展保护电力设施行动；与城建局联合开展占用城市绿地及劈山毁林专项整治；与交通、交警、教育等部门联合开展校车安全专项检查。

【法制建设】 2014年，甘井子区城市管理行政执法局以将依法执法、文明执法、公正执法、廉洁执法的总要求落实到执法实践中为重点，加强对执法人员的执法业务培训。改进执法方式方法，实行说理式执法；推行行政执法信息化建设，给予当事人自我改正的机会，坚持执法与教育相结合；开展“执法规范年”活动，推行“执法前置工程”，从年初起对全区重点建设项目及周边全面盘查，做到“早介入、底数清、早执法”，提早抓好重点项目的保障工作。严格执行行政执法自由裁量权指导标准，按照全市统一的自由裁量权指导标准执行，避免了行政处罚的随意性，同时把标准在网上进行公示，接受相对人监督。严格落实行政执法责任制和执法过错责任追究制度，对有过错的执法人员按照过错责任追究制度追究责任。

（撰稿人：谢芳群　审稿人：谭　军）

开发建设中心

【概况】 2014年，甘井子区开发建设中心完成棚户区1821户改造工作，推动大连生态科技创新城公租房装修工程施工，新机场回迁区回迁楼已开工建设，大连北站回迁楼完工，完成全区16宗地块挂牌工作，总建筑面积约221万平方米。

【土地储备】 2014年，甘井子区开发建设中心完成2015年土地储备计划上报工作。其中，经营性建设用地87宗，面积约1403万平方米；集体土地征收项目36宗，面积约1436万平方米。完成运达由家一期及回迁区遗留费用、红旗韩屯地块费用审计工作；完成营城子双台沟TT小镇地块的费用审计工作；完成金荣路42号及周边旧区改造项目、大连液力机械厂周边改造项目、由家村二期项目、大橡塑二期改造项目、甘井子区西部通道东、南松路北宗地项目、新水泥路南侧改造项目的测绘、评估、费用测算工作;完成大连电镀有限公司及周边改造宗地非住宅测绘、评估工作;完成久隆建筑机械厂改造项目净地工作;完成旅顺北路南侧、辛寨子小学西侧宗地测绘工作。

【公租房建设】 2014年,甘井子区开发建设中心完成大连生态科技创新城公租房装修工程的设计、监理、施工招标及合同签订工作,推动装修工程施工。

【棚户区改造】 2014年,甘井子区开发建设中心完成甘井子区棚户区改造任务,改造包括三个项目:新机场沿岸商务区改造棚户区、大连湾李家二期A、B地块棚户区、大连湾前关矿坑地块棚户区,三个项目总拆迁户数1821户。

【地铁项目动迁遗留工作】 2014年,甘井子区开发建设中心与4户住宅、3家非住宅签订地铁项目动迁补偿协议,拆除面积3000余平方米;完成地铁红旗西路站25户住宅动迁异地安置工作。

【哈大高铁项目动迁遗留工作】 2014年,甘井子区开发建设中心完成哈大高铁甘井子段动迁费用审价工作;协调审核机构,对哈大高铁甘井子段地下自来水、煤气管网迁移费用进行审核确认,推进验工计价工作。

【临空产业园项目】 2014年,甘井子区开发建设中心组织相关街道及村完成临空产业园项目住宅动迁摸底核量工作;拟定该项目《房屋征收公告》;完成该项目房屋建设时点招标及评估结果审核招标工作;完成新机场前关回迁区项目净地交接,推进新机场回迁楼项目建设。截至年末,回迁楼已开工建设。

【大连北站回迁楼项目】 2014年,大连北站回迁楼项目全部建成,并与建设单位签订回购协议,开展安置准备工作。该项目选址于大连市第十九中学北侧地块,主要用于哈大铁路、丹大铁路、大连北站及路网动迁居民的回迁安置,总占地面积3.33万平方米,总建筑面积8.7万平方米,住宅面积6.6万平方米,总户数872万平方米。

【东海旧区改造项目】 2014年,甘井子区开发建设中心完成1户非住宅补偿工作,配合周水子街道完成31批(共计381户)住宅补偿协议签订工作,完成300户过渡安置费发放工作。

(撰稿人:宋丽然　审稿人:曲　肃)

交通·环境保护

公路交通

【概况】 2014年,甘井子区共有村级以上公路129条444.2千米。按行政等级分,全区公路里程中,国家级公路2条,55.6千米;省级公路1条,30.3千米;县级公路9条,86千米;乡级公路32条,108.7千米;村级公路85条,163.6千米。按技术等级分,一级公路119.4千米,二级公路128.5千米,三级公路142.4千米,四级公路53.9千米。公路密度75.1千米/百平方千米。全区有各级公路桥梁62座、2874.5延长米。其中:大型桥梁8座,1417.8延长米;中型桥梁11座,582.5延长米;小型桥梁43座,874.2延长米。有隧道1道、980延长米。当年,甘井子区交通局加快公路基础设施建设,加大辖区货运市场(站)建设,完善运输服务网络。

【公路建设】 2014年,甘井子区交通局续建道路工程36.6千米,概算投资44.55亿元,其中动迁费14.4亿元,工程费21.55亿元,其他费8.6亿元。区交通局全年承建公路建设工程6项,总里程43.2千米,完成工程总投资约1.37亿元(不含动迁费)。当年,区交通局承建的农村公路大修工程项目1项,总里程0.9千米,完成投资额总计0.02亿元。

【丹东至东兴公路东甸子至桑树底段】 丹东至东兴公路东甸子至桑树底段起点位于鞍子山村东甸子,终点位于桑树底,全长12.4千米,二级公路,

2014年甘井子区公路工程建设情况表

工程名称	区间	里程(千米)	开工日期	竣工日期	建设性质	路面宽(米)	投资(万元)			备注
							动迁	工程	合计	
总计		80.65							459469.2	
丹东至东兴公路	东甸子-桑树底	12.4	2013.10.12		续建	18		16500	16500	滨海公路
渤海大道	毛莹子-后盐立交桥的北侧202国道	7.4	2013.5.1		续建	31		67000	67000	路基标段
棋南线	中华路与山东路交叉口-棋盘村	7.3	2011.9.6		续建	30	110000	73000	218000	其他费35000
河周路一期	夏家河子-锦双线	9.5			续建	20	34000	59000	144000	其他费51000
黑大线	检查站—周水子	7.1	2014.4.30	2014.11.11	中修	25.5		2443	2443	
黑大线	辛寨子—信台子	14.8	2014.4.30	2014.8.31	中修	18.5		4823	4823	
马北线	马栏子—棠梨	6.2	2014.6.1	2014.11.11	中修	21		1491	1491	
张前线	张家—夏家河子	10.7	2014.5.20	2014.9.20	大修	21.5		3577	3577	
马大线	马屯—土羊高速桥下	1	2014.6.30	2014.8.12	中修	16		320	320	
羊革线	羊圈子—张前线	3.4	2014.9.1	2014.11.20	中修	9		1087	1087	
台后线	台后线的羊革线-后革	0.9	2014.5.4	2014.7.30	大修	7		228.2	228.2	

道路建设施工

路面宽18米，双向四车道。工程自2013年10月开工以来，受动迁和设计变更影响，进展缓慢。截至年末，完成挖方15.2万立方米；填方11.3万立方米；钢筋混凝土边沟5760米；沥青混凝土下面层1.2万平方米；除K3+587、K6+841桥梁由于动迁原因未施工外，其余桥梁均已完成桥面混凝土铺装施工。除3座盖板涵由于动迁原因未施工外，其余盖板涵均已完成涵面混凝土铺装施工；完成工程造价4800万元。

【渤海大道甘井子段】 渤海大道全长7.4千米，共分四个标段。路基一标段全长1.7千米，自2013年5月开工以来，受动迁和机场商务区规划标高影响，完成1座箱涵，3道圆管涵和土石方6.9万方，完成工程造价500万元；后盐立交桥标段起点位于202国道，终点位于后关，全长2.3千米，城市快速路，路面宽31米，双向八车道。工程于2014年3月开工，计划2015年7月完工。受动迁和地下管网影响，桩基完成38根，承台完成13座，墩台身完成31座，墩帽完成7座，现浇箱梁完成3联，完成工程造价1950万元；渤海大道甘井子段跨土羊高速桥起点位于土城子，终点位于毛茔子，全长2.03千米，城市快速路，路面宽31米，双向八车道。工程于4月开工，计划2015年10月完工。受动迁影响，主桥桩基灌注完成70根，承台完成4个，墩身完成2个，盖梁完成1个，引桥桩基已经灌注完成121根，系梁浇筑完成34个，承台完成3座，墩柱完成16个，引桥桥台盖梁完成2个，完成工程造价7076万元；路基二标段全长1.4千米，中标价3781.9万元，正在进行施工前准备工作。

【棋南线】 棋南线起点为现有中华路与山东路交叉口，终点棋盘村海边，全长7.3千米，城市主干路，双向八车道。工程于2011年9月开工，为全力保障全运会前的建设任务，2012年11月停工。根据市政府相关要求，棋南线已列入市投资计划。2014年9月12日，区长办公会决定，重新启动棋南线建设，年内正在进行复工前的准备工作。

【河周路一期】 河周路一期工程主线起点位于夏家河子，终点位于锦双线，全长9.5千米。鞍子山隧道采用分离式隧道，左洞740米，右洞710米(考虑后期发展，中间预留2车道隧道位置)。连接线为主线与沈海高速公路营城子互通立交的连接道路。主线双向四车道，设计速度80千米/小时，路基宽30米，路面宽20米。连接线双向四车道，设计速度60千米/小时，路基宽26米，路面宽16米。河周路一期工程的土地预审、规划意见、环评等前期手续均已办理完毕，市发改委于2011

机器清扫路面积雪

年8月对该项目形成可行性研究报告。甘井子区于2013年10月完成设计招标。根据市政府相关要求,河周路一期已列入市投资计划。根据9月12日区长办公会决定,启动河周路一期建设,年内正在进行前期准备工作。

【黑大线检查站至周水子路面改造工程】 黑大线检查站至周水子路面改造工程起点位于南关岭街道检查站,终点位于周水子街道周水子桥,全长7.1千米,一级公路,路面宽25.5米,双向六车道。工程于4月30日开工,11月11日完工。

【黑大线辛寨子至信台子路面改造工程】 黑大线辛寨子至信台子路面改造工程起点位于辛寨子,终点位于营城子街道信台子,全长14.8千米,一级公路,路面宽18.5米,双向四车道。工程于4月30日开工,8月31日完工。

【马北线马栏子至棠梨路面改造工程】 马北线马栏子至棠梨路面改造工程起点位于沙河口区马栏子,终点位于棠梨沟,全长6.2千米,一级公路,路面宽21米,双向四车道。工程于6月1日开工,11月11日完工。

【张前线张家至夏家河子路面改造工程】 张前线张家至夏家河子路面改造工程起点位于张家村,终点位于夏家河子,全长10.7千米,一级公路,路面宽21.5米,双向四车道。工程于5月20日开工,9月20日完工。

【马大线马家路段路面及排水系统改造工程】 马大线马家路段路面及排水系统改造工程起点位于马屯,终点位于土羊高速桥下,全长1千米,二级公路,路面宽16米,双车道。工程于6月30日开工,8月12日完工。

【羊革线路面改造工程】 羊革线路面改造工程起点位于滨海路羊圈子,终点位于张前线,全长3.4千米,二级公路,路面宽9米,双车道。工程于8月完成招标工作,9月1日开工,11月20日完工。

【台后线台子桥至后革村农村公路大修工程】 台后线台子桥至后革村大修工程项目起点位于台后线的羊革线,终点位于台后线的终点后革村。全长0.9千米,路面宽7米。该工程由大连力和公路工程有限公司施工,工程总投资228.2万元。5月4日开工,7月30日完工。

【公路养护】 2014年,甘井子区交通局对所辖路段进行养护工作,全区县级以上公路实现日常养护全域覆盖。完成路面保洁62959万平方米,公路绿地保洁3862万平方米,修剪路树2768株,清理边沟5.8立方米/千米,桥涵清淤

15.6立方米/座，清运村屯路垃圾约420吨。对辖区内的丹绥线、马大线、锦双线等进行翻浆处治，共处治4637平方米，水毁799平方米，完成黑大线、张前线、姚砬线等7条线路管网挖掘恢复工作，共恢复路基路面4.3万平方米，维修钢护栏94节，更换交通标志169套，修补坑槽430平方米，更换水篦子、雨水井盖1681套，维修浆砌边沟421.5立方米，维修路缘石2081延长米。截至年末，全区乡道例养里程108.7千米，期末好路率76%。

安全生产签状仪式现场

【示范路创建工作】 2014年，甘井子区交通局为营造安全、畅通、舒适、优美的路域环境，提升路域环境质量，完成2条路线2个路段15.7千米精品示范路创建工作，占国省干线精品示范路养护里程18.5%。累计修建鹅卵石人行步道760延长米，路基整修960延长米。安装道口标柱80根，安装防撞柱118根，更换雨水井水篦子86套，实施道口硬化1472平方米，修建防撞墙、防护墙735立方米；更换路缘石1804延米，维修浆砌边沟307立方米；更换人行步道盖板227块；修建路缘石树池40个；维修台帽及挡土墙23米。

黑大线示范路

【道路运输】 2014年，甘井子区有从事道路运输经营业户33857户，比上年增长3.05%，其中货运业户32322户，客运公司2家，出租车公司16家，个体出租车281户，维修业户803户，运输服务业户433户。全区有各种营运车辆44550台，比上年增加22.08%，其中货运车辆42066台，出租汽车1621台，线路客车863台。货运车辆总吨位149629吨，比上年增加28.28%。运输经营范围涵盖普通货运、危险品货运、大件集装箱、厢式、零担、快运专项运输、货运配载、货运代理、中转、联运、汽车维修、汽车客运、出租车客运、车辆租赁及客、货运场站等所有道路运输项目。甘井子区交通局为道路运输车辆提供了完整的辅助服务运输场(站)、中转仓储库房、搬装机械等,运输车辆基本实现大型化、专业化、厢式化、信息化、高档化、环保化,适应和满足运输行业发展和市场的需求。扶持有形货运场(站)4个,分别为大连超通货运市场有限公司、大连滨港国际物流有限公司、大连昌润物流市场有限公司、大连厚德物流有限公司。

危险化学品应急处理演练

【道路运输管理】 2014年,甘井子区交通局严把行政许可、质量信誉考核、车辆技术认定、营运车辆审验关,强化经营资质监管。当年办理道路运输经营许可4257户,为营运车辆办理道路运输证6244台,审验营运车辆34165台,为机动车维修企业实施质量信誉考核677户,货运类信誉考核205户,场站运服类质量信誉考核234户。加大社会环境综合整治力度,查扣无证经营车辆90台,查扣违法车辆证件213件。加强源头监管,查扣未按规定维护或综合检测车辆证件365件,维护全区道路运输市场的稳定与发展。春运期间,组织辖区客运公司投入客运班车517台,运送旅客697万人次。投入出租车运力1471台。做到车辆技术状况安全性能全部达标,从业人员全部持证上岗,无任何伤亡事故发生。开展绿色维修企业创建工作。大连裕迪汽车销售服务有限公司等4家维修企业被评为“大连市绿色维修示范企业”,大连中升搏勒汽车销售服务有限公司等40家维修企业被评为“绿色维修达标企业。”

运管部门对车辆维修市场进行专项整治

【水运市场建设】 2014年,甘井子区有水运企业5家,船舶17艘。其中,货船15艘,运力14408吨,比上年增加26.1%;旅游客船2艘,客位100个,与上年持平。当年,完成货运量32.4万吨,比上年减少10%;货运周转量73513万吨千米,比上年减少13.3%;完成客运量0.2万人次,比上年减少9.09%。管辖港口企业1家;

水运辅助企业 24 家，比上年减少 5 家；船舶修造企业 307 家，比上年减少 8 家。

【交通运输安全生产监管】 2014 年，甘井子区交通局同辖区危险品道路运输经营业户、出租汽车客运公司、线路客运公司以及个体出租汽车经营者全部签订《年度安全生产责任状》。完善各类突发事件应急体系和应急预案，组织危险品运输车辆应急演练 3 次。通过开展安全生产隐患排查治理、安全生产月等专题活动，加强对危险品货物运输、辖区客运机动车辆维修、水路运输、公路建设的专项安全检查。加强对施工工程安全隐患排查力度，在重点地段指定专人看守。集中对辖区危险品运输企业、维修企业及水运企业进行安全隐患排查，发现问题及时整改。

(撰稿人:隋慧媛 审稿人:杨万德)

环境保护

【概况】 2014 年，大连市环保局甘井子分局以改善和提升城乡环境质量、保障群众利益为目标，以污染减排和环境整治为重点，以“为民务实清廉”为主题，开展党的群众路线教育实践活动和“工作落实年”活动，抓好环保各项目标任务的落实。当年，累计征收排污费 6546.53 万元。加强环境执法，严肃查处环境违法行为，查处违法案件 168 件，收缴罚款 206.5 万元；落实目标责任，抓好总量控制，污染减排工作取得实效，在全市考核中获得优秀；开展区域环境综合整治，搞好污水、大气集中治理，严格持证排污；查处信访问题，办结各类环境信访 2541 件；开展畜禽养殖调查，对辖区 5 个涉农街道，38 个自然村进行实地走访调查，调查 300 余户。加强建设项目管理，服务区域发展大局，严格环境准入，提高审批效率，在大连生态科技创新城开辟绿色审批通道，服务保障好发展全局。完成建设项目审批项目 308 项，建设项目竣工验收 198 项；加强建筑工地监管，集中开展中考、高考、自考等期间的“绿色护考”行动，出动执法人员 2100 余人次、执法车辆 850 余台次，对建筑工地开展昼查夜巡，开展夜间专项检查 6 次。

【控排减污】 2014 年，大连市环保局甘井子分局针对甘井子区企业污染物排放情况按照“摸清底数、控制排放、减少污染”的要求，制定全区年度污染物减排计划，在重点对有减排潜力的 1 个涉水项目、3 个涉气项目企业跟踪检查、实时督促的基础上，深挖区域减排潜力。化学需氧量减排完成年度既定任务的 277%、氨氮减排完成年度既定任务的 284%、二氧化硫减排完成年度既定任务的 108%、氮氧化物减排完成年度既定任务的 106%，实现了全区连续 3 年在大连市政府主要污染物总量减排考核中为优，提前完成“十二五”污染物减排任务指标。

整治后的蟹子湾排污口

【大气污染防治】 2014年，大连市环保局甘井子分局为有效控制大气环境质量，防范雾霾天气，抑制扬尘污染，降低工地信访投诉数量，化解群众矛盾，保障群众环境权益，将建筑工地环境管理暨扬尘污染防控工作作为重点工作，组织开展集中检查、召开专题会议、严厉打击违法行为等，加大针对扬尘污染、夜间施工噪声的处罚力度。主要采取“条块管理、网格监管、分工包干、责任到人”的办法，对重点单位、重点区域进行昼查扬尘、夜查噪声，建立24小时全天候监管和事前监控制度。对群众反映强烈、投诉较多的天下粮仓、万科蓝山等工地负责人进行约谈，及时制止其违法施工行为。

【群众信访受理】 2014年，大连市环保局甘井子分局针对当前环境信访的特点，立足于“抓早、抓小、抓苗头”，把民意网信访件、上级督办件作为重大信访案件，坚持在第一时间与信访人沟通到位、第一时间处理到位、第一时间向投诉人反馈到位，采取专人负责、定时办结、意见反馈的方法，提高信访办结率和满意度。当年，受理各类群众信访案件2541件，其中12369信访投诉1998件、上级转办和民心网信访投诉案540件，市、区人大建议、政协提案3件，均实现了来信登记、办结率100%；群众满意率95%以上。对飘香烧烤店、大连鑫利达畜牧场、彤阳搅拌站、氯酸钾厂附近环境信访及大连水泥厂工地采石现场粉尘扰民、蟹子湾废油污染等环境问题信访，会同甘井子区行政执法局、环境监察支队、公安局等部门，主管局长负责，执法人员第一时间对信访问题进行了处理。

【排污收费】 2014年，大连市环保局甘井子分局严格执行排污收费相关政策，通过采取完善细化收费工作管理程序、加强排污现场核定和加大欠费追缴力度等多种措施，累计征收排污费6546.53万元。

【建设项目管理】 2014年，大连市环保局甘井子分局针对辖区面积大、区域广，企业多、需求大的特点，提出“变被动办理为主动服务”，采取“主动服务、提前介入、源头参与、全程跟踪”的办法，多次与区规划局、城建局、环评单位沟通和联系，主动了解当年拟建项目，完善服务流程。在受理、告知、领取批复、委托监测、申请验收中实行“一次性办理”，在立项审批、项目申报、材料准备、环境评价、取送报告中实行“一站式服务”。

【环境监管】 2014年，大连市环保局甘井子分局继续加强对重点企业、风险源企业和工业园区的环境监管。为确保辖区环境安全，制订《甘井子区环境风险源监察工作计划》将40家重大环境风险源

华侨养猪场对粪便采用沼气池处理方式进行无害化处理

纳入区域环境风险评估名单。组织开展环境风险源专项调查，完善环境风险源监管档案，并开展环境安全百日大检查活动。对存在环境风险隐患的单位，抓好整治。按照国家《“十二五”危险废物污染防治规划》以规范化管理为核心，强化危险废物转移年度计划申请的审核，对企业2013年度危险废物实际转移情况进行核查，对转移中存在的违法行为进行查处，现场核查企业87家，查处问题企业18家，处罚18万元。新增重点产生废品企业16家。加强日常危险废物转移监管力度，实行专项管理、专人负责工作制度，指派专人负责辖区内危险废物的网上转移联单审核工作，将考核责任落实到个人。采取横向参照、纵向对比、电话询问和现场核实等多种方式，对各单位申请转移的危险废物数量进行严格审核和依法进行转移，提高服务效率，确保严格按时限要求完成审核工作，提高转移审核工作管理的质量。

“环保进社区”有奖知识竞赛

【突发事件处置】 2014年，大连市环保局甘井子分局快速反应，及时处置环境污染事件。4月24日，7月10日海茂村蟹子湾先后2次发生油污事件后，分局立即根据上级和区委、区政府的指示，针对特定时期、特定环境，第一时间对现场进行勘察，制定清污方案，及时组织、指挥、协调相关部门和街道开展海上清污、油污清运。2次共清理污染面积约2.5万平方米，清理出含油废物193吨。

【环保宣传教育】 2014年，大连市环保局甘井子分局为提高全民的环境保护意识和绿色出行的理念，立足于“六五”世界环境日，开展环境保护和生态文明宣传，引导人们树立尊重自然、顺应自然、保护自然的生态文明建设理念。“六五”世界环境日期间、在13个街道、10个社区、2所幼儿园、15家大型企业100余个地点，通过悬挂宣传标语和LED电子屏滚动播出等方式开展环保知识的宣传和教育。同时结合国际消费者权益日、世界环境日宣传、“环保进社区”等一系列活动，开展环保知识竞赛、“低碳环保、爱我家园”、创建绿色学校和环保人物评选等活动。

(撰稿人:闫　珍　审稿人:张泽勇)

财政·税务

财　政

【概况】　2014年，甘井子区一般预算收入完成475311万元，比上年实际收入下降20.4%。一般预算支出完成541779万元，比上年下降0.6%。当年，区财政局被评为甘井子区“汇繁星、激活力、勇担当”公务员职业道德主题系列活动优秀组织奖、规范服务行为文明用语情景短剧比赛三等奖、“三八”红旗集体奖。

【强化依法依规征管】　2014年，甘井子区财政局面对严峻的财税形势，与税务部门和各街道配合，齐抓共管，形成合力，确保应收尽收。深入调研税源实情，了解企业生产经营情况，做好对纳税人的服务。提高税收征管水平，加强重点工程项目等领域税务稽查和税源征管，加大新居工程、土地增值税清算等领域征管力度。坚持“抓大不放小”，对比分析经济数据寻找税收增长点，深挖潜力，杜绝跑冒滴漏。从收入结构看，税收收入完成415140万元，占财政收入的87.3%，比上年下降19.2%；非税收入完成60171万元，占财政收入的12.7%，比上年下降27.6%。从征收部门看，国税部门完成82326万元，比上年下降13.1%；地税部门完成333101万元，比上年下降20.5%；财政部门完成59884万元，比上年下降27.8%。

【实施积极财政政策】　2014年，甘井子区财政局加强财源建设，落实重点项目督办制，培育先进制造业、高科技产业、现代服务业和总部经济集聚。落实结构性税费减免政策，减轻纳税人负担，促进经济平稳健康发展。当年，减免税收6亿元。投入7580万元，推进科学应用技术研发。严格进行土地储备前期成本审核，加快推进土地挂牌交易。

【改善民生支出】　2014年，甘井子区财政局贯彻落实厉行节约要求，严格控制压缩一般性支出，坚持公共化、均衡化、精细化，突出以人为本，提高基本公共服务水平，教育、社会保障、医疗卫生、文化、基础设施建设等民生方面支出36.8亿元，占财政支出的67.9%。

【教育事业支出】　2014年，甘井子区财政局支出1.4亿元用于周水子小学等校舍建设、维修，泡崖八区配套幼儿园、嘉文幼儿园、春田幼儿园装修改造，艺术教育中心改造等。支出4867万元，加大公办性质幼儿园补助力度。支出512万元，免除家庭经济困难幼儿托保费。支出1682万元，免除城市义务教育阶段教科书费用。支出787万元，提升校园周边安全技术防范配套设施。支出3245万元，为8.4万余名中小学生免费提供新校服。支出2130万元，为新建学校和小区配套幼儿园购置设备。

【医疗卫生事业支出】　2014

年,甘井子区财政局支出1472万元推进基本公共卫生服务改革,为流动人口提供免费基本公共卫生服务。支出1916万元,落实独生子女死亡、伤残家庭扶助金等计划生育扶助政策。支出81万元,提供免费孕前优生健康检查服务,推行免费避孕节育技术服务。

【社会保障和就业支出】 2014年,甘井子区财政局完成第15次城市低保提标,补助标准提高到每人每月570元。启动甘井子区三位一体多层次救助政策,发放城镇居民最低生活保障金等各类补助补贴资金6246万元。落实区级就业促进政策,发放公益性岗位补助,对失业人员进行就业技能培训,支出1.6亿元,为"4050"人员发放保险补贴。重视老年人福利,支出854万元,逐步扩大居家养老政策覆盖面。支出7922万元,保障优抚对象、义务兵、伤残军人、企业失业军转干部等群体利益。支出1982万元,助推残疾人事业发展,推进残疾人家庭无障碍改造、残疾人免费培训、残疾人机动车补助、残疾人托养等项目。支出4668万元,加强社区干部队伍建设,进一步提高社区工作人员的生活补贴和社会保险补贴。

【文化体育事业支出】 2014年,甘井子区财政局支出165万元,组织文体工作者和辖区居民参加全国群星奖活动,举办文化艺术节、春之鼓舞及百人写福迎春等文化活动。区图书、区档案馆与区文化馆均免费向市民开放。支出50万元,举办各项公益讲座。支出1651万元,完成区体育场改造项目。

【社会安全稳定支出】 2014年,甘井子区财政局支出4707万元用于提高立体化治安防控水平,强化社区、交通安全。支出536万元,加强生产安全和食品药品监管。

【基础设施建设支出】 2014年,甘井子区财政局支出4.8亿元推进两纵两横等道路、桥梁建设,完成明珠路、新水泥路、甘南路等道路绿化及环境整治。支出4957万元,完成既有居住节能改造工程。投入5000万元,拉动全社会参与青山生态系统工程。

【惠农政策落实支出】 2014年,甘井子区财政局支出33.5万元,在春耕前完成粮食直补、农资综合直补发放工作。支出269万元,加大小型农村水利建设投入。

【强化财政管理】 2014年,甘井子区财政局严格执行厉行节约反对浪费、国内公务接待管理办法等有关规定,强化"三公经费"和会议费管理。深化国库集中支付制度改革,加强财政专户管理,推进公务卡改革试点。加强地方政府债务管理,完善风险预警机制。开展政法转移支付专项检查和会计信息质量检查工作。完善政府采购程序,实现政府采购48560万元,节约资金8056万元,集中采购占采购总额的97%,全部委托政府采购代理机构进行招标。编制财力投资项目预算59项,预算金额总计56066万元;审核财力投资项目预(决)算196项、资金总计29203万元,审定金额22572万元。

(撰稿人:丛新洋 审稿人;宋庆生)

国家税务

【概况】 2014年,大连市甘井子区国家税务局内设机构15个、派出机构9个、事业单位1个。当年,共组织税收收入40.78亿元,比上年减收5677万元,下降1.37%;其中,国内增值税完成29.04亿元,比上年增收6071万元,增长2.14%;企业所得税完成11.68亿元,比上年减收1.19亿元,下降9.26%。实现地方级财力13.10亿元，比上年增收4655万元，增长3.68%。实现区级财力7.16亿元，比上年增收2510万元，增长3.63%。

【税收征管】 2014年，大连市甘井子区国家税务局共计入库税款1.51亿元，比上年增长54%。从2011年6000万元增长到2014年1.51亿元，非居民税收每年以千万级的速度稳步增长，实现“四连跳”。区国税局成立风险管理机构，加大税收风险管理力度，将房地产、混凝土等行业纳入重点监管范围，提升税法遵从度。当年，累计评估归档424户，补缴税款2116万元。参加2013年度区国税局所得税汇算清缴企业12785户，其中盈利户数占61.51%。加强企业所得税预缴率的管理，预缴率从84%提升至98.8%。区国税局切实把各项税收优惠政策落实到位，为纳税人减免税款共计4.48亿元；办理出口退税10.72亿元；办理多缴税款退税3.02亿元，比上年多退还1.38亿元，增长85%。

【纳税服务】 2014年，大连市甘井子区国家税务局开展“便民办税春风”行动，对上级取消的30种文书涉及的新文书和变化流程进行梳理、整合，率先新版涉税文书12种7.4万份，发放到办税服务厅，确保纳税人第一时间领用、填报新表。全面落实《全国县级机关纳税服务规范（1.0版）》，按照规范中规定的征管流程和涉税文书报表为纳税人办理业务。加强后续管理、严格监督，对已取消和下放的税务审批事项进行查找比对，组织职能科室抽取文书进行查阅，杜绝变相审批和重复审批。区国税局牵头发起并成立纳税人权益保护中心，中心领导小组成员包括区地税局、工商业联合会、纪委、法院、律师事务所人员及企业办税人员志愿者等，借助第三方力量引导纳税人正确履行义务、行使权利。当年，纳税人权益保护中心按要求回复市国税局12366热线转办问题87件，受理解决权益保护事项25件，使纳税人合法权益得到保护。启动纳税人网上办税推广工作，改造升级办税大厅，科学分割，提高空间利用率，使大厅便民功能进一步提升，为实现“同区通办”打下基础。市国税局主办的“科技服务双减负”成果展示会在区国税局召开，区国税局利用科技创新、实现内外减负的做法和成果得到与会人员的一致认可，并在《中国税务报》等媒体上报道。

【税务稽查】 2014年，大连市甘井子区国家税务局修订《税务稽查案件审理办法》，扩大审理委员会审议范围，统一标准，规范重案审理程序。建立每周审理制度，召开税务稽

区国税局工作人员进行市场税源调查摸底

区国税局工作人员深入企业帮助符合条件的纳税人了解小型微利企业所得税税收优惠政策

查案件审理会议 20 次,审议案件 201 户次。其中,审议通过 164 户次,退回补充调查或变更处理结果 39 户次,退回或变更率 20%,严肃了税收法制,打击各类税收违法行为,避免税款流失。当年,审结稽查案件 337 件,查补税款 994 万元,补、滞、罚款合计 1201 万元。

【队伍建设】 2014 年,大连市甘井子区国家税务局深入基层科所广泛征求意见和建议,抓住工作重点,找准薄弱环节,使指标设置充分“接地气”。在考评方式及考评过程中注重落实,确保每一项指标落到实处,实现过程可控、结果可考。率先试运行绩效管理信息系统,优化部分考核指标,构建综合评价模型,用完整、直观和量化的方式,对单位和干部进行综合评价,强化流程监控管理和痕迹管理,推进绩效管理现代化。完成全体中层干部的岗位交流工作,调整覆盖面 100%。选派青年干部充实到监察、宣传、人事等岗位,为职能科室注入新鲜血液。新增财务科、风险管理科 2 个部门,强化财务监督和风险管理职能,并对部分机构和工作进行调整整合,提升工作质效,充分调动各年龄段干部的工作积极性。

(撰稿人:张乃文　审稿人:王利剑)

地方税务

【概况】 2014 年,甘井子区地方税务局税务登记户数总计 92029 户,比上年增加 9470 户,增长 11.47%。受经济增长放缓、主体税源行业萎缩、重点税源企业减产减收等因素影响,组织收入规模有所下降。当年,组织各项收入 109.38 亿元,比上年减收 11.74 亿元,下降 9.69%。组织税收收入 80.7 亿,比上年减少 11.4 亿,下降 12.45%。公共财政收入 70.6 亿,比上年减少 8.4 亿,下降 10.66%,完成年度计划 91.8 亿的 77%。其中:市本级收入实现 37.8 亿,比上年增收 6200 万元,增长 1.7%,完成年度计划 42.8 亿的 88%;县区级收入实现 32.9 亿,比上年减收 9.1 亿,下降 21.6%,完成市地税局年度计划 49 亿的 67%,完成区政府财力计划 47.55 亿的 69%。代收城镇企业职工社会保险费 27.6 亿元;工会经费 7492 万元;残疾人就业保障金 2819 万元。按月申报税款入库率平均为 99.71%,年度新欠税控制率 0.34%,常规欠税入库率(陈欠)4.78%。滞纳金入库率 96.19%,往年欠缴滞纳金入库率 6.77%。当年罚款入库率 99.65%,往年欠缴罚款入库率 7.30%。非正常户率 1.80%。

【税收调研】 2014 年,甘井子区地方税务局为掌握第一手资料,多次开展实地走访调研。调研人员分别到泉水街道、兴华街道、甘井子街道、机场街道和革镇堡街道调研税收工作开展情况，详细了解各街道的产业结构、重点建设项目情况、重点税源户纳税情况、每月税收变动情况，就如何将深挖税源和涵养税源有机结合、保持税收潜力与各街道领导进行沟通；到大连石化公司、亿达集团、华锐重工等税源大户走访调研，听取企业生产经营情况汇报，为企业发展出谋划策；到三联置业、中冶蓝城、联想地产等大型房地产企业走访，与各企业相关负责人座谈，了解每个企业的发展定位、土地利用、项目规划、报建施工和资金投入、销售预期等情况，为科学决策税收工作、合理组织税收收入提供依据。

【重点项目、重点税源企业管理】 2014 年，甘井子区地方税务局为全面掌握重点建设项目、重点税源企业的经营状况和发展前景，及时掌握税源变化，对全区 188 个重点建设项目及占全部税源 85% 的 472 户重点税源企业的经营、税收情况进行全面调查。制订《重点建设项目管理方法》，加强与政府各部门的协调配合，从区发改委、各街道等部门取得重点建设项目的各项信息，加大重点建设项目税务管理力度。局领导班子每月听取各管理科(所)就组织收入情况、重点建设项目情况、重点税源企业税收情况的汇报，跟踪税款申报入库情况，督促管理科所提高预测的效率性与准确性，对全局计划有决定作用的重点税源企业实行企业直报。每月按市地税局下发的风险提示，对每户企业进行详细调查，及时发现问题，认真查找原因，迅速研究对策，确保各项工作措施有的放矢、行之有效。

甘井子区地税局工作人员参加全区大合唱比赛

【组织收入工作领导小组】 2014 年，甘井子区地方税务局制订《大力组织收入工作实施方案》，由全体班子成员组成组织收入工作领导小组，该小组下设 5 个专项工作小组，细化分工、明确责任，并形成长效机制，把组织收入措施具体化、目标效果数量化。清理欠税组，负责强化欠税清缴管理，压缩欠缴税金总量；土地增值税清算组，负责对甘井子区达到清算标准的房地产开发项目进行土地增值税清算；税务稽查组，负责重大税源户的检查，打击震慑税收违法犯罪行为，提高纳税人税法遵从度；大项目税款清理组，负责重点建设项目的税源监控，信息采集分析，评估项目纳税人申报缴纳税款的真实性、准确性，确保税款及时足额入库；政府、财政协调组，负责沟通协调区政府、区财政，确定政府财政收入目标、地税收入目标、努力寻找新税源弥补计划缺口。

【以地控税】 2014 年，甘井子区地方税务局根据国家地税总局开展“以地控税”工作的要求，在先期以中华路街道为试点的基础上，确定“以招标方式选择有资质的测绘公司，委托其开发系统软件、进行数据整理和面积测绘工作。在工作进入实地核查阶段后，加强部门协作配合，由街道、地税局和测绘公司三方共同推进，以达到夯实基础数据、堵塞征管漏洞、增加税收收入的目的”的工作思路。11月，区地税局召开相关工作会议，向区政府主要领导和各街道主任汇报了此项工作，演示了测绘系统。侯祯涛区长责成主管财税的副区长牵头进行协调，由区财政局予以经费等方面的支持。

【税收征管】 2014年，甘井子区地方税务局巩固税收户籍管理，找到并解除非正常户538户，入库税款716万元；清理漏征漏管户817户，罚款62户，入库税款565万元。巩固基础数据质量，清理各类信息1.9万条，修改率100%。巩固欠税清理成果，全年共清理欠税1302户，入库税款1.1万元，连续保持欠税负增长势头。提高统筹能力，做好票税比对、纳税评估情况统筹监控，评估疑点户516户，补缴税款1206万元。提高“管户和管事”相结合的管理能力，对437户纳税人实施管查分离，入库税款1161万元。提高重点税源户的管理水平，市级以上重点税源户472户，入库税款54.1亿元。提高稽查反馈建议的利用率，对照稽查反馈，对243户矿业企业重点宣传，入库税款1.1亿元。清查9户房地产企业、18户建筑业企业和3个大项目，房地产企业入库944万元，建筑业企业入库134万元，大项目入库8 601万元；清查企业取得搬迁补偿未备案和未及时缴纳企业所得税534户，入库税款1.4亿元。清查未足额缴纳资金账簿印花税、货运代理企业未足额缴纳货运凭证印花税335户，入库税款1393万元；集中清理欠税，对29户欠税纳税人采取收缴发票措施，对198户欠税纳税人采取停售发票措施。

区地税局开展在职党员进社区活动

【发票管理】 2014年，甘井子区地方税务局创新涉票举报管理方法，将涉票举报分为五大类，减少处理时间，统一处罚标准。共受理涉票举报340件，追查漏征漏管户56户，对165户次纳税人进行了处罚。强化发票日常管理，发布发票一般违法行为公告4次，公告涉及违法行为54户次。做好机打发票推广，新增使用机打发票纳税533户，比上年增长15%。对440户不符合要求的管户进行发票准购数量和交验期限的参数调整。推行发票网上申领，针对新老纳税人设计了不同的方法指导纳税人学习该业务，提前超额完成推广工作，推广普及1073户，推广完成率117%。

【纳税评估】 2014年，甘井子区地方税务局对26户房地产企业评估补税7057.6万元；对78户建筑业纳税人评估补税279万元；对334户纳税人的资金账簿印花税进行评估，补征印花税566万元；对86户纳税人的企业所得税疑点进行评估，补征企业所得税46万元；对地税总局指定的8家集团公司下属的企业进行税收风险控制，当年完成13户企业的税收风险评估工作，补缴税款146万元。

【税收执委会制度】 2014年，甘井子区地方税务局修订了《税收行政执法委员会办法》，制订了《税收行政执法委员会专业会议工作规程》，规范执委会工作，强化对税收执法权的内部监督和有效制约。当年，共召开执委会11次，审议通过各类涉税事项3496项，其中重大税务案件审议通过55起，涉及查补税款4089.17万元，滞纳金1121.80万元，罚款200.21万元；向公安机关移送偷税案件2户。

【执法风险防范】 2014年，甘井子区地方税务局将对稽查工作的监督前移到审理阶段，充分听取纳税人的陈述申辩意见，最大可能地化解征纳矛盾。对其他行政执法事项的商讨均前移至召开执委会之前，经相关职能科室形成统一意见后上报执委会主任召开会议。推行"全程说理式"执法，规范税务行政裁量权，逐步完善裁量权行使程序、适用规则和裁量基准，促进严格规范公正文明执法。当年，下达说理式执法文书64套，所有行政处罚事项均未产生行政复议诉讼事件。

税法宣传进社区

【税务稽查】 2014年，甘井子区地方税务局的税务稽查工作以创新稽查理念和丰富稽查手段为重点，加大电子稽查软硬件设备的投入，严格内控管理机制，坚持"无疑点、不选案"原则，查大户、查重点税源户，"内促征管、外惩偷逃"职能得到充分发挥。截至年末，完成检查户数80户。完成查补收入5542万元，入库各项查补收入1953万元。实现小额户比例4%。完成查处违法受票企业25户次。完成查处重大违法案件4户次，分别为：大连中裕嘉合房地产开发有限公偷税案补税466万元；大连鑫奇房地产有限公司少缴税款3423万元案；大连中盛集团有限公司少缴税款317万元案；大连北市集团有限公司少缴税款654万元案。

【落实税收优惠政策】 2014年，甘井子区地方税务局在加强组织收入工作的同时，将扶持企业发展摆在更加突出的位置。完成减免税523户次，其中审批类16户次，减免各项税额1656万元；备案类507户次，涉及各类减免金额1.58亿元，促进了产业结构优化升级。贯彻落实小微企业优惠政策，地税局享受小微企业所得税优惠政策企业共计4307户，小微企业受惠面100%。

【加强税种管理】 2014 年，甘井子区地方税务局超额完成年所得 12 万元以上个人自行申报工作。全区共有 4770 人进行了年所得 12 万以上自行纳税申报，完成市地税局下达任务 116%。完成企业所得税汇算清缴工作。5088 户企业进行了 2013 年度企业所得税汇算申报工作，较上年净增 644 户，达到应汇算企业的 97.32%，增长 1.32 个百分点。针对企业向境外关联方支付大额服务费和特许权使用费的情况开展摸底排查，对辖区内泰华房地产开发有限公司的关联方交易进行了反避税的立案核查。当年，清算审核土地增值税项目 40 个，清算税款 8.9 亿元，补税金额 5.6 亿元，入库约 4 亿元。开展印花税比对工作，对资金账簿印花税有偏差的 1.4 万户企业及 53 户货运企业印花税进行核实，补缴资金账簿印花税 1474 万元，货运凭证印花税 1.3 万元。利用国土资源局房产登记信息与纳税人房产税信息比对，核实企业 290 户，发现问题 18 户，入库税款 28.8 万元。

【规费征收】 2014 年，甘井子区地方税务局贯彻市地税局社保费征缴工作会议精神，坚持“税费并举”，提高申报质量，加强费源监控，推进网上缴费，进一步优化缴费服务，确保规费收入稳定增长。当年，共征收社保费 27.6 亿元，工会经费入库 7492 万元，残疾人保障金入库 2819 万元。

地税局工作人员到市福利院献爱心

【服务平台管理】 2014 年，甘井子区地方税务局 8 个办税服务厅共办理业务 30.44 万件次；纳税人学校网上学员累计注册人数 5138 人，累计开课 17 次；2.7 万户纳税人订制了短信服务，完成总进度的 98.24%，发送短信 10 万余条；在区地税局子网页累计发布各类信息 163 条；加强 12366 远程座席管理，受理咨询类业务 542 次，服务类投诉 3 次。

【内部管理】 2014 年，甘井子区地方税务局按照办税服务厅建设标准，对主办税服务厅和 7 个驻外办税服务厅进行了规范整改，累计整改建筑装修、功能库房、服务标识、服务设备设施等 4 个类别的 21 项问题。合理安排、协调配合，确保每个工作岗位自始至终有人履行工作职责，保证各项业务顺畅运行。严格执行首问责任制，加强对税务工作人员的培训辅导，强化职业素质培训和职业道德教育。集中清理空岗人员操作权限，严格税收征管系统操作权限的使用，避免权限滥用。制定《内部管理工作意见反馈表》，面向管理科室、税收管理员征求意见，协调解决业务传递过程中出现的问题，做好衔接。对全体人员进行办税资料标准查询系统使用培训，定期对落实情况进行抽查。开展办税服务厅突发事件应急预案演练，总结处理突发事件过程中产生的问题，查找原因，有针对性地制定措施予以解决。

【便民办税春风行动】 2014年，甘井子区地方税务局拓展多项便民服务方式，将网上申报系统和办税平台的密码重置、电子钥匙解锁、税库银三方协议办理流程、社保背书环节移交到窗口，专人负责，实现窗口全职能化。建立特殊问题知识库，通过各种方式寻求正确合理的解决方法，下发给窗口人员学习掌握，有效缩短了部分业务的办理时限，提高了服务效率。重新整理契税相关办理流程和资料，形成契税相关事项办理流程表，使纳税人一目了然。优化原有退票资料整理方法。开展到户走访征集纳税人意见工作，走访重点税源企业250户，走访相关人员300人左右，征集纳税人意见表250份。

【《全国县级税务机关纳税服务规范》施行】 2014年，甘井子区地方税务局重点做好窗口工作人员培训，利用办税服务厅LED屏、公告栏、区地税局子网页、纳税人学校、短信平台等媒介和专管员到户辅导的方式做好对纳税人的宣传。加强组织领导和统筹协调，明确职责、细化分工、逐步推进，对《服务规范》所涉及的各项内容，与现行税收征管业务流程进行逐项比对和梳理，并根据《服务规范》对存在的差异及时进行调整和修改，确保基本规范全面落实、升级规范稳步提升。

【信息支撑】 2014年，甘井子区地方税务局举办信息安全专题培训，对相关文件规定和日常工作中容易忽视的环节进行重点讲解和强调。加强外网使用管理，对外网办理途径、使用时间、使用人员等情况进行登记。为提升干部职工的数据提取和分析能力，启动计算机应用系列培训工作。为弥补日常培训的不足，组织编写并下发《税收业务管理平台操作手册》。该手册共2.5万余字，配有实际操作截图144幅，涉及业务流程108个，基本涵盖了税收管理员日常的所有工作内容，为一线工作提供及时、全面、长效的业务操作指引，提升区地税局税收信息化管理水平。

（撰稿人：赵飞宇　审稿人：赵增伟）

综合经济管理与监督

发展与改革

【概况】 2014年，甘井子区发展和改革局印发《甘井子区关于加快产业结构调整的意见》《甘井子区产业结构调整指导目录》，修订《对街道领导班子的经济工作考核办法》，完善了产业政策。当年，甘井子区经济增长达到5%，城镇居民人均可支配收入比上年增长9%。通过完善产业政策、推进企业上市融资、推进城市建设管理体制改革，经济体制改革取得积极的进展。社会体制改革不断深化，社会治理、医疗、社会保障、就业等领域稳步发展。全区贯彻落实中央、省、市关于全面深化改革的决策部署，聚焦重点领域和关键环节。5月15日，区委、区政府印发《甘井子区2014年综合配套改革工作要点》，对重点改革任务进行安排部署。区综合配套改革办公室统筹协调，责任单位各负其责，年度改革任务基本完成。

【年度计划编制】 《2013年国民经济和社会发展计划执行情况及2014年国民经济和社会发展计划》中提出2014年的主要预期指标是：地区生产总值增长10%，地方公共财政预算收入增长10%，固定资产投资增长20%，社会消费品零售总额增长11%，规模以上工业总产值增长8%，城镇居民人均可支配收入增长10%，人口自然增长率控制在5.59‰以内，城镇登记失业率控制在3%以内，万元生产总值综合能耗下降3.8%。计划报告提出六项重点工作任务：一是全力提升经济质量。全年计划安排重点建设项目249个，总投资约3960亿元。其中列入实施计划项目188个，当年新开工项目97个。安排政府投资项目79个，年度计划投资约40亿元。计划安排重点产业项目155个，年度计划投资约494亿元。加大要素保障力度，力争土地挂牌的总面积高于上年水平。新引进注册资本500万元以上企业300家。实际使用内资增长10%以上。二是加快全域开发建设。全年计划安排功能区重点项目235个，年度计划投资超过605亿元。三是大力提升城市功能。四是提升生态文明水平。五是继续深化综合配套改革。六是切实保障和改善民生。11月19日，甘井子区发展和改革局组织召开2015年国民经济计划编制工作会议，正式启动计划编制工作。《2014年国民经济和社会发展计划执行情况及2015年国民经济和社会发展计划(草案)》于12月22日提交区委常委会审议通过。

【经济体制改革】 2014年，甘井子区围绕激发新常态下转型发展活力和动力，深化财政管理体制、城市管理体制等方面改革。改革实现新突破，区委、区政府积极争取市委、市政府进一步深化甘井子区综合配套改革的政策措施。4月28日，市政府印发《关于甘井子区发展建设工作相关问题会议的纪要》,加大了对甘井子区发展建设的政策支持。财政管理体制改革,区政府优化财政支出结构,压缩一般性支出,建立健全民生投入长效机制。当年,区财政用于教育、社会保障等民生方面支出36.8亿元,占财政支出的67.9%,较上年提高2.7%。“三公经费”支出较上年下降13%。推进预算制度改革,实现部门预决算及“三公经费”信息公开。完善政府采购程序,政府集中采购财政性资金节约率达14.66%,比上年提高6.8%。完善经济政策,区政府出台《甘井子区人民政府关于加快产业结构调整的意见》《甘井子区促进外商投资融资租赁行业发展扶持办法(试行)》,修订了《对街道领导班子的经济工作考核办法》和《甘井子区产业结构调整指导目录》,经济结构转型升级步伐加快。投融资体制改革,区政府改革创新融资模式,采取股权和基金融资22亿元。区政府鼓励企业在资本市场融资,推动企业上市和“新三板”挂牌,全区有大连华阳光大密封有限公司、大连华工创新科技有限公司和大连凯洋世界海鲜股份公司3家企业在“新三板”挂牌,大连中盈科技有限公司等6家企业签订了“新三板”挂牌协议,多元化投融资机制健全。农村集体产权制度改革,完成《关于农村集体经济组织资产管理和体制改革情况的调研报告》,该报告被评为2014年度大连市党代会代表优秀调研成果一等奖。棋盘村成为辽宁省农村集体经济产权制度改革试点村和大连市土地承包经营权登记颁证试点村。顺利通过农业部农村改革实验区中期评估专家组对甘井子区全国农村改革试验区项目建设情况的中期评估。区政府全面实施集体林权制度改革,对全区符合林改条件的6362.2万平方米地方公益林的使用权、经营权和林木的所有权进行确认。健全监督机制,出台《甘井子区村级领导干部经济责任审计实施办法》,制定村监会工作十项制度,实施村级领导干部经济责任审计19项。城市管理体制改革,区政府建立健全城市管理长效机制,完善全区城市管理机构,成立城市管理考核领导小组,理顺区、街道、社区三级网络管理体系。深化环卫体制改革,完成将辛寨子、红旗、南关岭街道的环境卫生扫保纳入市政统一维护的成本测算工作。企业注册登记制度改革,区政府将企业注册资本实缴制改为认缴制,企业登记注册实行“先照后证”。放宽注册资本登记条件,改革年度检验验照制度,取消企业住所(经营场所)的限制规定、将139项工商登记前置审批事项改为后置审批。当年,全区企业注册数量激增,新注册登记各类市场主体户数、新发展注册资金500万元以上企业户数较上年分别增长49.8%、185.7%。

【行政管理体制改革】 2014年,甘井子区政府围绕转变政府职能,实施行政审批制度等方面改革。当年,区政府推进简政放权,印发《甘井子区人民政府关于承接省、市政府取消和下放一批行政职权项目的通知》,完成省市下放、取消和调整行政审批事项的衔接落实工作,承接上级政府下放的行政职权39项。推行行政权力清单制度,印发《关于进一步清理区政府部门行政职权推行权力清单制度实施方案》《进一步清理区政府部门行政职权推行权力清单制度工作指导规范》。健全事中事后监管机制,印发《关于加强对取消和调整行政审批事项后续监管工作的意见》。优化审批流程,压缩审批时限,总体审批时限压缩62%。推进政府机构改革,区政府完成区工商局、质监局和食药监局的属地化和职能整合工作,实施食品药品监督管理体制和工商质监行政管理体制改革，组建了区市场监督管理局，建立综合性的执法和市场监管体制。区政府优化医疗卫生和计划生育服务资源配置，实施卫生、计生体制改革，组建了区卫生和计划生育局。推进法治政府建设，区政府围绕推进政府工作法制化、规范化、制度化，修订了《甘井子区人民政府规则》，对《甘井子区全面推进依法行政规划(2012—2016年)》进行中期调整，印发《甘井子区进一步加强政府信息公开工作实施方案》，成立甘井子区人民政府信访事项复查复核委员会、甘井子区“五大系统”(行政权力运行制度系统、公共资源交易系统、行政绩效管理系统、行政权力电子监察系统、民意诉求反馈系统)建设工作领导小组。健全领导干部监督管理机制，出台《关于严格国有资产监督管理的若干规定》《甘井子区处科两级领导干部和区属国有企业领导人员经济责任问责暂行办法》《甘井子区领导干部经济责任告知办法》。

【社会体制改革】 2014年，甘井子区围绕保障和改善民生，推进教育、医药卫生、就业和社会保障等领域创新。社会治理机制创新，9月15日，区委、区政府印发《关于创新社会治理的实施方案》，构建市民综合服务、矛盾纠纷化解、社会组织孵化、“平安甘井子”建设四大体系，形成社会治理工作新机制，推进社会治理创新。教育体制改革，区政府健全教育资源均衡发展机制，在全市率先取消择校政策，出台《2014年教师交流工作方案》，教师交流318人。推进学前教育管理体制改革，新开公办幼儿园4所，回收8所，增加学位1000个，学位数占在园幼儿比例为45.6%，较上年提高6.4%。实施早教试点工作，在全市率先出台《甘井子区0—3岁婴幼儿早期教育工作实施方案》，以街道为中心建立44个早教点。医药卫生体制改革，区政府出台《甘井子区基本公共卫生服务项目绩效考核办法(试行)》，在大连市率先实施按照完成公共卫生任务的服务数量和质量拨付经费的全新公共卫生服务考核机制。全面推行家庭医生签约服务，在全市各区市县率先制定《甘井子区家庭医生签约式服务工作实施方案》，签订家庭医生服务协议28226户份，69589人。出台《甘井子区基层医疗卫生机构预防保健工作管理制度》，在全市率先实行儿童接种电话预约服务。贯彻落实单独二孩政策，全年再生育申请审批1470例，其中符合单独二孩生育政策夫妇845对，居全市首位。加强卫生人才队伍建设，出台《关于进一步加强卫生系统人才队伍建设的实施意见》。健全就业和社会保障机制。区政府完善就业政策，出台《甘井子区困难群体就业援助实施方案》《甘井子区就业工作实施办法(试行)》。健全就业创业服务平台，14个街道建立42个创业孵化基地、充分就业社区113个。建立就业援助长效机制，障碍者就业培训基地启用并承担全国“支持性就业”试点任务。健全社会保障体系，破解“夹心层”社保难题，2017名农转城“夹心层”人员纳入城镇职工社会保险体系。印发《甘井子区征地预留社会保障资金操作程序(试行)》，规范征地预留社会保障资金操作程序。发放社会保障卡3.8万人。健全基层管理机制，区政府围绕提高社区服务能力，推行“三位一体”社区组织建设，印发《甘井子区社区服务站建设管理指导意见》，规范社区服务站建设管理。社会组织管理创新，区政府规范推进社区社会组织建设，制定《甘井子区关于对部分社会组织直接登记的暂行办法》，全区173个社区全部备案登记成立联合会，培育各类社会组

发改局民主测评会

织209个。健全有效预防和化解社会矛盾体制机制。当年,区政府推行“阳光信访”,完善首访责任制,开展领导干部大接访及干部带案下访。建立重大、疑难信访问题公开听证制度、网上受理信访制度。形成以街道调委会为主导、社区(村)调委会为基础,企业、市场调委会、社区(村)调解小组为触角的大调解组织网络体系,各级调解组织共调解各类矛盾纠纷1729起,防止起群体性事件30起1376人次。全面推进网格化服务管理。健全刑释解教人员安置帮教的无缝对接机制,出台《甘井子区社区矫正教育矫正工作指导意见》,接收社区矫正人员839名,解矫446名。

【经济运行与社会发展调控】 2014年1月28日,中共甘井子区委、区政府组织召开2014年经济工作会议。会议印发《甘井子区2014年国民经济计划》和《甘井子区2014年重点建设项目计划及责任分工》,将各项经济指标、重点建设项目责任分解落实到各街道和建设单位。根据宏观经济形势和甘井子区经济运行情况,区政府组织召开甘井子区一、三季度和上半年经济形势分析会议,对下一阶段的经济工作做出部署。当年,甘井子区实现地区生产总值963.5亿元,比上年增长5%;地方公共财政收入47.5亿元,比上年下降20.4%。固定资产投资789.5亿元,比上年增长2%;社会消费品零售总额464亿元,比上年增长12.3%;区属规模以上工业总产值391.1亿元,比上年下降5.8%;城镇居民人均可支配收入3.4万元,比上年增长9%;人口自然增长率为7.07‰;城镇登记失业率为2.65%;万元生产总值综合能耗下降4%。

【投资管理】 2014年,甘井子区发展和改革局不断强化管理固定资产投资项目。当年,完成固定资产投资789.5亿元,比上年增长2%。其中,建设项目投资435.1亿元,比上年增长5.1%;房地产投资额354.4亿元,比上年下降7.4%。投资结构较为合理,二、三产业投资结构比为9.2:90.8。要素保障基本到位。挂牌出让土地15宗,建筑面积192万平方米。政府融资22亿元。全年开工重点建设项目139个,开工率73.9%,完成投资597亿元,比上年增长5.7%。竣工项目40个。其中列入省市重点的项目开工19个,完成投资249亿元。开工政府投资项目50个,完成投资16.1亿元。开工建设基础设施重点项目16个,完成投资14亿元。其中,开工交通重点项目6个,完成投资3.7亿元。当年,区发改局审批、核准、备案投资项目120个。

【功能区建设】 2014年,甘井子区扎实推进“两城四区”建设和老城区改造项目。“两城四区”范围内共开工重点项目102个,完成投资529.9亿元。大连生态科技创新城开工重点项目37个,完成投资125.1亿元。未来城开工建设,三大起步区均建成开园,二次招商进展顺利。核心起步区入驻企业30家,中冶商务城引进总部类企业6家,泰达·慧谷入驻企业5家,科技研发、电子商务、总部经济发展势头迅猛。大连体育新城开工建设重点项目13个,完成投资132.9亿元。全区历史上规模最大的综合商业项目中华城开工建设。大连湾临海装备制造业聚集区开工建设重点项目14个,完成投资70.6亿元。辽渔水产冷链物流项目竣工投入使用。大连西城国际旅游商务区开工重点项目8个,完成投资53.4亿元。棠梨湖公园等生态项目如期完成。中华路商务区开工重点项目15个,完成投资89.1亿元,被获批为辽宁省级现代服务业集聚区。安盛·亿合城投入营业,欧尚广场主体建成。空港商务区开工建设重点项目15个,完成投资58.8亿元。三鼎春天等开发项目顺利推进。老城区改造步伐加快。全年开工建设重点项目20个,完成投资62.5亿元。梭鱼湾开发建设进入由点带面的新阶段,远洋商业项目、大港老港区改造、大钢宗地改造全面推进。大连门一号地块改造项目启动,万科蓝城开发、东方路旧区改造项目顺利推进。居然之家、金三角大市场扩建等项目建成开业,改善了老城区的商业环境。通过翻建甘井子体育场、周水子小学等一批公益设施,改善了老城区的公共服务环境。

【节约资源与环境保护】2014年,甘井子区发展和改革局加强资源节约与环境保护工作。由区发改局起草的《甘井子区石油天然气管道突发事件应急救援预案》以区政府文件形式印发。按照规定权限,全年审批项目24个,备案项目1个。全年审查项目39个。华能大连电厂1-4号锅炉除尘器改造工程、大连华锐重工集团股份有限公司泉水基地喷涂线改造工程2个项目列入市政府节能减排资金补助计划。

【物价管理】 2014年,甘井子区发展和改革局加强物价综合管理,落实教育、医疗、停车、旅游、商业、物业收费6个领域明码标价工作,共检查221个单位,处罚1个单位。实行网上举报、电话举报双平台,受理医疗卫生、教育等行业价格举报案件4个,处理率100%。对29家社会团体及其他组织的51项收费行为进行审验。认证案件428个,案件标的额1900万元,准确率达到100%。

【新居工程建设】 2014年,甘井子区政府规范推进“新居工程”项目建设。3月7日,市住房保障中心批准郭家沟村“新居工程”项目经济适用住房建设指标。全区5个“新居工程”(棋盘村、双台沟村、鞍子山村、大辛村、前关村)建设项目新开工面积40万平方米,建成18万平方米,投资11亿元。其中,大辛村“新居工程”B区(7.3万平方米)、鞍子山村“新居工程”2期(10万平方米)主体完工80%,棋盘村2期“新居工程”(26万平方米)于6月开工建设。

(撰稿人:王侠、 刘志海 审稿人:兰良生)

统　计

【概况】 2014年,甘井子区统计局准确把握“稳中求进”的总基调,继续深化“企业一套表”改革,提高统计分析能力、统计数据质量和政府统计公信力,深入开展党的群众路线教育实践活动,完成第三次全国经济普查工作,统计事业再上新台阶。当年,区统计局被评为辽宁省第三次全国经济普查先进集体。

【深化企业“一套表”改革】2014年,甘井子区统计局在夯实基本单位名录库建设、加强数据审核管理的基础上,注重加强统计信息化建设,强化全区统计网络建设和安全管理,完成农业、工业、建筑业、能源、固定资产投资、批发零售和住宿餐饮、房地产、劳动工资、综合、核算、人口和科技、服务业等专业统计年报和定期报表的收集、汇总、上报任务,并配合市局完成《大连市规模以上工业战略性新兴产业调查表》《部分重点政策落实情况调查》《国防调查》及万元GDP能耗核算,协助政协等部门进行环保能源调查;完成2014年国家调查队服务业小微企业调查表统计、千分之一人口抽样调查、妇女儿童两纲监测等各项调查工作。充分利用年、定报数据比对单位基本信息,加大实地核查力度,强化对指标异常单位的核实,维护和更新基本单位名录库。定期收集编办、民政、税务、工商、质监等部门单位新增、变更及注销资料,根据企业增减变动以及属性指标变化情况,结合各专业审核认定的结果,及时更新,确保各专业库与名录库一一对应。截至年末,各行业名录库维护建设新增单位77家,变更11家。

统计局工作人员深入企业进行实地调研

【第三次全国经济普查】2014年1月1日起,甘井子区第三次全国经济普查工作正式进入现场登记阶段。全体普查员对区内从事二、三产业的法人单位、产业活动单位和个体经营户逐一进行现场登记,对经营场所进行GPS定位拍照,对有关证照进行图像信息采集,对相关的经济指标进行现场填报。经过800多名普查工作者参与其中,历时两年,完成了普查前期准备、单位核查摸底、部门查找认定、普查登记入户、数据审核汇总及上报等各项工作任务,并通过大连市经济普查办公室严格的普查数据质量抽查验收。经普查,全区共有从事第二和第三产业活动的产业活动单位15709个,法人单位14413个,个体经营户50104个。

【统计服务】2014年,甘井子区统计局紧跟社会经济形势发展需要,加强数据监测和数据资料的开发利用,及时收集统计数据,编印各类统计资料,全年编印《统计快报》11期、《统计专报》5期、《统计分析报告》3期;出版《2013年甘井子区国民经济和社会发展统计公报》《统计年鉴》《领导干部统计手册》等资料。当年,区统计局向区政府报送各类政务信息近20篇,其中被甘井子区公众信息网采用14篇,向市统计局报送各类政务信息近20篇,被采用10篇。为《政府工作报告》、区委第十一届五次全会、第六次全会等以及甘井子区各类经济工作会议提供有关经济、民生领域综合资料的素材,起草和提供相关数据资料。配合做好市、区两级政府的绩效评估工作。会同区人社局共同做好对2013年全年、2014年上半年和三季度的市区两级绩效考评工作。协助区发改局完善对街道的绩效考评方案,优化考核方法,推动甘井子区经济社会跨越发展。

【统计人员业务培训】 2014年,甘井子区统计局积极参加省、市及区政府组织的各类培训教育工作。上半年,组织全区19名街道统计员参加大连市基层统计人员业务培训会,针对统计工作中的重点难点问题进行全面讲解。对2014年度统计从业资格证报考和继续教育工作进行安排和部署,共有287人参加统计人员继续教育培训。下半年,为强化企业统计人员业务培训和职业道德教育,提高基层统计人员综合业务素质,区统计局分别对街道、村(社区)共215名统计人员进行专题培训,并多次开展统计法制宣传,强化统计法律意识。结合第三次全国经济普查各项工作,对局内执法人员进行普查执法工作培训,发挥执法保障作用。

统计业务学习

【统计法制建设】 2014年,甘井子区统计局制定《关于印发〈2014年甘井子区统计法制工作要点〉的通知》,从日常统计工作实际出发,层层落实法制工作精神,加强统计执法检查力度。针对经济普查入户登记阶段部分普查对象不配合普查员上门登记的13家企业发放《单位限期登记通知书》,对其进行法律宣传和统计信用宣传。对62家企业的统计基础工作进行抽查,共查处违法案件3件。区统计局结合统计基层基础规范化建设、联合年检以及名录库建设等,主动帮助企业解决入库问题、配合企业申报“名牌产品”、免费为近百余家企业办理《统计登记证》。利用政务公开日、统计开放日等活动载体,与社会公众面对面交流。利用甘井子区统计局公众信息网站平台,扩宽公众获取统计信息的渠道,回复企业和社会的咨询电话,为其提供资料查阅等服务。

(撰稿人:孙　颖　审稿人:李丽华)

市场监督管理

【概况】 2014年,甘井子区实有各类经济主体81181户,其中企业26625户,个体工商户54556户,企业及个体工商户资金总额度1281.84亿元。当年,新注册登记各类企业5488户,比上年增长81.12%;个体工商户12164户,比上年增长46.6%;企业注册资本183.5亿元,比上年增长129.5%。甘井子区有食品生产企业302家,其中获得生产许可证的272家,小作坊30家。辖区内有特种设备使用单位1600个,设备10303/辆/个/部,压力管道1万米。当年,大连市质量技术监督局甘井子分局共办理组织机构代码证书7316家、UK(电子证书)7786件。甘井子区共有涉药涉械单位1315家,其中,药品零售企业665家(连锁企业297家,单体企业368家),医疗机构565家,医疗器械生产企业3家,医疗器械经营企业82家。全区有持证餐饮单位4033家,其中机关、企事业单位食堂395家,集体用餐配送单位9家,学校(含幼托机构)食堂349家,其他食堂85家,餐馆1623家,小吃部1449家,快餐店63家,饮品店59家。保健食品经营单位892家,化妆品经营单位301家,化妆品使用单位722家。当年,甘井子区市场监管局开展各类专项整治168次,查办食品安全、产品质量、无证照经营、虚假宣传、侵犯他人商标专用权、不正当竞争等各类违法案件883件,罚没512万元,在全市市场监管系统中排名第一。当年,全区新创驰名商标1件、省著名商标3件、市著名商标9件。整合原工商局、食药监局、质监局的注册登记窗口,区市场监管局在行政大厅的注册登记窗口由8个增加到16个。区市场监管局被评为“2014年度大连社会治安综合治理暨平安创建先进集体”称号。

2014年甘井子区市场主体发展情况统计表

登记类型	分类	项目	单位	本年发展		期末实有	
				数量	较上年(+-%)	数量	较上年(+-%)
企业	内资	户数	户	255	6.69%	2839	9.87%
		注册资本	亿元	34.24	60.15%	489.48	7.52%
	私营	户数	户	5179	87.99%	23003	29.06%
		注册资本	亿元	139.77	230.27%	535.79	60.52%
	外资	户数	户	50	38.89%	770	6.94%
		注册资本	亿元	9.54	245.65%	228.94	4.35%
	农民专业合作社	户数	户	4	100%	13	44.44%
		注册资本	万元	550	100%	707.5	349.20%
	共计	户数	户	5488	81.12%	26625	15.96%
		注册资本	亿元	183.54	129.45%	1254.28	17.14%
个体工商户		户数	户	12164	46.55%	54556	28.81%
		注册资本	亿元	7.95	77.46%	27.56	40.54%

2014年甘井子区新增中国驰名商标、辽宁省著名商标、大连市著名商标情况表

类别	商标名称	生产企业	核定使用商品
中国驰名商标	HY+图形	大连华阳密封股份有限公司	机械密封件
辽宁省著名商标	金百味	大连金百味集团有限公司	肉:水果罐头:水产罐头:肉罐头
	乾瀚	大连乾瀚国际物流有限公司	海上运输;汽车运输;空中运输;递送(信件和商品);
		大连龙海阁海洋生物有限公司	海参(非活);贝壳类动物(非活);干贝;
大连市著名商标	黄伟义齿 Huang Wei Yi Chi	大连黄伟义齿有限公司	假牙;牙科设备;医疗器械和仪器
	双科	大连北方成套教学设备有限公司	实验室用特制家具;教学仪器;成套电气校验装置
	大连湾	大连第三电缆有限公司	电线、电缆
	火泉	大连开元管道有限公司	预制直埋保温管、预制直埋保温管件、预制直埋保温蒸汽管及管件
	图形	大连农业科技开发服务公司	樱桃、鲜水果、籽苗
		大连亚农农业科技有限公司	土壤调节制剂;农业肥料;肥料;农业用肥;
	HAOSEN	大连豪森设备制造有限公司	机床防护板;机床;自动操作机(机械手);升降设备;输送机;整修机(机械加工装置)
	白桦益康	大连桦粮谷加工有限公司	粮食收购、加工、粮食
	老偏岛	大连北晨水产养殖有限公司	即食海参;半干海参;盐海参

【机构改革】 2014年1月,大连市机构编制委员会办公室印发《关于划转甘井子区质监系统机构和人员编制的通知》,大连市质量技术监督局甘井子分局划归甘井子区政府管理,更名为大连市甘井子区质量技术监督局。同月,大连市工商行政管理局甘井子分局划归甘井子区政府管理,更名为大连市甘井子区工商行政管理局。5月,甘井子区政府办公室印发《甘井子区食品药品监督管理体制和工商质监行政管理改革实施方案》,整合甘井子区食品安全办公室和区工商行政管理部门、质量技术监督部门、食品药品监管部门的机构、职责和编制,组建甘井子区市场监督管理局。8月29日,甘井子区委召开第十一届第四十一次常委会议,研究通过区市场监管局干部任免事项,确定了区市场监管局党政班子成员。9月11日,甘井子区市场监督管理局、甘井子区食品安全委员会办公室正式挂牌办公。

区市场监督管理局召开党的群众路线教育实践活动总结大会

强监督检查和服务指导，乐百家农贸市场、阳光大地购物广场等4处市场通过省级“诚信示范市场”考核验收；大连辽渔国际水产品市场、大连华南国际商城、安盛华南购物广场等9处市场被评为大连市“平安市场”。开展“十星级文明诚信个体工商户”评选活动，全区65户个体工商户获得大连市“十星级文明诚信个体工商户”称号。

【落实新政】 2014年，甘井子区市场监督管理局贯彻落实各项改革新政。推进注册登记制度改革，降低准入门槛，取消企业住所限制，注册资金由实缴制改为认缴制，实行注册登记“先照后证”，将139项前置审批事项改为后置审批。取消企业年检，实行企业年报和信息公示制度。协调省数字认证中心在局机关一楼大厅增设认证机构，通过大连交通电台开通公益性广播，全年共完成企业年报17600家，企业年报率91%，企业年报工作排名全市第一，位于全省前列。推动个体工商户转企升级，总结“六个方法”加强培训指导，采取“零距离”服务方式，引导具备条件的投资者直接开办企业。当年，完成个体工商户转企升级602户，促进民营经济发展和转型升级。

【市场诚信体系建设】 2014年，甘井子区市场监督管理局推进市场信用分类监管，完成市场信用等级评定工作。全区45处市场被认定为A类市场，40处市场被认定为B类市场，A、B类市场分别占全区市场总数的53%和47%。提高文明诚信市场创建水平，加

【服务企业发展】 2014年，甘井子区市场监督管理局实施名牌发展战略。完成大连湾临海装备制造业聚集区商标集群建设情况的初步调研工作，为推进地区商标集群战略打下基础。组织召开省著名商标认定及续展工作培训会，对相关企业负责人及商标

区市场监督管理局开展中高考期间校园周边巡查

工作专干进行培训。积极推荐优势企业和名牌产品,沟通协调上级业务部门,指导企业完成材料申报、评估、审核等工作。大连绿万家食品有限公司、大连乾日海产食品有限公司2家企业生产的海参获得《地理标志保护产品证书》。当年,申报认定省名牌产品16件、大连市名牌产品15件。开展动产抵押登记工作,加强宣传引导、开辟绿色通道、严格审核程序,全年共办理动产抵押登记254件,抵押登记金额35亿元,提高企业资产利用率。搭建企业融资平台,引导区个体私营者协会及下属分会联合银行和金融担保机构,帮助100余家中小企业融资3亿元,为企业发展提供资金支持。

【食品安全监管】 2014年,甘井子区市场监督管理局贯彻落实《食品安全法》,围绕食品生产加工、流通、餐饮三大环节加强食品安全监管,落实食品安全责任制度,构建食品安全监管长效机制。区人大第十七届常委会第十二次会议听取并审议了区市场监管局受区政府委托所作的《贯彻实施〈食品安全法〉工作情况报告》,对全区食品安全监管工作给予较高评价。甘井子、椒金山、泡崖、南关岭等四个街道的食品安全基本标准达标工作高标准通过省政府食安委验收检查。当年,召开食品安全工作会议2次,各监管部门和街道办事处递交了《食品安全监管工作责任状》,全区14个街道办事处都成立了以主任为组长的"街道食品安全工作领导小组",设立了"街道食品安全工作领导小组办公室"。

【食品许可审核发放】 2014年,甘井子区市场监督管理局重新制订了《办理保健食品经营备案登记证工作程序》和相关工作须知,加强对食品生产加工、食品流通、餐饮服务许可的资料审核和实地审查,确保许可发放符合标准和要求。全年共受理餐饮服务许可1318件,保健食品备案审批614件,发放食品流通许可证2462件,完成食品生产许可证(QS)年审141件,化妆品备案登记证251份。

【食品企业及餐饮服务单位监管】 2014年,甘井子区市场监督管理局不断强化食品生产加工企业食品安全第一责任人意识。监督食品经营者严格落实进货查验、索证索票,出入库记录等相关制度。对餐饮服务单位进行治理和规范,启用了辽宁省餐饮监管信息信用平台,对全区2728家餐饮单位实施了动态分级管理,并进行公示。

2014年度甘井子区"大连市名牌产品"表

序号	企业名称	产品
1	大连华锐重工集团股份有限公司	减速机
2	大连华锐重工集团股份有限公司	电石炉
3	大连华锐重工集团股份有限公司	增速机
4	大连华锐重工集团股份有限公司	系列钢(铁)包
5	大连华阳密封股份有限公司	机械密封件
6	大连达翔电控设备制造有限公司	低压成套开关设备
7	大连财神岛集团有限公司	海参
8	大连蓝德机械有限公司	精密剖层机
9	大连深蓝泵业有限公司	泵
10	大连液力机械有限公司	调速型液力偶合器
11	大连大高阀门股份有限公司	钢制高压阀门
12	大连海鑫化工有限公司	高效复合型中空玻璃干燥剂
13	裕祥化工(大连)有限公司	油漆
14	大连巅峰输送带有限公司	输送带
15	雨生家具有限公司	家具
16	大连汇欣橱柜制造有限公司	橱柜
17	大连华隆滤布有限公司	机织过滤布
18	重要储备粮大连直属库面粉厂	面粉

区市场监督管理局工作人员对辖区婴幼儿配方乳粉进行检查

【食品安全专项整治】 2014年，甘井子区市场监督管理局围绕重点行业、重点区域、重点品种加强食品安全专项整治。组织开展全区旅游景区食品安全大检查、食用油质量安全大检查；对“焖子”、“上海福喜肉制品”、“食用明胶及制品”等重点食品进行专项整治；开展“雷霆行动”、“质检利剑”等行动，查处食品加工黑窝点；加大对保健食品夸大保健功效、化妆品违法添加化学物质成分等违法行为查处力度。将行政执法与刑事司法相结合，打击食品安全违法犯罪。当年，共查办各类食品案件153件，罚没46万元，受理解决各类食品投诉221件，协助区公安分局查办食品安全犯罪案件8起。

【食品安全监督抽检与应急防控工作】 2014年，甘井子区市场监督管理局开展食品安全风险监测与应急防控工作。定期对检测数据进行分析评估，落实食品安全预警制度，对不合格产品进行核查，提高检测机制对食品安全技术支撑作用。当年，开展瘦肉精、亚硝酸盐等项目食品安全快速检测416批，合格率100%；监督抽检鱼糜制品、生食水产品等食品21批，生肉、非发酵豆制品、凉拌菜、熟肉制品等食品150批，合格率100%；开展餐饮器具监督抽检3287批，合格率94.9%。修订《甘井子区食品安全事故应急处置预案》和工作流程，完善食品安全事故应急体系，畅通事故报告途径，强化应急处置措施。开展食品安全风险排查和隐患治理10余次，开展食物中毒应急处置演练7次，餐饮服务单位食物中毒防控集中培训9次，全区未发生食品安全事故。

【药品和医疗器械监管】 2014年，甘井子区市场监督管理局加强药械安全监管，整顿规范药械市场秩序，保证群众用药用械安全。对16家医院、23家社区卫生服务中心、53家社区卫生服务站、473家门诊部和诊所进行指导规范，顺利通过药房规范化建设检查验收。开展在线指导和咨询服务，帮助63家药品经营企业完成新版药品经营质量管理规范（新版GSP）认证工作。组织开展春、秋两季家庭过期闲置药品定点回收工作，检查15家药品定点回收药房，相关制度和要求得到有效落实。对全区医疗机构实施国家基本药物制度情况进行检查，基本药物质量管理、出入库管理、药物存储管理等制度得到有效落实。采取“靶向监测”方法指导医疗机构监测药械不良反应情况，完成药品不良反应报告314例、医疗器械不良情况报告140例，提高药械安全性监测工作质量。开展医疗器械“五整治”、中药饮片、含麻黄碱类复方制剂、疫苗使用安全、社区卫生服务中心及大型医疗机构药械使用等10余次专项整治。发挥药品抽检机制作用，查处假药劣药。加强对中药材、消肿止痛、止咳平喘、降脂降糖等重点药物的监督抽验。抽检药品100批次，发现假药4批、劣药16批，查办药品违法案件19起、医疗器械违法案件3起，罚款21.8万元，协助区公安分局查办药品犯罪案件3起，与公安分局联手端掉一处销售假药窝点。

【规范市场秩序】 2014年，甘井子区市场监督管理局整顿规范市场秩序，开展市场专项整治，开展儿童服装、美容美发行业、吊装行业、人力资源市场、旅游市场等各类专项整治87次。开展市场主体大排查活动，重点对洗染行业进行清理排查。大连市工商局“查无”工作组对甘井子区查处取缔无照经营工作以及“证照示范街”创建工作情况进行了抽查，对相关工作给予充分肯定。加大对非法传销打击力度（以下简称“打传”），落实“打传”责任制度，推进无传销社区创建工作。“打传”工作高标准通过省综治办、省打传办的考核验收，省、市主管部门对甘井子区“打传”工作给予高度评价。加强网络商品交易监管，完成网络经营主体清查与数据判定工作，开展“红盾利剑”专项行动，监督网络经营主体亮照经营。

【消费维权】 2014年，甘井子区市场监督管理局、区消协结合新《消法》的贯彻实施，组织了以“新消法、新权益、新责任”为主题的“3·15”集中宣传活动。召开全区汽车消费投诉情况通报会，对投诉排行前十位的汽车销售企业进行实名通报。加大消费侵权案件查办力度，查办保健品夸大产品功效、预售会员卡不履行承诺、使用格式条款进行合同欺诈、使用报废车零件维修车辆等消费侵权案件37件，对4家宾馆饭店水产品缺斤短两行为进行查处，罚款2.5万元。受理消费投诉举报，区12315投诉举报中心全年共受理解决投诉举报1871件，为消费者挽回经济损失249万元。

【质量、计量和标准化监管】 2014年，甘井子区市场监督管理局加强产品质量监督抽查、计量及标准化管理工作。全年共检查玩具、灯具等强制性认证产品45批次，配合市质检机构抽检65家企业9类产品67批次，抽检合格率98.5%。加强标准化工作，完成12家企业72项标准备案和54家企业工业产品许可证年审工作，新注册企业商品条码13家、续展企业商品条码22家，办理组织机构代码证7316件。全区封闭农贸市场公平秤检定率100%，市场在用交易计量器具检定率95%，医院在用计量器具检定率100%。核查了大连夏家河子

区市场监督管理局工作人员依法查处假冒安利牙膏

在 3·15 消费者权益保护日活动现场，区市场监督管理局工作人员接受群众咨询

陆安机动车辆有限公司等 5 个单位的检验资质、范围、流程、原始记录等有效性情况。开展“诚信计量示范单位”创建工作，推荐 4 家加油站参评辽宁省“诚信计量加油站示范单位”。当年，企业执行产品标准覆盖率保持在 95% 以上，标准复审率 100%。备案标准企业 17 家 82 项。大连深蓝泵业有限公司通过辽宁省企业标准化示范试点单位合格验收。帮助大连惠生泵业有限公司、大连宝上线缆有限公司等 6 家企业采用国际标准 18 项，工业产品生产许可证分类监管建档完成企业 90 家。

【特种设备安全监察】 2014 年，甘井子区市场监督管理局对全区特种设备实行动态监管，建立动态监管档案。对 9 家液化气充装站的 19800 余只在用钢瓶进行注册登记。协助完成全区 76 部高层老旧电梯修复改造工作。组织多部门开展事故应急救援演练。开展特种设备安全专项执法检查，先后开展“打非治违”、“六打六治”、节日期间和人员聚集场所特种设备、液化气充装站、集中供热设备等专项整治活动。全年共检查特种设备 975 台（部、辆），796 台（部、辆）问题特种设备全部整改完毕。全区 12 家液化气充装站的 47 个液化气储罐全部在检验周期内运行，21 个集中供热单位 46 台锅炉全部安全平稳运行。

（撰稿人：高　磊　审稿人：于志军）

审　计

【概况】 2014 年，甘井子区审计局完成各类审计事项 82 项。通过审计，促进增收节支和挽回损失 4523.95 万元；向有关部门移送处理事项 1 件；向上级机关和有关部门提交综合性及专项审计报告、信息 197 篇（次），被市、区两级机关采用 124 篇（次）；有 34 篇审计报告被区委、区政府主要领导批示；区审计局被评为辽宁省审计系统先进集体，2014 年度全市基层审计机关工作考核获表彰单位、信息宣传工作优秀单位。

【财政审计】 2014 年，甘井子区的预算执行审计紧紧围绕健全政府预算体系、盘活存量资金、提高资金绩效等情况，着力监督检查预算编制的科学性、追加调整的规范性和财政资金使用的效益性。开展 2013 年度区本级预算执行情况审计、37 个区直单位部门预算执行审计等项目，通过审计，从制度政策执行、资金管理使用等方面揭示问题，分析深层次原因，提出建设性的审计意见和建议，促进相关单位完善内控制度、规范财务管理、提升预算执行绩效和厉行勤俭节约。

【专项资金审计和审计调查】 2014 年，甘井子区审计局密切关注涉及群众切身利益的问题，加大对教育、社保、就业

在辽宁省县市区审计局长培训班上，甘井子区审计局作为大连市唯一的代表进行《六措并举深入推进村官审计工作，促进区域经济社会健康发展》的经验介绍

等资金项目审计力度，先后完成公办幼儿园基本建设资金及2013年保育教育资金、2012—2013年残疾人就业保障金管理和使用、最低生活保障金、再就业资金管理使用等10项专项资金审计和审计调查，并延伸审计221个单位，审计涉及专项资金约95.74亿元，为区委、区政府和相关部门提出审计意见和建议40条。通过审计，掌握资金运行和管理现状，揭示资金使用管理中存在的问题，促进提高资金使用效益，推进相关政策的落实和完善。

【政府重点投资项目审计】 2014年，甘井子区审计局围绕“两城四区”和旧城区改造建设，加大政府投资项目审计监督力度。相继完成2013年度区本级财力投资建设资金管理使用情况专项审计调查，体育新城动迁(2013年)跟踪审计，岚岭路、岭西路、机场快速路等3条道路工程竣工结算审计，审计核减工程造价7560.24万元。审计中，重点关注工程建设程序、资金筹集管理与使用、工程设计及变更、招投标及施工、工程造价等情况，规范和加强政府投资项目建设，防范财政资金风险，提高政府资金使用效益。

【经济责任审计】 2014年，甘井子区审计局切实关注权力运行和经济责任履行情况，加强对领导干部履行经济责任的过程监督，完成领导干部经济责任审计43项，其中任中审计19项，占经济责任审计总量的44%。加强与联席会议成员单位的沟通协作，构建领导干部任前经济责任告知、履行经济责任年度报告、离任经济事项交接、任中(离任)审计、问责整改“五位一体”的领导干部经济责任审计管理新机制，面实施领导干部经济责任告知、问责制度，印发《甘井子区村级领导干部经济责任审计实施办法》《甘井子区处科两级领导干部和区属国有企业领导人员经济责任问责暂行办法》和《甘井子区领导干部经济责任告知办法》，结合五年来审计发现的主要问题，在全区副处级以上领导干部大会上开展审计案例警示教育，从源头上促进领导干部增强法制观念和责任意识，提高履行职责的能力和水平。

【赴营口鲅鱼圈进行土地审计】 2014年8月，审计署、省审计厅下达全国土地出让金收支和耕地保护情况审计、政府机关软件正版化审计2项审计任务。甘井子区审计局针对土地审计事项涉及社会热点难点问题，资金量大、涉及面广、审计期间跨度长、复杂性高的特点，抽调12名审计人员赴营口鲅鱼圈，历时3个月时间，完成国家审计署的土地审计任务。

【审计回访与整改】 2014年，甘井子区审计局坚持揭露

区审计局工作人员赴营口鲅鱼圈配合审计署对全国土地出让收支和耕地保护情况进行专项审计调查

问题与促进整改并重的原则，开展审计回访服务和整改督查工作，推进审计结果公告制度，重新修订出台《关于进一步规范和加强审计发现问题整改工作的规定》，健全整改工作问责机制，强化被审计单位“一把手”的整改第一责任人意识，增强审计整改的实效性。当年，回访被审计单位69户，科学地确定审计服务的切入点和着力点，审计决定的落实率 100%，落实审计建议248条，促进建立健全规章制度3项，促进被审计单位完善制度、强化内部控制和管理，提升审计监督与服务水平。

【审计队伍建设】 2014年，甘井子区审计局坚持依法审计，健全完善审计制度，强化审计质量控制，制定并实施《甘井子区审计局审计质量岗位职责及责任追究办法》《甘井子区审计局项目复核审理工作暂行办法》《甘井子区审计局审计回访制度》等3项制度，前置审计质量控制手段和过程改进措施，促进审计质量的提升，《大连湾街道前关村党委书记姜世忠同志任期经济责任审计》被评为大连市优秀审计项目。采取“请进来、走出去”方式，利用与审计署、省审计厅、市审计局政务外网四级互连互通开展财审法规专题培训，选派业务骨干参加审计署、省审计厅和市审计局组织的专题培训班，提高培训的针对性和实效性，提升审计人员的业务能力和实战能力。当年，累计培训 152 个学时，796 人次。开展审计理论研究与实践经验总结，甘井子区的审计机关队伍建设、村官审计等工作经验分别在辽宁省县区局长培训班、市审计局座谈会上进行经验介绍，12 月，审计署经责司孙晓岩司长来大连调研时，对甘井子区经济责任审计的做法给予高度评价。

(撰稿人:刘小利　审稿人:程景红)

招商引资

【概况】 2014 年，甘井子区商务局加大招商引资工作力度，积极争取上级主管部门的政策支持和帮助，协调相关部门的配合支持，当年，全区全年利用外资实际完成 10.26 亿美元，完成全年任务的101.38%，比上年增长11.3%；全年利用内资实际完成226.5 亿元，完成全年任务的 100.67%，比上年增长15.56%；实际完成外贸出口44.99 亿美元，比上年增长11.66%。

【审批事项管理】 2014 年，甘井子区商务局完成外商投资企业各类审批事项 88 件，完成审核事项 12 件，核发批准证书 53 套；新增对外贸易经营者备案企业 338 家，办理加工贸易企业经营状况及生产能力证明 207 项，审批加工贸易业务批准证 4542 个；所有审批事项全部实现时限内“零差错”。

区商务局组织区内各重点功能园区和企业参加香港－辽宁经贸合作洽谈会

【招商活动】 2014年，甘井子区商务局依托“6+1”功能区建设，持续引进一批重大项目。当年，随省、市代表团先后赴日本、加拿大、香港等国家和地区开展境外招商活动3次，新签约项目5个，达成意向资金10亿美元；组织赴上海、深圳、常熟、苏州、宁波、杭州、成都等城市的国内招商活动7次，新签约项目8个，达成意向资金160亿元；接待来自韩国、瑞士、新加坡及中国香港、国内等19家企业的客商100余人，新签约项目9个，达成意向资金120亿元。

【促进项目落地进资】 2014年，甘井子区商务局根据全区利用内、外资工作实际，组织召开多次会议，讨论并制定出一系列强化利用内、外资的具体措施。区商务局会同辖区各街道，与相关企业多次接洽，整合区内现有项目和资源，强化地产类项目外资招商的侧重点，促成中海新城置业、高盈地产项目等以外资项目的形式完成资金注入，提高项目的未来发展建设定位。在利用内资工作方面，除推动红星美凯龙广场、大连未来城、一重石化基地、欧尚广场等在建、续建项目进资外，利用招商、洽谈对接会等机会促进北方慧谷、中冶商务城二期、大连亿丰汽车广场等项目的“二次招商”工作。为包括中铁建清秀蓝湾、城堡酒店、前关矿坑旧区改造、郭家街小学南侧金融中心等重点项目的开工建设和前期筹备工作做好服务，使重点项目按时、足额进资。

【服务外贸出口企业】 2014年，甘井子区企业受国内外市场众多因素影响，出口较为困难。区商务局深入企业调研，及时了解企业出口情况、经营状况以及遇到的困难和问题，在充分预估风险的情况下，对全区外贸出口做出及时准确预测。利用走访、电话、网络、培训会等多种渠道向企业宣传各项扶持政策，并帮助

甘井子区2014年商务工作会议

中远船务工程有限公司和松下汽车电子系统有限公司申报进口贴息。推动外贸企业走出去战略，对展会信息做好分析研究以及分类汇总，在与企业信息共享的同时，加大对境内外展会信息的宣传，做好组展工作。组织46家企业参加香港春季电子产品展览会、德国汉诺威工业博览会、法国服装展等境内外展会10次，组织129家企业参加省市相关部门举办的经贸洽谈活动6次。完成全区430家企业的778个项目的中小企业国际市场开拓资金项目计划和资金拨付审核、申报工作，申报金额1604.5万元。

【外资外贸发展创新】 2014年，甘井子区商务局为缓解利用外资和外贸出口两方面工作的压力，组织相关领导及科室向上级领导部门和先进地区学习取经。探索利用外资新方法，发展融资租赁业务。加快发展融资租赁产业有利于对甘井子区传统产业和新兴产业进行有效整合，促进产业向高端化转型。当年，区商务局对本区产业发展状况进行深入调查，选取部分行业龙头企业，为其设立外资融资租赁企业进行指导，并在创设外资融资租赁园区方面做出尝试。拓展外贸出口新方式，发展跨境电子商务。跨境电子商务有利于扩大外贸出口，增加税收，扩大就业，实现转变外贸发展方式、优化产业结构，促进产业结构升级。区商务局结合辖区内企业特点，制定工作方案和实施细则，出台相关的鼓励政策，促进甘井子区跨境电子商务发展。依托空港商务区的地理区位优势，积极争取大连市跨境电子商务园区落户。

（撰稿人：王继永　审稿人：李　瑾）

安全生产监督

【概况】 2014年，甘井子区安全生产监督管理局落实“三个责任”（政府领导责任，部门监管责任，企业主体责任），进行隐患排查治理，开展专项整治，夯实安全基础。当年，认定生产安全事故5起，死亡6人，占市政府下达事故控制指标的85.71%，全区安全生产形势总体保持稳定。区安监局在以全市各县市区、先导区监察大队组成的14支代表队业务比武中获得冠军。安全生产监督管理局综合协调科科长冯建平被区机关工委评为“最美身边人”，并被大连市总工会评为劳动模范。

【安全生产责任制落实】 2014年1月6日，甘井子区政府召开安全生产工作会议，总结全区2013年安全生产工作，表彰安全生产先进单位和先进个人，部署2014年工作任务，并同22个单位签订《2014年度安全生产目标管理责任状》，将市政府下达的工作任务指标分解下达到各签状单位，强化部门监管责任、属地管理责任。各街道也相继召开安全生产工作会议，以签订责任状的形式将各项工作任务进行分解量化，促进全区安全生产责任制的进一步落实。

【重点时段安全监管】 2014年，甘井子区安全生产监督管理局每季度按时召开区政府重特大事故防范暨区政府安委会全体会议，及时发布风险预警，对全区安全生产工作进行统筹安排。加强安全生产法制机制建设，拟定《中共甘井子区委、甘井子区人民政府关于进一步加强安全生产工作的意见》，突出强化党政同责、一岗双责。修订《甘井子区安全生产违法行为举报奖励办法》，补充了奖励流程。当年，处理举报案件19起。制定《甘井子区安全生产专家管理办法》，建立区人力资源和社会保障局、区卫生计划生育局、区总工会职业病防治工作联席会议制度。在“两节”、“两会”、“五一”、“十一”及党的十八届四中全会期间，结合大排查大治理及“回头看”再检查专项行动，区安监局始终坚持八条措施，一是指定专人收集上报信息，开展每日信息报送工作，确保信息畅通。二是每日召开安全生产形势研判会，及时进行事故风险预测评估，集中加强对难点工作的研究，及时处置有关重大问题。三是落实24小时值班和领导带班制度，加强值班值守工作。四是组织开展安全生产大检查，依据科室职能“定人员、定职责、定范围、定企业”，既保证检查重点，又保证检查数量；与街道安监站人员上下联动，加强监管网络覆盖，做到“查于无形、止于未发”。五是突出重点危害行业（领域）。做好危险化学品、重大危险源、非煤矿山、铁路道口、建筑施工、人员密集场所的排查整治工作，班子成员率先垂范，亲力亲为，坚持跟踪问效，消除事故隐患。六是执法活动坚持宽严相济，对存在重大事故隐患，坚决叫停，做到“问题不过夜”，及时消除重大险情和隐患。对一般隐患积极开展说理式执法活动，由执法监察人员通过短信、电话等方式进行提醒，督促隐患整改工作的落实。七是进一步要求5支队伍全部做好应急装备、物资和各项设施的准备，并保持通信畅通，随时做好应急救援工作。八是停止人员休假，特殊时段，切实履行好“安监人”的责任和使命。各成员单位按照全区总体部署，保证重点敏感时段的安全，总体上形成“政府领导、部门监管、企业负责、群众参与”的安全生产工作格局。

【涉氨制冷企业安全隐患排查治理专项行动】 2014年，甘井子区政府安全生产委员会办公室联合其他相关监管部门持续开展涉氨制冷企业专项执法，依据国家安全规范逐项进行检查，对现有的50家涉氨制冷液氨使用企业全部下达限期整改指令，查找并整改安全隐患426项。通过专项治理，企业加大了生产设备资金投入，落实整改各项问题，涉氨制冷企业的安全设施有了明显提升，安全条件、作业环境有了较大改进和改善。

【粉尘作业场所安全专项检查情况】 2014年，甘井子区政府安全生产委员会办公室制发《甘井子区政府安委会办公室关于开展全区工贸行业可燃粉尘作业企业安全生产专项检查的紧急通知》，联合其他相关监管部门对全区具有可燃粉尘作业场所的企业进行摸底排查并建立台账，组织召开专题工作会议，部署此次专项检查的检查内容、检查方式、工作时限及工作要求。组织全区粉尘作业场所企业开展安全专项检查。检查涉尘企业21家，查出安全隐患235项，下达责令限期整改指令书和复查意见书各28份，全部完成整改，确保粉尘作业企业的生产安全。

【汽车维修行业职业卫生专项治理】 2014年5—8月，甘井子区政府安全生产委员会办公室联合其他相关监管部门对辖区62家汽车维修企业和汽车4S店逐户进行检查，重点推进企业档案建立、劳动者职业健康监护档案建立、职业病危害现状评价工作及作业场所职业病危害因素浓（强）度检测评价等工作的开展，下达责令整改指令60份，排查隐患300余项。本次专项治理工作经验，在全市进行了推广。

【人防工程、海上专项督察检查】 2014年1月，甘井子区政府安全生产委员会办公室联合其他相关监管部门抽查了金家街8号维管站和光明山维管站。对承租单位存在的安全生产责任制不健全、从事生产经营活动的场所内存在的安全隐患等问题，下达了执法文书，责令使用单位限期整改。将检查情况通报区城建局，要求行业主管部门加强督促，消除安全隐患，为人防工程的安全管理起到推动作用。督查渔业行业安全生产工作，检查黄海渔业总公司安全生产工作，并向农海局通报督查情况。

大连升运物流园区组织反恐防恐、消防应急演练

【农贸市场专项检查】 2014年，甘井子区安全生产监督管理局为保障“两节”期间百姓购物安全，与区服务业局、区质监局、区工商局、区消防大队的工作人员组成联合检查组对位于周水子街道、椒金山街道、兴华街道和泉水街道的4个集贸市场进行抽查，对发现的问题责令企业限期整改，消除安全隐患，保障百姓购物安全。

【劳动防护用品专项检查】 2014年2月中旬，甘井子区政府安全生产委员会办公室联合其他相关监管部门展开劳动防护用品专项检查。检查涉及机械加工和木器加工行业企业职工劳动防护用品的配备和使用情况，重点检查劳动防护用品的采购、检验及发放流程，共检查企业10家。

【重点地区专项检查】 2014年，甘井子区政府安全生产委员会办公室联合其他相关监管部门对于大连湾毛茔子地区、砬子山机场商务区等生产安全事故的高发区、重灾区，集中在3月份开展重点地区专项检查。通过为期一个月的严查，使企业真正有了紧迫感，强化了企业的主体责任意识。

【人员密集场所督察检查】 2014年4月中旬，甘井子区政府安全生产委员会办公室联合其他相关监管部门开展人员密集场所督察检查。抽查了网吧、商场、学校、市场、酒店各2个，发现问题36项，对存在问题的生产经营单位下达责令限期整改指令书，并督促主管部门加强问题的跟踪整改。

【混凝土搅拌站专项检查】 2014年，甘井子区政府安全生产委员会办公室联合其他相关监管部门在混凝土搅拌站生产旺季，组织开展混凝土搅拌站专项检查。检查混凝土搅拌站19家，发现各类事故隐患225项，并对2家整改不到位企业进行依法处理。

【建筑工地专项检查】 2014年，甘井子区政府安全生产委员会办公室以文件形式下发了专项检查通知，部署相关工作，并组成2个督查组进行专项督查，共检查建筑工地28家，查出隐患351项，下达限期整改指令书29份，对12家企业进行了整改复查，对4家建筑施工企业进行立案处理。

【危险化学品输送管线专项整治】 2014年，甘井子区政府安全生产委员会办公室联合其他相关监管部门为确保第二批挂牌督办的涉及甘井子区35处隐患整改项目有效推进，协调成立专项行动领导小组，健全组织保障体系，明确工作职责，印发《甘井子区深入开展油气输送管道、危化品管道和城镇管网事故隐患排查治理行动方案》，明确隐患排查治理行动内容、范围、方法步骤，提出工作要求。区政府安全生产委员会组织相关部门、单位召开协调会8次，并印发会议纪要8期。

【冶金铸造行业专项检查】2014年，甘井子区安全生产监督管理局印发《甘井子区安监局关于冶金铸造企业安全生产专项执法检查的通知》，组织各街道对全区冶金铸造企业进行专项执法检查，抽检冶金铸造企业18家，查出安全隐患115项，下达整改指令书和复查意见书18份。

【开展“六打六治”打非治违专项行动】 2014年，甘井子区政府安全生产委员会办公室按照国务院、省、市关于集中开展“六打六治”（打击矿山企业无证开采、超越批准的矿区范围采矿行为，整治图纸造假、图实不符问题；打击破坏损害油气管道行为，整治管道周边乱建乱挖乱钻问题；打击危化品非法运输行为，整治无证经营、充装、运输，非法改装、认证，违法挂靠、外包，违规装载等问题；打击无资质施工行为，整治层层转包、违法分包问题；打击客车客船非法营运行为，整治无证经营、超范围经营、挂靠经营及超速、超员、疲劳驾驶和长途客车夜间违规行驶等问题；打击“三合一”、“多合一”场所违法生产经营行为，整治违规住人、消防设施缺失损坏、安全出口疏散通道堵塞封闭等问题）打非治违专项行动实施方案的通知精神，印发《甘井子区集中开展“六打六治”打非治违专项行动实施方案》，突出危险化学品、非煤矿山、油气管道、交通运输、建筑施工、消防等重点行业领域，集中开展“六打六治”行动。区政府安全生产委员会办公室成立2个督查组，对各签状单位执法情况进行督查。区安监督管局组成6个检查组深入一线，检查企业53家次，发现安全隐患86项，下达整改指令52份。

【烟花爆竹销售安全监管】2014年，甘井子区政府成立烟花爆竹安全管理领导小组，印发《甘井子区烟花爆竹安全管理规定》，通过各街道、社区居委会向居民发放宣传单，张贴安全通告。区安监局牵头成立联合执法检查组3个，组织开展道路运输、打击非法贮存、打击非法销售专项执法行动。副区长姚岳林先后6次带队检查烟花爆竹销售安全工作。在重点时间段，划定重点区域，安监局领导班子分成3组进行带队检查，加强烟花爆竹销售的安全监管。在销售期内对全区烟花爆竹126家销售点检查600余次。开展道路运输、打击非法销售专项行动，协调出动警力630人，检查车辆300台次，取缔非法销售点7个。销售期结束后，指导街道组织对本辖区的烟花爆竹经营单位剩余烟花爆竹贮存情况进行集中检查，并做好交接记录。通过不懈努力，全区春节期间继续保持了烟花爆竹销售安全零事故的良好势头。当年，处理烟花爆竹信访举报案件16起。

【危险化学品行业和重大危险源安全监管】 2014年，甘井子区安全生产监督管理局加强危险化学品企业和重大危险源的监管，开展全国60个危险化学品重点县（市区）攻坚工作，制定工作方案，并组织人员参加国家相关培训。根据执法计划检查危险化学品企业173家次，排查安全隐患597项，制作现场检查记录文书87份，下达责令改正指令书84份,复查指令意见书75份。将非药品类易制毒化学品生产、经营管理和危险化学品生产经营单位的安全监管结合起来一起抓;组织专家对企业进行会诊,帮助企业现场整改。推进危险化学品生产储存装置"安全设计"诊断和涉及"两重点一重大"企业(重点监管的危险化工工艺、重点监管的危化品、危化品重大危险源)自动控制改造工作。全区涉及生产储存在役装置安全设计诊断企业14家、"两重点一重大"自动化控制改造企业4家,已全部完成安全设计诊断和改造。抓好企业申办危险化学品生产、经营许可证现场审查工作,特别是对企业新建、改建、扩建项目,严格按照《危险化学品建设项目安全许可实施办法》的要求进行"三同时"审查、验收,对审查不合格的单位和经整改后仍不具备安全生产条件的,一律不予办理生产经营许可证。当年,为危险化学品生产企业、经营单位延期换证57家。

安监局工作人员在街头宣传政务公开和《安全生产法》

【工矿商贸等行业领域安全监管】 2014年,甘井子区安全生产监督管理局按照执法计划,抓住事故总量和事故多发的重点行业领域,开展专项整治。加强冶金、有色、建材、机械加工、木材加工、轻工、商贸、建筑施工等行业的安全监管,并形成对非煤矿山企业的常态管理,检查、复查企业589家,下达责令限期整改指令书286份,整改安全隐患3124项,依法处理34起安全生产违法行为。协调机场集团开展净空安全专项整治工作,印发《周水子国际机场净空安全专项整治工作方案》。加强对机场净空隐患的排查。组织相关街道、社区、公安部门开展3次机场净空禁放升空物的专项执法行动,检查公共活动场所21处,现场制止放飞飞行物等违规行为18起,查处航道下饲养放飞鸽子、信鸽的业户8家,发放宣传单1500余份,保障航空安全。

【铁路道口安全监管】 2014年,甘井子区安全生产监督管理局检查铁路道口591个(次),其中夜间检查52个(次)。会同市、区铁路道口安全管理委员会办公室、铁路公安交警支队、区交通局和相关街道联合开展铁路道口综合治理,检查过往车辆140余台,纠正违章驾驶50人次,同时发放铁路道口安全宣传品150余份。完成4处监护道口的标准化建设,组织55名道口监护员开展专业培训、考试,提高铁路道口监管人员工作能力。

【职业卫生安全监管】 2014年,甘井子区安全生产监督管理局按照《甘井子区2014年职业健康工作计划》和《甘井子区职业危害事故应急处理预案》,开展作业场所职业卫生监督执法年活动。对甘井子区职业病发病单位进行摸底调查，加大检查力度，重点检查木质家具、石材加工、印刷、铸造、制靴及机械加工等企业300多家，排查职业卫生隐患1600多项，下达责令整改指令223份，立案1起。加大职业病防治工作的检查指导力度，推动企业开展职业卫生现状评价工作，加大职业卫生"三同时"工作。印发《职业病防治法》等宣传资料5000册，免费发放到相关企业，年度新增职业危害申报企业180家，对35家企业开展职业危害现状评价工作，对31家用人单位的职业病危害现状评价报告进行审核。3家用人单位完成《职业病危害控制效果评价》与防护设施竣工验收。建立完善石材加工、水泥及其制品制造、金属船舶修造、木制家具制造、皮革制品和制鞋业、4S店和汽车修理维护等6个行业322家涉害的规模企业职业卫生档案。

【安全生产宣传教育】 2014年，甘井子区以举办安全生产月、"安康杯"竞赛、集中宣传咨询日、安全文化一条街、应急演练周、安全科技周等群众性安全生产宣传活动为载体，普及安全生产法律及相关知识。4月，开展以"防治职业病，幸福千万家"为主题的职业病防治法宣传周活动，深入辖区企业讲解职业病防治相关法律、法规知识，解答工人相关咨询，发放《职业病防治法》单行本4000册，宣传材料2.3万份，制作宣传画板4张，解答工人咨询150多人次。6月，安排部署以"强化红线意识、促进安全发展"为主题的安全生产月活动。活动中，在辖区企业举办事故案例和事故模拟教育展览，观看主题宣传片和《安全生产事故典型案例盘点》警示教育片。举办"安全文化周"活动。各街道设置安全文化一条街，组织职工群众参与安全精神、理念、制度、警句征集活动，全国安全生产卡通形象创意大赛以及全国职业病防治知识竞赛活动。结合"全国安全生产宣传咨询日"活动的开展，在华南红星美凯龙广场举办安全生产法律法规、事故案例、事故预防、应急处置、逃生自救等安全生产知识图片展览，设置咨询台，发放安全生产宣传材料，弘扬安全文化。区总工会和区安监局联合组织开展"安康杯"知识竞赛活动，全区4.7万多名职工参加竞赛。

【安全生产培训工作】 2014年，甘井子区安全生产监督管理局为深化服务方便企业，按照各街道辖区就近举办企业负责人和安全管理人员、外来务工人员及特种作业人员培训班，区分层次，分类指导。当年，先后开展培训48期，培训企业负责人及安全管理人员1850人，特种作业720人，外来务工人员3200人。并协助企业对930名新上岗及转岗人员进行三级安全教育。在此基础上，培训危险化学品安全管理人员445人。组织92家粉尘作业企业开展安全管理知识培训，培训150余人。为提高培训质量，提高培训规模和数量，完成区职业安全教育培训中心培训资质认证工作，为进一步做好职工安全培训工作奠定基础。

(撰稿人:张传军　审稿人:姜　浩)

经济和信息管理

【概况】 2014年，甘井子区面对诸多不利因素的影响和异常严峻的经济形势，着力发展实体经济，增强工业企业的自主创新能力，优化产品结构，保证工业经济运行平稳。截至年末，甘井子区有规模以上工业企业272家，实现工业总产值725亿元，比上年增长2.7%，完成规模以上工业(小口径)总产值391.1亿元；出具《企业投资项目备案确认书》13份，项目总投资6.94亿元；亿达集团、环嘉集团等4

家企业被评为省百强民营企业。甘井子区经济和信息化局利用“辽宁省名优产品杭州展”、APEC中小企业技术交流会、广州中博会等机会，全力帮助企业“走出去”，开展省外营销、扩大海外市场、增加外埠订单。

【全区提高工业经济运行质量工作领导小组成立】 2014年7月，甘井子区正式成立全区提高工业经济运行质量工作领导小组，由分管区长任组长，经信局、统计局领导任副组长，税务局、工商局等相关部门和各街道负责人为成员，通过联席会议形式，对全区工业企业运行和发展实行整体联动的监测和分析，按照“顾全大局、统筹安排、通力合作、分级负责”的原则，加强沟通、资源共享，防止沟通不畅、信息不通。

【多方合作“保存量、扩增量”】 2014年春节后，甘井子区经济和信息化局在与区统计局、区工商局、税务等部门实现企业信息共享，多方合作挖掘统计潜力，将问题企业数据进一步进行核实；采取积极措施“保存量、扩增量”。

【优化中小企业发展环境】 2014年4月23日，甘井子区经济和信息化局组织召开“甘井子区银行企业金融对接会”，活动主题为“银企对接注重实效，携手共进不走过场”。对全区20多家设立分行或分支机构的金融机构进行走访调查，综合分析每家银行的贷款规模、服务效率、融资成本、产品创新、资源配置、内部管理等信息，最后筛选出若干10万到2000万额度不等的无抵押贷款特色金融产品，对民营科技企业的融资需求进行摸底调查，确定40家成长性较好的、有融资意向的企业进行实质性对接，活动包括调查摸底、项目筛选、现场对接、跟踪问效、项目履约以及金融知识、金融政策和金融产品的宣传推介等内容，银企双方就产品特点、申办流程进行互动交流。区经信局与市金融局联合组织专题融资租赁产品专题培训对接会。与大连银行联合开展个性化融资对接，到30多家科技型中小企业现场考察经营状态，针对性地提供金融产品。当年，已有3户企业通过活动实现贷款1300万。

【企业服务】 2014年，甘井子区经济和信息化局在全市各区市县中，率先开通“甘区经信局”微信号，成为大连市首个专为辖区工业企业提供政策公布、服务信息公示的公益微信号。不定期发送政策解读、项目申报、展会信息、融资平台等与企业展密切相关的咨询，在全新的经济形势下，实现官方网站、微信平台、QQ群立体服务模式。推荐大连科盟新材料有限公司申报省中小企业发展专项资金；美罗药业股份有限公司、大连雨生实业有限公司、大连安达汽车零部件有限公司3家企业申报市技术改造贴息和民营中小企业发展专项资金；推荐大连民创科技企业创业中心申报市中小企业创业发展专项资金项目；推荐大连瑞福电器有限公司、大连大高阀门有限公司、大连北方成套教学设备有限公司、大连碧海服装有限公司、大连神通电气有限公司5家企业申报大连市场开拓资金专项资金项目；推荐大连科信起重电器有限公司、大连明森科技有限公司、大连浦州航空科技有限公司、大连圣力来监测技术有限公司、大连弹簧有限公司、大连桑扶兰实业有限公司、大连汇新钛设备开发有限公司、大连福岛精密零部件有限公司、大连海鑫化工有限公司、大连巅峰橡胶机带有限公司、大连华阳密封股份有限公司11家企业申报辽宁省中小企业专精特新产品的认定；推荐大连第一有机化工有限公司、大连乾翰国际物流有限公司、大连硅展科技有限公司、大连宏旗计算机网络技术发展有限公司4家企业申报大连市中小企业创业发展信贷风险补偿专项资金；组织推荐桑扶兰集团、大连碧海服装有限公司申报市服装专项资金；推荐大连邦能石油仪器有限公司、大连开元管道有限公司、大连中汇达科学仪器有限公司、辽宁省大连海洋渔业集团公司、中昊光明化工研究设计院有限公司5家企业申报市产业技术创新和新产品开发专项资金。10月，甘井子区在沈阳举办的2014年辽宁省服装产业集群博览会上被授予“辽宁省内衣名城”称号。

【拟上市企业数据库建立】

2014年，甘井子区经济和信息化局按照上市一批、储备一批、培植一批的工作思路，把企业改制上市工作纳入规范企业财务及经营管理规划。根据企业规模及需求，将拟上市企业数据库细分为拟上市企业、拟新三板挂牌企业及拟“四板”挂牌企业，通过挂牌及托管，健全企业内部管理制度，规范企业财务制度，企业利用资本市场迅速发展。组织十余家企业参加股权交易(四板市场：区域性股权交易市场)培训会，通过培训，了解“四板”市场业务规则、融资服务、政策扶持等；组织十余家拟上市企业参加市金融局组织的“中小企业‘新三板’挂牌培训会”；使企业明确三板市场上市意义、上市基本条件、相关规则，为企业顺利在“三板”上市做准备。当年，大连华阳光大密封有限公司、大连华工创新科技有限公司和大连凯洋世界海鲜股份有限公司3家企业在“新三板”挂牌。另有大连中盈科技有限公司等6家企业签订了“新三板”挂牌协议。

【软件和信息技术服务业】

2014年，甘井子区有软件和信息技术服务业企业36家，截至年末，实现软件业务收入3.7亿元，从业人员3320人；推荐大连连城数控机器股份有限公司、大连辽无二电器有限公司、大连桑扶兰实业有限公司、大连华阳密封股份有限公司4家企业申报市两化融合示范企业；推荐华宇(大连)信息服务有限公司、大连圣力来监测技术有限公司、大连鑫星节能科技发展有限公司、辽宁金晟科技发展有限公司4家企业申报市软件产业发展专项资金；推荐大连桑扶兰实业有限公司、大连易达物流有限公司、大连顺丰速运有限公司、大连科技城欣同开发有限公司4家企业申报市信息化建设专项资金；组织推荐甘井子街道申报大连市智慧社区服务试点项目。

(撰稿人:刘翠翠　审稿人:唐宗宝)

人力资源与社会保障

【概况】 2014年，甘井子区实现城镇失业人员实名制就业3.5万人，稳定就业2.6万人，建立大学生创业苗圃3个，民办创业孵化基地4个，大学生见习基地5个，扶持创业带头人474人，创业就业6347人，普惠制培训3849人。将2017名农转城“夹心层”人员纳入城镇职工社保体系，农转城参保人数6.1万名，参保率91.6%，参保资金近50亿元。全区累计社保卡持卡25.6万人，年新增持卡3.8万人，受理工伤认定申请1243件，做出工伤认定结论1276件。5名专家入选省百千万人才工程，4名专家获评大连市优秀专家，3名专家获批市政府特殊津贴。在大连生态科技创新城建立大连市首家重点园区人才工作服务站。开展“庆祝建党93周年暨‘汇繁星、激活力、勇担当’职业道德主题教育系列活动”，举办公务员职业道德主题演讲比赛，举办规范服务行为文明用语情景短剧比赛。全区网上用工备案企业登记10292户，涉及职工20.7万名，用工备案数据中的劳动合同签订率100%，对辖区207家用人单位开展企业薪酬调查。开展全区预防和治理拖欠农民工工资问题专项行动，为1120人追回工资640万元，为723人追缴社会保险费983万元。

区人社局工作人员送就业困难人员上岗

【就业与创业】 2014年，甘井子区人力资源和社会保障局财政筹集使用就业资金3亿元，推进和落实市区两级就业扶持政策；出台四个方面11项就业新政，年投入1000万元用于就业援助和就业扶持。全区实现城镇失业人员实名制就业3.5万人，完成市政府下达给区政府全年指标（31950人）的110%；稳定就业2.6万人，完成全年指标（17680人）的149%；稳定就业率75%，城镇登记失业率控制在2.65%，就业数量和质量均居全市之首。区创业者公共实训孵化基地暨慧创星谷被评为市级孵化基地。慧创工厂持续发展，以创业者公共实训孵化基地慧创星谷为轴心，

区人社局工作人员走访困难群体

14个街道相继建立起42个创业孵化基地，形成辐射“两城四区”六大经济发展区域的“一中心、多基地、广辐射”的创业就业工作新格局。建立大学生创业苗圃3个，民办创业孵化基地4个，大学生见习基地5个，扶持创业带头人474人，创业就业6347人。完成大连市第十二届创业就业博览会参展工作，承办首届大连市创业大赛，甘井子区5个创业项目晋级决赛，大连百微联盟营销策划有限公司的刘志强创业团队获得全市唯一的一等奖。实施高校毕业生“就业促进计划”，通过“三支一扶”、储备计划、创业实训和市场就业等方式，安置择业期内离校未就业高校毕业生就业259人，协议接收外地高校毕业生1867人。投入500万元培训资金，发挥社会办学力量，开设17个培训专业，重点培育计算机网络管理、维修电工、电子商务、中西式面点等八大专业，累计普惠制培训3849人。承接市政府下放对民办职业培训机构审批监管权限，对29所民办职业培训机构进行日常管理。区职业技能公共实训中心改造被确定为2014年甘井子区重点民生实事项目。举办第一届“区长杯”职业技能大赛，承办第九届大连市职业技能大赛，参赛人员1800名。实施困难群体就业帮扶，为14596名“4050”灵活就业人员发放社保补贴8700万元；为3565名岗位开发计划人员发放补贴5135万元；为706名公益性岗位人员支付岗位工资和社保补贴1170万元；为5451人足额发放失业保险金7334万元。举办“春风行动”，从职业介绍、培训、维权等方面为外来务工人员服务。开展“就业援助月”活动，走访困难人员870人，安置262名困难人员和14名困难家庭高校毕业生就业。甘井子区零就业家庭保持动态为零。全区城乡一体均衡发展的公共就业服务平台逐步完善，硬软件建设持续加强。建立充分就业社区113个，大连湾街道前盐社区被授予全国充分就业社区称号，辛寨子街道被评为全省充分就业街道。

【社会保障】 2014年，甘井子区人力资源和社会保障局继续联合区财政、区国土房屋分局印发《甘井子区征地预留社会保障资金操作程序（试行）》通知，严格审核预留征地社会保障金申请，完成被征地农民社会保障措施落实审核160件，预留社会保障金64亿元。受理工伤认定申请1243件，作出工伤认定结论1276件，工伤认定时效结案率、网上行政审批录入率、卷宗装订率和认定结案率均达100%，行政复议、行政诉讼支持率达98%以上。甘井子区社会化管理退休人员约20万人，连续10年提高企业退休人员养老金，平均增幅10%，月人均收入2150元。举办区企业退休人员"快乐重阳杯"乒乓球比赛等系列文体活动。创新退休人员社会化管理服务模式,为3084名异地居住人员进行网上待遇资格认证。为2069名退休人员发放采暖补贴109.5万元。走访慰问老工人、老劳模、重病、特困、孤寡、高龄人员400余人(户),送去慰问金12万元。

【公务员队伍建设与管理】 2014年,甘井子区人力资源和社会保障局开展"庆祝建党93周年暨'汇繁星、激活力、勇担当'职业道德主题教育系列活动",举办公务员职业道德主题演讲比赛,全区45个单位47名选手参加比赛。举办规范服务行为文明用语情景短剧比赛,全区26个单位、28个情景剧作品参加比赛。开展"'责任与担当'之甘井子见"大讨论,全区共上报感悟120余篇。区委书记郝方林与甘井子区获公务员职业道德主题征文及主题演讲比赛一、二等奖的16名公务员进行座谈。全年新考录公务员3人,表彰152名年度考核获得优秀的公务员,并为其中32名连续三年获得优秀等次的公务员记三等功1次。公务员脱产培训4283人次,达到本地区公务员总数的80%。

【事业单位人事制度改革】 2014年,甘井子区人力资源和社会保障局进一步规范机关事业单位人事管理工作,公开招录事业单位工作人员236人。开展清理"吃空饷"、在编不在岗等专项整治工作,共清除3人。

【军转干部安置与稳定】 2014年,甘井子区人力资源和社会保障局接收军队转业干部3名,随军家属1名,完成安置工作。组织2720名军转干部免费体检,走访慰问老英雄、老模范和患有重大疾病、家庭生活困难的部分企业军转干部360人次,送去慰问金18万元。执行"五包"责任制(包掌握情况、包解决问题、包教育转化、包稳控管理、包依法处置),落实各项解困维稳政策,推行亲情服务模式,军转群体整体稳定。甘井子区被评为"全国军转干部安置工作先进单位"称号。

【绩效考核再获佳绩】 2014年,甘井子区人力资源和社会保障局结合承接的市政府绩效考评指标新内容、新标准和新要求,科学量化考评指标,优化细化考评办法,提高考评工作的质量和效率,通过节点跟进考核和目标动态考核,突出察访核验和全程考评,绩效考评指标体系和考评方法更加优化,绩效考核全过程管理不断加强。

【外专引才引智服务】 2014年,甘井子区5名专家入选省百千万人才工程,4名专家获评大连市优秀专家,3名专家获批市政府特殊津贴,1名专家获得市特聘专家突出贡献奖,562人通过了高级专业技

"区长杯"职业技能大赛中式面点大赛

举办现场招聘会，为就业困难群众解决就业问题

术资格认定。有7个海外研发团队成功获批，为企业争取扶持资金1400万元。开展省市院士专家智力支持行动，甘井子区的6家企业8个项目已与院士专家成功对接。当年，在大连生态科技创新城建立了全市首家重点园区人才工作服务站。开展人才服务"进高校、进企业、进园区"活动，启用区人才公共服务网站，畅通人才服务"绿色通道"。

【劳动合同制度实施】 2014年，甘井子区网上用工备案企业登记10292户，涉及职工20.7万名，用工备案数据中的劳动合同签订率达100%。对辖区207家用人单位开展企业薪酬调查，完成各项统计任务。2014大连市工资集体协商等工作调研小组一行，到甘井子区调研指导工资集体协商工作并给予肯定。

【劳动保障监察执法】 2014年，甘井子区人力资源和社会保障局完善"多点受理，快速处理"投诉举报制度，巡视检查用人单位1219家，立案办理1115件。开展全区预防和治理拖欠农民工工资问题专项行动，会同区公安分局、相关部门和属地街道联合工作，源头强化欠薪预警，摸底排查企业312家，为1120人追回工资640万元，为723人追缴社会保险费983万元。省劳动保障监察局一行，到甘井子区调研，对甘井子区"打击非法用工违法犯罪"工作给予高度评价。

【劳动人事争议调解仲裁】 2014年，甘井子区人力资源和社会保障局推行"快立、快调、快结"办案模式，建立劳动人事争议案件裁审衔接制度，举办以"阳光裁审、公信维权"为主题的仲裁观摩评议庭。当年，处理案件560件，立案办理248件，全部按期办结，为248名职工追回直接经济损失670万元。

(撰稿人:姜先彬　审稿人:鲍世敏)

民政事业

民政事业

【概况】 2014年，甘井子区民政局救助低保家庭5013户、7923人，发放保障金4253.77万元，保障面1.11%。发放各类抚恤、生活补贴5602余万元。全区现有养老机构70所，其中，集体开办2所、养老床位总数8000张。福利企业支付残疾职工工资和保险5610万元，实际减免税3800万元，上缴国家税金5500万元。甘井子区有经营性公墓1处，公益性公墓8处，骨灰堂2个。当年，办理来信来访130件次，其中来访89人次，共受理民心网投诉10件，民意网7件，区政府投诉件24件，其中，民心网5件投诉案件被评为5星级好评。

【社会救助】 2014年，甘井子区民政局制定了《甘井子区困难群体大病救助工作实施方案》和《甘井子区困难家庭中、高等教育新生入学救助实施方案》，扩大救助覆盖面和提高救助标准。在医疗救助上降低个人自付起点救助标准，扩大救助病种，从原来的14种扩大到25种，新增慢性阻塞性肺疾病、脑血栓、脑出血、脑瘤、脑中风后遗症、心脏病、重症肌无力、严重类风湿关节炎、严重帕金森病、严重运动神经元、严重脑炎和脑膜炎后遗症、严重多发性硬化症、坏死性筋膜炎、糖尿病2型及综合症等病种，提高救助幅度。先后在营城子、大连湾、中华路、机场街道进行试点，救助263人，发放救助金67.5万元。提高助学标准，安排资金44.8万元帮助145名低保家庭子女实现求学梦想。完成低保第15次提标，标准提高到每人每月570元。发放低保金4253万元，救助城乡低保对象5013户、7923人。在春节期间，为5523户（名）低保对象、在乡优抚对象、百岁老人发放市临时救济金441.8万元。为5800户低保户、百岁老人发放米、面、油等生活物资折合资金174万元。审批临时救助家庭1061户（名），发放救助资金267.2万元。为2713户有暖气家庭和574户无暖气家庭审核减免补贴433万元。开展低保专项整治和集中核查工作，做到“应保尽保、应退尽退”。完善居民家庭经济状况核对机制，对3139户、6415人公租房申请家庭和5047户、8287人城乡低保家庭经济状况进行核对。接受公共租赁住房货币补贴申请家庭3843户，出具核对审核表6390份，查出申请人瞒报信息312户；作为第一批试点单位参与大连市居民家庭经济状况核对系统试运行。

【防灾减灾】 2014年，甘井子区民政局制定了《甘井子区开展“5·12防灾减灾日”主题宣传周活动方案》，印发《甘井子区防灾减灾知识手册》。举办“甘井子区机场杯防灾减灾知识进家庭竞赛”活动。悬挂宣传标语360余幅，发放宣传品1.8万余册，设置应急安置场所30处，分级储备应急救助物资。开展灾害风险隐患排查、紧急避难逃生演练和“综合减灾示范社区”创建活动。郭中、彩虹社区被评为国家级减灾示范社区，兴南社区被评为省级减灾示范社区。

【社区建设】 2014年，甘井子区新增壹品天成、金山、康顺、圣林、圣泰、锦泉、清流坊、第五郡、丽湾海景9个精品社区。在和谐社区创建中，甘井子区被评为大连市“和谐社区建设示范区”，亿达社区被评为全国“和谐社区建设示范单位”，万众、新星、亿达社区被评为辽宁省“和谐社区建设示范社区”，红旗、机场、兴华街道被评为大连市“和谐社区建设示范街道”，北府花园、玉山、兴南、矿北、鹏辉、动力院景、七星、井南、龙鑫、南山、兴民、龙江、彩虹社区被评为大连市“和谐社区建设示范社区”。印发《甘井子区社区服务站建设管理意见》，社区服务平台管理更加科学规范。对新进社区人员进行统一考试，共录用199人。分期分批组织社区工作人员开展培训，提升理论知识和实践经验。批复成立7个社区。为社区干部办理人员退休、调动、补交保险等事宜74次。建立社区工作者考核机制，规范社区干部管理。提高社区工作人员待遇，从1月起，对全区社区工作人员增加奖励、居龄和午餐补贴，对楼组长增加奖励补贴。

甘井子区社区"两委"换届选举工作培训会

【社会组织工作】 2014年，甘井子区民政局深化社会组织管理制度改革，加大培育发展力度，全年新增社会组织209个，其中注册登记社会团体3个、民办非企业单位55个、备案登记社会组织151个。全区173个社区全部备案登记成立联合会。注重打造社会组织品牌建设，辛寨子社区养老服务中心被评为“大连市民办非企业单位品牌建设示范基地”，大连湾街道社会组织服务中心等11家单位被评为“大连市优秀民办非企业单位”。参加民政部在北京召开的“行业协会商会服务经济发展工作交流会”；强化对社会组织的监督管理，在全区社会团体进行专项整治。对86个民办非企业单位未参加年检或年检不合格，予以撤销和整改。依法对“阳光花园养老院”、“宏济养老院”进行取缔。制定《甘井子区关于对部分社会组织直接登记的暂行办法》，涌现出“益邻里”“好帮手”“家家乐”等社会组织便民利民服务品牌，甘井子区被评为“全国社会组织建设创新示范区”。

【双拥工作】 2014年，甘井子区民政局迎接第八轮省市双拥模范区末期考评，推进双拥模范城创建工作。春节、“八一”建军节期间，协调区主要领导和相关街道领导走访慰问辖区部队，送去文体器材和慰问金280万余元。安置35名随军配偶进社区，审核309名未就业随军配偶的货币化生活补助。为65053部队修建了“军民融合路”，改善部队官兵出行以及军事训练快速机动。《人民日报》《解放军报》先后报道《大连湾街道创建军警地企党建联合体》经验做法。

【优待抚恤】 2014年，甘井子区民政局发放各类抚恤、生活补贴5602余万元。完成1679名优抚对象信息录入工作。为全区585名残疾军人、烈士家属换发新式《残疾军人证》《烈士证明书》。缴纳重点优抚对象医疗保险、定额医疗补助和无军籍职工医疗保险415万元。完成65名无军籍退休职工接收安置任务。开展为重点优抚对象送“春联、福字、年画”活动，走访慰问重点优抚对象、无军籍退休职工371人；为16名残疾军人配备各类辅助器材26件；为18名重点优抚对象实施大病医疗救助8万元；为3名残疾军人发放商品房补助203万元；组织26名伤残军人去省民政厅换发残疾军人证。开展“烈士纪念日”活动，聘请56名优抚对象联络员，为他们提供精细化管理、个性化服务。

【婚姻登记】 2014年，甘井子区民政局按照民政部3A级标准完成婚姻登记处改造任务。当年，办理结婚登记8685对，补办结婚证件1902对，离婚登记3341对，补办离婚证件375对，出具(无)婚姻登记记录证明2.2万份。

【福利企业管理】 2014年，甘井子区有福利企业80户，就业职工4544人，安置就业残疾职工1597人。福利企业支付残疾职工工资和保险5610万元，实际减免税3800万元，上缴国家税金5500万元。

【老龄工作】 2014年，甘井子区老年人活动中心建设项目启动，新建养老助餐点30个。当年，全区新增养老机构4家，增加养老床位1308张，提供养老服务岗位1450个；召开居家养老工作推进会；14个街道“幸福老年之家”进行民办非登记和社区老年协会备案；组织30名养老护理员参加大连市护理员职业技能大赛；与全区养老机构签订2014年安全责任书；对全区30所床位数100张以上养老机构进行服务质量评价；发放居家养老服务和入住养老机构补贴210万元；为2300名90周岁老年人按时足额发放生活补贴460万元；为41名百岁老人发放生活补贴45万元；办理老年证、优待证13200个；为251名60年代精简退职职工发放生活补助98万元；为1名麻风病人发放住院补贴1.6万元；以“传承中华美德、弘扬敬老文化”为主题，开展敬老月活动。全省基层老年协会推进会在甘井子区召开，并举办现场观摩和工作经验交流。对全区老年协会和社区“幸福老年之家”进行挂牌管理；甘井子区代表大连市接受省人大“一法一例”(《中华人民共和国老年人权益保障法》《辽宁省老年人保障条例》)检查并受到好评。

【殡葬工作】 2014年，甘井子区民政局制定《甘井子区祭

甘井子区殡葬协会成立大会

祀场所清明节期间安全应急预案》，建立与公安、交通、农林等部门密切配合的应急处置机制。清明节期间，疏导祭祀人员近53万人，车辆5.6万台。举办“推进殡葬改革、树立丧葬新风”主题宣传月活动，发放宣传单2万余份。对全区8个街道散坟站点进行核查统计。成立甘井子区殡葬协会，对加强殡葬行业自律、规范殡葬服务起到了积极作用。

【民族宗教工作】 2014年，甘井子区民政局深入开展民族团结进步创建活动。完成换发清真许可证工作，全区31家清真食品生产经营单位中，有16家单位获得清真许可资格。完成对清真饮食少数民族人口补贴补发工作，为108人发放补贴10800元。完成19人次民族成分变更工作。对全区宗教场所进行新一轮调查摸底。全区现有登记宗教场所17家，批准筹建的1家，未登记场所14家（其中基督教9家，天主教1家，佛教3家，道教1家）。完成5名宗教教职人员参保工作。走访慰问10位民族宗教界人士。组织人员参加市民政局组织的佛教讲经释法比赛，并获一等奖。在全区宗教界开展慈善周活动，全区宗教场所共捐款4.8万元，和市佛教协会共同组织向大连湾李家小学捐赠物品价值2万元。

【区划地名】 2014年，甘井子区民政局对全区6处自然地理实体标志设置（营城子将军山、营城子牧城驿湖、营城子汉墓、营城子大黑石、辛寨子四大望山、红旗街道西山湖）进行普查登记。完成第二次地名普查档案整理工作。对机场街道与寨子街道、泉水街道与大连湾街道行政管理界线进行重新确认。以区政府的名义回复高新园区新成立街道的函。出具地名证明73份。

【建议提案办理工作】 2014年，甘井子区民政局办理建议提案16件，其中代表建议12件，委员提案4件。在办理重点提案和重点建议中，先后向区政协常委会和区人大常委会进行专题汇报并受到好评。

（撰稿人：关媛媛　审稿人：李传建）

慈善事业

【概况】 2014年，甘井子区慈善总会以巩固慈善公益基金建设成果为重点，推动全区慈善公益基金不断完善，规范慈善救助工作，扶持义工队伍发展。当年，甘井子区获得捐赠收入3842.7万元，支付善款3459万元，惠及87984人次，义工队伍2.6万人，开展义工活动2436次，奉献工时52万余小时。为对甘井子区慈善事业做出贡献的单位和个人申报2014大连慈善奖，6个项目，6家单位，13名个人获得大连慈善奖。

【慈善基金建设】 2014年，甘井子区新建3支慈善公益基金，其中由区政协发起建立的政协慈善公益基金捐款81万元；由区人大发起建立的人大慈善公益基金捐款20万元；由仁水建材发起建立的仁水慈善公益基金捐款11万元。12支慈善基金再次续捐。其中，辛寨子慈善公益基金续捐510.8万元，总额累计4223.7万元；革镇堡慈善公益基金续捐260万元，总额累计1671.3万元；亿达慈善公益基金续捐94万元，总额累计1646.6万元；大连湾慈善公益基金续捐9.5万元，总额累计1244.5万元；营城子慈善公益基金续捐499.6万元，总额累计1274.4万元；兴华慈善公益基金续捐18.6万元，总额累计102.3万元；威嘉船舶慈善公益基金续捐30万元，总额累计50万元；教育慈善公益基金续捐240万元，总额累计544万元；妇联慈善公益基金续捐40万元，总额累计100.4万元；统战部

"大连慈善奖"甘井子区获奖名单

慈善家	马淑云
慈善人物	王殿禄、腾君政、李传建、王淑侠、鞠盈春、刘俊甲、赵刚
突出贡献奖	大连市甘井子区慈善总会 大连泰达新城建设发展有限公司 大连乐启房地产有限发展有限公司 大连逸盛投资有限公司 大连运腾房地产开发有限公司 大连得乐房地产开发有限公司
优秀工作者	王英杰、陈水生、姜国章、李岩岩、孙宝福
优秀项目	夕阳扶老工程 阳光助残工程 寒窗助学工程 阳光列车救助工程 情暖万家救助工程 情动辛动助梦工程

慈善公益基金续捐10万元，总额累计31万元。运腾集团在连续多年捐赠慈善救助基金的基础上，再次捐赠1400万元，用于甘井子区养老事业发展。王殿禄个人慈善公益基金再次捐赠70万元善款用于支持教育事业。推进辛寨子慈善公益基金试点工作，在现有基金基础上针对不同受助人群设置5大专项慈善基金，包括"生命树"疾病救助、"及时雨"救急救难、"夕阳红"爱老敬老、"感恩泉"真情回馈、"向日葵"助学助业专项基金。通过区慈善总会统一接受、拨付、统计，实现区域性慈善公益基金从募集到发放的全套规范流程。在辛寨子街道"情动辛动暖阳工程"活动现场，以签订捐赠承诺书的形式，接受捐赠218份，筹集善款274.3万元，35个商家承诺提供优惠服务37项。截至年末，辛寨子街道已累计捐款4717.3万元，其中，慈善公益基金累计捐款4223.7万元，位于全区首位。

【重点救助工作】 2014年，甘井子区慈善总会完成区民政局倡导，在"慈爱月"期间开展募捐活动，接受善款500万元用于开展大病救助工作。区慈善总会在坚持开展原有救助项目的同时，积极引进国家、省、市慈善总会开展的救助项目，使慈善救助范围不断扩大。西太平洋助学、儿童先天性心脏病救助、助听器、蓓蕾书包等各类慈善公益项目争取市拨款、拨物折价50余万元。由大连市慈善总会、天津泰达医院与区慈善总会联合开展儿童先天性心脏病免费治疗项目为甘井子区数十名先天性心脏病儿童进行免费体检，对符合手术条件的儿童给予价值每人5万元的免费手术救助。当年，区慈善总会开展阳光列车项目支出约300万元，9948人次受益；寒窗助学项目支出839.7万元，30535人次受益；夕阳扶老项

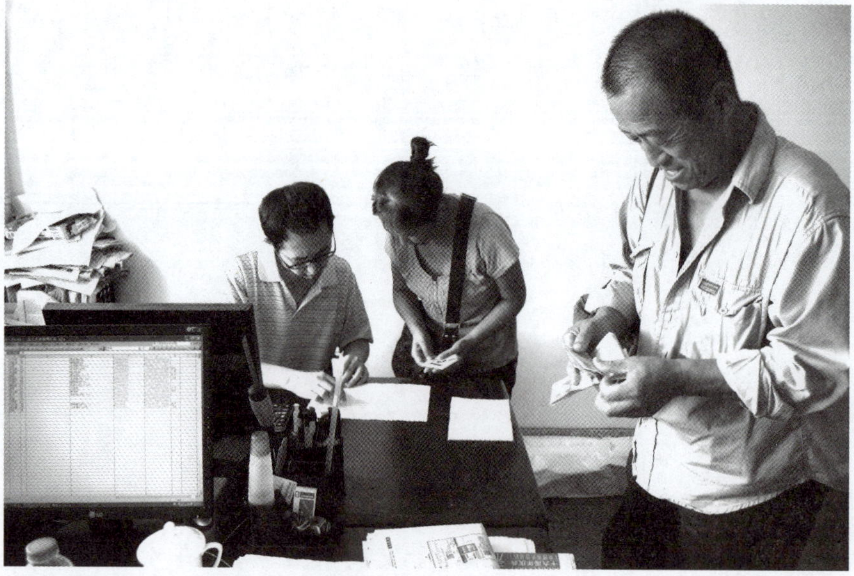

西太平洋助学项目向受助家庭发放助学金

目支出1426.3万元,1.8万人次受益;紧急救援(大病)项目支出752.3万元,7000人次受益;阳光助残项目支出善款120万元,2000人次受益;其他公益活动项目支出20.3万元,20501人次受益;鲁甸赈灾支出0.43万元。开展义工专项救助,救助义工5名,支出经费3万元。

【慈善基金管理使用监督检查】 2014年,甘井子区慈善总会建立健全各种规章制度,加强对慈善基金管理使用的监督检查,保证慈善资金安全运行。做好善款接收平台的维护运行。为保证慈善资金的安全、规范使用,除继续坚持每年开展内部审计,邀请社会审计外,主动接受区财政局、区审计局开展的各项审计工作,面向社会公开善款的收入与支出状况。遵守透明资金使用办法,提升善款管理能力,提高组织公信力。

【慈善义工队伍建设】 2014年,甘井子区慈善总会发展注册慈善义工2800人,全区注册慈善义工总数达到2.6万余人;开展活动2436次,奉献时间52万小时,为70余万人次提供帮助。当年,晋星义工782名。其中,五星义工17名,四星义工36名,三星义工74名,二星义工190名,一星义工465名。打造40余个“社会需要,义工胜任,群众欢迎”的品牌项目。继续增加对义工工作扶持资金,支出义工活动经费2.3万元。

【春节夕阳扶老活动】 2014年1月中旬,甘井子区慈善总会启动第七次春节夕阳扶老援助行动,区慈善总会会长姜成十、副会长徐宝贤率领慈善总会工作人员,走访慰问区福利院等单位,为老人们送去节日的温暖和新春的祝福。区慈善总会为区福利院、革镇堡敬老院、辛寨子敬老院等6家养老院的老人送去价值15万元的米、面等慰问品。

【甘井子区慈善总会二届二次理事会议】 2014年3月,甘井子区慈善总会根据《甘井子区慈善总会章程》的规定,经研究决定,以书面通讯形式召开甘井子区慈善总会二届二次理事会议。会议审议并通过《甘井子区慈善总会二届二次理事会工作报告》和《甘井子区慈善总会2013财务工作报告》。

【区政协设立“万元慈善基金”】 2014年,甘井子区政协设立“万元慈善基金”,开展慈善活动。截至年末,政协慈善基金规模已达83万元。甘井子区政协万元慈善基金以政协委员和机关工作人员为主,由捐赠人与区慈善总会签订《慈善基金协议书》的方式确立。基金主要用于紧急救援项目、扶贫济困送温暖项目、助学扶老项目等。活动开展以来,共有105位政协委员参与捐款,捐款总额83万元。

【倡导文明祭祀】 2014年4月3日至5日,甘井子区慈善总会组织百余名义工走进龙山纪念园宣传文明祭祀。甘井子、泉水、椒金山、中华路、红旗等街道义工站和红叶小学的学生义工,以“倡导文明祭祀,提倡绿色环保,杜绝空气污染,义工助力清明”为宗旨,推出“鲜花义卖”、“放生祭祀”、“代祭服务”、“寄语先人”等公益活动,在传统节日里缅怀先人。本次活动筹得善款3829.4元。“文明祭祀,平安清明”系列活动的开展6年来,累计收到捐款2.4万余元,救助困难人员18人。

【区委老干部局“爱在金秋”艺术团、义工团成立】 2014年3月25日,区委老干部局“爱在金秋”艺术团、义工团正式成立并举办以“和谐幸福一家人”为主题的首场演出。“爱在金秋”老干部艺术团、义工团是在区老干部义工艺术团的基础上，联合原区文化馆的文艺骨干及老干部大学的优秀学员组成的。艺术团、义工团以"追求艺术、甘于奉献、服务社会"为宗旨，以"我参与、我奉献、我健康、我快乐"为理念，发挥正能量，为全区离退休干部提供丰富的精神食粮。

【防震减灾宣传行动】 2014年5月10日，甘井子区民政局、甘区慈善总会、中华路街道在华南安盛沃特时尚广场联合举办宣传活动，活动主题为"增强防灾减灾意识，弘扬义工奉献精神"。区义工队、中华路街道社区建设科、安监站、中华路义工站联合组织社区干部、居民、辖区企业、驻辖区消防队、义工等400余人，进行现场自救、逃生、防灾减灾消防演练，组织专业人员现场为市民讲解消防知识，并通过标语、宣传板、宣传单等形式，宣传防灾减灾知识。现场发放传单3000余张，摆放展板40余块。中华路街道社区建设科和义工志愿者现场开展社会救助、老年人和残疾人政策咨询、生命礼仪、义诊、义务理发、法律咨询、义工招募、义工红娘、文艺演出等活动。

【先天性心脏病患儿筛查】 2014年6月6日，中国移动爱"心"行动的泰达医院移动筛查车来到甘井子区，为贫困家庭和分散供养五保对象中患有先天性心脏病的0～14周岁未成年人进行免费筛查，对符合手术条件的，中国移动爱"心"行动项目办公室负责将全额支付资助对象在项目承办医院接受治疗的全部费用，并补助资助对象及1名陪护人员2000元的交通、食宿费。此次甘井子区共有18人参加筛查，6人符合手术条件，经与患儿家长协商后，将组织患儿赴天津泰达医院接受治疗。

区民政局、区慈善总会、中华路街道联合在华南安盛沃特时尚广场举办"增强防灾减灾意识，弘扬义工奉献精神"主题宣传活动

【爱心助学系列活动】 2014年，大连市慈善总会拨款5.7万元资助甘井子区19名贫困大学生。区委统战部在"圆梦希望筑梦飞翔"甘井子区"亿达之翼"圆梦大学爱心捐款仪式上，将亿达集团捐赠的10万元资助给20名当年考入大学的困难家庭学子。椒金山街道慈善办公室为辖区内22名困难家庭子女资助5.5万元。爱心企业大连仁水建材商店捐款11万元，资助营城子中心小学和营城子西小磨小学。爱心慈善家王殿禄捐款10万元，资助甘井子区周水子小学。爱心企业金广集团捐赠10万元，用于甘井子区中小学体艺"2+1"项目展演暨阳光体育运动大会活动的开展。

【辛寨子街道启动五项慈善基金项目】 2014年12月17日，辛寨子街道举行"情动辛动暖阳工程暨辛寨子街道慈善分会启动仪式"。仪式上，辛寨子街道启动生命树疾病救助、向日葵助学助业、夕阳红爱老敬老、及时雨救急救难和感恩泉真情回馈五项慈善基金项目。据现场统计，辛寨子慈善分会五项基金共接受捐赠承诺书218份，善款总计274.3万元，35个商家承诺提供优惠服务37项。23个企业和爱心人士认购138份爱心午餐和150把孝慈长椅。近三年，辛寨子街道累计发放慈善公益金414.8万元，帮扶困难家庭10748人次。帮扶因病致贫的大病困难家庭348户，发放慰问金246.4万元。

【“赶爱心大集，展义工风采”活动】 2014年5月17日，大连湾街道举行第三届“赶爱心大集，展义工风采”活动，开展法律咨询、义务理发、测量血压、家电维修等12项便民服务项目。在活动中，为居民义务理发30多人，刮痧按摩20多人，医疗咨询和测量血压100多人，现场捐款和义卖2070元，家电维修、法律咨询、修理自行车、现场书法等20多次，发放法制宣传、爱心月报等资料3000多份。

【为贫困家庭学生开展课外辅导】 2014年，大连工业大学志愿者义工站、泡崖义工站共同合作，由泡崖街道提供场所，每周日上午8点到11点为街道贫困家庭需要帮助的中、小学生进行课外辅导。

【机场街道“爱心传递，助力中考”活动】 2014年6月27日至28日，机场街道义工站组织10余名青年义工到大连市第十八中学考点开展“爱心传递，助力中考”活动。活动中，义工们向考生及家长提供免费饮用水、湿纸巾、文具套装、扇子，接待陪考家长1000余名。

【温暖“六一”圆低保家庭儿童“微心愿”活动】 2014年，甘井子区慈善总会为了让低保贫困家庭的儿童和其他孩子一样在“六一”国际儿童节收到礼物，实现愿望，组织开展温暖“六一”圆低保家庭儿童“微心愿”活动。5月中旬，机场街道义工站深入低保户家庭征集了10名儿童的微小心愿，并及时与街道和社区工作人员爱心对接，成功为儿童们的微心愿达成认领意向，在“六一”国际儿童节来临之前把礼物送到孩子手中，向孩子们表达了“六一”国际儿童节的问候。活动共捐赠爱心书籍和文体用品折价1000余元，为10名儿童完成心愿。

【远离毒品宣传行动】 2014年6月28日，甘井子义工站和阳光纺材义工站组织开展禁毒日宣传活动。大连工业大学阳光纺材义工站站长、纺织与材料工程学院陈蕊老师带领全体活动参与者进行禁毒宣誓，并举行以“珍爱生命、远离毒品”为主题的禁毒志愿活动宣传签名活动。活动中，义工们向市民分发禁毒宣传单，为每位过往的行人讲解了禁毒的必要性和重要性。

【甘井子区义工队趣味运动会】 2014年10月26日，甘井子区义工队举办趣味运动会，500余人次参赛。比赛共分拍球跑、钓鱼、二人三足、拔河等9大项。红旗、兴华、椒金山义工站分别获得团体一、二、三名，大连湾街道等5个义工站获得精神文明奖，泉水等4个义工站获得最佳组织奖，北大义工站获得最佳医疗保障奖。

（撰稿人：刘林　审稿人：姜成十）

教育事业·科学技术

教育事业

综　述

【概况】 2014年，甘井子区有幼儿园237所，在园幼儿34890人，学前幼儿入园率99.8%；义务教育阶段学校94所(含嘉汇三中〈民办〉)，在校学生84291人，教职工5042人(专任教师4621人)；高中阶段学校4所，在校学生3477人，教职工335人(专任教师313人)；社区学院1所、社区分院14所、社区学校164所，社区教育全年培训人数70.2万人次。当年，全区教育财政拨款总额13.1667亿元，比上年减少0.7392亿元，减少5.32%；全区高中、初中、小学生人均教育经费分别为10123元、9444元、6597元，分别比上年减少168元、6017元、3694元；教职工人均工资59080元；高中、初中、小学生人均公用经费分别为1757元、2162元、1780元，分别比上年减少56.55%、69.93%、63.4%。建立延安培训基地并组织44名专职书记参加首期培训。当年，甘井子区被评为全国“全民终身学习活动周先进单位”，社区学习节活动被全民终身学习活动周工作小组、中国成人教育协会评为“2014年终身学习活动品牌”。甘井子区被教育部评为全省唯一的全国特殊教育实验区。甘井子区被省教育厅评为辽宁省体育艺术工作示范区。区域推进信息化应用的经验在“全国教育信息化区域应用典范交流会”上进行推广，成为全国信息化应用典范区。当年，区教育局先后获得“全国教育信息化创新应用典范区域特别实践奖”、中央电教馆“第六届SMART杯互动教学大奖赛”优秀组织奖、大连市教育信息化工作先进地区、大连市2014年中小学电脑制作活动最佳组织奖。完成省重点课题《区域教育信息化实施策略的研究》的结题工作。依托区域“教育云平台”搭建数字化校园、推进信息化与教育教学深度融合的经验被中央电化教育馆编入全国发行的《数字校园综合解决方案2014》一书。被教育部授予全国青少年五好小公民“美丽中国·我的中国梦”主题教育活动先进集体，被区委评为第四届党员教育电视片暨党的群众路线教育实践活动党员教育电视片观摩评比活动优秀电教片奖，被市红十字会授予“十二运”应急救护培训工作先进单位，及2014年大连市中小学生规范汉字书写大赛团体第二名、甘井子区“广树进步小榜样”活动先进集体、甘井子区“汇繁星、激活力、勇担当”公务员职业道德主题系列活动优秀组织工作奖。甘井子区教师进修学校被大连心理学会授予“中小学师生心理健康教育工作社会服务创新奖”。甘井子

辽宁省艺术教育示范区评审现场

社区学院获得甘井子区社区教育特殊贡献奖、甘井子区“区长杯”职业技能大赛特殊贡献奖。

【新年议教会】 2014年1月2日，甘井子区召开第26个新年议教会。会议中心议题为深化干部教师队伍建设，推进区域教育优质均衡发展。会议由区委副书记张淑华主持。会上，播放了专题片《在路上》。副区长艾华作议题说明。实验小学校长代表李巍、八十中学校长丛滨以及5个拓展区街道分别作表态发言。区委书记郝方林、市教育局局长马瑞春、区长侯祯涛发表讲话。2014年甘井子区教育更加侧重于教育惠民，将在学校建设、幼儿园回收与开办、校服免费发放、各类助学金奖补等方面下大力气，给予居民更大的关怀。

【教师队伍建设】 2014年，甘井子区教育局贯彻落实2014年新年议教会精神，依据《中小学校长评价方案》，继续深化干部教师队伍建设，加强干部教师队伍管理，依托培训，着力培养，干部教师队伍梯队建设有序推进，队伍建设目标基本达成。通过自主招聘、公开招聘、人才引进等多种方式，教师队伍结构进一步优化。通过多种形式的交流，逐步解决校际之间、城区与涉农街道之间教师相对不均衡问题，年内全区教师交流318人，其中市、区级骨干教师交流113人，占教师交流总数的35.5%。赴长海、花园口支教教师30人。招聘优秀新毕业大学生241人，教师队伍结构得以优化，综合素质得以提升。培训形式不断创新，逐步确定区本干部教师培训标准，构建新上岗教师、青年教师、骨干教师、品牌教师、省市名师依次递进的师训工作新体系，建立必修、选修和分类培训项目兼顾的个性化、菜单式培训课程体系，推进名师示范工程、品牌辐射工程、骨干助推工程和青年素考工程，干部

品牌教师展评、青年教师素考获奖教师颁奖仪式

教师培训经验在全省教育系统进行交流。分批次完成中小学校长、副校长、党务干部的台湾基地轮训、香港教育学院提高性研修、华东师大专项培训、井冈山、延安基地党务工作培训。完成中层干部全国中小学名师工作室发展论坛研修和上海、杭州等地的专项考察学习。完成进修学校培训基地干部挂职研修,心理行为训练师、咨询师专项培训,东北师大骨干教师轮训等工作。培训基地群基本建成并在干部教师培训中发挥重要作用。通过"外引内育",全区已涌现出省级专家型、研究型校长7人,一批中青年骨干校长在市区同行中崭露头角,后备干部储备充足。现有省、市级名师4人,区级品牌教师152人,市级骨干教师406人,区级骨干教师603人。

【招生考试工作】 2014年,甘井子区教育局共组织各项考试10次:研究生考试设考点4个,考场109个,考生3197名。高中会考设考点7个,考场184个,考生5715人。自考设考点6个,考场212个,办理毕业344人。中考思想品德、历史外语听力考试,设考点25个,考场292个,考生8712人。高考设考点7个,考场148个,考生4366人。中考设考点10个,考场248个,考生7324人。初二地理、生物考试设考点22个,考场283个,考生8207人;自考考生6825人,科次26784,办理毕业610人。成考设考点1个,考场28个,考生782人。

【教育对口帮扶】 2014年,甘井子区教育局依据《甘井子区后发展学校改造工作实施方案》,针对甘井子区确定的10所后发展学校的改造工作进行全面调研,及时了解后发展学校的软、硬件现状以及帮扶对子之间的工作情况,形成专项调研工作报告。5月,组织召开后发展学校改造工作推进会,进行广泛的对口帮扶经验交流,调动全区后发展学校改造和帮扶学校帮扶工作的积极性。全力做好对长海县和花园口经济区的支教帮扶工作,8月26日,召开域外对口帮扶支教教师"送行会",选拔2名副校长、28名优秀教师赴长海县和花园口经济区开展支教一年,每月接待来甘井子区进行研修学习的教师30名。10月,副区长艾华到棋盘小学开展后发展学校改造情况调研,棋盘小学在"棋盘文化"理念引领下的校园文化建设及学校管理获得肯定。

【规范办学行为】 2014年,甘井子区教育局印发《甘井子区规范中小学办学行为工作方案》和《关于治理公办中小学及在职教师有偿补课、向学生家庭摊派和接受学生及家长财物行为的实施方案》等文件,撰写《甘井子区义务教育学校办学行为自查报告》。加强随机调研力度,深入学校调研300余次。坚持减负通报公示

区教育局深入群众开展依法行政教育宣传活动

制度，每2个月在区教育网公示各中小学规范办学情况。成立7个规范办学督查组，不定期开展明察暗访，随机调研指导，凡违规且经查实的不规范办学行为，均纳入对校长的职级制考核，确保开齐开足课程，规范学校作息时间、收费等办学行为，遏制了不规范的办学行为发生。组织学籍专干培训2次，组织召开小学招生工作专题会议，规范全区小一招生、转学和小六归口工作，提升学籍专干的政策把握、业务指导能力和服务水平。当年，办理小六归口2157件，办理转学10310人。回复上级反馈及民心网举报件、政府咨询件等140余件，回复率100%。76中学、14中学、郭家街小学、鹏辉小学被评为大连市依法治校示范校。

【岗位设置工作】 2014年，甘井子区教育局健全全区教育系统事业单位岗位设置管理制度，立足实际，完成补岗聘任工作。补聘817人，其中专业技术补聘794人，高职140人(5级26人、6级45人、七级69人)、中职495人(8级184人、9级204人、10级107人)、初职159人(11级63人、12级96人)、管理岗位补聘21人，工人技师2人，补发岗位工资81.3万元。组织各单位做好晋升薪级工资工作，全区审批人数5409人，月增资16余万元。完成530名人员待遇的调整工作。完成毕业生工资理顺和新调入人员工资理顺工作。完成专业技术评审及毕业生转正定职工作。

基础教育

【概况】 2014年，甘井子区有中小学校95所(小学71所，中学24所，未含区特教中心、嘉汇三中〈民办〉)，在校学生87052人，比上年增加3302人。

【基础设施建设与校舍资源整合】 2014年，甘井子区教育局依法严格履行程序，全面、准确做好财务决算、预算及教育经费统计工作，确保教育经费及时拨付、合理使用。完成春田中学、春田小学、周水子小学、营城子中心小学建设工程。大连湾中学、前革魅力小学、前关小学、前牧小学建成并投入使用，启动钻石湾配套学校建设工程，素质教育基地等7项校建工程前期手续正在办理中。完成周二小学塑胶操场改造、泡崖八区幼儿园装修改造、76中学维修改造、艺术中心装修改造等30余项

甘井子区中小学校基本情况表

	单位	2014年	2013年	2014年比2013年±数
学校总数	所	95	90	+2
其中：小学	所	71	67	+4
中学	所	24	23	+1
其中：初中	所	20	19	+1
完中	所	2	2	0
高中	所	2	2	0
教职工数	人	5307	5233	+74
其中：专职教师	人	4873	4756	+117
教学班数	个	1945	1885	+60
其中：小学	个	1333	1285	+48
初中	个	532	516	+16
高中	个	80	84	-4
学生总数	人	87052	83750	+3302
其中：小学	人	58206	55637	+2569
初中	人	25369	24380	+989
高中	人	3477	3737	-260
毕业生总数	人	17479	17346	+526
其中：小学	人	8909	8981	-72
初中	人	7326	7966	-640
高中	人	1244	1299	-55
招生总数	人	21729	21605	+124
其中：小学	人	11620	11071	+549
初中	人	9200	9662	+538
高中	人	909	1242	-333

维修改造工程。结合全区中小学学情，科学制定本年度教育事业发展计划，将新建住宅小区学区进行实地调研并合理划分，调整部分学校学区。周水子小学按期搬迁以及锦泉小学、春田中学2所学校的开办，缓解了入学难的问题。借助科学划分学区、加大基础设施建设等举措，使得占在校生总量近52%的4万余名外来务工人员随迁子女，共享同等优质教育。

【学校安全管理】 2014年，甘井子区教育局结合教育部学校安全工作指南，继续执行安全责任状管理制度。加强安全防范，及时排查安全隐患，召开各学校校长参加的安全工作会议3次。利用重要节假日、应急周等时机，组织各校聘请法制校长开展讲座，组织师生观看灾难纪录片、组织应急演练等各类活动，提高师生的安全及防范意识。面向各校征集学生撰写的安全主题文章300余篇。强化技防设施建设，对学校存在盲区的问题提出整改要求，并监督实施。完善部分学校的报警系统。召开全区校园保安人员工作会议，就安全防范流程进行培训；投入近10万元，为安保人员配备防刺背心、防割手套、辣椒喷剂和钢叉。落实校车管理、学生餐管理主体责任，加强校车、驾驶员、供餐单位的管理，落实校车及食堂管理主体责任，学科、学工基地上半年全部使用专业校车，建立校车档案、驾驶员档案以及校车GPS定位系统，参加校车驾驶员培训4次并提出相关安全驾驶要求，保障校车使用安全。对在暗访和学生餐满意度问卷调查中出现的问题，提出整改要求并督促开展整改。协调相关部门解决周水子小学、泉水小学、北华小学、博雅中学、80中学、弘文中学周边的道路标线、标牌问题。配合区安监局监察大队对博思中学、泉水小学、18中学、汇文中学的燃气、用电进行实地监察，下达整改通知书4份。协调市交警支队解决大连湾街道辖区接送学生车辆问题。

【教育信息化工程建设】 2014年，甘井子教育局推进区域教育云工程，完成网络出口链路升级改造，完成教育出口带宽的拓宽改造，由以往的200M拓宽至500M，完成学校校园内部网络的更新改造工作，以满足信息化与教育教学深度融合的需求。分门别类组织针对校级领导、专业教师以及学科教师的培训活动10次。完成辽宁省重点课题《区域教育信息化实施策略的研究》结题，为国家级课题《信息化促进区域教育均衡发展的实证研究》积累素材。启动区本优质资源库共建共享工程，制订《甘井子区区本优质资源库建设方案》，收集全区名师资源，以保障全区师生均能享受优质资源，促进区域教育均衡发展。甘井子区区域推进信息化应用的经验在“全国教育信息化区域应用典范交流会”上推广，并被评为全国信息化应用典范区，获得全国教育信息化创新应用典范区域特别实践奖（全国仅10个区域获奖）。华西小学获得“全国教育信息化创新应用先锋学校”称号。各校教师获得国家级各类信息技术应用大赛一等奖34项，二等奖41项，三等奖53项。

【教育惠民】 2014年，甘井子区教育局组织开展教育系统惠民工作，落实扶困助学政策，做好民心工程。“寒窗基金”受助人数77人，发放助学金额15.7万元。普通高中国家助学金受助人数362人，发放助学金54.3万元。义务教育教科书费全部免费发放，学生校服免费发放。公办幼儿园补助资金发放5582.2万元，15690名幼儿受益。困难家庭幼儿入园补助资金发放1008余万元，2300多个困难家庭受益。

【教育教学管理】 2014年甘井子区教育改革逐步深化,倡导和改进教与学策略,构建课堂教学新模式,打造高效课堂。启动中小学学习诊断系统项目实验,召开校长、副校长、教导主任专题培训会,通过在全体初中和11所小学开展试点,探索建立科学的中小学教育质量综合评价体系。组织22所初中学校参加省教育厅的质量监测,印发《甘井子教育质量综合改革评价方案》对学生实行发展性评价,促进学生健康成长。通过听取汇报和随机调研等形式,重点对新建学校和拓展区学校的常规管理、课程计划落实和课堂教学模式研究和有效作业研究进行面对面的指导。将22所初中与对口小学结成发展联盟,本着"质量第一、整体推进、特色兼容、资源共享"的思路,印发《甘井子区中小学发展联盟工作方案》,召开专题会议,抓好中小衔接。当年,甘井子中考600分以上人数1172人,比上年增加500余人,全科及格率73.9%,总分及格率84.4%,总分的中位数、得分率、及格率、优秀率、全科及格率均有提高,校际间学生学业质量差距逐步缩小。

【学校特色创建】 2014年,甘井子区教育局坚持走优质均衡内涵特色发展之路,充分发挥11所大连市特色目录学校示范辐射作用,通过特色联盟促进全区中小学校特色发展、自主发展。当年,14中学、辛寨子中心小学、红旗中心小学被评为省级课改示范校;福佳中学、奥林小学、鹏辉小学、红旗中心小学被评为大连市特色目录学校;76中学、博伦中学、周水子小学、宇峰小学被评为辽宁省家长示范校;育文中学、博雅中学、郭家街小学、芙蓉小学等19所中小学校被评为大连市家长示范校;76中学、14中学、郭家街小学、鹏辉小学被评为大连市依法治校示范校;金地小学、东华小学、美林小学被评为大连市科技教育示范校。14中学参与的"课题驱动——多元协同校本教研模式研究与实践"研究获得国家级教学成果二等奖。

校长论坛

【中心型素质教育实践基地建设】 2014年,甘井子区三大素质教育基地以课程育德为核心,构建德育目标体系和课程体系,并分别获国家、省、市示范性青少年校外活动场所称号。甘井子区国防教育中心接待学生开展国防教育10万人次,与市人防办、市地震局、市双拥办、区人防办、区预备役等部门保持密切联系。区国防教育中心在原有课程的基础上,打破常规,充实教学内容,开发环保教育课程,丰富课程体系。强化爱国主义教育、生命教育,强化队伍管理,区国防教育中心教师以个人名义集体加入中国人民解放军预备役高炮二师三团三战分队,教师队伍作风得到改善。区劳动技能训练中心以新基地的软环境建设为主题,并以此为载体,业务工作与思想教育相结合,日常教学工作与新课程开发相结合,新基地软环境设计工作与师资队伍建设工作相结合,教师在全程参与过程中提高了业务能力。当年,接待学生10万人次,日均接待学生1000人次,开设专业近20个,授课8000余节。新课程开发工作按计划有序进行,教学思想、课程体系、前期样本已完成。区中小学科技活动中心强化教师队伍师德建设,通过骨干引领研讨、说课、课堂教学展评等形式注重提高教师业务素质,组织教师研发新课程《四D空间》使得区中小学科技活动中心课程体系进一步完善,科研课题《科普教育资源的开发与共享研究》和《科技馆进校园》被评为省优秀课题。区科技中心接待访问团6次,为全区综合实践教师讲授教学现场观摩课20多节,在区教研活动上作经验介绍3次。继续做好全区中小学生科技节各项竞赛的组织、开展和裁判工作,全区获得单项一等奖的学生278人次;获得二等奖的学生369人次;三等奖的学生300余人次。选拔优秀队员参加市科技节竞赛活动,获得较好成绩。其中,获得市一等奖的学校有40多所,学生120余人;获得二等奖的学校20余所,学生60余人;获得三等奖的学校30余所,学生90余人。区科技中心获得区级荣誉34人次,市级荣誉14人次,省级荣誉10人次,国家荣誉18人次,区科技中心取得的成绩在区教育局网报道55篇,市教育局网报道20篇,市级媒体报道10余篇。

【特殊教育中心】 2014年,甘井子区特殊教育中心继续开展社教结合、医教结合、普特结合、家校结合康复模式的研究,多渠道提高教师的课堂教学水平及康复训练的能力。采取校内康复、社区康复、送教上门、随班就读四种形式协同合作,整合学校优势力量。充分发挥随班就读指导中心的辐射作用,选派教师下校指导,重点对千山路小学和海二小学进行跟踪指导,搜集资料、建立指导档案。为在全区普通学校就读的60名大连地区的残疾学生建立个性档案。落实残疾学生补助和奖励政策,对未入学的13名精神残疾学生逐一进行核实,协调家长、特教学校和普通学校,为孩子正常上学和接受康复治疗建言献策。区特殊教育中心在辽宁省特殊技教育学校巡回指导教师暨普通学校随班就读教师培训会上做专题报告,获得大会领导和省内特教学校同行的好评。甘井子区被教育部确定为辽宁省唯一的全国特殊教育实验区。

【学校德育】 2014年,甘井子区教育局以践行社会主义价值观为核心,围绕"德育课程化、课程校本化、校本特色化"的发展目标,建立德育督导机制,成立甘井子区中小学德育工作考核领导小组,制定《甘井子区德育工作评价实施方案》,借助德育主任汇报会对全区95所中小学校德育工作进行摸底、评价和指导,挖掘德育特色。加强德育队伍建设,通过基地培训、以会代训、研训一体、专家讲座等多种培训形式对德育工作者和心理健康教师进行全方位培训。针对班主任队伍,开展《班级常规管理——习惯培养》《班级凝聚力的培养》等专题培训,全年培训900余人次。利用省级德育科研课题《区域中小学德育活动课程化实践研究》和市级课题《初中生体验式德育活动设计的实践研究》,调动各校德育工作者的课题研究意识。各中小学坚持课程育德工作与学校特色建设工作携手并进,构建德育课程体系,14中学、汇文中学、第80中学、泉水小学、泡崖小学、北华小学、金三小学7所中小学校本课程被评为省优秀校本课程。

【体育教育】 2014年，甘井子区教育局严格执行国家课程标准，督促各校合理制定和严格执行课程计划，合理安排体育教师工作量，确保开齐开足体育课。组织体育骨干教师参加辽宁省举办的跳绳、健美操、啦啦操及阳光体育展示项目等培训，并通过校园场地普查和素质考核等不同形式，全方位、多角度地提升体育教师的业务水平。加大对学生课外体育的组织和领导力度，不断丰富学生的课内外体育活动，落实每天一小时体育锻炼的规定。继续开展中小学“体育、艺术2+1项目”，金二小学、76中学等6所学校被评为市级体艺“2+1”先进学校。开展校园足球赛、乒乓球比赛、羽毛球比赛、运动会等体育竞赛活动，77中学在市级足球比赛中获得冠军，金二小学在武术比赛中获得冠军，甘井子区获得大连市中学生运动会季军。金二小学、北海小学、第80中学代表大连市参加省阳光体育活动验收。完成初中体育考试工作，2.2万余名考生顺利通过考试。

省教育厅、省卫生与计划生育委员会、省食品监督管理局组成的督导组到甘井子区进行学校卫生安全检查工作

【卫生工作】 2014年，甘井子区教育局组织开展中小学校春季传染病防控工作以及防治结核病健康教育活动，提高全体师生的防范意识。协同市结核病医院对部分学校进行结核病情况摸底、排查、消毒等工作，杜绝结核病在校园暴发。对全区8万多名中小学生实施免费健康体检。组织全区69所小学一年级学生进行结核菌素试验，甄别、防控结核病。定期开展校医培训工作。组织全区中小学校参加由市教育局和市红十字会联合举办的“我心中的红十字”征文、海报网上投稿活动，全区参加活动的学校和单位89家，参赛作品613件，投稿数量及稿件质量居市内5区之首。区教育局和18中学获最佳组织奖，博伦中学、兴华小学、周水子小学获优秀组织奖；第76中学、营城子中心小学等21所学校获组织奖。组织77人参与省《中小学专题性健康教育校本课程开发研究》并获奖。

【艺术教育】 2014年，甘井子区教育局贯彻落实体育艺术“2+1”工作，根据学校实际状况，对全区中小学校进行艺术项目布局，成立甘井子区中小学生艺术教育中心，召开专家论证会3次，探索中小学艺术教育工作特色。将大连市京剧团、歌舞团等协会的部分专家引入校园，协助学校打造艺术特色。组织11名中小学校长到北京考察艺术教育工作，举办全区中小学生舞蹈大赛、合唱大赛，分别选拔9所学校参加大连市艺术比赛。注重教师技能提升，组织7名专业教师，参加全国合唱高研培训。在9月举办的大型阳光体育暨艺术“2+1”展演活动中，充分展示了全区中小学

甘井子区中小学生体育艺术“2+1”项目展演暨阳光体育运动大会

生的精神面貌。10月，甘井子区顺利通过辽宁省体育艺术工作示范区的评估验收。

【学前教育】 2014年，甘井子区教育局继续充实公办学前教育资源，回收小区配套幼儿园8所，新开办4所，新增公办学位1000个。全区公办性质幼儿园达70所，学位数占在园幼儿的45.6%。以园所定级、示范园评比为契机，以队伍培训为抓手，学前教育的“园所环境、队伍建设、常规管理、保教活动、幼儿发展”等方面工作取得进展。全区有11所幼儿园达到省星级幼儿园评比标准，3所幼儿园晋级市级示范园，提前完成“十二五”指标。早教工作全面启动，印发《甘井子区0—3岁婴幼儿早期教育工作实施方案》，完善联席会议制度，成立领导小组和工作小组，以街道为中心建立早教点44个。继续开展全员教师专业达标、岗位练兵、师德建设、学法4大工程。全区幼儿园园长、幼儿教师参加域内外各级各类培训5114人次。聘请李季湄、王曼卿以及教育部学前教育督导员为全区2300名园长教师作专题性报告。组织教师参加各类资格证考试辅导，70人取得早教指导师资格证书，20人参加转岗培训并获得证书，88人取得教师资格证。以甘井子区的名义，精选优秀毕业生，聘任教师543人。为小区配套幼儿园招聘人员152人。

社会教育

【社区教育】 2014年，甘井子区教育局成功举办第十届社区学习节，并被教育部评为“全国终身学习活动品牌”。以社区学院为龙头，构建三级数字化学习网络体系。继续强化社区教育工作者培训，提升3支社区教师队伍专业化水平。各街道课程建设、数字化社区建设、一街一品、百名教师进社区等项目，对提升现代化国际化中心城区居民综合素质起到了推动作用。截至年末，全区获得国家级社区教育示范街道5个，省级社区教育示范街道6个。9月24日至26日，甘井子区承办了环渤海地区社区教育协作组织第九届研讨会，展示了“全国社区教育示范区”的领航风采。

【民办教育】 2014年，甘井子区教育局严把民办教育审批关，着力提高民办教育办学质量，对全区125所民办学校进行年检。其中，合格112所，基本合格所5所，不合格7所，自动注销1所；严格把关，加强管理，当年，共收到办学申请34件(其中已下发办学许可证11件)；各类变更36件次。继续加强在全区范围内开展规范民办教育机构办学行为、清理整治非法办学活动。在全区民办学校和非学历教育培训机构开展规范民办教育机构办学行为专项检查，制订《规范民办教育

2014年甘井子区教育情况通报会

机构办学行为情况检查表》，对各民办学校进行量化考核，发现问题，限期整改。依法行政，及时处理公众举报115起，民办教育环境得到进一步优化。

【青少年教育保护工作】 2014年，甘井子区教育局组织全区教育专干参与各类培训，明思路，讲方法，确保各校活动顺利开展。制定学生“进步小榜样”评价内容及标准（社区篇），与区关工委、区文明办等部门联合召开甘井子区广树进步小榜样经验交流暨总结表彰会，22所学校、63名学生小榜样受到表彰。以“美丽中国·我的中国梦”为主题，分别开展征文比赛与演讲比赛，参赛选手在市级比赛中获得小学组特等奖、中学组一等奖的好成绩。承办甘井子区庆祝“六一”国际儿童节“传承经典 圆梦六一”古诗词比赛。推广“青少年喜爱的体育游戏”活动，以“学生趣味运动会”等为载体，丰富青少年的课余生活，增强学生的身体素质。在寒假、“六一”国际儿童节活动中，组织开展各项活动600余项。开展青少年普法宣传活动。组织开展“送法进校园”、普法专题读书、普法影视资料观看活动，全区64所小学，247所幼儿园，22所中学围绕普法宣传材料开展各项活动。与区检察院、区司法局联合制定《甘井子区关于对涉罪未成年人开展社区矫正工作实施细则（试行）》，强化对涉罪未成年人进行心理状态、行为特点的矫正。发挥区社工站作用，当年共接待24个家庭，为70个个人、3个团队进行心理沙盘游戏。将华夏传统文化注入家庭教育中，为40多个家庭进行相关培训35次。

（撰稿人：蔡庆林　审稿人：姜国晶）

教育督导

【概况】 2014年，甘井子区政府督导室以深化干部教师队伍建设为主线，以全面推进区域教育优质均衡发展为宗旨，通过责任督学挂牌督导、综合视导调研、专项督导等形式对全区所属教育机构、街道开展教育督导工作，保障区域教育持续、正态发展。当年，督导室组织责任督学完成6个责任区的专项督导；完成对部分中小学校的专项视导；完成对全区14个街道的督政；完成对全区25个公办幼儿园的综合督导；完成国家义务教育发展基本均衡县区评估认定跟踪监测上报工作；完成市政府对区政府年度教育目标考核工作；深化国家级教育督导课题研究，加大对学校工作的指导力度，提升辖区中小学校办学水平。

【责任督学挂牌督导】 2014年，甘井子区政府督导室为贯彻落实《大连市中小学校责任督学挂牌督导工作实施方案（试行）》精神，于3月5日正式启动责任督学挂牌督导工作，建立督学责任区制度，聘请责任督学18人，每3人一个责任区，将全区94个单位划分6个责任区开展督导工作。4月至6月，区政府督导室组织责任督学围绕“干部教师队伍建设、教育教学管理、信息化设施设备管理与使用等重点工作”对6个责任区进行分组挂牌督导。各校校长结合教育局年度重点工作，明确学校发展方向，制订学年工作计划，立足常规，突出重点，学校工作效果凸显。各校围绕队伍建设年工作主题，以班子队伍建设为统领，以师德建设为核心，以师能建设为重点，不断提升干部教师队伍建设工作水平。通过“自主学习、专家引领、校际联动、课题牵动”等手段，多渠道、全方位促进不同层次的教师业务素质的提升。充分利用信息化教学设施设备，将信息技术与学科教学融合，提高课堂教学效率；发挥课堂主阵地作用，在备课、上课、课业辅导等环节加强监控与指导；定期进行学生质量监测和学情分析，及时检查、反馈、整改、落实；加强学法研究，采用校本研修、课题牵动等策略优化教师的从教行为，提升学校的教育教学水平。当年，甘井子区初升高考试各项指标均有所提高，中考600分以上人数1172人，比上年增加500余人，全科及格率73.9%，总分及格率84.4%，总分中的中位数、得分率、及格率、优秀率、全科及格率均有所提高，校际间学生学业质量差距逐步缩小。

【学前教育专项督导】 2014年6月23日至7月28日，甘井子区政府督导室依照《甘井子区学前教育督导评估工作方案（试行）》联合行政、业务部门对25所公办幼儿园“设施设备、队伍建设、园所管理、保教实施”等方面内容进行督导。当年，各园能够对照省、市示范园标准，积极改善办园条件，高度重视内外部环境创设，彰显自身的办园特色，做到生活设施儿童化、教学设备标准化、宣传布置艺术化、育人环境品位化，为儿童游戏活动、健康成长提供良好的环境氛围。全区上下贯彻《3～6岁儿童学习与发展指南》精神，探索提升教育管理水平和办园质量的有效途径，建设一支师德高尚、业务精良、结构合理的幼儿教师队伍；遵循幼儿身心发展规律，促进幼儿健康快乐成长，园所管理与建设日趋完善，各园的“园所环境、队伍建设、常规管理、保教活动、幼儿发展”等方面工作取得突破性进展。当年，实验幼儿园、教育局幼儿园、教育局第二幼儿园、教育局第三幼儿园、玉树临居幼儿园、加州洋房幼儿园、动力院景幼儿园、今都幼儿园、富士庄园幼儿园、大连爱儿坊世纪幼儿学苑、大连海辰企业集团中心幼儿园被评为“辽宁省五星级幼儿园”。

区教育局、区政府督导室联合召开学前教育办园质量督导评估培训动员会

【艺术工作专项督导】 2014年,甘井子区政府督导室为规范中小学校艺术教育,提升区域艺术教育品位,依据《大连市中小学艺术教育工作督导评估细则》,督导室联合区教育局于9月下旬围绕"课程开设、活动开展、队伍建设、工作成效"等方面对全区中小学校进行专项督导。各校按照国家课程标准开足开齐音乐、美术课,均成立合唱队、舞蹈队、美术活动小组,47所中小学成立了63支器乐队。各校立足实际,从不同角度开发丰富多彩的艺术类校本课程,进一步彰显艺术教育特色;加强教学过程管理,强化专业引领,将教研与科研有机结合,提高教师专业化水平和课堂教学效益;以校园集体舞、校园艺术节、班班有歌声、艺术社团等活动载体为师生搭建丰富自我、展示自我的舞台,使师生在实践中不断提升艺术素养。11月28日,市政府教育督导室到甘井子区开展艺术教育工作专项督导,大连市第七十六中学、大连市第八十中学、千山路小学和营城子中心小学代表全区迎接督导检查,并受到督导组的高度评价。当年,甘井子区被评为"辽宁省体育艺术教育示范区"。

【教育管理专项督导】 2014年,甘井子区政府督导室为提升区域后发展学校的管理水平,解决制约区域教育优质均衡发展的薄弱环节,10月中下旬至11月,区政府督导室会同区教育局相关人员深入革镇堡、营城子等涉农街道部分学校和部分城市后发展学校,针对学校管理中的重点工作和制约学校发展的薄弱环节进行调研视导。各街道党工委、办事处高度重视,主管领导深入学校积极配合,学校校长认真客观进行调研问题的自我剖析,督学关注常态,分组进行调研并帮助学校提炼经验,共同挖掘亮点,聚焦制约学校发展的瓶颈问题,商榷并提出建设性意见与建议。

【辽宁省基础教育质量监测工作】 2014年,甘井子区政府督导室根据《辽宁省教育厅辽宁省人民政府教育督导室关于筹备做好2014年基础教育质量监测工作的通知》要求,12月3~4日,组织全区22所中学的8906名七年级学生参加辽宁省增值评价基线测试。针对此次基线测试工作,成立专项组织机构,委派专人负责牵头组织协调,并按照省基线测试培训会要求,于11月27日召开由各初中校长、副校长和学校专干参加的全区基线测试工作培训会议,进一步明确本次基线测试工作要求及操作程序。测试历经两天,区政府督导室认真组织落实,各校积极配合,完成本次省基线测试工作任务。

【市政府对区政府教育目标考核工作】 2014年,甘井子区政府根据《大连市人民政府教育督导室关于印发〈2014年市政府教育工作责任目标完成情况督导评估方案〉的通知》,围绕市教育工作年度考核目标的要求制定方案,明确完成考核目标的推进计划,组织召开全区动员大会,按照"全面启动、分步实施、督查整改、评估验收"四个阶段进行部署,将市政府考核目标各项工作与日常管理工作结合,扎实推进。教育行政、督导部门根据《2014年市政府教育工作考核目标完成情况督导评估细则》,将各项考核指标逐条分解,责任到人;区教育局、区政府督导室每月召开一次推进工作会议,通报情况,布置任务;区政府主管区长分阶段召开调度会议,与区教育局领导共同会诊,调控进程,及时解决指标落实过程中遇到的相关问题;区政府督导室不断加大督学、督政工作力度,完成市政府对区政府教育工作目标考核的各项指标。12月29日,市政府教育督导评估组对甘井子区2014年教育工作考核指标完成情况进行督导评估。在迎检会上,副区长艾华作了关于甘井子区年度教育工作考核指标完成情况的汇报,评估组观看了反映甘井子区年度教育自主发展项目的PPT短片,查阅了相关的档案资料。市教育局副局长张鹏越代表考核评估组对甘井子区2014年度教育工作责任目标完成情况给予肯定。

【督政工作】 2014年,甘井子区政府督导室为落实区委、区政府新年议教会精神,推进区域各类教育优质、均衡发展,提升地区教育品位,于11月24日至12月17日,以社会建设考核目标要求为依据,以常规工作为基点,以探寻增长点、挖掘闪光点为策略,对全区14个街道教育工作完成情况进行督导。当年,各街道党工委、办事处深入落实区新年议教会精神,坚持把教育发展作为最大的民生工程,将教育发展纳入街道社会经济发展的总体规划之中,坚持教育发展优先规划、教育投入优先安排、教师培训优先进行、教育问题优先解决,确保"教育优先"成为"持续优先",创造更好的教育条件,提供更好的教育服务,促进辖区教育优质均衡发展。早教工作作为街道学前教育领域当年的重点工作,在《关于印发甘井子区0~3岁婴幼儿早期教育工作实施方案的通知》出台后,各街道积极响应,尝试推进早教工作。充分挖掘辖区优质教育资源,以街道示范公办园为中心辐射建立44个早教点;80%以上的早教基地注重早教队伍建设,加大培训力度,确保每个基地拥有1-2名具有早教资格的教师,为早教工作的开展提供师资储备。大多数街道通过社区对辖区内0-3岁婴幼儿进行了普查登记。利用节假日、家长会等契机发放宣传单,联合计生、妇联等部门对辖区婴幼儿及家长进行培训,利用社区教育课程资源等多渠道、多层面开展早教培训。随着全域城市化的不断推进,各涉农街道因地制宜、科学规划,持续投入,积极对辖区教育资源进行布局调整和升级改造。营城子街道、辛寨子街道、大连湾街道投资兴建了高标准、现代化的中小学校。各涉农街道党工委、办事处把学校特色建设、教师队伍建设纳入街道教育发展规划,不断深化内涵发展,按编配齐各学科教师,广泛建立起培训、交流、激励等工作机制,打造专业化教师队伍,为学校特色建设提供人才支撑。据不完全统计,年内各涉农街道用于干部教师培训资金248万元,干部教师外出培训1198人次。各街道定期调研,建立长效机制,加强平安校园建设,及时解决校园周边安全问题,营造积极和谐的教育氛围。全区以社区学院为龙头,以阵地建设为手段,以数字化学习管理网络平台为载体,强化社区教育工作者培训,提升社教队伍的专业化水平。进一步推进百名教师进社区活动,建立学校与社区互动的教育平台,共享优质教育资源。各街道立足地区百姓需求,围绕文化强街主线,以"特色课程"培育打造社区教育品牌,探索社会组织与社区教育互通共融的发展新路径。

(撰稿人:王晓妹　审稿人:吴文章)

社区学院

【概况】 2014年,甘井子社区学院以党的十八大、十八届四中全会精神为指导,以开展党的群众路线教育实践活动为契机,以"办政府放心、市民满意的社区学院"为目标,实施"举社区教育大旗,走一体两翼、协调发展之路,取项目牵动之策,造学院文化之势"的办学思路,学院的各级各类学历教育成为市民学习的重要平台,成为甘井子区发展大社区教育的有机载体。

【社区教育】 2014年，甘井子社区学院完成了第十届社区学习节、环渤海社区教育研讨会的策划、组织与实施工作；组织开展全国青少年示范项目、全国老年工作案例以及社区教育服务、社会民生创新工作案例的征集、评选与申报工作；开展"百名教师进社区"培训、指导、调研与总结工作；组织编写《甘井子区社区教育工作指南》等书籍4本；指导全区完成国家省市社区教育实验项目的终端验收工作；完成社区教育骨干上海培训以及全区社区教育工作者区内培训；完成泡崖街道社会组织服务中心和营城子街道沙岗子社区活动中心帮扶提升工作。有12篇论文入选和入围《全国社区教育优秀论文集》，占辽宁省入围总数的43%，有9篇论文入围《辽宁省社区教育优秀论文集》。当年，甘井子区被评为"全民终身学习活动周优秀组织奖"。在寒假期间，开展数字化学习"寒假网上读书"活动，参与学习的中小学生人数达120534人。开办四大类（书画、音乐、舞蹈、技能）中老年班级21个，全年招生1100人。扩大兼职教师队伍。培育和扶持大连老年电脑学习乐园、社区学院女子民乐队、社区学院夕阳红乐队等6个社团组织。其中"大连老年电脑学习乐园"被推选为学院的学习品牌。组织召开社团组织负责人研讨会，引领社团组织健康发展。打造特色品牌项目"少年素质营"，坚持"社区与学校联动，凸显实践性"的工作思路，探索社区与学校、家庭相互衔接的新路子。在周水子小学组建"社区小百灵合唱团"，"少年素质营"在周二小学、机场前街道南山社区开设3个班级，共60多名学生。"少年素质营"的"周三体验吧"开设纸艺、编织、小主持人等丰富多彩的体验项目，丰富了学生们的学习内容和形式。"少年素质营"在中国社区教育专业委员会公布的2014年"全国青少年校外示范项目"评选中获得三等奖。

甘井子区第十届社区学习节暨第三届社区居民学习成果展

【职业培训】 2014年，甘井子社区学院共培训1330人，彰显公益办学的社会效应，与大连交通大学合作开办数控技术培训班，年培训106人；与大连理工大学合作开办制冷设备维修工培训班，年培训80人。电子商务班年培训250人；手工编织班年培训224人；育婴师培训班年培训244人；养老护理培训班年培训67人。普惠制学员在甘井子区"区长杯"职业技能大赛中获得一、二名。制冷与空调设备维修工全年培训三期，共61人。年培训残联社会工作者62人；残联系列培训（康复保健、心理咨询、膳食搭配）50人。承办"区政法委综治干部'依法治国'培训"，52人参加培训。大连橡胶塑料机械股份有限公司项目管理培训54人。开办保育员培训，提高早教机构从业人员的业务水平，参加培训80人。

【学历教育】 2014年，甘井子社区学院电大开放教育和奥鹏教育招收学生849人。甘井子电大开设行管、工商、人力资源管理等专业本专科层次教育，甘井子奥鹏教育与7所大学合作开办60多个专业本专科层次教育。甘井子电大被市电大评为“教学资源配置优秀单位”；奥鹏管理团队获得奥鹏东北区颁发的“卓越服务团队”奖；学习中心获得北京奥鹏总部颁发的“2014年度优秀标准化奥鹏学习中心建设奖”。当年，奥鹏教育组织11名外籍人士通过HSK（汉语水平考试）。与西郊农业园合作，开展新型职业农民培训31人次。

【网络宣传】 2014年，甘井子社区学院网络部维护学院门户网站正常运转，发送新闻稿728篇，保障学院内外宣传工作。甘井子区网络学习平台年新增网站课程665门。宣传部全年出版社区学院报4期，制作楼前宣传橱窗作品16幅；在大屏幕制作展示信息36条，撰写横屏滚动宣传语26条；编撰《资讯专辑》40余本，出版《资讯管理法》《银发梦圆》两个品牌书籍。在国家省市级报刊、网站刊登新闻74篇。中国社区教育平台享学网、辽宁教育科研网、辽宁省教育厅、大连教育局、大连教育学院网站、大连电视台、《新商报》《半岛晨报》多次对甘井子社区学院进行报道。

（撰稿人：史高文、刘希乐　审稿人：杨大军）

甘井子区教师进修学校

【概况】 2014年，甘井子区教师进修学校以科学发展观为指导，努力“改版升级”，发展内涵。区教师进修学校在辽宁省示范化进修学校评估中，完成验收，得分居全省第一。注重党总支的建设。注重现代信息技术平台的建设与应用，教师进修学校门户网站“甘井子教师教育网”于12月17日正式启用。注重研训教师队伍建设，继续实施目标和任务牵动学习的策略，采取诸如“顶岗实践”、“公开研训”、“导师带徒”等途径，促进其专业成长；在学期末“校本研修周”的基础上，增设“部本研修”，强化学科间、部门间的观摩学习。按照上级规定编制，进修学校选调10余名优秀教师充实到研训教师岗位；各部门增设副主任岗位。发挥学校研发团队的专业指导作用，促进新调入研修教师的快速成长。当年，以规范青年研训教师设计方案与提高方案实施能力为重点，通过“研究方案→修改完善→观摩活动→交流研讨→继续跟踪”等形式，引导青年研训教师把规定的动作做规范。组织全体新调入研修教师，以研修活动质量标准中的观察指标为选取内容，每人确定一个小的研究专题并实施研究，从多个角度共同完成“提高研修活动有效性”研究。在提高个人专题研究能力的同时，增强团队合作的意识。成立了由140余人组成的兼职研训教师队伍，建立培养机制，发挥基层骨干教师的“辐射作用”。

甘井子区教师进修学校培训部组织召开教师进修学校干训基地第九期中小学业务干部挂职研修工作例会

【干部培训工作】 2014年，甘井子区教师进修学校继续加强中小学校级干部高端培训力度。在利用区内外已有培训基地的基础上，开辟台湾等培训基地。新建立的井冈山党务干部培训基地，开创了专职书记、工会主席体验式培训的模式。3月27日，甘井子区开展“十二五”首批校长带教工作室研修讲坛活动并举行结业典礼；4月，甘井子区辽宁师范大学干训基地中小学校长高级研修班学员赴北京、天津等地参加专项培训；5月，举行辽宁师范大学干训基地中小学校长高级研修班结业典礼；大连第八十中学、周水子小学、实验小学、金家街第二小学参与了大连市第三期“影子校长”培训项目；6月12日，举行甘井子区第四期中小学校长高级研修班、第一期副校长高级研修班、中层干部高级研修班开班仪式；6月28日，教师进修学校干训基地第九期中小幼业务干部挂职研修班举行结业典礼；9月11日，甘井子区教师进修学校举行第十期中小幼业务干部挂职研修开班仪式；9月12日，甘井子区“第四期校长高级研修班、第一期副校长高级研修班与中层干部高级研修班”阶段工作例会同期召开。10月，举行2014年“星火燎原”工程校长论坛活动；11月，“大连市特色目录学校德育特色联盟观摩研讨暨甘井子区学校德育体系建设与校本课程开发专题”校长论坛活动在大连第十四中学举行；6月，辽宁省举办教师进修院校职能部门负责人高级研修班。教师进修学校副校长杨建英代表区干部培训工作领导小组，以《创新思路与模式，再续普教干训工作新跨越》为题，介绍了甘井子区干训工作经验。甘井子区“十二五”中期干训工作获大连市免检单位称号。

甘井子区普通教师干部培训工作经验在辽宁省教师进修院校职能部门负责人高级研修班上进行交流

【教师教育工作】 2014年，甘井子区教师进修学校在规范常规培训的基础上，加大骨干教师专项培训考核力度。完成区级品牌教师的展评工作；组织中小学骨干班主任、中小学英语骨干教师赴东北师范大学基地进行专项培训；对教师节受表彰的优秀教师进行奖励性培训；小学语文骨干教师“中国好课堂”观摩培训；英语骨干教师外教专项培训；心理咨询师、中小幼教师心理行为训练师资质证专项培训与国家考试；新上岗教师暑期集训；初、中级教育技术培训与国家统一考试等。为积淀教师教育工作经验与特色，推动区域教师教育工作向更高层次发展，3月26日，甘井子区教育局和教师进修学校联合召开全区2014年教师教育工作会议。继续组织原有基地开展培训活动，拓宽原有基地培训功能，开辟新的教师培训项目。按需启动新的培训基地，拓展现有东北师范大学骨干教师培训基地功能，分别组织2批小学骨干班主任赴东北师范大学进行为期

甘井子辽师大基地中小学校长高级研修班

两周的培训；由甘井子区教育局、教师进修学校与大连市心理学会合作进行的甘井子区2014年教育系统教师团队心理拓展训练于11月15日结束。根据《2014年甘井子区青年教师素质考核方案》，7月，举行甘井子区青年教师（B段）素质考核。落实《辽宁省农村教师素质提升计划》，组织来自辽南地区5个城市的2000余名教师进行为期5天的观摩研修。甘井子区信息技术培训工作被评为第三届全国中小学教师教育技术能力建设计划应用成果评比优秀组织管理奖及大连市先进单位。

【教育教学研究工作】 2014年，甘井子区教师进修学校教育教学研究工作进一步增强针对性和实用性。深入锤炼成形的研究模式，探索新时期教学研究的新途径。完善"金字塔"式的三级教研网络体系；完善分层次、个性化、实效强的"菜单"服务；加强对薄弱学校、薄弱师资的扶持；促进全区小学质量监测和中学"中考"成绩达到全市中上水平。

【教育科研工作】 2014年5月，甘井子区召开"2014年教育科研工作会议"，对'十二五'中期教育科研工作进行总结，对"十二五"后期的教育科研工作进行部署。"十二五"中期，甘井子区有46项教育科研成果获得省、市级奖项。省级重点科研项目"教学行为设计的研究"被评为辽宁省优秀科研成果。区域课题"基本课型"获省基础教育类优秀课题结题证书。组织相关人员进行区域研训课程开发的研讨，初步形成研训课程开发的框架体系；协助区教育局推进"区域特色学校推进策略的研究"；召开由大连市教育科学研究所主办，甘井子区教育局、甘井子区教师进修学校科研室、辛寨子中心小学承办的"养成教育"专项课题研究研讨会。组织全区基层单位110位科研主任（专干）召开"2014年（下）教育科研工作例会"；对新上岗的科研主任（专干）进行培训；以"2014年教师'微课题'申报培训"为主题，对100余位科研主任进行相关培训，并举行开题论证培训会。为响应大连市"读百家经典，做幸福教师"活动倡议，区教师进修学校科研室与区教育工会联合组织主题演讲比赛活动，并召开读书交流会。

（撰稿人：崔世英　审稿人：杨建英）

科学技术管理

【概况】 2014年，甘井子区通过不断完善科技服务体系，全面实施创新驱动发展战略；着力提升科技创新能力。当年，实际完成高新技术产品增加值44.8亿元，技术合同成交额10.07亿元，研发经费支出2.53亿元。大连中盈科技有限公司、大连康展机电工程有限公司、华宇（大连）信息服务有限公司、大连北方成套教学设备有限公司、大连浦州航空科技有限公司、大连科泰水处理有限公司6家企业获得国家高新技术企业认定。新增市级工程技术研究中心：大连工业大学的大连市数控高难加工刀具工程技术研究中心、大连海洋大学的大连市水产品质量安全工程技术研究中心；新增市级重点实验室：大连工业大学的大连市植物资源高值化应用与开发重点实验室、大连市海珍品疾病防控重点实验室。红旗街道岔鞍村陈连仲被中国科协、财政部授予"全国科普带头人"称号，泉水街道锦泉社区被辽宁省科协评为"社区科普益民计划先进单位"。

【平台建设】 2014年，甘井子区经济和信息化局创建了大连市甘井子星火生产力促进中心、中小企业自主创新发展公共服务平台和促进科技创新公共服务平台、大连市甘井子区中小微企业发展促进会，为企业提供政策咨询、技术支持、银企对接等服务；创建大连生态科技城科技金融服务中心，协调解决企业发展融资难的问题。在大连民营科技企业创业中心（国家级孵化器）建立"大连科技虚拟孵化网"，孵化企业367家，在孵企业118家，合计年产值2.2亿元。

2014年甘井子区企业获大连市科技计划项目立项名单

序号	项目名称	单位名称
1	用于生产非晶磁性材料带材的下铸式压力制带机	科瑞米特非晶电子（大连）有限公司
2	玉米化工醇釜残废料的资源化利用	大连和致成生物科技发展有限公司
3	中药大品种改造－伤科接骨凝胶的开发与研究	大连美罗中药厂有限公司
4	华宇食品安全系统	华宇（大连）信息服务有限公司
5	INPOFI智能无辐射无线充电系列产品	大连硅展科技有限公司
6	某型船用动力主泵关键技术的研发	大连鸿泽泵业有限公司
7	富集硼10碳化硼规模化生产工艺研发及其性能机理研究	大连博恩坦科技有限公司

【科技项目研究】 2014年，中盈科技等6家企业通过国家高新技术企业认定；大连锋驰机械设备有限公司的"机载式凿毛机"项目获得国家科技型中小企业技术创新基金50万元；大连豪森设备制造有限公司的"基于软PLC控制的电子气门发动机装配线成套设备研发项目"、大连大高阀门有限公司的"CPA400核级泵阀锻件研制项目"获得辽宁省科技重大专项资金1800万元；大连华阳密封股份有限公司"核反应堆一回路冷却剂泵用机械密封研发"项目、大连甘井子星火生产力促进中心"优化配置科技创新要素，创建全省首家民营生产力促进中心"项目获得辽宁省科技计划项目资金共225万元；科瑞米特非晶电子（大连）有限公司等7家企业的项目获得市科技计划项目立项，共获得资金830万元；中国第一重型机械集团大连加氢反应器制造有限公司的"极端条件下重要压力容器的设计、制造与维护"项目获得国家科技进步一等奖，大连鸿泽泵业有限公司的"新型矿用高效节能排水泵"获得国家科技部2014年度重点新产品立项；大连海洋大学（合作）的"沙蚕生物滤池研制及其在海珍品循环养殖中应用"项目和大连工业大学（合作）的"基于植物活性成分高效化的微生物诱导技术"项目获得大连市技术发明一等奖，大连海洋大学的"刺参疾病无公害防控技术的研究与应用"项目获得大连市科技进步一等奖；组织推荐大连

亚农农业科技有限公司申报大连市国际科技合作基地。推荐大连东泰有机废物处理有限公司申报大连市科普基地。

【组织企业参加各项科技比赛】 2014 年，甘井子区经济和信息化局组织推荐 35 家企业参加首届大连市科技创业大赛，其中，大连硅展科技有限公司的“inpofi 智能无辐射无线充电系列产品”获得初创企业组一等奖，大连东泰有机废物处理有限公司的“大连夏家河污泥处理项目”获得成长企业组二等奖。大连硅展科技创新团队获得国家科技部主办的第三届中国创新创业大赛电子信息行业总决赛第三名。

【科技宣传】 2014 年，甘井子区经济和信息化局组织开展“2014 年甘井子区科技宣传周”活动，活动周以“科学生活·创新圆梦”为主题，组织开展科技专题培训讲座。活动期间，在区图书馆、区中小学生科技活动中心举办科普教育、展览、科技竞赛等系列活动；在政府一楼大堂内举办甘井子区科技创新成果展，有近 30 家企业展出近年来的重大科技成果和最新科技进展。

【科技项目监督检查】 2014 年，甘井子区经济和信息化局完成了承担 2012 年区级科技计划项目的 22 个单位的财务资金检查工作，首次引入会计师事务所对 2013 年的区级科技计划的 26 个项目的资金使用情况分两批开展检查工作。

【专利与知识产权保护】 2014 年，甘井子区经济和信息化局开展宣传教育活动，采取多种形式，扩大对知识产权工作宣传的力度、广度和深度。利用“4·26 知识产权宣传周”、“专利周”、“科技三下乡”等活动宣传国家、省、市知识产权战略，宣传知识产权文化，提高全社会知识产权意识，营造抵制假冒、打击侵权、尊重劳动、鼓励创新的良好氛围，增强全民知识产权保护意识，鼓励各行各业自主创新。开展知识产权“进机关、进企业、进校园、进社区”活动，通过报告会、研讨会、培训班、座谈会等形式，针对知识产权管理、专利信息利用、知识产权维权等内容进行培训，增强全区各行业的知识产权意识，提高企业对知识产权制度的运用能力和水平。引导企业增强维权意识，加强知识产权保护能力，提高对知识产权案件的诉讼能力和应诉能力，规避知识产权风险。开展区级相关部门、区级与高级部门联合专利行政执法，重点查处大型商场、药店、展会等领域假冒专利行为，查处假冒专利案件 5 件。加大对各类专利纠纷案件的调解和处理力度。鼓励企事业单位建立健全知识产权管理体系，有效管理知识产权，重点加强对科研人员和研究成果的管理。引导企事业单位建立知识产权保护预警系统，探索并逐步建立处理重大知识产权纠纷应对机制。

【实施“基层科普行动计划”】 2014 年，中国科协组织实施的“基层科普行动计划”由“科普惠农兴村计划”和“社区科普益民计划”两个子计划构成，经过评比、筛选、表彰一批有突出贡献的、有较强区域示范作用的、辐射性强的基层科普先进集体和个人。财政部门“以奖代补、奖补结合”给予资金支持。以带动更多的农民提高科学文化素养，掌握生产劳动技能，引导广大农民建立科学、文明、健康的生产和生活方式；提升社区居民科学文化素质，推动社区文化建设，教育和引领居民自觉抵制封建迷信和愚昧落后习俗，为和谐社会建设夯实思想文化基础。按上级科协要求，区科协申报了一个全国“科普惠农兴村计划”项目和一个“社区科普益民项目”。

【科普文化大沙龙活动】 2014年，甘井子区科学技术协会按照区委关于在全区开展“文化大沙龙”活动的总体要求，实行项目化管理，从活动的总体思路、规划设计、载体引领、服务实效等方面整体布局，打造科协创新工作品牌。将科普网络论坛、科普知识竞赛、热点科普研讨、养生保健交流等活动高端化、常态化，彰显“沙龙”特色，使其成为传播新科学、激发正能量的新载体。截至年末，各基层科协开展科普讲座、科普培训、科普宣传等650场次，参与人数6万余人次。辛寨子街道由家社区利用辖区大型LED电子显示屏与中国科技数字馆链接，为辖区居民播放科普知识。

【科普日、科技活动周活动】 2014年，甘井子区科学技术协会以全国科普日、科技周为依托，以“科学生活·创新圆梦”为主题，在全区各街道社区、学校开展科普、科技活动。在各社区开展科技论坛、科普讲座、科普交流，在各学校组织开展科技发明、科技制作、科技校本课、科技竞赛等，并举办科普展览、科技服务、医疗咨询义诊等活动，为居民免费发放科普资料8000余份。科技活动周期间，区科协组织科技工作者和部分协会，开展科普宣传、青少年科普教育、科普讲座、科普进社区进农村进企业进校园、专题讲座等一系列科普活动。参与活动的专家和科普志愿者30人。各专业协会举办各类实用技术培训24期，参加培训人数2400余人，发放各种科普资料5000余份。

【社区科普工作】 2014年，甘井子区科学技术协会从思想观念、体制机制、活动方式上进行创新，活动紧贴社区居民需求，把“民生科技”、“民生科普”摆在更加突出的位置，开展科学饮食、健康保健、疾病预防、环境卫生、节水节电等方面的科普宣传活动。投入资金培植社区科普工作典型，将亿达社区、动力院景社区打造成国家级“科普示范社区”，将锦泉社区打造成省级“科普示范社区”。

【科普画廊建设】 2014年5月13日，甘井子区科学技术协会召开科普设施建设会，采取统一规划、三级投资，招标联建的办法，在全区新建22组高标准LED电子科普画廊和标准10延长米白钢科普画廊，实现LED电子科普画廊与中国数字科技馆科普资源链接、全天候滚动显示的电子科普画廊12组，标准10延长米白钢科普画廊10组，总投资近百万，其中区科协出资近40万元，街道、村（社区）自筹近60万元。截至10月底，科普画廊全部投入使用，全区156个社区（村）科普画廊（科普宣传栏）全域覆盖，科普网络资源与科普画廊实现完美结合，提高了科普传播速度，拓宽了信息资源，增加了受众人数，节约了科普成本，推进科普工作的广泛化、快速化、多元化。

（撰稿人：关庆翔　刘翠翠
审稿人：唐宗宝　许雪峰）

文化·体育

文化事业

【概况】 2014年，甘井子辖区内登记各类不可移动文物31处，其中古遗址类7处，古墓葬类5处，近现代重要史迹及代表性建筑类19处。其中，全国重点文物保护单位4处，省级文物保护单位4处，市级文物保护单位6处，区级文物保护单位17处。拥有省级非物质文化遗产名录项目1项，市级非物质文化遗产名录项目1项；省级非物质文化遗产代表性传承人1人，市级非物质文化遗产代表性传承人1人。区文体局被评为大连市“扫黄打非”工作先进集体。原创舞蹈《蝴蝶兰》被评为大连市文学艺术界“三个十”最有影响的文艺作品。选送的女生独唱《圆梦的路上》获得辽宁省第十五届群星奖音乐类比赛金奖。选送的行书、楷书作品分别获得辽宁省第十五届群星奖三等奖。

鼓乐大赛现场

【文化馆工作】 2014年，甘井子区文化馆加强对全区群众文化活动的辅导、培训，指导文艺作品的创作演出工作。组织业务干部深入街道、社区和村开展群众文化调研，掌握基层文化活动情况及需求。对全区14个街道173个社区（村）、村级单位的群众文化活动辅导达到人均75天以上。开展免费开放活动，培训内容有舞蹈、声乐、书法、美术、摄影、曲艺、朗诵等近10门课程，吸引群众600余人。对全区文化专干及文艺骨干进行业务培训，重点开展市民艺术素质培训、健身舞蹈（操）培训和曲艺、书法、美术、摄影、戏剧、百姓健康舞培训，提高文艺骨干的文艺活动组织辅导水平。区文化馆被授予大连市“青年文明号”称号。

【图书馆工作】 2014年，甘井子区有公共图书馆1所，馆舍总面积16322平方米，阅览座席1100个，年增藏书37114册、电子图书9691册，馆藏图书59万册。全年接待读者826512人次、外借403456册次，

甘井子区“书香浸润·悦读人生”家庭读书朗诵比赛获奖家庭合影

办理读者证16943人。区图书馆开展全民阅读活动，丰富读者文化生活，充分体现文化为民、文化惠民。开展各项活动260场次，参加活动人数85064人次。打造特色文化服务品牌，为读者提供更多文化惠民活动。举办“字体的艺术设计”、“语文逻辑与鉴赏应用”、“珍爱女性健康”、“心理健康”等文化大讲堂公益专题系列讲座51场。组织市民外语广场、图书置换等活动，吸引上千名读者参与其中。通过购买电子图书、数字报纸、学术期刊、图片库、少儿多媒体阅览等多种数字资源，自建地方文献专题数据库，为读者提供多元化的服务。推进基层“共享工程”网络服务，利用各种文化资源组织开展读书活动，向全区14个街道发放7000张数字资源阅览证，居民可免费阅读电子图书7万种。举办天马行空画童年、少儿立体折纸、迎春剪纸、晒晒我的读书生活、“关注地球，关爱生命”等读书系列活动。举办小馆员成长体验、少儿棋艺大赛、爱护牙齿等亲子阅读活动。增设2个阅读活动品牌——“亲子阅读”和“科普小课堂”系列活动。区图书馆被评为大连市“与书为伴·共创明天”读书系列活动最佳集体组织奖。

【文化市场管理】 2014年，甘井子区文化市场综合执法大队结合全区文化市场实际状况，围绕网吧集中整治等任务，加大文化市场宣传和稽查工作力度，保障全区文化市场有序健康的发展态势。当年，检查文化经营场所2060家次，出动执法人员1120人次，出动车辆2070车次，立案调查案件5件，收缴非法出版物1万余件。

【文化活动】 2014年，甘井子区文体局在大连市首创文化辅导员持证上岗考核机制。组织开展文化大沙龙系列活动——“唱响甘井子，放飞中国梦”合唱展演、“百福临门”

甘井子区2014年文化大沙龙系列活动暨广场文化活动启动仪式歌舞表演

笔会、"元宵灯谜会"、"春之鼓舞"广场展演、"鼓乐大赛"、全民健身操舞蹈培训班、外来务工人员子女系列活动——"汉子大比拼"比赛、"百姓生活"摄影巡回展等活动;举办"书香春节"系列读书活动、"寻找失去的记忆——那些年我们一起读过的书"征文展、"书香浸润,悦读人生"4·23世界读书日及"关注地球,关爱生命"科普知识展览、"青少年未解之谜"科普图片展、"倡导绿色生活,共建生态文明"征文展、"书香家庭"评选等活动;承办大连市第25届大连国际服装节群众文化系列活动"经典华章——我要唱起来"大连市民声乐大赛,来自甘井子区的刘芳菲获得一等奖。举办2014年甘井子区文化艺术节暨机关第25届体育运动会。

【文化遗产保护】 2014年,甘井子区的文物管理工作坚持"保护为主、抢救第一、加强管理、合理利用"的工作方针,做好辖区文物管理保护工作。学习《中华人民共和国文物保护法》《大连市不可移动文物保护条例》,完善文物管理保护制度。制作文物档案,确保文物相关资料完整。完成第一次全国可移动文物普查工作,普查不可移动文物347件。文家屯遗址、牧城驿城址、营城子火车站旧址3处区级文物保护单位升级为省级文物保护单位。中国科学院考古研究所、辽宁省考古研究所对营城子街道后牧村鞍子山积石冢展开首次考古发掘。

(撰稿人:蔡宇婧　审稿人:李　爽)

体育事业

【概况】 2014年,甘井子区文化体育局开展竞技体育比赛和群众体育活动60余次,参赛人员近6000人次。新安装室内健身器材12套,全民健身路径25条。向上级运动队输送运动员89名。加强对社会体育指导员培训工作,组织400名社会体育指导员参加二级和三级社会体育指导员培训。甘井子区体育场改造工程于10月竣工并承办了2014年甘井子区文化艺术节暨机关第25届体育运动会。组织开展第六次全国体育场地普查工作,掌握甘井子区现有体育场地存量、分布和使用情况。

【甘井子区体育场改造】 2014年10月,甘井子体育场改造项目完工。2013年10月,甘井子区体育场动工改造启动。该项目位于文体街,占地面积24493平方米,新建了综合楼、体育训练馆,改造了看台和比赛场地。10月11日,2014年甘井子区文化艺术节暨机关第25届体育运动会在改造一新的甘井子区体育场举办。

【新市民健身中心】 2014年,甘井子区文化体育局为新市民健身中心项目的启动进行了前期准备工作,该项目位于甘井子区图书馆、档案馆北侧,占地面积10287.3平方米,建筑面积32400万平方米,总投资2.8亿。项目建成后,将为广大市民提供一个集游泳、健身、篮球、排球、羽毛球、乒乓球、国民体质监测中心、体育康复保健等功能于一体的健身场所。

【第六次全国体育场地普查】 2014年,甘井子区文化体育局根据辽宁省体育局、辽宁省教育厅和辽宁省旅游局《关于开展第六次全国体育场地普查工作的通知》要求,为满足人民群众多元化健身需求,促进体育事业与社会经济的协调发展,更好地掌握甘井子区现有体育场地存量、分布和使用情况,科学配置体育场地设施资源,在全区范围内开展了第六次全国体育场地普查工作。组织召开第六次全国体育场地普查工作启动会议,布置普查工作任务，制定了《甘井子区第六次体育场地普查工作实施方案》，与区教育局、区服务业局联合制发《甘井子区关于开展第六次全国体育场地普查工作的通知》文件，开展对场地普查培训、场地信息采集、录入和校对工作。普查工作历时10个月，全面掌握了甘井子区体育场地设施布局、建设规模及使用情况。甘井子区现有体育馆5个、游泳馆4个、滑雪场2个、高尔夫球场6个、攀岩场地1个、体育场92个、综合及专项训练房127个、室外专项体育场地185个(其中门球场地36块)、室外马术场地1个、室内外射击场地2个、天然游泳场地2个、其他类不符合标准的体育场地243个(其中健身广场80个)、体育健身活动室127个。

中国奥委会2014年第28届奥林匹克日长跑(大连)活动

【第28届奥林匹克日长跑(大连)活动】 2014年6月21日，由中国奥委会主办，甘井子区文体局承办的第28届奥林匹克日长跑(大连)活动在甘井子区明珠广场举行。共有来自大连市育文中学、大连工业大学、甘井子区辖区街道及平安人寿保险大连分公司的3900余人参加了本次活动。大连市体育局副局长于克荒宣读了国际奥委会主席巴赫为长跑活动发来的致辞。

【群众体育】 2014年，甘井子区文化体育局组织开展“全民健身日”系列群众体育活动。甘井子区作为辽宁省唯一的参赛队伍，组织健身秧歌队参加了“千秋建设杯”2014年全国健身秧歌及健身腰鼓大赛，获得自选套路一等奖等4个奖项。组织辛寨子街道的《老年创新篮球健身操》健身舞蹈队代表大连市参加第三届全国老年人体育健身项目创新交流大会，取得最佳创新奖、最佳展示奖、最佳组织奖、最佳道德风尚奖全部4个奖项。甘井子区健身操队参加由大连市体育局、大连市体育总会、大连市健美操协会主办的2014年“康比特杯”大连市健身健美公开赛暨“社区丽人”大赛，以全场最高分获得市健身健美大赛特等奖。组队参加大连市首届社会体育指导员技能大赛获得优秀组织奖；组队代表大连市参加2013—2014年度辽宁省冬季健身节健身秧歌大赛获得一等奖；举办“大商杯”乒乓球冠军赛甘井子区选拔赛并进入决赛；承办大连“盐业杯”羽毛球比赛甘井子区选拔赛工作并进入决赛。承办大连市首届健身气功交流展示大赛并获得一等奖。参加大连市第一届老年人健身大会各项目比赛。承办大连市第一届老年人健身大会“甘井子区杯”健身球操比赛。在全区开展国民体质监测工作，对8个年龄段、16个组别共450人进行了体质监测。加强对甘井子区社会体育指导员的培训工作，组织200名三级社会体育指导员参加大连市举办的二级社会体育指导员的培训工作;组织 200 名体育爱好者参加大连市举办的三级社会体育指导员培训。截至年末,甘井子区共有国家级及一、二、三级社会体育指导员 1387 名。继续实施文化扶助工程,为社区新安装室内健身器材 12 套和全民健身路径 25 条。在全区举办体育竞赛活动 60 余次,参赛人员近 6000 人次,观众 4 万余人次。

【竞技体育】 2014 年,甘井子区文化体育局与区教育局协力配合,坚持对在校运动员的文化素质教育和心理素质培养。举办全国校园足球大连市"青少年绿茵工程"校园足球春季和秋季联赛;区中小学"市长杯"足球赛;区中小学"区长杯"校园足球赛;区中小学春季和秋季田径运动会;区中小学乒乓球、篮球、排球、羽毛球、围棋、健美操等比赛。为了做好 2015 年全市运动会参赛准备工作,完成比赛任务,检验甘井子区体育竞技水平,年初开始,从各参赛项目的组建、选材上均投入了极大力量。截至年末,参加市运会的各项队伍组建基本完成,并且完成近 260 人的注册工作。举办甘井子区文化艺术节暨机关第 25 届体育运动会。承办由国家体育总局篮球运动管理中心运管部主办的为期 21 天的"全国篮球教练员岗位培训第十一期中级班"和为期 9 天的"全国篮球队伍体能(康复)教练员培训班"。组织区政协委员乒乓球代表队参加大连市政协"中国人寿杯"乒乓球比赛。指导区人大常委会机关乒乓球代表队参加"亿达杯"大连市第七届市暨区(市)县人大常委会机关职工乒乓球比赛。指导区检察院乒乓球代表队参加大连市检察系统 2014 年"普兰店检察杯"乒乓球比赛。

【运动员输送情况】 2014 年,甘井子区向上级专业队输送运动员 89 人。其中,游泳 1 人、田径 8 人、网球 4 人、排球 2 人、篮球 14 人、艺术体操 3 人、击剑 28 人、羽毛球 6 人、乒乓球 4 人、自行车 2 人、拳击 6 人、足球 11 人。

(撰稿人:尚德平　审稿人:柏雪菲)

2014 年甘井子区输送运动员名单

姓名	性别	年龄	项目培训	单位	带队教练
孙恺南	男	13	田径	足球学校	邓克富
林思雨	女	12	田径	足球学校	李　震
许　诺	女	14	田径	足球学校	李　震
马亚飞	男	12	田径	足球学校	李　震
胡文静	女	13	田径	足球学校	李　震
赵一鸣	男	19	田径	足球学校	李　震
王楚怡	女	13	田径	足球学校	李　震
单　悦	女	11	田径	足球学校	李　震
刘祉钰	女	14	网球	网球中心	鲁　杨
王烁然	女	12	网球	网球中心	鲁　杨
廉伟卓	男	16	网球	网球中心	毕长武
李哲贤	男	12	网球	网球中心	赵　杨
胡淳铭	男	15	羽毛球	网球中心	李　斌
李　卓	男	14	羽毛球	网球中心	李　斌
高天宇	男	14	羽毛球	网球中心	李　斌
张琨雨	女	12	羽毛球	网球中心	李　斌
黄　鑫	女	15	羽毛球	网球中心	李　斌
李逢一	女	13	羽毛球	网球中心	李　斌
刘运鹏	男	10	游泳	游泳馆	肇　一
李博文	男	12	男排	市体校	史小军
王莹莹	女	13	女排	市体校	龙　杰
殷　实	男	17	男篮	市体校	李　欣
邢善文	男	17	男篮	市体校	李　欣
李可鑫	男	18	男篮	市体校	李　欣

姓名	性别	年龄	项目培训	单位	带队教练
张远哲	男	16	男篮	市体校	李　欣
邹沧海	男	16	男篮	市体校	李　欣
付鸣镝	男	15	男篮	市体校	李　欣
郭　冰	女	13	女篮	市体校	陈泽英
吴睿轩	女	10	女篮	市体校	陈泽英
梁玉佳	女	14	女篮	市体校	陈泽英
许姗姗	女	10	女篮	市体校	陈泽英
吴雨萱	女	9	女篮	市体校	陈泽英
王信丹	女	13	女篮	市体校	陈泽英
吴　睿	女	14	女篮	市体校	陈泽英
郭欣	女	13	女篮	市体校	陈泽英
王圣博	男	10	乒乓球	市体校	李　威
吕霖岳	男	9	乒乓球	市体校	张洪生
王一学	男	9	乒乓球	市体校	张洪生
曲格平	男	9	乒乓球	市体校	张洪生
刘子琪	女	14	花剑	市体校	孟兆华
翟香蕾	女	12	花剑	市体校	孟兆华
纪欣萍	女	12	花剑	市体校	孟兆华
刘书奎	男	13	花剑	市体校	孟兆华
王跃阳	男	11	花剑	市体校	孟兆华
邢井润	男	7	花剑	市体校	孟兆华
杨婷瑄	女	8	花剑	市体校	孟兆华
常馨月	女	7	花剑	市体校	孟兆华
杨淇凯	男	10	花剑	市体校	孟兆华
张之诺	男	13	佩剑	市体校	李东科
董瑞凡	男	14	佩剑	市体校	李东科
王钰廷	男	14	佩剑	市体校	李东科
于　飞	男	12	佩剑	市体校	李东科
赵信航	男	12	佩剑	市体校	李东科
王凯锋	男	12	佩剑	市体校	李东科
王　桐	女	11	佩剑	市体校	李东科
姜熙暄	女	12	佩剑	市体校	李东科
马馨月	女	12	佩剑	市体校	李东科
刘传宇	男	13	重剑	市体校	田建军
鞠　盈	女	12	重剑	市体校	田建军
王嘉欣	女	12	重剑	市体校	田建军
董恩佐	男	12	重剑	市体校	田建军
龙泉智	男	11	重剑	市体校	田建军
于　森	女	12	重剑	市体校	田建军
张　渠	女	11	重剑	市体校	田建军
毛奕诺	女	13	重剑	市体校	田建军
郝羽欧	女	12	重剑	市体校	田建军
王嘉欣	女	12	重剑	市体校	田建军
曲梓萌	女	8	艺术体操	市体校	戴永军
刘笑颜	女	8	艺术体操	市体校	戴永军
崔新雨	女	12	艺术体操	市体校	戴永军
周士桐	男	13	自行车	陆上学校	王本杰
陈玉玲	女	13	自行车	陆上学校	王本杰
潘增林	男	16	拳击	陆上学校	左小丹
陈长住	男	12	拳击	陆上学校	左小丹
宋宇航	男	15	拳击	陆上学校	左小丹
于浩瀚	男	13	拳击	陆上学校	左小丹
张海超	男	14	拳击	陆上学校	左小丹
孙全煜	男	14	拳击	陆上学校	左小丹
高　天	男	15	男足	阿尔滨	刘玉健
王凯龙	男	14	男足	阿尔滨	刘玉健
窦志富	男	14	男足	阿尔滨	刘玉健
迟嘉轩	男	14	男足	阿尔滨	刘玉健
迟嘉宏	男	14	男足	阿尔滨	刘玉健
李　宁	男	13	男足	阿尔滨	刘玉健
王梓名	男	13	男足	阿尔滨	刘玉健
吕家锐	男	12	男足	阿尔滨	刘玉健
田子羿	男	13	男足	阿尔滨	刘玉健
邵希曼	男	13	男足	阿尔滨	刘玉健
王金帅	男	13	男足	阿尔滨	刘玉健

卫生·计划生育

综 述

【概况】 2014年,甘井子区出生人口9343人,人口出生率13.16‰,人口自然增长率7.07‰,符合政策生育率99.87%;死亡人口4323人,死亡率6.05‰;出生人口性别比106.02。有各级各类卫生机构552个(公立57个,私立495个),其中医院20个(三级甲等综合性医院1个,三级专科医院3个,二级医院5个),社区卫生服务中心23个,社区卫生服务站54个。医疗机构拥有床位5266张,专业卫生技术人员6219人。

【卫生计生机构改革】 2014年9月,根据《甘井子区人民政府关于组建区卫生和计划生育局的通知》《关于成立甘井子区卫生计生局党委的通知》文件要求,区卫生局、区人口和计划生育局完成机构整合,组建甘井子区卫生和计划生育局,并全面开展各项工作。新组建的区卫生和计划生育局于9月3日召开局领导班子会议。对班子成员进行职责分工,明确工作职能和分管的科室;班子共同研究确定了机构各科室运行机制,研究制定了近期要进行的主要工作。9月4日,召开机关全体人员及基层主要领导大会。会上,局党委书记、局长王继满宣读区委、区政府关于成立新机构的相关文件,宣布了局领导分工,对新机构运行中涉及的办公场所、财务管理、新公章刻制和使用、法律文书及文件和证件更换、明年预算、重点工作等进行了具体部署和安排。9月5日,召开重点工作完成情况调度会。局领导班子成员和各科(室)科长(主任)参加会议,梳理落实市政府与区政府、市卫生局与区卫生局和市计生委与区计生局年初签订目标责任状落实情况。会上,各科长(主任)及分管领导汇报了已完成的工作。积极与上级业务部门搞好对接,争取相关政策和上级部门的帮助支持。

【医疗卫生健康中心项目建设】 2014年,甘井子区委、区政府高度重视医疗资源的科学配置。区医疗卫生健康中心项目位于张前路裕祥科技北侧,作为区政府为民办实事工程之一。已完成项目建设前期准备工作,获得区发改局立项批复,完成了场地地质勘查报告,并取得市建委备案许可。完成人防设计、方案设计、初步设计和施工图设计并通过市建委审查。取得区规划局下发的建设项目选址意见书、建设用地规划许可证、建设工程规划许可证。项目用地获得市国土资源和房屋管理局下发的国有建设用地划拨决定书,市政府下发的划拨国有建设用地使用权的批复。项目的施工和监理招投标正在进行中。

【社区卫生服务工作】 2014年,甘井子区卫生和计划生育局全面推行家庭医生签约式服务。此项工作于3月份全面启动,签订家庭医生服务协议1.5万户余份,4.5万余人。主动为重点人群服务2万余人次,上门服务4000余人次。革镇堡地区医院社区卫生服务科科长于梅娟,获得2014年国家级"我身边群众满意的社区医生"称号。在大连市率先启动公共卫生服务经费考核机制,按照完成的公共卫生数量和质量考核兑现。建立居民健康档案652896人,录入计算机650603人,门诊量85万人次,家庭出诊62280人次,建立家庭病床1645张,接受上级医院转诊10360人,残疾人康复指导7254人次,计划生育咨询7114人次。加强重点人群的健康管理服务。高血压规范管理40666人,糖尿病规范管理17647人,重症精神病规范管理3334人。为65岁以上老年人进行健康体检79855人次。开展健康教育讲座392次,接受健康教育23660人次,在输液室播放健康教育光盘受教育26万人次,更换健康教育专栏252次。

【医疗卫生服务质量】 2014年,甘井子区卫生和计划生育局对辖区内的567家医疗机构开展监督检查工作,监督覆盖率100%,做出行政处罚30起,罚款61600元,取缔无证"黑诊所"14家。加强卫生计生系统人才队伍建设,制定《关于进一步加强卫生计生系统人才队伍建设的意见》。开展中医药服务能力提升工作。围绕"全国中医药工作先进单位"创建和中医药提升工程,通过完善服务体系建设、加强中医人员培训、推广应用中医药适宜技术等,提高医疗服务质量,增强了中医药人员的服务能力和技术水平。完成6项市级专题学术项目,举办多层次的"埃博拉出血热"防控和中东呼吸及综合症救护知识培训,参加培训人员2174人。合理配置医疗资源。贯彻执行《甘井子区个体医疗机构设置规划(2013—2015年)》,印发《甘井子区医疗门诊部设置规划(2014—2017年)》。全年新审批门诊7个,个体诊所57个。

【公共卫生服务】 2014年,甘井子区卫生和计划生育局强化疾病预防控制工作,围绕《疾病预防控制工作绩效评估标准》,科学规范开展疾病预防控制工作。加强传染病防治工作,规范开展疫情调查处置工作,开展流行病学个案调查处理243例、疫情调查处置135起。重点开展糖尿病、重性精神疾病等慢性病防治,全区平均期望寿命80.54岁。开展健康生活方式行动创建工作,创建全民健康生活方式示范点13个,较上年新增4个。区疾控中心成立集监测、检测于一体的性病、艾滋病防治科,在全市县区级疾控中心率先开展艾滋病和梅毒快速检测,提高艾滋病防治工作质量。甘井子区被国家确定为全国艾滋病防治工作示范区,开展免疫规划,国家免疫规划疫苗接种率均达95%以上,免

区卫生和计划生育局党委召开党的群众路线教育实践活动动员会

疫相关传染病发病降至较低水平。加强疫情及健康危害因素监测、分析及预警预测。检测样品8928份，检验检测项次13728项。区疾控中心实验室通过实验室资质认定复评审和食品检验机构资质认定复评审，参加国家能力验证3次，参加省、市实验室间比对3次。

【卫生监督管理】 2014年，甘井子区卫生和计划生育局推行量化分级管理，对全区530家旅店宾馆、179家洗浴、1045家美容美发、3家游泳场所进行量化分级管理。先后组织出动监督员8552人次，监督车辆2284台次，监督行业单位3604家，总监督点次4575户次，做出行政处罚191起，开展大型专项整治工作16次，及时受理群众举报74起。

【妇幼工作】 2014年，甘井子区卫生和计划生育局投入36万元为1200对准备怀孕夫妇提供免费孕前优生健康检查。向1975名计划怀孕和孕早期妇女发放叶酸。开展免费计划生育手术872例，免费B超检测53483人次。投入405万元为5891名孕产妇及12407名0-6岁儿童进行免费健康管理。为11822人次孕产妇进行免费艾滋病检测。孕产妇住院分娩率100%。筛查高危孕产妇3937例，高危妊娠管理率100%。通过孕产妇抢救绿色通道，转诊和救治16例重症高危孕产妇。建立全区孕产妇疑难病症转会诊绿色通道，筛查及转诊26例缺陷胎儿，控制缺陷儿出生率。当年，全区孕产妇死亡率为0,5岁以下儿童死亡率和婴儿死亡率分别为4.21‰和3.10‰，各项指标均达到规定标准。2014年是全国“妇幼健康服务年”，甘井子区选手李金玉在“妇幼健康技能竞赛”活动中取得全省妇女保健组第二名，成为参加全国比赛的省级选手。

【卫生应急工作】 2014年，甘井子区卫生和计划生育局加强突发公共卫生事件报告管理，继续规范开展突发事件公共卫生日常及专题风险评估工作，印发评估简报12期。健全应急管理体系和报告网络，建立完善突发公共卫生事件报告员队伍，组织建立卫生应急人员及报告员队伍数据库。推进应急指挥决策平台建设，协调相关部门，与供货单位签订卫生应急指挥视频平台、供货及安装合同2期，按时完成省、市卫计委下达的工作任务。细化卫生应急能力建设标准，组织开展卫生应急工作检查2次，修订卫生应急预案2部，组织开展有针对性的应急演练3次，组织编印甘井子区卫生应急预案简明操作手册，督促相关单位更新或新购置卫生应急物资，并建立卫生应急物资档案。

【落实计划生育奖励扶助政策】 2014年，甘井子区平稳推进单独二孩生育政策。自3月27日辽宁省放开单独二孩生育政策后，全区年再生育申请审批1470例，其中符合单独二孩生育政策夫妇845对，占据全市首位。采取入户调查走访的形式，采集信息与全员人口信息系统数据进行比对核查，做好一方为独生子女夫妇的信息核查工作。加大性别比综合治理和关爱女孩工作力度。按照相关文件要求，发挥专项工作领导小组的作用，召开协调会议，严把医疗、药房、B超关。继续开展“关爱女孩——沐浴春蕾”活动，全区建立贫困女孩档案233个，投入33.4万元用于资助贫困女孩。落实各项计划生育奖励扶助政策，兑现计划生育奖励扶助20027人次，2122万元。其中计划生育退休补助费共计5164人，兑现金额1032万元；死亡伤残家庭2302人，兑现金额999万元。落实独生子女父母奖励费10524人，兑现金额63万元。落实其他奖励扶助政策共2037

人,兑现金额28万元。

【幸福家庭创建】 2014年,革镇堡棋盘村被确定为国家“新家庭计划——家庭发展能力建设”项目试点社区,是大连市唯一的试点单位。根据上级要求开展《幸福甘井子——暖心计划》,打造特色健家服务。建立“妈妈咪呀俱乐部”,定期向辖区准父母提供产前培训、孕期指导、产后修复等一条龙服务。利用健家站开设青春期大讲堂,聘请专业的心理咨询师和社区志愿者为青少年进行心理辅导。

【构建流动人口均等化服务模式】 2014年,甘井子区卫生和计划生育局推进流动人口卫生和计划生育基本公共服务,开展流动人口“关怀关爱月”和“维权服务月”活动。做好流动人口信息化工作,提高个案信息录入质量,新录入个案信息16222条,享受免费技术服务37556人。加强流动人口双向管理和区域协作,跨省流动人口信息协查1123人,协查反馈率100%。组织开展国家动态监测工作,制定工作方案,加大培训力度,完成国家部署的监测任务。

【发挥计划生育协会作用】 2014年,甘井子区卫生和计划生育局深化生育关怀行动,推进“健康家庭保障计划”项目,投入8.5万元、市区配套投入3.6万元免费为计生特殊特困家庭投保计划生育家庭系列保险。推进计划生育基层群众自治,前革、玉胜2个社区被授予“全国计划生育基层群众自治示范村(居)”称号。强化宣传教育,结合党的群众路线教育实践活动的开展,区计生协会组织开展“汇繁星、激活力、促民生”基层采风活动,编辑《身边》宣传画册,利用身边人、身边事、身边情开展社会宣传工作和舆论宣传工作。举办第四届“家庭人口文化书画展”,市区文联、市艺术家协会对活动给予好评。

【爱国卫生工作】 2014年,甘井子区卫生和计划生育局在全区范围内开展第26个爱国卫生月活动。解决群众投诉41件,清理卫生死角396处,清理越冬生活垃圾、装修垃圾和废弃物4412吨,出动车辆957台次,出动人员18056人次,清理楼院、花坛1163处,清理河沟13520米,清理公路、铁路累计78千米。对高铁、铁路沿线两侧进行专项整治,排查并解决30余个环境卫生问题。开展春季灭鼠工作,全区设立毒饵站3000余个,封堵鼠洞1500余处,对300个重点地段投药灭鼠,设盗食点4000个,灭后鼠密度1.5%,控制在国家规定范围之内。对辖区内封闭小区、集贸市场、医院、旅游景点、大中小型饭店、大型超市、大中小学校等重点行业单位开展专项检查,检查行业单位112个,出具出卫生行政执法文书17份。开展健康教育、健康促进活动。积极创建省、市健康教育基地,在机关食堂利用桌牌、LED大屏幕等形式进行健康教育宣传。定期在街道、社区组织健康教育讲座,其中大型讲座3场,社区讲座150场。

疾病预防与控制

【概况】 2014年,甘井子区报告法定传染病17种,无甲类传染病,乙类12种,丙类5种,共5072例,发病率为459.24/10万,与上年相比下降14.98%。乙类传染病2418例,发病率为218.94/10万,与上年相比上升0.95%;丙类传染病2654例,发病率为240.30/10万,与上年相比下降25.66%。死亡9例,死亡率为0.81/10万,与上年相比上升45.66%,分别为艾滋病6例,肺结核2例,手足口病1例。乙类传染病发病数居前5位为梅毒(733例)、肺结核(608例)、痢疾(334例)、猩红热(314例)、病毒性

副市长卢林检查区疾控中心

肝炎(170例),分别占乙类发病总数的30.31%、25.14%、13.81%、12.99%及7.03%。甘井子区疾病预防控制中心贯彻落实市、区卫生工作会议精神,按照大连市疾控战线工作计划、大连市健教机构考核标准和区卫生局目标管理责任状要求,围绕《疾病预防控制工作绩效评估标准》和《辽宁省县(市、区)级疾病预防控制机构工作评价标准》,组织开展以重大传染病和突发公共卫生事件应急处置为重点的各项防控工作。

【埃博拉出血热疫情防控】

2014年,甘井子区疾病预防控制中心制定工作方案,明确工作流程。按照国家《埃博拉出血热疫情防控方案》及大连市疾控中心各项相关技术方案要求,结合辖区实际,制定并及时修订《甘井子区埃博拉出血热疫情防控方案》和《埃博拉出血热疫区来连人员医学观察方案》,建立埃博拉出血热病例报告的审核工作机制,明确调查处理流程,严格按照工作要求,组织开展相关工作。成立埃博拉出血热疫情防控机动队2支,成员包括流调、消毒、检验、健康教育等相关专业人员,并备有专用车辆,负责开展埃博拉出血热疫情现场应急处置工作;设置疫情值班电话,每日安排专业人员实行24小时在岗值班,保证及时开展相关应急处置工作;加强应急物资管理,及时购置并更新补充工作所需的应急物资,以满足实际工作需要。指定专人开展埃博拉出血热疫情监测工作,通过《疾病监测信息报告管理系统》及《传染病自动预警信息系统》,实行24小时疫情动态监控;通过电视、广播、网络、报纸等收集关于埃博拉出血热疫情的相关工作信息等。开展甘井子区2014年高校留学生情况调查,印制《疫区来华(归国)人员健康监测和管理告知书》,开展疫区来华(归国)人员监测7人。组织中心机动队开展埃博拉出血热疫情调查处置培训1次,对集中医学观察点医务人员培训1次,组织基层医疗单位开展埃博拉出血热疫情防控工作会议1次、培训1次。对所辖相关高校、医疗机构等开展电话防控工作指导。

【传染病及地方病防制】

2014年,甘井子区疾病预防控制中心传染病监测。开展霍乱外环境和海产品监测156份;流感门诊监测病例54310人次,共有流感样病例1839例;监测肺炎病例2509例,无不明原因肺炎病例;猩红热病例复核40例;开展肠道症候群监测采样6份;腹泻病人致泻性弧菌检索采样10份;采集手足口病病例便样132份;开展伤寒慢性带菌者调查6例;健康人群流行性出血热血清学监测55人次。开展AFP、疑似麻疹、新生儿破伤风主动监测108点次;开展麻疹监测,采集血清97份;开展乙肝监测，对33例未能明确诊断慢性乙肝病例进行流行病学调查，采集血清样品33份。开展碘盐及居民食盐来源监测310份；开展孕妇碘缺乏病防制知识知晓率调查，完成问卷80份；开展学校碘缺乏病宣传教育讲座6次；完成大连市碘缺乏病防治能力调查工作。开展疟疾发热病人血涂片镜检800人次；完成布病职业人群流行病学调查问卷170份，布病职业人群血清学监测15份。开展病媒生物监测计52点次，其中蝇监测16点次，平均密度为52.31只/笼，蝇种为厩腐蝇、丝光绿蝇、大头金蝇、巨尾阿丽蝇、黑尾麻蝇及家蝇；鼠监测12点次，捕鼠6只，均为褐家鼠，平均鼠密度为0.24%；蟑螂监测24点次，未监测到蟑螂。完成大连市病媒生物监测质量控制工作，采集褐家鼠鼠头6只。完成大连市抗药性监测淡色库蚊幼虫捕捉工作，捕蚊幼虫1000只。建立健全甘井子区传染病疫情报告管理网络，每日通过《疾病监测信息报告管理系统》《传染病自动预警信息系统》开展传染病疫情相关信息审核、报告工作。网络直报传染病报告卡62张，审核报告卡3029张，核实外地报至本地病例卡片5980张，删除卡片243张，规范疫情资料管理，定期进行疫情分析；按要求开展医疗单位漏报调查及转诊漏报调查，调查结果显示均无漏报病例，医疗单位漏报率及转诊漏报率均为0。结合辖区实际，对发病率前10位的甲、乙类传染病进行年发病趋势预测和长期趋势预测；对辖区内发生的暴发疫情或流行季节前根据需求进行适时预测；对重点传染病实行分级管理。成立集监测、检测于一体的性病艾滋病防制科，加强各项防制工作。截至年末，全区报告艾滋病病毒感染者/病人447例，死亡33例。全年开展病例随访912人次，安排CD4检测923人次；加强性病艾滋病实验室检测工作，在全市各县区疾控中心中率先开展艾滋病和梅毒快速检测服务。开展HIV抗体初筛检测6703人次，其中公安司法筛查5870人次、自愿咨询检测807人次、配偶检测26人次，检出HIV抗体初筛阳性38例。开展梅毒检测833人次，检出梅毒抗体阳性26例。丙肝抗体阳性1份，样本来源为流动人群；开展流行病学调查、暴露级别评估、血清学监测及药物阻断等工作；继续采用“社区干预”模式开展高危人群干预，干预性病就诊者207人次，发放安全套1.5万余只，发放宣传材料5400余份；采取多种形式，利用多种途径开展性病、艾滋病的大众人群、重点人群及“世界艾滋病日”宣传教育工作，组织开展面向外来务工人员的大型现场宣传活动1场，对辖区羁押人员防病知识讲座3次，根据工作实际设计和制作宣传展架80余个发放至辖区高危行为干预场所及社区卫生服务站。为进一步扩大辖区艾滋病自愿咨询检测覆盖面，制定印发艾滋病自愿咨询推广宣传方案，全区基层卫生机构累计开展宣传推广活动104点次，发放宣传材料34420份、安全套5000余只，推动了艾滋病自愿咨询检测工作的深度与广度。加强性病疫情报告管理，每月上报辖区医疗机构检测数据，定期开展性病疫情分析及业务督导，性病漏报调查及病例报告准确性现场核查等工作均已按要求完成。承担辽宁省重点人群碘营养及相关健康状况监测试点工作，完成孕妇和8—10岁儿童尿碘监测255份、水碘监测10份、食盐选择模式及食盐摄入量调查问卷200份；完成辽宁省疟疾漏报调查。

【慢性非传染性疾病防制】 2014年，甘井子区共报告糖尿病患者23885人，规范管理

17585人，健康管理率为59.29%，规范管理率为62.36%，血糖控制率为80.36%；高血压患者54002人，规范管理40089人，健康管理率为62.55%，规范管理率为66.34%，血压控制率为81.54%。对辖区糖尿病高危人群开展糖尿病筛查工作，35岁以上的首诊患者测量血压率达95%以上。肿瘤监测病例3493例，发病率为437.24/10万。对辖区社区管理的高血压和糖尿病患者管理情况进行电话核实1376例。及时收集汇总并上报慢性病季度及半年报表。开展死因监测工作，2013年出生人数7373人，出生率10.37‰，与2012年比较下降1.77%；死亡人数4843人，死亡率6.81‰，与2012年比较上升0.09%；全区平均期望寿命合计为80.54岁，其中男性为78.10岁，女性为83.14岁。加强《居民死亡医学证明书（卡）》填报质量控制和网络报卡工作，每日通过《死因登记报告信息系统》开展死因相关信息审核、报告等工作，截至年末，审核网络报卡4989张，代报卡片523张。对辖区医疗机构上报的《居民死亡医学证明书（卡）》开展电话核实。按要求开展婴儿死亡漏报调查及居民死亡漏报调查，无死亡漏报病例。创建13个全民健康生活方式示范点，较上年新增4个，其中健康社区包括兴华街道东部社区和中华路街道永新社区，健康单位包括辽宁警官高等专科学校、周水子、泉水和华南社区卫生服务中心，健康学校包括大连弘文中学和奥林小学，健康食堂包括中央储备粮大连直属库和华润雪花啤酒有限公司，健康餐厅包括旺顺阁美食城、旅大印象和全汇德酒店，按要求开展相关培训、讲座、宣传及督导工作。建立2处全民健康生活方式行动工作支持性环境，分别为与兴华街道兴华千山路社区卫生服务中心联合创建的健康小屋和与辛寨子街道联合创建的健康主题公园。继续在东华小学开展“快乐10分钟”工作，并将此项工作在全区小学中逐步推广和普及。组织辖区内24所社区卫生服务中心开展甘井子区重性精神疾病网络直报，截至年末，全区共检出患者3350人，以常住人口为基数的患者检出率0.29%，其中管理2967人，管理率88.84%，规范管理2173人，规范管理率64.87%，最近一次随访病情稳定1948人，病情稳定率65.66%。及时将上级提供的精神疾病患者信息转给所属社区卫生服务中心纳入规范管理。指导辖区社区开展低保患者免费投药和紧急住院治疗、病人家属护理教育和风险指导，截至年末，完成贫困患者免费服药20例，紧急住院治疗11例，应急处置22例，复诊40人次，专项检查80人次；高风险患者指导40例160人次；家属护理教育160例320人次。按时上报辖区精神疾病防治工作月度简报。参与大连市道路交通安全调查6次，完成酒驾和超速问卷400份，完成测速10562车次。开展中国老年健康影响因素跟踪调查工作，完成问卷10份。开展中国重要心血管病患病率调查，完成问卷1900份，并做好双录入工作。开展全国慢性病预防控制能力调查工作，完成问卷4份。开展辽宁省精神疾病流行病学调查项目工作，完成问卷450份。开展大连市健康城市干预项目——癌症早期筛查试点项目，完成400人的初筛工作。开展辽宁省中医药服务现状调查，完成问卷420份；参与开展国家2014年度脑卒中高危人群筛查和干预项目，计划调查3600人，截至年末，此项工作仍在进行中。

【免疫规划】 2014年，甘井子区所有国家免疫规划疫苗基础累计报告接种率卡介苗

99.96%、乙肝疫苗99.99%(首针接种及时率99.08%)、其他疫苗均为100%,各种疫苗加强累计报告接种率均为100%。3月,组织开展麻疹类疫苗查漏补种工作,在全区设立66个接种点,对8月龄至6周岁儿童,按照国家免疫规划疫苗的免疫程序进行麻疹类疫苗补种,对3615人进行麻疹类疫苗补种,补种率54.07%;其中补种麻风疫苗1229人,补种率52.25%;补种麻腮风疫苗2386人,补种率55.05%。11月,按照大连市疾控中心脊灰防制工作要求,制定《甘井子区2014—2015年度脊髓灰质炎疫苗强化免疫工作实施方案》,为2月龄至3周岁儿童实施强化免疫接种。受种人群摸底、疫苗调拨、技术培训及疫苗接种等全部工作均已完成。此次脊灰疫苗强化免疫,应种人数44721人,实种43155人,接种率96.50%。加强冷链设备管理,规范做好冷链运转。截至年末,为26所预防接种单位和4个产科医院调拨疫苗,运转国家免疫规划疫苗336517剂次,注射器280200支;继续利用自主设计开发的生物制品管理系统监测全区预防接种疫苗使用情况,并每月上报国家免疫规划疫苗使用计划。制定2015年全区疫苗使用计划。掌握辖区疫苗使用情况,疫苗停供或供应不足时,及时将信息报告上级部门。全区25个实施电子化儿童预防接种信息管理的接种单位通过《儿童预防接种信息报告管理系统》录入儿童信息17944条。完成国家免疫规划信息管理系统预防接种单位信息核查及录入工作,在系统中建立77个预防接种实体单位,完成区级疫苗和注射器初期建账工作。报告疑似预防接种异常反应8例,其中一般反应3例、异常反应4例、偶合症1例。启动甘井子区疑似预防接种异常反应专家组诊断会议5次,疑似预防接种异常反应调查处理工作按照《全国疑似预防接种异常反应监测方案》《辽宁省预防接种异常反应补偿办法(试行)》完成。继续加强预防接种门诊建设,提高接种工作效率和接种服务质量,在区卫生局领导下,5月对所辖67个预防接种单位工作开展情况进行调研,撰写调研工作报告,为上级部门制定防控策略提供依据。11月,完成辖区2所示范化接种门诊和14所规范化预防接种门诊考核工作。开展接种证查验工作2次,于3月开展辖区托幼机构和小学校麻疹类疫苗接种证查验工作,托幼机构和小学校接种证查验人员培训率分别为95.43%和95.77%;查验241所托幼机构31843名托幼儿童、70所小学55068名学生,查出漏种儿童2899人,其中托幼儿童434人、小学生2465人,并完成补种工作。8—10月,开展托幼机构和小学校新入托入学儿童预防接种证查验工作,托幼机构和小学校接种证查验人员培训率分别为97.62%和98.59%;查验314所托幼机构和小学校查验工作开展率为97.21%;查验新入托入学儿童32506人,查验率98.08%;查出漏种儿童3022名,漏种疫苗5026剂次,为2875名儿童补种疫苗,补种疫苗3894剂次,补种率为95.14%;学校无证儿童补证率95.83%,托幼机构无证儿童补证率达100%。全区适龄儿童预防接种建卡率、建证率均达100%,其中新建预防接种卡19880张、接种证15929本。作为大连市唯一的项目区参与开展国家接种证查验项目工作,完成66所托幼机构和15所小学的现状调查工作及调查数据录入上传,截至年末,其他项目工作仍在进行中。协助区卫计局调查处理网络投诉20余起,投诉人对处理结果均达到满意。迎接省疾控中心麻疹防制工作调研,汇报甘井子区2007—2013

年麻疹防制工作情况。开展甘井子区预防接种工作现状调研，协助区卫生和计划生育行政部门做好社区服务中心新上岗人员岗前培训及考核，并参与泡北社区卫生服务中心开展预防保健工作能力的评估。

【健康危害因素监测】 2014年，甘井子区疾病预防控制中心在辖区超市、农贸市场、专卖店等食品经营场所开展食品风险监测，采集样品110份，检验项目440项次，合格样品103份，合格率93.64%。采集市政末梢水27份，检测项目940项次，检测结果合格样品20份，样品合格率74.07%。采集自建供水单位末梢水10份，检测项目346项次，检测结果合格样品8份，样品合格率80%。采集自建供水单位的出厂水10份，检测项目346项次，检测结果合格样品8份，样品合格率80%。采集二次供水5份，检测项目170项次，检测结果全部合格，样品合格率100%。对辖区4所大型商场以及2所餐饮场所的空气质量进行监测，采集样品22份，检验240项次，合格218项次，合格率90.83%。在大连工业大学开展预防保健监测工作，监测学生8054人次。按要求开展非职业性一氧化碳中毒报告等工作，11月1日至12月31日报告非职业性一氧化碳中毒病例计36例，死亡2例均按规定时限和要求做好报告和网络直报。截至年末，无高温中暑病例报告。开展医疗机构消毒监测54所，采集样品603份，合格样品545份，合格率90.38%。其中监测三级医院（包括参照三级医院管理的专科医院）3所，采集样品68份，合格65份，样品合格率为95.59%；监测二级医院5所，采集样品114份，合格109份，样品合格率为95.61%；监测一级医院8所，采集样品104份，合格97份，样品合格率为93.27%；监测专科医院3所，采集样品85份，合格81份，样品合格率95.29%；监测其他医疗机构（包括社区卫生服务中心）36所，采集样品232份，合格193份，样品合格率为83.19%。监测辖区托幼机构6所，采集样品145份，合格93份，合格率64.14%。监测辖区养老院1所，采集样品6份，检测样品全部合格。为了解辖区医疗机构口腔科饮用水卫生状况，对辖区23所医疗机构的口腔科开展口腔科用水的调研工作，采集口腔科用水46份，其中符合生活饮用水卫生标准34份。作为大连市唯一的调查点，承担国家膳食调查和食物消费量调查项目工作，完成居民调查375户962人2886人次，完成重点人群调查102人。承担大连市居民膳食营养调查项目，完成调查121人。

【检验检测及质量控制】 2014年，甘井子区疾病预防控制中心检验检测样品9538份，检验检测项次14442项，发放检测报告889份。参加省、市实验室间比对3次，涉及4个检验项目，分别为全省碘缺乏病实验室外质控考核盐碘测定，结果合格；市疾控战线质控考核食品中亚硝酸盐检测，结果合格；省疾控质控考核HIV抗体筛查和梅毒检测，结果未反馈。参加国家能力验证3次，涉及4个检验项目，分别为中国检验检疫科学研究院测试评价中心食品中志贺氏菌的检测，结果未反馈；环境保护部标准样品研究所水中硫化物的检测，结果未反馈；沈阳产品质量监督检验院饮料中柠檬黄、日落黄的测定，结果未反馈。理化检验科开展实验室新检测项目5项，分别为禽肉中土霉素、四环素、金霉素的测定、小麦粉中溴酸盐的测定和水中锡的测定。顺利通过实验室资质认定复评审和食品检验机构资质认定复评审，实验室所申请的环境卫生、消毒与灭菌、疾病控制3个领域，25项产品，133项参数，食品、食品相关产品、食品安全事故致病因子3个领域，57项产品，205项参数检测能力获得专家评审组确认。截至2月末，开展预防性体检1777人，阳性总人数8人，阳性率为0.45%。

【卫生应急】 2014年，甘井子区疾病预防控制中心加强应急预案管理，制定《洪涝灾害医疗卫生救援应急预案》《突发公共卫生事件应急健康教育工作预案》和《救灾防病技术方案》，修订《人感染H7N9禽流感疫情防控方案》。做好中心物资储备建设，按要求对应急物资进行清点、核查、补给及更新，满足开展现场疫情处理工作的需要，根据卫生部《卫生应急队伍装备参考目录(试行)》要求，中心购置热雾机和喷粉器，为消毒消杀工作提供保障。开展24小时在岗应急值班，保证及时、规范开展各类突发公共卫生事件应急处置。加强传染病主动监测，反馈主动监测预警事件100起186次；核实报告322条预警信息，无疑似事件报告；规范开展突发事件公共卫生事件风险评估工作，完成日常风险评估365份，每月完成突发公共卫生事件风险评估简报。组织疾控中心机动队开展人感染H7N9禽流感桌面推演演练1次、食品安全事故调查处置桌面推演1次；组织辖区7所设肠道门诊医疗机构开展以霍乱为重点的肠道传染病疫情应急演练1次，组织中心机动队参加大连市2014年防汛抗旱卫生应急演练，取得第一名。开展24所社区卫生服务中心卫生应急物资储备情况调查，及时发现基层物资储备存在的问题，向区卫计局反馈调查结果并提出相关工作建议。按要求规范开展传染病疫情处置工作，对艾滋病、胎传梅毒、生殖器疱疹(14岁以下)、麻疹、流脑、手足口病、疑似疟疾、伤寒、细菌性脑膜炎、流行性出血热、AFP等散发传染病病例开展个案流行病学调查计256例，对20起水痘暴发疫情、92起手足口病聚集性疫情、5起布病畜间疫情开展流行病学调查及处理，按规定时限做好报告及网络直报，控制疫情的扩散和蔓延，调查及时率100%。对24起疑似食物中毒开展调查处理。

【健康教育与健康促进】 2014年，甘井子区疾病预防控制中心组织相关科室结合世界防治结核病日、全国肿瘤防治宣传周、全国儿童预防接种宣传日、全国碘缺乏病宣传日、防灾减灾日、世界无烟日、全国疟疾日、世界肝炎日、世界厕所日、全民健康生活方式日、联合国糖尿病日、全国高血压日、国际防灾减灾日、世界卒中日、世界艾滋病日等开展主题宣传活动17次。协助市健康教育中心在辖区相关街道、机关、事业单位、拘留所等开展讲座6次，邀请市级专家6人次，分别就生活方式与健康、心理健康、艾滋病防治、妇女保健等相关知识进行详细讲解，直接受益人群达480余人。区疾控中心配合讲师团于1—11月在辖区内组织开展讲座15次，讲座对象覆盖学校校医、幼儿园保健医、医务人员、老年人、羁押人员、戒毒人员等人群，讲座内容包含传染病、慢性病、健康生活方式、健康素养等相关知识，直接受益人数788人次。开展专项调查工作5次，分别为重点人群健康素养水平监测调查，完成问卷600份，居民、医务人员和小学生健康素养相关知识知晓率分别为85.40%、95.00%、88.67%，健康行为形成率分别为79.67%、94.00%、96.90%，技能掌握率分别为87.00%、87.20%、96.00%。开展重点人群肠道传染病防制知识调查，完成问卷100份，相关知识知晓率为72.33%，健康行为形成率为 81.45%。开展重点人群呼吸道传染病防制知识调查,完成问卷 100 份,相关知识知晓率为 78.00%,健康行为形成率为 87.60%。开展城市居民的血压及血糖知晓情况调查,完成问卷 200 份,血压值知晓率为 78.00%,血糖值知晓率为 76.50%。开展大众人群和羁押人员艾滋病知识知晓率调查,完成问卷 865 份,大众人群知晓率为 79.72%,羁押人员知晓率为 71.63%。结合主题宣传日、日常工作等共发放健康包 81806 个、读本 80372 本、宣传单 78475 张、折页 257638 张、宣传册 30170 册、宣传画 1565 张、宣传板 114 块、展架 73 个、挂画 223 张、健康支持工具 5084 份、安全套 11040 个、卡片 2500 张、记事本 3650 本、其他宣传品 1899 份,共计 544497 份。承担中央补助地方艾滋病防治健康教育项目及健康素养促进行动艾滋病项目工作,完成妇女讲座 10 次、光盘播放 25 次、大型企业农民工宣传 1 次、全区医务人员反歧视宣传覆盖率 95% 以上。参与政府健康食堂创建工作,每月为政府食堂提供健康知识桌牌 2 次。

【培训与督导】 2014 年,甘井子区疾病预防控制中心发挥疾控中心的技术支撑与指导作用,按照市疾控中心、市健教中心、区卫计局目标管理责任状要求,面向辖区各级医疗机构、社区卫生服务中心、村卫生所及个体诊所、中小学校等百余所基层单位积极开展培训和督导,内容包括疫情报告管理、传染病、免疫规划、慢性病、重性精神疾病、健康生活方式行动、生命统计、学校卫生、合理膳食指导、非职业性一氧化碳中毒及高温中暑、卫生应急、健康教育等,全年对基层单位开展培训 63 次 4024 人次,内部培训 7 次 246 人次;召开辖区生命统计及免疫规划工作例会 18 次 752 人次;开展督导 1895 点次,业务指导 315 点次。通过培训和督导,提高基层工作人员的综合业务能力,提升工作质量和水平,为全区各项疾病预防控制工作的科学有序开展提供保障。按上级相关部门要求开展继续医学教育工作,采取走出去和请进来的方式加大培训力度,参加国家、省、市各类培训班 76 期 175 人次;结合工作实际组织专业人员集中培训 7 次,内容包括食品风险监测、埃博拉出血热防控知识、疟疾防治知识等培训;共有 22 篇学术论文在国家级正式刊物上发表。参加继续医学教育学习 43 人,继续教育参与率、合格率均达到要求。完成 2014 年市级继续医学教育项目的培训工作。

卫生监督

【概况】 2014 年,甘井子区共有行业单位 3569 家。其中,公共场所 2229 家,学校卫生所(室)107 家,生活饮用水单位 9 家,游泳场馆 4 家,托幼机构 249 家,医疗机构 597 家,放射卫生行业单位 216 家,消毒产品经营单位 152 家,餐饮具集中消毒单位 6 家。当年,日常监督工作共出动监督员 8552 人次,监督车辆 2284 台次,监督行业单位 3569 家,总监督 4575 户次,监督频率 128.19%,监督覆盖率 100%。

【卫生监测】 2014 年,甘井子区卫生监督所在抽样检测工作中,共出动监督员 169 人次,采取随机抽样的方式对辖区内的 73 家公共场所单位进行抽检。抽检样品包括公共用品用具及场所内空气质量和噪声等。检测指标为细菌总数、大肠菌群及场所内一氧化碳、二氧化碳、甲醛、空气细菌数、可吸入颗粒物、噪音等。从甘井子区疾病预防控制中心出具的检测报告来看,在抽检单位中住宿场所 15 家,采样检测合格 11 家,不合格 4 家;洗浴场所 20 家,采样合格 6 家,不合格14家;美容美发场所30家,采样合格14家,不合格16家;游泳场所2家,采样检测合格2家;商场(超市)4家,采样合格2家,不合格2家;饭店餐厅2家,合格2家。当年,甘井子区卫生监督所在使用快检设备工作中,共出动监督员72人次,采取随机抽样的方式对辖区内的30家公共场所单位进行抽检。抽检样品包括公共用品用具及场所内空气质量和噪声等。检测指标为细菌总数、大肠菌群及场所内一氧化碳、二氧化碳、甲醛、空气细菌数、可吸入颗粒物、噪音等。从使用快检设备现场检测的数据来看,在抽检单位中住宿场所15家,检测合格13家,不合格2家;游泳场所3家,合格2家,不合格1家;超市(商场)10家,合格10家;饭店、餐厅2家,检测合格2家。

区卫生监督所人员参加"3·15"国际消费者权益日宣传活动

【普法宣传和培训】 2014年,甘井子区卫生监督所从3月份开始相继开展公共场所管理相对人、学校传染病防控、生活饮用水、医院、诊所、社区服务中心等行业的培训及《公共场所卫生管理条例》及其实施细则、《生活饮用水卫生监督管理办法》《传染病防治法》等法律法规的宣传工作。4月,区卫生监督所组织开展辖区内管理相对人的集中培训活动,本年度共召开管理相对人培训会议35次,其中公共场所相关知识培训会10次,学校、托幼机构、生活饮用水供水单位培训17次,医院、诊所、社区服务中心培训8次。集中培训期间,共有1329家公共场所行业单位、107家学校、257家托幼机构、12家生活饮用水供水单位、涉水产品经营单位32家、游泳场馆4家、餐饮具集中消毒单位6家、597家医疗机构参加培训,培训管理相对人3210人,发放各种宣传材料1万余份。培训结合甘井子区行业单位的现状,主要就公共场所公用物品的消毒与管理、学校传染病及手足口病、生活饮用水及医疗、放射、传染病相关的法律法规、疫苗接种方面等相关知识进行了详细的分类讲解。为贯彻普及《职业病防治法》《公共场所卫生管理条例》及其实施细则等法律法规,提高人民群众的卫生安全意识、预防各种传染病的能力,区卫生监督所分别在华南沃尔玛购物广场、枣园公园等地参与开展关于公共场所传染病预防及《职业病防治法》等相关知识的宣传活动4次。宣传活动采取宣传板展览、悬挂横幅、发放宣传资料、现场解答等多种形式对过往群众开展宣传教育。展出宣传板18块,出动车辆6台次,宣传人员23人次,发放宣传单200余份,受教育人数达1万余人。

【监督员培训】 2014年,甘井子区卫生监督所为提高公共场所、生活饮用水、学校卫生、游泳场所、放射卫生、医疗机构等管理相对人的卫生管理水平,预防突发性公共卫生事件的发生，根据培训内容，指定监督员参加各上级单位组织的业务培训。当年，组织监督员参加外出业务培训 14 次，其中国家级培训 2 次，省级培训 1 次，市级培训 11 次；组织监督员参加所内培训 6 次。

【专项整顿】 2014 年，甘井子区卫生监督所在元旦、春节、“五一”、中秋、国庆等各大节假日前，组织对辖区内的公共场所、生活饮用水供水单位、学校、托幼机构、医疗机构等行业单位进行监督检查。假日期间均安排监督员进行巡回监督，做好节日卫生安全保障工作。开展《放心就医，蓝盾护航》《医疗美容单位专项检查行动》《医疗广告专项整治工作》《妇幼卫生专项整治行动》《血液安全专项行动》《灭菌器抽检专项行动》《内镜清洗消毒专项监督检查》《医用织物重点监督检查》《病原微生物实验室专项检查工作》《血液透析室专项监督整治行动》《餐具安全，蓝盾护航》《饮水安全蓝盾护航》《学校自建设施供水卫生专项整治行动》《春秋季学校、托幼机构专项工作》等各类专项整顿工作 15 次。

【受理群众投诉举报】 2014 年，甘井子区卫生监督所受理群众投诉举报案件 74 起，其中属实 32 起，对存在问题的单位均做出行政处罚，责令其限期整改并复查整改情况。当年，做出行政处罚 13 起，罚款数额 36400 元，没收 2800 元。

【量化分级管理】 2014 年，甘井子区卫生监督所实施量化分级管理单位 1757 家，出动 3978 人次，1170 车次，量化率 100%。其中量化分级住宿场所 530 家，量化率 100%，量化结果 A 级单位 2 家，B 级单位 45 家，C 级单位 483 家；量化分级游泳场所 3 家，量化率 100%，B 级单位 3 家；量化分级洗浴场所 179 家，量化率 100%，量化结果 B 级单位 29 家，C 级单位 150 家；量化分级美容美发场所 359 家，量化率 100%，量化结果 B 级 41 家，C 级单位 318 家；量化分级美容美发场所（50 平方米以下）686 家，量化率 100%，量化结果 B 级单位 25 家，C 级单位 661 家。

【卫生监督信息化建设】 2014 年，甘井子区卫生监督所按照国家卫生监督信息系统建设的总体要求，完善各项制度，做好人员培训，加强被监督单位、日常监督、专项整治、处罚案卷等各类信息的网络填报工作。上报工作信息 161 篇，其中在“大连卫生监督信息网”发表 35 篇；在大连电视台、《大连晚报》、新闻锋线、搜狐大连、《新商报》等电台报刊上展示甘井子区卫生监督员的良好风貌。在城市吧、大连新闻网、海力网、搜狐网分别刊登《甘井子区开展打击黑诊所的专项整治》；在《大连晚报》、《新商报》等本地报刊上对打击非法行医进行宣传；接受大连电视台《法四方》栏目的专访，讲述打击非法行医过程，解读非法行医的危害，告诫大家远离“黑诊所”。

妇幼卫生

【概况】 2014 年，甘井子区妇幼保健院坚持妇幼卫生工作方针，依托《母婴保健法》，围绕新时期两个《纲要》目标，以全国“妇幼健康服务年”为契机，结合党的群众路线教育实践活动，加大工作力度，发挥公共卫生职能，继续推进孕产妇及 0～6 岁儿童健康管理项目，各项业务指标均达到省、市规定标准。甘井子区孕产妇系统管理率 95%，高危妊娠管理率 100%，住院分娩率 100%，孕产妇死亡率 0，婚前医学检查率 18.62%，为全区 63617 人进行妇女病普查，普查率 54.28%，其中发病率 19.07%，对检查出的疾病进行健康指导和跟踪治疗。3岁以下儿童系统管理率96.5%，新生儿访视率96.0%，监测5岁以下儿童死亡率和婴儿死亡率分别为4.11‰和3.00‰，6个月母乳喂养率92.4%，纯母乳喂养率56.2%，5岁以下儿童重度营养不良患病率0.5%。当年，继续在全区范围内全面实施孕产妇及0－6岁儿童健康管理项目。从4月起，甘井子区正式实施下园为集居3－6岁儿童进行免费健康管理，承担免费健康管理服务的医疗机构由区卫生行政部门指定，由区妇幼保健院及6个地区医院共同承担。免费项目包括健康检查、听力筛查、视力检查、血常规检测。全区孕妇免费建册5891人，完成产前检查18361人次，产后访视6620人次，产后42天检查2186人次，完成免费金额1886707元，建立儿童免费服务档案12407人，完成免费服务25039人次，免费总金额为2163829元。

区卫生和计划生育局组织开展“妇幼健康技能竞赛”

【内涵建设】 2014年，甘井子区卫生和计划生育局在全国“妇幼健康服务年”期间组织开展“妇幼健康技能竞赛”，达到以赛促学，以赛促练的目的，并激励广大妇幼健康服务战线工作人员钻研业务、岗位练兵，提高理论水平和操作技能，展现妇幼健康服务系统勤于学习、业务精湛、爱岗敬业、积极向上的精神风貌和良好社会形象。甘井子区妇幼保健院的副主任医师李金玉，在大连市组织的“妇幼健康技能竞赛”中脱颖而出，代表大连市参加辽宁省的技能竞赛，并取得全省妇女保健组第二名，其间，参加了辽宁省“妇幼健康技能竞赛”组织的封闭集训，接受辽宁省妇产科专家组的业务培训，技术演练等提升训练。通过这项活动，让广大妇幼、计生工作者牢固“质量”和“服务”意识，提高业务水平，增强自身素质。加强人才队伍建设，全年派出参加各级各类学习培训班105人次，院内集体组织学习9次，科室定期组织学习，研讨新技术新项目，提高诊疗水平。年内，共选派2人分别到市妇产医院和市中心医院进修学习，促进学术交流与业务学习。鼓励职工撰写论文，在国家级刊物发表论文6篇。全院职工每人撰写1篇业务论文与总结，提高学习风气和业务总结水平，提高职工综合素质水平。区妇幼保健院引进韩国进口检测设备（艾可美），采用荧光化学免疫技术，使用全血、血清、血浆样本可快速检测HCG和C－反应蛋白（CRP），开展孕中期75克葡萄糖耐量（OGTT）试验。患者随到随检，缩短了等待时间，检测结果准确，为临床提供更为可靠的依据，提高了临床诊疗水平。

【群体保健管理】 2014年，甘井子区妇幼保健院结合主题日进行大型公益宣传活动4

次，包括宣传《母婴保健法》、婚前孕前保健常识、常见妇女病的防治、儿童常见病的预防、政府公共卫生管理项目等，发放宣传材料3000余份，提高居民自我保健意识，自觉参与保健。开展免费“孕妇学校”4期，受益孕妇390余人，举办免费“家长学校”4期，受益家长260余人次。深入厂矿、社区、幼儿园开展健康讲座，普及健康知识2次，受益150余人。

【贯彻《母婴保健法》】 2014年，甘井子区妇幼保健院完善《出生医学证明》发放规程，提升便民服务质量。加强《出生医学证明》管理，规范助产机构《出生医学证明》首发、换发流程，新办出生证明8288人，换发50人，补发80人，废证率控制在1%以下。加大婚检宣传力度，提高婚检率。继续在区民政局婚姻登记处进行婚前保健知识宣传，发放政府免费婚检申请单。当年，开展婚前医学检查1995人，查出疾病120人，查出疾病率6%，婚检率18.62%。区卫计局组织区级专业技术人员到14个街道、22个社区卫生服务中心、50个社区服务站及245所托幼机构指导妇幼保健工作，全年基层指导309人次，召集各类人员例会40次，举办妇幼保健知识培训班3期，使基层妇幼队伍整体素质不断提高。各涉农街道专干保证下基层时间，每次下基层指导均有具体内容，发现问题及时纠正，有指导记录，确保指导到位。

【妇女保健】 2014年，甘井子区妇幼保健院加强全区助产技术服务的监督管理，做好爱婴医院复核工作。按照辽宁省“爱婴医院复核方案”要求，对辖区内5所助产机构进行爱婴医院的复核，其中大连市第四人民医院、大连辽渔医院、大连湾地区医院均为二级助产机构，按照爱婴医院复核评分要求，均达到基本标准，申请上级复核。大连北市医院为一级助产机构，因多方面条件影响，离爱婴医院标准要求有所差距，暂不参加复核。在南关岭体育新城附近成立大连市妇女儿童医疗中心，设立妇产科床位500张，硬件设施及人员资质均达到三级助产机构标准，申请爱婴医院审核审批。在做好爱婴医院复核工作的同时，对全区孕产期保健质量进行监督指导，促进产科质量的提升。加强高危及贫困孕产妇系统管理，降低孕产妇死亡率。继续按照甘井子区贫困孕产妇抢救救助制度，建立重症高危孕产妇报告制度，保障贫困危重孕产妇能够得到及时的医疗救治。对高危孕产妇开辟绿色通道16例，均成功转会诊，降低孕产妇死亡率，全区户籍孕产妇死亡0例。开展产前疾病筛查项目，降低出生缺陷率。5月，开展糖耐量测定，共检测3293例，确诊糖尿病孕妇327例，均得到及时治疗。通过产前超声检测出异常及畸形261例，转诊确诊引产66例，及时终止妊娠，诊断符合率96%以上，控制了出生缺陷发生率。开展预防艾滋病、梅毒、乙肝母婴传播阻断防治宣传工作。当年，确诊梅毒孕妇25例，艾滋病孕妇1例，对查出异常及时告知、转会诊，尊重孕妇知情权，实施终止妊娠、母婴阻断等措施。查出乙肝阳性769例，按照辽宁省乙肝母婴传播项目要求，实施乙肝免疫球蛋白接种，做好母婴阻断工作。

【儿童保健】 2014年，甘井子区现有托幼机构245所，将全部园所按街道位置划分18个网片进行管理，将卫生保健管理好的园所设为片长，以片长为龙头推动各项卫生保健管理工作落到实处。依据全国《托幼园所卫生保健管理办法》对辖区园所进行指导，完善儿童膳食、体格锻炼、健康检查、卫生消毒、疾病预防等集居工作，重点对手足口病的防控工作进行督导,每月按时召开例会,及时将工作上传下达和培训,通过例会培训2400余人次。集居儿童保健管理率100%,托幼机构工作人员及儿童入园体检率100%。全区新入托儿童体检14152人,其中异常51人。在园儿童体检21169人,其中营养性缺铁性贫血34人,在园儿童贫血患病率0.2%。托幼工作人员体检4511人次,查出异常121人,对查出的异常均按相关规定隔离治疗或离岗等,其中不予办理健康证23人,暂缓发放健康证明98人,保障集居儿童的健康安全。承担辖区内部分园所适龄儿童免费氟化物防龋齿工作。提高托幼园所卫生保健管理水平。3月20日至4月3日,依据大连市教育局和大连市卫生局《关于进一步加强和规范托幼机构及中小学儿童少年健康服务管理工作的通知》的文件要求,甘井子区妇幼保健院在市妇幼保健院的统一指导下,在区卫计局的安排部署下,为防止集体用药事件在甘井子区发生,在辖区区管240所托幼机构开展为期9天的重点围绕保健室、班级药品管理等情况的专项排查工作。印发《关于加强托幼机构儿童健康观察及药品使用管理的通知》。由园长带领全园职工首先展开自查,自查结果以文字报告形式上报区妇幼保健院。动用排查人员480人次。区管240所幼儿园均没有为儿童集体服用药品或外用药品、保健品等情况,各园园所长现场均进行了否认签字。

廉政党课

(撰稿人:冯建红、王　清、李秀英、董艺芳　审稿人:王继满)

功能区建设

生态科技创新城

【领导人名录】

党工委书记 郝方林

党工委副书记 侯祯涛

党工委委员

方健伟(–2014.04)

徐克军(2014.04 –)

张颖祎

张　毅

管委会主任 郝方林

管委会第一副主任 侯祯涛

管委会常务副主任

方健伟(–2014.03)

徐克军(2014.03 –)

管委会副主任 张颖祎

张　毅

【概况】 至2014年末,大连生态科技创新城共开发土地面积633.4万平方米,累计引进企业130家。重点建设区域开工面积168.2万平方米,累计投资243.9亿元。其中:研发设计产业园累计开工面积83.7万平方米,累计投资185亿元,已封顶4组18栋,共30万平方米的产业楼,其中4栋产业楼已投入使用,入驻企业81家;国际商务城累计开工面积44.4万平方米,累计投资28.3亿元,一期10万平方米的产业楼已吸纳31余家中小企业总部落户,二期约10万平方米的产业项目及配套设施已于年底完成建设;泰达·慧谷产业园累计开工面积17.9万平方米,累计投资11.9亿元,已正式开园纳客,目前已与30余家现代服务类企业达成入驻意向,入驻后从业人员将达1000人次;联想未来城累计开工面积22.2万平方米,累计投资18.7亿元;区域内的国家广告创意产业园已开工面积约为14.8万平方米,其中:启动区建筑面积约5.5万平方米,核心区建筑面积约9.3万平方米。已积累意向入驻的文化创意企业50余家。从项目入驻的情况来看,园区入驻企业总数达到130家;注册企业总数达到89家,从业人员近2000人。其中:日立、松下、固特异为世界500强企业,大连橡胶塑料机械股份有限公司、大连聚龙、华宇信息、智云股份等均为上市企业,懒人网、新生代科技、中海团科技等均有很好的成长性,具备做大做强的基本条件,并有上市计划。大连聚龙研发中心项目已完成土地交易手续,东北首座大型数据中心亿达名气通已全面开工建设,北京华宇软件项目已封顶,即将完工。大连生态科技创新城发展电子商务的显著优越条件和良好发展态势,吸引了40余家电商企业入驻,电子商务产业集群已取得了实质性进展。已积累的重要电商企业包括:国荣物流交易所、乾翰物流、中国航空货运联盟、环嘉集团城市资源电子交易平台、华联集团中韩商贸平台、三道电子商务联盟等。

【大连生态科技创新城公务员职业道德教育实践基地揭牌】 2014年,大连市委组织部、市人社局、市财政局组成的市公务员职业道德教育实践基地建设工作调研组到大连生态科技创新城调研，并代表市委组织部、市人社局向大连生态科技创新城授予“大连市公务员职业道德教育实践基地”牌匾，该基地是大连市首批10个市级公务员职业道德教育实践基地之一。大连生态科技创新城作为智慧城市与社会管理的创新代表，成为大连市公务员队伍强化城市转型管理创新的特色教育实践基地。

【大连生态科技创新城参展第12届中国国际软件和信息服务交易会】 2014年，第12届中国国际软件和信息服务交易会于6月19日至22日在大连世界博览广场举行。大连生态科技创新城为提升品牌效应和影响力，布置了占地288平方米的展位进行宣传推广和扩大招商活动。此次参展主要通过现场招商讲解、微信平台互动、宣传册礼品派发、宣传片播放、企业展示等方式，对大连生态科技创新城的区情、建设情况、产业布局、招商方向、合作模式等进行了全方位的介绍。开幕当天，展位参观的人数300余人，其中进行深度交流的30组，初步达成意向项目2个。

【大连生态科技创新城与市出入境管理局签署合作协议书】 2014年3月，大连市公安局出入境管理局为更好地服务辽宁沿海经济带重点园区，构建一流的投资软环境，与大连生态科技创新城管委会签署《口岸签证推介合作协议书》。协议签订后，应邀入境从事紧急商务、工程抢修或者具有其他紧急入境需要的外国人持有有关部门同意在口岸申办签证的证明材料，就可以向市公安局出入境管理局申请办理口岸签证。口岸签证业务的开展将缩短签证办理时间，方便大连生态科技创新城的外商处理紧急入境业务。管委会与市公安局出入境管理局的合作将推动新城投资软环境向更高效、便利的方向提升，有助于进一步吸引更多的外商到大连生态科技创新城投资。

【大连生态科技创新城管委会赴外埠开展拜访重点招商客户活动】 2014年9月20日，甘井子区区委书记、大连生态科技创新城党工委书记、管委会主任郝方林率队赴北京等地拜访重点招商客户，洽谈投资合作事宜。管委会常务副主任徐克军、副主任张颖祎等相关人员陪同参加此次招商活动。此次招商活动拜访了北京中科金财科技股份有限公司、正大侨商房地产开发有限公司、北京华宇软件股份有限公司、宁夏宝丰能源集团股份有限公司等企业，考察了企业发展状况、重大投资项目进展情况和最新研发成果；分别与中科金财公司董事长朱烨东博士、华宇股份董事长邵学、正大侨商执行副总裁海天敏以及宝丰能源副总裁王敏等企业负责人就投资发展等

大连生态科技创新城管委会相关负责人参加大连市第12届软交会

大连泰达·慧谷产业园开园仪式

合作事宜进行深入交流。被拜访企业均对在甘井子区和大连生态科技创新城投资发展充满期待，对于已投资的项目均表示要加快建设推进；对在谈项目要加强沟通，争取尽早达成合作意向，实现互利共赢。

【中国首个创意自治区——泰达·慧谷产业园正式开园】 2014年11月20日，位于大连生态科技创新城西部核心区的泰达·慧谷产业园正式开园。泰达·慧谷是中国500强国企泰达集团在东北的首发力作，规划占地53.3万平方米，产业园总建筑面积71万平方米，累计投入资金25亿，计划总投资约70亿元。泰达·慧谷产业园按照5:2:3的比例进行建设，其中产业园区用地占30%，居住及配套用地占70%。产业板块汇集呼叫中心、现代物流业、现代服务业、文化创新、广告创意、影视制作等产业为一体，居住配套则具备完善的复合型城市功能。由中国著名城市运营商泰达历时6年潜心打造，成为大连市及甘井子区发展现代服务业与科技创新产业板块的重点项目。截至年末，大连生态科技创新城的四大起步区均已投资建设并初具规模，泰达·慧谷的产业园开园使大连生态科技创新城的产业区面积增至53万平方米，标志着生态科技创新城的产业区集聚辐射功能将得到进一步加强，产业吸纳和发展水平又上新台阶。

【华宇（大连）信息服务有限公司获得国家级“双软”认证】 2014年，华宇（大连）信息服务有限公司取得国家工信部的软件企业认定证书，《华宇法院巡回办案系统软件V2.0》和《华宇律师阅卷管理系统软件V2.0》获得软件著作权证书。企业申请双软认证除获得软件企业和软件产品的认证资质，也是对企业知识产权的一种保护方式，更可以让企业享受国家提供给软件行业的税收优惠政策，标志着公司软件产品研发技术力量和提供解决方案的能力得到了国家相关部门的认可。

【中宣部调研组到大连生态科技创新城调研】 2014年6月29日，中宣部副秘书长张西明率调研组到大连生态科技创新城调研。调研组一行听取了大连生态科技创新城的开发建设情况介绍，并实地参观了研发设计产业园和泰达·慧谷产业园。考察团对大连生态科技创新城的快速发展给予高度评价，认为生态科技创新城产业定位明确、区位优势明显，具有极大的发展潜力。希望大连生态科技创新城继续发挥优势，提升水平，把握住发展的良好时机，为全省乃至全国树立起一个创新发展的新典范和新标杆。

【省委常委、市委书记唐军到大连生态科技创新城指导第

中共中央宣传部到大连生态科技创新城调研

二批党的群众路线教育实践活动】 2014年4月28日下午，中共辽宁省委常委、市委书记唐军到甘井子区调研指导第二批党的群众路线教育实践活动。调研中，唐军强调要深入学习贯彻习近平总书记系列重要讲话精神，按照中央和省委、市委要求，把教育实践活动作为一把手工程抓紧抓实，确保教育实践活动取得实效。唐军一行到大连生态科技创新城了解发展情况，实地参观智慧城市体验区，希望以国际视野和先进理念，加大招商建设力度，助推电子商务等产业发展壮大。唐军要求，要以改革发展成果检验教育实践活动成效。始终牢记发展是硬道理，坚持两手抓、两促进，充分调动广大党员干部干事创业的积极性，把推进教育实践活动与全面深化改革、促进经济社会持续健康发展结合起来，确保完成上半年双过半和全年目标任务。

【大连生态科技创新城"定制商务班车"正式开通】 2014年3月17日，大连生态科技创新城首批3条团体订购"定制商务班车"线路正式开通。3条线路分别由"希望广场至科技城春田产业园"、"黑石礁至科技城春田产业园"和"泉水快轨站至科技城春田产业园"。3条"定制商务班车"经大连市交通局批准，并由市公交集团负责运营，车辆采用中型豪华客车，定人定座，车内配备GPS卫星定位系统、车辆行驶记录仪、车载WiFi、USB充电端口以及影音视频等服务设施。"定制商务班车"利用公交专用道，使车辆运行时间更短，速度更快，为乘客提供安全、快捷、舒适、环保、廉价的定制出行服务。

【副市长卢林调研大连生态科技创新城农林水务工作】 2014年5月13日，副市长卢林到大连生态科技创新城，重点调研牧城驿湖生态治理工程、郭家沟生态河治理工程和金龙寺森林公园的保护工作。调研以现场办公会的形式展开，大连生态科技创新城管委会副主任张毅介绍了牧城驿湖生态治理工作的进展情况，市水务局、自来水集团负责人汇报了针对科技城区域自来水给水排水工程的规划情况。市环保局、市林业局、区政府、科技城公司等相关负责人针对科技城水源地生态治理和林地生态保护的情况进行了说明，提出了具有针对性的解决问题措施。副市长卢林对科技城当前的农林水务工作表示肯定，希望各方能够相互配合完成牧城驿湖、郭家沟生态河的生态规划方案，制定出科学合理的自来水给水排水方案，把牧城驿湖、郭家沟生态河打造成市民亲水的好去处，在全区域范围内实现自来水供应。

(撰稿人:张晶晶　审稿人:朱　兵)

大连湾临海装备制造业聚集区

【概况】 大连湾临海装备制造业聚集区坐落于甘井子区大连湾街道。该区域横跨黄、渤两海，交通便利，基础设施良好，距大连市中心20千米，距大连国际机场15千米。哈大铁路、沈大高速公路、土羊高速公路、大庄和沈大高速公路连接线、201和202国道、大连至开发区的振兴路、大连至金石滩的快轨横贯域内。园区于2002年起步规划，2004年启动建设，总规划面积22平方千米，海岸线长24.4千米，其中：南部临海装备制造业总装加工区，规划占地面积9平方千米，海岸线长17.8千米，拥有大型码头9座、深水泊位27个；北部临海装备制造业配套园区，规划占地面积13平方千米，海岸线长6.6千米。园区是市、区重点的经济发展龙头区，产业定位发展海洋工程、核电设备、石油化工设备、修造船等大型临海临港装备制造业。园区有大连中远船务工程有限公司、中国一重大连加氢反应器制造有限公司、大连船舶重工集团海洋工程有限公司、辽宁省大连海洋渔业集团公司、华能国际电力有限公司大连电厂、林德工程（大连）有限公司、舒勒（大连）锻压机械有限公司等规模以上企业99户。通过近年来的跨越式发展，聚集区得到国家及省、市、区领导的关注和认可，于2007年7月被列为大连市“两区一带”中的一区；2008年4月，被纳入省沿海经济带重点支持区域；2009年7月，成为国家战略的《辽宁沿海经济带发展规划》的重点区域之一；2009年9月，经市委、市政府研究同意成立副区级建制的聚集区管委会；2010年2月，聚集区成为国家工信部批准建立的首批62个“国家新型工业化产业示范基地”之一；2013年，顺利通过工信部“国家新型工业化产业示范基地”复核审查。

【重点项目】 2014年，大连湾临海装备制造业聚集区内总投资35亿元的中国一重集团石化装备基地项目完成厂房主体结构，总投资3亿元的后盐旧机动车交易中心一期投入使用，总投资7000万元的福海水产冷链物流项目竣工投产。

【现代服务业】 2014年，辽宁省大连海洋渔业集团公司被评为国家5A级物流企业，辽渔国际水产品市场成为北方地区唯一的国家级水产品批发市场。凯洋世界海鲜股份有限公司成功在新三板挂牌上市，开创大连湾街道中小企业挂牌上市的先河。全街道三次产业比重1:65:34，第三产业比重进一步提高。

【科技创新】 2014年，中盈科技被认定为国家高新技术

华能大连电厂远眺

企业,开元管道技术中心成为市级企业技术中心。中远船务"FPSO系列改装与模块建造"项目获得辽宁省优秀新产品一等奖。中国一重大连加氢反应器制造有限公司成功研制出首台国产化第三代核电技术反应堆压力容器,达到世界核电装备制造业最高水平。中国一重大连加氢反应器制造有限公司极端条件下压力容器设计制造与维护项目,获得国家科技进步一等奖。

(撰稿人:张　健　审稿人:高　阳)

中华路商务区

【概况】　中华路商务区位于甘井子区中华路以北,华东路、华北路交汇的核心地带。2014年3月,中华路商务区被市政府正式批准为大连市五大市级商业中心之一,规划面积3.4平方千米。中华路商务区成为大连市主城区空间最大、区位最优、潜力最大的市级综合中心商务区。中华路商务区将汇集城市未来商务总部办公、物流商务服务、会展博览、商业、金融、餐饮、娱乐、居住、文化、交通枢纽等功能,交通市政等配套服务功能齐全,真正实现建设市级商务中心区和东北地区高端商业中心的目标。

【重点项目】　2014年,中华路商务区开工建设重点项目12个,开工率80%,完成投资75亿元,占全社会固定资产投资的58%。远洋·荣域、宏都·熙景、华润·考拉住区、华润·置地广场等重点项目顺利推进。甘井子区品质最高、功能最全的城市综合体——安盛·亿合城购物中心正式营业,成为地区商业发展新地标。大连红星国际广场、沿海·鉴筑、华远·新都汇广场、亿海·桑尼小镇等项目正式交付使用。霖韵生活广场、红星国际·星光大道、中源楼等服务业项目开始招商。远洋酒店综合体、华润商业综合体、华润·考拉住区二期、万城大厦、万城地下商城等新建项目均按计划顺利推进。

【中华路商务区被评为省级现代服务业集聚区】　2014年年末,在全省第四批省级服务业集聚区评选中,中华路商务区被评为省级现代服务业集聚区,是甘井子区首个现代服务业集聚区。

【安盛·亿合城开业】　2014年12月24日,12万平方米的安盛·亿合城大型购物中心正式开业,成功引进"家乐福"、"阿玛尼"、"HM"、"博纳影城"等300余家国内外知名品牌企业入驻,提供就业岗位5000余个。购物中心日均接待客流3.5万人次,预计年销售额可达20亿元。安盛·亿合城项目是辽宁省服务业双百重点项目,是中华路商务区商业新地标,总建筑面积24万平方米,其中包括大型购物中心12万平方米,精装修公寓3万平方米和住宅、配套公建9万平方米,项目总投资20亿元。

(撰稿人:高　见　审稿人:张学波)

安盛·亿合城商场内景

西城国际旅游商务区

【概况】 大连西城国际旅游商务区位于大连市西部的甘井子区红旗街道，功能区面积85平方千米，森林覆盖率83.2%。辖区相继建成西山湖公园、棠梨湖湿地公园，布局水系景观带30多千米，成功创建全国首批“国家生态旅游示范区”、国家4A级旅游景区和大连西郊国家森林公园，被誉为大连市的“城市绿肺”、“生态氧吧”。2009年9月，大连市委、市政府正式批准《甘井子区综合配套改革总体方案》，在甘井子区红旗街道正式成立副区级建制的大连西城国际旅游商务区，并赋予其功能定位为高端旅游和现代商务聚集区，重点打造国际旅游、国际会议、国际度假、休闲体育、文化创意、总部经济等产业。2010年9月28日，西城商务区正式挂牌。同年，大连西郊国家森林公园通过国家4A级旅游景区评审，并于2011年挂牌运营。2012年，西城核心区和核心产品建设全面启动。西城商务区全面提升区域生态品质和城市基础设施承载力，为全域生态文明和产业高端转型奠定了基础，已吸引万科、龙湖、保利、海昌以及钓鱼台美高梅集团等领军企业入驻，总部经济的集聚又进一步让大连西城板块的独特魅力和区域综合价值不断攀升。

西山湖公园风光

【基础设施】 2014年，大连至旅顺中部通道项目被列为大连市重点交通工程，于2014年8月正式开工建设，全长24.97千米，按双向四车道城市主干路标准建设，工程概算总投资约40亿元，将成为城市快速主干道的重要组成部分。其中，西城路段10.42千米，区段投资22.56亿元。升级改造旅顺中路东段路面(棠梨桥至魏台桥)12千米，铺装方砖步道1.6万平方米，路网路况全面升级。

【国家5A级景区创建】 2014年，大连西城国际旅游商务区在获批国家首批生态旅游示范区、4A级旅游景区的基础上，按照辽宁省旅游局、大连市旅游局赋予西城、红旗创建国家5A级旅游景区的要求和“5A级”创建专家组提升策划指导意见，追加投资1亿元(累计总投资3亿元)。聘请北京巅峰智业、大连壹品设计等优秀团队规划策划“5A级”创建方案，完成申报范围划定、核心价值评估与确定、分景区主题和游览线路规划、景区基础设施完善、旅游产品和服务设施新建改造、景区综合应急救援预案等相关管理制度，完善科普读物撰写与出版、宣传企划方案及宣传材料制定、景点命名及文化内涵赋予等工作。完成棠梨湖公园二期建设，建成景观水车、观光塔、游艇码头、景观船、文化长廊、百步台阶、枫丹小镇、“三岛五桥”等景观景点50多处；落实市、区政府青山生态系统工程建设要求，新增、

棠梨湖湿地公园风光

补植、置换各种乔灌木80多个树种、180余万株，完成绿化面积200万平方米。

【核心产品和片区改造项目】 2014年，省、市、区重点旅游文化产业项目——西城智慧谷又有新进展。国际会议中心、钓鱼台国宾馆项目，与世界著名酒店运营管理集团美高梅签订运营管理协议，规划运营同步思考、建设管理同步配套。截至年末，正在进行方案深化、行政审批、林地调规和动迁整合。枫丹小镇业已建成，多个著名文创机构陆续入驻。龙湖滟澜山商住组团二期、保利西山林语城市综合体二期、海昌红旗谷欧风小镇商业街等项目建设正在推进。张家村易和熙园，柳树村檀溪郡、碧水轩亭等旧区改造项目，完成投资15亿元。岔鞍村、刘家村两个现代服务业聚集区，预留发展空间已做好战略策划和发展规划，动迁整合、回迁区建设方案正在深化。

【休闲经济】 2014年，大连西城国际旅游商务区集约土地资源、结合地域特色，投资550余万元在岔鞍村建设集旅游观光、休闲体验于一体的都市农业示范园。截至年末，建成现代化温室大棚12个，占地面积2.7万平方米。

(撰稿人：黄怡默　杜国胜
审稿人：林长和)

街道办事处

营城子街道

【概况】 营城子街道位于甘井子区西北部、大连至旅顺北路中段。东邻辛寨子街道、革镇堡街道，西邻旅顺口区长城街道，南接红旗街道岔鞍村，北濒渤海湾。总面积 110 平方千米，其中，营城子街道所辖面积为 71.54 平方千米，华侨果树农场和部队占地 38.46 平方千米。全街辖 11 个行政村、1 个社区，户籍人口 35556 人。截至年末，营城子街道实现地区生产总值 105.23 亿元，比上年增长 14%；财政收入 4.65 亿元，比上年下降 10.95%；规模以上工业总产值 99.8 亿元，比上年增长 1.7%；固定资产投资 126.9 亿元，比上年增 12.4%；实际使用内资 30.4 亿元，比上年增长 11%。域内有大连叉车有限责任公司、大连豪森设备制造有限公司、大连橡塑机股份有限公司、正大能源（大连）有限公司、美罗药业股份有限公司、实业有限公司等企业单位。街道党政机关驻营城西路 1 号。

消防演练

【重点项目】 2014 年，营城子街道重点推进 45 个项目，总投资 326.01 亿元，其中年度计划实施项目 32 个。截至年末，新开工和续建重点项目开工 29 个，开工率达 90%。泰达·慧谷产业园正式开园，国家广告创意园正式入驻，累计完成战略签约企业 30 余家，吸纳就业超过万人，起到南部现代服务业产业带示范带动作用。大连豪森设备制造有限公司是国内规模最大发动机总成装配线设计制造企业，三期工程整车装配线项目进入厂房主体施工阶段。正大能源（大连）有限公司二期、华阳光大密封有限公司二期开工建设。大连连城数控机器有限公司完成从光伏行业核心设备制造商向半导体核心设备制造商行业跃升。美罗药业股份有限公司的固体制剂标准通过美国食品和药物管理局认证，获得进入国外医药市场的“通行证”。大连鸿泽泵业有限公司获得国家重点新产品计划立项。大连弘大风机有限公司、大连桑扶兰实业有限公司二期完成厂房主体建设，瑞士碧琪食品（大连）有限公司、大连桃李食品有限公司二期正在办理征地手续，大连龙泵油泵油嘴有限公司项目正加快推进。项目建设发展，推动北部高端装备制造产业带初具规模。

【城市建设】 2014年，营城子街道计划实施房地产及新居工程项目13个，其中续建和新开工项目8个，新开工面积超过30万平方米，实现销售4.1万平方米。大连联想未来城一期37栋住宅楼、泰达慧谷精品社区17栋住宅及24栋沿河独栋主体基本竣工，实现部分上市销售。前牧城驿村旧区改造实现部分挂牌，中海凤凰熙岸售楼中心建成投入使用，住宅主体开工建设。浙江绿城养老产业项目正式签约，对门沟村新居工程开始动迁。金龙寺沟村地产项目、双台沟村TT小镇项目、西小磨子村回迁工程正办理规划条件、土地挂牌出让手续。沙岗子村新建13栋、4万平方米住宅主体完工，双台沟村新居工程二期、前牧城驿村回迁工程、郭家沟村新居工程取得积极进展。

【城市基础设施建设】 2014年，营城子街道域内总长11.4千米滨海路营城子段道路施工全面实施，完成路基铺设8千米，配套的桥涵进入桥面铺装阶段。河周路动迁工作开展顺利。完成明珠路营城子段、前黄路和西小磨子村、郭家沟村、后牧城驿村摸黑路段改造，新安装路灯687盏。明珠路公交线路与市公交集团达成一致，停车场和车辆充电配套设施建成，计划于2015年初通车。北方慧谷、联想未来城自来水配套列入日程，完成后牧村自来水主管网改造。推进沙岗子污水处理厂项目。

【生态环境建设】 2014年，营城子街道实施郭家沟村南山生态公园二期、土羊高速公路出口、4.3千米对门沟村至金龙寺公园防火观光道、黄龙尾山林防护网绿化工程，完成绿化面积450万平方米，栽植树木150余万株。完成金龙寺森林公园改扩建项目，生态停车场、公园入口景观和配套商业服务区投入使用。完成1.8千米金龙生态河三期、2.1千米郭家沟生态河一期河道治理改造及两岸绿化工程。

【社会环境建设】 2014年，营城子街道推进城市精细化管理，中心街扫保实现社会化管理。对信台子水果批发占道经营、农贸大集、中心街进行集中清理整顿，改善市容环境。继续保持违章建筑监管高压态势，加大对重点项目区域内违章建筑拆除力度，拆除违章建筑8600余平方米。

【民生事业】 2014年，营城子街道抢抓大连市户籍制度改革机遇，配套2400余万元资金，将全街道1000余名既无社保又达不到55岁城市居民养老条件的妇女纳入社保统筹。占地12500平方米，投资5000万元新建的前牧城驿小学建成使用，新建成的前牧城驿小学普通教室、专用教室、特色教室齐全，教学仪器设备先进，达到并超过辽宁省基础教育强区标准。营城子中心幼儿园成为营城子地区首个市级示范幼儿园。投资140万元完成28中学维修改造。旅游文化节、书法艺术比赛、柔力球展演等群众性文化体育活动广泛开展。街道第一个社区居民委员会秀山丽水社区挂牌成立。新装修的300多平方米行政服务大厅投入使用。

【甘井子工业园区建设】 2014年，营城子街道完成北部片区2200万平方米规划编制工作，完成拓展区150万平方米施工图设计、勘查及招投标工作。启动拓展区动迁工作。投资518万元完成园区12号路、13号路道路雨污水工程。大连豪森设备制造有限公司三期工程整车装配线项目、正大能源(大连)有限公司二期、大连桑扶兰实业有限公司二期、弘大特种风机4个项目开工建设。汉方药业建成投产,瑞士碧琪食品(大连)有限公司、鸿泽泵业、大连桃李食品有限公司二期正在办理征地手续。华阳二期开工手续已办结,将于2015年4月正式开工建设。

(撰稿人:孙宗厚　审稿人:姜玉慧)

2014年营城子街道主要社会经济指标情况表

项目	单位	数值	项目	单位	数值
人口:年末户籍总户数	户	13850	水果产量	吨	16860
年末户籍总人口	人	35556	蔬菜产量	吨	38960
地区生产总值	万元	1052300	家禽出栏	羽	110000
其中:第一产业增加值	万元	11684	鲜蛋产量	吨	11
第二产业增加值	万元	974538	水产品产量	吨	14000
第三产业增加值	万元	66078	中小学	所	8
工农业总产值	万元	4077309	在校学生	人	47152
其中:工业	万元	4044800	幼儿园	所	12
农业	万元	32509	在园儿童	人	2310
地方财政一般预算收入	万元	46456	卫生机构	所	3
社会消费品零售总额	万元	29000	户籍人口出生数	人	279
固定资产完成投资额	万元	1269000	户籍人口出生率	‰	9.33
工业利润	万元	410500	户籍人口死亡数	人	256
外贸出口额	万美元	22600	户籍人口死亡率	‰	8.56
规模以上工业企业数	户	57	人口自然增长率	‰	0.77
粮食产量	吨	65			

2014年营城子街道村(居)委会基本情况表

村(居)委会名称	党委(总支)书记	村(居)委会主任	总面积(平方千米)	户籍数(户)	户籍人口(人)
前牧村	韩建文	韩建文	7.75	1316	3460
后牧村	刘永成	刘永成	7.31	1342	3606
沙岗子村	曲连财	曲连财	2.69	1057	2873
营城子村	曲国军	曲国军	6.8	2730	5728
对门沟村	于登跃	于登跃	5.73	709	1804
东小磨子村	张贵林	张贵林	1.56	576	1421
西小磨子村	潘　军	潘　军	2.56	606	1652
郭家沟村	王清龙	王清龙	7.28	903	2370
金龙寺沟村	于大富	于大富	8.46	626	1758
双台沟村	李光宏	李光宏	11.54	1389	3788
大黑石村	曲钟实	曲钟实	8.26	393	1110
秀山丽水社区	杨　云	杨　云	1.62	2203	5986

革镇堡街道

【概况】 革镇堡街道位于甘井子区北部,东邻南关岭街道,西与营城子街道相邻,南与辛寨子街道接壤,北靠渤海湾,面积50.84平方千米。2014年,全街辖6个行政村,1个居民委(37个村民组、3个居民组),户籍人口1.79万人。截至年末,实现地区生产总值95.1亿元,比上年增长8.4%;财政收入2.96亿元,比上年下降43.1%;规模工业总产值38.75亿元,比上年下降4.7%;固定资产投资99.32亿元,比上年增长24.1%;实际使用内资30.2亿元,比上年增长11.9%。域内有大连华锐重工集团股份有限公司、环嘉集团等企业。街道党政机关驻中革村镇中街51号。

【重点项目】 2014年,革镇堡街道实施重点项目13个,开工项目4个,完成重点项目投资约57亿元,占地区固定资产投资总量的59.4%。中航华府项目B区完成开工建设7万平方米,已正式开盘销售3万平方米,主体工程建设已完成总量的65%;后革村土羊高速以南地块改造项目征占林地手续已获得国家林业部门批准;鞍子山旧区改造项目一期用地71万平方米已完成收储;张前路西侧地块改造项目用地47.5万平方米已申请收储;张前路东侧地块改造项目一期用地26万平方米已申请收储,二期用地正在协调办理土地利用总体规划调整工作;后革旧区改造项目已启动项目用地前期整理相关程序;环嘉集团再生资源及旧货交易市场——电子交易平台项目进行新一轮的用地综合费用测算中;市医疗卫生中心、大连市妇女儿童医疗中心工程竣工并开始试营业,人口与计划生育服务中心进行验收工作中,疾病控制中心内部装修收尾阶段工程受季节影响暂时停工,新华医院主体工程封顶。当年,新引进重点项目5个,分别为夏家河子旧区改造项目、后革周边地块改造项目、大良仓储地块改造项目、大连中交空港物流基地项目、东北亚水上经济综合体项目。

【新居工程】 2014年,革镇堡街道鞍子山新居工程计划建设20万平方米,实际开工16万平方米,完工12万平方米;棋盘新居工程二期已启动,建设面积26.5万平方米。

【社会管理】 2014年,革镇堡街道三级民调组织共受理并成功调处各类矛盾纠纷66起,辖区公安、边防机关累计接出警601起,破获各类刑事案件168起,查破治安案件220起,各类案件发案率和打击处理率与上年同期相比均有下降,全年无命案发生。组织开展"六打六治"、"打非治违"等专项行动和安全生产大检查,检查相关企业332家次,排查并整改安全隐患258项。

【社会事业】 2014年,革镇堡街道社会组织服务中心正式投入使用,种类多样的社会组织体系初具规模。当年,街道向教育事业投入资金约750万元,用于学校基础设施维修、教学设备购置和教师队伍建设等。促进教育事业均衡化发展,将生源锐减的鞍子山小学与夏家河小学合并。组织机关干部和各村基层工作人员参加甘井子区第25届机关运动会,总成绩位列街道组第一名。

【生态环境建设】 2014年,革镇堡街道投资近1000万元,完成体育新城休闲公园二期和羊圈子银杏园西侧绿化工程建设,完成绿化面积约5万平方米,栽植国槐等各类树种6万余株。投资220万元,完成羊圈子村柳山墓园周边绿化工程,栽植松柏1万余株。中革石材三厂矿坑治理工程完工。

【民情采集员】 2014年,革镇堡街道成立由37人组成的民情采集员队伍。当年,收集各类问题和建议184条,其中90%以上的问题得到了及时

革镇堡街道商会第四次会员代表大会

反馈和解决。此项工作得到了省委党的群众路线教育实践活动督导组组长常卫国及市区各级领导的肯定，工作经验被市委组织部《为民服务路线图——大连市党的群众路线教育实践活动联系服务群众成果集萃》收录，街道选送的反映民情采集员工作的电教片《连心桥上铺路石》获区最佳电教片奖。

【暖心工程】 2014 年，革镇堡开展以“暖心工程”为主题的党的群众路线教育实践载体活动，全体机关干部，6 个村委会、1 个居民委，85 个党支部，1100 名党员干部参与其中。通过强化服务型党组织建设，组织党员干部走到群众中去，“心贴心”与群众交流，推进事关群众切身利益的经济社会发展、生态环境、新居工程和民生保障等项目建设进度。

【商会换届】 2014 年 5 月 28 日，革镇堡街道商会在革镇堡街道机关礼堂召开第四次会员代表大会，选举产生商会新的一届领导集体。革镇堡街道商会第四届领导集体由 38 人组成，其中会长 1 名，副会长 18 名，秘书长 1 名，执委 18 名。上届商会会长王殿禄继续连任革镇堡街道商会第四届会长。相比第三届商会的 14 名执委会副会长，本届增加副会长 4 名，副会长总数达到 18 名。担任执委会副会长的主要为革镇堡街道人大代表、联络委员中的“60 后”、“70 后”经济界委员。执委人员也由上届的 8 名，增加到 18 名，多为“70 后”、“80 后”的年轻的民营企业代表人士。

【企业创新发展】 2014 年，大连华锐重工集团股份有限公司建造的全球回转直径和全冲程最大曲轴，打破日本和韩国在该领域的长期垄断。希奥特太阳能有限公司多枪集成太阳能热水器被评为国家可再生资源科技成果，并获得区经信局发放的发明科技专项资金。当年，全街申请专利 7 个，授权 1 个。

（撰稿人：罗广宇、辛　颖、宋　林　审稿人：李国健）

2014 年革镇堡街道主要社会经济指标情况表

项目	单位	数值	项目	单位	数值
人口：年末户籍总户数	户	6379	水果产量	吨	-
年末户籍总人口	人	17896	蔬菜产量	吨	-
地区生产总值	万元	950951	家禽出栏	羽	5190
其中：第一产业增加值	万元	5802	鲜蛋产量	吨	-
第二产业增加值	万元	521484	水产品产量	吨	-
第三产业增加值	万元	213670	中小学	所	6
工农业总产值	万元	1771747	在校学生	人	3762
其中：工业	万元	1767745	幼儿园	所	9
农业	万元	4002	在园儿童	人	1426
地方财政一般预算收入	万元	29561	卫生机构	所	1
社会消费品零售总额	万元	31000	户籍人口出生数	人	202
固定资产完成投资额	万元	993211	户籍人口出生率	‰	11.29
工业利润	万元	198907	户籍人口死亡数	人	127
外贸出口额	万美元	6600	户籍人口死亡率	‰	7.1
规模以上工业企业数	户	26	人口自然增长率	‰	4.19
粮食产量	吨	151			

2014 年革镇堡街道村（居）委会基本情况表

村（居）委会名称	党委（总支）书记	村（居）委会主任	总面积（平方千米）	户籍数（户）	户籍人口（人）
棋盘子村	王　苹	王　苹	12.24	1182	3338
羊圈子村	张广辉	张广辉	5.66	508	1336
后革镇堡村	王德强	王德强	6.60	1065	2957
中革镇堡村	全朝东	全朝东	7.37	1725	4766
夏家河子村	崔士海	崔士海	9.71	1078	2639
鞍子山村	阎崇君	阎崇君	9.26	763	2022
渤海村社区	高秀凤	高秀凤	不详	58	838

辛寨子街道

【概况】 辛寨子街道位于甘井子区中部。东临机场街道与泡崖街道，西接营城子街道，南连红旗街道，北与革镇堡街道接壤，面积36.67平方千米。全街辖6个行政村，5个社区居委会，户籍人口4.6万人。截至年末，实现地区生产总值108.86亿元，比上年增长7.7%；地方财政收入7.14亿元，比上年下降11.8%；规模以上工业总产值（小口径）完成39.66亿元，比上年下降7.3%；固定资产投资120亿元，比上年下降15%；实际使用内资33亿元，比上年增长17.8%。域内有甘井子区行政中心、大连生态科技创新城起步区、空港商务区、中冶商务城、大连松下汽车电子系统、汽车产业带、乐都汇购物中心、机场20万吨自来水泵站等政府机关、大型企业和建设项目。街道党政机关驻虹城路517号。

【重点项目】 2014年，辛寨子街道区级实施重点项目46个，开工建设项目21个，项目开工率75.8%，竣工项目4个。完成投资123.7亿元，占年计划的96.8%。续建项目：机场20万吨自来水泵站竣工通水运行；中冶商务区产业楼（二期）、亿达第五郡1号地B区全部竣工。科技城产业楼5号、6号地完成外立面及配套施工；公租房项目、中冶商务区住宅区C区、朗润园项目主体竣工；华宇软件基地、名气通数据中心主体竣工，完成外立面施工；亿达春田蝶园、留庄进行主体施工，晴湾、馥园竣工；三鼎春天A区竣工，B区主体竣工；博士园地块开发项目已摘牌；大东沟66千伏输变电工程完成场地平整。新建项目：前革市场竣工营业。空港回迁楼B区主体竣工；奔驰、一汽大众4S店主体施工；玫瑰家园基础施工；缘起·1983文化创意产业聚集区起步区基础施工，完成给排水、电缆铺设。

【招商引资】 2014年，辛寨子街道新增注册资本500万元以上企业35家，联合功能区、国地税、工商所、各村建立联席会议制度，重点加强大连生态科技城、中冶商务城等区域内企业税源管理及登记注册服务。协助加尔伦房地产有限公司、新世纪文化发展有限公司、川泽云动力信息科技有限公司等7家企业完成注册。搭建园区招商、企业招商、专业招商平台，引进宝马汽车4S店、弘润置业开发项目，大连生态科技创新城核心区内新引进中交天航工程有限公司、大连化工设计院等企业12个。

【民生工程】 2014年，辛寨子街道全长1千米的新星绿城西侧道路竣工通车。投资240万元，完成中冶商务园三纵两横、银杏大道、大辛回迁路网、蓝宝石酒店南侧道路路灯安装工程，安装路灯242盏，解决居民夜间出行安全问题。投资230余万元，疏通旅顺北路大辛博士园对面排水管网，修复张前路辛寨子至前革路段人行道，修补美林园、家家乐社区及小砬路道路，完成蓝宝石酒店门前排污管网铺设。投资160余万元，在虹港路与新水泥路、银杏大道、辛水路、小砬路交汇处安装交通信号灯，完成辛寨子公交环路停车场办公用房建设，全长10千米、设置16个站点的辛寨子环路公交正式开通运营。投资70余万元，对中冶商务园三纵两横路网、大辛回迁楼路网及蓝宝石酒店南侧道路，施画交通标志标线，全长7千米，设置单柱式道路标识牌26套。对美林园小区内147盏破损庭院灯进行维修和更换。投资220余万元，对砬夏河美林园段及新星绿城西侧河道进行清理，对辖区内存在安全隐患的张前路过道涵洞及小辛泰和塘坝进行全面维修。完成扑火队营房装修、器材配备、队伍组建工作。防台防汛、森林防火工作得到落实。

【城市绿化】 2014年，辛寨子街道科学规划、优质施工，加快全街生态建设。全社会投资2.3亿元，实施青山生态系统工程建设项目18个，绿化面积17.3万平方米，栽植各类树木11.2万株。街道办事处投资2600万元，绿化面积11.2万平方米，栽植各类乔灌木2.2万株，绿篱2.14万平方米，地被花卉6.25万平方米。其中银杏大道绿化工程绿化面积4.2万平方米，栽植乔灌木0.54万株，绿篱1.6万平方米，地被1.3万平方米；易和岭秀滨城园林景观工程绿化面积0.6万平方米，硬铺装1.6万平方米，栽植乔灌木495株，绿篱0.32万平方米，地被0.13万平方米。在原大辛夜市地块整理土地2万平方米，建成拥有银杏、海棠等20多个品种1.47万株苗木的苗圃。突出地域景观特色，建成明珠路、张前路交叉路口绿化景观，完成旅顺北路、明珠路4万平方米地段花卉种植及新水泥路绿化升级改造工程。

【城市管理】 2014年，辛寨子街道开展集中拆除违章建筑行动2次，拆除双兴小商品批发城、原小辛村高尔夫球场西侧、舒心养老院、美林园锅炉房门前等地违章建筑4处。拆除和制止违法建设151处，面积4.8万平方米，返还土地近3.5万平方米。完成环卫扫保纳入大连市市政管理体系准备工作。对环境卫生、占道经营尤其是占道烧烤行为多次进行集中清理整治，对美林园社区、家家乐社区开展环境专项整治行动，并加强日常监管，使创建文明城市工作常态化。清理违规广告牌匾1664个、橱窗大字2086处、各类野广告48.4万张，规范和提升辖区环境。创新城市管理模式，由社会投资200万元，建成总占地面积2280平方米的美林园夜市和前革农贸市场，实现退路进厅，解决马路市场占道经营的顽疾。同辖区内18家施工工地签订施工管理协议，规范建筑工地管理。联合相关职能部门，开展大货车夜间违法排渣集中清理整治，检查各类大型运输车辆370余台次，扣押非法营运、超载超限、排渣撒漏等违法车辆107台，暂扣驾驶证54个，取缔非法排渣场5处，规范辖区内道路交通秩序。

【劳动与社会保障】 2014年，辛寨子街道提供就业岗位3980个，实现实名制就业2115人次，失业控制率在2.6%以内。发放首次自主创业人员及创业带头人一次性奖励6万余元。举办“就业帮扶、真情相助”等招聘会5场。开展普惠制劳动技能培训2期，培训149人。推动砬子山村建立创业型村，并在天虹农贸市场建设创业孵化基地。为4家企业35人申报大连市新一轮就业扶持政策，补贴资金26万元。建立监察系统电子地图，确认企业700余家。为1206人发放“4050”两险补贴750余万元。为245户其他困难家庭申请取暖费补贴26万元，办理城镇居民医保6000余人。街道被评为省级充分就业街道。

【卫生计生工作】 2014年，辛寨子街道做好全国流动人口动态监测工作，完成流动人口家庭的入户调查、审核录入工作。为特殊家庭办理免费人寿保险74份。计划生育率100%。前革村被评为“全国人口和计划生育基层群众自治示范村”。加大手足口病防控力度，卫生防疫水平不断提升。

【文化建设】 2014年，辛寨子街道各村总计投资2400余万元，安装高清LED信息平台，升级改造由家、砬子山、前革特色文化广场，建成由家2800平方米社区文化活动中心。街道围绕“新市民、新文化、新梦想”的主题，举办民俗展演等大型文体活动39场，弘扬“爱国孝亲，履职担当”的辛寨子精神，凝聚爱国爱乡、共筑家园的正能量。全街培育文体骨干82人，社会体育指导员46人。1380人次参与国家及省市区比赛和展演活动9场，“一村一品”特色文化表演队伍在市区等大型文化展演活动中取得佳绩，花式篮球健身队代表大连市参加第三届全国老年人体育健身项目创新交流大会，夺得大会全部奖项。街道、由家村分别被评为辽宁省文化先进街道、先进村。

【辛寨子街道文化促进委员会成立】 2014年，辛寨子地区文化建设促进委员会组建后，全街文化建设提升到新的高度。成立甘井子区首家街道级文联，下设摄影、书法等6个文艺家协会，举办魅力辛寨子摄影展、践行党的群众路线书法作品展、“霓裳一曲家园梦”广场舞蹈展演等活动。以践行“爱国孝亲，履职担当”的辛寨子精神，提升干部群众文明素养、提高百姓生活幸福指数。

辛寨子街道花式篮球操健身项目代表大连市获得全国第三届老年人健身项目创新交流大会全部奖项

【教育工作】 2014年，辛寨子街道以打造教育强街为目标，全年教育投入9000余万元。投资近7000万元的前革魅力小学于9月1日正式投入使用。小辛小学新建项目正在进行详规审核，由家诺维溪谷小学项目即将完成招标，预计于2015年10月主体竣工。组织辖区中小学百余名教师到北师大等名校参加全国教学观摩研讨会等各类教育教学培训。小辛小学被授予“辽宁省书法兰亭学校”称号。补助4所公办幼儿园165万元。举办各类职业技能和创业培训236期，培训3.8万人次。开展系列主题文化教育活动13场(期)。

【社会事业】 2014年，辛寨子街道成立辛寨子慈善分会，举办情动“辛”动—暖阳工程启动仪式，针对不同受助人群设置5大类专项慈善基金，现场接受捐赠承诺书218份，募集善款274.28万元，35家商户提供37项优惠服务，23家企业和爱心人士认领138份“爱心午餐”和150把“孝慈长椅”。完成第15次低保调标工作，实行“阳光低保”审批及“应保尽保、应退必退”动态管理，以城市低保为主线的社会救助体系建设进一步完善。全年发放保障金233.45万元，为237户申请公租房。首届“烈士节”走访慰问烈士家属8户。发放老年人生活补贴40余万元，居家养老服务水平有所提升。开展“实现美好中国梦”助残月系列活动，走访残困家庭80户，发放就医卡70张，扶老助残券1000张，实现康复器具进家庭。为38名贫困残疾学生及贫困残疾人家庭子女申请助学资金13万元。

【党建工作】 2014年，辛寨子街道被授予全国文明单位候选街道、辽宁省文明单位、大连市二等功公务员集体、大连市学习型党组织先进单位、大连市志愿服务先进工作站、大连市妇联先进集体及大连市科协工作先进集体等荣誉称号。大东沟村被评为全国民主法治示范村，由家村被评为大连市综治工作先进社区。当年，全街累计投入资金4273.66万元，新建、改扩建村级活动场所4个，全街6个村级组织活动场所平均面积达到2358.6平方米，由家党群服务中心面积达3000平方米。各村党群活动阵地均已建成，并依托“党员志愿服务超市”这一党建品牌，将群众的需求和党员的服务对接起来。投入1133万元使4个社区工作和公益性用房全部达到800平方米以上；打造“靓屏”工程，累计投入1000余万元，将6个村LED与远教终端相连，建起“远教便民服务广场”，由家村“远程教育便民服务广场”代表区接受省检查得到首肯，其经验在省市《组工信息》刊发。

【靓屏工程】 2014年，辛寨子街道经过两年时间，所辖6个村的LED均已建设完成，结合文化广场建设，依托广场文化景观传播社会主义核心价值观，利用“靓屏工程”与省远程教育终端相连接，适时播放国家、省市区、街道及村的重点工作部署、实时新闻、科普、天气、电影、培训等信息，推动社区广场文化的延伸。为营造时时可学、处处能学的文化氛围，丰富城市元素，以大连智慧型城市建设为契机，街道以“靓屏工程”为载体，将小辛村作为试点，与大连市委宣传部、大连市移动电视台联合打造集社区新闻、休闲娱乐于一体的社区智慧学习平台，得到市区相关部门的肯定。

【党员志愿服务超市】 2014年，辛寨子街道倡导志愿服务精神，拓展志愿服务活动、培育志愿服务文化，全街注册志愿者人数达到2285人，全年开展志愿活动516次。街道党工委搭建“党员志愿服务超市”这一平台，以群众需求为服务导向，以党员特长为服务项目，通过网站、电子触摸屏、党员连心卡等多种选购方式，实现服务与需求的无缝对接。截至年末，党员志愿服务“超市”已有1658名党员入驻，认领志愿服务岗位2000余个，服务群众6143余人次。“党员志愿服务超市”创新做法先后在人民网、新华网、辽宁电视台、《辽宁日报》《大连日报》等媒体报道；通过不断创新模式、拓展领域、突破形式，“党员志愿服务超市”从品牌形象树立向品牌效应提升不断迈进。

【辛寨子信息化平台】 2014年，辛寨子街道为提高政府服务水平、宣传街道各项工作，弘扬主旋律，激发正能量，5月，街道组建网络信息办公室，加强全街网络信息平台建设。街道网络信息系统由开始筹建到逐步完善，信息化平台建设初见成效：完成街道公众信息网改版升级工作，启动街道双微平台（微信公众平台、微博）建设工作，完成美林园社区、家家乐社区的中国社区志愿服务网平台建设工作，开展街道志愿服务系统、慈善网络平台功能设计工作。通过统一高速便捷的网络信息平台，将现有的电子政务、政府服务和业务办理等集于一体，将街道、社区、居民联系在一起，机关干部办事效率有所提高，居民接受的服务质量和水平有所提升。以信息技术推进街道各项工作，成为提高街道管理和服务水平的重要手段。

【街志编纂工作】 2014年，辛寨子街道街志编纂工作有序推进，各村编纂人员队伍不断充实完善，基本完成前期资料整理工作。

（撰稿人：徐胜群　审稿人：文　伟）

2014年辛寨子街道主要社会经济指标情况表

项目	单位	数值	项目	单位	数值
人口：年末户籍总户数	户	18591	水果产量	吨	3
年末户籍总人口	人	45968	蔬菜产量	吨	1340
地区生产总值	万元	1088600	家禽出栏	羽	-
其中：第一产业增加值	万元	-	鲜蛋产量	吨	-
第二产业增加值	万元	530700	水产品产量	吨	-
第三产业增加值	万元	557900	中小学	所	10
工农业总产值	万元	1944000	在校学生	人	9753
其中：工业	万元	1944000	幼儿园	所	28
农业	万元	-	在园儿童	人	3970
地方财政一般预算收入	万元	81000	卫生机构	所	8
社会消费品零售总额	万元	614000	户籍人口出生数	人	775
固定资产完成投资额	万元	120000	户籍人口出生率	‰	18.29
工业利润	万元	240000	户籍人口死亡数	人	241
外贸出口额	万美元		户籍人口死亡率	‰	5.69
规模以上工业企业数	户	38	人口自然增长率	‰	12.6
粮食产量	吨	-			

2014年辛寨子街道村（居）委会基本情况表

村（居）委会名称	党委（总支）书记	村（居）委会主任	总面积（平方千米）	户籍数（户）	户籍人口（人）
大辛寨子村	徐国友	-	6.55	3090	7267
小辛寨子村	臧传宝	-	5.48	2908	7899
前革镇堡村	孙宝福	-	6.8	2531	5995
砬子山村	卢春阳	-	5.53	1750	3938
由家村	由文远	-	5.4	663	1625
大东沟村	王庆满	-	5.75	589	1397
美林园社区	朱艳妍	朱艳妍	0.6	3565	8789
家家乐社区	于　丽	于　丽	0.56	1375	3267

注：五郡、星语家、清流坊为新建社区，未开始正式办公

红旗街道

【概况】 红旗街道位于大连市西郊，东与沙河口区毗邻，西与旅顺口区接壤，南邻凌水街道，北邻甘井子区营城子街道、辛寨子街道和机场街道，面积85平方千米，其中70平方千米的区域已建成国家级森林公园、全国4A级旅游景区、全国首批“国家生态旅游示范区”。全街辖7个居民委员会、5个村民委员会，户籍人口6.6万人。截至年末，实现地区生产总值85亿元，财政收入6.5亿元，固定资产投资65亿元，域内有万科置业有限公司、保利红旗房地产开发有限公司、龙湖西城置业有限公司等大型企业。街道党政机关驻甘井子区红旗东路299号。

【民生保障】 2014年，红旗街道落实国家、省、市相关政策和街道民生动态保障机制，统筹街道、村和企业资金1亿元，刚性保障3499名社员退休人员第11次上调工资；做好元旦、春节等重大节日期间走访慰问，大病救助、慢病补助等困难群体救助工作，帮扶特困家庭1739人次，发放临时救助金190万元；完成实名制就业3473人，稳定就业3145人；完

红旗街道新春联欢会

成辽宁省第十五次城市最低生活保障调标工作，为534户、868人调整最低生活保障金，发放低保资金385万余元。

【社会事业】 2014年，红旗街道按照现行教育管理体制和教育需要，投入7500多万元保障教育教学工作优质均衡发展，投资200万元改造校区设施及电网落地建设；投资40余万元建设红旗街道社会组织服务中心，投资30余万元用于鸿盛社区办公用房标准化改造；维修铺装辖区破损方砖步道5000平方米；优化升级5个村、7个社区、泰昇置业有限公司等13家二级视频监控平台；改善7支森林消防队伍技术装备，提高应急响应能力；爱心呼叫平台生活救助1700余人次，紧急救护300余人次；彩虹社区被评为省“综合减灾示范社区”，红旗街道被评为“大连市社会管理综合治理暨‘平安大连’创建优秀街道”。

【文化事业】 2014年，红旗街道开展阅读城区创建活动，新建、整合、提升街道、村、社区、企业图书馆、图书室、图书角、文化广场50个，新增各类图书、报刊10万册(份)，组织载体活动141场次。岔鞍村大

2014年红旗街道主要社会经济指标情况表

项目	单位	数值	项目	单位	数值
人口：年末户籍总户数	户	26967	水果产量	吨	1406
年末户籍总人口	人	69109	蔬菜产量	吨	100
地区生产总值	万元	855250	家禽出栏	羽	0
其中：第一产业增加值	万元	2269	鲜蛋产量	吨	0
第二产业增加值	万元	222438	水产品产量	吨	0
第三产业增加值	万元	630543	中小学	所	8
工农业总产值	万元	179712	在校学生	人	9044
其中：工业	万元	161260	幼儿园	所	20
农业	万元	18452	在园儿童	人	3168
地方财政一般预算收入	万元	64826	卫生机构	所	3
社会消费品零售总额	万元	13997	户籍人口出生数	人	1354
固定资产完成投资额	万元	645832	户籍人口出生率	‰	19.59
工业利润	万元	11180	户籍人口死亡数	人	389
外贸出口额	万美元	1680	户籍人口死亡率	‰	5.63
规模以上工业企业数	户	13	人口自然增长率	‰	13.96
粮食产量	吨	0			

2014年红旗街道村(居)委会基本情况表

村(居)委会名称	党委(总支)书记	村(居)委会主任	总面积(平方千米)	户籍数(户)	户籍人口(人)
岔鞍村	刘　刚		28	786	2217
棠梨村	郭瑞合		9.6	867	2502
柳树村	金　龙		18	2154	5397
张家村	万　波		5.16	3150	7683
刘家村	刘伟东		8.2	274	667
彩虹社区	滕玉芬	滕玉芬	0.75	3436	8661
兰丰社区	战春梅	战春梅	0.17	2298	5845
里程社区	崔钟燕	崔钟燕	0.38	2372	6134
祥和社区	胡秀利	胡秀利	0.19	1650	5540
吉祥社区	张　杰	张　杰	0.3	3220	7641
鸿盛社区	付玉琴	付玉琴	1	4110	10142
亲亲家园社区	刘惠敏	刘惠敏	0.15	2650	6680

型社区综合体项目已完成前期规划论证和方案设计。街道综合文化站被评为“全国一级文化站”。

【西山湖文化中心启用】2014年，红旗街道启用西山湖文化中心，《中华词赋》杂志社大连文创中心、中国书法家协会大连创作中心、大连市青年书学研究会、大连市吟诵协会挂牌运营。

(撰稿人：黄怡默　杜国胜　审稿人：林长和)

大连湾街道

【概况】　大连湾街道位于甘井子区东北部，横跨黄海、渤海两大海域，东与金州新区接壤，西与泉水街道、革镇堡街道、南关岭街道接壤，面积70平方千米。全街辖14个村，6个家属委，62个村民小组，户籍人口5.3万人。截至年末，实现地区生产总值430亿元，比上年下降6.3%；财政收入7.8亿元，比上年下降12.8%；地区工业总产值1700亿元，比上年增长5.3%；固定资产投资83亿元，比上年下降30.8%；实际使用内资37亿元，比上年增长35.0%。域内有中国一重大连加氢反应器制造有限公司、大连中远船务工程有限公司、大连船舶重工集团海洋工程有限公司、辽宁省大连海洋渔业集团公司、华能国际电力有限公司大连电厂、林德工程(大连)有限公司、舒勒(大连)锻压机械有限公司等企业。街道党政机关驻大连湾街道李家村元宝山。

【旧区改造】　2014年，大连湾街道前关矿坑改造项目实现净地，动迁居民349户、企业41家。李家、宋家等旧区改造地块净地工作进展顺利。当年，在建房地产项目9个，竣工面积60万平方米，实现房屋销售38万平方米，销售收入26.7亿元，实现税收2.5亿元。

融合路绿化工程

【城市功能建设】　2014年，大连湾街道配合市、区重点项目动迁工作，完成丹大高铁居民动迁296户，企业动迁7家，完成渤海大道一期企业动迁10家。联合大连湾行政执法大队、大连湾交警中队、大连湾公安派出所、大连湾蓝鲨机动队等执法部门开展保护性施工2次，保障重点项目顺利推进。投资1200万元，完成后前线道路拓宽改造；投资900万元，完成前关网球中心配套路、前关3#路北向延伸等道路工程，前关中心区路网建设得到进一步完善。投资300万元，完成大房身铁路南侧道路建设，解决多年来马大线因铁路分割造成的过往不便的问题，区内南北纵向路网道路对接得到加强。投资200万元，安装后前线两侧路灯86盏；投资147万元，安装振连路桥下辅路信号灯4组，完成沿线所有标志标牌安装，保障区域交通安全有序。总投资7000万元的于家66千伏变电站竣工；总投资1.3亿元的前盐66千伏变电站开工建设。

【城区环境建设】 2014年，大连湾街道投资2.68亿元，完成大连湾体育公园、融合路、疏港路、振连路、后前线等9个政府投资绿化项目。完成大连湾体育公园下沉式音乐广场、主题活动广场、真草足球场、自行车道等建设，公园示范区对外开放。启动“一村一景”工程，全街14个村共投资1700余万元，实施广场建设、村屯绿化、环境整治等40余个项目。

【辽宁省老龄工作现场会在大连湾街道召开】 2014年12月11日，辽宁省老龄工作现场会在大连湾街道召开。省老龄委副主任、老龄办主任马艳竞、权益保障处处长宋兵带领辽宁省14个市老龄委一行100余人到大连湾街道参观指导老龄工作，并选取前盐村和李家村为典型，进一步了解老龄工作情况。会议组分别到前盐社区服务中心和李家村幸福老年之家进行实地经验交流。

【前盐村创建国家级、省级“充分就业社区”】 2014年，大连湾街道前盐村在街道劳动保障部门的指导下，完善社区就业服务体系，以扩大居民再就业为工作目标，创建成为全国、辽宁省“充分就业社区”。这也是近年来甘井子区唯一一家成功申报国家级“充分就业社区”的单位。

【金地小学投入使用】 2014年9月1日，大连湾街道辖区内的金地小学正式投入使用。金地小学是大连湾街道本着适度超前原则，高标准建设的一所美国褐石风格的现代化小学。学校总占地面积1.5万平方米，建筑面积1.04万平方米，总投资5000万元，设计班型24个，可容纳学生960余名。

【“草根足球”文化建设】 2014年，大连湾街道成立大连湾前关青少年足球俱乐部，并举办2014年“校长杯”小学足球联赛暨第四届大连湾地

2014年大连湾街道主要社会经济指标情况表

项目	单位	数值	项目	单位	数值
人口：年末户籍总户数	户	20693	外贸出口额	万美元	103323
年末户籍总人口	人	52523	规模以上工业企业数	户	99
地区生产总值	万元	1398299	中小学	所	10
其中：第一产业增加值	万元	12872	在校学生	人	7717
第二产业增加值	万元	1093506	幼儿园	所	9
第三产业增加值	万元	291921	在园儿童	人	1322
工农业总产值	万元	4570751	卫生机构	所	55
其中：工业	万元	4570751	户籍人口出生数	人	632
农业	万元	-	户籍人口出生率	‰	12.03
地方财政一般预算收入	万元	77558	户籍人口死亡数	人	334
社会消费品零售总额	万元	205000	户籍人口死亡率	‰	6.36
固定资产完成投资额	万元	827013	人口自然增长率	‰	5.67
工业利润	万元	280312			

2014年大连湾街道村（居）委会基本情况表

村（居）委会名称	党委（总支）书记	村（居）委会主任	总面积（平方千米）	户籍数（户）	户籍人口（人）
大连湾村民委员会	刘猷杰		6.5	1477	4157
李家村民委员会	王　诚		4.2	1993	7026
宋家村民委员会	宋继满		5.6	770	2660
大房身村民委员会	张玉宝		4.3	1422	3194
湾浦村民委员会	高　峰		4	589	1655
前盐村民委员会	孙照贵		3.5	1275	3104
后盐村民委员会	阎善军（副书记主持工作）		5.6	1009	2548
前关村民委员会	姜世忠		7	1442	4070
后关村民委员会	周传波		2.98	351	739
拉树房村民委员会	徐纯满		6.8	562	1588
土城子村民委员会	杜淑萍		3.46	497	1244
毛茔子村民委员会	伊　晶		6.79	1279	2983
苏家村民委员会	姜　健		2.9	967	2220
棉花岛村民委员会	宋福敏（副书记主持工作）		0.53	319	1421
化工新村社区	王　秀	王　秀		976	2094
辽渔家属委员会	黄丽华	黄丽华		5253	9773
港建家属委员会	孙　琪	沙　红		249	1043
东电家属委员会	柳春艳	柳春艳		263	1004

区小学足球联赛,辖区8所小学足球队参加了联赛,苏家小学、行知小学、李家小学分列前三名。大连湾街道成功举办了2014“大连银行”第三届大连湾足球超级联赛。前关足球队闯入全国足协杯正赛第二轮,成为大连首支在足协杯上突破第一轮封锁的业余球队。

【大连湾首届体育节】 2014年,大连湾街道党工委举办大连湾地区首届体育节,继2014“大连银行”第三届大连湾足球超级联赛之后,篮球、羽毛球、乒乓球比赛也受到全街中青年的欢迎,共吸引来自32个单位的319名运动员参加到这3种球类比赛项目中来,为全民健身营造良好环境和氛围。

【党建联合体】 2014年,大连湾街道完善组织架构,新建大房身村、苏家村2家二级党建联合体,将服务触角向基层延伸。在党建联合体内开展“三促两增一争创”(促发展、促民生、促稳定,增强党组织战斗堡垒作用、增强党员先进性,争创星级支部、优秀党员)、“党员示范岗”、“微宣讲、讲繁星”等特色载体活动,提高党员自觉服务的意识和能力。65053部队二大队被评为“2014年度军区先进党委”,中国一重大连加氢反应器制造有限公司党总支被评为“中央企业先进党总支”;中央政策研究室副主任、中央党建领导小组成员江金权,中央组织部组织二局副局长张金豹先后到街道进行党建工作调研,《人民日报》以《点亮服务的灯塔》为题对党建联合体工作进行专题报道。

【“三联三包”专项活动】 2014年,大连湾街道在涌现出民情日记、爱心超市、百事惠民等典型经验的基础上,推行“三联三包”网格化建设,进一步完善党委(总支)包片、支部包点、党员包户的联包体系,完善党员和包户情况等基本信息,全街2895名党员,承包1.3万余户居民,实现党员包户和服务群众的全覆盖,涌现出苏家村“老大妈矛盾化解小组”等一批热心为群众服务的典型经验。

(撰稿人:张　健　审稿人:高　阳)

南关岭街道

【概况】 南关岭街道位于甘井子区北部,东与大连湾街道后盐村接壤,南与泉水、中华路两街道相邻,西与革镇堡街道相接,北与大连湾街道拉树房村毗邻,面积18.12平方千米。全街辖2个村级公司、10个社区居委会。户籍人口3.7万人。当年,南关岭街道实现地区生产总值19.7亿元,比上年增长9.5%;财政收入9500万元,比上年下降16.8%;规模工业总产值15亿元,比上年增长1.1%;固定资产投资53.2亿元,比上年增长16.4%;实际使用内资7亿元,比上年增长23.7%。域内有大连体育中心、大连北站、辽宁水文地质勘察院、大高阀门股份有限公司、深蓝泵业等重要场馆、交通枢纽及大型企业。街道党政机关驻南关岭路68号。

【重点项目】 2014年,南关岭街道共有重点项目11个,其中续建项目4个、新开工项目4个、推进前期项目3个。大连体育中心及配套区项目全面完工;站北广场回迁楼项目主体建设完成;大连大北国际物流交易中心完成基础建设工作。大高阀门成功试爆世界最大规格爆破阀工程样机,成为全街先进制造业转型升级的引领。

【城市建设】 2014年,南关岭街道实现绿化面积8万平方米,栽种银杏、法国梧桐、樱花、丁香等树木1.9万余株,总投资660万元。其中：黄山西坡绿环面积13万平方米，栽植海棠、紫薇、银杏等树木5000余株，投资60余万元；大北国际物流园与姚家四方地住宅楼之间高压线走廊，绿化面积7万平方米，栽植法国梧桐、玉兰等树木1.4万余株，投资600万元。

【社会事业】 2014年，南关岭街道坚持公开、公平、公正的选拔任用程序，招录社区工作人员20名充实到社区工作一线。投资20万元购置图书1.1万册、书柜62个，新建绿园等社区书屋7个，实现了社区书屋全覆盖。为社区配置健身器材4套16件，价值近10万元。完善居家养老服务，为辖区130位低保老人设置助餐点5处。

【一街一景】 2014年，南关岭街道"一街一景"项目有两个：分别为祥和花园小区和北市集团绿园社区旧区改造。大北公司投资100余万元对祥和花园小区篮球场进行升级改造。在原篮球场地上建成集居民健身、休闲、娱乐为一体的休闲式广场，铺设方砖1000余平方米，周边栽种黄叶杨球、龙柏、银杏等树木50余株，维修更换原有破损健身设施，新增健身路径1条，安装长椅8把。广场建成后，为小区居民日常休闲、健身活动提供了便利。北市集团投资120余万元对绿园社区东南侧小区进行改造，铺设方砖5500余平方米，改造花坛近9000平方米，铺设水泥地面2800平方米。

【南岭人家社区游园建设】 2014年，南关岭街道为彻底改善南岭人家小区的内部环境，经街道与区城建局协调，在南岭人家小区内兴建"南岭人家小区游园"。投资222万元，对小区内道路重新进行维修、绿化升级、增设健身器材等，为小区居民提供一个干净整洁的居住环境。

【"利民、亲民、安民"工程】 2014年，南关岭街道组织开展以"走千家、解民忧、送温暖"为主题的走访慰问活动，向1398户各类困难群体发放救助物资价值71.5万元。完成第十五次低保提标工作。为45户困难家庭申请发放临时救助资金12.8万元。依托"五彩家园"活动，姚源社区成功申报为甘井子区社工站分站，并成为区级青少年社会实践基地。依托北市昱昕环境清洁有限公司等单位，建设了创业、就业基地6个，妥善安置一批失业人员。开展"春风行动"等就业援助招聘会4次，解决近百人就业问题。加强对退休人员服务工作，圣泰社区被评为大连市退管工作示范社区。继续加大失地农民的保障力度，提高失地农民工龄补贴，使地区发展的成果更多地惠及百姓。

【党建工作载体创新】 2014年，南关岭街道探索新

文体展演

形势下党建工作的新思路、新途径,不断丰富主题内涵,创新活动载体,打造出“3+1”服务模式(“部队+社区”、“企业+社区”、“团体+社区”)、“六微工作法”(微党课、微心愿、微关爱、微行动、微公益、微模式)、“我来奉献一点点,改变身边一点点”活动和“党员1+N公益活动”(以一群党员积极分子为主体,通过开展多项不同特色的志愿服务活动,丰富基层党建)等独具特色的党建品牌。发挥舆论宣传的思想引领和工作推动作用,做好宣传报道工作。南关岭街道党建工作和党的群众路线教育实践活动工作先后被新华网、人民网等各大媒体报道34次。

【社情民意监督员】 2014年,南关岭街道成立由45人组成的社情民意监督员队伍。当年,收集各类问题和建议196条,其中90%以上的问题得到了及时反馈和解决。此项工作得到了市委、区委党的群众路线教育实践活动领导小组的充分肯定。

(撰稿人:郑文涛　审稿人:孙文栋)

2014年南关岭街道主要社会经济指标情况表

项目	单位	数值	项目	单位	数值
人口:年末户籍总户数	户	16779	外贸出口额	万美元	-
年末户籍总人口	人	36854	规模以上工业企业数	户	10
地区生产总值	万元	196025	中小学	所	4
其中:第一产业增加值	万元	-	在校学生	人	6310
第二产业增加值	万元	160457	幼儿园	所	13
第三产业增加值	万元	35568	在园儿童	人	562
工农业总产值	万元	150236	卫生机构	所	2
其中:工业	万元	150236	户籍人口出生数	人	301
农业	万元	-	户籍人口出生率	‰	8.62
地方财政一般预算收入	万元	9532	户籍人口死亡数	人	206
社会消费品零售总额	万元	150643	户籍人口死亡率	‰	5.9
固定资产完成投资额	万元	532428	人口自然增长率	‰	2.72
工业利润	万元	13807			

2014年南关岭街道村(居)委会基本情况表

村(居)委会名称	党委(总支)书记	村(居)委会主任	总面积(平方千米)	户籍数(户)	户籍人口(人)
大连北市集团公司	李祥林	李祥林	10.02	9564	23731
大连大北有限公司	靳德胜	靳德胜	8.1	7215	13123
井东社区居委会	王景福	王景福	1.5	2339	5144
井南社区居委会	王晓琳	王晓琳	1.5	1701	4406
井西社区居委会	王亚辉	王亚辉	0.3	1298	3351
绿园社区居委会	温亚丽	温亚丽	0.62	2163	5841
圣泰社区居委会	王秀艳	王秀艳	2.5	1586	3855
兴南社区居委会	王丽萍	王丽萍	3.6	477	1134
姚宏社区居委会	毕淑芬	毕淑芬	1.56	1296	3310
姚源社区居委会	李翠翠	李翠翠	0.11	844	2545
姚兴社区居委会	徐　艳	徐　艳	5.58	2924	5985
姚盛社区居委会	钱　胜	钱　胜	0.85	2151	1284

甘井子街道

【概况】 甘井子街道位于甘井子区北端,东、南部邻黄海(大连湾海域),西邻椒金山街道、中华路街道,北邻泉水街道、大连湾街道,面积16.1平方千米。全街辖14个社区居委会,户籍人口56085人。当年,甘井子街道实现地区生产总值88.03亿元,比上年增长8.18%;财政收入1.7亿元,比上年下降34.62%;规模工业总产值34.05亿元,比上年增长6.5%;固定资产投资35.1亿元,比上年增长22.09%;实际使用内资11.1亿元,比上年增长15.63%。域内有大连石油化工公司、大化集团有限责任公司、鞍钢大连石灰石矿等国有大型企业。街道办事处驻甘井子区甘欣街22号。

【重点项目建设】 2014年,甘井子街道推动开发建设了远洋钻石湾A、B、C、D系列地块高端产业项目，该项目占地面积41.33万平方米，建筑面积130.55万平方米（含商业公建）。当年，完成投资18.21亿元。大连港·天下粮仓项目占地面积19.13万平方米，建筑面积51.876万平方米，总投资43.2亿元，当年完成投资10.3亿元。

【老城区改造项目】 2014年，甘井子街道老城区改造项目北部以龙头山原五二三厂为核心，加快推进华能大连第二热电厂“上大压小”新建项目，该项目总占地43万平方米，计划总投资53亿元，建设2台350兆瓦抽凝机组和2台50兆瓦背压机组，建成后将形成1300万平方米供热能力。项目在上年完成环境影响评估报告书的基础上，年末已部分取得省级立项，进入土地摘牌前期工作。老城区改造项目中部以大连港甘井子港区宗地改造即大连港·天下粮仓项目为标志，开发建设总占地面积19.13万平方米，总建筑面积51.876万平方米商住综合开发项目，项目计划总投资43.2亿元，完成投资10.37亿元，项目一期已进入主体施工。加快推进大化集团华迪公司改造项目即万成御园项目，项目总占地面积2.06万平方米，总建筑面积7.2893万平方米，计划总投资5亿元，全年完成投资5.93亿元，截至年末，已完成项目主体施工。宝原核设备保障性住房项目前期摸底测算，项目拟占地面积7.8万平方米，总建筑面积约25万平方米。截至年末，项目用地招标、拍卖、挂牌工作推进中。海茂集体经济组织新能源项目，通过集中组织机关干部走访票决土地出让、召开项目推进会、项目调度会等形式，推进了集体经济组织改革。东山茗苑、中石油大连石化公司地块开发等项目也在推进当中。

【基础设施改造】 2014年，位于甘井子街道的区体育场改造如期竣工并成功举办2014年甘井子区机关第25届体育运动会暨文化艺术节等大型文体活动；区职业培训中心（实训基地）改造项目竣工并投入使用；新建的钻石湾配套中小学占地3.65万平方米，建筑面积3.3万平方米，已进入主体施工；新建的区残疾人托养康复服务中心拟占地1.37万平方米，总建筑面积1.233万平方米，已全面进入施工；大连港·天下粮仓配套中学也在推进当中。甘井子街道进一步改善居民交通出行和商贸环境，积极争取市、区投资资金，完成甘海路、甘南路、大盐路、甘北路、杨柳街、海鸥街、海燕街、甘南街、金龙路等10条街巷道路维修改造；配合区城建部门完成海北路和海茂路等华能周边道路建设改造工程；规范建设百年惠生鲜超市、便民农贸市场、恺来城综合商场超市、德海利民综合商店、恺来城面食府和名扬便民店等标准化农贸市场、便民菜店和早餐店，改善了街道居民的居住环境，丰富居民的消费市场，为居民生活提供便利。

【社会事业】 2014年，甘井子街道投资26万元为60名低保人员、95名残疾人员、80名退伍老兵和105名市级以上劳动模范搭建智能居家服务平台，提供紧急呼救、电子围栏、日常服务保障等智能化居家养老免费服务。投资17万元，为辖区278户低保家庭免费安装恒温电热水器。在重大节日、纪念日等时段策划系列服务民生主题活动，先后开展了党工委领导干部、机关干部“1+10”联系服务群众活动、惠民黄手环·直通回家路、“学雷锋树新风爱老人”主题月系列活动、“全国爱牙日”惠民宣传活动、“爱眼日”主题实践活动和在职党员教师走进特殊儿童家庭等20余个重大活动。街道总工会深入开展“春”送岗位、“夏”送清凉、“秋”送助学、“冬”送温暖活动，为失业人员提供就业岗位、为企业职工送去关怀、为困难职工子女提供助学资助。办理低保571户,835人,发放保障金75万余元;完成实名制就业2171人,稳定就业1699人,创业就业完成467人,为18个低保救助家庭子女申请助学资金6.8万元。完成残疾人辅助器具救助工作30户,扶持120名残疾人自主创业;免费为辖区547名育龄妇女进行健康监测,确保优生率达100%,当年,发放独生子女奖励费29155元。

【创新“三会一有”群众工作法】 2014年,甘井子街道按照“发展为民生、发展惠民生”的思路,街道党工委、办事处在党的群众路线教育实践活动中,创新推出“会跟群众交朋友、会给群众讲政策、会帮群众解难题,有一套(招)服务群众的工作方法”(即“三会一有”群众工作法)。依托原党员活动中心挂牌成立了“三会一有”为民服务中心,开展理论教育培训,群众俱乐部互动,智慧社区信息共享,增强了社区的吸引力和凝聚力;编辑出版《城市脊梁大连未来——甘井子街道发展历程纪实》《群星璀璨》汇聚繁星正能量,引领社会新风尚。全街160多个基层党组织开展党的群众路线教育实践活动,3600多名党员深入居民群众,与群众交朋友、讲政策、解难题,着力服务保障民生,形成创新成果5项,梳理落实整改问题240条。省委副书记许卫国对“三会一有”群众工作法进行批示,中央党建工作领导小组秘书组以《党建要报》形式予以推广,省、市委组织部《领导参阅》全文刊登这一做法,省、市主流媒体分别对此工作予以报道。这一做法入选“全国群众路线工作法100例”。街道党工委书记孙永新、办事处主任王洪参加了中共中央组织部、中央教育实践办组织的学习贯彻习近平总书记系列重要讲话精神暨党的群众路线工作法“100例”表彰座谈会,并做客人民网进行了交流发言。

【创建“365”环保超市】 2014年3月,甘井子街道为改善老城区生态环境,与北大荒集团携手创建大连市首家“365环保服务中心”,在街道13个社区设立环保服务超市,让群众不出家门就可以以高于市场价格20%价位用废旧报纸、矿泉水瓶、纸等可回收物品换取生活用品。通过举办启动宣传教育、组织“365”环保服务大集,让利于民,形成了可回收物品兑换区域全覆盖,增强了居民的环保意识,改善了城市环境。

【创建群众俱乐部】 2014年,甘井子街道党工委结合地区实际,盘活区域特色文化资源,通过合并同类项将地区人口划分为离岗退休人员、在岗工作社会创造者、校园学生3类人群,根据不同群体的爱好、特长和兴趣来分解因式,逐步将群众引导到自治创建的红星文化俱乐部、甘井子之声民乐队、老年康复俱乐部、绿色行者清洁俱乐部、地区交通管理俱乐部等15大类、160余种公益性群众自治组织之中,通过“双覆盖一引领”

松山社区群众俱乐部趣味运动会获奖者合影

（群众俱乐部对辖区地域和居民群众实施双覆盖，社区党组织对群众俱乐部活动实施引领）的工作方法，牵头举办文化艺术节、邻里节、“百家宴”等大型活动吸引居民走出家庭，参与社区活动；通过骨干来带动，以民间能人为桥梁和纽带，发掘人才资源，影响带动居民参加活动。街道社区把活动范围进一步推动扩大，将具有一定特长的居民组织起来，成立“绿色环保俱乐部”、“夕阳”红歌班等，用文化来提振精神、凝聚力量、将文化寓于社会管理之中，为党员干部密切联系群众赢得主动，拓宽渠道。按照需求覆盖，群众有什么需求，就创建什么样的俱乐部的原则，街道成立了“小宠物俱乐部”，对1860多条宠物狗进行登记备案，对全街70余辆残疾人“摩的”开展引导管理，成立“小摩的俱乐部协会”，破解了一些社会管理难题。截至年末，全街60%的居民被吸纳进俱乐部中，有4.6万人加入了各类型的群众性俱乐部，1200名党员成为俱乐部的骨干。这一工作方法被《大连日报》《东北之窗》《共产党员》等报刊媒体先后报道。市、区有关部门对甘井子街道实施“双百覆盖”社会人变为社区人的做法给予了肯定。

2014 年甘井子街道主要社会经济指标情况表

项目	单位	数值	项目	单位	数值
人口：年末户籍总户数	户	22224	外贸出口额	万美元	11000
年末户籍总人口	人	56085	规模以上工业企业数	户	7
地区生产总值	万元	880300	中小学	所	8
其中：第一产业增加值	万元	–	在校学生	人	8900
第二产业增加值	万元	259687	幼儿园	所	11
第三产业增加值	万元	620613	在园儿童	人	3000
工农业总产值	万元	341000	卫生机构	所	2
其中：工业	万元	341000	户籍人口出生数	人	555
农业	万元	–	户籍人口出生率	‰	9.87
地方财政一般预算收入	万元	16958	户籍人口死亡数	人	464
社会消费品零售总额	万元	42600	户籍人口死亡率	‰	8.25
固定资产完成投资额	万元	351000	人口自然增长率	‰	1.62
工业利润	万元	33058			

2014 年甘井子街道社区居委会基本情况表

村（居）委会名称	党委（总支）书记	村（居）委会主任	总面积（平方千米）	户籍数（户）	户籍人口（人）
甘欣社区	董立华	董立华	0.4	220	494
海燕社区	邵　丽	邵　丽	1.65	1064	2502
站前社区	鞠桂丽	鞠桂丽	2.1	2107	5562
甘园社区	王桂琴	王桂琴	3.1	2089	4705
东山社区	韩家玲	韩家玲	0.8	2436	6236
海茂社区	姜　春	姜　春	1.6	1956	4678
光明社区	孙小梅	孙小梅	0.6	1929	4851
松山社区	郭彩红	郭彩红	0.9	1651	4303
七星社区	侯学俊	侯学俊	1.15	1898	4726
六间社区	郝晓庆	郝晓庆	1.1	1352	4032
甘峰社区	姜　娜	姜　娜	0.75	2261	5574
海鸥社区	郑晓文	郑晓文	0.95	1155	2644
甘中社区	崔　霞	崔　霞	1	2106	5778
甘泉社区	此社区成立后未正式开始工作，故面积和人口数据暂不统计				

【城区建设】 2014年，甘井子街道投入专项资金，对甘北路新街410号楼前进行“一街一景”打造，进行绿化面积1022平方米，惠及楼院5个，居民2300多人。投资30余万元，集中整治区体育场周边环境，全区第25届体育运动会期间，较好地展示了老城区的市容风貌。协调争取上级投资，对甘园社区6栋弃管楼进行升级改造，惠及181户。争取市政部门开展改造旧楼院工程，为海茂和站前社区31栋楼院铺设方砖，铺设面积达1.7万余平方米，惠及1492户居民。

【社会管理】 2014年，甘井子街道发挥驻街执法大队、派出所和13个社区作用，整合大连明涛清洁有限公司、新天地清洁公司、石化公司、各物业小区等辖区单位资源和力量，清理各类垃圾、野广告，疏通主次干路下水，清理占道经营、店外店、流动商贩及马路市场340处，600多人次，拆除违章建筑面积2000余平方米，较好地改善了老城区环境。集中开展“焖子专项整治”，加强对食品安全的管理，查处疑似无证黑加工点，保障人民的生命安全。

(撰稿人：丁　鑫　审稿人：田晓晖)

椒金山街道

【概况】　椒金山街道东邻甘井子街道，南邻周水子街道，西邻兴华街道、中华路街道，面积6平方千米，全街辖14个社区，户籍人口67819人。截至年末，实现地区生产总值33.78亿元，比上年增长7.9%；财政收入8770万元，比上年下降13.7%；规模工业总产值0.58亿元，比上年下降42.6%；固定资产投资17.5亿元，比上年增长105.4%。实际使用内资4亿，比上年增长14%。域内有甘井子区文化馆、甘井子区青少年宫、第四人民医院、大化医院、大连汽车贸易集团、大连公交客运三分公司、中信大连银行甘井子支行、大连钰桥集团等重要企事业单位和公共服务机构。街道党政机关驻甘井子区金家街金荣路12号南。

【重点项目】　2014年，椒金山街道10个区级重点项目全面推进，东北特钢大连基地宗地改造B区项目——中国铁建·青秀蓝湾、三道沟考场改造项目——美辰香醒、东方路棚户区改造项目——翰林苑、金三角工业公司宗地项目——书香门第，开始进行商品房销售；街道养老服务中心项目已完成主体施工；华丰金山花园项目完成基础施工。长虹液化气站改造项目、东北特钢大连基地宗地改造A区项目等待挂牌，椒北路老城区改造项目和椒金山旧城区改造项目进入前期测算阶段。

【环境治理】　2014年，椒金山街道依法拆除违章临时建设和棚厦35处，面积2560平方米，拆除私设停车器114个。开展“百日会战”专项行动，清理占道经营690处、流动商贩500余人次、条幅及占道灯箱、招手牌133个，整治露天烧烤147家，改善了路街环境。投资140余万元，打造占地面积1.1万平方米的“一街一景”精品工程。升级改造楼间弃管花坛，更换步道方砖，配套修建居民健身广场、科普宣传栏。争取市区资金1000余万元，完成樱花园小区、安邦北湾小区、乐活源小区、玉树邻居小区外及临近甘南路弃管地带的绿化改造工程。加大主干路街环境绿化，及时补植行道树257株。吸引社会投资500余万元，栽植各种树木4.4万余株，新增绿

椒东、椒中社区联合区环保局在椒房小学举行“环保进社区”有奖知识竞赛

地近5万平方米，完成温莎小镇、青秀蓝湾等新建小区绿化工作。

【惠民工程】 2014年，椒金山街道完成龙江社区、金龙社区、金贸社区、椒北社区36栋住宅的“暖房子”工程，改造面积13.3万平方米。以居民楼为重点，铺设方砖2万余平方米，完成矿北、金成等社区的硬覆盖工程，改善居民出行环境。对东方路、金北路及4个“和谐楼院”进行节日亮化，扮靓街区环境。实施晶品枫林与玉树临居小区之间的弃管道路、乐活源小区弃管道路共2千米摸黑路改造工程，对遮挡居民楼光照的超高树木进行整理，居民反映比较大的问题得到及时解决。

【社会救助创新实践】 2014年，椒金山街道着力做好社会救助，采取一系列创新举措，相关做法多次在省、市电台进行报道。由街道财政出资30万元，设立全市首家“街道兜底救助基金”，面向低保边缘户等11类弱势群体开展兜底式救助和兜底助学。配备4名工作人员，为辖区58位低保困难老人提供居家养老服务，为23名半自理和不能自理的人员提供上门送餐、家政、代购等服务。组织开展“雪中送炭助力成长，勇于担当励志成才”助学活动，向困难家庭的22名入学新生发放助学款5.55万元。

【社会稳定】 2014年，椒金山街道金山社区代表大连市通过“辽宁省无传销社区”验收，金贸社区被评为“大连市最佳调解室”。建立信访工作专题例会制度，化解信访矛盾。社区矫正工作经验在全区进行推广。建成面积900平方米的法治文化广场，坚持每季度开展法律讲座和咨询服务。启动“安全社区”复评工作。在全区首家设立5万元安全生产工作基金，保障安全生产持续好转。

【文化惠民】 2014年，椒金山街道开展文体活动58场，在金家街公园开展“一季一展”大型文化演出活动3场。投入资金25.4万元，新建门球场1座、社区书屋7个，为全街14个社区购买移动音响、表演服装400多套，为5个社区配备室内健身器材，保障社区文体活动的开展。悉心打造“和谐楼院”，新建金龙、矿北、金荣等社区“和谐楼院”4个，引导居民自治、邻里和谐。强化社会主义核心价值观的宣传教育，结合城市美化工作，在黄山路、甘南路的建筑墙体上绘制宣传社会主义核心价值观的墙体画1200平方米。发挥身边典型的示范引领作用，开展“大连好人”推荐评选活动，霍玉年、郭运昌、于万强、丁爱玲4名居民被评为“大连好人”称号。

【党的建设】 2014年，椒金山街道开展党的群众路线教育实践活动，街道党工委及所属的12个党总支、169个党支部、3228名党员参加教育实践活动，基层党组织和党员的群众观念进一步增强，作风得到进一步加强。完成14个社区党组织和居委会的换届工作。在14个社区成立“好帮手”便民之家服务平台，打造新的服务型社区党组织品牌。在社区党员和在职党员中开展争当“党员之星”活动，对81名“党员之星”进行表彰。协调资金35万元，完成金旺社区650平方米党群服务阵地建设。投资5万元提升金山社区党群服务阵地标准。投入1万元完善龙江、金山、金旺3个社区“两代表一委员”工作室功能。

【民情恳谈活动】 2014年，椒金山街道开展“民情恳谈”活动78场，解决群众关心问题168个。通过民情恳谈活动，辖区的“摸黑路”、弃管楼院、老房子保暖、破损路治理问题得到解决，党群“连心桥”不断拓宽。《“民情恳谈”搭建党群“连心桥”》经验材料被汇编入市委的《为民服务路线图》成果集和区委的《党的群众路线教育实践活动典型材料》中，电教片《连心桥》获全区最佳电教片奖，并在大连电视台党建栏目专题播出。

【“奏时代强音，劳模风采”启动仪式】 2014年4月28日，椒金山街道总工会举行“展劳模风采，奏时代强音”迎“五一”劳模风采、真迹巡展启动仪式。椒金山街道从建国初期至今，涌现出全国劳模5人、省部级劳模9人、市级劳模42人。他们以热爱劳动、勤奋劳动的模范行为，为创造社会财富、促进社会发展做出突出贡献。街道总工会在椒金山辖区内征集全国、省、市劳模勋章、工作日记本、奖章证书真迹百余件，包括全国劳模战作新珍藏的在人民大会堂同毛主席的3.6米长合影照片。在辖区学校、社区、驻街企事业单位开展巡展活动，弘扬劳模精神，崇尚社会主义核心价值观，用劳模的先进事迹感召人，用劳模的优秀品质引领社会风尚，让劳模精神成为时代强音。

【团工委工作】 2014年，椒金山街道团工委创作的微电影《暖情》，在甘井子区纪念“五四”运动95周年暨最美的“青”表彰大会上获得第一名并进行展播；街道团工委推荐的优秀青年王峰、王娜、张洪波、张永年4人，获得大连市“俊”青年称号。

【寻最美家风，建幸福家庭】 2014年，椒金山街道妇联在全

2014年椒金山街道主要社会经济指标情况表

项目	单位	数值	项目	单位	数值
人口：年末户籍总户数	户	22617	外贸出口额	万美元	-
年末户籍总人口	人	67819	规模以上工业企业数	户	2
地区生产总值	万元	337807	中小学	所	9
其中：第一产业增加值	万元	-	在校学生	人	8900
第二产业增加值	万元	108198	幼儿园	所	5
第三产业增加值	万元	229609	在园儿童	人	970
工农业总产值	万元	152013	卫生机构	所	5
其中：工业	万元	152013	户籍人口出生数	人	962
农业	万元	-	户籍人口出生率	‰	14.26
地方财政一般预算收入	万元	8770	户籍人口死亡数	人	349
社会消费品零售总额	万元	117761	户籍人口死亡率	‰	5.18
固定资产完成投资额	万元	175347	人口自然增长率	‰	9.09
工业利润	万元	13681			

2014年椒金山街道村(居)委会基本情况表

村(居)委会名称	党委(总支)书记	村(居)委会主任	总面积(平方千米)	户籍数(户)	户籍人口(人)
椒东社区	闫桂燕	闫桂燕	0.28	1229	3679
椒中社区	闫桂燕	闫桂燕	0.1	1546	4637
椒北社区	穆　文	穆　文	0.9	2135	6397
金源社区	王晓娜	王晓娜	0.21	1936	5803
金贸社区	张素玲	张素玲	0.3	2834	8502
金旺社区	韩　波	韩　波	0.21	2437	7311
金峰社区	杨　柳	杨　柳	0.41	2368	7101
矿北社区	陈　玉	陈　玉	0.28	1317	3949
金龙社区	张良玉	张良玉	0.31	1961	5883
龙江社区	范巧云	范巧云	0.49	1602	4804
金泉社区	张雪梅	张雪梅	0.34	701	2103
金山社区	郝少萍	郝少萍	0.39	660	1980
金荣社区	王丽萍	王丽萍	0.23	707	2120
金成社区	姜　萍	姜　萍	0.25	1184	3550

街道启动“寻最美家风，建幸福家庭”活动，街道妇联向全街妇女发出“寻最美家风，建幸福家庭”倡议。启动仪式上，来自街道辖区社区的孙英赫、于金枝、张翠华等 10 个家庭的家庭成员表演了歌舞、乐器、太极、配乐诗朗诵、模仿秀等节目。龙江社区韩淑媛家庭被评为“辽宁省幸福家庭”称号，甘井子区仅 2 户家庭获此荣誉。

(撰稿人:陈玉波　审稿人:杨　光)

中华路街道

【概况】　中华路街道位于甘井子区城区北部，东邻泉水街道、甘井子街道、椒金山街道，南邻兴华街道，西邻泡崖街道，北邻南关岭街道，面积 6.12 平方千米。全街辖 16 个社区居委会，户籍人口 8 万人。截至年末，实现地区生产总值 104.3 亿元，比上年增长 9.4%；地方公共财政收入 4.13 亿元，比上年下降 12.4%；工业总产值 28.5 亿元，比上年增长 3.4%；固定资产投资 128.04 亿元，比上年增长 21.5%。域内有市国税局甘井子分局、市地税局甘井子征管分局、区市场监督管理局、区卫生监督所、区疾病预防控制中心、华南企业集团、沃尔玛华南店、安盛购物广场、安盛沃特时尚广场、安盛亿合城购物中心、红星国际广场、华润啤酒有限公司、大连北城建设集团有限公司、民营科技企业创业中心、大连第三人民医院、甘井子区委党校等党政机关、企事业单位。街道党政机关驻汇信街 22 号。

【招商引资】　2014 年，中华路街道实际利用外资 2.6 亿美元，实际使用内资 27 亿元，新增注册资金 500 万及以上企业 44 家。现代服务业面积超过 120 万平方米，房地产市场实现销售 26 亿元。电子商务取得新突破，大连华南国际商城电子商务区运营平台正式启用。

【土地储备】　2014 年，中华路街道完成第三轮土地普查工作，进行土地收储工作 8 宗，其中下发规划条件 3 宗，具备挂牌条件 3 宗，总占地面积 11 万平方米，建筑面积约 50 万平方米。

【民主政治和群团工作】
2014 年，中华路街道顺利完成人大代表、政协委员增补工作，新增社区人大代表工作站 5 个，政协委员进社区工作持续开展。完善工会规范化建设水平，加大困难职工帮扶力度，推进社区企业联络服务站建设。

【社会事业】　2014 年，中华路街道实现实名制就业 2730 人，为年计划的 130%。其中，稳定就业 2372 人，为年计划的 200%。稳定就业率 87%。扶持创业带头人 37 人，为年计划的 112%。带动就业 230 人，为年计划的 100%。创业就业 486 人，为年计划的 120%。领

红星美凯龙国际家居生活广场

取失业金575人，年发放金额621万元；公益性岗位66人，年发放金额23万元，发放“4050”两险补贴959人，年发放金额689万元。职业技能培训150人。困难居民享受采暖费补贴236户，年发放金额27万元。社保卡发放2.1万张。街道积极开展标准化、均等化的协约式服务，完善“一站式”服务模式，抓好劳动就业社会保障平台建设，确保机构、人员、经费、场地、工作和制度“六到位”。街道救助力度继续加大，发放困难群体各类救助资金160万元。完成445户低保家庭调标工作，城市低保标准提高到570元。投资近40万元，为11个社区更换新的办公桌椅和设备，完成永盛社区新办公用房装修，作为区精品示范社区的梅山社区办公用房投入使用。完成第9届社区“两委”换届工作，新老社区干部进行顺利交接，保持社区干部队伍的稳定性。

2014年中华路街道主要社会经济指标情况表

项目	单位	数值	项目	单位	数值
人口：年末户籍总户数	户	34208	外贸出口额	万美元	2292
年末户籍总人口	人	79897	规模以上工业企业数	户	9
地区生产总值	万元	1043015	中小学	所	5
其中：第一产业增加值	万元	-	在校学生	人	3300
第二产业增加值	万元	-	幼儿园	所	14
第三产业增加值	万元	1043015	在园儿童	人	2200
工农业总产值	万元	205357	卫生机构	所	4
其中：工业	万元	205357	户籍人口出生数	人	648
农业	万元	无	户籍人口出生率	‰	11.09
地方财政一般预算收入	万元	41301	户籍人口死亡数	人	383
社会消费品零售总额	万元	1102000	户籍人口死亡率	‰	6.55
固定资产完成投资额	万元	1280408	人口自然增长率	‰	4.53
工业利润	万元	14971			

2014年中华路街道居委会基本情况表

村(居)委会名称	党委(总支)书记	村(居)委会主任	总面积(平方千米)	户籍数(户)	户籍人口(人)
永昌社区	陈忠梅	陈忠梅	0.11	1273	3819
永安社区	宋春霞	宋春霞	0.09	2032	3946
永新社区	潘艳秋	潘艳秋	0.13	2298	5227
永明社区	袁　伟	袁　伟	0.17	2090	5305
永盛社区	王金惠	王金惠	0.6	3525	6853
六祥社区	丁　然	丁　然	0.6	2045	5220
六顺社区	韩　玲	韩　玲	0.58	1902	4712
天发社区	孙艳香	孙艳香	0.8	1864	4897
梅山社区	靳　辉	靳　辉	0.4	2530	6098
兴国社区	张瑞华	张瑞华	0.12	2057	4056
锦园社区	王明芳	王明芳	0.12	842	2150
新园社区	于　波	于　波	1.16	5851	12455
名贵山庄社区	姜丽娟	姜丽娟	0.4	1403	3936
北府花园社区	隋慧玲	隋慧玲	0.26	606	1598
动力院景社区	赵　霞	赵　霞	0.4	1207	2928
加州洋房社区	张冬梅	张冬梅	0.176	2683	6697

【社会管理】 2014年，中华路街道投入资金1300余万元，修建七胜路、七利路、安盛·亿合城周边等“一街一景”项目，新增绿植2.6万株，城市建设管理得到加强。实施市容环境集中整治，占道经营、沿街烧烤、工地扬尘等群众反映比较大、影响城市形象的问题得到解决。推进实施中华西路升级改造工程，打造一条高标准高品质国际化街区。开展健康教育工作，疾病防控工作取得成效，组织开展食品安全专项检查。当年，街道社会稳定形势整体良好，社会治理创新进一步深化。开展以“平安中华路、法治中华路”为主题的综治宣传月活动。在沃特时尚广场举办法

制宣传日活动。通过展出宣传展板、发放讲解政策法规资料、开展法律咨询等方式，进一步营造“平安中华路、法治中华路”文化氛围。利用乘凉晚会、社区讲堂等形式加大宣传力度。中华路街道推进“六五”普法，完善“大普法”体系建设。组织开展社会矛盾纠纷排查“大调解”工作，成功调解矛盾纠纷89起。开展依法治理工作，加强法律援助和法律服务，推进社区矫正工作。落实信访稳定工作责任制，推进信访代理工作，引导群众合理的反映诉求。

【安全生产】 2014年，中华路街道安全生产形势保持稳定，全年无重特大事故发生。推进安全生产目标责任制，建立安全生产管理长效机制。开展对加工企业、建筑工地、大型商场、危险化学品企业、鞭炮销售网点等安全检查工作。

(撰稿人:谭 杨 审稿人: 张学波)

兴华街道

【概况】 兴华街道位于甘井子城区中部，东邻椒金山街道，南邻周水子街道，西邻机场街道、泡崖街道，北邻中华路街道。面积4.8平方千米。全街辖13个社区居委会，户籍人口65991人。截至年末，实现地区生产总值30.01亿元，比上年增长7.56%；财政收入8015万元，比上年下降22.92%；固定资产投资8.4亿元，比上年增长0.2%；实际使用内资6亿元，比上年增长20%。域内有中央储备粮大连直属库、北京华联金三角店、大连民生证券、阜新银行、灯饰批发市场、石材市场、装饰材料市场及大湾农副产品综合市场，中升宏达汽车销售有限公司、裕德丰田汽车销售有限公司等13家汽车4S店坐落在山东路的南端。街道办事处驻甘井子区山东路9－9号。

【重点项目】 2014年，兴华街道华东路26号交运集团汽车修配厂搬迁改造项目土地证注销工作已结束，正在重新修改详细规划。丰收路586号老旧城区改造项目住户房屋面积测量工作完成，正在进行产权证审核。华北路198号原光明家具厂搬迁改造项目净空高度已经批复，正在办理规划条件。

【招商引资】 2014年，兴华街道先后引进华北路奇瑞汽车4S店和韩国双龙汽车泰赫雅特销售服务店、广汽传祺汽车4S店、佰达超市和益万家超市等5个项目。

【社会事业】 2014年，兴华街道实现实名制就业3515人、新增创业带头人43人、带动就业229人、创业就业415人，分别完成全年计划的100%、130%、128%、104%，全部就业指标均超额完成全年目标任务。年度新增低保户56户，停保83户、140人，全街419户低保户均实现了新标准下的应保尽保。年度走访低保、失独、大病、残疾等困难群众家庭912户，发放款物36万余元。实施医疗救助31人次，发放救助金7.9万余元。居家养老服务有序开展，全街26名60岁以上低保、孤寡老人享受到了助餐、医疗服务。开展“让爱铺满兴华”主题慈善活动，争取“孝慈长椅”捐赠105把。组织楼院离退休骨干参加“喜看家乡新变化”活动，700余人次亲身体验到城市发展新成果。社区教育积极服务民生需求，“小手牵动大手，共建和谐兴华”主题活动深化。社区实行“五心服务”承诺，社区干部《民情日记》手册服务民生成效明显。重点结合新修改的《辽宁人口与计划生育条例》，加强新政策宣传力度，制作具有街道特色的计生宣传品3000个。为1258名育龄群众进行免费生殖健康普查。为123对新婚夫妇免费进行孕前优生健康检查,免费发放叶酸450瓶,避孕药具4520盒。街道计生协会免费为170户计生特殊家庭办理意外伤害保险,为56名困难母亲办理女性健康保险,为4名儿童办理白血病保险。资助贫困优秀大学生4名。年度申报特殊困难家庭118户、223人,拟发放扶助金938400元,失独家庭一次性补助金10人,金额5万元。免费办理住院护理补贴保险198人。节日期间,走访特殊困难家庭96户,发放慰问品金额44600元。完成失业转退休人员独子费申请、审批工作,470人共计94万元。完成双失双下独子费申请、审批工作,868人共计52170元。

【妇联活动】 2014年,兴华街道组织妇联干部先后参观了长利社区和前盐村妇女之家,按照大连市示范妇女之家的建设标准创建华锦名苑妇女之家。3月6日,组织机关和社区妇女干部参加"玩转配饰"形象礼仪讲座。5月,在全街范围内开展"德美之家,爱传万家——寻找最美家庭活动",通过广泛发动、相互推荐、百姓自荐的形式,经过互评互议、逐级筛选,评选出10个最美家庭。6月17日,组织社区妇联专干参加《调解方法和技巧探索》的专题培训。6月26日、10月31日,"美丽巾帼,幸福课堂"活动2次走进兴华街道,大连市妇产医院副主任医师邓晓鹏和北大星医疗投资集团董事长、五行关联疗法创始人张钰斌老师为辖区百余名妇女进行了健康讲座及现场义诊。在建军87周年来临之际,牵头组织辖区巾帼志愿者为驻街省武警支队送上慰问演出。11月中旬,石萍、贾燕斌等10户家庭在全市范围内开展的花样家庭推选活动中脱颖而出,成为以鲜花命名的花样家庭,并代表甘井子区参加市妇联2014花样家庭颁奖联欢活动。创建北京华联收银组、农商银行营业部两个巾帼文明岗。开展"巾帼志愿者暖心行动"、"沐温馨书香,做知性女人"读书活动、民族音乐会赏析等庆祝国际妇女节系列活动。走访23位贫困母亲,辖区9名贫困母亲接受了市妇联的专项救助,市、区、街三级妇联组织累计救助额4万元。

【社会管理】 2014年,兴华街道坚定"攻坚克难,不留死角全面清理整治环境卫生"的信念,开展社会环境综合整治工作。全年共出动4100余人次、铲车475台次,清理居民楼180栋、乱搭棚厦98处、菜窖102个,清理面积约14万平方米、铁路沿线2300余延米,清运各类垃圾1400余吨。依法拆除违法建设160余处4500余平方米。清理占道经营739处、流动商贩1043人次、占道洗刷车62处/次、户外烧烤127处/次、占道灯箱广告牌匾286块、条幅204条、乱贴乱画及橱窗大字4.2万多张,规范店外店经营185家。街道协调市建委燃气处等部门,解决困扰松江路沿线16栋楼、747户百姓十几年的煤气问题。街道自筹资金16万余元,重新铺设下水管线,彻底解决新型小区514公交车终点站和山东路31号、164号周边常年污水外溢,影响市容和交通安全的排水井堵塞问题。

【党内关爱活动】 2014年,兴华街道针对老城区老年党员多的实际情况,结合党的群众路线教育实践活动,重点开展"加强党内关爱制度建设"活动,建立"三经常"(街道党工委经常走访;社区党总支经常关照;楼院党支部经常探望)、"四送"(对困难党员送温暖,对有病党员送问候,对体弱党员送陪伴,对家庭有重大变故党员送关怀)等关爱机制。全街共成立党内关爱小组95个,走访慰问200余人次,发放慰问金5万余元。组织安装"关爱老党员健康行"一键呼叫设备,截至年末,已完成安装75户。

【"两创"活动】 2014年,兴华街道在街道机关、社区居委会在职党员、各楼院党支部和驻街非公企中,以"三比、三看"为主要内容,开展创建"党员服务示范标兵"、"党员奉献示范标兵"活动,并召开庆"七一"暨"两创"活动表彰大会。会上,组织观看了街道党的群众路线教育实践活动纪实片《情怀》;表彰了31名"党员服务示范标兵"和"党员奉献示范标兵"。

【省委常委、市委书记唐军到兴华街道调研并与联系户群众座谈】 2014年11月27日,辽宁省委常委、市委书记唐军到兴华街道调研,并与10位联系户群众座谈。调研中,唐军实地察看了兴华街道党员服务中心和"两代表一委员"工作室,详细了解了基层党组织活动阵地建设情况以及党代表联系服务群众情况。视察后,唐军在兴华街道东部社区服务中心主持召开座谈会,听取街道党工委书记陈秀军等10名代表对市委常委班子、基层党组织建设以及社会管理创新等方面的意见建议。

【转办民心网诉求件获10星评价】 2014年,兴华街道接到省民心网转办的"松江路27号楼周边下水管线堵塞"诉求件后,立即派人实地查看,并组织相关单位人员研究制定维修工作方案。经过10余天施工,下水管全部更换完毕,困扰595户居民的下水管线堵塞问题得到根本解决。此件诉求件被省民心网评为"十星"优质件,街道纪工委书记王丽越被省民心网评为"办案明星",辽宁电视台的《电视播报》节目对此进行了报道。区纪委将此件转载到甘井子信息网上,并在半年工作总结中点名表扬街道党工委书记陈秀军。

【兴华街道新商会成立】 2014年4月28日,兴华辖区商会会员企业代表及特邀代表共80人参加了兴华街道新商会会员代表大会,大会选举产生了街道新商会会长、副会长、秘书长、执委,完成了从政府职能型商会到民间自治组织的转变。

【松江路31号楼精品和谐楼院创建】 2014年,兴华街道按照市委宣传部和谐楼院创建"十个一"软硬件工作标准,开展"同住明德苑,共爱一个家"和谐楼院创建活动。通过环境整治,修建花坛,栽种树木,安装健身器材,绘制社会主义核心价值观、爱护环境为主要内容的文化墙等举措,打造了松江路31号楼精品和谐楼院。

【中央级媒体报道街道传播家规家训创新做法】 2014年,兴华街道在4月份全区开展的"写家训、晒家规、助成长"活动中,挖掘典型事迹,借助党课宣讲员队伍,走街串巷,用鲜活通俗的方式介绍给辖区百姓,在全街弘扬向上向善的正能量。华振社区居民卢连荣20年如一日照顾残疾卧床丈夫的家风事迹,经大连电视台播出后,引起市、区两级宣传部门的高度重视。兴华街道借助党课宣讲员,传播家规家训的创新做法接受了中央媒体采访,新华社、《人民日报》《光明日报》、人民网、新华网、共产党员网、《辽宁日报》等25家媒体也相继对此进行了报道。

【兴华街道志愿者协会青少年志愿者分会成立】 2014年3月5日,兴华街道辖区6所中小学近百名代表参加了兴华街道青少年志愿者分会成立授旗仪式。芙蓉小学的郑雨欣代表辖区1000多名青少年志愿者发言，号召青少年及在场家长从自我做起、从身边做起、从力所能及的小事做起，积极参加社会实践及志愿服务活动，在服务社会中增强社区责任感。

【"学雷锋，献爱心"义卖活动】 2014年3月5日，兴华街道辖区6所中小学近千名学生与家长在金三角华联超市下沉广场参加兴华街道"伸出一双手，捧出一颗心"小志愿者学雷锋活动——中小学生爱心义卖活动。活动将义卖所得近8000元以学校为单位捐助给本校需要帮助的学生。

【大连市首家汽车销售与维修行业工会联合会成立】 2014年10月17日，兴华街道协调辖区15家汽车销售与维修行业组织成立了大连市首家汽车销售与维修行业工会联合会，整合了辖区汽车销售与维修资源，增强了企业面对市场风险的抵抗力，提高了企业在市场上的竞争力。

【市民健身广场建成使用】 2014年，兴华街道通过争取市区财力支持，建设集街头篮球、门球、羽毛球(网球)和市民休闲活动等功能为一体的现代化、花园式的群众体育、休闲、健身长廊。项目位于兴华小学东侧，占地面积1400平方米。

【"兴华四季"之春——志愿服务周】 2014年3月5日，兴华街道在金三角华联下沉广场启动主题为"伸出一双手，捧出一颗心——兴华千名志愿者在行动"志愿服务周活动。通过组织开展"伸出一双手，捧出一颗心"便民志愿服务大集、"小手拉大手"之"学雷锋，献爱心"主题义卖等"七天七个主题活动日"系列志愿服务活动，推动兴华地区志愿服务实现制度化、常态化。

【"兴华四季"之夏——"感动兴华"人物评选】 2014年初，兴华街道党工委、办事处从"孝老爱亲""最美善邻"、"爱岗敬业"、"优秀群体"等四个层面组织开展"感动兴华"系列人物评选活动。活动历时半年拍摄了"感动兴华"人物事迹展播片。8月，街道举办了"感动兴华"人物评选活动颁奖典礼暨大型群众文艺晚会，活动用身边事感动身边人，深化宣传社会主义核心价值观，弘扬了地区崇德向善正能量，全街4000余名居民观看了晚会。

【"兴华四季"之秋——千人健身操展演】 2014年10月29日，兴华街道党工委、办事处在兴华小学操场举办"兴华四季"系列活动之秋——"舞动中国梦"千人健身操展演，集中展示了辖区群众文体活动水平和成果，呈现出"辖区居民广泛参与文体活动，退休群众乐享幸福晚年生活"的和谐街区文化氛围，全街1500余名群众参加了展演活动。

【东部社区被评为市四星级科普社区】 2014年，兴华街道按照市科协关于"四星级科普社区"评比要求，改善社区软硬件环境，经过市科协的评比验收，东部社区被评为市四星级科普社区，街道实现"四星级科普社区"零突破。

【社会组织服务中心】 2014年，兴华街道社会组织服务中心自挂牌运行以来，培育发展公益慈善类、社区服务类、文体科技类、行业协会社会服务类等五大类170余支社会组织，全街注册志愿者达到2078人，各类社会组织组织开展大型主题活动50余次。11月27日，辽宁省委常委、市委书记唐军实地考察了街道社会组织服务中心作为市级社会组织示范孵化基地的运行情况、社会组织功能性党支部建设等情况，并询问街道通过创

改造后的秀水社区广场

2014 年兴华街道主要社会经济指标情况表

项目	单位	数值	项目	单位	数值
人口:年末户籍总户数	户	27694	外贸出口额	万美元	-
年末户籍总人口	人	65991	规模以上工业企业数	户	5
地区生产总值	万元	300102	中小学	所	6
其中:第一产业	万元	-	在校学生	人	4440
第二产业	万元	21363	幼儿园	所	13
第三产业	万元	278739	在园儿童	人	2252
工农业总产值	万元	30657	卫生机构	所	4
其中:工业	万元	30657	户籍人口出生数	人	646
农业	万元	0	户籍人口出生率	‰	9.79
地方财政一般预算收入	万元	10398	户籍人口死亡数	人	462
社会消费品零售总额	万元	394000	户籍人口死亡率	‰	7
固定资产完成投资额	万元	84139	人口自然增长率	‰	2.79
工业利润	万元	1068			

2014 年兴华街道村(居)委会基本情况表

村(居)委会名称	党委(总支)书记	村(居)委会主任	总面积(平方千米)	户籍数(户)	户籍人口(人)
兴富社区	苏爱红	苏爱红	0.15	1856	4364
兴民社区	李爱群	李爱群	0.1	2557	6051
兴强社区	孙　英	孙　英	0.15	2242	5472
兴利社区	王希君	王希君	1.2	2822	7201
华振社区	梁红霞	梁红霞	0.45	2193	4017
华兴社区	梁玉玮	梁玉玮	0.6	2793	7472
华中社区	林海英	林海英	0.09	2171	4395
华国社区	高宏霞	高宏霞	0.08	1856	4069
华岳社区	崔晓君	崔晓君	0.2	2579	5340
秀山社区	邢秀英	邢秀英	0.48	2247	4866
秀水社区	韩金红	韩金红	0.5	1570	3864
金钢社区	王丽娟	王丽娟	0.3	1525	3911
金宇社区	王景华	王景华	0.5	2135	4969

新社会组织发展推动社会治理创新等工作情况。

【“春风行动”】 2014 年 3 月 6 日,兴华街道在金三角华联超市下沉广场举办主题为“搭建供需平台,促进转移就业”的劳动再就业“春风行动”用工招聘会,434 家用人单位为失业人员提供了 2559 个就业岗位,16 家企业完成现场招聘,150 人与企业达成用工意向。

【一街多景建设】 2014 年,兴华街道投资 220 余万元,打造面积 12200 余平方米的“兴昌园”和“富民园”一街多景工程。共铺设方砖步道 1 万余平方米,安装护栏 737 余延长米,栽植樱花、日本红枫等名优树种 130 余棵,灌木花卉 4.2 万余株,并组织辖区文化志愿者绘制以“社会主义核心价值观”、“平安、和谐、美丽、活力、幸福兴华建设”、法治和科普及廉政建设为主题的面积 600 余平方米的文化墙。原本乱堆乱放杂草丛生的环境已变化为集居民休闲、景观、健身等功能于一体的多功能环境惠民工程。

【“暖房子”工程】 2014 年,甘井子区“暖房子”工程中,兴华街道争取到 57.8 万平方米、214 栋楼体,对楼体实施了外墙外保温节能改造、更换居民家中及楼栋窗户、改造供热管网及供热计量。截至年末,已全部完工。为使“暖房子”工程顺利展开,街道对松江路及山东路两侧违章建筑进行了集中拆除,共出动420人次、车辆60台次,拆除违法建设141处、2000多平方米。

【老旧楼院改造工程】 2014年,兴华街道争取到全区12个老旧楼院改造项目中的6个项目,涉及7个社区86栋楼,改造面积11万平方米。截至年末,全部完工。争取市区城建部门支持,维修改造9条共3000余平方米的街巷路,方便居民出行。投资20余万元,完成秀水社区广场及周边环境升级改造,居民生活休闲环境焕然一新。落实完成居民反映较大的水彩巷等4处500余延长米的险墙修复工作,彻底消除安全隐患。投资7万余元,修复华东路22号楼立面保温。筹措资金40余万元,为丰收路和金西路部分人行步道及楼院重新铺设方砖。

(撰稿人:苏晓彤　审稿人:王长忠)

周水子街道

【概况】 周水子街道位于甘井子区东部,东以金家河为界与椒金山街道接壤,南以春柳河为界与沙河口区、西岗区毗邻,西部和北部以铁路线为界分别与机场街道、兴华街道衔接,总面积5.34平方千米。全街辖14个社区。户籍人口83605人。截至年末,实现地区生产总值42.8亿元,比上年增长8.4%;财政收入1.18亿元,比上年增加51.5%;规模工业总产值3亿元,比上年增长8.7%;固定资产投资5.29亿元,比上年降低34.6%;实际使用内资7亿元,比上年增加100%。域内有大连新玛特购物广场新华绿洲店、大连东特商业有限公司、金三角市场综合体、大连自来水集团甘井子分公司、甘井子区教育局、甘井子区司法局等企事业单位及党政机关。街道办事处驻甘井子区东纬路110号。

【经济发展】 2014年,周水子街道实际使用外资2032万美元,比上年增加475.6%。财政收入跃入城市街道三甲行列,在全区绩效考核的综合打分排名中,由前几年的持续靠后,跻身城市街道的前三名。

【重点项目】 2014年,周水子街道大橡塑改造一期项目完成销售约10亿元,二期工程基础设施建设已经启动。万科公园里项目开工4.8万平方米(含地下停车场),实现销售收入2亿元。4月29日,香港盛大集团摘牌波浪洗衣机厂项目,开始前期施工准备工作。液力机械厂项目的规划条件已经获得批准,正在进行红线范围内动迁准备工作。东海棚户区改造项目实现全部净地。

【城区建设】 2014年,周水子街道投资60万元,进行绿化和硬覆盖铺设,打造总面积约3600余平方米,集休闲健身、绿化公园为一体的周盛社区“一街一景”盛世游园项目。及时修缮弃管楼院基础设施,铺设柏油路7300平方米、方砖2343平方米。开展市容环境综合整治,拆除违章建筑1000多平方米,清理菜地5000多平方米,清理卫生死角27处。

【创新网格化管理】 2014年,周水子街道通过网格化管理开展对重点领域、重点行业、重点群体、重点人员的密切关注。当年,入户走访社区矫正人员45人次,稳控11人,实现“五个坚决防止”的总目标。落实安全生产责任制,签订《安全生产目标管理责任状》478份,以开展“安全生产月”活动为载体，做好新《安全生产法》的宣传教育，发放宣传品1000余份。坚持痕迹化管理，开展“打非治违”、人员密集场所、机械加工等专项整治活动，下达整改指令通知书136份，排查安全隐患526处。组织周二小学1000多名师生开展应急逃生演练，提升辖区单位和群众的安全意识。

【2·7爆炸事故处置】 2014年2月7日，周水子街道周顺社区顺发路7号发生闪爆，事故造成1人烧伤、多人轻伤，涉及周边5栋楼近150户。事故发生后，街道和周顺社区工作人员第一时间赶到现场，做好群众安抚工作，协调恢复供水、供暖、电话、有线电视、互联网等的正常运行，垫付资金给受灾群众免费安装、修复破损的门窗、管线等。在事故的后续处理救助中，主要领导带领相关工作人员成立清空作业、后勤保障和居民上访应急接待等工作小组，对受损失的居民进行了及时妥善的临时安置，引进公估程序，积极协调各方，推进对楼体的安全情况和加固维修的检测评估。

【计生工作】 2014年5月，周水子街道成立计划生育协会志愿者服务队伍，对全街特殊家庭开展调查摸底，整理出五大类型152户不同情况的特殊家庭档案。当年，全街申请办理各类二胎生育指标183例，发放计划生育特抚死亡家庭64户106人50.88万元，伤残家庭64户102人36.72万元，为全街特抚家庭193人免费投保“计划生育独生子女家庭父母住院护理补贴保险”。申请专项特抚家庭走访慰问金1.4万元，对特抚死亡家庭进行走访慰问。制作宣传展板15块，展板宣传彩页225幅，宣传条幅2个，宣传易拉宝2个，投入3.8万元制作计生宣传品(宣传单、挂件、包等)进行发放宣传。

【社会保障】 2014年，周水子街道完成实名制就业3394人，其中稳定就业2663人，灵活就业731人，创业就业462人，创业带头人36人，带动就业和再就业人数258人。完成审验失业金7487人次，共752.19万元。发放“4050”两险补贴3591人，共616.75万元。发放创业补贴10人，共2万元。发放上年度困难家庭采暖补贴187人,21.53万元。发放失业军转干部生活补贴金、岗位补贴130余万元，公益性岗位补贴金50多万元。累计接收发放社会保障卡5902张；发放丧葬费231人次，共419.23万元；退休人员生存认证18582人，认证率100%。为辖区未成年人、城居老年人、低收入、低保家庭办理城镇医疗保险4818人。圆满完成了大连市第十五次低保提标工作后，街道辖区内享受低保保障的居民269户，391人，保障标准由以前的530元提高到570元，街道根据家庭情况的变化对低保对象进行了动态管理，真正做到了“应保尽保、应退尽退”的动态管理。

【社会组织建设】 2014年，周水子街道组织成立周水子社区社会组织，新成立备案组织168个，涉及社区管理、志愿服务、公益服务、文化体育、养老助残、困难救助等领域，初步形成自主发展、门类多样、不同层次、覆盖广泛、作用明显的社区社会组织体系。当年，开展活动400余次，参与活动的群众累计2万余人。携手蓝天医院，投入约10万余元，为3000多名居民义诊，为居民发放价值565元免费体检卡1000余张、广场舞体恤衫1000件。亿达社区成为全区唯一一个获得“全国和谐社区建设示范社区”称号的社区，鹏辉社区获得“大连市和谐社区建设示范社区”称号。

【“绿马甲”志愿服务】 2014

年，周水子街道注册志愿者人数为1109人。其中党员393人，楼长540人。全年开展志愿者活动630余次，出动注册志愿者8000余人次，开展环境综合整治、“一街一景”美化项目、花坛除草护绿。出动注册志愿者5000余人次，开展“学雷锋星期六志愿服务日”活动。出动志愿者260余人次在各个节日来临时走访慰问孤寡老人、残疾人、重病患者并帮助他们扫卫生、送饺子、买秋菜、代缴水电费等。出动志愿者2300余人次开展治安巡逻、网吧巡检、邻里调解等工作。出动志愿者5000余人次开展各种文体活动丰富社区文化生活。“绿马甲”志愿者在安全社区建设、文体活动、创建文明城和庆祝节日起到了促进和谐、维护稳定的作用。

元旦期间，志愿者们开展慰问消防战士活动

2014年周水子街道主要社会经济指标情况表

项目	单位	数值	项目	单位	数值
人口：年末户籍总户数	户	41415	外贸出口额	万美元	-
年末户籍总人口	人	83605	规模以上工业企业数	户	6
地区生产总值	万元	428000	中小学	所	7
其中：第一产业增加值	万元	-	在校学生	人	8300
第二产业增加值	万元	109000	幼儿园	所	3
第三产业增加值	万元	319000	在园儿童	人	2250
工农业总产值	万元	420000	卫生机构	所	29
其中：工业	万元	420000	户籍人口出生数	人	1020
农业	万元	-	户籍人口出生率	‰	12.2
地方财政一般预算收入	万元	11774	户籍人口死亡数	人	465
社会消费品零售总额	万元	69000	户籍人口死亡率	‰	5.6
固定资产完成投资额	万元	52901	人口自然增长率	‰	6.7
工业利润	万元	8750			

【家政服务岗位需求服务平台】 2014年，周水子街道在社区建立家政服务岗位需求服务平台，通过社区社团、楼长和支部书记等骨干，搜集用工信息，并与街道就业服务平台对接，优先为全街失业人员提供就业岗位。5月29日，街道借助此平台联合工会组织在街道一楼办事大厅举办“居然之家”专场大型招聘会，参加招聘的用工单位100余家，

2014年周水子街道居委会基本情况表

村(居)委会名称	党委(总支)书记	村(居)委会主任	总面积(平方千米)	户籍数(户)	户籍人口(人)
周东社区	徐爱娜	徐爱娜	0.43	1793	5595
周南社区	相　华	相　华	0.38	3837	6468
周西社区	纪淑霞	纪淑霞	0.38	2254	5897
周北社区	刘万峰	刘万峰	0.21	3412	6609
周盛社区	任清辉	任清辉	0.49	3188	7395
周顺社区	李翠云	李翠云	0.16	2445	5590
周发社区	姜玉琴	姜玉琴	0.17	4726	5655
周强社区	李淑珍	李淑珍	0.19	2717	4772
周兴社区	刘　莉	刘　莉	0.51	2315	5919
周水子社区	刘　清	刘　清	0.41	2100	4457
绿洲社区	王新民	王新民	0.1	2256	4951
鹏辉社区	李　霞	李　霞	1.29	2647	6806
亿达社区	张秀兰	张秀兰	0.25	4800	8364
星加坡社区	张秀华	张秀华	0.37	2925	5127

到场求职居民500余人,现场达成意向性就业协议102个。在东特广场、金三角等繁华地段和街道、社区学院组织了多场岗位送温暖活动与失业职工再就业专场培训,免费为164名下岗失业人员进行电子商务、手工编织、中式面点、西式面点、育婴师等实用的专业知识培训,146人取得资格证书,为86人办理免费培训券。培训后,根据下岗失业职工的具体情况为其推荐合适的岗位,为参加培训的下岗失业职工再就业提供帮助。

【社区教育和群众性文化体育活动】 2014年,周水子街道以服务辖区群众、提高广大居民的文教福利为目标,着力建设文明和谐的周水子文化教育生活圈。投入资金19.8万元,建立"社区书屋"6个,分别配置图书1500种、2000册。开展"圆梦幸福周水子"文化系列活动,举办20余场主题夏季纳凉晚会,为辖区百姓在炎炎夏日里送去场场清凉的文化大餐。当年,周水子街道被评为全国"学习型社区示范街道"。

【文明楼院】 2014年,周水子街道主要以周盛社区四二七楼院和周北社区文明楼院为抓手,以红色经典、传统文化、志愿服务、法制教育、核心价值观等为主题,在这两个文明楼院开展墙体画创建活动,创作文化墙1300平方米左右。承办全市社区好榜样启动仪式暨社区好榜样——文明在大连之走进亿达社区晚会,市区领导及500余名居民参加晚会,大连电视台对晚会进行了录播。

【文明城市创建】 2014年,周水子街道按照全国文明城市测评体系要求,以培育和践行社会主义核心价值观为根本目标,坚持"为民靠民惠民"的工作宗旨,创设载体,搭建平台,努力提升群众的参与度与认可度,巩固和发展全国文明城市创建成果,进一步提升区域文明水平和居民文明素质。2014年,亿达社区被评为辽宁省文明单位。

(撰稿人:吕文杰　审稿人:刘万海)

泡崖街道

【概况】 泡崖街道位于甘井子区西北部,东邻兴华街道,西邻辛寨子街道,南与大连周水子国际机场接壤,北邻革镇堡、南关岭街道,面积9.42平方千米。全街辖14个社区,户籍人口6.3万人。当年,实现地区生产总值14.2亿元,比上年增长7.2%;财政收入6598万元,比上年增长22.1%;固定资产投资20.3亿元,比上年增长1.6%,工业总产值10亿元;实际使用外资300万美元;限上社会商品零售额4102万元。域内有亿丰大连国际汽车城、五七〇六厂、大连亚田混凝土公司、大连世友机械公司、金星公司、金玛超市、大连工业大学等大型企业及高校。街道党政机关驻玉带路1号。

【重点项目】 2014年,泡崖街道共推进7个项目,其中市、区重点项目亿丰大连国际汽车城项目一期于11月8日正式营业,成为带动泡崖地区经济蓬勃发展的龙头企业;该项目二期处于动迁谈判阶段;西北路847号东特房地产项目由大连东特房地产开发有限公司承建,该项目已通过市长办公会议决议,预计2015年进行土地挂牌;欣乐公园地下空间改造项目总投资6亿元,计划建设一座大型商场及停车场,项目由大连鸿通房地产开发有限公司承建,截至年末,项目正在进行收储前的费用测算;泡崖娱乐官商业综合体项目,计划投资3000万元,正在装修改造之中,预计2015年正式投入使用;完成铁路市场升级改造项目,改造后市场经营有序、规范,缓解了周边

社区工作总结成果展示交流会

居民买菜难的现状；玉山石头楼改造项目已列入棚户区改造计划，市、区相关部门正对新的动迁方案进行评估论证。

【城市建设】 2014年，泡崖街道牵头联合多部门对违章建筑、占道经营和城市“牛皮癣”等管理难点进行专项治理。拆除各类违章建筑119处，取缔占道经营632处，流动商贩561人次，规范整治店外店、占道烧烤182家。协调市城建局接管泡崖地区177条路的约1100盏路灯管理权，破解路灯破损严重、“摸黑”路段增多的难题。街道继续维持垃圾挤压站的运行，更换安装850个白钢垃圾桶，缓解泡崖地区垃圾清运压力。当年，泡崖街道被市政府评为“环境卫生管理先进单位”。实施“暖房子”工程，完成金星公司8栋楼2400余平方米外墙节能改造，解决老旧楼房外墙透寒、漏水等问题。实施“菜蓝子”工程，完成泡崖农贸市场建设，缓解居民买菜难的问题。

【社会事业】 2014年，泡崖街道完成第9届社区居委会换届，按计划完成办公设备升级及岭南、欣乐社区环境优化。开通“救急难”服务窗口，完成低保提标和全国残疾人生存状况及服务需求普查。超额完成就业指标。面向计生失独家庭开展“订制服务”示范项目，顺利通过国家验收，“订制服务”示范项目工作经验在《中国人口报》进行推广，玉山社区被评为国家级“计生示范村居”。“政策养老、公益敬老和邻里助老”三轨并行养老模式基本形成，“五分钟”助老圈开通服务。社区社会组织得到深化，“二站三团十协会”（“帮万家”助老助残服务站、“爱心桥”家政服务站、“蒲公英”艺术团、“新征程”讲师团、“金点子”智囊团、“夕阳红”诗书画协会、“中国梦”摄影协会、“不老松”体育协会、“天天乐”棋牌协会、“爱之家”宠物自律协会、“幸福里”健康养生协会、“好苗苗”关心下一代协会、“新主张”律师协会、“老妈妈”纠纷调解协会、“逝者安”理事会）培育趋于成熟，完成社会组织联合会登记备案，社会组织微信平台开通。当年，开展活动609批次，受益群众万余人，接待参观考察近30批次。

【文化惠民工程】 2014年，泡崖街道办事处承接“甘井子区民族团结进步”等多场广场演出。完成全国第6次体育场馆资源普查。多支精品文体队伍在市区比赛中获奖。以“彩虹桥”为主题的中外青少年文化交流成效显现。活动内容以“英语口语对话和中国传统文化”为主题，中方学生50人，外国学生20人参与其中。活动从8月4—8日为期一周，中外青少年互动英语交流学习，外国青少年学习中国传统文化。中外青少年根据兴趣爱好，参加不同的兴趣活动小组，学习书法、绘画、剪纸、手工艺编织等中国传统文化。完成5大类普惠制市民培训课程608小时，受惠1.2万人次。万众广场获得省级“城乡全民健身广场”称号。

【党建工作创新】 2014年，泡崖街道党工委以开展“蒲公英”党建工程为抓手，着眼于提升党组织的核心引力和社会整合能力，通过持续推行网格化管理，开展“党员联户聚民心、支部联创促共建、群团联动创和谐”活动，拓展党的组织和工作覆盖；通过实施“组织覆盖、素质提升、党员联户、制度保障”4项行动，提升党组织的凝聚力和吸引力；通过推行党员分类积分管理，建立党员约谈制，增强党员组织归属感。通过实施党建项目化管理，打造“社区党建工作八法”、“流动办公进楼院”、“为民服务全程代理”、“六联工作法”等特色品牌，增强为民服务能力，激发组织活力。

【亿丰大连国际汽车城一期开业】 2014年11月8日，泡崖街道辖区内的省、市重点项目——亿丰大连国际汽车城一期开业。市委、市政府、区委、区政府领导以及市、区相关委办局领导，上海亿丰企业集团成员、全国汽配市场联合会、全国知名汽车城汽配城等业内人士出席开业盛典。亿丰大连汽车城被正式授予中华全国工商业联合会、汽车摩托车配件用品商会常务理事单位和全国汽配市场联合会常务理事单位，并于开业盛典现场与全国知名汽车城汽配城达成战略合作协议。亿丰大连汽车城一期运营面积18万平米，分ABCD四个区域，业态包含新车、二手车、汽车用品、汽车配件、维修养护、美容改装、车管所、餐饮娱乐等，涵盖了与汽车相关的所有业态，是大连首个一站式汽车服务平台，代表了全国汽车城规划的最高水准。填补了大连无一站式汽车服务平台的空白，进而提升整个大连汽车产业的影响力。

2014年泡崖街道主要社会经济指标情况表

项目	单位	数值	项目	单位	数值
人口：年末户籍总户数	户	49714	外贸出口额	万美元	-
年末户籍总人口	人	62605	规模以上工业企业数	户	3
地区生产总值	万元	142000	中小学	所	6
其中：第一产业增加值	万元	-	在校学生	人	7200
第二产业增加值	万元	30713	幼儿园	所	28
第三产业增加值	万元	111287	在园儿童	人	2000
工农业总产值	万元	30713	卫生机构	所	7
其中：工业	万元	30713	户籍人口出生数	人	719
农业	万元	-	户籍人口出生率	‰	11.48
地方财政一般预算收入	万元	6598	户籍人口死亡数	人	433
社会消费品零售总额	万元	80000	户籍人口死亡率	‰	6.92
固定资产完成投资额	万元	203000	人口自然增长率	‰	4.57
工业利润	万元	11353			

2014年泡崖街道村(居)委会基本情况表

村(居)委会名称	党委(总支)书记	村(居)委会主任	总面积(平方千米)	户籍数(户)	户籍人口(人)
金兴社区	谢忠华	谢忠华	0.65	3625	5757
新盛社区	季　萍	季　萍	0.58	3368	4301
玉胜社区	逄凤娥	逄凤娥	0.509	3600	6064
岭南社区	邹淑波	邹淑波	0.6	3580	3838
欣乐社区	孔志群	孔志群	0.73	3403	4255
玉峰社区	王文凯	王文凯	0.709	3761	4809
玉乐社区	宫振利	宫振利	0.61	4710	5692
万众社区	杨秀琴	杨秀琴	0.9	4850	5903
玉山社区	姚亚彤	姚亚彤	0.85	3546	4080
岭西社区	战连春	战连春	0.6	1979	3197
湖西社区	刘福莲	刘福莲	0.665	4015	6675
康馨社区	徐德春	徐德春	0.604	2822	4352
康盛社区	王　华	王　华	0.674	3075	2522
康顺社区	王　慧	王　慧	0.739	3380	1160

【康顺社区投入使用】 2014年，泡崖街道康顺社区位于泡崖辖区西北部玉浓街206-2号，社区建筑面积750平方米，于5月4日正式成立，社区配备书记(主任)1人，副书记、副主任各1人，工作人员8人，社区工作人员平均年龄31岁，具有本科学历6人，专科学历5人。社区管理面积138826平方米，建筑面积55408平方米，楼宇44栋，单元138个，居民3380户。小区内配备小学1所，幼儿园1所，是甘井子区2014年建设的10个精品社区之一。

【“一街一景”绿化改造】 2014年，泡崖街道投资110万元完成泡崖七区欣荣广场环境改造，栽植各类树木、花草2128棵，绿化2235平方米，协调规范交通停车秩序，彻底改造该区域脏乱差旧貌，打造新的“一街一景”。

【弃管楼院改造】 2014年，泡崖街道将处于弃管状态的原水泥厂家属楼纳入弃管楼院改造工程，投资56万元，实现硬覆盖6600平方米，铺设行车道，安装边石，新砌花墙等景观，小区面貌焕然一新，居民的生活环境得到改善。

(撰稿人:刘书含　审稿人:刘　晶)

机场街道

【概况】 机场街道位于甘井子城区西南部，东临兴华、周水子街道，南接沙河口区、红旗街道，西邻辛寨子街道，北连泡崖街道，面积8.39平方千米。全街辖8个社区居委会，户籍人口1.38万人。截至年末，实现地区生产总值31.6亿元，比上年增长7.41%；财政收入9403万元，比上年降低28.54%；规模工业总产值0.54亿元，比上年降低15.89%；固定资产投资9.96亿元，比上年降低26.31%；实际使用内资2.5亿元，比上年增长25%。域内有大连周水子国际机场、南方航空大连分公司、中国航空油料大连分公司、中国航空油料陆地石油大连分公司、民航大连空中交通管理中心、筑成建设集团有限公司、大连事事达广告标识标牌设备有限公司、直属企业大连华林集团有限责任公司、华龙房地产开发公司、华顺、南华物业管理中心等30多家大型企事业单位。街道办事处驻迎客路6-C号。

【经济建设】 2014年，机场街道狠抓重点经济指标增长，实现了一季度开门红，半年的“双过半”。当年，引进内资2.5亿元，协议利用外资476万美元，实际利用外资302万美元，社会消费品零售总额完成41亿元，引进500万元以上注册企业17家。南山村产权制度改革认定工作稳步推进。借助第三次全国经济普查的契机，夯实经济发展基础工作，建立健全全街企业数据台账。

大连市文明办领导在机场街道锦城西园传统文化广场调研

【平安稳定建设】 2014年，机场街道以星级平安小区为重点，整合辖区力量，开展“平安机场”建设活动，调动和发挥社区居民议事会和综治网格作用，改变原来的堵访为领访和导访。发挥社区议事会骨干成员作用，建立社会稳定风险等级评估机制，成立132个监控网格，5支基层综治应急分队，参与人数1637人。成功调解福佳房地产开发项目施工造成邻侧居民楼裂痕而引发的纠纷；妥善化解事事达有限公司与部队单位的场地租赁矛盾；协调解决迎客路9号院多年未上煤气的信访老问题、“鑫境界”小区居民产权证办理问题以及部队开发建设的隽佳欣苑小区1000余户居民因办产权证而多年上访的老难题。举办“机场杯防灾减灾知识竞赛”、“居民安全生活知识竞赛”，普及居民安全防范知识，增强居民安全意识，提升居民面对重特大生产安全事故应急救援处理能力。规范社区矫正和刑释解教人员管理，被评为市区先进典型。

【就业服务】 2014年，机场街道积极落实就业政策，召开大型招聘会1次。当年，实现实名制就业1401人，完成指标104.7%，稳定就业1122人，完成151%，创业就业402人，完成100.5%，扶持创业带头人41人，完成128%，带动就业和再就业246人，完成110.3%。开展“爱心送岗进家庭”援助活动，整合辖区资源，搜集整理199家用工企业信息，开辟可就业岗位3294个，对650名有求职需求人员开展送岗服务，通过个性化服务成功就业314人。组织开展二期育婴师职业技能培训，培训97人。开展“送政策送服务进企业”活动，把岗位信息送到有就业需求的每一户。

【社会事业】 2014年，机场街道认真落实民生政策，加大困难群众帮扶力度。对享受“4050”两险补贴的1447人发放补贴240万元；为享受公益性岗位的9人发放社保补贴4.87万元；为参加医疗保险的1614名城镇居民发放保险金额10.73万元；为58户失业困难家庭申报采暖补贴6.78万元；在春节和重阳节等传统节日对40余户退休困难家庭进行走访慰问。为退休和灵活就业人员办理社保卡8689份。

【文体活动】 2014年，机场街道建立南山曲艺特色基地、明珠公园文化广场等8个大连市文化基地；健身广场、健身步道、健身体育公园等成功申报省级体育辅导场地；“满天星”舞蹈表演、春之鼓舞表演、鼓乐大赛、乒乓球赛等丰富多彩的文体活动，既满足了地区居民文化生活需求，更提高了居民精神生活档次。每个社区组建的特色文化团队，以群众自我娱乐、自我提高的方式，表达和抒发幸福之情。

【精神文明】 2014年，机场街道精神文明建设以培育和践行社会主义核心价值观为中心，以创建全国文明城市为主线，突出文化融合，坚持持续整改，深化志愿服务，做到亮点突出，为打造“大连迎宾第一街”助力加油。以“文明创建，和谐家园”为主题，开展“绿地认养，扮靓家园”、“畅通楼道，文明家园”等环境专项整治行动，持续推进全国文明城市创建工作。在全市文明指数测评总评中，机场街道位列全区11个参评街道第一名。继续开展推荐身边好人活动，机场街道周波被评为“大连好人”。落实志愿服务，深化“空港文明路”创建活动，文明交通引导志愿服务成为迎客路上风景线。创建和谐文明楼院成效显著，锦城西园14号楼等5个楼院被评为大连市文明楼院，刘凤茹、王俐华被评为大连百名好楼长。

【打造精品文化工程】 2014年,机场街道投资20万元,在南松社区锦城西园建设以社会主义核心价值观为主题的中国传统文化广场。文化广场地上以宣传栏、电子屏为载体,空中为环绕广场总面积达700平方米的6面文化墙。把中国传统的儒家文化精华、国画和书法艺术,以及社会主义核心价值观有机巧妙融合,图文并茂,图说社会主义核心价值观。11月25日,全市社会主义核心价值观主题广场、公园、社区建设拉练会参会人员视察该广场。打造一街一景升级版的文化墙,在虹霞路东段建设一处法治主题文化长廊。虹霞路法治文化长廊全长350米,设立展板54块。分为案例分析篇、法治名言篇和法律法规篇3个板块,相对独立,相互照应。

【城市管理】 2014年,机场街道以创建全国文明城市活动为载体和抓手,建立起城管、行政执法、文化、交通管理等部门联动机制,把专项整治和日常管护紧密结合,清理拆除各类违法临建42处500多平方米,清理店外店、占道经营34家,拆除临街违章广告牌匾160块、野广告8000余处,商家大字780余处。在每月一次的全市文明指数测评总评中,机场街道排在全区11个参评街道第一。协调争取各方面支持,改善街区道路路面质量,对10余条道路的路面进行重新摊铺,总面积近2万平方米3000延长米。铺设人工方砖步道1000多平方米。重新摊铺蓝天社区1－3号路,安装路灯43盏,解决了摸黑路的老问题;以“一街一景”建设为载体,改善居民小区居住环境,总投资近200万元。改造锦华小学西侧脏乱地块。拆除滞留多年的锦绣房地产企业进城务工人员棚户房,建成近万平方米的休闲游园。硬铺、绿化位于民航社区后面的弃管小区,使其面貌焕然一新;落实青山生态系统工作任务,栽植树木1.8万株,覆盖面积7.3万平方米。

【惠民工程】 2014年,机场街道确定15项立行立改项目,明确责任和完成时限,全部按时保质完成。协调部队和市有关

2014年机场街道主要社会经济指标情况表

项目	单位	数值	项目	单位	数值
人口:年末户籍总户数	户	13786	外贸出口额	万美元	-
年末户籍总人口	人	35791	规模以上工业企业数	户	1
地区生产总值	万元	318019	中小学	所	2
其中:第一产业增加值	万元	-	在校学生	人	2710
第二产业增加值	万元	57976	幼儿园	所	15
第三产业增加值	万元	260044	在园儿童	人	1645
工农业总产值	万元	7097	卫生机构	所	7
其中:工业	万元	7097	户籍人口出生数	人	440
农业	万元	-	户籍人口出生率	‰	13.45
地方财政一般预算收入	万元	9403	户籍人口死亡数	人	166
社会消费品零售总额	万元	192740	户籍人口死亡率	‰	5.08
固定资产完成投资额	万元	99587	人口自然增长率	‰	8.38
工业利润	万元	1166			

2014年机场街道居委会基本情况表

村(居)委会名称	党委(总支)书记	村(居)委会主任	总面积(平方千米)	户籍数(户)	户籍人口(人)
蓝天社区居委会	苍翠娟	苍翠娟	1.3	1806	4489
民航社区居委会	王丽娟	王丽娟	2.5	1555	5043
南山社区居委会	宋玉凤	宋玉凤	1.44	1992	5393
郭东社区居委会	李志军	李志军	0.65	2198	5711
昌虹社区居委会	赵连英	赵连英	0.8	1741	4391
南松社区居委会	陈春玫	陈春玫	0.5	1290	3276
郭中社区居委会	杨生美	杨生美	0.62	2436	5669
圣林社区居委会	衣　玲	衣　玲	0.58	768	1819

部门投资60万元安装自来水系统,解决银燕东街156户居民长期饮用地下井水问题;投资230万元对总面积1200平方米的圣林和昌虹两个社区新办公用房进行精装修和设备配置;投资27万元更新社区老旧电脑;投资30余万元对蓝天社区、民航社区、郭东社区等办公用房进行修缮改造、更新和添置办公设备等。

【“社区党建网格管理”创新实践活动】 2014年,机场街道整合党建资源,完善党员志愿者网格团队建设,实现社区自我管理、自我服务,涌现出南松社区第二网格队长吴桂芳、郭中社区网格队长李天恩等先进典型,吴桂芳的事迹被列入甘井子区“群星灿烂、暖意融融”专题片题材。

【辖区“正能量”】 2014年机场街道积极组织和动员人大代表、政协委员、工青妇等群团力量,形成地区发展和建设的强大合力。协调解决蓝天社区摸黑路问题、银燕东街居民吃水问题、迎客广场车站移位、710路公交车增加车站等问题。街道工会组织开展“职工大讲堂”、“女职工文化沙龙”、“身边最美劳动者事迹宣讲会”、“职工拓展训练”等丰富多彩的活动。武装、共青团、妇联、青教、社区教育等方面开展讲座培训和特色活动,不断展现正能量,提高地区整体凝聚力。

(撰稿人:杨　娟　审稿人:王东升)

泉水街道

【概况】 泉水街道位于甘井子区北部,地处大连市通往东北腹地的交汇处,东与大连湾街道交界,南以中华路为界,西以华东路为界,北以华北路为界,面积6.59平方千米。全街辖3个(村)公司、9个社区居委会,户籍人口46917人。当年,泉水街道实现地区生产总值23.21亿元,比上年增长6.8%;财政收入9685万元,比上年降低45.9%;固定资产投资10.66亿元,比上年下降25.4%;实际使用内资2.5亿元,比上年增长25%。域内有大连鑫成置业有限公司、大连驰敖集团有限公司、大连运腾房地产开发有限公司、大连运泽房地产开发有限公司、大连源祥房地产开发有限公司、大连新型房地产开发有限公司、大连泉水园房地产开发有限公司、大连中升集团有限公司等大型企业。街道党政机关驻泉水B2区30号。

【重点项目】 2014年,泉水街道安排重点项目3个,占地总面积23.59万平方米,建筑面积42.82万平方米,总投资30亿元。其中,欧尚广场项目已投资4亿元,主体建设基本完工,正在进行配套设施建设;欧尚超市正在装修中,计划2015年5月开业。欧尚花园项目已投资5亿元,主体基本完工,正在进行配套设施施工,已销售住宅652套,公建31套。泉水二期汇泉路东侧地块改造项目(金地·檀溪)已完成投资5亿元,建筑面积10万平方米。

【城市建设】 2014年,泉水街道加快推进青山生态工程建设,投资600余万元,栽植各类树木8万株,绿化总面积2.88万平方米。“一街一景”绿化项目——珍珠泉街MINI公园建设完成。该工程位于泉水街道珍珠泉街骏腾名苑小区北侧,美域盛景小区南侧,原为草坪、绿化带,属于待建设区域。随着润泽园小区的开发,该路段设有自来水、煤气、电力等多条管网,路面及草坪破坏严重,人行步道坑洼不平,造成居民出行不便。为彻底改变此区域环境面貌,街道投资280万元,改造绿化1.3万平方米,在该区域进行场地平整、苗木花卉草坪栽植,铺装方砖、廊架,设立景观墙、改造座椅等。形成花园廊亭、林荫休闲、漫步氧吧、健身运动多功能于一体的MINI公园。协调市政相关部门，由市政府投资175万元，建设完成丽城游园二期绿化项目。投资80万元完成锦泉广场周边基础设施改造工程。

【城市管理】 2014年，泉水街道以提升城市管理水平、改善市容环境为重点，不断加大区域环境整治和清理力度，以珍珠泉街、芙蓉泉街、阳光家园车站和新型五期303车站周边等地段为重点，全年共开展专项环境整治工作8次，清理占道经营近3000处、流动摊点500余个、店外店经营510余家，出动车辆近600台次，出动人员3400余人次。制止和拆除违章建筑78处，面积达5400余平方米。积极开展创建文明城市工作，共清理楼道垃圾近7吨，清除卫生死角110余处，清理野广告7.5万余张，市容环境得到有效改观。广泛开展法律援助活动，提供法律咨询和援助120余人次，发放宣传资料3000余份，受教育群众达7000余人次。集中开展“六打六治”打非治违专项行动，共检查辖区生产经营单位258家次，查出隐患问题236项，存在问题已全部整改完毕。深入开展食品安全隐患排查专项整治行动，走访辖区食品经营单位442家，摸排小作坊51处，整改18处，全年食品安全事故实现零报告。

【社会事业】 2014年，泉水街道积极推进各项救助政策落到实处，为全街323户低保户599人发放保障金170余万元；为辖区764户困难群体送去救助物资30余万元；为辖区7户低保家庭申请福彩助学金、金秋助学金2.5万元；为35户低保家庭就医申请临时救助款10万余元；“三八”国际妇女节期间，组织辖区的政协委员走访慰问了5位贫困母亲，捐助物资合计3000余元；开展为贫困外来务工青年购买返乡火车票的“千团帮千户”爱心帮扶活动，共为5名辖区贫困外来务工青年争取到市级资金1000元；开展“圆梦大学”助学行动，资助困难家庭子女上大学，共申请市级爱心助学款5000元。2014年春节前夕，走访慰问低保户、边缘户、残疾人困难家庭、困难党员、失独家庭、矫正人员、在役士兵、单亲家庭等困难群体900余人次，发放米1088份、面1088份、油764份及救助金共计30.2万元。举办“春风行动”大型现场用工招聘会，引进用工规范的诚信企业300余家，提供就业岗位1500余个，完成岗位有效对接200余个。为4家首次创业达一年以上个体经营者申请创业补贴金共计8000元。全街完成实名制就业2297人，其中稳定就业1376人，灵活就业921人，自主创业687人，新增创业带头人28人，创业带动就业168人，全街失业率控制在3%以下。积极开展就业技能培训，组织200余人参加创业、电子商务师、面点和家庭护理4项培训，为近60人找到就业岗位。同时，为349人打印优惠培训券，使失业人员在参加培训的同时享受到优惠补贴待遇。

【社区建设】 2014年，泉水街道投入200余万元对5个社区的活动用房进行重新改造装修，整合后的社区办公和活动用房面积均达800平方米以上，真正实现了资源整合科学化、服务功能综合化、社区发展均衡化的“三化”标准；按照区民政局建设“精品社区”工作方案要求，加大财力投入，重点完成了骏腾社区、锦泉社区两个“精品社区”的创建工作，为居民提供了更加优质的社区服务场所；多方协调、有效沟通，落实社区办公和活动用房1.2万多平方米，进一步增强社区服务能力，打造居民文化娱乐的新平台。

社区社会组织不断拓展，全年整理社区社会组织119个，上报社区社会组织联合会并备案登记9个；根据街道的实际需要，完成6名社区工作者的招聘工作。

【整合社区资源打造“大社区”】 2014年，泉水街道紧紧围绕“创建幸福社区”的工作目标，按照优化整合资源、强化管理服务、惠及百姓民生的原则，以适度人口规模、地域板块划分、居民认同感为基点，提出“大社区”理念，将全街13个社区变为9个人口数量分布均衡、地域资源分配合理、管理功能规划科学的“大社区”合署办公，同时对社区办公用房和社区工作人员进行了统一调整，确保每个“大社区”拥有充足完备的办公设施资源和质素优秀的社区干部，实现社区资源有序整合但社区人员思想不乱、工作队伍形神不散、各项工作力度不减。经过整合后，全街合署办公的9个大社区办公和活动用房面积平均达800平方米，真正实现了资源整合科学化、服务功能综合化、社区发展均衡化的“三化”标准。这也是近年来街道通过自建、改扩建、企业腾退资助等多种方式不断加大对社区办公和活动用房的建设投入后，推动社区标准化建设和社区服务群众能力实现全面提升的又一创举。

【欧尚广场】 欧尚广场项目由大连鑫成置业有限公司建设，占地面积3.16万平方米，建筑面积6.27万平方米，建设11栋单体商务楼，计划投资6亿元，当年预计完成投资5亿元，主体工程竣工。目前，已完成投资4亿元，主体建筑基本完工，正在进行配套设施建设，欧尚超市已开始装修，计划明年5月开业。欧尚超市大连泉水店是由北京欧尚超市有限公司直接管理，位于泉水新区的核心板块，北侧是体育新城和已经投入使用的大连北站，南侧是成熟的华南商圈和正在建设的钻石港湾，欧尚广场项目正坐落于这四大板块的核心位置。该项目西临东快路，南至中华路，东北向与振兴路和振连路相邻。欧尚超市泉水店建筑风格为法式风情建筑，是目前大连单体营业面积最大的生活超市。欧尚超市不仅弥补了泉水区域的商业空缺，同时也与华南商圈形成完美呼应。

【“两代表一委员”为地区环境整治议良策】 2014年9月17日，泉水街道以环境整治和绿化工作为主题，以实地视察、听取街道情况汇报和座谈讨论为形式，组织辖区人大代表、党代表和政协委员开展环境整治和绿化工作调研活动。活动中，代表和委员们先后实地参观了锦泉广场、珍珠泉街“一街一景”MINI公园和五星志愿服务诚信示范街，并

泉水街道骏腾社区文体队参加甘井子区“文化大沙龙”系列活动——2014“春之鼓舞”广场文化展演

听取泉水街道近年来在创建文明城市工作和环境绿化整治工作中取得的成果，并进行座谈交流。代表和委员们对街道的市容环境整治和绿化工作给予了高度评价，并就辖区内缺少健身广场、筹建百姓菜店、提升居民文明素质、健全和保障相关配套设施建设等问题进行了讨论，并提出了合理化建议10条。

【“幸福五星志愿服务进百店”活动】 2014年3月3日，泉水街道在龙鑫社区广场举办“争创幸福五星、诚信志愿服务进百店”活动启动仪式，120多个个体商户代表参加仪式。街道、社区、个体工商协会等单位联合为6家商户颁发五星志愿服务店的牌匾和绶带，同时宣读新一年“幸福五星志愿服务进百店”评比活动方案。辖区眼镜店经理程紫微代表个体商户暨志愿者们做“坚持以诚信经营立店、以志愿服务立品”的承诺宣言。活动现场有100余家临街个体商户开展不同形式的义务服务和优惠活动。并在“诚信经营、文明守礼、志愿服务、奉献社会”的横幅上签字，承诺既要做诚实守信的经营业主，又要做文明奉献的志愿服务者。

【税源清查行动】 2014年，泉水街道为加强和规范地区税务管理工作，防范税收风险，堵塞征税漏洞，增加税收收入，于3月下旬开始，在全街范围开展税源清查整治工作，重点对区域内从事饭店、洗浴的个体经营户纳税情况进行清查治理。街道党工委、办事处为本次税源清查工作召开专项会议，部署工作方案，成立领导小组和清查队伍，并邀请区地税局管理科对机关和社区工作的税源清查工作人员进行培训，做到依法宣传，依法征税。全街共有餐饮类商户201家，洗浴类商户17家，其中5家饭店、3家洗浴缴税，其余业户未缴纳税款。通过对未缴税业户进行耐心细致的政策教育宣传，已有部分商户主动到税务机关办理税务登记手续。

2014年泉水街道主要经济指标情况表

项目	单位	数值	项目	单位	数值
人口：年末户籍总户数	户	18864	外贸出口额	万美元	-
年末户籍总人口	人	46917	规模以上工业企业数	户	-
地区生产总值	万元	232050	中小学	所	8
其中：第一产业增加值	万元	-	在校学生	人	4500
第二产业增加值	万元	-	幼儿园	所	28
第三产业增加值	万元	232050	在园儿童	人	2400
工农业总产值	万元	-	卫生机构	所	2
其中：工业	万元	-	户籍人口出生数	人	1304
农业	万元	-	户籍人口出生率	‰	27.79
地方财政一般预算收入	万元	9685	户籍人口死亡数	人	146
社会消费品零售总额	万元	1088000	户籍人口死亡率	‰	3.11
固定资产完成投资额	万元	106639	人口自然增长率	‰	24.68
工业利润	万元	-			

2014年泉水街道村(居)委会基本情况表

村(居)委会名称	党委(总支)书记	村(居)委会主任	总面积(平方千米)	户籍数(户)	户籍人口(人)
骏腾社区	邵兰平	邵兰平	0.627	1748	4329
奥林社区	孙　丽	孙　丽	0.41	2374	5935
龙园社区	葛春梅	葛春梅	0.42	1305	3129
锦泉社区	陈　英	陈　英	0.83	3063	7964
幸福社区	韩　莉	韩　莉	0.73	2583	5763
泉华社区	宋　波	宋　波	3.74	1647	4283
泉水社区	杨秀君	杨秀君	0.65	1239	2999
龙河社区	王美英	王美英	0.55	1788	5165
龙鑫社区	鲍喜荣	鲍喜荣	0.87	3117	7350

【“筑梦想，聚民心，勇担当”演讲比赛】 2014年5月22日，泉水街道团工委举办“筑梦想，聚民心，勇担当”演讲比赛，街道和团区委部分领导、机关及社区全体观看了比赛。机关和社区的23名青年进行了淘汰入围赛，经评委会严格把关、逐个点评、提出意见，最终选出10名选手入围决赛。比赛采取即时打分、现场亮分方式，10名选手经过激烈角逐，最终评出一等奖2名，二等奖3名，三等奖5名。

【迎“七一”志愿服务系列活动】 2014年6月28日，泉水街道在奥林盛景社区广场举办党员志愿服务系列活动。街道以“星期六学雷锋志愿服务日”活动为契机，在各社区志愿服务站开展“在职党员进社区，志愿服务先锋行，我为党旗添光彩”活动。活动前夕，各社区号召在职党员参与到本次志愿服务的活动中来，利用志愿者、在职党员QQ群；借助微信、短信息平台、志愿者服务网站以及社区活动公示板等多种方式，宣传本次志愿者活动，联络党员800多人，发送短信600多条。各社区相继开展“一名党员一面旗帜”签字承诺活动、“党员奉献日”志愿活动、栽种蔷薇活动、“志愿服务献真情”走访慰问活动、“文明树起来，党员动起来”主题活动、“爱心牵线帮”特殊群体帮扶活动等。此次志愿服务活动中，近300名党员佩戴党徽参与到活动中，亮身份，树形象，做表率，走访困难群众20余人，捐助和发放慰问金3万余元，参与清理环境卫生活动200余人，突显了党员的先锋模范作用。

【“星耀泉水 唱响幸福”合唱展演】 2014年，泉水街道党工委以纪念中国共产党成立93周年为契机，于7月1日在奥林小学操场举办以“星耀泉水，唱响幸福”为主题的合唱展演活动，展现各级党组织和广大党员在创建幸福泉水建设中的活力和风采。此次合唱展演以社区为单位，以社区干部、社区党员、文艺骨干、志愿者为合唱主体，每支参演队伍由80—100人组成，并进行近2个月的精心排练。展演过程中，既展示了对党和祖国的热爱、对远大理想的追求、对美好生活的憧憬，也表达了祝福党的生日、赞美幸福生活的美好心声。

（撰稿人：邵林静　审稿人：夏　晔）

区处级单位领导名录
(2014.01—2014.12)

中共甘井子区纪律检查委员会

书　记　刘彩琴
常务副书记　于长河
副书记　张　艳
　　　　辛振国
办公室
主　任　李　凯
党风廉政监督室
主　任　陶俊堂
宣传教育室
主　任　王林业(2014.08－)
信访室(举报中心)
主　任　敖占勇(2014.08－)
纪检监察一室
主　任　李慧祯
纪检监察二室
主　任　王树强(2014.11－)
案件审理室
主　任　曲广平
案件管理室
主　任　衣泽江(2014.08－)
执法监察室
主　任　孙　丽(2014.11－)
行政效能监察室
主　任　于公发
纠风室
主　任　孙永才
正处级纪检监察员　陈书玉
　　　　　　　　　李　凯
副处级纪检监察员
　　敖占勇(－2014.08)
　　衣泽江(－2014.08)
　　王林业(－2014.08)

中共大连市甘井子区委员会

办公室
主　任　邢贵德
副主任　陈玉萍
　　　　何立强(2014.11－)
督查室
主　任　陈玉萍
副主任　孟　艳
政研室
主　任　邢贵德
副主任　何立强(－2014.11)
区保密局
局　长　蔡　颖

组织部

部　长　李长勇
副部长　刘　敏
　　　　岳　伟(－2014.08)
　　　　曹彦军
　　　　谭立国(2014.08－)
部务委员　王文亮
组织员办公室
主　任　谭立国(－2014.08)
考核办公室
副主任　韩晓林
　　　　马少杰(2014.11－)
人才办公室
专职副主任　李玉明
副处级组织员
　　　　马少杰(－2014.11)

宣传部

部　长　赵云峰
副部长　赵双勇
　　　　吴克华
　　　　曹颖华(2014.11－)
理论室
主　任　于红军
文明办
主　任　赵双勇

副主任　曹颖华(-2014.11)
学习办
主　任　吴克华
文　联
主　席　吴克华
专职副主席　崔　清

统战部

部　长　靳文明
副部长　赵　明
　　　　陈江英
台湾事务办公室
主　任 陈江英

政法委

书　记　王　戈
副书记　王　健(-2014.11)
　　　　周宏波(2014.11 -)
　　　　隋广有
社会管理综合治理委员会办公室
主　任　隋广有
副主任　于　璟
维护社会稳定工作领导小组办公室
主　任　王　健(-2014.11)
　　　　周宏波(2014.11 -)
副主任　常力新
政法工作监督管理室
主　任　苍学勇

区直属机关工作委员会

书　记　滕君政
副书记　陈相安
纪工委书记　陈相安
工会主席　邓玉建

老干部局

局　长　金万庆
副局长　孙家昱(2014.11 -)
离退休干部活动中心
主　任　李　昕(2014.11 -)

党史研究室

主　任　张晓燕
副主任　于汉伯

非公有制经济组织和社会组织党工委

书　记　岳　伟(-2014.08)
　　　　谭立国(2014.08 -)
专职副书记　崔鸿力
纪工委书记　崔鸿力
工会主席　张　莉

机构编制委员会办公室

主　任　韩玉成
副主任　车克兰
　　　　姚　广(2014.11 -)

甘井子区人民代表大会常务委员会

办公室
主　任　孙光坤
副主任　石朝霞(-2014.11)
人事代表工作委员会
主　任　付　荣
副主任　刘丛庆
财政经济工作委员会
主　任　刘培权
副主任　刘文平
内务司法工作委员会
主　任　宋艳春
教科文卫工作委员会
主　任　刘骏灏(-2014.11)
　　　　石朝霞(2014.11 -)
副主任　王　军(2014.11 -)
环境资源城市建设工作委员会
主　任　张庆春
副主任　李燕妍
信访办公室
主　任　郑晓明
副主任　孙家昱(-2014.11)
专职委员
　　彭柏颉 (2014.11 -)
　　安本龙 (2014.11 -)

甘井子区人民政府

办公室
主　任　李荣君
副主任　衣　兵
　　　　吴毅龙
　　　　刘　巍
　　　　刘国华(-2014.08)
　　　　吴　佳
　　　　于　菁(2014.11 -)
党组书记　李荣君
法制办
主　任　李荣君
督查室
主　任　吴毅龙
研究室
主　任　刘　巍

发展和改革局

局　长　兰良生
副局长　田　丹
　　　　刘天兵

金万斌
李朝晖(2014. 11 -)
区综合配套改革办公室
主　任　魏金荣
党组书记　兰良生
党组副书记　田　丹
纪检组长　田　丹

经济和信息化局
局　长　阎克右(-2014. 11)
唐宗宝(2014. 11 -)
副局长　杜再新
隋　舰
杨　杰
党委书记　安本龙(-2014. 11)
唐宗宝(2014. 11 -)
党委副书记　阎克右
纪委书记　安本龙(-2014. 11)
阎克右(2014. 11 -)

教育局
局　长　李　伟
副局长　赵　刚
张　晖
高　强
张景胜
杨大军
工会主席　高　强
党委书记　李　伟

区政府督导室
主　任　吴文章
副主任　柳广富
正处级督学　解维善
副处级督学　迟玉芳

监察局
局　长　于长河
副局长　孙永才

民政局
局　长　李传建
副局长　郭　萍
马宝军
李景涛
党组书记　李传建
党组副书记　郭　萍
纪检组长　张振新
民族宗教事务局
局　长　李传建

司法局
局　长　田久红
副局长　荆　波
申淑娥
党组书记　田久红

财政局
局　长　宋庆生
副局长　曲连科
陈　斌
张　媛
范景清(2014. 11 -)
党组书记　宋庆生
总会计师　范景清(-2014. 11)
金融管理办公室
主　任　范景清(2014. 11 -)
国有资产管理局
局　长 宋庆生
副局长　刘　韧
路　虹
担保公司
总经理　陈　斌(-2014. 06)

人力资源和社会保障局
局　长　季丽娜
副局长　王亲岩
殷冠球
党委书记　季丽娜
党委副书记　范垂煦
纪委书记　范垂煦
区劳动就业管理服务中心主任
周兴东
区企业离退休管理中心主任
袁秋瑾
区人才开发交流中心主任
张秀艳
区考核办副主任　朱春明
区政府绩效考核办主任
朱春明

规划局
局　长　李　斌
副局长　甄丽欣
于　宏
党组书记　李　斌
党组副书记 王正纲
纪检组长 王正纲

城市建设管理局
局　长　宋同久
副局长　刘智勇
康德君
朱焕然
王欣英
李和松
党委书记　宋同久
党委副书记　林　健

纪委书记　林　健
城建工会联合会主席　董文芳
人防办
主　任　宋同久
环卫中心
主　任　陈黎霞
供热办
主　任　金　龙

交通局

局　长　杨万德
副局长　韩建东
　　　　丛德俊
党委书记　杨万德
党委副书记　董　杰
纪委书记　董　杰
交通工会联合会主席　董　杰
公路段
段　长　赵作建
公路运输管理所
所　长　王　力(2014.08－)

农林水利和海洋渔业局

局　长　孙北文(－2014.08)
　　　　吴厚喜(2014.11－)
副局长　李　伟
　　　　刘绪云(－2014.08)
　　　　胡传旭
　　　　丁大伟(－2014.11)
　　　　林乐靖(2014.11－)
　　　　李冬艳
党委书记　孙北文(－2014.08)
　　　　　吴厚喜(2014.11－)
党委副书记　高　伟
纪委书记　高　伟
农业中心
主　任　李　伟
动监局
局　长　孙北文
渔政管理所
所　长　丁大伟(－2014.11)

商务局

局　长　葛永军
副局长　田洪华
　　　　韩车伟
　　　　于　崇(－2014.11)
　　　　李　瑾(2014.11－)
党组书记　葛永军
沿海经济带开发建设领导小组办公室
专职副主任　田洪华(2014.11－)

文体局

局　长　宋　健
副局长　柏雪菲
　　　　李　爽
党组书记　宋　健

卫生和计划生育局

局　长　王继满(2014.08－)
副局长　张少军(2014.08－)
　　　　付淑丽(2014.08－)
　　　　刘爱波(2014.08－)
　　　　董　众(2014.08－)
　　　　郭　然(2014.08－)
　　　　韩　霞(2014.08－)
党委书记　王继满(2014.08－)
党委副书记　张少军(2014.08－)
纪委书记　张少军(2014.08－)
计划生育协会副会长兼秘书长
　　　　周明信
医疗卫生工会联合会主席
　　　　周喜生

审计局

局　长　于志军(－2014.08)
　　　　程景红(2014.08－)
副局长　范业民
　　　　乔元成
　　　　石　文
总审计师　安家智
党组书记
　　于志军(－2014.08)
　　程景红(2014.08－)

服务业局

局　长　张启彦
副局长　邢　波
　　　　刘广秀(2014.08－)
　　　　尹　强
　　　　姚喜双
党组书记　张启彦

统计局

局　长　李丽华
副局长　张景涛
　　　　杨晓霞
总统计师　王　琪
党组书记　李丽华

市场监督管理局

局　长　于志军(2014.08－)
副局长　丁肇友(2014.08－)
　　彭柏颉(2014.08－，－2014.11)
　　刘玉文(2014.08－)
　　王云飞(2014.08－)
　　张玉鹏(2014.08－)

钱茂祥(2014.08－)
单世争(2014.08－)
姚连君(2014.08－)
吴文革(2014.08－)
王延琳(2014.08－)
穆　春(2014.08－)
党委书记
于志军(2014.08－)
党委副书记
丁肇友(2014.08－)
彭柏颉(2014.08－，－2014.11)
刘玉文(2014.08－)

安全生产监督管理局

局　长　姜　浩
副局长　董向军(－2014.11)
孙　玉(2014.11－)
刘　晶
党组书记　姜　浩

行政执法局

局　长　谭　军
副局长　孟庆铜
张静波
党组书记　谭　军

信访局

局　长　张　彬
副局长　王家民
李　季
信访督查专员　王家民
魏　刚
季明鹏
党组书记　张　彬

政协甘井子区委员会

办公室
主　任　刘俊甲
副主任　王长忠(－2014.11)
于　岽(2014.11－)
经济科技委员会
主　任　夏元申
副主任　邓玉喜
提案委员会
主　任　安　奇
副主任　刘若尘
文教法制委员会
主　任　穆道义
副主任　李秀丽
委员工作委员会
主　任　崔丽光
副主任　金雄光
人口资源环境委员会
主　任　沙　勇
副主任　李　昕(－2014.11)
梁学惠(2014.11－)

甘井子区人民法院

院　长　刘　锟
副院长　苗　刚
范业宏
栗　明
范　芃
常　青
纪检组长　林迎春
执行局长　林鹏太
政治处主任　陈战斌
审委会专职委员　谢妍芳
赵　伟
党组书记　刘　锟
党组副书记　苗　刚
范业宏

甘井子区人民检察院

检察长　林　徽
副检察长　孙月琴
鲁振纲
王颖富
战晓军
卢美华
纪检组组长　谭　艳
政治处主任　杨春卿
反渎职侵权局局长　崔兴久
反贪污贿赂局局长　于　军
检委会专职委员　张鑫钊
阎德伟
党组书记　林　徽
党组副书记　孙月琴
鲁振纲

群众团体

区总工会

主　席　刘国臣
副主席　孙　岩
范学军
党组书记　刘国臣
党组副书记　孙　岩

共青团甘井子区委员会

书　记　李晓涛
副书记　肖　华
党组书记　李晓涛

妇女联合会

主　席　鞠盈春
副主席　许金波
庞　礴
党组书记　鞠盈春

科学技术协会
主　席　唐宗宝(-2014.11)
　　　　许雪峰(2014.11 -)
副主席　熊霁虹
党组书记　唐宗宝(-2014.11)
　　　　　许雪峰(2014.11 -)

工商业联合会
主　席　文长礼
党组书记　赵　明(兼)
第一副主席　赵　明
副主席　张美志

残疾人联合会
理事长　陈永春
副理事长　官本玲
党组书记　陈永春
党组副书记　官本玲

红十字会
会　长　艾　华(兼)
常务副会长　韩　悦
副会长　李锡哲
秘书长　宋科心
党组书记　李锡哲

慈善总会
会　长　姜成十
副会长　徐宝贤
秘书长　徐宝贤

民主党派

民建甘井子区委
主　委　张连君(兼)
专职驻会副主委
　　　　徐　红(2014.08 -)

区直属事业单位

区委党校
校　长　杨　魁
副校长　马建新
校务委员　张筱霞

档案局(馆)
局(馆)长　季福家
副局长　张满华(2014.11 -)
党组书记　季福家

供销社
主　任　邢　波

开发建设中心
主　任　段京友(-2014.08)
　　　　曲　肃(2014.08 -)
副主任　邹　毅
　　　　刘京奎
　　　　孙　强(-2014.11)
　　　　姜　华(2014.11 -)
　　　　肖　俊
纪检组长　王金花
党组书记　段京友(-2014.08)
　　　　　曲　肃(2014.08 -)
党组副书记　王金花

教师进修学校
校　长　张景胜
副校长　杨建英
　　　　郭　新
　　　　张　岩

社区学院
院　长　杨大军
副院长　李家强
　　　　赵桂弟

行政服务中心
主　任　穆道晶
副主任　丁志强
　　　　肖　莉
党组书记　穆道晶

电子政务办公室
主　任　葛文跃

机关事务管理中心
主　任　张玉玲
副主任　李成连
　　　　常义宏(-2014.11)
　　　　白俊丽
党组书记　张玉玲

功能区

生态科技创新城管委会
办公室
主　任　朱　兵
副主任　王家琳
科技创新与发展规划局
局　长　隋长庆
副局长　韩　姝
经济合作交流局
局　长　周宏波(-2014.11)
副局长　黄远芳
　　　　孙　强(2014.11 -)
工程建设局

局　长　慕善明
副局长　李晓光(2014.11－)
　　　　康艳萍(2014.11－)
投资服务中心
副主任　常义宏(2014.11－)

西城国际旅游商务区

党工委
书　记　张　毅
副书记　牛　飞
管委会
主　任　张　毅
常务副主任　牛　飞
副主任　张全学
招商局
局　长　范蕴迪
旅游服务局
局　长　任　静
办公室
主　任　郝关良
资金管理办公室
主　任　叶　龙

大连湾临海装备制造业聚集区

党工委
书　记　孙域梁
管委会
主　任　孙域梁
副主任　王德刚(－2014.11)
　　　　薛　茜
招商局
局　长　李　丹
建设局
局　长　刘晓峰
办公室
主　任　沙　伟
资金管理办公室
主　任　罗力飞

甘井子工业园区管委会

党工委
书　记　韩树吉
副书记　于　遵
管委会
主　任　韩树吉
常务副主任　于　遵
副主任　姜丽娟
招商局
局　长　郭天靖
资金管理办公室
主　任　梁　红
建设管理局
局　长　孔祥瑞(2014.11－)

街　　道

甘井子街道

党工委书记　孙永新
人大街工委主任　孙永新
党工委副书记　王　洪
　　　　　　　田晓晖
办事处主任　王　洪
纪工委书记　孙　武
政法工委书记　孙　武
办事处副主任　陈文娟
　　　　　　　储志杰
　　　　　　　崔　伟
武装部长　王永娥
工会主席　王永娥
人大街工委副主任　吴喜涛

椒金山街道

党工委书记　张　强
人大街工委主任　张　强
党工委副书记　郑　华
　　　　　　　杨　光
办事处主任　郑　华
纪工委书记　于凤玲
政法工委书记　张景顺
办事处副主任　马振林
　　　　　　　朱朝东
　　　　　　　彭嘉伟
武装部长　王　红
工会主席　王　红
人大街工委副主任　张景顺

兴华街道

党工委书记　陈秀军
人大街工委主任　陈秀军
党工委副书记
　　吴厚喜(－2014.11)
　　梁学惠(－2014.11)
　　刘骏灏(2014.11－)
　　王长忠(2014.11－)
办事处主任　吴厚喜(－2014.11)
　　　　　　刘骏灏(2014.11－)
纪工委书记　王丽越
政法工委书记　王丽越
办事处副主任　丁玉铎
　　　　　　　高升晖
　　　　　　　金建光
武装部长　于丽娟
工会主席　于丽娟

周水子街道

党工委书记　董成祥
人大街工委主任　董成祥
党工委副书记　杨文存

刘万海
办事处主任　杨文存
纪工委书记　赵　军
政法工委书记　赵　军
办事处副主任　李金环
刘树军
王治恩
武装部长　郭　峰
工会主席　郭　峰
人大街工委副主任　孙玉香

机场街道

党工委书记　张来智
人大街工委主任　张来智
党工委副书记　王东升
张玉荣
宁　军
办事处主任　王东升
纪工委书记　宁　军
政法工委书记　汪国举
办事处副主任　张德勇
孙　敏
王檀林
武装部长　王　岩
工会主席　王　岩
人大街工委副主任　汪国举

泡崖街道

党工委书记　刘　晶
人大街工委主任　刘　晶
党工委副书记
曲　肃(－2014. 08)
王　健(2014. 11 －)
刘福梁
办事处主任
曲　肃(－2014. 08)
王　健(2014. 11 －)
纪工委书记　于家成
政法工委书记　于家成
办事处副主任
孙　玉(－2014. 11)
董向军(2014. 11 －)
张　琪
武装部长　张晓阳
工会主席　张晓阳
人大街工委副主任　刘金锐

中华路街道

党工委书记　李义军
人大街工委主任　李义军
党工委副书记　张学波
王　永
办事处主任　王　永
纪工委书记　沙　琨
政法工委书记　沙　琨
办事处副主任　张新龙
邹文英
卜　剑
武装部长　刘作升
工会主席　刘作升
人大街工委副主任　王金苓

泉水街道

党工委书记　王毓良
人大街工委主任　王毓良
党工委副书记　谭学伟
姜荣强(主持工作,2014. 08 －)
夏　晔
办事处主任　谭学伟
纪工委书记　张承喆
政法工委书记　张承喆
办事处副主任
李晓光(－2014. 11)
丁大伟(2014. 11 －)
袁永刚
武装部长　杨　莉
工会主席　杨　莉
人大街工委副主任　王道滨

南关岭街道

党工委书记
王凤明(－2014. 11)
段京友(2014. 11 －)
人大街工委主任　孙文栋
党工委副书记
洪克勤
孙文栋
段京友(主持工作,2014. 08 － , －2014. 11)
办事处主任　洪克勤
纪工委书记　王守法
政法工委书记　王守法
办事处副主任　周　亮
杜文河
张梦辉
张桂娟
武装部长　李　洁
工会主席　李　洁

红旗街道

党工委书记　张　毅
人大街工委主任　赵忠权
党工委副书记　牛　飞
林长和
办事处主任　牛　飞
纪工委书记　韩　双
政法工委书记　金　龙
办事处副主任　张全学

刘丕锁
乐思东
宣传委员　范蕴迪
武装部长　金　龙
工会主席　金　龙

辛寨子街道

党工委书记　王淑侠
人大街工委主任　文　伟
党工委副书记　李光玉
文　伟
办事处主任　李光玉
纪工委书记　吴　千
政法工委书记　吴　千
办事处副主任　姜伟华
孙　毅
李　权
武装部长　孙士峰
工会主席　孙士峰

大连湾街道

党工委书记　孙域梁
人大街工委主任　高　阳
党工委副书记　高　阳
纪工委书记　李　勇
政法工委书记　李　勇
办事处副主任　薛　茜
林乐靖(-2014.11)
薛传铭
武装部长　韩松柏
工会主席　韩松柏

革镇堡街道

党工委书记　浦照国
人大街工委主任　李国健
党工委副书记
姜荣强(-2014.08)
孙北文(2014.08 -)
李国健
办事处主任
姜荣强(-2014.08)
孙北文(2014.08 -)
纪工委书记　苏德雨
政法工委书记　苏德雨
办事处副主任　陈明斌
季立明
刘文阁
组织委员　陈　宏
宣传委员　史书桂
武装部长　陈　宏
工会主席　陈　宏

营城子街道

党工委书记　韩树吉
人大街工委主任　姜玉慧
党工委副书记　于　遵
姜玉慧
办事处主任　于　遵
纪工委书记　王忠军
政法工委书记　王忠军
办事处副主任　姜丽娟
蒋　海
王守锋
组织委员　夏丽君
宣传委员　胡　萍
武装部长　韩业振
工会主席　韩业振

荣誉榜

先进集体

国家级

全国社会组织建设创新示范区

甘井子区

全国文化先进单位

甘井子区

全国“终身学习活动品牌”

甘井子区

全国“第六届 SMART 杯互动教学大奖赛”优秀组织奖

甘井子区教育局

全国“全民终身学习活动周先进单位”

甘井子区教育局

终身学习活动品牌

甘井子区教育局

全国青少年“五好”小公民主题教育活动先进集体

甘井子区教育局关心下一代工作委员会

中国政府网站优秀奖

甘井子区电子政务办公室

政民互动精品栏目

甘井子区电子政务办公室

第三届全国中小学教师教育技术能力建设计划应用成果评比优秀组织管理奖

甘井子区教师进修学校

全国招生服务优秀奖

甘井子区社区学院奥鹏学习中心

全国青少年普法教育先进单位

甘井子区司法局

全国文明单位

辛寨子街道

全国优秀志愿服务组织

辛寨子街道家家乐志愿服务队

全国乡镇一级文化站

革镇堡街道文化站

省　级

辽宁省体育艺术教育示范区

甘井子区

辽宁省未成年人思想道德建设先进区

甘井子区

辽宁省工人先锋号

甘井子区国税局大连湾税务所

辽宁省重点课题

甘井子区教育局

辽宁省妇联工作先进集体

甘井子区妇女联合会

辽宁省先进妇女之家

红旗街道吉祥社区

辽宁省妇联信息工作先进

单位
甘井子区妇女联合会

民心网"亲民单位"
甘井子区交通局公路运输管理所

第三届辽宁省中小学教师教育技术能力建设计划应用成果评比优秀组织管理奖
甘井子区教师进修学校

辽宁省科普示范社区
泉水街道锦泉社区

2009—2014 年度全省审计机关先进集体
甘井子区审计局

辽宁省基层食品安全工作指南师培训(第一期)集体三等奖
甘井子区市场监督管理局

辽宁省第三次经济普查先进集体
甘井子区统计局

全省统战理论研究优秀成果一等奖
中共甘井子区委统战部

辽宁省文明单位
甘井子区城建局
辛寨子街道
亿达社区

辽宁省信息工作先进单位
中共甘井子区委组织部

省级现代服务业集聚区
中华路街道

市 级

城市管理工作考核先进奖
甘井子区城建局

园林绿化管理工作"专项考核模范奖"
甘井子区城建局

民心网 3 月份"亲民单位"
甘井子区城建局

大连市"国际档案日"宣传活动优秀组织奖
甘井子区档案局

全市优秀审计项目评选"优秀组织奖"
甘井子区总工会

大连市青年文明号
甘井子区国税局纳税服务科

最美团队
甘井子区国税局大连湾税务所

大连市先进集体
中华路街道

大连市第八届中小学教师教育技术应用技能说课大赛最佳组织奖
甘井子区教育局

大连市 2014 年中小学电脑制作活动最佳组织奖
甘井子区教育信息技术中心

大连市中小学生规范汉字书写大赛团体第二名
甘井子区教育局

大连市职工羽毛球比赛男子团体第一名
甘井子区教育局

大连市教育工会纪念教师节 30 周年羽毛球大赛团体三等奖
甘井子区教育局

中小学师生心理健康教育工作社会服务创新奖
甘井子区教师进修学校

第一届大连市老年人体育健身大会"网球协会杯"网球交流活动甲组团体优秀奖
泉水街道

第一届大连市老年人体育健身大会"沙河口区杯"太极拳(剑)交流活动甲组太极拳集体优胜奖

甘井子街道

第一届大连市老年人体育健身大会体育道德风尚奖

泉水街道

甘井子街道

公务员职业道德教育实践基地

大连生态科技创新城

大连市安全生产监察比武冠军

甘井子区安全生产监督管理局

大连市信息安全等级保护工作先进单位

甘井子区电子政务办公室

大连市“巾帼文明岗”

南关岭街道姚兴社区

大连市妇女工作创新奖

甘井子区妇女联合会

大连市“三八”红旗集体

甘井子区教育局幼儿园

甘井子区妇女联合会

大连生生物业管理有限公司计划财务部

大连桑扶兰实业有限公司

大连市万盛购物广场发展有限公司

大连新天地环境清洁有限公司

大连市妇联系统先进集体

营城子街道对门沟村妇代会

革镇堡街道后革妇代会

辛寨子街道妇联

大连湾街道妇联

兴华街道兴民社区妇联

泡崖街道妇联

机场街道南松社区妇联

甘井子街道妇联

大连市十佳妇女儿童维权服务站

红旗街道吉祥社区

大连市“巾帼文明岗”圆梦服务最佳组织奖

甘井子区妇女联合会

大连市“巾帼文明岗”圆梦服务最佳服务项目

甘井子区特殊教育中心

大连市最美服务岗位

甘井子区泡崖中心市场

甘井子区实验小学班主任团队

大连市科协工作先进集体

甘井子街道

模范基层武装部

中华路街道

大连市健身健美公开赛暨社区“健身丽人”大赛团体啦啦操一等奖

甘井子街道

大连市“十佳魅力街道”

甘井子街道

大连市“十佳幸福社区”

甘井子街道松山社区

大连市红十字会应急救护培训工作先进集体

甘井子区红十字会

大连市红十字青少年“我心中的红十字”主题征文暨公益海报征集大赛优秀组织奖

甘井子区红十字会

应急救护实操技术演示教学大赛团体三等奖

甘井子区红十字会

大连市红十字会应急救援技能考核三等奖

甘井子区红十字会

大连市红十字青少年“我心中的红十字”主题征文暨公益海报征集大赛最佳组织奖

甘井子区教育局

大连市第十八中学

中共大连市委、大连市人民政府记公务员集体二等功

中共甘井子区直属机关工作委员会

民心网“十五星”件

甘井子区交通局

大连市交通系统政风行风建设先进单位

甘井子区交通局

大连市交通系统行政执法责任制工作优秀单位

甘井子区交通局

大连市交通系统“优化交通运输环境 全面提升服务水平”主题活动先进集体

甘井子区交通局公路运输管理所

大连市交通系统行政执法优秀运管机构

甘井子区交通局公路运输管理所

大连市五一巾帼标兵岗

力和公司

大连市科协工作先进集体

甘井子区科学技术协会

大连市“亿达杯”市暨区(市)县人大常委会机关职工乒乓球赛乙组团体第三名

甘井子区人大常委会

大连市民学习品牌

甘井子区社区学院“百姓学习超市”

“同心同行建设大连”主题实践活动特色品牌项目

中共甘井子区委统战部

大连市统战工作实践创新成果

中共甘井子区委统战部

大连市党建调研征文一等奖

中共甘井子区委组织部

大连市第十届党员教育电视片观摩评审一等奖

中共甘井子区委组织部《一切为了群众》

大连市第十届党员教育电视片观摩评审二等奖

中共甘井子区委组织部《社区好当家》、《用生命托起一片蓝天》

大连市第十届党员教育电视片观摩评审最佳摄像奖

中共甘井子区委组织部《社区好当家》

大连市第十届党员教育电视片观摩评审优秀组织奖

中共甘井子区委组织部

“党的群众路线教育实践活动”先进典型作品征集活动集体组织奖

中共甘井子区委组织部

“党的群众路线教育实践活动”先进典型作品征集活动征文类二等奖

中共甘井子区委组织部

“党的群众路线教育实践活动”先进典型作品征集活动征文类三等奖

中共甘井子区委组织部

“党的群众路线教育实践活动”先进典型作品征集活动征文类优秀奖

中共甘井子区委组织部

“党的群众路线教育实践活动”先进典型作品征集活动视频类优秀奖

中共甘井子区委组织部

大连市社会管理综合治理暨平安创建先进集体

革镇堡街道

区　级

甘井子区人大代表建议、政协提案办理工作先进单位

甘井子区交通局

信息工作先进单位

甘井子区城建局

甘井子区第四届党员教育电

视片暨党的群众路线教育实践活动党员教育电视片观摩评比活动最佳电教片奖

甘井子区交通局
甘井子区城建局
甘井子区教育局

甘井子区第四届党员教育电视片优秀组织奖

甘井子区城建局

甘井子区安全生产工作先进单位

革镇堡街道安全生产监督管理站

甘井子区 2014“安康杯”知识竞赛团体二等奖

革镇堡街道安全生产监督管理站

甘井子区“广树进步小榜样”活动先进集体

甘井子区教育局
革镇堡街道关心下一代工作委员会

甘井子区社区教育先进街道

革镇堡街道
中华路街道

甘井子区妇女工作先进集体

甘井子区审计局
革镇堡街道
大连湾街道
大连湾工商所
甘井子区个体劳动者协会、私营企业协会

甘井子区党委系统信息工作先进单位

中共甘井子区委统战部
甘井子区教育局
甘井子区安全生产监督管理局
甘井子区交通局
甘井子区总工会
革镇堡街道
中华路街道

甘井子区“汇繁星、激活力、勇担当”公务员职业道德主题系列活动优秀组织工作奖

甘井子区教育局
甘井子区审计局
甘井子区安全生产监督管理局
甘井子区工商局
甘井子区食品药品监督管理局

甘井子区“孝老爱亲最美儿女”评选活动优秀组织工作奖

甘井子区教育局

甘井子区直机关第 25 届体育运动会第二组团体第二名

甘井子区教育局

甘井子区总工会第 1 届“职工杯”乒乓球比赛女子组团体第一名

甘井子区教育局

甘井子区“区长杯”职业技能大赛特殊贡献奖

甘井子社区学院

甘井子区“区长杯”职业技能大赛最佳组织奖

甘井子街道

最美“巾帼文明岗”

泉水街道

甘井子区 2014 年“安康杯”知识竞赛决赛优胜组织单位奖

泉水街道

甘井子区 2014 年“辛寨子杯”鼓乐大赛银奖

泉水街道

甘井子区机关第 25 届体育运动会优秀组织奖

甘井子区人大常委会
中共甘井子区委统战部
甘井子区交通局
甘井子区安监局
甘井子区审计局
泉水街道
甘井子街道

甘井子区“培养法治信仰，坚守法治梦想”主题知识竞赛三等奖

泉水街道

甘井子区“广树进步小榜样活动”先进单位

泉水街道

甘井子区社区教育示范街道

泉水街道

建言献策活动先进单位

泉水街道

甘井子区安全生产工作先进单位

中华路街道

甘井子区区直机关工委排球比赛第6名

甘井子区安全生产监督管理局

甘井子区直机关党工委党建创新项目二等奖

甘井子区安全生产监督管理局党支部

文化大沙龙系列活动暨广场文化活动启动仪式“春之鼓舞”展演优秀表演奖

大连湾街道

泉水街道

发展工业经济先进单位

大连湾街道

高新技术产业先进单位

大连湾街道

招商引资先进单位

大连湾街道

中华路街道

重点项目建设先进单位

大连湾街道

中华路街道

泉水街道

财政收入贡献奖

大连湾街道

中华路街道

机关工委“最佳实事”

甘井子区妇女联合会“女性健康守护基金”

机关党建工作创新创优成果奖

甘井子区妇女联合会《以务实为坚守打造妇女儿童版的幸福工程》

甘井子区新闻报道最佳单位

甘井子街道

甘井子区2014年度优秀提案奖

甘井子街道联络组

甘井子区“快乐重阳杯”退休人员乒乓球赛团体第一名

甘井子街道

司法行政信息工作先进集体

甘井子街道

甘井子区2014年“辛寨子杯”鼓乐大赛铜奖

甘井子街道

甘井子区机关排球比赛第一名

甘井子区城建局

甘井子区迎“十二运”道路和绿化建设突出贡献单位

甘井子区交通局

甘井子区政务信息先进单位

甘井子区交通局

中华路街道

甘井子区直机关第25届体育运动会第四组团体第五名

甘井子区交通局

甘井子区环境整治贡献单位

甘井子区交通局公路运输管理所

甘井子区职工书屋示范点

力和公司

甘井子区直机关党建工作项目化管理一等奖

甘井子区人大常委会机关党支部

甘井子区直机关第25届体育运动会第三组团体第四名

甘井子区人大常委会

"最美身边人"集体荣誉
甘井子区商务局

甘井子区社区教育特殊贡献奖
甘井子区社区学院

甘井子区直机关第25届体育运动会团体第六名
甘井子区审计局

甘井子区综合治理先进单位
甘井子区市场监督管理局

甘井子区"汇繁星、激活力、勇担当"公务员职业道德主题系列活动情景剧二等奖
甘井子区工商局

"培养法治信仰，坚守法治梦想"主题活动最佳组织奖
甘井子区工商局
甘井子区食品药品监督管理局

甘井子区"汇繁星、激活力、勇担当"公务员职业道德主题系列活动情景剧三等奖
甘井子区食品药品监督管理局

甘井子区直机关第25届体育运动会第四大组团体第二名
甘井子区司法局

甘井子区直机关第25届体育运动会第三组第一名
中共甘井子区委组织部

个　　人

国家级

全国优秀县委书记
郝方林

全国青少年普法教育先进个人
申淑娥　吕　丽　乔国梁

全国青少年普法教育优秀辅导员
宋　正　潘德虎　张振华

省　级

辽宁省"三八"红旗手
王淑侠

辽宁省妇联信息工作先进个人
王黎明

辽宁省"爱心妈妈"
梁晓琴　孙玉兰

辽宁省"最美家庭"
韩淑媛　王喜昌

辽宁基层食品安全工作指南师资培训个人一等奖
韩树君

"辽宁好人"最美司法所长
周琪玲

"辽宁好人"最美调解员
张　军

"辽宁好人"最美社区矫正工作者
宋　正

辽宁省第三次经济普查先进个人
孙　颖

市　级

2013—2014年度大连市城市供热工作先进个人
季立明　刘先庆　林洪超
王　永　王赞玮

大连市维稳调研活动优秀调研成果二等奖
万小东

大连"俊"青年评选大赛"敬业'俊'青年"
魏　颖

大连市国家税务局"评估能手"
赵　虹

大连市国家税务局"查账能手"
李荣立

大连市国家税务局“纳税服务之星”

贺　惠　张薇薇　王雁南

“阅动青春”主题演讲及征文比赛一等奖

张乃文

“阅动青春”主题演讲及征文比赛二等奖

王雁南　刘　洁

“阅动青春”主题演讲及征文比赛演讲比赛第三名

张乃文

大连市维稳优秀调研成果三等奖

房爱荣

大连市劳动模范

冯建平

大连市巾帼建功标兵

柏雪菲

大连市“三八”红旗手标兵

王　苹

大连市“三八”红旗手

董　杰　李　爽　刘秀娟
孙月琴　李冬梅　田晓晖
郑　华　于　涛　王　丹
黄松玉　王丽红　连美芳

大连市妇联系统先进工作者

付　瑜　宁　红　徐雪峰
孙　洁　金　娜　田容容
霍　红　舒　荣　王瑛丽

大连市“学习型妈妈”

李笑梅　关清泉　张鲁静
王亚辉　丛荣滋　桑晓平
马香媛　韩　梅

大连市公安系统三等功

滕晓东　唐胜勇

大连市公安系统嘉奖

王正权

大连市优秀团员

孙成卓

大连市城市社区档案工作先进个人

王浩波

大连市优秀楼组长

易庞波

大连市应急救护“微课”教学大赛三等奖

陶国威

大连市红十字青少年“我心中的红十字”主题征文暨公益海报征集大赛最具人气奖

肖怡心

大连市红十字青少年“我心中的红十字”主题征文暨公益海报征集大赛一等奖

司嘉祺

大连市红十字青少年“我心中的红十字”主题征文暨公益海报征集大赛二等奖

赵雯晗　董冠缨　黄子琦

大连市红十字青少年“我心中的红十字”主题征文暨公益海报征集大赛三等奖

王玄武　王玥茗　王　璐
于一诺　鞠文婕

大连市红十字会应急救援技能考核救生绳结比赛第一名

陈　玲

大连市红十字会应急救援技能考核救援通讯比赛第六名

刘雪梅

大连市直机关工委“党建难题破解年”活动二等奖

陈相安

大连市精神文明先进工作者

邓玉建

2014年10月份民心网“办件明星”

董　杰

大连市交通系统政风行风建设工作先进个人

丛德俊

大连市交通系统民心网工作先进个人

隋慧媛

大连市交通系统“优化交通运输环境 全面提升服务水平”主题活动先进个人

张积松　李华谦

大连市交通系统十佳青年岗位能手

李　辉

2014年“大连好人榜”

李　辉

大连市交通行业“十佳百强”先进个人

金　晖　王功杰

“大连市人大常委会纪念全国人民代表大会成立60周年征文评选活动”二等奖

刘显毅

“大连市人大常委会纪念全国人民代表大会成立60周年征文评选活动”三等奖

刘祥海　肖元芃

大连市“亿达杯”市暨区(市)县人大常委会机关职工乒乓球赛甲组男子单打第一名

赵　信

大连市“亿达杯”市暨区(市)县人大常委会机关职工乒乓球赛乙组男子单打第五名

张庆春

优秀审计论文三等奖

于志军　张　琳

优秀青年审计论坛论文三等奖

王守媛

大连市优秀审计项目

甘义华

大连市清真食品管理工作先进个人

韩树君

大连市青少年教育保护工作先进个人

李兴廉

大连市综合治理先进个人

王玉滨

大连市第三次经济普查先进个人

李丽华　杨晓霞　马永骞
张　杰　胡红艳　乔　智
李　欣　韩笑冬　许　琦
李　鹏　王　永　张新龙
于　晶　周晓悦

大连市统战工作优秀信息员

王　旭

大连市“美德少年”

孙安妮　栾　杰　丛　博
范心悦　王鋆族　马玉馨
金　霖　张小月

区　级

甘井子区安全生产工作先进个人

陈明刚　史涤非

甘井子区社区教育先进工作者

张伟巍

甘井子区妇联系统先进工作者

谢琳娜

甘井子区工作落实年活动三等奖

房爱荣

甘井子区直机关工委“家训家风”征文一等奖

房爱荣

“最美身边人”

冯建平

甘井子区公务员职业道德主题演讲活动二等奖

张传军

甘井子区“广树进步小榜样”先进个人

孙　强

甘井子区青少年校外教育示范项目评选工作优秀奖

孙　强

信息工作先进者

张传军

“我与平安大连”征文集《平安家庭，从家亲入手》三等奖

王英杰

“晒家规家训，讲我家故事”优秀奖

王黎明

司法行政信息工作先进个人

沙　鑫

甘井子区新闻报道最佳工作者

孙宏坤

甘井子区城市建设管理及环境整治工作先进个人

韩建东　王　力　王玉滨　王　永　杨世波　张其龙　仕同星

甘井子区人大代表建议、政协提案办理工作先进个人

史晓军

甘井子区党委系统信息工作先进工作者

丁济金　高　见　王　旭

甘井子区政务信息先进个人

丁济金

甘井子区公务员职业道德主题演讲比赛三等奖

王守媛

甘井子区工作落实年征文活动三等奖

刘小利

甘井子区工作落实年征文活动优秀奖

吴　波　王　旭

“培养法治信仰，坚守法治梦想”主题征文二等奖

王君凌　孔德岩

“培养法治信仰，坚守法治梦想”主题征文三等奖

吴　波

家规家训征文优秀奖

赵本莹

节能低碳主题征文优秀奖

陈兴思

“践行孝道，传承仁爱”演讲比赛三等奖

吕　丽

“公平正义”主题演讲比赛二等奖

马　骞

“公平正义”主题演讲比赛三等奖

姜万鹏

重要报告、讲话辑存

坚定信心 勇于担当 确保全面完成全年目标任务

——在中共甘井子区委十一届七次全会上的报告（2014年8月4日）

中共甘井子区委书记 郝方林

各位委员，同志们：

这次全会的主要任务是：认真学习贯彻习近平总书记系列重要讲话精神和促进东北老工业基地振兴重要批示精神，落实市委十一届七次全会部署，总结上半年工作，部署下半年任务，引导全区上下进一步认清形势，增强机遇意识、责任意识和紧迫意识，坚定信心，勇于担当，全面完成全年目标任务，开创现代化国际化中心城区建设新局面。下面，我代表区委常委会，向全会报告工作。

一、上半年工作情况

今年以来，在市委的正确领导下，区委常委会团结带领全区广大干部群众，科学研判形势，凝聚改革共识，统筹抓好经济社会发展和党的群众路线教育实践活动，攻坚克难，苦干实干，实现了“双过半”任务，各项事业取得新进展。

（一）经济保持平稳发展

上半年，实现地区生产总值475亿元，增长7.6%；地方公共财政收入31.2亿元，增长-7.7%；固定资产投资498亿元，增长13.8%；社会消费品零售总额219亿元，增长13%；实际使用内资123.6亿元，增长15.5%；实际利用外资5.06亿美元，增长24.6%；出口额实现24.8亿美元，增长49.8%。

优质增量推动产业优化升级。实行常委包项目责任制，区政府加强跟踪调度，全区开工重点项目120个，完成投资342.6亿元，增长5.1%。二、三产业投资比为8.1∶91.9，三产投资比重提高8.9个百分点。第三产业增加值占地区生产总值的比重达到36.1%。四大产业集群协同拉动作用不断增强，实现区属口径规模以上工业总产值185.7亿元，其中先进装备制造业占50.7%。安盛亿合城、名气通数据中心、泛亚太总部基地等一批现代服务业重点项目进展顺利。大连广告创意产业园、电子商务等智慧产业，中国航空货运联盟、国荣物流等物流产业呈现集聚发展态势。居然之家和金三角新交易中心开业。大连辽渔国际水产品市场成为国家级农产品批发市场。全球著名企业美国美高梅集团投资西城国际旅游商务区，建设中国第二家钓鱼台国宾馆。要素保障力度加大，挂牌出让土地13宗，建筑面积138万平方米。政府融资到位22亿元，为重点项目建设提供了强有力的资金支持。

内生动力持续增强。科技创新有效提升企业核心竞争力，发展后劲进一步增强。世界最长全冲程曲轴在大连重工泉水基地成功下线，填补了国内空白。锋驰机械项目通过国家科技型中小企业创新基金立项。豪森设备、大高阀门获得省科技创新重大专项立项。智云自动化、华锐数控等60家企业申报大连市科技计划入库项目。引进海外研发团队5个，推荐14名专家入选“百千万”人才工程，4名专家荣获大连市优秀专家称号。

综合配套改革不断深化。积极争取市委、市政府赋予我区新体制机制，部分事项得到明确和落实。机构改革深入推进，顺利完成区工商局、质监局和食药监局属地化管理承接工作。改革激发市场活力，全区新注册登记各类市场主体6869户，增长66.4%；新发展注册资金500万元以上的企业141户，增长93.8%。

（二）城区建设取得新进展

重大基础设施建设有序推进。开工重点基础设施项目29个。渤海大道一期、滨海公路等重点工程进展顺利，完成黑大线、张前线等5条道路大中修，东联路交中华路全互通立交桥通车，丹大铁路动迁工作全面启动。开工水利工程9项，王家店水库（棠梨湖）上游综合治理主体工程竣工。机场20万吨自来水泵站投入使用，营城子、泉水污水处理厂建设加快推进。

区域环境有效改善。实施青山生态系统工程重点项目24个，完成投资20亿元，绿化面积2万亩。建成郭家沟南山生态园、前关体育休闲公园等一批精品工程。深入开展“城市建设管理年”活动，加强城市精细化管理，市容环境呈现新面貌。加大执法力度，严抓减污减排，地区空气质量持续改善。完成兴华街道兴昌园等10个“一街一景”项目，开工建设11个社区游园，为群众打造“家门口的公园”。

（三）群众生活质量和水平进一步提升

民生投入力度进一步加大，公共财政用于民生领域支出16.7亿元，占公共财政支出的64.4%，同比增长7.4%，年初确定的10件为民办实事项目全面推进。

公共服务水平持续提高。新开发就业岗位3.29万个，实现城镇失业人员实名制就业1.78万人。城镇登记失业率控制在2.77%。扶持创业带头人275人，新增创业孵化企业37个。发放困难群体就业等扶持资金1亿元。发放低保资金2826万元，惠及低保家庭5346户。企业退休人员养老金平均提高10%，月均达到2100元。投入资金1.09亿元，新建续建学校5所，维修改造老旧校舍24个，新开公办幼儿园4所，增加学位800个。弃管楼院改造等“五个一”工程、“暖房子”工程、区医疗卫生健康中心项目全面推进。改善了256户贫困残疾人家庭家居环境。标准化农贸市场等便民项目积极推进。居家养老服务体系加快建设，设立30个养老助餐点。光明山西街棚户区改造工程完工，东海棚户区改造有序进行。

文化惠民亮点纷呈。开展“百家讲堂”系列巡讲、“最美身边人·传递正能量”纪实摄影展、甘井子最美的“青”微电影创作展播、“幸福五星”诚信示范建设等活动，以多种形式大力培育和践行社会主义核心价值观。与中国书法家协会、市委宣传部共同主办了“生态大连”全国书法篆刻作品展活动，举办了“繁星似锦·我爱甘井子”文艺精品原创大赛、“我讲我的故事”纪实微电影、“春之鼓舞”群众文化展演等系列“文化大沙龙”活动，丰富了群众文化生活。健身秧歌队代表辽宁省参加全国大赛并获一等奖，文化墙创建活动获大连文艺推进奖。第四届全国文明城市评比迎检工作有序开展。区体育场、文化馆等项目加快推进。开通图书馆等22个便民免费无线网络点及全省第一家科普微信平台。区档案馆晋升为“国家一级档案馆”。

社会保持和谐稳定。大力推行“阳光信访”,有效规范了信访秩序。加强社会矛盾纠纷化解,调解各类矛盾纠纷695起,调解成功率100%。完成全国“两会”等重要时段维稳工作。“六五”普法有序推进。“技防甘井子”“平安甘井子”建设成效突出。我区被评为“全国社会组织建设创新示范区”。严格落实安全生产责任制,安全生产形势保持稳定。加大监管力度,食品药品市场秩序不断规范。我区荣获全国军转工作先进单位称号。

(四)党的建设科学化水平不断提高

党的群众路线教育实践活动取得阶段性成果。认真贯彻落实中央和省市委要求,坚持高标准高质量,坚持问题导向和开门搞活动,共征集梳理出“四风”问题及群众关心关切的热点难点问题2232条,已解决1547条,其余问题全部建立台账正在有序解决。召开了区委常委专题民主生活会,达到了红脸出汗、加油鼓劲的效果,得了到省市委的充分肯定。

学习型党组织建设扎实推进。坚持用习近平总书记系列重要讲话精神统一思想,以加强学习促进干部队伍素质提升。区委中心组开展集中学习6次,各党(工)委集中学习130余次。干部双向自选培训2000余人次。大力实施“十、百、千、万”宣讲工程,我区被省委讲师团确定为“理论宣讲调研基地”。

服务型党组织建设成效明显。推进基层党建工作全域化、智慧化、项目化、品牌化发展,实施由家、红星美凯龙等多个党建阵地升级工程,服务群众能力进一步提升。开展“汇繁星、激活力、促民生”主题实践活动,创新“党员服务超市”“六有六服务”“暖心工程”等载体,打造了一批基层党组织服务品牌。大连湾军警地企区域化党建联合体课题报告获全国党建研究会调研课题优秀成果一等奖,其经验做法及红旗街道彩虹社区党内民主议事“六步法”被《人民日报》专题报道。甘井子街道“三会一有”群众工作法得到省委组织部肯定。

党风廉政建设切实加强。举办领导干部警示教育大会、拒腐防变每月一课等活动,党风廉政建设和反腐败教育进一步强化。突出抓好八项规定落实,强化正风肃纪,24名党员干部受到党纪政纪处分,涉及违纪金额475.5万元。构筑“五位一体”审计格局,完成三级领导干部经济责任审计25项。

民主政治建设不断加强。区人大依法履职,对“十二五”规划中期调整、财政预算、民生热点等重点工作进行监督,有效推进工作落实。区政协强化参政实效,围绕“聚焦改革创新、助力转型发展”主题,积极建言献策,为区委科学决策提供依据。统一战线工作科学化水平不断提高。工会、共青团、妇联、科协、工商联等人民团体的桥梁纽带作用更加突出,服务发展的能力不断增强,保持了政通人和、齐心协力求发展的良好局面。

各位委员、同志们,上半年的成绩来之不易,得益于全区上下思想统一、信心坚定、主动作为、合力攻坚,也是我们甘井子人不畏挑战、勇于担当的结果。

在肯定成绩的同时,也要深刻认识到,在经济社会发展新常态下,我们还存在着对经济增速换挡期的不适应,对市场在资源配置中起决定性作用的不适应,对依靠法治思维和法治方式深化改革、推动发展、维护稳定的不适应。同时,在发展中还存在一些亟待解决的问题:部分重点项目推进较慢，企业融资难、融资贵的问题没有解决；供水、供电等基础设施配套不足，不能满足项目落地需求；社会治理和公共服务水平与群众期盼还有较大差距；一些部门单位还有办事效率低、服务质量差的问题；部分党员干部仍有等、靠思想和精神萎靡、状态不佳、缺乏攻坚克难勇气等“慢热”现象。对于这些问题，我们必须高度重视，并在今后工作中采取有效措施切实加以解决。

二、下半年工作安排

下半年，世界经济复苏依然艰难曲折，我国经济下行压力仍然较大。大连市面临着新一轮东北老工业基地振兴、金普新区获批国家级新区、长兴岛石化产业基地获得国家批准等历史性机遇。我区作为中心城区，市委、市政府将继续深化综合配套改革，我们的区位优势、资源优势和比较优势进一步增强，发展要素持续可供，机遇叠加、政策叠加带来的巨大发展空间和增长潜力将持续提升我区的综合竞争力。我们的发展机遇大于挑战，优势大于风险，我们既要坚定信心，也不能掉以轻心，既要牢牢把握重大发展机遇，也要树立危机意识和紧迫意识，切实增强工作责任感，咬定实现全年发展目标任务不动摇，继续保持“坚定、坚守、务实”的特质品格，保持“我行，我能行”的进取精神，以改革促发展，以实干见成效，全力破解发展难题，在新一轮发展中继续走在全市前列。

下半年工作的总体要求是：**全面贯彻落实市委十一届七次全会精神，坚持稳中求进，保持定力、顶住压力，激发改革动力，催生市场活力，调动一切积极因素，进一步汇聚发展优势，统筹抓好经济发展、民生改善、深化改革等各项工作，振奋精神，迎难而进，狠抓落实，确保全面完成全年目标任务。**

重点抓好七个方面工作：

（一）在抓产业转型升级上下功夫。围绕产业高端化发展方向，推动存量优化、增量优质，促进四大产业集群协调发展，不断提升经济增长的质量和效益。**加快推进重点项目建设。**坚持把重大项目作为稳增长的有力抓手，严格落实常委包项目责任制、重点项目责任制、月调度和“绿色通道”等制度，提高进资率和投达产率，确保开工率达到80%以上。保持固定资产投资快速增长，以增量促增长。积极扩大招商引资，抓好项目储备。**加大对实体经济的扶持力度。**发挥政策导向作用，促进更多资金向实体经济聚集，推动实体经济发展壮大。因企施策，切实提高服务的针对性和有效性。做好对混合所有制和民营企业的服务保障，推动企业做大做强。加大对建筑企业的跟踪服务力度，促进建筑业、房地产业健康发展。**全力做好要素保障。**进一步理顺全区拆迁政策，加强征地拆迁和土地储备整理，确保项目用地供给。加快净地的招拍挂工作，力争全年土地出让量高于去年。发挥融资公司作用，扩大融资规模，积极争取省市资金支持，为重点项目建设提供资金保障。

（二）在抓发展承载力上下功夫。坚持产城融合发展理念，以一流载体承载一流产业。加快推进基础设施建设。推进渤海大道、河周路、棋南线、滨海公路、大连至旅顺中部通道等道路建设，以及大连生态科技创新城水、电、气等配套设施建设，切实解决基础设施滞后问题。高标准实施城区路面改造等大中修项目，完善城市功能。加快推进大连湾污水处理厂建设，启动前牧污水处理厂和配套管网建设。完成于家66KV输变电工程，开工建设前盐66KV输变电工程。**打造优美生态环**

境。继续推进青山生态系统工程建设，研究制定明年绿化项目，早确定、早启动。做好“一街一景”项目收尾工作，高标准推进社区游园和山林抚育等项目。年内争取以西城棠梨湖公园为主体创建国家5A级风景区。加强城市精细化管理，扎实做好市容环境卫生、绿地林地管护、道路养护等日常管理工作。做好全区水生态文明建设工作规划，积极推动大连水务现代化试点工作。加快牧城驿湖滨公园改造、郭家沟生态河一期等生态工程建设。

（三）在抓保障和改善民生上下功夫。越是在发展困难时期，越是要做好民生保障和改善工作，切实提高民生福祉。**积极回应群众关切。**聚焦惠民实事，集中精力解决好弃管楼院管理、老城区道路养护以及群众出行难等关系群众切身利益的具体问题。**大力提高人民生活质量。**坚持就业优先战略，加强就业培训，积极开发就业岗位。进一步扩大城镇职工、居民社会保险覆盖范围。加快推进9所校建工程、鞍子山和双台沟等5个“新居工程”以及区市民健身中心等重点民生工程。提升社会救助水平，完成第十五次低保提标工作。积极推进区残疾人托养康复服务中心建设。**营造和谐有序的社会环境。**以“大综管”网格化管理为载体，积极推进社会管理创新。着力推进防控体系建设试点，全面提升“平安甘井子”创建水平。加大初信初访解决力度，切实化解一批信访积案。强化红线意识，加强安全生产监管，加强应急救援系统建设，有效提升安全生产整体管理水平。积极开展食品安全专项整治，提升群众日常生活的安全感和幸福感。

（四）在抓文明城市创建上下功夫。以“创城”为引领，推动文化建设向高品质、多样化、开放型转变，不断提高城区文化品位。**扎实做好第四届全国文明城市评比迎检工作。**着力突出“创城”工作为民、利民、惠民的根本目的，把“创城”工作与创新社会管理、完善城市基础设施等紧密结合，搭建造福人民群众的重要平台，汇集各方力量，确保完成各项目标任务。**大力弘扬和践行社会主义核心价值观。**坚持宣传思想工作的人民性，深入推进中国特色社会主义理论和“中国梦”宣传教育，凝聚社会共识，传播正能量。深入开展“社会主义核心价值观大讲堂”系列巡讲、“百家讲堂”等活动，找准与群众的共鸣点，不断增强群众对社会主义核心价值观的认知认同，提高市民文明素质。**深入推进文化惠民。**充分发挥“文化大沙龙”活动载体作用，开展各类文化精品创作展示活动，塑造具有时代特色的甘井子文明新风尚。完善公共文化服务网络，加快升级改造区文化馆，启动标准化文化活动室建设，让群众广泛享有优质均衡的公共文化服务。

（五）在抓综合配套改革上下功夫。全区上下要充分认识到深化综合配套改革是我区发展的动力源泉，是加快全域向主城区转型的重要保障。要进一步解放思想，转变观念，以更宽的视野和更开放的胸襟，积极主动承接好市委、市政府赋予我区的综合配套改革新政策。要切实增强责任感和紧迫感，抓紧落实责任，分工负责，分口对接，明确时间节点，积极全力争取，尽快把新政策全部落实到位，转化为促进科学发展的新动力。深化行政管理体制改革，积极稳妥做好区市场监督管理局组建工作，有效发挥监管职能，激发市场活力。积极做好卫生、计生等部门机构改革工作，全面推进行政管理重点领域和关键环节的改革。

（六）在抓营商环境上下功夫。把打造公平、优质、高效的营商环境作为增强区域竞争力和吸引力的重要载体，进一步集聚发展新优势。**着力营造良好的政务环境。**以深化行政审批制度改革为突破口，大力精简行政许可事项，进一步减少工商登记前置审批和资质资格认证事项，使企业投资更加便利。加大对新创企业的财政支持和金融服务，切实解决融资难、成本高等问题。**着力营造良好的法治环境。**加大对权力运行的监督力度，依法加强对企业生产经营活动的管理，严肃查处破坏经济发展环境的行为，为企业发展多设路标、多开绿灯、雪中送炭。**着力营造良好的人文环境。**全区上下要以开放包容、海纳百川的宽广心胸，转变服务观念，增强服务意识，提高服务效能，进一步营造崇尚创业、尊商亲商的良好氛围。

（七）全面加强党的建设

坚持党要管党、从严治党，全区各级党组织要聚精会神抓好党的建设，落实管党责任，为全面完成各项目标任务提供坚强保证。

一是善始善终抓好党的群众路线教育实践活动。严格贯彻落实中央、省市委部署要求，以区委常委班子专题民主生活会为标尺，开好人大、政府、政协班子及街道、委办局班子专题民主生活会，开好村、社区等基层党组织专题组织生活会，认真开展民主评议党员工作，确保不降标准、不走过场，真正达到统一思想、严肃纪律、凝聚合力的目的。扎实推动整改落实工作。各单位要认真制定整改方案，建立台账，强化责任，做到真改、实改、彻底改，切实解决好"四风"方面存在的突出问题，用改革发展稳定的各项成果和群众满意度来检验活动实效。对查摆的突出问题进行综合分析，落实责任，形成一批简明管用的长效机制，使为人民服务的宗旨意识成为全体党员干部的普遍自觉和团结一心、奋力攻坚的拼搏干劲。

二是大力加强领导班子执政能力建设。坚持把学习贯彻习近平总书记系列重要讲话精神作为首要政治任务，认真贯彻落实市委《关于进一步加强和改进全市领导班子思想政治建设的若干意见》，各级领导干部要充分发挥模范带头作用，认真落实"三严三实"要求，带头遵守党的纪律，做到坚守正道、弘扬正气，以信念、人格、实干立身，自觉维护党的形象。认真落实《党政领导干部选拔任用工作条例》，全面提升干部工作科学化水平。坚持好干部标准，以培养锻炼为基础，以选准选好为根本，以从严管理为保障，努力建设一支高素质优秀年轻干部队伍。加大绩效管理力度，完善干部考察考核机制，使敢于担当成为选人用人的重要导向。

三是大力加强服务型党组织建设。实施强基扩面和服务保障工程，夯实服务型党组织建设的组织和物质基础。以全域覆盖、项目推进、典型带动、智慧支撑为抓手，立足服务改革、服务发展、服务民生、服务群众、服务党员，坚持党组织建设"六有"标准和阵地改造同步升级，实现服务意识、服务能力、服务成效整体提升。加强"两新"组织特别是非公有制企业党组织组建力度，确保实现党的组织和党的工作双覆盖。创新工作理念和方法，为党代表发挥作用搭建有效载体。认真组织社区"两委"换届选举工作，有效提升新时期社区组织服务群众能力。深入开展"汇繁星、激活力、促民生"活动，创建一批影响力大、凝聚力强、辐射面广、群众满意的党建品牌。

四是深入推进反腐倡廉建设。严格落实党委主体责任和纪委监督责任，加大对重点领域、重点岗位的领导干部和一把手的监督管理。各级领导班子主要负责人要切实履行"第一责任人"的责任，领导班子成员要落实"一岗双责"，对党风廉政建设工作常研究、常检查。进一步健全廉政建设制度体系,形成用制度规范从政行为、按制度办事、靠制度管人的有效机制。加强事前审计和重点领域专项审计,着力解决“跑冒滴漏”等问题,充分发挥资金的使用效益。持之以恒落实中央八项规定,保持惩治腐败高压态势,切实做到政治清明、政府清正、干部清廉。

实现全年的目标任务,必须突出执行,重抓落实。对于定下来的事情要明确责任和完成时限,一抓到底,不打折扣,务见成效。各级领导干部要发挥表率和示范作用,以时不我待的责任感、只争朝夕的精神,深入基层实际,加强工作调度指挥,以强有力的举措和实际行动推动各项工作落实到位。区人大、区政协要加强对区委、区政府重大决策部署落实情况的视察、监督,群团组织要围绕落实各项任务,创新工作,为推进改革发展凝聚更多力量。要强化督促检查,加大对领导班子和领导干部执行力的监管,以一流的状态和干劲争创新业绩。

各位委员、同志们,让我们在市委的正确领导下,以更加坚定的信心、更加坚决的举措、更加务实的作风推动各项工作不断取得新进展,全面完成全年目标任务,为开创现代化国际化中心城区建设新局面不懈努力!

保持定力　增强动力
开辟现代化国际化
中心城区建设新境界

——在中共甘井子区委
十一届八次全会上的报告
(2014 年 12 月 25 日)

中共甘井子区委书记　郝方林

各位委员、同志们:

现在,我代表区委常委会向全会报告工作,请予审议。

一、2014 年工作情况

今年以来,面对经济下行压力不断加大的复杂形势和改革发展稳定的艰巨任务,我们在市委的正确领导下,认真学习贯彻党的十八届三中、四中全会精神,全面落实中央、省市委的决策部署,以坚定的信心迎接挑战,以主动作为破解难题,心无旁骛抓发展,凝心聚力惠民生,较好地完成了市委、市政府下达的指标任务,各项工作取得了难能可贵的新实绩。

(一)经济保持平稳健康发展

预计全年实现地区生产总值 1028 亿元,增长 7%;地方公共财政收入 48.5 亿元,下降 18.7%,剔除上年一次性收入等不可比因素,可比增长 10.2%;固定资产投资 789.2 亿元,增长 2%;社会消费品零售总额 464.8 亿元,增长 12.5%。

产城融合向深度拓展。我们抢抓新一轮东北老工业基地振兴等历史机遇,以高端重大项目为依托,推动先进装备制造业、总部经济、高科技产业、现代服务业四大产业集群与“两城四区”建设、老城区更新升级互动发展。落实区委常委包项目责任制,多次组织项目调度会,促进了一批重大项目开工、建成、投产。全区开工重点项目 139 个,完成投资 620 亿元,其中“两城四区”开工重点项目 108 个,完成投资 545 亿元;老城区改造加速推进,开工重点项目 20 个,完成投资 70 亿元。大连生态科技创新城完成投资 182 亿元,引进企业 41 家,区域竞争力和吸引力持续提升。

产业结构进一步优化。全区三次产业比由 2013 年的 1.1∶69.7∶29.2 调整为 1∶68.1∶30.9,三产比重提高近 2 个百分点。现代服务业集聚态势凸显。亿丰国际汽车城、泰达慧谷产业园、安盛亿合城等一批标志性现代服务业项目建成。中华路商务区获批“辽宁省现代服务业集聚区”。

工业经济保持稳定增长。全区规模以上工业企业共273家,虽然数量较去年减少30余家,但效益明显提升,预计实现总产值415亿元,增长0.5%。华能第二热电厂、一重石化装备基地、正大能源二期、豪森设备三期等一批重大项目全力推进。电子商务、物流等新兴产业发展迅速,辽渔集团被评为国家5A级物流企业。

科技创新支撑作用明显。全区81家规模以上科技型企业实现高新技术产品产值超百亿元,科技贡献率进一步提升。注重搭建创新平台,成立全国首家民营生产力服务中心。国家级孵化器——大连民营科技企业创业中心孵化企业337家,取得科技成果420项。支持企业开展重大关键技术攻关,推动科技成果转化,中国一重第三代核电技术达到世界核电装备制造最高水平,美罗药业的固体制剂标准通过美国FDA认证。引进海外研发团队7个,人才保障进一步加强。

区域发展活力进一步释放。有效整合资源,完成区市场监督管理局、区卫生和计划生育局组建工作,服务型政府建设取得新成效。深化综合配套改革,积极争取市政府赋予我区新体制。着力推进行政审批标准化管理,承接省市政府取消、下放的行政职权39项。扎实推进工商登记制度改革,139项前置审批事项改为后置审批,全年新注册各类市场主体16700余户,增长49.8%。强化招商引资,加强项目储备。实际使用内资226.5亿元,增长14.7%;实际利用外资10.12亿美元,增长10%。

今年是我区经济下行压力最大的一年,几项主要指标增幅明显低于同期水平。受房地产市场持续低迷和一次性资源税锐减的影响,财政收入首次出现负增长,但实际可支配财力并没有受到太大影响。总的看,我区经济发展基本面是好的,经济发展呈现出产业结构不断优化、内生动力逐步增强、发展质量和效益明显提升的良好态势,经济发展进入新常态。

(二)城区发展承载力不断增强

我们始终秉承"一流载体承接一流产业"的发展理念,加快重大功能性基础设施和生态建设,切实打造高品质的投资热土和发展环境。全区开工重点基础设施项目16个,完成投资16亿元。新建、续建公路总里程36.8千米,完成43.2千米大中修项目,区域路网建设标准和服务功能不断提高。于家66KV变电站主体工程建成,机场新区20万吨自来水泵站竣工使用,前盐66KV变电站开工建设。推进城市网格化管理,市容面貌明显改观。实施青山生态系统工程重点项目56个,完成投资20.5亿元,绿化面积2万亩。实施水利工程20项。全面完成主要污染物减排任务。金龙寺森林公园和南山生态园扩建完成。坚持以点带面提升城区品质,建成11个"一街一景"项目和11个社区游园,生态环境进一步改善。

(三)民生质量和水平进一步提高

在经济增长放缓的形势下,我们坚持守住底线,更加注重保障和改善民生,公共财政用于民生领域支出35.1亿元,占公共财政支出的65.9%。城镇居民人均可支配收入达到3.06万元,增长9.3%。坚持把就业摆到突出位置,实施新一轮就业政策,投入"两个1000万"用于就业援助和就业扶持,新开发就业岗位4.2万个,实现城镇失业人员实名制就业3.5万人,失业率控制在2.65%。大连湾前盐社区被评为国家级充分就业社区。深入实施困难人员"两就(救)"工程,零就业家庭数量保持动态为零,累计安置608名困难人员、167名困难家庭高校毕业生就业。发放救助资金1752万元。我区荣获“全国军转干部安置工作先进单位”称号。顺利完成第十五次低保提标工作。全面完成学校新建扩建和小区配套幼儿园回收任务,教师队伍素质不断提升,优质教育更加均衡发展。“五个一”“暖房子”、便民早餐点等民生工程全面完工。区医疗卫生健康中心、残疾人托养康复服务中心等项目加快推进。实施5个新居工程。完成3个棚户区改造项目动迁。公租房项目主体竣工。

(四)区域文明程度切实提升

我们始终坚持宣传思想文化工作的人民性,充分发挥思想引领、舆论推动、精神激励和文化支撑作用。举办了第九届地区文化艺术节,深入开展“文化大沙龙”活动,“梦想舞台”“文化大讲堂”等系列活动成为大连市公益文化活动品牌,多项文艺精品获得国家级奖项。依托“微宣讲·讲繁星”“最美身边人——传递正能量”等活动加强典型宣传,开展“核心价值观大讲堂”志愿服务巡讲200余场次,通过身边人讲身边事,培育崇德向善的社会风尚。健全文明城市创建长效机制,突出创城为民惠民的根本目的,着力为辖区群众办实事、解难事,实现了提升文明指数和幸福指数有机统一。区档案馆晋升国家一级档案馆。公共文化服务体系日益健全,完成区体育场升级改造,创建百个群众文化示范基地。

(五)社会保持和谐稳定

我们着眼于维护人民群众的合法权益,坚持系统治理、依法治理、综合治理和源头治理,“平安甘井子”“法治甘井子”联创,推进社会治理创新。深化“全国社会组织建设创新示范区”建设,社会组织达到355个,拓宽了社会治理创新领域。亿达社区被评为“全国和谐社区建设示范单位”,彩虹、郭中社区被评为全国综合减灾示范社区。大力推行“阳光信访”,解决了一批突出矛盾和问题。建立“大调解”工作平台,各级调解组织共调解矛盾纠纷1600余起。开展预防和治理拖欠农民工工资专项行动,积极化解劳资纠纷。严格落实党政同责、一岗双责,深入开展安全生产“六打六治”活动,加大隐患排查力度,保证了人民群众生命财产安全。

(六)民主法治建设实现新发展

区人大依法履职,围绕中心工作加强代表建议督办落实,有效推动经济社会健康发展。区政府坚持依法行政,加快政府职能转变,创新管理体制,服务效能和依法行政水平不断提高。区政协聚焦改革课题,融入加快转型升级的创新实践,积极为地区发展建言献策,充分发挥参政议政重要作用。区法院、区检察院依法履行职能,为促进发展提供良好的法治环境。创新法制宣传载体,“六五”普法积极推进。坚持党建带群团建设,充分发挥工会、共青团、妇联等群团组织作用,党群工作一体化格局进一步强化。统战工作制度化、科学化水平再上新台阶。人民武装工作进一步加强,承担急难险重任务的能力不断提高。双拥共建创新发展,巩固了心齐劲足的发展局面。

(七)党的建设取得丰硕成果

高标准、高质量完成党的群众路线教育实践活动,形成一批思想成果、制度成果、实践成果,得到省巡回督导组、市委督导组的充分肯定。区委中心组、各党(工)委中心组围绕党的十八届三中、四中全会精神,群众路线等主题开展学习,有效提升了领导科学发展的能力和水平。完善干部考核工作机制,科学调整考核内容,绩效考核的导向作用有效发挥。广泛开展“汇繁星、激活力、促民生”主题活动,新建改建由家村等党建阵地15个,基层党组织服务功能进一步提升。“三会一有”服务群众工作法等一批创新成果在全国范围内推广。扎实开展“工作落实年”活动,进一步形成了重抓落实、干事成事的浓厚氛围。全面落实党委主体责任和纪委监督责任,开展“拒腐防变每月一课”等警示教育活动,党员领导干部廉洁自律的自觉性进一步增强。严格落实“八项规定”等各项要求,持之以恒狠刹“四风”。积极构筑领导干部经济责任审计工作新机制,不断强化对权力运行的制约和监督。加大惩治腐败力度,40名党员干部受到党纪政纪处分。

各位委员、同志们,一年的发展实绩来之不易,是全区上下团结奋斗、共克时艰的结果,也充分印证了“坚定、坚守、务实”的城区特质是我们不断创造新业绩的宝贵精神财富,并随着时代的发展注入了新的内涵,需要我们坚持和弘扬,主要是:

保持定力,坚持发展第一要务不动摇,坚定不移地走符合自身实际的发展路子,以锲而不舍的精神将一张蓝图绘到底,不断拓宽科学发展新路径。

开拓担当,坚持守土有责,以高度的责任感、使命感立足本职,以科学方法破解难题,以实干作风善作善成。

为民情怀,始终如一把为民谋福祉作为一切工作的根本追求,对群众心怀敬意,从群众中汲取智慧和力量,是不断取得新发展的动力源泉。

在肯定成绩的同时,我们也要充分认识到发展中存在的矛盾和问题。主要是:受宏观环境影响,部分企业生产经营困难;财政征收困难,支出压力加大;要素保障不足,有的重点区域、重点项目建设推进缓慢,有的项目没有启动;社会治理创新不够均衡,社会管理存在薄弱环节;有的部门单位还不能适应依法治理、市场化需要,服务效能不高,在一定程度上影响了投资者的积极性;一些干部思想上对新形势认识不到位,出现等靠、消极观望等倾向,工作缺乏主动性。对此,我们必须在今后工作中采取有效措施切实加以解决。

二、深入贯彻落实党的十八届四中全会精神,全面提升依法治区水平

当前和今后一段时期,要按照党的十八届四中全会关于全面推进依法治国的战略部署,围绕推进治理体系和治理能力现代化,全面建设“法治甘井子”,不断提升依法治区水平,为加快建设现代化国际化中心城区提供有力法治保障。

(一)加快法治政府建设

围绕转变政府职能,建立推行政府权力清单制度,推进政府机构、职能、权限、程序、责任法定化,事权规范化、法制化。全面实行政府法律顾问制度,健全重大事项依法决策机制,确保决策制度科学、程序正当、过程公开、责任明确。深化行政执法体制改革,推行部分领域内综合执法和跨部门综合执法。坚持严格规范公正文明执法。强化对行政权力的制约监督。全面推进政务公开,以法治的效力提升政府效能。

(二)促进公正司法

坚守公正底线,完善司法管理体制和司法权力运行机制,规范司法行为,推进严格司法。坚持依法独立公正行使审判权。加大人权司法保障,加强案件质量管理。推进司法公开,构建开放、动态、透明、便民的阳光司法机制,加强对司法活动的监督,切实让广大人民群众感受到公平正义。

(三)推进法治社会建设

开展多层次多领域的法

治创建活动,提高社会治理法治化水平。树立法治思维,妥善处理维稳与维权的关系。进一步畅通群众诉求表达、利益协调、权益保障法律渠道。健全完善立体化社会治安防控体系。完善特殊人群救治管理机制,加强流动人口服务管理工作。加强全民法治教育,以法治力量促进思想道德水平提升,使法治真正成为全社会的核心价值追求。深入开展全民普法宣传教育,打造甘井子区法治文化品牌。

(四)坚持党对法治工作的领导

强化各党(工)委(党组)对法治区建设的统一领导、统一部署、统筹协调,把党的领导体现在保证严格执法、促进公正司法、带头尊法守法上。落实党政主要领导法治建设第一责任人职责,不断提高运用法治思维和法治方式深化改革、推动发展、维护稳定能力,努力推动形成办事依法、遇事找法、解决问题用法、化解矛盾靠法的良好法治环境。

三、2015年主要任务

2015年是全面深化改革的攻坚之年,是全面推进依法治区的开局之年,也是全面完成"十二五"规划、谋划好"十三五"规划的关键之年,做好各项工作意义重大。

当前,我国已经进入经济发展新常态。我们要认识新常态,适应新常态,引领新常态,牢牢把握发展主动权。要准确把握新常态的阶段性特征,即发展的速度、结构、动力、路径等方面发生重大变化。经济增速从高速增长转向中高速增长,经济结构从增量扩能为主转向调整存量、做优增量并存的深度调整,发展方式从规模速度型粗放增长转向质量效率型集约增长,经济发展动力从传统增长点转向新的增长点。我们要充分发挥产业后劲足、发展空间广、区域竞争力强等综合优势,牢牢把握新一轮东北老工业基地振兴等新机遇,坚持发展第一要务不动摇,咬定目标不放松,转变思路,向结构调整、创新驱动、深化改革要动力,切实增强工作主动性和创造性,靠担当践行使命、用倒逼落实责任、在为民中展现情怀,实现高质量、高效益、可持续的发展,开辟现代化国际化中心城区建设新境界。

明年全区工作的总体要求是:**深入贯彻落实党的十八届三中、四中全会和中央经济工作会议精神,按照市委十一届八次全会部署,坚持稳中求进工作总基调,把提高发展质量贯穿各项工作始终,多点突破增强发展动力,加快转方式调结构,狠抓改革攻坚,激发创新活力,加强民生保障,强化过硬作风,努力实现经济社会持续健康发展。**

明年经济社会发展预期目标是:地区生产总值增长6.5%,地方公共财政收入增长1%。城镇登记失业率控制在3%以内,城镇居民人均可支配收入与经济增长同步。围绕实现上述目标,做好以下工作:

(一)更加注重经济发展的质量和效益

坚持产业高端化发展方向,围绕提质增效升级主线,聚焦产业结构调整,着力增强体制机制活力,突出创新驱动,促进经济平稳健康发展。

加快产业结构调整。坚持增量调结构,加大重大基础设施建设和公共服务领域的投资力度,扩大现代服务业投资规模,壮大四大产业集群,促进产城深度融合发展。全年安排固定资产总投资3350亿元,确保年内完成投资540亿元。安排重点项目220个,确保年内开工率达到80%以上。强化高端项目支撑,强化项目督办落实,确保一重石化装备基地、正大能源二期、豪森设备三期等重大项目竣工投产。加快推进西城智慧谷国宾馆、大北国际物流中心、碧琪食品、獐子岛冷链物流等项目建设。启动大连融资租赁服务园区建设，培育新的增长点。扎实做好招商引资工作，确保完成实际利用外资和实际使用内资任务。加大土地整理和招拍挂力度，为项目建设提供有力支撑。

增强体制机制活力。继续深化综合配套改革，全力争取市委、市政府赋予我区更多自主权，增创体制机制新优势。加强服务型政府建设，切实转变政府职能。推进行政审批事项清理，规范政务服务行为，提高行政效能，打造优质营商环境，促进高端要素集聚。完善产业政策，形成市场主体平等竞争的制度环境，增强吸引力。科学编制“十三五”规划。

激发科技创新内生动力。充分发挥大连生态科技创新城引领和示范作用，加快创新要素聚集，着力打造引领东北的科技创新中心。强化企业主体作用，发挥政府的引导和调节功能，对重点领域和关键技术给予重点支持，提高企业自主创新能力。加快构建科技成果转化服务体系，推动新兴产业发展和传统产业转型升级。优化创新环境，大力营造有利于大众创业、市场主体创新的政策环境和制度环境，形成创新创业创造的浓厚社会氛围。

（二）更加注重提升城市建设管理品质

完善服务设施，优化生态环境，彰显城市管理的水平和质量，为加快经济社会发展提供重要支撑。

提升城市承载功能。加快实施大连至旅顺中部通道等一批道路工程建设。完善功能区基础设施，推进泰达·慧谷等区域自来水管网配套、大连湾污水处理厂管网配套等基础设施建设。建成前盐66KV变电站、大东沟66KV输变电工程。

优化城市生态环境。大力实施青山生态系统工程，推进主干道和重点区域绿化、公园游园升级改造，提升城区绿化美化和生态建设水平。积极推进西城国际旅游商务区创建国家5A级旅游景区。高标准实施“一街多景”“一街一路”建设。加强水环境治理，科学规划、扎实推进河道治理和水利设施建设，打造富有个性魅力的城市景观。

强化城市精细化管理。加强环境综合治理，以城市秩序管理、市容环境管理为重点，提升城市管理数字化、智能化水平。整合街道、城管、城建、环保等职能部门力量，落实网格化长效执法机制，巩固扩大整治成果。健全和理顺管理体制，加快南关岭、红旗、辛寨子等区域纳入市政管理。

（三）更加注重保障和改善民生

加大公共财政在民生领域的投入，以群众需求为导向，注重群众对民生工作的直接感受，提升群众满意度和幸福感。

着力提高民生质量。积极落实扶持政策，鼓励创业带动就业，加快推进更高质量就业。深入实施“两就（救）”工程，统筹做好重点群体就业工作，确保全年开发就业岗位4万个，实现新增就业3万人。加大社会保险扩面征缴和社会保障资金监管力度。完善社区医疗、商业、休闲等生活配套，满足群众多元生活需求。加强教师队伍建设，推进内涵、特色发展，夯实教育优质均衡发展基础。进一步完善公共卫生服务体系建设。继续开展“五个一”“暖房子”工程建设。推进养老服务标准化建设。改善贫困残疾人家庭家居环境。加强优抚政策落实，提升双拥共建水平。

大力促进社会和谐。深入推进社会治理创新，把管理职能和资源配置进一步向基层倾斜。深化“大综管”工作格局，畅通信访渠道，有效防范化解管控影响安全稳定的突出问题。充分发挥社会组织在公共服务和社会治理中的作用,完善“五社联动”工作机制,构建政府公共服务、市场化便民利民服务、居民志愿互动服务相衔接的社区服务体系。深入开展平安创建,推进立体化治安防控体系建设。健全安全管理长效机制,以更高的标准保障安全生产。完善责任体系,加强食品药品安全监管。畅通劳资纠纷预警渠道,切实维护劳动者合法权益。

加强先进文化引领。深入开展新一轮文明城市创建,坚持创建为民、创建惠民理念,使创城工作成为促进经济社会发展稳定、惠民利民的重要载体。积极培育和践行社会主义核心价值观,着眼常态化和长期抓,在落实、落细、落小上下功夫,引领社会风尚。广泛开展“最美身边人”活动,汇聚干事创业的精神动力。完善公共文化服务体系建设,打造公益文化品牌。依托主流媒体和网络宣传平台,全面展示区域科学发展品质和成果,增强区域凝聚力和影响力。

(四)更加注重巩固发展良好的政治局面

召开区委人大、政协工作会议,进一步营造区人大、区政协依法行使职权、履行职能的良好氛围。充分发挥区人大在依法治区工作中的重要作用,支持区人大加强法律监督和工作监督,推动人大工作创新发展。健全和落实人大讨论、决定重大事项的具体制度,进一步提升重大事项决策行为的规范化、制度化、科学化水平。强化区政协民主监督职能,推进协商民主广泛多层制度化发展,搭建政协委员参政议政和民主监督的新平台。支持法院、检察院依法独立行使审判权和检察权,推进公正司法。扎实做好社区“两委”换届工作,建设一支结构合理、作风过硬、群众认同的高素质社区干部队伍。巩固壮大新时期爱国统一战线,加强民族、宗教、老干部、史志、档案等工作,充分发挥工会、共青团、妇联等群团组织的桥梁纽带作用,形成谋发展、促和谐、惠民生的合力。

(五)全面加强党的建设

坚持党要管党、从严治党,着眼思想建党和制度建党新要求,不断提高党的建设科学化、规范化水平,为实现目标任务提供坚强组织保证。

落实从严管党治党责任。各级党组织书记和班子成员要强化抓好党建是本职、不抓党建是失职、抓不好党建是不称职的理念,切实担负起主体责任,一级抓一级,层层抓落实。严肃组织生活,坚持民主集中制,用好批评和自我批评武器,提高党内政治生活质量。严格考评问责,完善政绩考评和责任追究机制,对管党不严、治党不力的党组织及其主要负责人要考责追责,确保从严治党责任落实到位。

着力提高领导班子和干部队伍执政能力和水平。坚持把学习贯彻党的十八届三中、四中全会和习近平总书记系列重要讲话精神作为重要政治任务,不断提高党员领导干部思想政治水平。强化“一把手”抓班子带队伍作用,增强各级领导班子的创业激情和干事活力,打造团结高效、勇于担当的坚强集体。从严选拔干部,深入贯彻落实中央《干部选拔任用工作条例》及省、市委相关文件精神,按照新时期好干部标准,把优秀干部合理使用起来。加强干部日常教育管理,从严考核干部,完善绩效考核工作机制,切实发挥导向作用。加强后备干部选拔培养,有计划安排优秀年轻干部到改革发展主战场、维护稳定第一线、服务群众最前沿砥砺品格、提升本领。统筹做好各级各类干部培训,加大基层干部培训力度,推进干部教育培训改革创新。

充分发挥基层党组织战

斗堡垒作用。深入开展学习型、创新型、服务型党组织建设，不断探索基层党组织有效发挥作用的新模式。大力实施“强基扩面工程”，优化组织设置，扩大党的组织和工作覆盖。加大保障力度，建立服务群众专项经费制度，提升基层党组织服务标准。依托“阵地建设和活力工程”，区分不同领域、不同服务对象，统筹开展好各类载体活动，打造一批先进典型和党建品牌。落实和完善党代会代表任期制，探索有效发挥党代表作用新途径。深化“在职党员进社区活动”，推动联系服务群众常态化。

坚定不移深化党风廉政建设。强化各党（工）委（党组）主体责任，切实增强党风廉政建设第一责任人的意识。深化纪律检查体制改革，突出纪（工）委（纪检组）主责主业，形成监督有力、制约有效的监督责任落实体系。加强党风廉政教育，构建以领导干部为重点、以纪律教育为核心、以警示教育为特色的工作格局。保持惩治腐败高压态势，有效发挥审计监督作用，健全惩治预防腐败体系，营造廉洁从政的良好环境和风清气正的政治生态。扎实开展党的群众路线教育实践“回头看”活动，加大“慵懒散奢”整治力度，坚决杜绝乱作为、不作为和慢作为。继续发扬艰苦奋斗的优良传统，厉行勤俭节约，把更多资金用在保障和改善民生上。各级领导干部要始终保持良好的精神状态，主动作为、勇于担当、率先垂范，对定下来的事情，雷厉风行带头抓落实，确保各项任务按时高效完成。

各位委员、同志们，让我们在市委的正确领导下，进一步坚定信念，开拓创新，奋发进取，不断创造经济社会发展新业绩，努力开辟现代化国际化中心城区建设新境界！

大连市甘井子区人民代表大会常务委员会工作报告

——2015年1月8日在大连市甘井子区第十七届人民代表大会第三次会议上

甘井子区人大常委会主任　倪金飞

各位代表：

我受区十七届人大常委会委托，向大会报告工作，请予审议。

2014年的主要工作

2014年，区人大常委会在区委的正确领导下，认真贯彻党的十八大和十八届三中、四中全会精神，以习近平总书记系列重要讲话精神为指导，按照区委十一届六次、七次全会的部署，紧紧围绕建设现代化国际化中心城区的工作大局，认真行使宪法和法律赋予的职权，顺利完成了区十七届人大二次会议确定的目标任务，全区民主法治建设取得新进展。

一、坚定务实，努力推动人大工作与时俱进

区人大常委会始终坚持党的领导、人民当家做主、依法治国有机统一，积极发挥地方国家权力机关的职能作用，推动人大工作不断创新发展。

（一）坚定正确的政治方向。常委会自觉坚持和依靠党的领导，认真落实区委的各项决策部署，主动把人大工作放在全区大局中统筹谋划，认真参与编制全区综合配套改革工作要点，全力支持区“一府两院”推进各项工作和改革措施。严格执行重大事项和重要工作向区委请示报告制度，全年向区委呈报了6份工作报告，为区委决策提供参考。积极配合省委省人大、市委市人大、省市法检部门来我区开展联合督查和调研，为省市委召开人大工作会议建言献策。

（二）扎实开展党的群众路线教育实践活动。常委会把开展党的群众路线教育实践活动作为最重要的政治任务，开展了“下基层、访群众”集中走访调研活动。党组成员带领四个调研组，围绕13项专题，深入14个街道，采取座谈会、个别谈话、调查问卷等形式，与180余人面对面交流，征集问题66件。在充分听取意见、深入查摆问题、严肃开展批评和自我批评的基础上，加大整改落实力度，解决突出问题48件，形成制度成果28项，较好地发挥了常委会密切联系人大代表和人民群众，了解民情、反映民意、集中民智的优势作用。

（三）代表建议督办工作取得新成效。常委会把代表建议工作作为人大工作实践创新、增强人大监督公信力的重要途径，细化流程，狠抓落实。年初，主任会议筛选确定了5件重点建议，责成常委会分管领导牵头、各委办分工督办。在先后走访51位提建议代表、召开3次征求意见会、走访14家承办单位、组织代表集中视察的基础上，加开了一次专题主任会议，要求区政府以重点建议办理为样本，全面推动代表建议落实。随后，常委会审议了区政府代表建议办理情况的报告，巩固了代表建议督办成果。在常委会的强力推动下，区“一府两院”及承办单位深挖潜力、强化责任，开展建议办理“回头看”活动，区长、分管副区长亲力亲为、重点批办，使建议办理的总体质量有了显著提升，区十七届人大二次会议期间代表提出的130件建议全部按期得到答复，A类建议（问题得到解决或基本解决的）达到74.6%。

二、依法履职，推动社会主义民主法治建设不断深入

常委会把加强社会主义民主法治建设作为根本任务，积极推进依法行政、公正司法，努力营造和谐有序的社会环境。

（一）依法决定重大事项。常委会紧扣发展改革要务，全年举行常委会会议7次、主任会议11次，作出有关重大事项和重要工作的决议决定13项。为推动全区克服经济下行压力，保持平稳发展态势，常委会审议了上半年计划和预算执行情况及审计工作报告，批准了2013年决算；根据区政府的提请，作出了批准调整2014年公共财政收入和支出预算的决定。审议了区政府“十二五”规划纲要中期评估情况的报告，根据当前形势和发展实际，作出了批准调整“十二五”规划纲要部分指标和功能区范围的决定。为保障重点民生工程的落实，作出了批准区医疗卫生健康中心项目贷款并列入财政预算的决定，听取了区政府融资贷款资金使用情况的报告，强化了对政府性债务的监管。

（二）依法进行人事任免。常委会坚持党管干部与人大依法任免相统一的原则，依据干部“德能勤绩廉”的综合考核标准，通过法律知识考试、任前考核、作施政报告等规范的人大任免程序，提高任免工作的透明度和严肃性，增强被任命人员的法治观念和宗旨意识。一年来，共依法任免本级国家机关工作人员234人次，使各级党委人事意图在我区得到有效落实。

（三）促进法律法规有效实施。根据区人大常委会规范性文件备案审查规则，依法对区政府报备的3项规范性文件进行了备案审查。针对交通供需矛盾日益加剧的现状，常委会审议了道路交通安全法实施情况的报告，肯定了区交警大队加强交通秩序管控和安全隐患排查，及时惩处交通违法行为，优化道路通行环境等工作成绩，提出了强化交管职能、提升执法水平等审议意见。区交警大队积极回应，有针对

性地整治停车难、高峰拥堵等问题，不仅更好地保障了我区道路交通的畅通有序，也丰富了人大对市管垂直部门开展工作监督的实践。为推进社会治理，提升群众的安全幸福指数，常委会主任会议听取了区政府贯彻安全生产法情况的报告，促进了安全生产工作的有力开展。

（四）推进司法公平正义。为切实保障审判权力的正确行使，常委会组织16位人大代表旁听了法庭4起刑事案件的审理，审议了区法院刑事审判工作情况的报告，认为区法院牢牢把握“公正与效率”主题，认真贯彻宽严相济的刑事政策，不断创新刑事审判机制，依法惩治和预防犯罪，为保障公民合法权益、促进经济社会发展做出了重要贡献，同时指出了刑事审判工作中存在的问题。区法院认真整改，进一步加强审判队伍建设，提升刑事审判质效，增强了司法公信力。为促进检察机关依法行使检察权，常委会着手完善开展检察工作监督的体制机制，加大工作调研力度。区检察院自觉接受人大及其常委会的监督，定期向人大报告工作，加强与人大代表的联系，推进检务公开，各项工作取得了新佳绩。

三、围绕中心，着力推进经济社会持续健康发展

常委会紧扣全面深化改革和持续改善民生的主线，加大监督力度，组织代表视察6次，听取或审议“一府两院”工作报告17项，送达审议意见书、视察建议书12份，监督工作实效进一步增强。

（一）围绕城区建设，着力推动城市功能不断完善。常委会把优化生态环境作为推动城区建设的着力点，审议了区政府城市园林绿化工作情况的报告，对区政府坚持生态优先理念，科学规划和管护，改善城区绿化功能所取得的成绩给予充分肯定，提出了统筹规划建设、管护运作市场化等审议意见。区政府认真加以落实，扩展投资渠道，加大执法管理和运行体制改革力度，积极营造美化环境、保护生态的良好氛围，全区城市园林绿化水平迈上新台阶。主任会议关注全域城市化进程，听取了区政府规划工作情况汇报，两次组织省市区人大代表58人次，视察了全区重点项目和道路建设情况，集中代表的智慧，为区域科学规划、推进重点项目和道路建设出谋划策。

（二）围绕民生关切，着力推动解决热点难点问题。常委会聚焦“舌尖上的安全”这一民生热点，审议了区政府贯彻食品安全法情况的报告，肯定了区政府积极整合机构、理顺机制，加大监管力度，强化食品安全专项整治所取得的成效，提出了建立食品安全长效保障机制、推进行业诚信体系建设等审议意见。区政府根据审议意见，加强法律宣传教育，加大对重点领域、薄弱环节的监管执法力度，增强了全社会的食品安全意识，维护了人民群众的食品安全和健康权益。常委会还以督办代表建议为契机，助推“一街一景”、“暖房子工程”等民生工作。

（三）围绕百姓期盼，着力推进文教、养老事业。常委会积极促进教育、养老、文化体育等社会事业发展，主任会议听取了区政府关于中小学干部教师队伍建设情况的报告，建议加强统筹动态管理，促进师资合理配置，构建培训新模式，进一步提升队伍职业素养。组织人大代表对我区“幸福老年之家”、文化体育基础设施建设情况进行了视察，建议加大“幸福老年之家”工作的指导推广力度，提升养老服务质量；统筹规划、长效管理，搭建多元化投入平台，发挥文体基础设施的综合效益。

（四）围绕畅通诉求渠道，

着力保障人民群众合法权益。常委会组织人大代表视察了我区工会法贯彻实施情况，肯定了各级工会组织在基层工会组建、劳动关系协调、扶贫帮困及活跃职工文体生活等方面的工作实绩，提出今后要加大工会工作力度，创新和完善维权机制，更好地维护职工合法权益。常委会还充分发挥人大信访监督作用，解决信访渠道单一不畅等问题，一年来，共处理信访事项54件，接待来访群众62人次，主动协调推动疑难复杂信访问题的解决，有效实现了保障群众合法权益和维护司法权威的统一。

四、深化内涵，充分发挥人大代表的主体作用

常委会坚持代表主体地位，重视健全机制，强化服务保障，不断为代表依法履职创造条件。

（一）全面落实代表工作各项机制。落实联系委员和代表制度，常委会主任、副主任走访委员和各级人大代表60余人，帮助基层代表解决履职中遇到的困难。落实代表联系群众常态化机制，出台了每名人大代表定向联系10名原选区选民的新规定，代表们还自创民情恳谈会、民意QQ群等新方式，密切与选民的联系。落实“人大代表调研季”活动制度，代表们自主拟题，开展调研，完成了17篇切合民生实际的调研报告。落实代表服务群众和社会的工作机制，向全体代表发出了《携手加强环境综治，共筑和谐美丽家园》的倡议书，由各人大街工委组织代表开展了义务奉献日活动和综治情况视察，全力配合市容环境综合整治行动。引导代表广泛参与社区建设、帮困助学等公益活动，全年捐资捐物累计310余万元，增强了代表的社会责任意识。

（二）强化对代表履职的服务保障。通过完善“巡回授课”制度、召开代表履职交流会、补选代表培训、参加市人大履职学习班等形式，掀起新一轮代表履职学习热潮。通过邀请代表列席会议和参加活动、举办知情知政通报会、寄送资料等途径，保障代表的知情权。全年列席常委会会议的代表人数增加至50人，区人大常委会和人大街工委密切配合，组织开展代表活动190余次。通过新闻媒体、《人大工作》简报等载体，积极宣传代表履职先进事迹，开展代表建议“双评”活动，共表彰了19位积极提出建议的代表和5件优秀代表建议。

（三）切实加强人大街工委建设。常委会把人大街工委作为代表工作的前沿，致力于强基固本、提升功能。年初召开了街道人大工作部署会议，年中分片举行了人大街工委负责人座谈会，细化了11项绩效考核标准，加强日常工作指导和督促检查，促进了各街道人大工作的均衡开展。一年来，各人大街工委积极发挥对代表活动的组织引领作用，深化“代表之家”、“两代表一委员工作室”功能整合，在组织代表活动、密切联系代表、强化对代表的激励约束等方面，有了更多的创新之举，丰富了代表“五个一”活动的形式和内涵，赢得了代表的信任和上级人大的肯定，大连湾、椒金山两街道的工作经验在全市人大街工委工作会议上得以推广。

五、激发活力，着力提高常委会自身建设水平

常委会抓住党的群众路线教育实践活动的良好契机，深入推进自身思想、作风和制度建设，努力提高工作质量和水平。

（一）以思想建设为基础，不断提升综合素养。常委会坚持把思想政治建设放在首位，党组率先垂范，带领组成人员和机关干部学习党的十八届三中、四中全会和习近平

总书记系列重要讲话精神，开展党章、“三严三实”、“责任与担当”、“厉行节约、反对浪费”等“机关论坛”活动，开设宪法、预算法、工会法、道路交通安全法等法律讲座，提升了依法履职能力和业务水平。加强人大宣传和理论研究，全年共有170余篇稿件在省市区媒体发表。

（二）以作风建设为抓手，不断提高履职效能。常委会严格执行民主集中制，重要工作和重大问题坚持“集体领导、民主集中、充分酝酿、会议决定”，民主议事和决策水平不断提升。按照统一部署，党组、党支部分别召开了专题民主生活会和组织生活会，认真反“四风”、改作风，在强化调查研究、健全监督机制等方面积极整改。机关全体党员干部通过教育实践活动，受到了一次深刻的思想洗礼和党性锻炼。党支部和青年理论小组活动成效明显，队伍建设取得了新进展，机关上下风清气正、团结和谐，各工作机构的工作效能和参谋服务水平日益提高。

（三）以制度建设为依托，不断推进行权履职规范化。常委会加快人大工作的制度化建设步伐，继去年修订16项区人大及其常委会工作制度之后，今年责成有关工作机构，从制度的适用性和可操作性入手，完成了人大机关文秘、行政、党建三个方面15项制度的修订工作，并编印成册，推行落实，建立了区人大及其常委会各方面工作的制度体系，保证了人大工作更加有章可循、规范有序。

各位代表，过去一年区人大常委会各项工作取得的成绩，是在区委的正确领导下，全体人大代表和常委会组成人员共同努力的结果，是区政府、区政协、区法院、区检察院协同工作的结果，是各街道、各部门、社会各界和全区人民鼎力支持的结果。在此，我代表区人大常委会表示衷心的感谢！

我们清醒地看到，对照宪法法律赋予的神圣职责，对照党的十八届四中全会对社会主义法治建设的新要求，对照人民群众和代表的新期待，常委会工作还存在差距和不足。主要是：审议意见、视察建议的跟踪监督实效有待增强；闭会期间代表活动及组织管理的领域、方式有待丰富；常委会及其机关依法履职能力和服务水平有待提升。我们将自觉接受人民监督，虚心听取代表意见，努力改进工作。

2015年的工作任务

各位代表，2015年是完成“十二五”规划的收官之年，也是全面推进依法治国的开局之年。区人大常委会要深入贯彻党的十八届四中全会精神，紧紧围绕区委十一届八次全会的决策部署，充分发挥人大及其常委会在依法治区工作中的重要作用，认真履行宪法和法律赋予的职责，按照全国人大和省市人大的总体要求，加强和改进监督工作，更高标准地服务代表和人民群众，更加扎实地推进自身建设，为加快建设现代化国际化中心城区做出更大的贡献。

一、深刻领会习近平总书记“九五”讲话精神，在人大工作创新上力求新作为

深入学习领会习近平总书记在庆祝全国人民代表大会成立60周年大会上的讲话精神，坚持党的领导、人民当家作主、依法治国有机统一，努力推动人大工作适应新常态，取得新进展。健全讨论决定重大事项制度，有效落实市区委的战略部署，及时把党的主张转化成全区人民的共同意志和自觉行动。拓展监督范围，丰富监督形式，推动新预算法的实施，围绕民生重点项目资金安排及执行情况开展专题询问。完善代表工作机制，举办代表宪法知识专题培训会，侧重培养代表的法治思维和依法履职能力。完善

跟踪监督工作机制，加强视察建议、审议意见的跟踪督办。

二、学习贯彻党的十八届四中全会精神，在推动依法治区上取得新成效

积极贯彻党的十八届四中全会精神，支持和推动法治政府建设和司法体制改革，不断优化法治环境。为推动重大决策部署的贯彻落实，听取和审议区政府关于计划和预算执行、审计工作情况的报告，审查批准2014年决算。为推动法律法规的正确实施，开展行政处罚法执法检查，对贯彻传染病防治法、物业管理条例情况进行监督。进一步规范报备程序，做好规范性文件备案审查工作。为推动城市建设和民生改善，组织代表视察重点项目、“五个一”工程等建设情况，听取或审议市场监督管理、教师队伍建设、群众文化等工作报告。关注司法体制改革动态，对法院执行工作、检察院反渎职侵权工作开展监督。健全人大信访综合分析制度，开展积案清底督办工作，听取人大信访工作情况汇报。

三、注重增强实效，在代表工作上呈现新亮点

进一步完善代表工作机制，努力为代表依法执行职务创造条件。一是拓宽代表知情参政渠道。坚持邀请代表列席常委会会议和参加活动制度，年中召开代表知情知政通报会，挖掘各工作委员会成员的专业优势，进一步拓展代表参与常委会工作的广度和深度。二是深入开展代表“五个一”活动。发挥人大街工委的组织协调作用，完善“代表之家”、“两代表一委员工作室”功能，推进闭会期间代表活动经常化、规范化。召开全区人大代表履职经验交流会，增强全体代表依法履职的自觉性。三是加强代表建议督办工作。主任会议继续关注督办事关全局和民生改善的重点代表建议件，扩大走访提建议代表、征求意见的范畴，强化代表建议的跟踪问效。四是深化代表联系选民工作。组织代表开展“回选区、访选民”活动，向选民传达市区委全会和人代会精神，介绍区情政情。开展好“人大代表调研季”活动，汇集民意民智。

四、坚持求真务实，在自身建设上树立新形象

适应建设中国特色社会主义法治体系的新要求，自觉用宪法精神指导新时期人大工作，切实维护宪法法律权威。根据省市委的工作安排，适时传达落实省市委人大工作会议精神，协助区委召开全区人大工作会议，积极营造全社会支持、参与人大工作的良好氛围。巩固党的群众路线教育实践活动成果，努力加强思想、作风和制度建设，进一步形成廉洁自律和联系服务群众的长效机制，提高民主议事和科学决策水平。

各位代表，时代赋予的使命神圣而光荣，人民寄予的期望殷切而厚重。让我们在区委的坚强领导下，动员和依靠全区人民，团结奋进、开拓担当，为顺利完成“十二五”目标任务、谱写现代化国际化中心城区建设新篇章而努力奋斗！

大连市甘井子区人民政府工作报告

——2015年1月7日在大连市甘井子区第十七届人民代表大会第三次会议上

甘井子区人民政府区长　侯祯涛

各位代表：

现在，我代表甘井子区人民政府向大会报告工作，请予审议，并请各位政协委员提出意见。

一、2014年工作回顾

过去的一年，在市委、市政府和区委的正确领导下，在区人大、区政协的监督和支持下，区政府紧紧依靠全区人

民，积极应对挑战，奋力攻坚克难，全力以赴稳增长、促改革、调结构、惠民生，实现了经济社会持续健康发展。

（一）经济发展迈向新常态

经济运行稳中有为。经济运行保持在合理区间，并呈现出积极的趋势性变化。预计实现地区生产总值1018亿元，增长6%，其中第三产业增加值占比增长2%。收入结构发生积极变化。地方公共财政收入47.5亿元，下降20.4%，剔除上年度资源税等一次性收入因素，可比增长7.9%。有效投资保持稳定。全社会固定资产投资789.2亿元，增长2%；重点项目开工139个，完成投资620亿元；实际使用内资226.5亿元、外资10.12亿美元，分别增长14.7%和10%；现代服务业项目竣工总面积134万平方米，房地产开工面积占全市总量的30%。社会消费能力明显增强。社会消费品零售总额464.8亿元，增长12.5%；大宗商品消费稳定增长，汽车零售总额占全市的70%。外贸出口持续回升。出口总量及增速全市领先，中远船务、松下电子、船舶重工等企业出口额均超1亿美元。

转型升级步伐加快。先进制造业提质增效。区属规模以上工业总产值415亿元，增长0.5%，其中先进装备制造业占比增长2%；中国一重研制出首台国产化第三代核电技术反应堆压力容器，大高阀门成功试爆世界最大规格爆破阀工程样机，华锐重工制造了世界最大回转直径和全冲程曲轴，豪森机械为通用、宝马等公司全球首发的发动机提供装配生产线。高科技产业集聚发展。生态科技创新城引进智云科技、科大聚龙、大橡塑等7家上市公司，引进硅展科技、九成测绘、大连化工设计院等高科技成长型企业；东北首座大型数据中心名气通、华宇股份研发基地等项目主体封顶，泰达慧谷产业园开园，正大能源二期、华阳密封二期等战略性新兴产业规模迅速扩大。现代服务业生机无限。中华路商务区获批省级现代服务业聚集区，红星国际广场、霖韵生活广场全面招商，安盛亿合城购物中心成为我区商业发展新地标；大连广告创意产业园公共服务中心开始运营，引进文创企业10家；辽渔集团被评为国家5A级物流企业，辽渔国际水产品市场成为北方地区唯一的国家级水产品批发市场；东北地区汽车产业的商业旗舰亿丰大连汽车城投入运营，居然之家和金三角新交易中心开业，后盐旧机动车交易中心一期投入使用，中华城商业综合体、大北国际物流交易中心开工。总部经济跨入“e时代”。泛亚太、三道商务、国荣物流等高成长型电子商务企业纷纷落户，乾翰物流航空货运联盟成为国家电子商务创新试点工程，电商企业年度总营业额达到8亿元。

科技创新势头强劲。康展机电、浦州航空科技、科泰水处理等6家企业通过国家高新技术企业认定。鸿泽泵业获得国家重点新产品计划立项，锋驰机械设备获得国家科技型中小企业技术创新基金。中海线缆、宏源铝业等6家企业产品通过国际标准验收。美罗药业的固体制剂标准通过美国食品药品监督管理局认证，获得进入国外医药市场的“通行证”。连城数控成功收购美国500强企业下属子公司，掌握了半导体核心设备制造技术。华工创新科技等3家企业在“新三板”挂牌。引进海外研发团队7个，4个项目列入国家引智计划，5名专家入选省“百千万人才工程”。

（二）民生福祉实现新提升

公共财政民生领域支出36.8亿元，占财政支出67.9%，民生投入继续加大。

城镇居民人均可支配收入达到3.06万元,增长9.3%。

民生保障扎实有力。就业质量稳步提高。制定新一轮就业促进政策,区职业技能实训基地改造升级,新开发就业岗位4.2万个,普惠制培训3849人,实现城镇实名制就业3.5万人,其中稳定就业2.6万人,城镇登记失业率为2.65%,前盐村获全国充分就业社区称号。扶持创业成果初显。慧创星谷成为市级孵化基地,新增创业孵化企业83个,扶持创业带头人474人,创业就业6347人。社保"盲区"基本消除。近2000名农转城"夹心层"人员纳入城镇职工社会保险体系,实现社会保障全覆盖。保障水平持续提升。企业退休人员养老金平均提高10%,月人均达到2150元;低保第15次提标,每人每月达到570元。救助力度继续增强。发放助医助学等各类救助资金1752万元,大病救助病种由13种增加到25种,帮助145名低保家庭子女实现求学梦想。敬老助残落到实处。区老年人活动中心建设项目启动,新建养老助餐点30个;障碍者就业培训基地启用并承担全国"支持性就业"试点任务,扶持120名残疾人自主创业,为256户贫困残疾人家庭改善家居环境,区残疾人托养康复服务中心主体建成。住房保障扎实推进。大连北站回迁楼如期建成,鞍子山、郭家沟、棋盘等新居工程进展顺利。

社会事业协调发展。教育趋向优质均衡。大连湾中学、前革魅力小学、前关金地小学、前牧小学投入使用,区少年宫完成升级改造,公共教育资源不断优化;新开办小区配套幼儿园4所,新增公办幼儿学位1000个,学前教育规模不断扩大;中考600分以上人数占全市总量三分之一,义务教育质量不断攀升;成功承办环渤海地区社区教育研讨会,社区教育经验引领全国。文体事业繁荣发展。甘井子体育场改造一新,新市民健身中心、大连湾网球中心建设项目启动,创建百个群众文化示范基地,成功承办大连市第28届奥林匹克日长跑活动,区秧歌队获全国比赛一等奖,5个涉农街道文化站全部被评为全国乡镇一级文化站,我区连续第六次荣获全国文化先进单位称号。卫生和计生服务贴近需求。市妇女儿童医疗中心投入试运行,区医疗卫生健康中心启动建设,在全市率先推行家庭医生签约服务,与2.8万户家庭签订协议;为1171对夫妇提供免费孕前优生健康检查服务,棋盘村成为全省唯一的国家"新家庭计划"项目试点社区。双拥共建、民族宗教、侨务、人防、物价等各项事业均有新进展。

社会秩序和谐稳定。加强社区建设,新增壹品天城、五郡、圣林、康顺等9个精品社区,亿达社区被评为全国和谐社区建设示范单位,彩虹、郭中社区被评为全国综合减灾示范社区。"六五"普法深入推进,创设普法微博等新载体,普法阵地不断拓展。规范信访程序,引导群众依法逐级信访、理性维权,社会矛盾化解和涉法涉诉信访驶向法治轨道。开展预防和治理拖欠工资专项行动,为劳动者追讨欠薪1460万元。我区成为辽宁省唯一的全国军队转业干部安置工作先进单位,工作模式在全国推广。夯实安全基础,深入开展"六打六治"专项行动,加大隐患排查治理力度,安全生产形势保持总体稳定。强化市场监管,群众饮食用药安全得到保障,我区通过省食品安全基本标准验收。深化平安建设,完善立体化防控体系,安装视频探头572个,组建公安蓝鲨机动队5支。及时完成高铁、后盐高速公路出口反恐中心建设任务,为加强全市治安管控能力做出了突出贡献。

(三)城区建设取得新

进展

城区功能不断完善。重点基础设施建设项目开工16个,完成投资16亿元。东联路交中华路全互通立交桥通车,大连至旅顺中部通道、滨海公路营城子段、渤海大道甘井子段开工建设,新建、续建公路总里程36.8千米。黑大线、羊革线等6项道路大中修项目完工,实施路面改造43.2千米。机场前20万吨自来水泵站运行,生态科技创新城核心区和国际商务城供电工程建成,于家66千伏变电站竣工,前红线供电工程和前盐66千伏变电站开工建设。生态科技创新城家庭能源管理系统、一卡通、无线网络覆盖等项目投入使用,智慧城市建设取得实质性进展。

城区环境不断提升。兴昌园、金龙园、南岭人家、珍珠泉游园等22个社区游园和"一街一景"项目投入使用,完成松江路、华北路、山东路4.2千米路街改造工程,维修破损市政街巷路50余条、面积11万平方米,改造弃管楼29栋、面积10万平方米,百姓身边环境得到改善。安装路灯1100盏,丰收路、祥龙街等10个区域摸黑路问题得到解决。完成"暖房子"工程楼体改造314栋、面积90万平方米,惠及居民1.61万户。新建和改造5个标准化农贸市场、15个社区菜店、20个便民早餐店,新建停车泊位1027个,继续为居民生活创造便利条件。拆违治乱力度加大,连续第十年开展社会环境综合整治,依法拆除违章建筑633处、面积7万平方米,取缔占道经营、露天烧烤、校园周边摊点2.4万处。南关岭、红旗、辛寨子区域纳入市政管理范围,实行市场化作业,环境卫生水平向主城区看齐。

城区生态不断优化。全社会投入20.5亿元,完成青山生态系统工程建设重点项目56个,植树566万株,绿化面积2万亩,居民享有更多的绿色福利。彩霞游园建成,金龙寺森林公园和南山生态园改扩建完工,大连湾体育公园一期正式开放,棠梨湖公园成为大连生态文明建设新亮点,为市民休闲旅游增添了新去处。岭西路、明珠路、甘南路等主干路绿化改造提升工程完工。郭家沟、金龙寺生态河改造已见成效。玉山矿地质环境治理顺利完成。严把源头控制关口,首次对营城子工业园排污口邻近海域和大黑石、夏家河浴场开展水质监测。全区万元地区生产总值综合能耗降低4%,提前完成"十二五"减排任务。我区被市政府授予节能减排优胜地区称号。

(四)配套改革激发新活力

经过积极争取,市政府专题研究了进一步深化甘井子区综合配套改革的政策措施,重点对我区城市建设管理加大投资力度,为加快发展提供有力支持。

经济领域改革扎实推进。围绕推进产业转型升级,出台加快产业结构调整意见,修订产业结构调整指导目录,调整街道经济工作考核办法,提质增效措施更加精准有力。制定外商投资融资租赁扶持政策,在东北地区率先设立外资融资租赁园区,13家企业签订入驻合同,为金融服务业与实体经济搭建了资金桥梁。开展农村集体经济组织资产管理和体制改革问题调研,为加快破解城乡二元矛盾,深化农村集体经济组织产权制度改革奠定基础。

社会领域改革继续深化。构建市民综合服务、矛盾纠纷化解、社会组织孵化、"平安甘井子"建设四大体系,形成社会治理工作新机制。下发社区服务站建设管理意见,社区平台管理更加规范。制定社会组织登记办法,培育各类社会组织355个,涌现出"益邻里""好帮手""家家乐"等服务品牌,我区成为大连市唯一的全国社会组织建设创新示范区。

行政体制改革顺利实施。区市场监督管理局、区卫生和计划生育局挂牌成立，机构改革相关工作如期完成。积极承接上级下放审批事项39项。实施企业注册登记制度改革，降低准入门槛，企业注册资本由实缴制改为认缴制，取消企业住所限制等规定，实行注册登记“先照后证”，将139项工商登记前置审批事项改为后置审批，全区新注册登记各类市场主体16779户，增长49.8%，新发展注册资金500万元以上企业797户，增长185.7%，市场活力显著增强。

（五）行政效能再上新台阶

作风建设成效明显。扎实开展党的群众路线教育实践活动，严格落实中央“八项规定”精神，认真解决“四风”方面存在的突出问题，全区性会议、文件简报数量和“三公”经费支出分别下降20%、36%和13%。综合运用群众来信来访、明察暗访、专项治理等手段，纠正损害群众利益不正之风。举办公务员职业道德主题教育系列活动，有效促进全区公职人员工作作风转变和提升。

依法行政持续深化。主动向区人大报告工作，重大事项与区政协民主协商，全年办理人大代表建议、政协提案212件。修订《甘井子区人民政府工作规则》，决策制度进一步健全，办事程序进一步规范。实施领导干部经济责任问责和告知制度，审计“免疫系统”功能进一步增强。

服务效能继续提高。围绕“工作落实年”，各项工作向实处着力。街道行政服务中心全部完成标准化建设，区街政务服务实现数据同步共享，累计受理审批事项11万件，行政审批全年“零投诉”。公开各类信息298条，答复民心网留言1664条，回复指数高于全市平均值4.2个百分点。完成政府门户网站信息无障碍平台建设，网站手机版开通运行，区政府门户网站获中国政府网站领先奖，跻身全国区县网站前十强。

各位代表，刚刚过去的一年是很不寻常、很不平凡的一年。面对外部复杂的经济形势和甘井子区自身发展转型的严峻考验，我们按照“坚定、坚守、务实”的总要求，把握大势，主动作为，实现了经济社会发展稳中有进的总体目标，并全力推动经济发展从速度优先向质量优先转变，政府工作从注重经济增长向更加注重经济社会全面发展转变，5个涉农街道全部进入辽宁乡镇综合发展水平前十强，区政府夺得市政府工作绩效综合考评“十连冠”。成绩的取得，是市委、市政府和区委坚强领导、科学决策的结果，是区人大、区政协有效监督、鼎力支持的结果，是社会各界和全区人民团结拼搏、共同奋斗的结果。在此，我代表区政府向甘井子区全体人民，向全体人大代表、政协委员和社会各界人士，向驻区单位、驻区部队，向所有关心支持甘井子区发展的同志们和朋友们，表示衷心的感谢和崇高的敬意！

看到成绩的同时，我们也清醒地认识到前进道路上还存在许多困难和问题。当前国际国内宏观经济环境发生重大变化，经济发展向新常态转型过程中，房地产等部分产业受到较大影响，一次性财税收入缺口短期内难以填补，部分经济指标增速放缓难以避免。基础设施配套相对滞后，农村集体经济组织产权制度改革任务还很繁重，破解城乡二元结构的体制机制尚未理顺。困难群体的就业、社保、住房等民生工作需要进一步加强，教育、卫生等社会事业的优质均衡水平还要稳步提升。整治乱停乱放、占道经营等城市管理顽症还需下更大气力。转变政府职能、提升行政效能还要作出更大努力。对此，我们将高度重视并切实加以解决。

二、2015年工作任务

今年是“十二五”规划收官之年，也是全面深化改革和推进依法治国的关键之年，做好各项工作意义重大。经济发展进入新常态，是中央审时度势作出的重大战略判断，也是我们做好今后工作的科学指南和基本遵循。市委、市政府为我区深化改革、推动体制机制创新提供了新的发展平台和更大的施展空间。我区的发展思路符合中央决策，我区的发展方向契合国家战略，经济结构合理，经济韧性较强，城市化和产业升级潜力巨大。只要我们保持定力、激发活力、增强动力，认识新常态、适应新常态、引领新常态，就一定能够开辟现代化国际化中心城区建设的新境界。

今年政府工作的总体思路是：**深入贯彻党的十八大和十八届三中、四中全会精神，全面落实省市工作部署，按照区委十一届八次全会的总体要求，坚持稳中求进工作总基调，抓改革创新，激发发展活力；抓项目建设，提升经济质量；抓产城融合，推进全域开发；抓绿色增长，打造美丽城区；抓民生改善，增进群众福祉；抓依法行政，提高服务效能，把提高发展质量贯穿各项工作始终，努力实现有质量的稳定增长、可持续的和谐发展。**

综合考虑经济新常态的阶段性特征，权衡各方面因素，经济社会发展主要预期目标是：地区生产总值增长6.5%，地方公共财政收入增长1%，全社会固定资产投资增长7%，社会消费品零售总额增长12%，城镇居民人均可支配收入增长9%，万元地区生产总值综合能耗降低3.8%，城镇登记失业率控制在3%以内。

为实现上述目标，要着重做好以下六个方面工作：

（一）坚持深化改革、优化机制，努力使发展更具活力

围绕“增创体制机制新优势”的目标，深化重点领域和关键环节改革，同时争取政策突破，继续为发展增添活力。

进一步深化综合配套改革。主动向市委、市政府争取综合配套改革新内容，增强公共服务保障能力。优化土地储备等机制，扩大我区发展的自主权。继续争取对生态科技创新城的政策支持，积极做好体制机制衔接，促进更好更快发展。

进一步深化行政体制改革。继续清理精简行政审批事项，抓好国家和省市下放权力承接落实，加强对取消和下放审批事项的事中事后监管。创新融资方式，探索政府与民间资本合作模式。加强政策性融资担保体系建设，助力小微企业发展。规范债务管理。完成公车改革。规范实施优惠政策，维护市场公平。严格执行预算制度，确保透明公开。

进一步深化社会领域改革。实施社区建设三年发展规划，着力推进标准化建设，改善办公、服务等环境；强化规范管理，提升工作人员服务水平，全面增强社区服务功能。发挥社会组织建设创新示范区作用，提高社会组织服务社会能力。建立物业管理联席工作会议等制度，协调化解矛盾纠纷。

（二）坚持做强产业、做优结构，努力使经济更有效益

按照“增量优质、存量优化”的要求，引进和培育优质企业，努力形成高端多元的产业发展态势，在更大空间、更高质量上汇聚发展能量，促进经济发展提质增效升级。全年计划安排重点项目220个，总投资3350亿元，年内计划投资540亿元。

招商选资扩增量。继续优化招商安商富商环境，构建

高效的投资宣介、项目跟踪、落地推进、扶持发展的工作机制。积极推进瑞士碧琪、印度威普罗、华瑞水务、苏州二建等国内外知名企业在谈项目进程。围绕新一代电子信息、云计算与物联网等新技术，努力促进大商所同城金融数据、银通金融服务、沃禾互联网等电子商务企业尽快落地。继续巩固高端装备制造业领先优势，加快推进一重石化装备、豪森机械三期、弘大风机、龙口泵业、鸿泽泵业、雅玛哈造船等一批自主研发、高端制造项目。大力发展文化创意产业，加快大连广告创意产业园、缘起1983文化创意产业园的产业聚集。

强化服务优存量。加大“分类施策、一企一策”的点对点式服务力度，对重点企业和成长型企业加强跟踪服务，围绕项目投达产、市场开拓、融资等方面存在的突出问题和困难，有针对性地采取帮扶措施。壮大外资融资租赁园区规模，同步发展内资融资租赁业务，助推装备制造业向高端化转型。拓展外贸出口新方式，发展跨境电子商务，积极构建线上线下一体的电子商务园区，争创省级电子商务集聚示范区，助力企业开拓国际市场。实施企业上市培育工程，做好中盈科技、达翔电控、大特气体、思达新能源等拟上市企业服务工作，支持更多优质企业在国内外资本市场挂牌上市。

推动创新增后劲。营造创业氛围，降低创业门槛，完善孵化器建设，推动创新型中小企业总体数量增长。探索无偿资助、贷款贴息等多种扶持方式，支持和引导企业创新。重点培育一批处于成长期的创新型中小企业，帮助实现规模发展；集中扶持创新能力强、市场前景广阔、具备一定规模的创新型龙头企业，帮助尽快做大做强。大力引进创新科研团队和高层次人才。积极争取国家、省市各种专项资金，扶持企业技术中心、研发中心建设，新增国家高新技术企业6家以上，新增企业重点实验室、工程技术中心等创新平台4个以上。

（三）坚持产城融合、产城协同，努力使城区更富魅力

深化“中心带动、板块布局、全域开发”的理念，以产业转型提升城区发展质量，以城区发展促进经济社会转型，实施全域综合开发、深度开发，走出一条高品质城市化道路。

中心带动拓空间。围绕梭鱼湾、新机场沿岸商务区的配套基础设施布局，依托高铁、地铁、市体育中心和卫生中心等重大功能性基础设施的辐射带动，有序推进周边区域开发建设，拓展新的发展空间。继续完善我区城市总体规划和各类专项规划，推进北部区域控制性规划全覆盖。加大土地整理力度，优化林地等资源配置，有效解决土地批而未供等问题，加快开发建设进程。合理调配商业地产、工业地产和住宅地产比例，充分发挥房地产业在全域开发中的先导性、基础性作用，不断增强高端产业在持续发展中的引领性、支撑性作用，实现产城融合协同发展。

板块布局促开发。推进生态科技创新城的联想未来城、由家国际社区等现代化社区和高端商务配套设施建设，塑造城市新主体；加快甘井子工业园拓展区等重点产业园区建设，提高现代服务业、创意产业、高新技术产业承载能力。在继续提升大连湾临港装备制造业聚集区优势产业能级的同时，加快獐子岛冷链物流、和平伟业物流项目建设，打造现代物流集散地。突出西城国际旅游商务区的生态战略，创建国家5A级旅游景区，推进钓鱼台国宾馆等西城智慧谷项目建设，丰富绿色产业发展内涵。发挥中华路商务区的省级现代服务业聚集区优势，加快远洋商业综合体、地下商业广场、华润万象汇等项目建设，打造大连第三大商圈和东北地区高端商业区。支持体育新城的中华城商业综合体和亿丰大连汽车城二期等项目建设，助推欧尚购物广场尽早开业，壮大空港商务区旅顺北路汽车产业带规模，形成商贸商务、休闲旅游、现代物流、文化体育等现代服务业新商圈。以梭鱼湾商务区为引领，加快甘井子港宗地、大钢地块、东海棚户区等区域开发建设，推进大连湾、辛寨子、革镇堡中心街改造，提速老旧城区更新换代。

多元投资强功能。积极争取市财力支持，推进大连至旅顺中部通道、渤海大道甘井子段、河周路、棋南线、滨海公路建设，全力助推大连湾海底隧道等重大基础设施建设，带动沿线周边城市功能完善、环境综合提升和整体有序开发。协调解决泰达·慧谷和联想未来城自来水管网配套问题，跟踪推进大连湾、梭鱼湾、泉水河二期污水处理厂，以及前盐、大东沟、华东路66千伏变电工程建设，支持华能第二热电厂开工建设，增强区域承载功能。

（四）坚持突出重点、突破难点，努力使生态更加美好

树立"保护生态环境就是保护生产力、改善生态环境就是发展生产力"的观念，生态治理和环境保护并重，实现发展与生态互动、生态与经济双赢。

继续优化市容环境。投入1亿元资金，重点实施群众身边的环境改造项目，努力使发展成果让百姓看得见、摸得着。新建新泽园、幸福园等17个"一街多景"项目和兴国、金源、椒中等18个社区楼院改造项目。继续实施"暖房子"工程，改造楼体面积120万平方米。升级改造千山路、山东路北段、松江路西段、西南路北段等道路两侧商家门头牌匾，实施老甘井子商业街、中华西路改造，维修椒金山、甘井子、南关岭等8个街道破损道路80条、面积11万平方米。新建、改造5个标准化农贸市场、15个社区菜店，完成2条商业街改造，努力为市民创造安全便利的消费环境。

不断扩大生态空间。引导全社会投入20亿元，重点实施青山生态系统工程建设项目19个，植树430万株，绿化面积1.6万亩。推进区域绿地和生态廊道建设，开工建设棠梨湖公园三期、中革仙山公园二期，提升甘井子公园、金家街公园档次，对张前路、郭明线等道路周边进行绿化升级改造。实施棋盘西山废弃矿生态治理工程。推进水环境综合治理，完成夏家河水库及下游河道治理工程和马栏河防汛应急工程。

完善长效管理机制。围绕城市管理中的难点问题和薄弱环节，构建区、街、社区网格体系，加强人员配备和队伍建设，探索数字化城管系统，进一步提高问题的发现率和及时处置率。整合街道和城建、环保、执法等职能部门力量，**保持市容环境综合整治高压态势**。继续加强违法建筑整治，坚决遏制违法违章滥建行为。积极争取将大连湾、营城子、革镇堡区域早日纳入市政管理范围，实现全域城市化管理。完善老城区城市功能和基础设施管护机制。积极倡导低碳发展、低碳生活理念，引导企业开展清洁生产和节能减排，引导居民培养节约环保的消费、生活习惯。

（五）坚持紧贴民心、紧跟民需，努力使民生更为幸福

秉持"守底线、抓重点、促共享"的原则，抓好基本民生，保障底线民生，关注热点民生，切实让发展成果更多更好惠及全区人民，把"民生工程"做成"民心工程"。

保障辖区群众基本需求。促进就业创业。落实各项扶持政策，开发就业岗位4万个，实现城镇实名制就业3万人；发挥创业品牌引领作用，新建生态科技创新城慧创硅

谷暨电子商务创业孵化基地。提高社会保障能力。加强扩面征缴和资金监管，确保资金安全，满足保障需求。推进社会救助体系建设。统筹各项救助政策，健全临时救助办法，开展“救急难”工作，解决群众急难问题。关爱老龄群体。完成区老年人活动中心改造，建立企业退休人员老年大学，新建10个养老助餐点，探索建立养老助医和助浴点。改善残疾人生活。为230户贫困残疾人家庭改善家居环境，建成区残疾人托养康复服务中心。加大住房保障力度。实施棋盘二期、中革旧区等新居工程和大辛、小辛等棚户区改造项目。

推进公共服务均衡优质。扩大公办教育资源。新增5所普惠性幼儿园、1200个幼儿学位，新建、续建14所学校；聚力教师队伍建设，聚焦内涵特色发展，夯实教育强区基础。推进文体事业发展。完成新市民健身中心主体建设和区文化馆改造，建成大连湾网球中心、大连湾体育公园二期、砬子山市民健身公园，实施文化和体育惠民工程，深化“邻里一家亲”文化品牌建设，广泛开展全民健身运动。提高卫生和计生服务水平。加快区医疗卫生健康中心、大连湾中心医院建设，争取国际康复医院项目尽快落地；制定医疗人才队伍建设规划，谋划医疗机构运营和服务机制，满足辖区居民多元化医疗需求；深化健康惠民行动，落实各项计生奖励扶助政策，严格执行国家基本药物制度。继续做好双拥共建、民族宗教、侨务、人防、物价等工作。

保持社会秩序安全稳定。继续规范信访程序，深化“阳光信访”，深入开展“六五”普法教育，完善“三调联动”工作体系，及时就地化解矛盾。坚持维权安民，努力构建和谐有序劳动关系。加强社会治安综合治理，严密防范、依法打击各类违法犯罪活动。全面落实安全生产责任制，坚持不懈地以更高标准保障安全生产。大力整顿和规范市场秩序，创新食品药品安全监管模式，下移执法重心，切实保障人民群众“舌尖上的安全”。

（六）坚持依法从政、廉洁从政，努力使行政更增效能

践行“为民、务实、清廉”的宗旨，以对法律的敬畏、对人民的尊重，加快职能科学、权责法定、执法严明、公开公正、廉洁高效、守法诚信的法治政府建设。

依法作出行政行为，建设“规范政府”。牢记“法无授权不可为”，严格依照法律确定的职权职责和法定程序办事，自觉运用法治思维和法律手段解决经济社会发展中的矛盾和问题。依法高标准完成“十三五”规划编制工作。完善重大事项依法决策机制，建立政府法律顾问制度。加强行政监察，构筑领导干部经济责任审计工作新机制，筑牢法治“篱笆”，遏制权力“越线”，使行为规范成为政府工作的鲜明特质。

依法接受权力监督，建设“有限政府”。牢记“行政权力来自人民”，主动接受人大法律监督、工作监督和政协民主监督，定期向区人大及其常委会报告工作、向区政协通报情况，高质量办理建议提案。坚持信息公开和阳光行政，完善区政府门户网站和各部门网站等载体建设，全面推进电子政务和政务公开，进一步保障群众对政府运作的知情权、参与权、监督权。

依法承担行政责任，建设“有为政府”。牢记“法定职责必须为”，整合行政服务资源，推进市、区两级服务联动，优化审批流程，为群众办好事，让群众好办事。强化绩效考核机制，加大政务督查力度，坚决克服等待观望和畏难情绪，决不允许存在“只要不出事，宁愿不做事”等消极敷衍行为，保持敢闯敢试、敢抓敢管的劲头，强化履职尽责、为民解忧的意识，激发昂扬向上、奋发有为的干劲。

各位代表，天下之事，行之贵力；为政之要，重在实干。让我们在党的十八大和十八届三中、四中全会精神指引下，在市委、市政府和区委的坚强领导下，在区人大和区政协的监督支持下，牢固树立依法行政意识，大力弘扬改革创新精神，适应新常态，应对新挑战，抓住新机遇，求得新发展，全力开辟现代化国际化中心城区建设新境界！

【名词解释】

1. 新常态:2014 年 5 月 9 日至 10 日，习近平总书记在河南考察工作时首次提出“新常态”。2014 年 11 月 9 日，在亚太经合组织工商领导人峰会上，习近平指出中国经济新常态的几个主要特点：一是从高速增长转为中高速增长；二是经济结构不断优化升级，第三产业、消费需求逐步成为主体，城乡区域差距逐步缩小，居民收入占比上升，发展成果惠及更广大民众；三是从要素驱动、投资驱动转向创新驱动。2014 年 12 月 9 日至 11 日召开的中央经济工作会议认为，我国经济正在向形态更高级、分工更复杂、结构更合理的阶段演化，经济发展进入新常态，正从高速增长转向中高速增长，经济发展方式正从规模速度型粗放增长转向质量效率型集约增长，经济结构正从增量扩能为主转向调整存量、做优增量并存的深度调整，经济发展动力正从传统增长点转向新的增长点。

2.“e 时代”：指电子（electronic）时代，是互联网普遍应用于办公、生活、商务等各个领域的时代。

3.“新三板”：即全国中小企业股份转让系统，于 2013 年 1 月 16 日经国务院批准正式揭牌运营，目的是让中小企业通过金融杠杆做大、做强，获得更多的融资渠道，解决融资难的问题。

4.“百千万人才工程”：是辽宁省为选拔培养符合国家战略发展需要，造就一批具有国内先进水平、研究成果接近国际先进水平的中青年专业技术领军人才的专项人才培养计划。“工程”人选由高到低分为“百”“千”“万”三个层次，每年选拔一次。

5. 农转城“夹心层”人员：城镇职工养老保险参保范围为男 60 周岁、女 50 周岁以下。2011 年实行的城镇居民养老保险参保范围为男 60 周岁、女 55 周岁以上。导致营城子、革镇堡地区 2008 年城市化时处于 50 至 55 周岁之间的女性农转城人员，成为两个社会保障政策之间的“夹心层”人员。

6.“支持性就业”：是残障人士的一种就业模式。由就业辅导员在竞争性工作场所为残障人士持续提供训练，以增进他们的工作能力、与同事的互动，当残障人士的表现符合工作场所的要求后，就业辅导员逐渐退出工作现场，改为以跟踪的方式提供服务。

7. 家庭医生签约服务：是以社区医生为主体，以社区家庭医生团队为依托，以家庭为单位，以重点人群（65 岁以上老年人、慢性病人、残疾人、孕产妇和 0—6 岁儿童）健康管理为目标，通过家庭医生的服务，为签约家庭提供主动、连续、综合、个性化的社区卫生服务。

8.“新家庭计划”：围绕家庭文化、家庭保健、科学育儿和养老照护四个方面开展的服务家庭所有成员、服务生命全周期的全面性综合工作。

9.“六打六治”：打击矿山企业无证开采、超越批准的矿区范围采矿行为，整治图纸造假、图实不符问题；打击破坏损害油气管道行为，整治管道周边乱建乱挖乱钻问题；打击危化品非法运输行为，整治无证经营、包而不管、以包代管及非法改装、违法挂靠、违规装载等问题；打击无资质施工行为，整治层层转包、违法分包问题；打击客车客船非法营运行为，整治无证经营、越范围经营、挂靠经营及超速、超员、疲劳驾驶等问题；打击“三合一”“多合一”场所违法生产经营行为，整治违规住人、消防设施缺失损坏、安全出口疏散通道堵塞封闭等问题。

10.“暖房子”工程：对既有居住建筑进行节能改造，包括：对住宅建筑的维护结构进行保温处理，对屋面进行防水处理，对外墙立面进行粉刷，以及更换节能窗；对没有暖气分户的住户进行分户改造，并安装热计量设施。

11. 融资租赁：由承租人选设备，出租人（租赁公司）出资购买，并出租给承租人，租赁期内租赁设备所有权归出租人，使用权归承租人，租赁期满承租人可选择留购设备；租赁期内承租人按期支付租金，折旧由承租人计提。

12. 注册登记“先照后证”：是取消注册登记前置审批，实行工商注册登记与经营项目审批相分离的登记制度。创业者只需到工商部门领取一个营业执照，即可从事一般性的生产经营活动，如从事需要许可的生产经营活动，再向主管部门申请。

13. 绿色增长：是在可持续发展的框架下提出的。比较权威的理解是经合组织（OECD）的定义，它认为“绿色增长指在确保自然资产能够继续为人类幸福提供各种资源和环境服务的同时，促进经济增长和发展”。

14.“三调联动”：指人民调解、行政调解、司法调解三种调解手段相互衔接配合的化解社会矛盾纠纷工作机制。

中国人民政治协商会议大连市甘井子区第八届委员会常务委员会工作报告

——2015 年 1 月 6 日在
大连市甘井子区政协
八届三次会议上

甘井子区政协主席　郭崇河

各位委员：

我受政协甘井子区第八届委员会常务委员会的委托，向大会报告工作，请予审议，并请列席会议的同志提出意见。

2014 年工作回顾

过去的一年，区政协在区委的正确领导下，以“坚定、坚守、务实”为工作要求，牢牢把握深化改革和转型发展大局，扎实开展党的群众路线教育实践活动，切实履行政治协商、民主监督、参政议政职能，助推经济建设，致力民生改善，促进社会和谐，为加快现代化国际化中心城区建设做出了积极贡献。

一、聚焦全面深化改革，广泛开展协商议政

充分发挥协商民主的重要渠道作用，为全面深化改革汇聚正能量、增创新优势。

紧扣改革课题开展会议协商。全委会选择深化综合配套改革、强化创新驱动、提升城区品位、推进全域城市化建设等事关全局的课题，在八届二次全会上以大会发言的形式开展集中协商，提出了完善中小企业服务体系、打造千亿级科技创新产业带、保护传承历史文化根脉等 20 余条建议，得到区委、区政府的高度重视和采纳实施。

突出改革重点深化专题协商。常委会围绕“聚焦改革创新、助力城区建设”主题，提出了推进城市管理体制创新、建设智慧城区、发展现代服务业等 20 余条建议，7 篇建言文章得到区政府的高度重视，编印成《参考与研究》专刊供相关领导参阅。

紧贴改革实践强化对口协商。专委会针对养老保障、科技创新、特色学校建设等 10 多个热议话题与党政部门共商改革举措，破解发展难题。

围绕社会管理体制创新推进基层协商。各联络组围绕全域城市化进程中的征地拆迁、环境整治、社区建设等热点问题，进行了20余次社情民意恳谈活动，在与群众面对面的协商沟通中化解矛盾、凝聚共识。

二、扭住转型发展主线，凝智聚力助推建设

自觉把政协工作融入区域转型的创新实践，凝心聚力促发展、齐心协力搞建设的氛围更加浓厚。

在服务科学决策中聚智建言。各专委会围绕加快转变经济发展方式、区域教育优质均衡发展、产业结构调整等重大问题开展调研，形成了加快发展现代服务业、推进教师干部队伍建设、大力发展节能环保产业等多篇调研报告，许多建议被党政部门采纳并转化为工作措施；各专业组紧扣研发中心建设、产业链条延伸等问题开展专项调研，形成了12篇咨政建言文章；全体委员积极参与助推转型发展专题建言献策活动，围绕工业转型升级、中小企业创新发展、高端人才队伍建设等课题，提交建言文章123篇。委员们的睿智之言和务实之策，通过《议政专报》、建议报告等形式送达区委、区政府，成为决策参考的重要依据。

在投身经济建设中献计出力。把促进经济平稳健康发展作为履职重点，创新开展了"联系企业、服务委员、助推项目"主题活动。政协班子走访调研孚林商贸、中盈电子、通大设备等委员企业，协调解决了企业融资、人才引进、市场开拓等20多个困扰企业发展的问题；专委会组织开展政企银企对接、行业互助等活动20余次，帮助奥远电子、建明科技、申通快递等企业解决了企业搬迁、项目建设、产品推广等实际问题；广大委员不断增强发展意识，积极增资扩能，新上项目50余个，增资25亿元，展示了勇于担当、加快发展的良好形象。

三、围绕推动工作落实与改进，加大民主监督力度

坚持寓服务和支持于监督之中，结合工作落实年部署要求，通过提案办理、委员视察、民主评议等方式，有力促进了党政决策落实和工作改进。

发挥提案作用，服务中心工作。坚持"提要高质量、立要高标准"，完善提案审查立案机制，对立案提案实行"并案"办理，提高了办理效率；坚持"督在关键时、办到实在处"，创新提案委、提案人、承办单位三方共商办理模式，在视察办理进度、研讨办理措施、点评办理效果中推动提案高效落实。全年73件立案提案经29个部门认真办理，取得良好成效。特别是扶持中小企业发展、加强社区信息化建设等建议被充分吸纳，成为改进工作的具体措施。

改进视察方式，推进工作落实。按照区委工作落实年的要求，常委会采取"集中视察＋议政建言"的方式，围绕空港商务区基础设施配套、北方生态慧谷、棠梨湖公园等重点项目建设，组织50名常委和委员代表开展重点视察；各专委会采取与市政协专委会联合、专业组联动等方式，聚焦功能区建设、节能环保产业、大学生创业就业等重点领域开展8次专题视察；各联络组针对旧区改造、物业管理、社会治安等群众关注的热点问题开展专项视察16次。通过建立委员视察与跟踪问效、咨政建言的联动机制，推动全区重点工作有效落实。

加大评议力度，提升监督效力。以助推地区发展为重点，围绕科技创新、旅游产业、养老保障等重点问题，开展常委会评议重点提案、专委会评议部门重点工作活动，并以《民主评议建议书》的形式将评议结果报送区委、区政府，得到了相关领导的高度重视。区民政局、经信局和服务业局

在开门评议中积极吸纳政协建议，认真进行整改落实，实现了民主评议与改进工作、促进发展的有机结合。以优化发展环境为关键，112 名特邀监督员围绕依法行政、基础教育、劳动就业等问题，采取持证暗访、集中走访等方式，积极参与 23 个部门的政风行风、勤政廉政专项评议活动，为落实发展措施、提升发展效能保驾护航。

四、坚守履职为民理念，着力促进民生改善

始终保持“人民政协为人民”的深厚情怀，恪守为民之责、倾注爱民之心、大兴利民之举，推动民生改善和社会事业发展。

在践行群众路线中破解难题。创新开展“双走进、抓落实，消除最后一公里”活动，进百家企业、访百户群众、破百个难题。党组成员深入街道、社区、村屯开展蹲点调研和对口联系，协调解决了新居工程用地、公交站点设置、旧居改造等 10 余件群众的难心事；政协常委落实联系制度，采取走访、视察、座谈等方式，开展联系活动 20 余次、联系委员 180 多人；各专委会组织开展爱心义诊、视察基础教育等活动，为委员和群众排忧解难。

在服务社会建设中发力争先。发扬扶危济困的优良传统，发起设立了“甘井子区政协委员慈善公益基金”，广大委员踊跃捐资达 79.8 万元，当年拿出 20 万元捐助贫困大学生。许多委员心系民生、无私回报社会，涌现出一大批感人至深的典型。王殿禄委员捐款 50 万元资助地区教育事业，郑兴委员出资 18 万元帮扶就业困难人员，兴华联络组全体委员捐资 10 万元建设“一街一景”等民生工程，王继东、殷继科、郝宁坤、李丹委员捐款捐物 8 万余元支持社区建设，关峻青委员提供 500 平方米办公用房帮助社区改善办公条件，杨金龙委员为四二七文明楼院安装了 1000 余块走廊玻璃，武玉成、刘金凤、丛基光、曲德风委员为 900 多人提供就业岗位。据不完全统计，一年来，广大委员共安置就业人员 3300 多人，资助困难学生 700 多名，帮扶特困家庭 500 多户，捐款捐物达 600 多万元。

在创新履职中塑造品牌。各联络组丰富履职载体、强化履职特色，“委员进社区”活动开展得有声有色。甘井子联络组依托“三会一有”群众工作平台，有效破解社会管理难题；椒金山联络组深化“民情恳谈日”活动，构建起协同配合、良性互动的社会治理模式；兴华联络组开展“为发展献良策、为百姓办实事”活动，服务地区经济社会建设；机场、辛寨子联络组健全“委员小组与社区结对共建”机制，富有成效地开展“奉献爱心、情暖万家”活动；红旗、周水子联络组创建“社情民意网络工作室”和“委员接待室”，在反映民情、排解民忧中发挥独特作用；革镇堡、大连湾、泉水联络组围绕环境整治、绿化建设等开展专项视察，服务地区重点工作；营城子、泡崖联络组开展“进企业、破难题”座谈交流活动，助力项目建设；中华路、南关岭、凌水联络组紧扣劳动就业、社会保障等问题献计出力，促进和谐发展。

五、落实“三严三实”要求，提升自身建设水平

把“三严三实”和“讲诚信、懂规矩、守纪律”作为加强自身建设的标尺，在践行群众路线中转作风、强素质，树立了政协组织的良好形象。

制度建设更加规范。完善管理机制，先后出台了《加强作风建设与规范机关管理若干规定》《年度工作落实机制实施办法》和《委员管理办法》，启动了委员年终述职和届中考核工作；健全考评机制，制定《五型委室创建标准》和《政协工作评比表彰办法》，评选出优秀政协委员 52 人、

优秀政协工作者22人、优秀提案12件、优秀建言文章25篇；强化宣传引导机制，制定《信息发布工作规则》，提高《甘井子政协》办刊质量，大力宣传委员干事创业、履职为民的先进事迹，45篇工作信息被市级以上媒体采用，提高了政协工作的影响力。

队伍建设不断加强。注重固本强基，举办了“做合格政协委员”履职培训班，围绕雾霾治理、就业救助、劳动法规应用等专题开展10次委员论坛和政协讲坛活动，在深化职能认知、把握经济形势、助力行业发展中提升了政协委员的履职能力；激发内部活力，举办政协委员书画摄影作品展，开展“追求内外卓越，张扬美丽自我”主题沙龙活动，“知识、和谐、创新、活跃”的政协文化更加丰富多彩；强化服务效能，编印了《八届区政协企业界委员图册》，为委员企业加快发展、合作共赢搭建新平台；狠抓整改落实，将破除“四风”、立行立改和建章立制贯穿于党的群众路线教育实践活动全过程，对查摆的14个主要问题逐条整改、台账销号，推动政协机关建设取得新成效。

各位委员，2014年是区政协成立30周年。30年来，区政协在区委的领导下，从应时而生到发展壮大，谱写了同心同向、履职奉献的绚丽华章。翻开《政协三十年》纪念图册，一个个珍贵的历史镜头、一张张微微泛黄的老照片，记录着区政协走过的光辉历程。回顾过去我们倍感珍惜，更加深刻地体会到政协事业的发展进步离不开区委的正确领导和人大、政府的大力支持，离不开各街道、各部门的密切配合，离不开离退休老领导、老同志的关心帮助，更离不开全体委员、机关干部的同心协力、扎实工作。在此，我代表区政协常委会，表示崇高的敬意和衷心的感谢！

同时，我们也清醒地认识到，政协工作中还存在着一些差距和不足，比如：协商民主制度建设的步伐还需加快；民主监督的力度、深度和广度有待增强；议政建言的质量和调研成果的转化还有较大的提升空间；委员队伍的履职能力和管理水平还需进一步提高，等等。对此我们将认真研究，持续改进。

2015年工作安排

今年是我区在经济发展进入新常态下加快转型提升的关键一年，全面深化综合配套改革、全面推进依法治区、全面完成“十二五”规划目标的任务十分繁重。政协工作要把握新常态、助推新发展、实现新作为、开创新局面，总体要求是：认真贯彻十八届三中、四中全会和习近平总书记在全国政协成立65周年大会上的重要讲话精神，全面落实区委十一届八次全会的任务部署，秉持“坚定、坚守、务实”的工作要求，充分发挥协调关系、汇聚力量、建言献策、服务大局的职能作用，聚焦深化改革和依法治区，聚智转型发展和民生改善，聚力履职能力现代化建设，为推动全区经济社会持续健康发展贡献智慧和力量。

一、把握稳中求进总基调，紧扣改革发展献计出力

切实把思想统一到区委对全区转型发展新阶段的分析判断上来，正确认识、主动适应发展新常态，着力在坚定信心、有为担当上凝聚共识，为稳增长、促改革和加快转型聚智聚力。

助推经济提质增效升级。围绕打造四大产业集群、培育经济新增长点、提升科技创新能力、推进重大项目建设等重点领域，广泛开展调研视察、咨询论证，推动全区经济发展更加注重质量效益；支持、鼓励委员企业保持定力、做大做强，积极营造大众创业、万众创新的良好氛围，为实现经济

持续稳定增长贡献力量。

力促配套改革全面深化。发挥人才荟萃、智力密集的优势，围绕农村集体经济组织改革路径、完善功能区管理体制、行政审批制度改革、社会组织建设等攻坚难点，组织开展课题研究、献计献策，着力在形成有价值有分量的建议、提案上下功夫，为科学决策提供依据和参考。

聚焦转型发展议政建言。围绕科学谋划"十三五"规划、促进产城融合发展、增强城市承载功能、推进生态文明建设等重点课题，积极开展座谈研讨、协商议政，汇聚各界委员的真知灼见，为推进转型发展增添动力。

二、落实依法治区方略，推进法治甘井子建设

把依法治区纳入年度工作的重要议程，充分发挥政协的独特优势和职能作用，成为建设"法治甘井子"的积极参与者和推动者。

凝聚法治建设共识。依托政协组织大团结、大联合的独特优势，广泛宣传"法治甘井子"建设，深入了解社会各界的关注点和人民群众的意愿诉求，紧紧围绕依法行政、科学立法、严格执法、公正司法和全民守法，搭建参政议政的平台，凝聚委员智慧，积极建言献策，为加快"法治甘井子"建设汇集起强大的正能量。

助力法治政府建设。把政府依法行政、依法管理经济社会事务的全过程纳入政协协商民主议题，支持政府决策科学化、民主化和程序化建设。通过民主评议、专项视察、反映社情民意和特邀监督员等形式，加强对重点执法部门和重点执法环节的监督，增强政协对公正执法的民主监督力度。

推进社会依法治理。围绕"平安区"创建、"大综管"体系等重点工作开展调研视察，在利益协调、权益保障、纠纷调解等机制建设上咨政建言、"把脉开方"，促进社会治理法制化水平不断提升。

大力弘扬法治精神。教育引导广大政协委员加强对宪法和重要法律法规的学习掌握，增强法治意识，树立法治信仰，践行法治精神，弘扬法治文化，以自身学法守法用法的模范行为带动界别群众、引导社会风气。

三、提升协商民主能力，服务转型发展大局

充分发挥人民政协作为协商民主的重要渠道作用，推进政治协商、民主监督、参政议政制度建设，不断提升倾力服务大局、真情服务群众的履职实效。

创新协商机制。着眼"党政重视、群众关心、政协所能"的交汇点，建立健全协商工作制度，巩固完善"议题提出、活动组织、成果采纳、反馈落实"机制，围绕深化改革、转型发展与民生改善的重点领域和关键环节，制订年度协商计划，增加协商密度，有针对性地开展专题协商、对口协商、界别协商和提案办理协商，促进协商成果向科学决策转化。

增强监督实效。坚持维护核心、服务中心、紧贴民心的原则，围绕重要民生领域、重大民生问题和重点民生工程，实施以议政建言为切入点、以提案督办为着力点、以项目视察为关键点、以行风评议为突破点的"四点"监督活动，推动各项惠民举措落到实处。

提高议政质量。按照"专家、专业、专题"的要求，着力在加强智库建设、打造调研精品和提升决策咨询水平上下功夫。紧扣征地拆迁、创业就业、社会养老、特色文化建设等重大问题，深入进行学习调研，广泛开展"密度大、议题实、成效好"的议政建言活动，为推动经济社会协调发展提供智力支持。

四、牢固树立为民情怀，创新开展特色履职活动

始终把践行群众路线、改

善民生福祉作为政协工作的出发点和落脚点，扎实开展“有效力、有活力、有新意、接地气”的特色履职活动，不断提升履职为民的能力和水平。

突出常委会核心作用。切实找准党政工作的切入点、履职尽责的融入点和发挥优势的着力点，深化主席联系常委、常委联系委员、委员联系界别群众活动，建立健全邀请专家学者参与政协活动、邀请居民代表旁听政协会议机制，真正让委员走进群众，让群众走进政协，推动政协工作更加透明、更接地气。

强化专委会基础作用。深化“纵向协作、横向联合”的工作机制，以“走进企业解难题、走进项目促发展、走进委员凝智慧、走进群众惠民生”为重点，创新推进“做改革发展先锋、做创新创优典型”主题实践活动，围绕转型发展和民生改善创新履职、献计出力。

发挥专业组界别作用。建立课题组、研究会，设立“界别委员活动日”，综合运用调研、视察、提案、评议等多种方式，围绕行业改革、民生热点开展专题研讨和问政活动，通过《议政专报》和《社会声音直通车》等载体，为推动经济社会发展聚合力、添动力。

巩固联络组阵地作用。不断赋予“委员进社区”和“社情民意恳谈”活动新的内涵，充分发挥“两代表一委员”工作室的平台作用，在服务地区发展、服务社区百姓中践行为民宗旨、破解民生难题；通过“委员议事会”、“委员社区讲堂”等载体，积极协助党委政府听民情、集民智、解民忧，凝心聚力促和谐。

五、深化政协自身建设，着力提升履职能力

按照“内化于责任、外化于担当，内化于忠诚、外化于诚信”的要求，以改革思维、创新理念和务实举措加强自身建设，着力推进履职能力现代化。

加强制度建设。深化“按章履职、务实高效”理念，建立健全协商计划制定、建议督办转化和社情民意反映等制度，完善委员年终述职、工作督查落实和考核评比机制，促进政协履职更加科学规范、协调有力。

加强能力建设。注重发挥常委的表率作用，严格落实《常委会工作规则》，努力打造勤学善思、履职尽责、干事创业的常委队伍；突出“严字当头、实字为先”，放大政协讲坛、委员论坛和委员沙龙的品牌效应，分层次、全方位地开展履职培训，不断提升政协委员政治把握、调查研究、联系群众和合作共事的能力；顺应大数据时代潮流，开发启用委员管理信息化平台，推动政协工作走向“云时代”。

加强作风建设。巩固和拓展群众路线教育实践活动成果，打造过硬的机关作风和干部队伍，在创新工作举措、密切联系群众、优化服务方式上实现新突破，使政协组织真正成为各界人士合作共事的大家庭和建功立业的大舞台。

各位委员、同志们，新使命承载新希望，新征程开启新梦想。让我们在区委的正确领导下，团结和凝聚社会各界力量，在主动适应新常态中勇于担当，在助推转型发展中履职尽责，在致力民生改善中积极作为，用政协工作的新成果，为开辟现代化国际化中心城区建设新境界做出更大贡献！

大事记

1月

1日 甘井子区第三次全国经济普查正式进入现场登记阶段。

3日 甘井子区政府门户网站获得“中国政府网站领先奖”。

9日 大连生态科技创新城入驻企业华宇(大连)信息服务有限公司取得国家工信部的软件企业认定证书,《华宇法院巡回办案系统软件V2.0》和《华宇律师阅卷管理系统软件V2.0》获得软件著作权证书。

13日 甘井子区文体局在大连市首创文化辅导员持证上岗考核机制。

15—17日 大连广播电视台、《大连日报》《大连晚报》《新商报》《半岛晨报》《东北之窗》等全媒体深度解读生态文明的“红旗样本”,刊发“倾听大连的西城故事”等系列报道。

21日 在由市委组织部、市人社局组织的大连市公务员学习雷锋、郭明义精神推荐身边好典型活动中,大连湾街道等2个单位获先进集体称号,区残联官本玲等3人获先进个人称号。

22日 甘井子区档案馆晋升为国家一级档案馆,授牌仪式在区档案局举行。

23日 副市长卢林一行,到华南沃尔玛商场检查指导节日市场安全工作。

27日 龙湖集团与美高梅集团在大连富丽华酒店举行大连钓鱼台国宾馆签约仪式,标志着中国第二家以“钓鱼台”命名的国宾馆落户西城国际旅游商务区。

29日 副市长卢林一行,到甘井子区视察区疾控中心的整体建设、人感染H7N9禽流感疫情防控、应急物资储备及管理、实验室仪器设备、艾滋病检测等相关工作。

1月 大连美罗药业股份有限公司的固体制剂标准通过美国FDA认证,成为东北首家获得该项认证的企业。

2月

8日 市质量技术监督局甘井子分局正式划归甘井子区政府管理,更名为甘井子区质量技术监督局。

12日 甘井子区被国家民政部评为“全国社会组织建设创新示范区”。

14日 瑞士碧琪集团总裁Armin Ulrich、瑞士国际投资有限公司总裁余善恒一行5人,到甘井子区访问。

同日 中国一重大连加氢反应器制造有限公司副总裁刘恩清，大连橡胶塑料机械股份有限公司高级工程师黄树林、孙桂娟，东北特殊钢集团有限责任公司党委书记、董事长赵明远被中共大连市委、大连市人民政府命名表彰为大连市第六批优秀专家。

18日 甘井子区完成“美丽中国——中国百城政府政务信息无障碍行动”一期建设，政府网站无障碍功能实现了网页信息的语音阅读和人机语音操作等智能功能。

同日 甘井子区检察院全国检察机关统一业务应用系统上线运行，实现网上办案。

3月

1日 东北特钢B地块改造项目——清秀蓝湾举行开工奠基仪式。

3日 西郊国家森林公园被评为国家生态旅游示范区入选大连市十大旅游新闻事件。

同日 区文体局、区教育局、区服务业局在甘井子区各行业系统联合开展第六次全国体育场地普查工作，以掌握现有体育场地存量、分布和使用情况，科学配置体育场地设施资源。

4日 大连湾前关队在中国足协杯资格赛中，以小组第二的名次成功晋级中国足协杯正赛。

5日 甘井子区责任督学挂牌督导工作启动。建立和实施督学责任区制度，首批责任督学18人，承担起全区94个单位、6个责任区的责任督学挂牌督导工作。

6日 营城子街道第一个社区——秀山丽水社区居委会正式挂牌成立。

10日 居民经济状况核对中心作为大连市第一批居民家庭经济状况核对系统试点单位开始试运行。该系统可以调取民政、公安、人社、国土、税务、住房公积金、银行、证券等多个部门掌握的申请救助家庭的可支配收入、财产以及其他收入信息进行汇总核对，科学掌握申请救助家庭的真实经济状况，以确定其是否符合相关社会救助条件，提升居民经济状况核对准确率。

13日 挪威驻华大使馆商务参赞索黎一行，到大连生态科技创新城考察生态城市建设情况。代表团听取了大连生态科技创新城的发展规划、开发建设、产业布局等情况，特别是生态智慧城市建设的介绍，实地考察了核心区产业楼楼宇节能环保技术的应用，参观了核心区区域能源管理系统。

14日 区森林防火指挥部首次组织夜间应急演练，3支专业森林消防队参与演练。此次演练共出动人员65人、运兵车4台、运输车5台、消防水车2台，以应对春季山林火灾高发期，提升扑火队伍应急救援综合能力。

15日 甘井子街道社区理论宣讲团被辽宁省委宣传部评为“理论宣讲先进集体”，是大连市唯一获此殊荣的街道层面理论宣讲集体。

同日 大连湾街道前关秧歌队作为大连市唯一一支代表队参加了辽宁省冬季健身节之健身秧歌大赛暨丹东市体育健身精品展示表演赛，并以总分18.54分摘得桂冠。

17日 大连市首家环保街道——甘井子街道“365环保服务中心”启动仪式举行，

该中心将利用使用过的废旧物品兑换积分换商品的形式为辖区居民提供服务。

同日 大连生态科技创新城首批3条团体订购“定制商务班车”线路正式开通。该3条线路分别为“希望广场至科技城春田产业园”、“黑石礁至科技城春田产业园”和“泉水快轨站至科技城春田产业园”。“定制商务班车”是经大连市交通局批准,并由大连市公交集团负责运营,车辆采用中型豪华客车,定人定座,车内配备GPS卫星定位系统、车辆行驶记录仪、车载WiFi、USB充电端口以及影音视频等服务设施。

同日 营城子街道办事处与大连绿城置业有限公司举行对门沟村改造项目合作框架协议签约仪式。该项目总占地面积约200万平方米,投资总额近100亿元,投资建设周期5年。

19日 国家工商总局副局长甘霖一行,到大连生态科技创新城视察大连广告创意产业园建设情况。

26日 大连市生态科技创新城管委会与大连市公安局出入境管理局正式签署《口岸签证推介合作协议书》。应邀入境从事紧急商务、工程抢修或者具有其他紧急入境需要的外国人持有有关部门同意在口岸申办签证的证明材料,就可以向大连市公安局出入境管理局申请办理口岸签证,缩短签证办理时间,方便入驻大连生态科技创新城的外商处理紧急入境业务。

28—29日 2014年亚太经合组织(APEC)能源工作组低碳城镇建设及降低能源强度研讨会在大连生态科技创新城举办,来自中国、澳大利亚、泰国、菲律宾等亚太经合组织经济体的专家学者围绕“低碳城镇建设及降低能源强度”主题展开研讨。

31日 中央政策研究室副主任、中央党的群众路线教育实践活动领导小组成员江金权一行,到大连湾调研军警地企区域化党建联合体工作。江金权一行,实地查看了前盐村党建联合地阵地建设情况,听取了关于党建联合体创建工作的汇报。实地参观考察了二级党建联合体成员单位——大连船舶重工海洋工程有限公司。

3月 区教育局启动实施递进式、层次化干部队伍培训三大系统工程,即“星火燎原”工程、能力提升工程及能力储备工程。实行专题式、阶段性研学实践成果发布及推广培训模式,推广“菜单式”、“模块化”、“走班制”等个性化研训模式,建立健全区域干部培训跟踪考核学分管理机制,完善行政业务内外统一协调的干部培训工作保障机制,建立与各类干部培训课程目录相匹配的专家导师资源库,逐级培养并产生出新的省市级专家型校长,形成后备校长培养梯队。

4月

1日 国家工商总局广告司司长张国华及国家广告产业发展试点园区绩效考核专家评估组一行,到大连广告创意产业园指导园区建设工作。张国华及绩效考核专家评估组实地考察了园区的建设成果,听取了园区相关工作汇报。

同日 国营大连市甘井子区林场更名为国有大连市甘井子区林场。

3日 市委常委、宣传部部长、市委第四督导组第一组长袁克力到辛寨子街道,调研指导第二批党的群众路线教育实践活动。区委书记郝方林详细汇报了全区教育实践活动的开展情况。袁克力一行先后来到张前路乐都汇购物中心、机场20万吨自来水泵站施工现场、位于原前革水泥厂旧厂区改造建设的大连奇美文化创意产业园，详细了解各项目的建设和运营情况。

同日 美国华人社团联合会2014中国经贸访问考察团一行，到甘井子区考察大连生态科技创新城。管委会经济合作交流局向考察团详细介绍了大连生态科技创新城的规划建设和招商情况，并与来访代表进行交流座谈。

4日 甘井子区被全民终身学习活动周工作小组和中国成人教育协会评为"2013年全民终身学习活动周优秀组织奖"，是大连市仅有的2个获奖单位之一。兴华街道王太屏被评为全国"百姓学习之星"。

10日 市委常委、宣传部长袁克力一行，到小辛寨子小学进行书法教育调研。

同日 亿达集团有限公司被全国厂务公开协调小组评为"全国厂务公开民主管理先进单位"。

14日 副市长张亚东、市政府副秘书长王忠彦带领市政府研究室、发改委、财政局、城乡建设委员会、城市建设管理局、交通局、规划局、土地储备中心等部门领导到甘井子区，就加快推进全域城市化涉及的有关事项进行现场办公。区政府就全域纳入城市维护管理等6个方面问题提请市政府予以支持和解决，市政府各相关部门分别给出建议。

15日 由中央机构编制委员会办公室监督检查司组成的调研组到本市调研绩效考核工作，甘井子区作为大连市市内四区唯一代表，向调研组和省绩效考核办公室进行工作汇报。

17日 副区长李荣久代表甘井子区在北京召开的全国"行业协会商会服务经济发展工作交流会"上，就甘井子区"行业协会商会服务经济发展"作经验交流。

21日 大连中华城项目摘牌，标志着南关岭现代服务业集聚区的发展规划转入实质性建设阶段。大连中华城项目选址在棋南路以东、岚岭路以北，属于南关岭现代服务业集聚区五大板块的中部生活服务区板块，占地面积23.2万平方米，规划总建筑面积70万平方米，其中将有20余万平方米的建筑面积用于商务金融、批发零售、住宿餐饮及相应服务业。

22日 甘井子区作为"全国教育信息化均衡发展实验区"，以《"三通两平台"及数字化校园建设与应用方面的探索与实践》为主题，在由中国教育技术协会、中国教育报主办的"2014年中国杭州名师名校长论坛智慧教育峰会暨全国教育信息化区域应用典范交流会"上进行经验交流。

23日 黑鱼礁、小官财岛、小石坨子、营门岛4个海岛标志设置工作完成。

28日 省委常委、市委书记唐军带领市委常委、组织部长马辉等一行，到西城国际旅游商务区视察调研。

同日 由区政府主办、区文体局、兴华街道办事处承办、区文化馆协办的2014年文化大沙龙系列活动暨广场文化活动启动仪式——"春之鼓舞"，在鼎山公园举行。活动拉开了广场文化活动的序幕，14个街道42支表演队伍近3000人，分街道、社区2个组别连续3天向市民展示民间、民俗、民族等不同类型的广场舞蹈。

29日 甘井子区纪念“五四”运动95周年暨最美的“青”表彰大会在区行政中心会议中心召开。大会以“点亮璀璨星光、汇聚青春力量”为主题，通过展播“寻找最美的‘青’”微电影的形式，播放了《晚风》《让爱住我心》《大城市小保安》《暖情》《荣誉》《凡星》等6部作品，表彰13名来自甘井子区经济社会发展一线的“最美的”青年代表。

30日 区委中心组召开扩大会议，专题学习《论群众路线——重要论述摘编》，区委书记郝方林主持会议并讲话。会上，区委常委、组织部长李长勇通报了中央教育实践活动巡回督导组到甘井子区调研情况以及本区开展党的群众路线教育实践活动的进展情况。区委副书记张淑华作了题为《把握“总开关”，抓住“关节点”》的中心发言。

5月

4日，市委常委、市委统战部部长董长海一行，到兴华街道社会组织服务中心、泡崖街道社会组织服务中心了解社会组织运行情况，听取社会组织中统战工作进展情况，与大连湾、兴华、泡崖等街道党工委副书记和社会组织代表就社会组织统战工作展开情况进行座谈交流。

8日 市委常委、市委统战部部长董长海，市委统战部常务副部长王胜利一行，到甘井子区开展工作调研。

13日 副市长卢林与大连市相关部门领导一行，到甘井子区检查指导防汛工作。检查组一行先后实地察看了王家店湿地公园、牧城驿湖生态治理工程、郭家沟生态河治理工程、金龙寺森林公园等防汛重点工程，并针对防汛准备情况和大连生态科技创新城新建小区自来水供水保障情况进行现场办公。

16日 辛寨子街道的《老年创新篮球健身操》健身舞蹈队代表大连市参加在江西省婺源县举行的第三届全国老年人体育健身项目创新交流会，获得最佳创新奖、最佳展示奖、最佳组织奖、最佳道德风尚奖全部4个奖项，并在闭幕式中作为15个展示节目之一进行汇报展演。

21日 省委常委、组织部长，省委党的群众路线教育实践活动领导小组副组长、办公室主任辛桂梓到大连西城国际旅游商务区视察调研党的群众路线教育实践活动进展及生态文明建设情况，实地考察彩虹社区和棠梨湖公园。

23日 区执法局胡家成在第五届全省“人民满意公务员”和“人民满意公务员集体”表彰大会上，作为市内四区唯一获奖者荣记公务员一等功。

同日 区民政局批复成立6个社区居委会，分别为周水子街道壹品天成社区、泡崖街道康顺社区、机场街道圣林社区、辛寨子街道清流坊社区、星语家社区、营城子街道秀山丽水社区。本区社区居委会增至137个。

27日 团省委副书记陈奇夫一行，到甘井子区视察区青少年社工站工作。陈奇夫一行考察了社工站的工作机制和管理制度，详细询问社工站沙盘区的建设情况，体验帮助孩子解决心理问题的沙盘治疗原理并询问社工站工作人员在工作中遇到的困难。

30日 区委印发《甘井

子区贯彻落实中共中央〈建立健全惩治和预防腐败体系2013—2017年工作规划〉实施办法》,明确今后几年全区党风廉政建设和反腐败工作的指导思想、工作目标、基本任务和主要措施。

5月 甘井子区完成设施配备、网络连接、人员培训等项工作,实现网上电子化出具动物检疫证明。

6月

4日 按照中央和省市委党的群众路线教育实践活动总体要求,结合全区教育实践活动工作安排,区委教育实践活动领导小组组长、区委书记郝方林结合自身学习体会,为全区党员干部上专题党课。

5日 刘俊佚同学在由中央文明办、教育部、共青团中央、全国妇联、中国关工委联合开展的"学习和争做美德少年"活动中,入选全国"百名美德少年展示"活动,也是大连市唯一的入选者。

12日 中国中小企业协会会长李子彬一行,到甘井子区调研创新型中小企业情况。调研组一行实地考察了大连液力机械有限公司、大连豪森设备制造有限公司,重点参观了企业生产现场、产品研发中心、检测中心,并分别与企业管理人员召开专题交流会,听取企业科技创新、经营战略方面的工作汇报。

15日 国务院妇女儿童工作委员会副主任、全国妇联党组书记、副主席、书记处第一书记宋秀岩一行,到甘井子区调研妇联基层组织建设工作。调研组一行来到大连湾街道前盐村和大连船舶重工集团海洋工程有限公司,实地考察前盐村"妇女之家"建设及企业发展和女职工活动开展情况,听取区、街、村三级妇联组织工作汇报,与在妇女之家活动的妇女群众进行交谈。

17日 新华社、《人民日报》、中央电视台、《光明日报》等中央媒体到甘井子区集中采访"写家风·晒家规·助成长"主题教育活动的开展情况,深入报道泉水街道龙畔园、龙鑫园社区的"幸福五星"诚信一条街、兴华街道兴民社区的"家规家训大家谈"、奥林小学的"我的家规唱出来"等载体活动。

同日 省委讲师团在区图书馆举行宣讲调研基地挂牌仪式。经市委讲师团推荐,甘井子区和旅顺口区成为省委讲师团在大连市的宣讲调研基地。

24日 周爱丽、丁海根、邹德秀、刘晓龙、高颖、范劲秋、娄芳华被大连市文明办授予大连市"优秀志愿者"称号;亿达社区"七彩星河"、龙鑫龙畔社区"幸福五星"、区妇幼保健院学雷锋志愿服务队被大连市文明办授予大连市"优秀志愿服务组织"称号。

25日 区居民经济状况核对中心作为大连市唯一选定单位,承担由国家民政部、卫生部联合开展的城市低收入家庭经济与健康状况调查研究工作。

27日 由工业和信息化部与浙江省人民政府共同主办的第八届APEC中小企业技术交流暨展览会在浙江省义乌市召开,中盈电子、鑫岳科技、利康科技、华阳光大4家企业参展,产品包括针式打印机、新型木塑、节能照明灯等具地方特色的产品。中盈电子作为全市唯一的企业获得"最佳创新实践"称号。

29日 中共中央宣传部副秘书长张西明一行,到大连生态科技创新城进行调研。

30日 区委在区行政中心会议中心召开纪念中国共产党成立93周年大会,区委副书记张淑华代表区委向广大党员致以节日的问候,并对全区党和社会的发展历程及取得的成果进行回顾,同时对全区党建工作取得的成效给予肯定和高度评价。

同日 区文体局组织健身秧歌队赴安徽省天长市参加由国家体育总局主办、安徽省天长市承办的“千秋建设杯”2014年全国健身秧歌及健身腰鼓大赛。秧歌队在比赛中获得自选套路一等奖等4个奖项。

同日 区政府督导室对甘井子区域内94所学校首次责任督学挂牌督导工作全部结束。本次督导以责任区督学划片分组的方式进行,区政府督导室组织责任督学分6个督导组,围绕当年区域重点工作——干部教师队伍建设、教育教学管理、信息化设施设备、专业教室使用等,通过听取校长汇报、现场考察、听课、教师访谈、查阅资料等方式开展督导,督导结束后形成《责任督学挂牌督导情况通报》及《督导整改通知单》下发全区各校。

6月 区人民政府督导室主持的国家级教育督导研究课题“义务教育阶段学校内涵发展督导评估指标体系及标准的研究”,被收录在6月出版发行的《中国教育督导理论研究与实践》一书中,获全国推广。

7月

7日 大连连城数控机器股份有限公司的“全自动太阳能级硅单晶炉的研发与生产”、大连船舶重工集团海洋工程有限公司的“快速自组式模块化海洋石油钻井系统集成研发”、大连桑扶兰实业有限公司的“特种铜安纤维的研发与应用”、大连裕祥科技集团有限公司的“纳米材料浓缩浆关键技术研发”以及大连艾特斯科技工程有限公司的“节能环保型自动纸袋机生产线的研发”5个海外研发团队项目在2014年辽宁省第一批引进海外研发团队项目立项发布会上全部获得批准立项,获批成功率和获批数量居全市之首。

同日 中国海监1075执法艇在大连湾棉花岛附近海域下水试航,该艇总长19.68米、满载排水量30.53吨、功率2434马力、航速45节、抗风力8级、续航力300海里,使甘井子区海上执法监察队伍得到充实,加强了海上执法力度。

8日 国家卫计委到中华路街道调研指导人口计划生育工作。

9日 副省长潘利国一行,到甘井子区视察大连北站蓝鲨机动队。

同日 市长李万才一行,到甘井子区进行工作调研。调研组先后来到棠梨湖公园和牧城驿湖滨公园建设现场,详细了解项目规划方案和工程进展情况;在区早教中心,调研组视察了硬件设施,并现场观摩师生教育教学活动。

同日 省旅游局副局长申景广一行,到甘井子区对旅游工作进行调研。调研组实地考察了西郊国家森林公园项目,对甘井子区旅游工作和西郊国家森林公园“创A”工作给予肯定。

11日 中组部组织二局巡视员、副局长石军一行,到甘井子区视察和指导中华路商务区党建工作。调研组深入红星美凯龙党群服务中心,了解企业的运行情况以及党建工作情况，并实地视察中华路商务区党员服务中心。

14日 棋盘村被国家卫生计生委、中国人口福利基金会确定为“新家庭计划——家庭发展能力建设”项目试点社区，是辽宁省仅有的2个和全国72个试点社区之一。

15日 以省政府副秘书长张征为组长的转变职能简政放权专题调研组到甘井子区调研。调研组听取甘井子区转变职能简政放权工作及辛寨子街道便民服务工作情况汇报，并与相关部门负责同志进行座谈交流。

同日 大连湾街道后前线拓宽改造工程正式竣工通车。大连湾街道投资1200万元，改造了前关201国道（金地艺境小区入口处）至后关202国道上桥处，全程2千米，路面宽度由16米拓宽为22.5米。投资200万元，为该道路配套安装86盏路灯，并完善道路两侧绿化。

16日 区残疾人辅助器具服务中心在甘井子区残联正式揭牌。区残疾人辅助器具服务中心使用面积200平方米，汇集肢体、视力、听力言语、智力、精神残疾人的辅助器具产品和居家无障碍设施等共计7类300多件。残疾人辅助器具服务中心将向残疾人提供知识宣传、信息咨询、辅助器具展示、使用训练、评估适配、跟踪回访等服务，着力帮助残疾人恢复和补偿生存功能，减轻残疾程度，提高生活质量。

24日 在第二届“关爱明天、普法先行——全国青少年普法教育评选”活动中，区司法局被全国青少年普法教育活动办公室评为“全国青少年普法教育先进单位”。

25日 全国工商联副主席谢经荣一行，到大连湾街道调研民营企业发展情况。在大连湾街道民营企业协会，谢经荣详细了解了协会章程、组织机构和工作开展情况，对协会有效地整合社会资源，助推地区企业发展的做法给予肯定。在大连中盈电子有限公司，谢经荣同企业负责人面对面交流，详细了解企业的发展情况，并对企业发展提出意见建议。

同日 大连豪森设备制造有限公司的“基于软PLC控制的电子气门发动机装配线成套设备研发项目”和大连大高阀门有限公司的“CPA1400核级泵阀锻件研制项目”获得2014年辽宁省科技创新重大专项立项，获得专项补助资金1800万元。

8月

4日 省居民经济状况核对中心调研项目负责人等一行，到区居民经济状况核对中心，就民政部与卫生部联合开展的城市低收入家庭经济和健康状况调查研究问卷项目进行调研。

7日 西山湖文化中心正式揭牌。

8日 区非公有制企业工作委员会更名为区非公有制经济组织和社会组织工作委员会（简称非公组织工委），作为区委派出机构，与区委组织部合署办公，负责全区非公有制经济和社会组织党建工作。

13日 大连大高阀门股份有限公司的肖箭、大连中远船务工程有限公司的高永强、大连橡胶塑料机械股份有限公司的黄树林获得大连市政府特殊津贴；中国第一重型机械集团大连加氢反应器制造有限公司特聘专家陆善平获得特聘专家突出贡献奖。

21日　市人大常委会主任里景瑞等部分市人大代表一行，到甘井子区视察贯彻实施《台湾同胞投资保护法》情况。

同日　由区农业技术推广中心选育的大樱桃新品种“美国一号”通过大连市农业专家认定。该品种果个大、果色红，果肉脆硬，耐贮运、抗裂果、果实商品价值高。结果期早，丰产稳产，具有较高的经济效益和社会效益。

26日　省委常委、市委书记唐军一行，到甘井子区富强路检查市容环境整治工作，询问一街一景整治和弃管楼院美化情况，并与现场居民聊天，征求对市容环境建设的意见。

9月

1日　大连湾街道金地小学正式投入使用。该校位于金地艺境小区东侧，学校总占地面积1.5万平方米，建筑面积10422平方米，总投资5000万元，设计班型24个，可容纳学生960余名。

2日　区卫生和计划生育局挂牌成立。原区卫生局和区人口和计划生育局机构和部门职责重新整合，将设在区发展和改革局的区深化医药卫生体制改革领导小组办公室及职责划入区卫生和计划生育局，将区人口和计划生育局的编制人口发展规划及人口政策职责划入区发展和改革局。

3日　市人大常委会主任里景瑞一行，到西城国际旅游商务区视察指导水务现代化建设情况。

11日　区市场监督管理局正式挂牌成立，区食品安全委员会同时挂牌。原区工商行政管理局、区质量技术监督局、区食品药品监督管理局机构和部门职责重新整合，建立综合性的执法和市场监管体制。

15日　受农业部委托，由四川省社会科学院副院长郭晓鸣研究员带队的农村改革试验区调研评估专家组一行，到甘井子区开展农村改革试验区调研和评估工作。调研评估组考察了革镇堡街道棋盘村股份经济合作社，棋盘村、金龙寺沟村、大东沟村农民新居工程，红旗街道西山湖公园、棠梨湖（湿地）公园、十里水景花街和大连生态科技创新城，听取了副区长姚岳林对全区农村改革试验项目中期工作情况的汇报。

16日　大连闽南双兴市场一期正式营业。

同日　甘井子区代表大连市在辽宁省教育系统关工委中小学德育工作经验交流会上作题为《发挥桑榆之情，广树进步小榜样开创学校德育工作新途径》的经验汇报。

18日　甘井子区召开“十三五”规划编制工作会议，启动、部署“十三五”规划编制工作。

20日　甘井子区城市街道“一街一景”建设项目全部完工，新增绿地面积10万平方米，栽植树木9万株，栽植模纹8万株，花卉2万株。涉及9个城市街道11个精品项目，投资1380余万元，新建万成游园、兴昌园、七胜园、祥和游园、盛世游园、王家桥铁路小区游园，完成金荣路楼院花坛改造及锦华小学游园、珍珠泉街游园、九四马休闲广场、绿园小区旧区改造项目。

24—26日，环渤海地区社区教育协作组织第九届研讨会在甘井子区召开。来自环渤海地区五省两市教育行政主管部门和社区教育系统、电大系统的领导、专家、社区教育工作者200余名代表参加会议。

26日 甘井子区在全市首家成立殡葬协会并举办第一次理事大会。会议通过《大连市甘井子区殡葬协会章程(草案)》,选举产生殡葬协会理事、常务理事、协会会长、副会长、秘书长等相关组成人员。

10月

13日 在第六届"银联杯"全国商业服务业收银员职业技能大赛大连地区选拔赛决赛中,北市万盛购物广场收银员韩荣华获得"优秀个人奖"一等奖,被授予"大连市服务业收银员技术状元"称号,大连北市万盛购物广场发展有限公司获得"优秀商户奖"二等奖,被授予大连市"巾帼文明岗"称号。

18日 营城子地区文化展演暨金龙寺国家森林公园升级改造竣工仪式在金龙寺国家森林公园举行。升级改造后的金龙寺国家森林公园新建了大连市第一个生态停车场,停车位由原140个增加为380个;建成了具有现代气息的"金龙寺国家森林公园"大字水景,并完成仿古牌坊和1300平方米的旅游商业配套设施建设。

20日 甘井子区文联首个村级摄影艺术创作基地在辛寨子街道前革村揭匾,标志着区文联通过成立基层专业协会组织、建立艺术创作基地、艺术创作工作室等形式推进文化惠民,深化文化大沙龙活动的工作新模式正式启动。

21日 周水子小学的毕热迪老师代表甘井子区参加在沈阳举行的由《中国教师报》主办的首届"中国好课堂"辽宁展示区展示活动,获得特等奖。

23日 区委在区行政中心会议中心召开党的群众路线教育实践活动总结大会。区委书记郝方林、市委第四督导组组长王艺波出席会议并讲话。区委副书记、区长侯祯涛主持会议。在督导组组长王艺波主持下,与会者对全区教育实践活动开展情况进行群众测评。

24 市委常委、政法委书记王萍一行,到甘井子区调研加强和创新社会治理工作。

28日 区政府组织召开转变职能简政放权工作会议,会议贯彻落实国家、省市会议精神和要求,部署推进转变职能简政放权工作,全面启动清理行政职权。

同日 甘井子区召开专题会议,正式下发了新修订的《甘井子区科级干部管理规定》,重新界定了《规定》的适用范围,对任职程序、资格条件等进行了规范。

同日 甘井子区在2014年辽宁省服装产业集群博览会上被授予"辽宁省内衣名城"称号。

11月

8日 亿丰大连国际汽车广场一期正式营业。项目总建筑面积约为90万平方米,总投资额约为50多亿元,将建成集汽车配件与饰品销售、整车展售、美容养护、改装修理、酒店公寓、商务办公、仓储物流、展示展览、信息研发等功能为一体的超级汽车商业综合体。

11日 副市长朱程清一行,到甘井子区调研文化工作。调研组先后参观了红旗街道吉祥社区文化活动中心、辛寨子街道由家村文化广场、群众文化活动中心和规划建设中的前革文化创意园。

同日 辛寨子街道前革魅力小学举行揭牌仪式。学校占地面积2万平方米，建筑面积1.57万平方米，设有36个班型，能同时容纳在校生1620人，目前在校学生600余人。

12日 大连市(甘井子)障碍者就业培训基地正式挂牌启用。

14日 中国一重大连加氢反应器制造有限公司、大连橡胶塑料机械股份有限公司、大连豪森瑞德设备制造有限公司和美罗药业股份有限公司4家企业入选2013年度大连市企业100强。

同日 城市街道11个社区游园建设项目全部完工，新增游园面积19万平方米，其中绿地面积5万平方米，铺设方砖10万平方米，栽植花灌木3500余株，安装健身器材47组。涉及5个街道11个精品项目，投资2000余万元。新建兴盛园、周顺园、郭家街园、华振园、兴顺园、圣泰市场、永明园、秀山园、华兴园、华中园、南岭人家项目。

17日 甘井子区城市建设"五个一"工程全部竣工。五项工程共投资1.2亿元，完成改造一片弃管楼院10万平方米、改造提升一条路街环境4.2千米、新建一处停车场1027个停车泊位、新建一处市民健身场所约2.7万平方米、新建一处集贸市场约5000平方米。

18日 区政府门户网站在由国家电子政务理事会和《电子政务》杂志社共同举办的"2014政府网站精品栏目"的评选中，再获"政民互动"栏目奖。

20日 红旗街道岔鞍村陈连仲被评为全国科普惠农兴村计划农村科普带头人，是大连市唯一的获奖个人。

同日 位于大连生态科技创新城西部核心区的泰达·慧谷产业园正式开园。

27日 省委常委、市委书记唐军一行，到兴华街道进行调研，并与10位联系户群众座谈。

同日 泉水街道泉水社区科普益民服务站被省科协授予省级科普益民服务站称号，并被市科协评选为五星级科普社区。

28日 中华路商务区华南国际商城与沈阳"五爱购"电子商务信息有限责任公司电子商务合作协议签约仪式在旺顺阁大酒店举行。本项目建设的目标是致力于打造大连市第一零售业B2B电商平台，依托现有的实体资源，开展本行业的电子商务服务，从而进入本行业的生产性服务业领域，更好地服务于商户。

11月 鸿泽泵业有限公司的"新型矿用高效节能排水泵"项目获得国家重点新产品计划立项。

12月

1日 由区委党史研究室编纂的《中国共产党辽宁省大连市甘井子区组织史资料第四卷》(2002.5—2011.3)出版。

3日 甘井子区在区行政中心会议中心举办"培养法治信仰，坚守法治梦想"主题知识竞赛总决赛和颁奖仪式，纪念首个国家宪法日。

5日 副市长朱程清一行，到甘井子区调研残疾人就业培训工作。

同日 大连宏源铝业有限公司、大连中福气体厂、大连小野田水泥有限公司、大连惠生泵业有限公司、大连宝上线缆有限公司、大连中海线缆制造有限公司等6家企业产品通过国际标准验收。

10日 甘井子街道党工委创新推出的"会跟群众交朋友、会给群众讲政策、会帮群众解难题,有一套(招)服务群众工作方法"在由中共中央党的群众路线教育实践活动领导小组承办,人民网、中国共产党新闻网、组织人事报社、党建文汇杂志社和全国党建网站联盟部分省级党建网站联合开展的党的群众路线工作法100例表彰暨座谈交流活动中获得表彰并向大会进行了汇报交流。

12日 区十七届人民代表大会代表补选工作结束。54668名选民参加投票选举,参选率95.3%,21名代表候选人当选。

15日 甘井子区在区图书馆举行0—3岁婴幼儿早期教育启动仪式,标志着全区早期教育活动全面启动。

同日 深圳市社工委及公共服务学院一行,到周水子街道亿达社区学习考察"五位一体"党建模式。

16日 区卫生计生机构改革全面完成,做到职能界定到位、机构调整到位、人员配备到位。经过多层级磋商、公开选拔报名、双向选择等程序,做好机关科级干部安排和科室人员安排。做好领导班子分工和办公场所安排,并明确新成立科室职责。与市卫生计生委、区委、区人大、区政府、区政协、区委各部门和政府各委办局、各街道及基层12个事业单位实现平稳对接。

同日 农工党甘井子区基层委员会举行成立仪式,并召开区农工党基层委员会一届一次大会,选举新一届领导班子。

18日 区民政局召开社会组织清理整顿工作部署会,会议传达了《大连市党政机关办协会等有关问题整改方案》。明确"推进行业协会商会与行政机关脱钩、开展行业协会商会以外的社会组织清理整顿、依法有序向社会组织转移职能、清理社会组织办企业问题、加强对财政资金、国有资产的管理和加强对社会组织财务监管"等6个方面整改内容,对行业协会商会与行政机关脱钩工作进行部署。

同日 大连海洋渔业集团被评为省内企业质量管理方面的最高荣誉——辽宁省省长质量奖。

同日 环嘉集团有限公司被评为全市首批"大连市循环经济试点示范单位"。

19日 甘井子区被市节能减排工作领导小组授予"2013年度全市节能减排优胜地区"。

同日 中华路商务商贸区被省服务业委评为第四批省级现代服务业集聚区,成为全区首个省级现代服务业集聚区。

同日 大连叉车有限责任公司、大连塑料机械厂、大连第二橡塑机械有限公司、大连汇丰机械设备制造有限公司、大连远东工具有限公司、大连安娜嘉艺进出口有限公司等6家装备制造业出口企业参加了由中国机电产品进出口商会在浙江义乌国际博览中心举办的"2014中国义乌国际装备博览会"。

21日 韩中交流协会会长金容德、启迪控股股份有限公司总工程师陈响等一行，到大连生态科技创新城进行考察。

22日 甘井子区首家园区工会联合会——营城子工业园区工会联合会成立，并召开第一次会员代表大会。大会审议通过了营城子工业园区工会联合会筹备工作报告、选举办法，选举产生营城子工业园区工会联合会第一届委员会、经费审查委员会、女职工委员会，并选举产生第一届委员会主席、副主席和经费审查委员会、女职工委员会主任。

23日 甘井子区连续第六次被国家文化部评为全国文化先进单位。

24日 中华路商务区安盛·亿合城购物中心正式开业。该项目位于中华路商务区核心区，项目投资20亿元，经营面积12万平方米，是集高档住宅、写字楼、商业街及大型购物中心为一体的现代化城市综合体项目，也是目前甘井子区和大连北部区域最高端的现代服务业项目。

25日 中共甘井子区第十一届委员会第八次全体会议在区行政中心会议中心举行。区委书记郝方林代表区委常委会作题为《保持定力 增强动力 开辟现代化国际化中心城区建设新境界》的工作报告。会议书面传达了市委十一届八次全会暨全市经济工作会议精神。

26日 红旗街道等5个涉农街道，在辽宁综合发展水平前100位乡镇评选中全部进入前十名。

同日 大连硅展科技有限公司CEO荆涛、大连连城数控机器股份有限公司总经理黎志欣、鸿创高科(大连)科技有限公司林岚入选辽宁省第二批"十百千高端人才引进工程"百人层次答辩。

27日 省委常委、市委书记唐军一行，到兴华街道调研，实地察看兴华街道党员服务中心和"两代表一委员"工作室，了解基层党组织活动阵地建设情况以及党代表联系服务群众情况。

28日 国际劳工组织中国障碍者平等就业项目协调官员周海滨一行，到大连市(甘井子)障碍者就业培训基地考察并指导工作。

29日 区政府门户网站在由中国信息化研究与促进网联合中国搜索信息科技股份有限公司、中国日报网、中国高新技术产业导报社、工信部情报所计世资讯等单位发布的2014年中国优秀政务平台推荐及综合影响力评估中，被评为2014年度"中国政务网站优秀奖"。甘井子区连续4年获得此项荣誉奖，是大连市唯一一家获此殊荣的计划单列与副省级城市所辖区县政府门户网站。

30日 甘井子区5个涉农街道综合文化站在国家文化部公布的第一次全国乡镇综合文化站评估定级名单中被评为全国一级文化站。

31日 区审计局经省、市审计机关推荐评选，被评为2009—2014年度辽宁省审计机关先进集体。

12月 区经信局被评为2014年度全国乡镇企业信息统计调查直报点优秀单位。

社会经济统计资料

2014 年甘井子区生产总值(按行业分)

单位:万元

	2014 年	2013 年	2014 年比 2013 年 ± %
合计	9635337	9253719	5.0
第一产业	94290	95887	-1.8
农、林、牧、渔业	100988	95887	-0.8
第二产业	5583594	5453402	4.9
工业	4764981	4665189	4.7
建筑业	866962	835375	5.9
第三产业	3957453	3704430	5.3
交通运输仓储和邮政业	398918	353453	9.7
信息传输、计算机服务和软件业	35120	32870	5.9
批发和零售业	1456383	1313378	10.8
住宿和餐饮业	63935	57623	5.2
房地产业	786089	809467	-6.5
其他服务业	1217008	1137638	5.3

注:地区生产总值、各行业增加值绝对数按现价计算,增长速度按不变价格计算

2014 年甘井子区街道生产总值(当年价格)

单位:万元

	2014 年	2013 年	2014 年比 2013 年 ± %
合计	9158539	8422707	8.7
周水子	428000	395000	8.4
椒金山	337807	313020	7.9
甘井子	880300	813750	8.2
南关岭	196025	179081	9.5
泡崖	142000	132473	7.2

续表

	2014 年	2013 年	2014 年比 2013 年 ± %
中华路	1043015	953482	9.4
兴华	300102	279130	7.5
机场	316019	294209	7.4
辛寨子	1051621	961215	9.4
红旗	853050	790353	7.9
大连湾	1390299	1266577	9.8
泉水	232050	217297	6.8
革镇堡	950951	877587	8.4
营城子	1037300	948533	9.4

2014 年甘井子区财政收入

单位:万元

	2014 年	2013 年	2014 年比 2013 年 ± %
收入总计(含基金)	476879	603252	-20.9
一般预算收入	475311	596811	-20.4
其中:增值税	54858	64191	-14.5
营业税	159852	146643	9.0
企业所得税	39903	54238	-26.4
个人所得税	11079	10060	10.1
房产税	13773	12290	12.1
城镇土地使用税	11772	9972	18.1
耕地占用税	8178	19458	-58.0
罚没收入	3112	4177	-25.5

2014 年甘井子区财政支出

单位:万元

	2014 年	2013 年	2014 年比 2013 年 ± %
支出总计(含基金)	544667	557086	-2.2
一般预算支出	541779	545172	-0.6
其中:教育支出	98713	116046	-14.9
科学技术支出	8117	8045	0.9
文化体育与传媒	3784	4382	-13.6
社会保障和就业	46292	48301	-4.2
医疗卫生与计划生育	18713	12961	44.4
城乡社区事务	174235	165234	5.4
农林水事务	6306	10600	-40.5

2014 年甘井子区街道财政一般预算收入

单位:万元

	2014 年	2013 年	2014 年比 2013 年 ± %
合计	411859	507105	-18.8
周水子	11774	7773	51.5
椒金山	8770	10160	-13.7
甘井子	16958	26000	-34.8
南关岭	9532	11450	-16.8
泡崖	6598	5405	22.1
中华路	41301	47123	-12.4
兴华	8015	10398	-22.9
机场	9403	13158	-28.5
辛寨子	71421	80998	-11.8
红旗	64827	83609	-22.5
大连湾	77558	89036	-12.9
泉水	9685	17907	-45.9
革镇堡	29561	51919	-43.1
营城子	46456	52169	-11.0

2014 年甘井子区税收情况(属地)

单位:万元

	2014 年	2013 年	2014 年比 2013 年 ± %
全口径税收收入	2744995	2861877	-4.1
其中:国税	407844	414197	-1.5
国税直属局	1395086	1381453	1.0
地税(含稽查局)	811495	921971	-12.0
地税直属局	130570	144256	-9.5
其中:增值税	290418	284347	2.1
营业税	304439	282276	7.9
个人所得税	47172	45728	3.2
企业所得税	173063	237259	-27.1

注:1. 2003 年开始税收为属地征收

2. 四大税种不含直属局

2014 年甘井子区街道税收情况

单位:万元

	2014 年	2013 年	2014 年比 2013 年 ±%
合计	2360166	2497741	-5.5
周水子	33136	24683	34.2
椒金山	20201	24793	-18.5
甘井子	45459	69603	-34.7
南关岭	27537	29933	-8.0
泡崖	16799	15135	11.0
中华路	117462	143386	-18.1
兴华	26876	34697	-22.5
机场	21005	30643	-31.5
辛寨子	183678	197737	-7.1
红旗	150798	200125	-24.6
大连湾	1510502	1439194	5.0
泉水	24841	55870	-55.5
革镇堡	68732	117694	-41.6
营城子	113140	114248	-1.0

2014 年甘井子区规模以上工业总产值

单位:万元

	2014 年	2013 年	2014 年比 2013 年 ±%
总计	3675330	4193443	-12.4
一、按轻重工业分			
1. 轻工业	1058432	1012687	4.5
2. 重工业	2616899	3180756	-17.7
二、按管理部门分			
大连湾街道	1290239	1488376	-13.3
营城子街道	998884	982186	1.7
辛寨子街道	396675	438799	-9.6
革镇堡街道	387541	406754	-4.7
红旗街道	68059	81529	-16.5
南关岭街道	150236	148590	1.1
中华路街道	285018	275786	3.4
甘井子街道	140426	128299	9.5
泡崖街道	99690	102973	-3.2
兴华街道	19906	46209	-56.9
周水子街道	30071	27668	8.7
椒金山街道	5775	10068	-42.6
机场街道	5419	5403	0.3
泉水街道	0	0	-

2014 年甘井子区农村经济总收入

单位:万元

	2014 年	2013 年	2014 年比 2013 年 ±%
农村经济总收入	11905472	11669729	2.0
一、按行业分			
其中:农业	49676	53059	-6.4
林业	0	160	-100.0
牧业	9337	6353	47.0
渔业	20970	22151	-5.3
工业	5889561	6101174	-3.5
建筑业	2082602	2046216	1.8
运输业	428316	366117	17.0
商饮业	853401	817796	4.4
服务业	281376	228365	23.2
其他	2290233	2028337	12.9
二、按乡镇分			
其中:营城子镇	1253330	1243280	0.8
辛寨子镇	3681600	3466900	6.2
革镇堡镇	326946	334609	-2.3
红旗镇	2305153	2106895	9.4
大连湾镇	4338443	4518045	-4.0

2014 年甘井子区现价农业总产值

单位:万元

	2014 年	2013 年	2014 年比 2013 年 ±%
农业总产值	171303	173968	-1.5
一、种植业产值	49788	47344	5.2
其中:蔬菜产值	15903	15150	5.0
水果产值	33546	28779	16.6
二、林业产值	2122	2315	-8.3
其中:林木的培育和种植	2122	2315	-8.3
三、牧业产值	12070	14437	-16.4
其中:猪的饲养	9648	12572	-23.3
四、渔业产值	97347	98879	-1.5
其中:海水产品	97347	98879	-1.5
五、农林牧渔服务业	9976	10993	-9.3

2014 年甘井子区可比价农业总产值

单位:万元

	2014 年	2013 年	2014 年比 2013 年 ±%
农业总产值	172909	173406	-0.3
一、种植业产值	50905	47344	7.5
其中:蔬菜产值	16359	14974	9.2
水果产值	34197	28949	18.1
二、林业产值	1984	2256	-12.1
其中:林木的培育和种植	1984	2256	-12.1
三、牧业产值	12275	13934	-11.9
其中:猪的饲养	9905	12145	-18.4
四、渔业产值	97943	98879	-0.9
其中:海水产品	97943	98879	-0.9
五、农林牧渔服务业	9802	10993	-10.8

2014 年甘井子区主要农作物播种面积及产量(含科研)

单位:万元

	单位	2014 年	2013 年	2014 年比 2013 年 ±%
总播种面积	公顷	1408	1700	-17.2
1. 粮食播种面积	公顷	366	572	-36.0
总产量	吨	1252	2964	-57.8
单　产	公斤/公顷	3420	5182	-34.0
大豆播种面积	公顷	46	51	-9.8
总产量	吨	130	169	-23.1
单　产	公斤/公顷	2826	3314	-14.7
2. 经济作物播种面积	公顷	1	1	0.0
花生播种面积	公顷	1	1	0.0
总产量	吨	2	2	0.0
单　产	公斤/公顷	2000	2000	0.0
3. 其他作物播种面积	公顷	921	1025	-10.1
其中:蔬菜播种面积	公顷	921	1025	-10.1
总产量	吨	50305	38954	29.1
单　产	公斤/公顷	54620	38004	43.7

2014 年甘井子区渔业生产情况

	单位	2014 年	2013 年	2014 年比 2013 年 ±%
机动船只	艘	1036	1036	0. 0
总吨位	吨	28254	28254	0. 0
总马力	匹马力	42881	42881	0. 0
水产品总产量	吨	79229	97993	-19. 1
其中:鱼类	吨	47529	53422	-11. 0
虾蟹类	吨	3874	4257	-9. 0
贝类	吨	10068	10376	-3. 0

2014 年甘井子区畜牧业生产情况(含科研)

	单位	2014 年	2013 年	2014 年比 2013 年 ±%
年末存栏				
1. 大牲畜	头	392	392	0. 0
其中:奶牛	头	262	280	-6. 4
2. 生猪	头	21524	27934	-22. 9
3. 羊	只	2075	2116	-1. 9
4. 家禽	万只	24. 45	25. 16	-2. 8
当年生产				
1. 肉类总产量	吨	7605. 6	8311. 5	-8. 5
2. 出栏生猪	头	62119	65776	-5. 6
3. 猪肉产量	吨	6592	7251	-9. 1
4. 禽蛋产量	吨	68	60	13. 3
5. 牛奶产量	吨	792	760	4. 2

2014 年甘井子区水果生产情况(含科研)

	单位	2014 年	2013 年	2014 年比 2013 年 ±%
果树总面积	公顷	2199	974	125. 8
果树总株数	万株	438	131	234. 4
其中:苹果	万株	8	89	-91. 0
果树结果株数	万株	392	90	335. 6
其中:苹果	万株	7. 6	85	-91. 1
水果总产量	万吨	2. 5	1. 9	31. 6
其中:苹果	万吨	0. 3	0. 2	50. 0
平均每株果树产量	公斤	8. 4	21. 1	-60. 2
每株苹果产量	公斤	37. 8	22	71. 8

2014 年甘井子区个体和私营企业从业人员情况

单位:人

	2014 年	2013 年	2014 年比 2013 年 ±%
总计	213907	137266	55.8
农林牧渔业	923	695	32.8
采掘业	117	65	80.0
制造业	27789	18037	54.1
建筑业	11529	2585	346.0
交通运输、仓储业	16334	14109	15.8
批发零售贸易、餐饮业	106302	70486	50.8
社会服务业	50784	31222	62.7
电力、燃气及水的生产和供应业	129	67	92.5

2014 年甘井子区个体和私营企业户数情况

单位:户

	2014 年	2013 年	2014 年比 2013 年 ±%
总计	66392	56257	18.0
农林牧渔业	240	215	11.6
采掘业	8	7	14.3
制造业	3345	2687	24.5
建筑业	917	370	147.8
交通运输、仓储业	11724	12245	-4.3
批发零售贸易、餐饮业	37728	31038	21.6
社会服务业	12412	9684	28.2
电力、燃气及水的生产和供应业	18	11	63.6

2014 年甘井子区个体和私营企业注册资金情况

单位:万元

	2014 年	2013 年	2014 年比 2013 年 ±%
总计	1386593	609391	127.5
农林牧渔业	7507	2416	210.7
采掘业	659	262	151.5
制造业	156659	47906	227.0
建筑业	173206	13754	1159.3
交通运输、仓储业	80981	66758	21.3
批发零售贸易、餐饮业	438302	165861	164.3
社会服务业	528689	312299	69.3
电力、燃气及水的生产和供应业	590	135	337.0

2014年甘井子区固定资产投资完成情况

单位：万元

	2014年	2013年	2014年比2013年±%
固定资产投资总额	7895253	7737263	2.0
一、按投资主体分			
其中：区街	7895253	7737263	2.0
农村	-	-	-
其中：房地产投资	3544281	3826561	-7.4
农户投资	-	-	-
二、按镇街分			
营城子镇	1229223	1129016	8.9
革镇堡镇	993211	800069	24.1
辛寨子街道	1201901	1410979	-14.8
红旗街道	645832	742073	-13.0
大连湾街道	827229	1128387	-26.7
南关岭街道	532428	456797	16.6
甘井子街道	350662	287526	22.0
兴华街道	84139	83972	0.2
中华路街道	1280408	1053792	21.5
椒金山街道	175347	85385	105.4
周水子街道	52901	80925	-34.6
泡崖街道	203331	200177	1.6
机场街道	99587	135140	-26.3
泉水街道	106639	143025	-25.4

2014年甘井子区区街单位固定资产投资完成情况

单位：万元

	2014年	2013年	2014年比2013年±%
固定资产投资合计	7895253	7737263	2.0
一、按工程用途分			
建筑工程	2570978	2416235	6.4
安装工程	436181	574640	-24.1
设备购置	193134	121691	58.7
其他费用	1150679	798136	44.2
二、按国民经济行业分			
制造业	654603	864783	-24.3

续表

	2014年	2013年	2014年比2013年±%
电力、燃气、水的供应业	68924	84596	-18.5
建筑业	-	-	-
批发和零售业	266420	502425	-47.0
交通运输、仓储和邮政业	329587	97097	239.4
住宿和餐饮业	83612	205170	-59.2
信息传输、软件和信息技术服务业	105537	102956	2.5
金融业	-	-	-
房地产业	35120	70	50071.4
租赁和商务服务业	886251	510101	73.7
科学研究和技术服务业	6977	-	-
水利、环境和公共设施管理业	975948	893203	9.3
居民服务、修理和其他服务业	538305	368365	46.1
教育	227229	53849	322.0
卫生和社会工作	57328	97331	-41.1
文化、体育和娱乐业	95832	107356	-10.7
公共管理、社会保障和社会组织	19299	23400	-17.5
三、按投资主体分			
国有控股	1192507	793933	50.2
集体控股	621632	728896	-14.7
私人控股	2441357	2085576	17.1
港澳台商控股	-	-	-
外商控股	95476	3805	2409.2
其他	0	298492	-100.0

2014年甘井子区房地产开发情况

	单位	2014年	2013年	2014年比2013年±%
房地产开发投资	万元	3544281	3826561	-7.4
商品房施工面积	平方米	12189422	12160280	0.2
商品房竣工面积	平方米	673391	2027689	-66.8
商品房销售面积	平方米	1267323	2146869	-41.0
商品房销售额	万元	1452282	2062341	-29.6
商品房待售面积	平方米	3640398	1233979	195.0

2014 年甘井子区全部在岗职工人数与工资

	单位数（个）	年末人数（人）	年均人数（人）	工资总额（千元）	平均工资（元）
合计	878	119846	119923	7462664	62229
按国民经济行业分组					
(一)农、林、牧、渔业	3	300	300	11917	39723
(二)采 矿 业	–	–	–	–	–
(三)制 造 业	250	54782	55692	3212316	57680
(四)电力、热力、燃气及水生产和供应业	7	1456	1341	162068	120856
(五) 建筑业	87	17546	17010	780355	45876
(六)批发和零售业	121	6007	6181	377727	61111
(七) 交通运输、仓储和邮政业	31	9502	9663	960854	99436
(八)住宿和餐饮业	16	1037	1060	49597	46790
(九)信息传输、软件和信息技术服务业	4	180	169	12813	75817
(十)金融业	7	1085	1093	109083	99801
(十一)房地产业	96	3382	3282	244280	74430
(十二)租赁和商务服务业	16	534	540	30314	56137
(十三) 科学研究、技术服务业	24	1394	1448	82188	56760
(十四)水利、环境和公共设施管理业	7	759	828	21343	25777
(十五)居民服务、修理和其他服务业	9	655	613	30762	50183
(十六)教育	118	10474	9974	681728	68351
(十七)卫生和社会工作	28	4696	4676	333738	71373
(十八)文化、体育和娱乐业	6	399	391	16342	41795
(十九)公共管理、社会保障和社会组织	48	5658	5662	345239	60975

注：在岗职工含劳务派遣人员

2014 年甘井子区国有在岗职工人数与工资

	单位数（个）	年末人数（人）	年均人数（人）	工资总额（千元）	平均工资（元）
合计	234	38459	38209	2648653	69320
按国民经济行业分组					
(一)农、林、牧、渔业	2	47	47	5812	123660
(二)采 矿 业	–	–	–	–	–
(三)制 造 业	10	12595	12766	893938	70025
(四)电力、热力、燃气及水生产和供应业	1	68	68	3264	48000
(五) 建筑业	4	1695	1605	134338	83700

续表

	单位数（个）	年末人数（人）	年均人数（人）	工资总额（千元）	平均工资（元）
（六）批发和零售业	6	340	375	28041	74776
（七）交通运输、仓储和邮政业	7	1504	1595	111411	69850
（八）住宿和餐饮业	1	1	1	102	102000
（九）信息传输、软件和信息技术服务业	2	71	60	7144	119067
（十）金融业	3	756	758	76753	101257
（十一）房地产业	1	11	11	1573	143000
（十二）租赁和商务服务业	6	53	53	2644	49887
（十三）科学研究、技术服务业	14	905	929	51926	55895
（十四）水利、环境和公共设施管理业	3	682	703	17126	24361
（十五）居民服务、修理和其他服务业	3	277	269	16204	60238
（十六）教育	102	9612	9129	647198	70895
（十七）卫生和社会工作	17	4097	4092	301508	73682
（十八）文化、体育和娱乐业	4	87	86	4432	51535
（十九）公共管理、社会保障和社会组织	48	5658	5662	345239	60975

注：在岗职工含劳务派遣人员

2014 年甘井子区城镇集体经济单位在岗职工人数与工资

	单位数（个）	年末人数（人）	年均人数（人）	工资总额（千元）	平均工资（元）
合计	54	4210	3978	167960	42222
按国民经济行业分组					
（一）农、林、牧、渔业	1	253	253	6105	24130
（二）采矿业	–	–	–	–	–
（三）制造业	10	376	409	15844	38738
（四）电力、热力、燃气及水生产和供应业	–	–	–	–	–
（五）建筑业	6	1678	1408	62843	44633
（六）批发和零售业	6	35	36	810	22500
（七）交通运输、仓储和邮政业	3	153	155	6649	42897
（八）住宿和餐饮业	2	146	150	6652	44347
（九）信息传输、软件和信息技术服务业	–	–	–	–	–
（十）金融业	–	–	–	–	–
（十一）房地产业	5	462	458	16981	37076
（十二）租赁和商务服务业	3	199	199	14094	70824

续表

	单位数（个）	年末人数（人）	年均人数（人）	工资总额（千元）	平均工资（元）
（十三）科学研究、技术服务业	2	12	12	561	46750
（十四）水利、环境和公共设施管理业	1	16	16	477	29813
（十五）居民服务、修理和其他服务业	1	79	79	2230	28228
（十六）教育	7	590	596	26620	44664
（十七）卫生和社会工作	7	211	207	8094	39101
（十八）文化、体育和娱乐业	–	–	–	–	–
（十九）公共管理、社会保障和社会组织	–	–	–	–	–

注：在岗职工含劳务派遣人员

2014 年甘井子区其他各种经济单位在岗职工人数与工资

	单位数（个）	年末人数（人）	年均人数（人）	工资总额（千元）	平均工资（元）
合计	590	77177	77736	4646051	59767
按国民经济行业分组					
（一）农、林、牧、渔业	–	–	–	–	–
（二）采矿业	–	–	–	–	–
（三）制造业	230	41811	42517	2302534	54156
（四）电力、热力、燃气及水生产和供应业	6	1388	1273	158804	124748
（五）建筑业	77	14173	13997	583174	41664
（六）批发和零售业	109	5632	5770	348876	60464
（七）交通运输、仓储和邮政业	21	7845	7913	842794	106508
（八）住宿和餐饮业	13	890	909	42843	47132
（九）信息传输、软件和信息技术服务业	2	109	109	5669	52009
（十）金融业	4	329	335	32330	96507
（十一）房地产业	90	2909	2813	225726	80244
（十二）租赁和商务服务业	7	282	288	13576	47139
（十三）科学研究、技术服务业	8	477	507	29701	58582
（十四）水利、环境和公共设施管理业	3	61	109	3740	34312
（十五）居民服务、修理和其他服务业	5	299	265	12328	46521
（十六）教育	9	272	249	7910	31767
（十七）卫生和社会工作	4	388	377	24136	64021
（十八）文化、体育和娱乐业	2	312	305	11910	39049
（十九）公共管理、社会保障和社会组织	–	–	–	–	–

注：在岗职工含劳务派遣人员

2014 年甘井子区单位从业人数

	2014 年	2013 年	2014 年比 2013 年 ±%
一、单位数(个)	878	873	0.6
国有经济单位	234	244	-4.1
城镇集体经济单位	54	43	25.6
其他各种经济类型单位	590	586	0.7
二、单位从业人员年末人数(人)	119846	124212	-3.5
国有经济单位	38459	38978	-1.3
城镇集体经济单位	4210	3453	21.9
其他各种经济类型单位	77177	81781	-5.6
三、单位从业人员平均人数(人)	119923	124052	-3.3
国有经济单位	38209	39360	-2.9
城镇集体经济单位	3978	3350	18.7
其他各种经济类型单位	77736	81342	-4.4

注:在岗职工含劳务派遣人员

2014 年甘井子区教育事业基本情况

	单位	2014 年	2013 年	2014 年比 2013 年 ±%
各类学校总数	所	93	90	3.3
其中:高中学校数	所	2	2	0.0
初中学校数	所	20	19	5.3
小学学校数	所	69	67	3.0
完全中学数	所	2	2	0.0
中小学在校学生数	人	87052	83754	3.9
其中:高中在校学生数	人	3477	3737	-7.0
初中在校学生数	人	25369	24380	4.1
小学在校学生数	人	58206	55637	4.6
教职工总数	人	5313	5233	1.5
其中:普通中学专任教师	人	2040	1996	2.2
小学专任教师	人	2833	2760	2.6
行政人员	人	332	363	-8.5
工勤人员	人	47	54	-13.0
教辅人员	人	61	60	1.7
全区专任教师总计	人	7270	6794	7.0
其中:大学本科毕业及以上	人	5023	4700	6.9
大学专科毕业	人	1972	1800	9.6
中专毕业及以下	人	279	294	-5.1
其中:高级教师职称	人	4033	3853	4.7
一级教师职称	人	883	847	4.3
幼儿园、所总数	所	237	234	1.3
在托、在园幼儿数	人	34890	31584	10.5
教职工总数	人	5194	4659	11.5
其中:专任教师	人	2330	2038	14.3

2014年甘井子区城乡文化建设基本情况

	单位	2014年	2013年	2014年比2013年±%
机构数	个	14	14	0.0
其中：乡镇文化站	个	14	14	0.0
图书馆	个	1	1	0.0

2014年甘井子区图书馆基本情况

	单位	2014年	2013年	2014年比2013年±%
图书总藏量	册	592165	560563	5.6
其中：图书	册	472609	454255	4.0
报刊	件	10316	9931	3.9
其他	册	83101	73410	13.2
发放借书证	个	42917	33709	27.3
总流通人数	千人次	827	801	3.2
其中：外借	千人次	238	308	-22.7

2014年甘井子区体育事业基本情况

	单位	2014年	2013年	2014年比2013年±%
体委职工	人	7	7	0.00
其中：专职教练	人	6	6	0.00
体育场地数	个	1	1	0.00
输送运动员数	人	83	55	50.91

2014年甘井子区卫生机构、床位数

	单位	2014年	2013年	2014年比2013年±%
机构合计	个	552	516	7.0
一、医院	个	20	20	0.0
二、卫生防疫站	个	0	0	0.0
三、妇幼保健站	个	1	1	0.0
四、卫生防治站	个	1	1	0.0
五、床位数	张	5266	4958	6.2

2014年甘井子区科学技术基本情况

	单位	2014年	2013年	2014年比2013年±%
市级科技项目：	项	7	12	-0.4
区级科技项目：	项	27	26	0.1

2014 年甘井子区总户数

单位：户

单位	2014 年	2013 年	2014 年比 2013 年 ± %
总计	282765	275513	2.6
周水子街道	30635	29899	2.5
椒金山街道	26113	25629	1.9
甘井子街道	22442	22643	-0.9
南关岭街道	12529	12452	0.6
泡崖街道	24471	24363	0.4
中华路街道	23282	22606	3.0
兴华街道	24855	24695	0.6
机场街道	13951	13173	5.9
辛寨子街道	18591	16941	9.7
红旗街道	26967	25902	4.1
大连湾街道	20895	20727	0.8
泉水街道	18864	17307	9.0
革镇堡镇	6540	6562	-0.3
营城子镇	12630	12614	0.1

注：数据出自公安局

2014 年甘井子区总人口数

单位：人

单位	2014 年	2013 年	2014 年比 2013 年 ± %
总计	740478	719424	2.9
周水子街道	84137	81631	3.1
椒金山街道	71355	69854	2.1
甘井子街道	57750	58090	-0.6
南关岭街道	35114	34820	0.8
泡崖街道	62617	62670	-0.1
中华路街道	60685	59108	2.7
兴华街道	66114	66055	0.1
机场街道	36365	34143	6.5
辛寨子街道	45968	41585	10.5
红旗街道	69109	65770	5.1
大连湾街道	52713	52244	0.9
泉水街道	46917	42273	11.0
革镇堡镇	17715	17627	0.5
营城子镇	33919	33554	1.1

注：数据出自公安局

2014 年甘井子区人口变动及计划生育情况

	单位	2014 年	2013 年	2014 年比 2013 年 ±%
出生人数	人	9343	8286	12.76
出生率	‰	13.16	11.92	1.24
计划生育率	%	99.87	99.83	0.04
死亡人数	人	4323	4468	-3.25
死亡率	‰	6.09	6.43	-0.34
自然增长率	‰	7.07	5.49	1.58

2014 年甘井子区工业企业主要能源消费量、库存量

	单位	消费量	库存量
原　煤	吨	24147	96680
焦　炭	吨	730	0
洗精煤	吨	4080	436
柴　油	吨	12273	347
燃料油	吨	702	91
煤　油	吨	901	102
汽　油	吨	4658	30
用水量	万吨	1076	-
电　力	万千瓦时	72774	-

注：工业企业是指年产品销售收入在 2000 万元及以上的企业

附　录

2014 年中共甘井子区委员会文件（目录）

文件编号	成文日期	文件标题
1	1 月 27 日	关于印发《甘井子区经济工作奖励办法（暂行）》和《甘井子区经济工作奖励办法（暂行）实施细则》的通知
2	1 月 27 日	关于表奖 2013 年经济工作先进单位和先进个人的决定
3	2 月 26 日	关于深入开展党的群众路线教育实践活动的实施意见
4	3 月 3 日	关于表彰 2013 年度城市建设管理暨环境整治先进单位和个人的决定
5	3 月 5 日	关于加强和改进新形势下宣传思想文化工作的意见
6	3 月 10 日	关于转发《政协大连市甘井子区委员会 2014 年工作要点》的通知
7	3 月 28 日	关于表彰无命案街道的决定
8	5 月 21 日	关于印发《甘井子区贯彻落实 < 建立健全惩治和预防腐败体系 2013—2017 年工作规划 > 实施办法》的通知
9	2 月 29 日	关于表彰 2013 年度优秀公务员的决定
10	5 月 30 日	关于印发《2014 年区管党政领导班子和领导干部绩效考评实施方案》的通知
11	6 月 1 日	关于印发《纪念建党 93 周年活动实施方案》的通知
12	9 月 1 日	印发《关于创新社会治理的实施方案》的通知
13	9 月 23 日	关于表彰社区教育先进单位和个人的决定
14	10 月 28 日	关于进一步加强安全生产工作的意见

2014年中共甘井子区委办公室文件(目录)

文件编号	成文日期	文件标题
1	1月10日	关于表彰甘井子区党委系统2013年度信息工作先进单位和先进个人的决定
2	1月29日	关于印发《区委十一届六次全会工作任务分解落实方案》的通知
3	2月25日	关于甘井子区工作落实年活动的实施意见
6	3月14日	关于进一步加强和改进新形势下志愿服务工作的实施意见
7	5月15日	关于印发《甘井子区2014年度综合配套改革工作要点》的通知
9	5月16日	关于印发《甘井子区2014年党风廉政建设和反腐败工作责任分工方案》的通知
10	6月3日	关于2013年区管党政领导班子绩效考评情况的通报
12	9月10日	印发《关于加强村务监督委员会建设工作的意见》的通知
14	11月17日	关于印发《中共甘井子区委常委、委员(候补委员)、区党代会代表、基层党员群众定向联系工作制度》的通知
15	11月17日	关于加强在新形势下发展党员和党员管理工作的实施办法
16	11月17日	关于印发《推进“两代表一委员”工作室建设的指导方案》的通知
17	11月17日	关于在基层党组织建设中发挥党代表大会代表作用的意见
18	11月17日	关于加强基层服务型党组织建设的实施意见
19	11月17日	关于加强和改进非公有制企业党的建设工作的实施意见
20	12月9日	关于报送大连市“12345”热线咨询知识库资料信息的通知
21	1月4日	关于表彰甘井子区党委系统2014年度信息工作先进单位和先进个人的决定

2014年甘井子区人民政府文件（目录）

文件编号	成文日期	文件标题
9	1月27日	甘井子区人民政府关于印发甘井子区2014年重点项目计划及责任分工表的通知
12	1月28日	甘井子区人民政府关于印发《政府工作报告》的通知
13	1月28日	甘井子区人民政府关于印发2014年10项重点民生实事和《政府工作报告》2014年任务分解细化表的通知
42	7月29日	甘井子区人民政府转发大连市人民政府关于深入推进预决算公开工作的通知
57	9月2日	甘井子区人民政府关于组建区卫生和计划生育局的通知
80	12月4日	甘井子区人民政府关于印发甘井子区人民政府工作规则的通知
86	12月21日	甘井子区人民政府关于承接省、市政府取消和下放一批行政职权项目的通知

2014年甘井子区政府办公室文件（目录）

文件编号	成文日期	文件标题
1	1月3日	甘井子区人民政府办公室关于做好2014年春运及冬季道路交通安全综合整治工作的通知
2	1月13日	甘井子区人民政府办公室关于印发甘井子区环境空气重污染日应急实施方案的通知
3	1月16日	甘井子区人民政府办公室关于调整甘井子区森林防火指挥部（涉农片）组成人员的通知
4	1月23日	甘井子区人民政府办公室关于成立大连至旅顺中部通道（甘井子区段）工程项目领导小组和指挥部的通知
7	1月29日	甘井子区人民政府办公室关于印发甘井子区森林火灾应急预案的通知
8	2月8日	甘井子区人民政府办公室关于成立甘井子区沿海经济带开发建设领导小组的通知
9	3月4日	甘井子区人民政府办公室关于印发甘井子区精细化城市管理工作方案（试行）的通知
10	3月6日	甘井子区人民政府办公室关于印发甘井子区2014年残疾人工作要点的通知
11	3月17日	甘井子区人民政府办公室关于印发甘井子区就业工作实施办法（试行）的通知
12	3月11日	甘井子区人民政府办公室关于印发甘井子区既有居住建筑节能改造工作实施方案的通知
13	3月13日	甘井子区人民政府办公室关于调整甘井子区残疾人工作委员会组成人员的通知
14	3月24日	甘井子区人民政府办公室关于印发2014年市15项重点民生工程项目及市政府工作报告涉及我区任务分解的通知

文件编号	成文日期	文件标题
16	4月4日	甘井子区人民政府办公室关于加强清明节期间森林防火工作的紧急通知
19	4月25日	甘井子区人民政府办公室关于印发甘井子区2014年落实市政府教育工作考核目标实施方案的通知
20	4月25日	甘井子区人民政府办公室关于印发甘井子区防汛抗旱预案的通知
21	4月28日	甘井子区人民政府办公室关于印发甘井子区2014年城市建设"五个一"工程实施方案的通知
22	4月30日	甘井子区人民政府办公室转发省政府办公厅关于认真做好"五一"劳动节期间安全稳定工作的紧急通知
23	5月15日	甘井子区人民政府办公室关于成立甘井子区人民政府信访事项复查复核委员会的通知
24	5月16日	甘井子区人民政府办公室关于印发甘井子区餐厨垃圾专项整治工作方案的通知
25	5月19日	甘井子区人民政府办公室关于成立甘井子区"五大系统"建设工作领导小组的通知
27	5月23日	甘井子区人民政府办公室关于印发甘井子区0—3岁婴幼儿早期教育工作实施方案的通知
28	5月23日	甘井子区人民政府办公室关于印发甘井子区创建数字化学习示范街道和示范社区工作实施方案的通知
29	5月26日	甘井子区人民政府办公室关于印发甘井子区食品药品监督管理体制和工商质监行政管理改革实施方案的通知
31	6月9日	甘井子区人民政府办公室关于印发甘井子区突发地质灾害应急预案的通知
32	6月12日	甘井子区人民政府办公室印发关于开展落实中央、省、市扶持政策情况检查工作方案的通知
33	6月17日	甘井子区人民政府办公室关于印发甘井子区2014年市容环境清理整治方案的通知
34	6月28日	甘井子区人民政府办公室关于印发甘井子区2014年土地矿产卫生执法检查工作方案的通知
38	7月14日	甘井子区人民政府办公室关于印发2014年甘井子区食品安全监督管理计划的通知
39	8月1日	甘井子区人民政府办公室关于印发甘井子区进一步加强政府信息公开工作实施方案的通知
40	7月22日	甘井子区人民政府办公室关于落实2014年度市政府对区政府工作绩效考评指标的通知

文件编号	成文日期	文件标题
43	7月25日	甘井子区人民政府办公室转发大连市防汛抗旱指挥部关于做好第10台风“麦德姆”防御工作的紧急通知
47	9月15日	甘井子区人民政府办公室关于印发甘井子区“十三五”规划编制工作方案的通知
48	9月29日	甘井子区人民政府办公室关于认真做好“十一”期间安全稳定等工作的通知
51	10月27日	甘井子区人民政府办公室印发关于进一步清理区政府部门行政职权推行权力清单制度实施方案的通知
53	10月27日	甘井子区人民政府办公室关于建立甘井子区转变政府职能简政放权工作联席会议制度的通知
56	11月12日	甘井子区人民政府办公室关于印发甘井子区安全生产非法违法行为举报奖励办法的通知
57	11月17日	甘井子区人民政府办公室关于印发《大连市甘井子区卫生和计划生育局主要职责内设机构和人员编制规定》的通知
58	11月17日	甘井子区人民政府办公室关于印发《大连市甘井子区市场监督管理局主要职责内设机构和人员编制规定》的通知
59	12月5日	甘井子区人民政府办公室关于印发甘井子区“十三五”专项规划编制目录的通知
61	12月23日	甘井子区人民政府办公室关于印发甘井子区2014—2016年学前教育三年行动计划的通知
62	12月23日	甘井子区人民政府办公室关于印发甘井子区中小学校舍安全保障长效机制实施方案的通知
63	12月15日	甘井子区人民政府办公室关于成立甘井子区新市民健身中心、甘井子区医疗卫生健康中心项目建设管理工作领导小组的通知
64	12月23日	甘井子区人民政府办公室关于印发甘井子区开展“救急难”试点工作实施方案的通知
65	12月29日	甘井子区人民政府办公室关于做好2015年元旦期间有关工作的通知

甘井子区领导机关地址及办公电话

名称	地址	邮政编码	电话
中共甘井子区委员会	甘井子区明珠广场1号	116039	86319900
甘井子区人大常委会	甘井子区明珠广场1号	116039	86319868
甘井子区人民政府	甘井子区明珠广场1号	116039	86319222
政协甘井子区委员会	甘井子区明珠广场1号	116039	86319777

甘井子区各街道办事处地址及办公电话

名称	地址	邮政编码	电话
辛寨子街道	大连市甘井子区砬子山村虹城路517号	116039	86301418
红旗街道	大连市甘井子区红旗东路299号	116021	84213784
大连湾街道	大连市甘井子区大连湾街道李家村元宝山	116113	87600250
南关岭街道	大连市甘井子区南关岭路69号	116037	86871217
甘井子街道	大连市甘井子区甘欣街22号	116031	86688185
椒金山街道	大连市甘井子区金家街金荣路12号南	116031	66880395
中华路街道	大连市甘井子区汇信街22号	116033	62625555
兴华街道	大连市甘井子区山东路9－9号	116031	88851077
周水子街道	大连市甘井子区东纬路110号	116033	86589928
泡崖街道	大连市甘井子区松江路189号	116038	86491417
机场街道	大连市甘井子区迎客路6－C号	116033	86650315
泉水街道	大连市甘井子区泉水B2区30号	116037	88856098
营城子街道	大连市甘井子区营城子街道营城西路1号	116036	86691202
革镇堡街道	大连市甘井子区中革村镇中街51号	116035	86450974

常用电话

单 位	电话	单 位	电话	单 位	电话
报警服务台	110	火警	119	急救中心	120
交通事故报警	122	电话障碍台	112	查号台	114
报时台	117	天气预报	121	邮编查询	184
市民投诉中心	12345	消费投诉	12315	法律服务	12348
旅游热线	96181	物价投诉	12358	好交警热线	96206
大连火车站问询处	82603331	大连周水子国际机场问询处	86652071	大连港客运站问询处	82636061
大连长途汽车站问询处	82637141	大连出租车管理处	83638328	大连市客运交通管理处	82496666
大连市电业局	94468	自来水集团公司	83601000	煤气特服	96177
供暖投诉	95105151	大连天途有线电视公司	83700000	大连汽车租赁有限公司	82670310

索　引

说明：

1. 本索引采用主题分析法，按索引词首字汉语拼音字母顺序排列（同音字按声调），首字相同按第二字音序排列，依次类推。

2. 类目、分目标题用黑体字标明，条目用宋体。重要报告、讲话辑存、大事记、社会经济统计资料、附录、图表的内容不做索引。

3. 索引词后的阿拉伯数字表示内容所在页码，数字后的字母 a、b、c 表示左、中、右栏。

4. 索引词之后第二个及以后的页码，表示同一索引词的条目所在位置。

5. 类目、分目、子分目索引词采用原称，条目索引词一般采用中心词或简称。

A

埃博拉出血热疫情防控　240a
爱国卫生工作　239b
爱心助学系列活动　208c
"爱在金秋"艺术团、义工团　31a
安全管理　71c
安全管理工作　117b
安全生产　284a
安全生产监督　190b
安全生产培训工作　195b
安全生产宣传教育　195a
安全生产责任制落实　190b
安盛·亿合城开业　257c
安盛亿合城开业　140a
安置帮教与社区矫正　114c
案件查办　81b

B

八届八次常委会议　74b
八届九次常委会议　74c
八届七次常委会议　74a
八届十次常委会议　75a
办公室　76c
办理区人大代表建议　61a
办理区政协提案　61b
保密工作　14a
报废设备再利用　70b
北方慧谷产业园一期开园　140a
边防管理　107b
便民办税春风行动　173a
殡葬工作　204c
兵役征集　118c
病死动物无害化处理　128a
渤海大道甘井子段　158a

C

财政　165a
财政·税务　165
财政审计　186c
财政税收　4c
参观大连市反腐倡廉警示教育基地　81a
参与全国政府网站政务信息无障碍建设　68b

参政议政　100a
参政议政品牌　102a
残疾人扶贫解困工作　94c
残疾人康复服务　94b
残疾人劳动就业和技能培训　94a
残疾人民生项目　92c
残疾人社会保障和服务体系建设　93c
残疾人文化和体育工作　94b
残疾人组织建设　95a
"草根足球"文化建设　272c
测绘工作　145b
查办违纪违法案件　81a
倡导文明祭祀　207c
诚信制度化建设　20b
承接省市下发事权　42c
城区环境建设　272a
城区建设　278c
城区建设　289c
城市功能建设　271c
城市管理　266b
城市管理　297a
城市管理　299a
城市管理行政执法　152b
城市管理考核　148b
城市基础设施建设　261a
城市建设　261a
城市建设　273c
城市建设　293a
城市建设　298c
城市亮化工程　147b
城市绿化　266a
城市湿地公园—棠梨湖公园建设　143b
城乡管理行政执法　154a
城乡基础建设　8a
城乡建设　144
城乡建设　146b
城乡建设规划管理　144a
初级农产品质量安全　126b
传染病及地方病防制　240c
船舶检验　136a
窗口服务　67a
创办内部交流期刊《甘井子文艺》　96c
创建"365"环保超市　277b
创建群众俱乐部　277c
创新"三会一有"群众工作法　277a
创新网格化管理　289c
春节夕阳扶老活动　207b
"春风行动"　288c
慈善基金管理使用监督检查　207a
慈善基金建设　205c
慈善事业　205b
慈善义工队伍建设　207a
"促改革、助转型、惠民生"建言献策活动　75c
促进项目落地进资　189a
村务监督委员会指导工作　82b

D

打造"阳光信访"64a
打造精品文化工程　297a
大连北站回迁楼项目　156c
大连红星国际生活广场项目　140b
大连旧机动车交易市场　140a
大连生态科技创新城"定制商务班车"正式开通　255b
大连生态科技创新城参展第12届中国国际软件和信息服务交易会　253a
大连生态科技创新城公务员职业道德教育实践基地揭牌　252c
大连生态科技创新城管委会赴外埠开展重点招商客户拜访活动　253c
大连生态科技创新城与市出入境管理局签署合作协议书　253b
《大连市甘井子区委组织史资料》(第四卷)出版　36c
大连市首家汽车销售与维修行业工会联合会成立　287a
大连湾街道　271a
大连湾临海装备制造业聚集区　256a
大连湾首届体育节　273a
大气污染防治　163a
代表工作　50b
代表工作　50b
丹东至东兴公路东甸子至桑树底段　157c
档案保管与保护　38b
档案标准化建设　39c
档案查询利用　38c

档案监督检查　39c
档案接收　38b
档案培训指导　39a
档案事业　37c
档案信息化建设　39b
档案宣传39a
党的建设　280c
党的群众路线教育实践活动　119c
党的群众路线教育实践活动　14b
党的群众路线教育实践活动　76a
党的群众路线教育实践活动动员会　79c
党的群众路线教育实践活动宣传　22b
党风廉政建设　33b
党风廉政建设责任制　81c
党风廉政教育　83c
党风政风行风监督员座谈会　80a
党建工作　268a
党建工作创新　294a
党建工作宣传　22b
党建工作载体创新　274c
党建工作者队伍建设　40c
党建联合体　273a
党内关爱活动　285c
党史研究工作　36a
党外代表人士队伍建设　24c
党校工作　34b
党校评估工作34c
党员发展与管理　16c
党员干部现代远程教育　17a
党员志愿服务超市　268c
道路交通管理　105c
道路运输　160c
道路运输管理　161a
地方税务　168b
地籍管理　151c
地铁项目动迁遗留工作　156b
第28届奥林匹克日长跑(大连)活动　233b
第六次全国体育场地普查　232c
第三次全国经济普查　179b
电子政务　67c
东部社区被评为市四星级科普社区称号　287c
东海旧区改造项目　156c
冬季除雪　149c
动物布病监测和结核检疫　128a
动物及其产品检疫　128a
动物流行病学调查　127c
动物卫生监督管理　126b
动物卫生监督信息追溯平台建设　128b
督查工作　13b
督查工作61b
督政工作　222a
队伍建设　168a
对台合作交流　26b
多方合作"保存量、扩增量"　196a

E

2·7爆炸事故处置　290a
儿童保健　250c

F

发挥计划生育协会作用　239a
发票管理　170c
发展与改革　174a
法律服务　115c
法律监督　47c
法律监督47c
法律援助　115a
法制建设　155b
法制宣传教育　113c
法制制度建设　60b
"繁星似锦·我讲我的故事"纪实片展示　95c
反腐倡廉宣传教育　83b
防空警报维护与管理工作　121a
防台风防汛　149c
防汛抗旱　132a
防灾减灾　202c
防震减灾　149a
防震减灾宣传行动　208a
房产管理工作　145c
非公有制经济人士理想信念教育实践活动　101b
非公组织党工委　39c
粉尘作业场所安全专项检查情况　191b
服务保障　72c
服务保障工程　40b
服务地区经济社会　25b
服务平台管理　172b
服务企业发展　182c

服务外贸出口企业 189c
服务型网络建设 67c
福利企业管理 204a
妇联活动 285a
妇女保健 250b
妇女儿童维权 90a
妇幼工作 238a
妇幼卫生 248c
赴营口鲅鱼圈进行土地审计 187c
副市长卢林调研大连生态科技创新城农林水务工作 255c

G

改善民生支出 165b
概况 101a
概貌 1
甘井子工业园区建设 261c
甘井子街道 275c
甘井子科普微信平台建立 92a
甘井子区残疾人联合会 92b
甘井子区慈善总会二届二次理事会议 207b
《甘井子区地方志》(1986—2005)续编工作 36c
甘井子区妇女联合会 88c
甘井子区工商业联合会(总商会) 101a
甘井子区广场舞大赛 96a
甘井子区"工作落实年"活动启动 80a
甘井子区教师进修学校 224b
甘井子区科学技术协会 91c
《甘井子区历史文化概览》编纂工作 37a
《甘井子年鉴》(2014)征编工作 36b
"甘井子区口述历史"音视频资料收集工作启动 37b
甘井子区人民代表大会 44
甘井子区人民代表大会常务 44a
甘井子区人民政府 52
甘井子区人民政府 52a
甘井子区体育场改造 232b
甘井子区网络和网站建设管理工作会议 68c
甘井子区文学艺术界联合会 95b
甘井子区义工队趣味运动会 209c
甘井子区总工会 85a
"赶爱心大集,展义工风采"活动 209a
干部绩效考评 15a
干部监督 15a
干部教育培训 14c
干部培训工作 225a
干部人事制度 15b
岗位设置工作 213a
革镇堡街道 262c
耕地保护 151b
工会联合会工作 41c
工会组织建设 85a
工矿商贸等行业领域安全监管 194a
工业、建筑业 5b
工业技术创新 138c
工业经济 137a
工业经济·商贸·旅游 137
工业项目建设 137b
工业园区建设 137b
工作监督 48a
"工作落实年"活动 82c
工作视察 48a
工作调研 49b
公安 104a
公共机构节能 72b
公共卫生服务 237b
公路建设 157a
公路交通 157a
公路养护 159c
公务员队伍建设与管理 200a
公证质量监督年活动 116c
公租房建设 156a
功能区建设 177c
功能区建设 252
共青团甘井子区委 87a
供热管理 150a
供销联社 140c
构建流动人口均等化服务模式 239a
骨干企业发展 138a
固定资产投资 6b
关心儿童成长 90c
管党治党制度建设 41a
贯彻《母婴保健法》 250a
光彩事业品牌 102a
规范办学行为 212c
规范市场秩序 185a
规费征收 172a
规划管理工作 144a
国防教育工作 18a

国家5A级景区创建　258b
国家税务　166c
国民经济和社会发展　4c
国内贸易　6c
国土资源管理　151a

H

哈大高铁项目动迁遗留工作　156b
海水养殖　133b
海洋捕捞　134a
海洋管理　133a
海洋与渔业　132c
行政服务　66b
行政服务中心　65b
行政管理体制改革　175c
行政监察　83b
行政区划　2a
行政审判　110c
行政投诉 67b
合作共事 24b
河周路一期　158c
核心产品和片区改造项目　259a
核心价值观“大讲堂”　20c
黑大线检查站至周水子路面改造工程　159a
黑大线辛寨子至信台子路面改造工程　159a
红旗街道　269c
红十字会　96c
后装保障工作　117c
护林防火　149b
华宇(大连)信息服务有限公司获得国家级“双软”认证　254b
环保宣传教育　164b
环境保护　162a
环境监管　163c
环境卫生及绿地养护管理　148c
环境治理　279c
惠民工程　280a
惠民工程　297c
惠农政策　123c
惠农政策落实支出　166b
婚姻登记　204a
混凝土搅拌站专项检查　192b

J

机场街道　295b
机场街道“爱心传递,助力中考”活动　209b
“技防甘井子”建设　27a
机房设备规范整改　68c
机构编制工作　42a
机构编制核查工作　42c
机构编制实名制管理　43b
机构改革　181c
机关妇女工作　34a
机关工会工作　33c
机关共青团工作　34a
机关建设　51a
机关建设　51a
机关事务管理中心　71b
基层党建活力工程　16a
基层服务中心建设　67a
基层商会组织建设　103b
基层组织和党员队伍建设　32b
基础教育　213b
基础设施　258b
基础设施改造　276b
基础设施建设与校舍资源整合　213c
基础设施建设支出　166b
疾病预防与控制　239c
集体廉政谈话　82b
计生工作　290a
技能培训　85c
绩效考核再获佳绩　200c
加强税种管理　172a
家属楼维修 71c
家政服务岗位需求服务平台　291a
监督检查　81c
监督检查　81c
监督员培训　247c
检察　107c
检验检测及质量控制　244c
简政放权和行政审批制度改革　42b
建立重大、疑难信访问题公开听证制度　64b
建设项目管理　163c
建议提案办理工作　205b
建置沿革　1a
建筑工程质量监督　150c
建筑工地专项检查　192c
建筑企业管理　150a
建筑施工安全生产管理　150a

健康教育与健康促进 245b
培训与督导 246a
健康危害因素监测 244a
交通·环境保护 157
交通运输安全生产监管 162a
椒金山街道 279a
教师队伍建设 211b
教师教育工作 225c
教育 8a
教育督导 219c
教育对口帮扶 212b
教育工作 267c
教育管理专项督导 221a
教育惠民 214c
教育教学管理 215a
教育教学研究工作 226a
教育科研工作 226b
教育事业 210a
教育事业·科学技术 210
教育事业支出 165c
教育信息化工程建设 214b
接受监督 109c
接受监督 113a
街道办事处 260
街巷路维修工程 147c
街志编纂工作 269b
节约资源与环境保护 178b
解决司法诉讼问题 141c
巾帼建功活动 89a
巾帼救助行动 91b
金地小学投入使用 272c
金三角花卉、茶叶、工艺品交易中心 139b
晋升国家一级档案馆 37c
经济发展 289b
经济发展新闻宣传 22b
经济和信息管理 195c
经济建设 295c
经济科技委员会 77a
经济体制改革 174c
经济运行与社会发展调控 177a
经济责任审计 187b
经济总量 4c
精神文明 296c
精神文明建设 19a
警务改革 105a
竞技体育 234a
纠风专项治理工作 84c
纠正部门和行业不正之风 84a
九三学社甘井子区支社委员会 98c
旧区改造 271b
就业服务 296a
就业与创业 198c
居然之家大连金三角店 139c
军事训练 118c
军转干部安置与稳定 200b

K

开发建设中心 155c
开展“六打六治”打非治违专项行动 193a
康顺社区投入使用 295a
科技 7b
科技创新 256c
科技项目监督检查 228a
科技项目研究 227b
科技兴海工程 135b
科技宣传 228a
科普画廊建设 229c
科普日、科技活动周活动 229a
科普文化大沙龙活动 229a
科学技术管理 226c
科研成果 35c
控编减编工作 42c
控排减污 162c
矿山管理 152a

L

蓝鲨机动队建设 105b
劳动保障监察执法 201b
劳动防护用品专项检查 192a
劳动合同制度实施 201b
劳动人事争议调解仲裁 201c
劳动与社会保障 266c
老城区改造项目 276a
老干部大学建设 30c
老干部发挥余热 30c
老干部服务工作 30a
老干部工作 29b
老干部文体活动 30b
老干部政治和生活待遇 29c
老旧楼院改造工程 289a
老龄工作 204b
理论信息 24a
“利民、亲民、安民”工程 274b
联络组 78b
联系交友 25a

廉政文化建设　83b
“两创”活动　286a
“两代表一委员”为地区环境整治议良策　300c
靓屏工程　268b
量化分级管理　248b
辽宁省基础教育质量监测工作　221b
辽宁省老龄工作现场会在大连湾街道召开　272b
林业　128c
林业有害生物防治　130a
林业有害生物监测普查　131a
林业植物检疫　130c
林政资源管理　131b
临空产业园项目　156b
霖韵生活馆项目竣工　140b
领导干部接访　63a
领导人名录　10a
领导人名录　252a
领导人名录　73a
领导人名录　44a
领导人名录　52a
六个平台建设　102b
落实“三转”要求　81a
落实计划生育奖励扶助政策　238c
落实税收优惠政策　171c
落实新政　182a
落实依法行政保障措施　60a
旅游行业管理服务　142c
旅游宣传促销　142b
旅游业　142a
“绿马甲”志愿服务　290c

M

马北线马栏子至棠梨路面改造工程　159b
马大线马家路段路面及排水系统改造工程　159c
慢性非传染性疾病防制　241c
媒体宣传　21c
美丽巾帼幸福课堂　90a
免疫规划　242c
民办教育　218c
民兵工作创新　118c
民兵与兵役　118a
民兵整组　118b
民革甘井子区工作委员会　98b
民建甘井子区委员会　98a
民建甘井子区委员会　99a
民进甘井子区基层委员会　98c
民盟甘井子区支部委员会　98b
民情采集员　263c
民情恳谈活动　280c
民商事审判　110c
民生保障　269c
民生工程　265c
民生工作宣传 22c
民生事业　261c
民生项目规划审批　145a
民心网投诉件办理　84b
民政事业　202
民政事业　202a
民主党派组织概况　97c
民主评议科技创新、旅游发展工作　75b
民主评议政风行风活动　84a
民主政治和群团工作　282c
民族宗教工作　205a
牧城驿湖滨公园生态治理　143a

N

纳税服务　167b
纳税评估　170c
南关岭街道　273b
南岭人家社区游园建设　274b
内部管理　172b
内涵建设　249a
拟上市企业数据库建立　197a
年度计划编制　174b
农村改革试验区　123c
农工党甘井子区总支部委员会　98c
农林水利和海洋渔业　122
农贸市场专项检查　192a
农业　122b
农业　5a
农业标准化建设　123b
农业产业化　123a
农业技术培训　125b
农业新品种、新技术引进推广　125a
农业信息入户工程　126a
“暖房子”工程　148b
“暖房子”工程　288c
暖心工程　264b

O

欧尚广场 300b
欧尚广场项目建设 140c

P

排污收费 163b
泡崖街道 292b
培训需求调研 35a
棚户区改造 156a
平安建设 27b
平安稳定建设 296a
平台建设 227a
普法宣传和培训 247a

Q

棋南线 158c
企业创新发展 264c
企业服务 196b
企业文化建设 41b
气候特征 3a
弃管楼院改造 295a
汽车维修行业职业卫生专项治理 191c
前关体育休闲公园项目建设 143b
前盐村创建为国家级、省级“充分就业社区” 272c
强化财政管理 166c
强化依法依规征管 165a
强基扩面工程 40a
侨联工作 26a
青年教师师资培训 35b
青山生态工程建设 128c
青山生态系统建设 147a
青少年“两就(救)”工程 88a
青少年沟通平台 88a
青少年教育保护工作 219a
青少年科技活动 92a
清查整理资产 141c
庆祝区政协成立三十周年座谈会 74a
区残疾人辅助器具中心建设 93b
区处级单位领导名录 303
区电子政务外网扩容项目 69c
区供销联社党的群众路线教育实践活动 141a
区划地名 205b
区纪委十一届四次全会暨区行政监察工作会议 79a
区科协第五届四次全委会议 91c
区人大常委会会议 44a
区人大常委会主任会议 46b
区委办公室工作 13a
区委常委会议 11c
区委党研室网站更新维护 37b
区委老干部局“爱在金秋”艺术团、义工团成立 207c
区位综述 1a
区文联各协会换届 95b
区政府办公会议 53b
区政府办公室 61b
区政府常务会议 52c
区政府门户网站获得2014年度“中国政府网站领先奖” 68a
区政府全体会议 52a
区政协设立“万元慈善基金” 207b
区直机关工委 31c
区专线并网项目 69a
权力运行公开 66a
《全国县级税务机关纳税服务规范》施行 173b
全区提高工业经济运行质量工作领导小组成立 196a
全体委员培训会 74c
泉水街道 298b
群体保健管理 249c
群众路线教育实践活动 32a
群众思想政治工作 18a
群众体育 233b
群众信访受理 163a

R

人才关爱服务 16a
人才政策创新 15c
人才主题活动 15c
人大代表建议与政协提案办理 61a
人大代表知情知政通报会 47c
人大街工委工作会议 47b
人防工程、海上专项督察检查 191c

人防工程建设与使用管理 121a
人防设施设备维护管理 121c
人防应急准备工作 121c
人口资源环境委员会 78a
人力资源与社会保障 198
人民法庭 111b
人民防空 120a
人民调解 114b
人民团体·民主党派·工商联 85
人事任免 50b
人事任免 50a
人员密集场所督察检查 192b
荣誉榜 312
软件和信息技术服务业 197b
软件正版化工作 69c

S

“三防”宣传教育 120c
“三联三包”专项活动 273b
“三三五”系列活动 101c
森林防火工作 129a
商业 138c
商会换届 264c
商会制度建设 103c
社会安全稳定支出 166b
社会保障 199c
社会保障 290b
社会保障和就业支出 166a
社会服务 100c
社会管理 263a
社会管理 278c
社会管理 283c
社会管理 285b
社会环境建设 261b
社会教育 218b
社会救助 202a
社会救助创新实践 280a
社会事业 263b
社会事业 267c
社会事业 270a
社会事业 274a
社会事业 276c
社会事业 282c
社会事业 284c
社会事业 293b
社会事业 296b
社会事业 299b
社会体制改革 176a
社会稳定 280b
社会治安综合治理 109b
社会主义核心价值观 32a
社会综合治理 26c
社会组织服务中心 287c
社会组织工作 203b
社会组织建设 290c
社情民意监督员 275c
“社区党建网格管理”创新实践活动 298a
社区建设 203a
社区建设 299c
社区教育 218b
社区教育 223a
社区教育和群众性文化体育活动 292a
社区科普工作 229b
社区统战工作 26a
社区卫生服务工作 236c
社区学院 222c
涉氨制冷企业安全隐患排查治理专项行动 191b
深化企业“一套表”改革 179a
深入宣传信访新规 64c
审计 186b
审计队伍建设 188a
审计回访与整改 187c
审判 110a
审判管理 112c
审判监督 111b
审批事项管理 188c
生态环境建设 261b
生态环境建设 263c
生态科技创新城 252a
省委常委、市委书记唐军到大连生态科技创新城指导第二批党的群众路线教育实践活动 254c
省委常委、市委书记唐军到兴华街道调研并与联系户群众座谈 286a
实施“基层科普行动计划” 228c
实施“一街一景”建设 147a
实施积极财政政策 165b
实事项目 58b
食品安全监督抽检与应急防控工作 184b
食品安全监管 183b
食品安全专项整治 184a
食品企业和餐饮服务单位监管 183c
食品许可审核发放 183c

食堂精细化管理 72a
示范路创建工作 160a
市场诚信体系建设 182b
市场监督管理 180c
市场监管体制改革 42a
市民健身广场建成使用 287a
市容环境卫生执法 154b
市容环境执法 152c
市容环境专项整治 148c
市政府对区政府教育目标考核工作 221c
事业单位法人年检 43c
事业单位人事制度改革 200b
受理群众投诉举报 248a
兽医医政管理 128b
“双学双比”活动 89b
双拥工作 119a
双拥工作 203c
双拥共建工作 117c
“双走进、抓落实，消除最后一公里”活动 76b
水产品加工 134b
水产品质量安全监管 134c
水利 131c
水利工程建设 131c
水运市场建设 161c
水资源管理 132b
税收调研 168c
税收征管 167a
税收征管 170a
税收执委会制度 171a
税务稽查 167c
税务稽查 171b
税源清查行动 301b
司法行政 113c
司法为民 112a
思想建设 99b
思想理论建设 31c
思想理论教育 17b
思想政治建设 116c
松江路 31 号楼精品和谐楼院创建 286b
送学上门 35a

T

台后线台子桥至后革村农村公路大修工程 159c
台盟甘井子区支部委员会 99a
特色社会主义学习实践活动 24b
特殊教育中心 216b
特种设备安全监察 186a
提案委员会 77a
提高行政机关工作人员依法行政的观念和能力 60c
提升青少年思想道德素质 87a
提升志愿服务水平 87b
体育教育 217a
体育事业 232b
调查研究工作 41c
铁路道口安全监管 194b
同心工程 25c
统计 178c
统计法制建设 180b
统计服务 179b
统计人员业务培训 180a
统战工作 23b
统战工作会议 24a
投资管理 177c
突发事件处置 164b
图书馆工作 230c
土地储备 155c
土地储备 282b
土地规划 151c
团队组织建设规范化 88b
团工委工作 281c
推广应用中文专用域名 43b
推进基层文联组织建设 96b
推进平安文化建设 28b
推行群众满意度评价制度 64c

W

外经外贸 7a
外专引才引智服务 200c
外资外贸发展创新 190c
完成区政府年度实事项目 58b
完善防范和化解社会矛盾机制 60c
网络安全管理 71a
网络安全设备部署工作 69a
网络新闻 23b
网络宣传 224a
网站服务集群后台开户权限改造 68b
网站维护管理 70a
危险化学品行业和重大危险源安全监管 193c
危险化学品输送管线专项整治 192c
为贫困家庭学生开展课外辅导 209a

违法建设治理　153b
维护残疾人合法权益　95a
维护宗教领域稳定　26b
维稳安保工作　26c
维稳工作　104a
委员工作委员会 77c
卫生、人民生活　8c
卫生·计划生育　236
卫生工作　217a
卫生计生工作　266c
卫生计生机构改革　236a
卫生监测　246c
卫生监督　246c
卫生监督管理　238a
卫生监督信息化建设　248b
卫生应急　245a
卫生应急工作　238b
未成年人思想道德建设　21a
位置面积　1a
温暖"六一"圆低保家庭儿童"微心愿"活动　209b
文化·体育　230
文化工作宣传　23a
文化馆工作　230b
文化惠民　280b
文化惠民工程　293c
文化活动　231c
文化建设　267a
文化融合项目经验交流会　95c
文化市场管理　231c
文化事业　230a
文化事业　270c
文化体育　7c
文化体育事业支出　166b
文化遗产保护　232a
文化娱乐活动　88b
文教法制委员会 77b
文明城市创建　292b
文明城市创建工作　19b
文明家庭活动　89b
文明楼院　292a
文明示范工程　21b
文体活动　296b
稳定工作　142a
无线惠民网建设 69a
5·15 政务公开日　66b
"五个一"工程建设　147c
五大科普服务体系建设　92a
物价管理　178b

X

西城国际旅游商务区　258a
西山湖文化中心启用　271a
辖区"正能量"　298a
先天性心脏病患儿筛查　208b
现代服务业　256c
消防管理　107a
消费维权　185b
"孝老爱亲最美儿女"表彰　31b
"写家风晒家训助成长"活动　20b
协调对接工作　146a
新居工程　263a
新居工程建设　178c
新年议教会　211a
新市民健身中心　232c
新闻工作　22a
辛寨子街道　265a
辛寨子街道启动五项慈善基金项目　208c
辛寨子街道文化促进委员会成立　267b
辛寨子信息化平台　268b
信访工作　61c
信访干部培训　65a
信访工作　112a
信访积案化解　62c
信息工作　13c
信息工作　61b
信息支撑　173c
刑罚执行监督　109a
刑事检察　108a
刑事审判　110b
刑事审判监督　108c
刑事侦查　104b
刑事侦查监督　108c
兴华街道　284a
兴华街道新商会成立　286b
兴华街道志愿者协会青少年志愿者分会成立　286c
"兴华四季"之春——志愿服务周　287b
"兴华四季"之秋——千人健身操展演　287b
"兴华四季"之夏——"感动兴华"人物评选　287b
"星耀泉水　唱响幸福"合唱展演　302c
幸福家庭创建　239a
"幸福五星志愿服务进百店"活动　301a

休闲经济 259c
宣传工作 17a
宣传工作 91a
宣传工作 99c
宣讲工作 17c
选树优秀典型 87c
“学雷锋，献爱心”义卖活动 287a
学历教育 224a
学前教育 218a
学前教育专项督导 220b
学习贯彻落实十八届三中、四中全会精神 23c
学习型城区创建工作 18c
学校安全管理 214a
学校德育 216c
学校特色创建 215b
寻最美家风，建幸福家庭 281c

Y

烟花爆竹销售安全监管 193b
严格规范公正文明执法 60b
羊革线路面改造工程 159c
药品和医疗器械监管 184c
冶金铸造行业专项检查 193a
一街多景建设 288c
一街一景 274a
“一街一景”绿化改造 295a
医疗卫生服务质量 237a
医疗卫生健康中心项目建设 236c
医疗卫生事业支出 165c
以地控税 169c
亿丰大连国际汽车城一期开幕 294a
艺术工作专项督导 221a
艺术教育 217c
印发《2013—2017 年惩防体系 工作规划》 80b
营城子街道 260a
迎“七一”志愿服务系列活动 302a
应急救护培训 97a
用地审批 151a
优待抚恤 204a
优化编制资源配置 43a
优化中小企业发展环境 196a
游园绿地建设 147a
渔港监督 135c
舆情信息管理 23a
渔政和海监工作 136b
预备役 116b
源头治理 62a
远离毒品宣传行动 209c
远洋渔船和涉韩作业渔船管理 135b
运动员输送情况 234c

Z

责任督学挂牌督导 219c
增殖放流 134b
战备设施建设 118c
战备训练工作 117a
张前线张家至夏家河子路面改造工程 159b
招商活动 189a
招商引资 188c
招商引资 265b
招商引资 282b
招商引资 284b
招生考试工作 212a
赈济救助 97b
整合社区资源打造“大社区” 300a
政法 · 军事 · 人防 104
政法队伍建设 28c
政法工作 26b
政府法制 60a
政府网络维护管理 70c
政府网站手机版建设 69b
政府网站英文版建设 69b
政府职能转变和机构改革工作 42b
政府重点投资项目审计 187a
政务公开 65b
政务纪事 53c
政务纪事 53c
政协甘井子区委员会 73
政研工作 13a
政治教育 119a
执法风险防范 171a
执行工作 111a
职工帮扶救助 86a
职工权益保护 86c
职工文化建设 86b
职务犯罪查办和预防 108a
职业培训 223b
职业卫生安全监管 194c
植物保护 124a
治安管理 104c

志愿服务　97c
“志愿服务先锋区”创建工作　19c
质量、计量和标准化监管　185c
致公党甘井子区基层委员会　98c
中共大连市甘井子区委十一届八次全会　11a
中共大连市甘井子区委十一届七次全会　10a
中共大连市甘井子区委员会　10a
中共甘井子区纪律检查委员会　79
中共甘井子区委员会　10
中国首个创意自治区——泰达·慧谷产业园正式开园　254a
中华路街道　282a
中华路商务区　257a
中华路商务区被评为省级现代服务业集聚区　257b
中汽大连亿丰汽车国际广场开业　139c
中心型素质教育实践基地建设　215c
中宣部调研组到大连生态科技创新城调研　254c
中央级媒体报道街道传播家规家训创新做法　286c
种子管理　124a
重大动物疫病防控　127a
重点地区专项检查　192a
重点救助工作　206b
重点人群服务管理　28a
重点商业工作　139a
重点时段安全监管　190c
重点时期信访稳定63b
重点项目　256b
重点项目、重点税源企业管理　169a
重点项目“绿色通道”67a
重点项目规划审批　145a
重点项目建设　275c
重要会议　10a
重要活动　80a
重要提案办理视察75a
重要政务　75a
周水子街道　289a
“筑梦想，聚民心，勇担当”演讲比赛　302a
抓调研活动63c
专利与知识产权保护　228b
专门委员会工作　76c
专线及网络故障维护　69b
专项清理和初核工作　81b
专项整顿　248a
专项整治“会所中的歪风”工作　80c
专项执法工作　153c
专项治理工作　155a
专项资金审计和审计调查　186c
专业执法　155a
专业组　78c
转办民心网诉求件获10星评价　286b
装备制造业　138a
“追求内外卓越，张扬美丽自我”主题活动　76b
资产管理　72b
综合经济管理与监督　174
综合整治工作　155a
综述　122a
综述　210a
综述　236a
“奏时代强音，劳模风采”启动仪式　281b
组织工作　14a
组织建设　99c
组织企业参加各项科技比赛　228a
组织收入工作领导小组　169c
组织宣传工作　97a
组织指挥建设　120a